JN457437

소동파(蘇東坡) 문학의 현장 속으로 1

소동파(蘇東坡) 문학의 현장 속으로 1

초판 1쇄 인쇄 2015년 11월 20일
초판 1쇄 발행 2015년 11월 25일

지은이 류종목
펴낸곳 서울대학교출판문화원
펴낸이 성낙인

책임편집 박희자
디 자 인 장혜원

출판등록 제15-3호
주소 08826 서울 관악구 관악로 1
대표전화 02-880-5252 | 팩스 02-888-4148
마케팅팀(주문상담) 02-889-4424, 02-880-7995
이메일 snubook@snu.ac.kr
홈페이지 www.snupress.com

ISBN 978-89-521-1751-9 94820
978-89-521-1750-2 (세트)

ⓒ 류종목 · 2015

지은이와 협의하여 인지는 생략합니다. 잘못된 책은 바꾸어 드립니다.
이 책의 무단 전재나 복제 행위는 저작권법 제98조에 따라 처벌받게 됩니다.

이 책은 2013년 서울대학교 인문대학 인문학 '교양총서 출간' 지원 사업의 지원을 받았음.

소동파(蘇東坡) 문학의 현장 속으로 1

류 종 목

서울대학교출판문화원

일러두기

1. 고대와 현대의 인명 · 지명 및 음식 이름 등을 모두 한국 발음으로 통일하여 표기했다.
2. 중국의 화폐 단위도 '위안'으로 표기하지 않고 '원'으로 표기했다.
3. 오늘날의 날짜는 양력으로 표기하고 옛날의 날짜는 음력으로 그냥 두었으며, 날짜와 시각의 표기는 아라비아 숫자로 통일했다.
4. 절 제목과 본문에는 이해를 돕기 위해 필요한 한자를 병기하고, 장 제목과 항 제목에는 시각적 효과를 고려하여 한자를 사용하지 않았다.
5. 본문 속에 인용된 옛날 문헌의 원문, 즉 한문은 주석으로 옮기되 현장에 쓰여 있거나 새겨져 있는 문구 및 현지인들 사이에 구전되는 말은 본문 속에 그냥 두었다.
6. 옛날 문헌의 원문을 직접 인용한 경우에는 정확성을 기하기 위해 해당 문헌의 구체적인 판본 사항을 밝혀 주었지만, 대략적인 내용만 요약하여 간접적으로 인용한 경우에는 판본에 따른 차이가 없기 때문에 해당 문헌의 서명과 편명만 밝혔다. 그리고 답사 현장에 쓰여 있거나 새겨져 있는 원문은 현장감을 살리기 위해 현장에 있는 것을 그대로 옮겼다.

Field Studies on the Creation Sites of Su Dongpo's Literature 1

Liu Jong Mok

Seoul National University Press

머리말

소동파(蘇東坡, 본명 蘇軾, 1036-1101)가 중국문학사에서 얼마나 큰 비중을 차지하는지, 그리고 그의 문학이 우리 고전문학에 미친 영향이 얼마나 큰지는 새삼 이야기할 필요가 없을 것이다. 그의 영향이 그토록 컸음에도 불구하고 그의 시가 우리나라에 들어온 지 천 년이 다 되어 가는 지금까지 소동파 시집이 우리말로 번역된 적이 없음을 안타깝게 여긴 나머지, 나는 무모하게도 그의 시집을 완역하기로 작정하고 서울대학교 강사와 대학원 학생들을 중심으로 소식시독회를 구성했다. 독회 운영의 가장 큰 장점은 여러 사람이 지혜를 모음으로써 난해한 소동파의 시를 보다 정확하게 이해할 수 있다는 것일 테지만, 이렇게 하면 또 나 자신이 나태해지지 않으므로 중도에 포기하는 일 없이 끝까지 지속할 수 있다는 장점도 있을 것이라고 생각되었다.

이렇게 하여 1998년 4월 8일에 첫 번째 모임을 갖고, 그 뒤로 매주 한 번씩 모여서 매번 두 시간씩 소동파의 시를 함께 읽어 나갔다. 여러 사람이 지혜를 모으니 역시 좀처럼 이해하기 어려운 구절들도 술술 잘 풀려 나갔다. 유난히 모호하여 좀처럼 안 풀리던 부분이 오랜 토론 끝에 마침내 뻥 뚫렸을 때의 쾌감은 정말이지 말로는 도저히 표현해 낼 수가 없다.

그러나 소동파의 시를 읽어 나가는 동안 우리는 아무리 지혜를 모아도 잘 풀리지 않는 난해한 구절을 접하곤 했는데, 그 요인 가운데 하나가 소동파 시의 창작 현장을 모르기 때문이라는 사실을 깨닫게 되었다. 이리하여 우리는 소동파 시의 창작 현장을 답사하여 시에 묘사되어 있는 구체적인 장면들을 우리 눈으로 직접 관찰하기로 했다.

2002년 8월 11일부터 25일까지 15일 동안 드디어 제1차 답사가 이루어졌다. 이 기간에 우리는 소동파의 고향인 사천성 미산(眉山) 일대와 그의 첫 번째 부임지인 섬서성 봉상(鳳翔) 일대를 답사하기로 계획하고, 이 지역에서 창작된 유명한 작품들을 미리 읽은 후 그것을 들고 가서 문제의 구절을 현장과 대조해 가며 분석해 보기도 하고, 현장에서 직접 시를 낭송해 보기도 했다. 설렘과 조바심 속에서 이루어진 첫 번째 답사에 대하여 참여자 모두가 대만족이었다. 재미있고 유익했다며 다들 제2차 답사가 기다려진다고 했다.

제1차 답사가 성공적으로 끝남으로써 자신감이 생긴 나는 해마다 한 번씩 답사를 가기로 했다. 그러나 2003년 여름에는 중국에 중증급성호흡기증후군(SARS)이라는 전염병이 창궐하는 바람에 아쉬운 마음을 달래며 중국행을 자제해야 했다. 그 뒤로 우리는 2004년 8월 12일부터 8월 26일까지 산동성 · 하남성 · 안휘성 · 하북성 일대를, 2005년 8월 10일부터 8월 25일까지 절강성 일대를, 2006년 8월 13일부터 8월 27일까지 호남성 · 호북성 및 강서성 북부 일대를, 2007년 8월 9일부터 8월 23일까지 강소성 일대를, 2009년 2월 10일부터 2월 23일까지 광동성 · 광서장족자치구 · 해남성 및 강서성 남부 일대를 답사했다.

원래 여섯 차례에 걸쳐서 소동파가 장기간 거주한 지역을 답사할 계획이었는데, 답사가 끝나는 것을 아쉬워하는 사람이 많아서 소동파가 모친의 삼년상을 마친 후 다시 개봉(開封)으로 들어가며 배 안에서 부친 및 동생과 함께 시를 주고받은 장강 상류의 중경 및 호북 지역을 추가하여 2010년 8월 5일부터 8월 19일까지 마지막으로 이 지역을 한 차례 더 답사했다. 총 일곱 차례의 답사가 이루어지는 동안 여러 가지 개인 사정으로 인하여 참여자가 매번 조금씩 바뀌기는 했지만, 전체 인원은 늘 적정 인원인 열 명 정도씩이어서 답사가 매우 효율적으로 이루어질 수 있었다.

우리는 원래 소동파 시의 창작 현장을 관찰하기 위해서 답사를 시작했지만, 기왕 가는 김에 소동파의 다른 작품은 물론 그 부근에 있는 여타 문인의 대표적 작품이 창작된 현장에 대해서도 욕심을 내지 않을 수 없었다. 이리하여 우리의 답사는 총 105일에 걸쳐 중국 안에서만 2만 킬로미터, 즉 5만 리 이상을 이동한 대장정이 되었다.

이 책은 소동파의 장기 거주지를 중심으로 그 일대에 있는, 소동파를 비롯한 여러 문인들의 대표적인 문학작품의 창작 현장을 두루 둘러본 구체적인 답사 과정을 답사가 이루어진 순서대로 서술했다. 소동파가 옮겨 다닌 순서대로 재구성하지 않고 이처럼 답사 순서대로 서술한 것은, 그렇게 해야 답사를 통하여 직접 보고 느낀 21세기 초 중국 각지의 이모저모를 효율적이고 생동감 있게 그려낼 수도 있고 이후의 중국문학 답사자에게 유용한 정보를 제공할 수도 있는데, 이것 역시 매우 의미 있는 일이라고 생각되었기 때문이다.

지금까지 소동파의 장기 거주지 및 그 일대를 모두 답사했다는 글을 읽은 적도 없고 그런 사람이 있었다는 말을 들은 적도 없다. 그러므로 나의 이 답사가 소동파의 장기 거주지 및 그 일대를 완전히 살펴본 세계 최초의 소동파 문학 답사가 되는 셈이다. 그렇다면 이 답사기의 역사적 의의가 더욱 커지고, 따라서 이 책에 대한 독자들의 기대가 한층 더 커질 수밖에 없는데, 이 책이 과연 독자들의 이러한 기대를 충족시켜 줄 수 있을지 걱정이다. 아무쪼록 이 책이 소동파 애호가들이 그의 작품을 감상하고 연구하는 데 조금이나마 도움이 되기를 희망한다.

어느 지역을 관광할 때 미리 관련 정보를 많이 가지고 있으면 그만큼 관광의 효율을 높일 수 있음은 당연한 이치인데, 우리가 답사한 지역 가운데는 중국의 대표적 명승지도 많이 있으므로 이들 지역을 관광하고자 하는 일반 관광객들에게도 유익한 정보를 많이 제공해 줄 수 있으면 좋겠다.

끝으로 사진 자료가 많아 출판에 적지 않은 어려움이 예상됨에도 불구하고 이 책을 서울대학교출판문화원 학술도서로 출판할 수 있도록 승인해 준 출판위원회와 정성 들여 편집하고 세심하게 교정해 준 출판문화원 관계자 여러분께 심심한 감사를 드린다.

2015년 10월

류종목

차례

일러두기 iv
머리말 vi

제1장 사천 및 섬서 지역

1. 미산(眉山)에서 아미산(峨眉山)까지 • 5
삼소사 7 / 환어지 13 / 낙산대불 17 / 아미산 20
2. 서안(西安) • 27
화청지 28 / 진시황릉과 병마용박물관 33 / 침향정 38 / 남전과 종남산 43 / 누관대와 대진사 47
3. 봉상(鳳翔) • 55
선유담 56 / 반계석 60 / 희우정과 능허대 65 / 대산관 74
4. 광원(廣元)에서 성도(成都)까지 • 81
검문관 81 / 청련향 84 / 무후사와 두보초당 91

제2장 산동 및 하남 · 하북 지역

1. 봉래(蓬萊)에서 제성(諸城)까지 • 104
팔선과해처 106 / 와비정과 소공사 108 / 낭야대 115 / 초연대 120 / 상산 132
2. 서주(徐州)에서 정주(鄭州)까지 • 141
황루와 소요당 143 / 소공탑과 소동파예술관 149 / 포공사와 철탑 156 / 개봉부와 청명상하원 159 / 황하유람구 165
3. 낙양(洛陽)에서 면지(澠池)까지 • 168
한함곡관 168 / 앙소촌유지와 진조회맹대 172 / 왕성공원과 용문석굴 178
4. 겹현(郟縣)에서 부양(阜陽)까지 • 183
삼소원 185 / 숭양서원과 소림사 192 / 영주서호 199 / 영하 205

5. 정주(定州)와 북경(北京) • 208
동파쌍괴와 정주석각관 208 / 사마대장성과 노사차관 216

제3장 절강 지역

1. 항주(杭州) • 222
망호루 224 / 동파육 228 / 오산 231 / 범천사 233 / 호포천과 정자사 238 / 소제와 삼담인월도 241 / 냉천정과 비래봉 244 / 천축삼사 247 / 용정 250 / 송성 252 / 육화탑과 전당조 254 / 풍수동 264

2. 임안(臨安)에서 금화(金華)까지 • 268
동산과 영롱산 272 / 천목산 275 / 엄자릉조대 278 / 천도호 280 / 건덕강 282 / 쌍계 285

3. 영파(寧波)와 보타산(普陀山) • 288
보타산 289 / 영파노외탄 294 / 보국사와 천일각 295

4. 소흥(紹興)과 제기(諸暨) • 301
심원과 노신고리 302 / 경호 309 / 난정 313 / 서시고리 319

5. 호주(湖州)와 상해(上海) • 327
벽암산 329 / 초계와 호주 태호 333 / 서새산 339 / 홍구공원 342

제4장 호남 · 호북 및 강서 지역

1. 장사(長沙)와 악양(岳陽) • 352
악록서원과 녹산사 353 / 마왕퇴한묘 359 / 악양루 361 / 동정호와 군산 369

2. 적벽(赤壁)에서 황주(黃州)까지 • 378
삼국적벽 378 / 황학루 384 / 동파적벽 390 / 동파병 403 / 적벽산과 쾌재정 406 / 동파암정과 안국사 412 / 임고정 416

3. 구강(九江)과 남창(南昌) • 421
동림사와 서림사 422 / 곡렴천 430 / 여산폭포와 귀종사 434 / 율리 도촌과 애련지 437 / 석종산 446 / 백록동서원과 삼첩천 451 / 화경공원 457 / 등왕각 462

4. 형양(衡陽)과 장가계(張家界) • 471
형산 축융봉 471 / 회안봉과 석고서원 475 / 장가계 478

2권 차례

일러두기 iv
머리말 vi

제5장 강소 지역

1. 주장(周莊)에서 소주(蘇州)까지 • 4
   주장 5 / 수홍교유지공원 7 / 영암산과 소주 태호 12 / 한산사와 풍교 19 / 호구와 유원 28 / 졸정원과 우원 35 / 중국곤곡박물관 37 / 창랑정과 반문 38
2. 무석(無錫)에서 상주(常州)까지 • 42
   혜산천 42 / 수호성과 삼국성 45 / 의흥 태호와 형계 48 / 동파해당과 동파전 51 / 동파서원 59 / 동파공원 64
3. 진강(鎭江)에서 고우(高郵)까지 • 68
   금산사와 중령천 68 / 북고산 71 / 수서호 80 / 대명사 86 / 죽서공원 90
4. 남경(南京)과 저주(滁州) • 96
   경항운하와 고우호 96 / 문유대 100 / 오의항과 백로주 104 / 진회하 108 / 연지정과 종산 110 / 취옹정과 풍락정 115 / 석두성 124

제6장 광동 · 광서 및 해남 지역

1. 합포(合浦)에서 서문(徐聞)까지 • 133
   동파정과 해각정 135 / 소공정 143 / 천녕사와 뇌주석구 147
2. 해구(海口)에서 삼아(三亞)까지 • 154
   소공사와 통조각 155 / 동파서원 167 / 동파정과 광랑암유지 177 / 천애해각과 아룡만 184 / 녹회두와 대동해 190
3. 혜주(惠州)와 박라(博羅) • 195
   동파소학 196 / 백학봉과 합강루 203 / 서호와 고산 208 / 나부산과 탕천 217
4. 감주(贛州)와 대유령(大庾嶺) • 224
   통천암 224 / 팔경대와 울고대 227 / 대유령 233
5. 남웅(南雄)에서 광주(廣州)까지 • 246
   주기 246 / 하공교와 소동파기념관 250 / 월수공원과 탐천 256 / 황포군교유지 263 / 소가산 266 / 육용사와 광효사 268

제7장 중경 · 호북 및 섬서 지역

1. 중경(重慶)에서 무산(巫山)까지 • 278
   대한민국임시정부 278 /백제성과 구당협 284 /고당관 292 / 소삼협과 신녀봉 297
2. 파동(巴東)에서 의창(宜昌)까지 • 303
   삼협댐 305 / 소군촌 310 / 삼유동 316
3. 형주(荊州)와 양양(襄陽) • 323
   식양유지 323 / 녹문산과 미공사 329 / 융중과 현산 336
4. 겹현(郟縣)에서 화음(華陰)까지 • 343
   삼소원 343 / 동관 351 / 화산 355
5. 서안(西安)과 영제(永濟) • 364
   낙유원과 곡강지 364 / 관작루 371

맺음말 • 383

인용문헌 목록 • 392

[부록 1] 소동파의 인생 역정 • 399
[부록 2] 작품 색인 • 406
[부록 3] 지명 색인 • 413
[부록 4] 사진 목록 • 425
Abstract • 432

[소동파 장기 거주지]

제1장

사천 및 섬서 지역

사천성 미산(眉山)의 삼소사(三蘇祠)에 있는 동파반타상(東坡盤陀像)
송나라 화가 이공린(李公麟)이 그린 동파반타상을 근거로 제작한 동상이다.

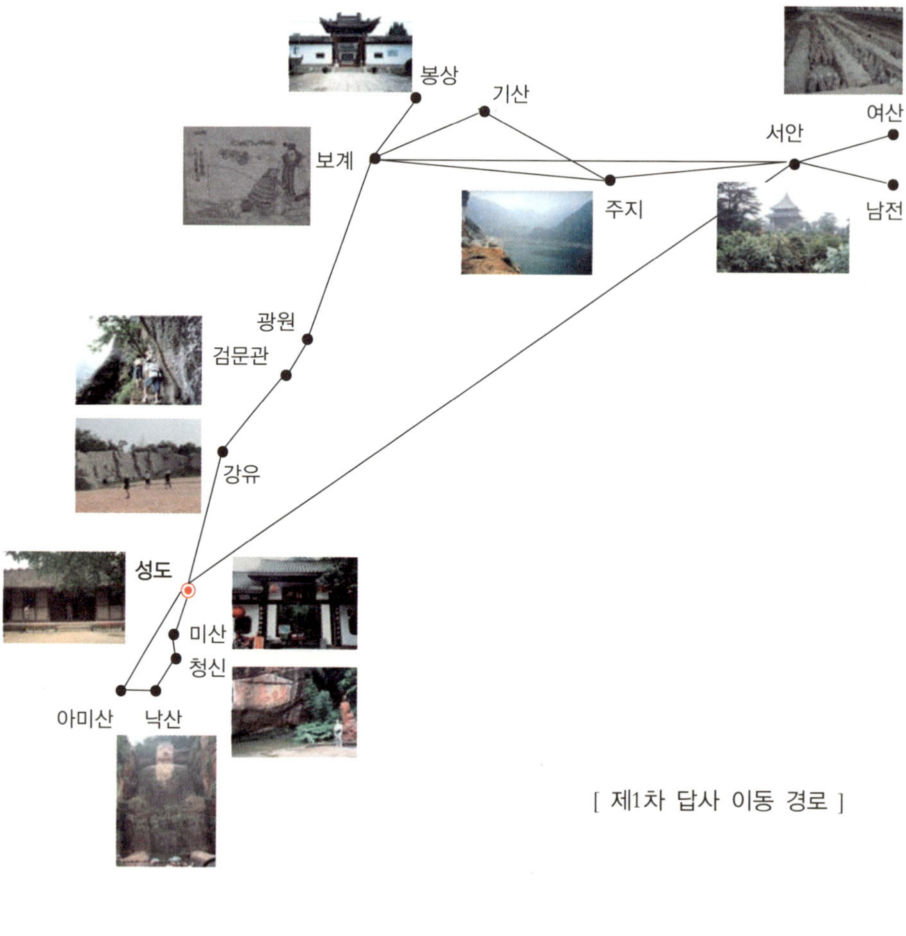

[제1차 답사 이동 경로]

소동파(蘇東坡, 1036-1101)[1]는 문장가 · 시인 · 사인 · 서예가 · 화가 · 유학자 · 요리사 · 토목건축가로서 각 방면에서 모두 최고의 업적을 남겼다. 이처럼 다방면에 걸쳐 탁월한 업적을 남긴 사람은 인류 역사에 없었을 뿐만 아니라 앞으로도 찾기 힘들 것이다. 다른 분야는 차치하고 문학 분야만 하더라도 그는 송시의 특징을 확립하는 데 중추적인 역할을 한 대시인이었고, 당송팔대가 중에서도 첫손 꼽히는 명문장가였으며, 호방사의 개조로서 사(詞)를 서정시의 한 장르로 승격시킨 대표적인 호방사인(豪放詞人)이었다.

소동파가 중국 문단에서 어떠한 위상을 차지하는지는 여기서 굳이 상세하게 언급할 필요가 없겠고, 우리나라 문단에서도 그는 크게 추앙받았다. 고려 사람 김근(金覲)이 송나라에 사신으로 갔다 온 뒤 자신의 셋째 아들과 넷째 아들의 이름을 각각 김부식(金富軾, 1075-1151) · 김부철(金富轍)로 지은 것은 소동파(蘇東坡, 본명 蘇軾)와 동생 소철(蘇轍, 1039-1112)을 흠모하여 그들의 이름을 딴 것이니,[2] 이는 소동파를

---

1 소동파는 본명이 소식(蘇軾)인데 우리나라에서는 본명보다 호가 더 널리 쓰이기 때문에 이 책에서도 특별한 경우 이외에는 '동파'라는 호를 쓰기로 한다.

2 송(宋)나라 사신으로서 고려에 다녀간 적이 있는 서긍(徐兢)은 "김씨가 대대로 고려의 대족이라는 사실은 예전부터 이미 역사에 기재되어 왔다.……김부식은 넉넉한 외모에 몸집이 크고 얼굴이 검고 눈이 튀어나왔지만 박학다식하고 글을 잘 짓고 고금의 일을 잘 알아서 당시의 학자들이 신복했으니 그를 능가할 수 있는 사람이 없었으며, 그의 동생 김부철 역시 시를 잘 짓는다는 명성을 지니고 있었다. 나는 은밀하게 그들 형제의 작명 의도를 물어본 적이 있는데 아마도 흠모하는 바가 있어서 그런 것 같다(金氏世爲高麗大族, 自前史已載.……富軾, 豊貌碩體, 面黑目露, 然博學强識, 善屬文, 知古今, 爲其學士所信服, 無能出其右者, 其弟富轍, 亦有詩譽. 嘗密訪其兄弟命名之意, 蓋有所慕云)"[문연각사고전서본(文淵閣四庫全書本) ≪선화봉사고려도경(宣和奉使高麗圖經)≫ 권8 <인물(人物)>]라고 하여 자신이 직

비롯한 소씨 삼부자에 대한 김근의 추앙심이 얼마나 컸는지를 보여 준다. 그리고 이규보(李奎報, 1168-1241)가 "세상의 학자들이 처음에는 과거시험에 필요한 문체를 익히느라 풍월을 일삼을 겨를이 없다가, 과거에 급제하고 나서 시 짓는 법을 배우기 시작하면 소동파 시 읽기를 무척이나 좋아하기 때문에 매년 과거의 방이 나붙은 뒤에 사람마다 금년에 또 서른 명의 소동파가 나왔다고 여긴다"[3]고 하고, 김종직(金宗直, 1431-1492)이 "신라 말에서 고려 초까지는 오로지 만당 시만 익혔고, 고려 중엽에는 소동파 시만 배웠다"[4]고 한 것은 고려 중엽 이후 우리나라 문인들이 너도나도 소동파 시를 배우기에 여념이 없었음을 증언해 준다.

무엇이 그로 하여금 이토록 위대한 문학적 성취를 이루게 했을까? 이제 그 현장을 내 눈으로 직접 살펴보기 위해 답사여행을 떠나니 수학여행을 떠나는 초등학생처럼 설레는 마음을 진정시키기 어렵다.

소동파 문학의 현장을 찾아가는 첫 번째 답사에는 나를 비롯하여 강경희 · 김보경 · 김수희 · 김지영 · 김지현 · 류소진 · 류용옥 · 정진선 · 홍금주 등 모두 열 명이 동참하게 되었다. 이번에는 사천성 미산(眉山) 일대와 섬서성 봉상(鳳翔) 일대에 있는 소동파 관련 유적지를 답사하고 간 김에 그 부근에 있는 다른 명승고적도 살펴볼 계획이다. 미산은 소동파의 고향이고 봉상은 그의 첫 부임지다.

접 물어본 바를 근거로 김부식 · 김부철 형제의 이름이 소식 · 소철 형제를 흠모하여 지은 것이라고 했다.

3 "世之學者, 初習場屋科擧之文, 不暇事風月, 及得科第, 然後方學爲詩, 則尤嗜讀東坡詩, 故每歲牓出之後, 人人以爲今年又三十東坡出矣."[이규보, ≪동국이상국전집≫ 권26 <문장을 논하여 전이지에게 보내는 답장(答全履之論文書)>, 서울: 한국민족문화추진회, 1990]

4 "羅季及麗初, 專習晩唐, 麗之中葉, 專學東坡."[김종직, ≪청구풍아≫ <서(序)>, 서울: 아세아문화사, 1980]

1. 미산(眉山)에서 아미산(峨眉山)까지

2002년 8월 11일 9시 50분에 인천공항을 출발한 비행기는 네 시간을 넘게 날아 중국시각 오후 1시 10분경에야 성도(成都)공항에 도착했다. 성도공항은 생각보다 작아 30분도 채 안 되어서 함께 내린 탑승객들이 썰물처럼 싹 빠져나가 버렸다. 그러나 우리는 공항을 빠져나가기 전에 해야 할 일이 있기 때문에 거기서 꽤 많은 시간을 보냈다. 거기서 우리가 할 일이란, 택시를 탈 때 우왕좌왕하지 않음은 물론 택시 안에서 운전사의 농간에 넘어가지 않고, 택시에서 내려 길이 엇갈렸을 경우에도 낭패를 당하지 않도록 하기 위해 중국어를 비교적 잘 구사하는 사람, 힘이 센 남자, 인천공항에서 임대해 온 중국 휴대전화 세 대 중 하나를 소지한 사람이 골고루 승차하도록 안배하여 내가 미리 짜 놓은 택시승차조도 다시 한 번 알려 주고 그 밖의 몇 가지 주의사항도 얘기해 주는 것이었다.

텅 빈 공항에 한국어를 쓰는 승객들이 나가지 않고 늑장을 부리는 것이 수상해 보였는지 공항 직원 한 사람이 다가와서 무슨 일이냐고 물었다. 우리는 마치 무슨 나쁜 짓을 하려다가 들킨 사람처럼 아무 일도 아니라고 대답하고 서둘러 공항을 빠져나갔다.

청사 밖에는 추적추적 비가 내리고 있었다. 난감했다. 그런데 공항 청사를 나서는 순간 낯선 사람 둘이 쭈뼛거리며 우리에게 다가와 인사를 했다. 사천대학 역사학과 박사과정에 재학 중인 박영환 선생과 사천대학 학부생 정재석 학우였다. 내가 사천대학 유학생들의 인터넷 카페를 통해 미리 박영환 선생에게 부탁한 적이 있기는 하지만, 성도에 도착한 뒤에 다시 연락하기로 했기 때문에 이렇게 공항까지 마중을 나오리라고는 생각도 하지 않았다. 어제 저녁 통화에서 박 선생은 요금이 중국 돈으로 하루 450원인 중형버스를 한 대 물색해 놓았다고 했는데, 그 차가 갑자기 다른 데로 차출되어 가 버렸다면서 속칭 빵차(麵包車)라고 하는 소형 승합차를 세 대 대기시켜 놓고 있었다. 사천대학까지 280원이라고 했다. 하루 450원에 비하면 비싼 편이지만, 생전 처음 보는 유학생이 우리를 위해 이렇게 애를 써 주니 얼마나 고마운지 모를 일이었다.

빵차 세 대에 나누어 타고 빗길을 달려 사천대학 영빈관에 도착한 우리는 3일 뒤인 8월 14일에 아미산(峨眉山)에서 서안(西安)까지 바로 가는 기차표가 있는지 알아보았다. 여행 철이라 그런지 우리 일행 열 명이 함께 탈 수 있는 침대표는 없었다. 할 수 없이 8월 14일 밤에 성도역에서 출발하는 일반 좌석표를 예매해 놓고 공항에서 타고 온 빵차 가운데 두 대를 각각 220원씩에 전세 내어 미산(眉山)까지 가기로 했다. 차는 자신이 얼마나 노후한지를 잊어버린 듯 한산한 고속도로를 머리끝이 쭈뼛해질 정도로 빠르게 달려 한 시간 만에 미산에 도착했다.

소씨가 미산에 살기 시작한 것은 문장사우(文章四友)의 한 사람인 초당(初唐) 시인 소미도(蘇味道, 648-705) 때부터였다. 당나라 신룡 원년(705)에 그는 장역지당(張易之黨)에 연루되어 미주(眉州, 지금의 사천성 미산) 자사(刺史)로 좌천되었다가 얼마 뒤에 미주에서 죽었다. 소미도가 죽자 유족들이 그의 영구를 모시고 고향인 조주(趙州) 난성(欒城, 지금의 하북성 난성)으로 돌아갔지만, 그의 아들 가운데 한 명은 계속하여 미주에 머물렀던 것이다.[5]

소동파는 출생일인 북송 경우 3년(1036) 12월 19일부터 과거시험을 보기 위해 개봉(開封, 지금의 하남성 개봉)으로 떠난 가우 원년(1056)까지 20년에 걸친 청소년 시기를 줄곧 미산에서 보냈고, 어머니의 삼년상을 치른 가우 2년(1057)부터 가우 4년(1059)까지와 아버지의 삼년상을 치른 치평 3년(1066)부터 희령 원년(1068)까지도 잠

5 소순(蘇洵)의 <소씨족보(蘇氏族譜)> 및 <족보후록상편(族譜後錄上篇)> 참조. 소동파의 생애에 관한 서술은 주로 졸저 ≪팔방미인 소동파≫(서울: 신서원, 2005)에 의거한바, 그의 행적 가운데 특별한 것만 전거(典據)를 명기하고 널리 알려져 있는 일반적인 것은 일일이 명기하지 않았다.

깐씩 미산에서 머물렀다. 그러나 아버지의 삼년상을 마치고 떠난 이후로 다시는 미산 땅을 밟아 보지 못했다.

삼소사(三蘇祠) 안에 숙소가 있다는 말을 들은 적이 있는지라 바로 삼소사 앞으로 갔더니 삼소사 관리인이 다른 곳으로 가 보라며 빵차 운전사에게 길을 알려주었다. 결국 금항빈관(金恒賓館)에 숙소를 정했다. 2성급인 이 호텔은 원래 2인용 표준실 하나에 300원인데 그것의 절반인 150원을 달라고 했다. 그러나 우리는 거기서 다시 50원을 깎아 100원씩을 주기로 했다. 1인당 4원씩인 아침식사도 포함된 가격이었다.

지은 지 얼마 안 되는 호텔이라 시설도 깨끗하고 쾌적한 데다 어린 여자 종업원들도 아주 친절했다. 종업원들은 하나같이 자신이 소동파의 고향인 미산의 시민이라는 사실에 대해서 대단한 자부심을 가지고 있었다. 그것이 소동파를 공부하는 우리에게는 무척 기특하게 보였다. 다만 시골 소도시다 보니 국제전화가 가능한 공중전화가 없기 때문에 요금이 비싸더라도 인천공항에서 임대해 간 중국 휴대전화로 각자 자기 집에 도착 보고를 해야 하는 것이 문제라면 문제였다.

❄ 삼소사

2002년 8월 12일 8시 30분에 호텔을 나서서 삼소사로 갔다. 어제 저녁에는 택시를 타고 큰길로 돌아갔기 때문에 제법 먼 것 같았는데, 지름길로 걸어오니 금항빈관에서 5분밖에 안 되는 거리였다.

삼소사는 명나라 홍무 원년(1368)에 소씨 일가의 옛날 집을 개조하여 만든 소동파 삼부자의 사당이거니와,[6] 소씨 집안이 중소 지주였다는 사실을 감안하더라도 개인주택치고는 상당히 큰 편이라고 생각되었다.

---

6 ≪백도백과(百度百科≫ <삼소사> 참조.

미산 삼소사

입구에서 멀지 않은 곳에 큼지막한 소동파 동상이 있었다. 토란밭 가운데에서 몸에 도포를 걸치고 머리에 두건을 쓴 채 왼손으로 바닥을 짚고 앉아 방문객을 맞이하고 있었다. 사랑방에 혼자 앉아 마당에서 뛰어노는 어린 손자들을 바라보다가 문득 자신의 나이를 생각하고는 잠시 먼 산을 바라보며 생각에 잠겨 있는 보통 할아버지의 모습이었다. 이 동상은 이백시(李伯時, 본명 公麟, 호 龍眠居士)가 그린 동파반타상(東坡盤陀像)을 근거로 조각한 동파반타상이라고 한다.[7]

우리는 누가 먼저랄 것도 없이 어느새 그의 무릎 앞에 늘어서서 사진 찍힐 준비를 하고 있었다. 그것은 다름 아닌, 손자들이 다투어 오랜만에 만난 할아버지의 품으로 파고드는 모습이었다.

그런데 이상하게도 삼소사 안에는 소동파의 동상만 있고 아버지 소순(蘇洵, 1009-

7 중소(重蘇), ≪삼소생평간개(三蘇生平簡介≫, 미산: 내부자료, 2002, 23쪽 참조.

미산 삼소사의 소동파상

1066)과 동생 소철의 동상은 없었다. 소씨 삼부자의 동상이 다 세워져 있을 법한데 왜 그런지 알 수 없는 노릇이었다. 예산이 넉넉지 않아서 하나만 먼저 만든 것일까? 우선 하나만 만들 수밖에 없었다면 아버지 소순의 동상부터 만들었어야 하지 않는가? 다른 기념관도 아니고 소씨 삼부자의 사당이라면 아버지인 소순이 1순위일 것인데 아들 소동파를 1순위로 친 것은 무엇 때문일까? 관념적 가치보다 물질적 가치를 우위에 두는 가치관에서 비롯된 것일까?

진열관에는 소씨 삼부자의 밀랍상을 비롯하여 소동파가 오대시안(烏臺詩案)으로 감옥에 갇혀 있을 때 동생과 상봉하는 장면, 황주(黃州)로 유배 간 뒤 적벽에서 뱃놀이하는 장면, 소동파의 어머니가 아들들을 가르치는 장면, 소팔낭(蘇八娘)이 어린 남동생들을 데리고 수수께끼 놀이를 하는 장면 등을 형상화한 밀랍상들이 진열되어 있었다.

내 눈이 번쩍 뜨이게 한 것은 목가산(木假山)이었다. '목가산당(木假山堂)'이라는 현판이 붙어 있는 기와집의 대청에 놓인 목가산을 보는 순간 나는 가슴이 뭉클했다. 소식시독회에서 그의 시 <목가산에 물을 끌어댄 일을 노래한 자유의 시에 화답하여(和子由木山引水)>를 읽을 때 목가산이 도대체 어떻게 생긴 물건인지 정체를 알 수 없어서 무척 고심했었기 때문이다. 그리고 삼소사에 목가산이 있을 것이라고는 생각도 하지 않았는데 천만뜻밖에도 거기서 그것을 볼 수 있었기 때문이다.

더구나 목가산당 안에 세 개의 산봉우리 모양으로 생긴 커다란 나무뿌리가 마른 상태로 진열되어 있는 것 이외에, 그 앞 처마 밑의 높직한 콘크리트 받침대 위에도 또 다른 세 산봉우리 모양의 나무뿌리가 하나 얹혀 있어서 이 시의 이해에 직접적인 도움을 주었다. 콘크리트 받침대에는 물이 조금 고여 있고 그 위에 놓인 나무뿌리에 여기저기 이끼와 풀이 나 있음은 물론 나무뿌리 옆에 작은 대나무까지 자라고 있어서 수시로 물을 주고 있다는 사실도 알 수 있었다. 이 광경을 보고 나서 소동파의 이 시를 다시 읽으니 그동안의 궁금증이 확 풀렸다.

목가산당

목가산당 처마 밑의 다른 목가

1	其一
촉강의 푸른 물은 오래 보지 못했지만	蜀江久不見滄浪
그 강 위의 메마른 그루터기는	江上枯槎遠可將
멀리 이곳 도성까지 가져올 수 있었네.	
우리 비록 고향 땅을 떠나왔지만	去國尙能三犢載
이것을 소 세 마리에 실어올 수 있었으니	
이것을 관리하러 샘물을 긷느라고	汲泉何愛一夫忙
한 사내가 분주한들 애석할 게 무엇이랴?	
힘들게 일 벌였다 남들은 웃겠지만	崎嶇好事人應笑
차분하게 기쁨 누리면 마음 절로 느긋했네.	冷淡爲歡意自長
해맑은 긴 밤의 납량을 생각나니	遙想納涼淸夜永
창 앞에 희미한 달이 도량 넓은 사람을 비추겠네.	窓前微月照汪汪

2	其二
가지도 없이 누워 있던 천 년 묵은 고목이	千年古木臥無梢
물결이 모래를 뒤집자 바가지인 양 떠다녔네.	浪捲沙翻去似瓢
가을을 몇 번 보냈기에 이끼가 생긴 채로	幾度過秋生蘚暈
강물에 호응하여 지금껏 윤기를 흘릴까?	至今流潤應江潮
눈물 줄줄 흘리는 건 교룡이 물을 토하는 모습	泫然疑有蛟龍吐
잘린 곳은 벼락 맞아 탄 것이라네.	斷處人言霹靂焦
재목이 크면 예로부터 쓰일 곳이 없는 법	材大古來無適用
울적하게 산의 묘목을 부러워할 것 없다네.	不須鬱鬱慕山苗[8]

8 왕문고(王文誥) 집주(輯註) / 공범례(孔凡禮) 점교(點校), ≪소식시집(蘇軾詩集)≫(북경: 중화서국, 1982) 권 5. 이 판본은 이후 '왕문고본 ≪소식시집≫'으로 약칭한다.

목가산은 말하자면 아주 특이하게 생긴 커다란 나무둥치였다. 고향에 있을 때 소순이 산봉우리 세 개가 붙어 있는 모양으로 생긴 고목둥치가 강물 위에 떠다니는 것을 보고 집으로 가져와서 관상용으로 꾸며 놓았던 것이다. 소순은 <목가산기(木假山記)>를 써서 그것을 얻게 된 경위와 그것에 대한 그의 남다른 감회를 밝혀 놓았을 정도로 목가산을 무척이나 좋아했다. 심지어 소동파가 앞의 시에서 말한 것처럼 개봉(開封)으로 갈 때 그것을 수레에 싣고 가기까지 했다. 그러나 안내문에 의하면 원래의 목가산은 없어진 지 오래되었고, 지금의 목가산은 청나라 도광 12년(1832)에 미산서원(眉山書院)의 훈장이던 이몽련(李夢蓮)이 민강(岷江) 가에서 비슷한 것을 발견하고는 얼른 구입하여 갖다 놓은 것이라고 한다. 그리고 지금의 목가산당은 청나라 건륭 19년(1754)에 미주태수 염원청(閻源清)이 목가산방(木假山房)을 중수하고 항주 사람 송봉기(宋鳳起)로 하여금 현판을 쓰게 한 것이라고 한다. 어쨌거나 진품이 아니기 때문에 목가산당 중앙의 대청과 처마 밑에 각각 하나씩 두 개가 있을 수 있을 것이다. 목가산당의 기둥에 남송 저명 시인 육유(陸游, 1125-1210)의 시 <목가산(木山)> 가운데 "창문은 구름 덮인 계곡을 향해 열려 있고, 국화는 대밭 옆에 무더기로 심어져 있네(書窓正對雲洞啓, 叢菊初傍幽篁栽)"라는 구절이 쓰여 있어서 운치를 더해 주고 있었다.

11시 30분까지 삼소사를 구경하고 점심식사를 하기 위해 경내에 있는 경소루(景蘇樓)를 찾았다. 경소루는 송나라 사람 진엽(陳曄)이 소씨 삼부자를 경모하여 창건했다는 건물로 안에 숙식 시설을 갖추고 있고 빈 방도 있다는데, 어제 저녁에 우리가 물었을 때 정문의 관리인은 왜 다른 호텔로 가라고 했는지 모르겠다. 참고삼아 물어보았더니, 경소루에는 객실이 열세 칸 있으며 방값이 한 칸에 100원씩이라고 했다. 오래된 건물인 만큼 시설은 낡았을 것임에 틀림없다. 그러나 여기까지 온 기념으로 하룻밤 묵어 보는 것도 의미 있는 일인데 참 안타까운 일이다. 그곳에는 식사를 하는 사람이 별로 없어서 그런지 준비하는 데 시간이 너무 많이 걸린다고 하기에 할 수 없이 다른 식당으로 가서 점심을 먹었다.

❄ 환어지

1시 20분에 금항빈관을 떠나 전세요금이 한 대에 300원씩인 빵차를 두 대 불러 소동파의 첫 번째 부인 왕불(王弗, 1039-1065)의 고향인 청신(靑神)으로 갔다. 중간에 있는 다른 곳에는 별로 관심이 없기 때문에 곧장 중암산(中巖山)에 있는 환어지를 찾아갔다. 환어지는 소동파와 관련된 재미있는 전설을 지니고 있다.

소동파는 젊은 시절에 중암산의 푸른 산과 맑은 물을 좋아하여 그곳에 가서 공부했는데, 어느 날 저녁 바깥에서 손뼉을 치며 부르는 사람이 있어 문을 열어 보니 아리따운 처녀 하나가 서 있다가 소동파에게 제자가 되기를 청했다. 간곡한 청을 자꾸만 거절할 수 없어서 소동파는 그냥 함께 공부하자고 했다. 오청(敖靑)이라는 그 처녀는 그날부터 저녁마다 소동파의 거처에 와서 글씨를 배웠는데, 어떤 때는 소동파를 위해 먹을 갈아 주기도 하고, 어떤 때는 소동파에게 부채질을 해 주기도 했다. 그러는 동안 두 사람 사이에 연모의 정이 생기기 시작했다. 그러던 어느 날 오청은 자기가 원래 동해 용왕의 막내딸인데 아버지에게 들켜서 용궁으로 잡혀 가게 됐다며 하직 인사를 했다. 붙잡아 볼 길이 없는 소동파가 말했다.

"당신이 진정 용왕의 딸이라면 도술을 부릴 수 있을 것이니, 내가 당신을 보고 싶을 때 당신의 화신이 내 앞에 나타나 준다면 그것으로 만족하겠소."

그러자 오청이 하마터면 잊어버릴 뻔했다며 말했다.

"중암사(中巖寺)의 하사(下寺)에 있는 바위 밑에 연못이 하나 있는데, 그 연못은 동해와 연결되어 있기 때문에 거기에 가서 손뼉을 치면 푸른 물고기가 나타날 것인데 그것이 바로 저의 화신입니다."

오청은 소동파에게 자기한테 글자 석 자를 써 달라고 당부하고는 이내 떠나버렸다. 소동파는 그것이 무슨 뜻인지 알지 못한 채 날마다 연못에 가서 손뼉으로 푸른 물고기를 불러내어 함께 놀았다. 그러자 주위에 있던 친구들이 하나 둘 모여들어 소동파가 하는 대로 따라 했다.

당시 청신(靑神)이라는 이웃 마을에 학식이 깊고 덕망이 높은 왕방(王方)이라는 선비가 있었다. 그는 향시(鄕試)를 거쳐 진사시에 응시했으나, 당시 과거시험에서 통용되던 형식주의 문체로 답안을 작성하지 않은 탓에 그만 낙방하고 시골에 묻혀서 안빈낙도하고 있었다. 그에게는 묘령의 딸이 하나 있어 그는 늘 딸의 혼사에 신경을 쓰고 있었다. 그는 중암사의 스님과 상의하여 바위 밑에 있는 이 연못을 명소로 개발하기로 했다. 그리고 모여드는 사람들에게 이 연못의 이름을 지어 보라고 했다. 그랬더니 어떤 사람은 '고기가 헤엄치게 한다'는 뜻에서 '유어지(游魚池)'라고 하고, 또 어떤 사람은 '고기를 구경한다'는 뜻에서 '관어지(觀魚池)'라고 했다. 이 밖에도 '고기를 희롱한다'는 뜻의 '희어지(戲魚池)', '고기를 목욕시킨다'는 뜻의 '욕어지(浴魚池)' 등 별의별 이름이 다 나왔다. 그러나 모두 왕방의 마음에 차지 않았다. 그러다가 마지막으로 '환어지(喚魚池)'라는 이름을 보고 마침내 무릎을 탁 쳤다. '고기를 부르는 연못'이라는 뜻이었다. 그 종이에는 '미산 소식(眉山蘇軾)'이라고 서명되어 있었다. 잠시 후 그의 딸 왕불의 하녀가 종이를 한 장 들고 왔는데 거기에는 '호어지(呼魚池)'라고 쓰여 있었다. 글자는 좀 다르지만 역시 '고기를 부르는 연못'이라는 뜻이었다. 소동파가 제안한 이름과 자기 딸이 제안한 이름이 서로 같은 뜻인 것을 보고 그는 정신이 번쩍 들었다. 그는 마침내 소동파가 제안한 '환어지'를 연못 이름으로 결정하고 소동파로 하여금 절벽에다 직접 그 이름을 쓰게 했다. '환어지(喚魚池)'라는 석 자를 바위에 쓰면서 소동파는 그제야 비로소 오청이 그에게 글자 석 자를 써 달라던 말의 의미를 깨달았다. 왕방이 친구인 소순에게 자신의 심경을 털어놓자, 소순도 흔쾌하게 두 사람의 결합을 승락했다. 그러나 당사자 두 사람의 마음을 알 수 없어 두 사람에게 상면할 기회를 주었다. 뜻밖에도 두 사람은 만나는 순간 마치 어디서 본 것만 같은 친근감을 느꼈다고 한다.[9]

환어지에 얽힌 전설로 이것과 약간 다른 이야기도 하나 있다. 과년한 딸의 혼사 문제로 고심하고 있던 왕방은 이웃 마을에 사는 소동파라는 청년이 어릴 적부터 시문에 탁월한 능력이 있을 뿐만 아니라 글씨도 잘 쓴다는 소문을 듣고 사위로 삼고 싶은 마음이 간절해졌다. 그는 자신이 직접 소동파를 한번 보고 싶기도 하고 딸에게 선을 볼 기회를 주고 싶기도 해서 적당한 방법을 강구했다. 그는 민강(岷江) 가의 중암산에 있는 중암사의 장로 간사화상(侃師和尙)과 상의하여 그 절에서 축제를 열고 인근의 유지들을 초청하여 시문 창작 대회를 거행하기로 했다. 그리고 소동파도 초청함으로써 다른 사람에게 눈치채이지 않고 자연스럽게 그를 한번 볼 기회를 갖기로 했다.

중암사로 가는 길에 계곡 물이 고여서 이루어진 다섯 평 정도밖에 안 되는 조그만 연못이 하나 있는데, 어디서 왔는지 연못 안에 물고기 떼가 헤엄치고 있었다. 소동파가 그곳을 지나가니 사람들이 둘러서서 연못 안에서 노니는 물고기 떼를 바라보며 그 연못의 이름을 무엇이라고 지으면 좋을지 논의하고 있었다. 한 사람이 '관어지(觀魚池)'로 하는 것이 좋겠다고 하자 옆에 있던 사람이 '초어지(招魚池)'로 하는 것이 좋겠다고 했다. 두 사람은 각자 자기 생각이 더 낫다며 논쟁을 벌였다. 이때 중암사의 간사화상이 와서 소동파에게 의견을 물었다. 소동파가 자신은 그럴 능력이 없다며 사양했으나 자꾸만 권하는 바람에 마지못해 시를 네 구절 읊었다.

관어지와 초어지 논쟁 나름대로 유래가 있으니	觀招論爭有由來
간사 스님께 부탁하여 중재를 청해 봅시다.	敬請侃師來仲裁
자비의 배는 다 건네주어 못 가는 데가 없으니	慈航普渡本無極
부처님의 음성이 하얀 고기를 불러왔나 봅니다.	佛音喚得素鱗來

9 임열(任列), ≪민간전설고사(民間傳說故事)≫, 미산: 동파시사(東坡詩社), 2001, 4-6쪽 참조.

환어지

'관어지'를 주장하는 사람과 '초어지'를 주장하는 사람의 입장을 모두 존중해 주고 간사화상의 체면도 살려 준 뒤, 이곳이 불교의 명승지임에 착안하여 대자대비하신 부처님의 은공으로 이 산골짜기에 물고기가 있게 되었을 것이라는 뜻밖의 결론을 내렸다. 주위에 있던 사람들이 모두 남의 입장을 존중할 줄 아는 그의 인품과 얼른 부처님의 공덕으로 연결 지을 줄 아는 그의 재치에 탄복했다. 옆에 있던 사람들이 이구동성으로 네 번째 구절의 의미를 살려 '환어지'로 하는 것이 좋겠다고 했고 간사화상도 동의했다. 나중에 왕방이 보고 매우 만족해했음은 말할 것도 없다. 여러 사람의 청으로 소동파가 옆에 있는 절벽에 '환어지(喚魚池)'라고 썼다. 그리고 즉시 석공을 불러서 새겼다.

왕방의 딸 왕불이 어머니와 함께 중암사를 찾았다. 물론 왕방의 계획에 따라 소동파를 선보기 위함이었다. 왕불은 도중에 '환어지(喚魚池)'라는 글씨를 보고 입을 다물지 못했다. 웅장하고 생동감 있는 글씨를 보며 그녀는 자기 고장에 이렇게 뛰어난 서예가가 있다는 소리를 듣지 못했는데 도대체 누가 이렇게 멋진 글씨를 썼는지 궁금했다. 그리고 소동파가 지은 시를 보고는 그의 인품과 재기를 한눈에 간파했다. 그녀는 그것이 소동파의 글씨요 소동파의 시라는 얘기를 듣고는 용모는 볼 필요도 없다며 소동파를 한번 보기도 전에 그에게 시집가기로 결심했다.[10]

환어지는 아주 조그마했다. 눈대중으로 짐작하기에 대여섯 평 정도밖에 안 되는 듯했다. 연못 한구석에 젊디젊은 소동파가 서 있고 그 앞에 왕불이 앉아 있는 모습의 붉은색 석상이 세워져 있었다. 연못 위의 붉은색 바위 절벽에는 '환어지(喚魚池)'라는 소동파의 글씨가 선명하게 남아 있었다. 주위의 바위에는 이끼가 잔뜩 끼어 있는 데 반해 글씨가 있는 곳에는 이끼가 전혀 없이 깨끗한 것으로 보아 신경 써서 관리하는 모양이었다. 그리고 절벽의 밑부분에는 조그만 불상과 탑이 조각되어 있었다. 언제인지는 모르지만 중암사의 스님들이 조각한 것이리라. 시간이 넉넉지 않은 관계로 환어지만 보고 바로 하산했다.

❋ 낙산대불

중암산 기슭의 길가에 앉아 비 온 뒤의 흙탕물이 도도하게 흘러가는 드넓은 민강(岷江)을 바라보면서 잠시 동안 휴식을 취하고 바로 중암산을 떠났다. 2시 50분에 중암산을 떠난 우리는 대불(大佛)을 구경하기 위해 낙산(樂山)으로 향했다. 안내문에 의하면 능운산(凌雲山) 기슭의 민강 · 대도하(大渡河) · 청의강(靑衣江) 등 세 강이 만나는 지점에 위치한 낙산대불은 당나라 현종 개원 원년(713)부터 덕종 정원 19년(803)까지 90년에 걸쳐 새겨진 세계 최대의 석각미륵좌상(石刻彌勒坐像)으로 높이가 71미터나 된다고 한다.

---

10 팽택량(彭澤良), ≪삼소의 재질과 위인(三蘇的成才與爲人)≫, 성도: 서남교통대학출판사, 1996, 58-61쪽 참조.

낙산대불

대불이 강을 향해 앉아 있기 때문에 대불의 앞모습을 보기 위해 우리는 차에서 내리자마자 먼저 배를 타고 강으로 나갔다. 배가 이끄는 대로 이리저리 방향을 바꾸어 가며 멀찌감치에서 대불의 정면을 살펴보았다. 대불은 붉은색 바위 절벽을 잘라 그 가운데에 조각해 놓았는데, 앞으로 조금만 발을 뻗으면 발이 물에 닿을 정도로 강가에 바짝 붙어 있었다. 그것은 금지된 구역에서 몰래 미역을 감다 저만치에서 들려오는 선생님의 목소리에 화들짝 놀라 급히 옷만 걸치고 자세를 가다듬은 뒤 시치미를 뚝 떼고 점잖은 체하는 웃자란 개구쟁이의 모습이었다. 얼마나 급했던지 양말은커녕 신발조차 신지 못한 채 두 손을 무릎 위에 반듯하게 얹어 놓고 가늘게 뜬 두 눈으로 먼 산을 바라보며 과묵한 표정으로 앉아 있었다.

한참 동안 배 위에서 올려다보다가 다시 산 위로 올라가 대불의 머리 위에서 내려다보았다. 눈짐작으로 대충 가늠해 보니 귀의 길이가 네 길쯤 되어 보이고, 손가락의 길이가 다섯 길쯤 되어 보였다. 미리 조사해 간 자료를 확인해 보니 귀가 7미터, 손가락이 8.3미터라고 했다. 그리고 머리의 너비가 10미터, 눈의 길이가 3.3미터, 발등의 너비가 8.5미터라고 했다.[11] 역시 중국인이 아니고는 엄두를 내기 힘든 엄청난 크기였다.

11 ≪백도백과≫ <낙산대불> 참조.

낙산의 동파루

대불의 머리께에서 산길을 따라 조금 더 올라가자 동파루라는 2층짜리 누각이 있었다. 소동파가 아이들을 가르친 적이 있다는 곳이다.[12] 1층에는 '동파루(東坡樓)'라는 현판이 걸려 있고 2층에는 '동파독서루(東坡讀書樓)'라는 현판이 걸려 있었다. 누각 안에는 소동파가 쓴 구양수(歐陽修, 1007-1072)의 <풍락정기(豊樂亭記)>가 걸려 있고 그 앞에 소동파의 앉아 있는 모습을 조각한 동상이 있었다. 그 옆의 벽에는 또 서 있는 모습을 그린 소동파의 화상이 걸려 있었다. 그게 다였다. 더 이상은 볼 만한 것이 없었다.

6시 반쯤에 낙산을 떠나 8시경에 아미산시(峨眉山市)에 도착했다. 세 군데나 다녀 보았지만 적당한 호텔을 찾지 못하고 결국 아미산 기슭에 있는 90원짜리 방에서 자기로 했다. 다른 호텔은 방값이 너무 비싸기 때문에 비용을 절약하기 위해 어쩔 수 없이 선택한 고육지책이었다.

낙산 동파루의 소동파상

12 임열, ≪민간전설고사≫, 미산: 동파시사, 2001, 6쪽 참조.

❄ 아미산

2002년 8월 13일 아미산에서 성도로 가는 버스의 상황도 알아보고 산책도 좀 하기 위해 아침 7시경에 숙소를 나섰더니 어제 저녁부터 내리기 시작한 비가 아직도 내리고 있었다. 우산을 받쳐도 자꾸만 들이치는 비를 맞아 가며 200미터쯤 걸어가노라니 버스 종점이 나왔다. 아미산으로 올라가는 중형버스와 성도로 가는 시외버스가 모두 거기서 출발한다고 했다.

대합실에 걸린 커다란 아미산 지도 앞에서 여자 관광안내원들이 각자 자기 고객들에게 그날의 일정을 설명하고 있었다. 서너 명의 설명을 들어 보았는데 다 비슷비슷한 내용이었다. 그 관광안내원들의 설명과 아미산의 산세를 감안하여 오늘과 내일의 아미산 답사 일정을 대충 잡아 보았다. 오늘은 중형버스를 타고 뇌동평(雷洞坪)까지 가서 거기서 케이블카를 타고 아미산 정상까지 갔다가 내려오는 길에 기슭에 있는 보국사(報國寺)를 둘러보고, 내일은 중형버스와 케이블카를 번갈아 타고 만년사(萬年寺)로 갔다가 청음각(淸音閣)을 거쳐 자연생태원숭이구역(自然生態猴區)으로 가기로 계획을 세웠다.

아침을 먹으면서 오늘 밤도 그냥 이 집에 묵자고 했더니, 다들 시무룩한 표정을 지으며 아무 말도 하지 않았다. 무슨 문제가 있는 것 같아 일행의 눈치를 살피고 있자니, 한 사람이 벌레에 온 몸을 물렸다며 팔뚝을 내밀었다. 그러자 여기저기서 자기도 물렸다고 한 마디씩 거들었다. 그렇다면 아무래도 이 집에서 하루 더 묵는 것이 무리라고 생각되어, 어제 묵으려다 빈 방이 없어 묵지 못한 아미산우전빈관(峨眉山郵電賓館)으로 옮기기로 했다. 대나무에 둘러싸인 아늑한 곳에 새로 지은 2성급 호텔인데, 호화표준실을 잘 흥정하여 표준실 가격인 240원만 주기로 하고 아침을 먹자마자 미리 짐을 옮겨 그 호텔 현관에 맡겨 놓았다.

9시쯤에 중형버스를 타고 아미산을 오르노라니 비는 어느새 안개로 바뀌어 있었다. 안개 속을 헤치고 꼬불꼬불한 산길을 두 시간 정도 달려 뇌동평에 이르렀다. 안개비도 내리고 춥기도 해서 미리 사 온 1원짜리 비옷을 꺼내 입었다. 싸구려 비옷이라 꼴은 사나웠지만 한기를 더는 데는 한결 도움이 되었다. 몇 발짝 더 올라가니 방한복 대여소가 있기에 만일의 경우에 대비하여 세 벌을 빌렸다.

케이블카를 타러 산길을 올라가노라니 사람들이 웅성거리며 나무 위를 쳐다보고 있었다. 사람들의 시선을 따라 나무 위를 쳐다보니 원숭이 두 마리가 나뭇가지를 타고 이리저리 옮겨 다니고 있었다. 그때 가마꾼들이 여기저기서 자기 가마를 타라고 외쳐 댔다. 버스 종점에서 케이블카 승강장까지 공정가격이 50원이라고 했다. 1996년 가을에 여산(廬山)에 갔을 때는 일단 400원씩이라고 불러 놓고 거기서부터 흥정을 시작하는 것을 보았는데, 지금은 공정가격이 정해져 있단다. 이즈음 중국인들은 문명스러운 행동을 매우 중시하기 때문에 거리 도처에서 심심찮게 '문명스러운 보행(文明步行)', '문명스러운 승차(文明乘車)', '문명스러운 운전(文明行車)', '문명스러운 요금납부(文明交費)' 등의 문구를 볼 수 있거니와, 몇 년 사이에 가마운임 징수방식이 많이 문명스러워진 것이다.

해발 3,077미터라는 금정(金頂)에 오르니 안개가 자욱이 끼어서 시야가 극도로 좁았다. 발아래가 깎아지른 절벽이건만 안개에 덮여 별로 무서운 느낌이 들지 않을 정도였다. 1997년 봄에 황산(黃山) 천도봉(天都峰)의 즉어배(鯽魚背) 바로 밑까지 갔다가 산 밑을 내려다보고는 한 번 발을 헛디디면 1킬로미터 아래로 굴러갈 것만 같은 생각에 다리가 후들거려서 즉어배에 오르기를 포기하고 돌아온 적이 있었는데, 나중에 다른 중국인에게 황산은 항상 안개에 덮여 있기 때문에 전혀 무서움을 느끼지 못한다는 말을 들은 적이 있었다. 그때 그 말을 듣고 나니 내가 운이 좋았던 것인지 운이 나빴던 것인지 판단하기 힘들었다. 오늘은 그때와 정반대의 상황이지만 어쨌든 운이 좋은 것인지 나쁜 것인지 알 수 없기는 마찬가지였다.

금정에는 잎이 상당히 두꺼운 침엽수가 참 많았다. 그곳에서 일하고 있는 젊은 중국인 두 명에게 물었더니 그중의 한 명이 뭐라고 가르쳐 주는데 발음이 분명하지 않았다. 아무래도 '윈사수(yúnshāshù)'라고 하는 것 같았다. 어떻게 쓰느냐고 물었더니 순간적으로 당황스러워하는 눈치였다. 남의 아픈 데를 찌른 게 아닌가 싶어 미안했다. 그 순간 내 머리에 '구름 운(雲)'자가 떠올랐다. 그들을 난처한 처지에서 구제해 줄 수 있게 되어 다행이라고 생각하며 "구름이라는 뜻의 '운'자요?" 하고 되물었더니 반색을 하며 그렇다고 했다. '사(shā)'는 어떻게 쓰느냐고 하자, 한 사람이 더듬거리며 쓰는 품이 '모래 사(沙)'자를 쓰려는 것 같아 내가 대신 써 보였더니 맞다고 했다. 그 나무의 이름이 운사수(雲沙樹)라는 사실을 확인하게 되어 기뻤다. 그러나 사전을 확인해 보니 운사수(雲沙樹)라는 나무는 없고 운삼수(雲杉樹)가 있는데 '운삼나무 또는 가문비나무'라고 풀이되어 있었다. 김수희가 아까 어디서 '삼수(杉樹)'라는 팻말을 본 듯하다고 했다. 그러고 보니 가문비나무와 비슷한 것 같기도 하다. 그렇다면 이 나무는 가문비나무와 비슷한 운삼수라는 나무로 구름이 걸려 있는 고산지대에서 자라는 나무임을 알 수 있다.

금정에서 내려와 보국사에 잠시 들렀다가 일찌감치 숙소로 돌아왔다. 아미산우전빈관은 지은 지 얼마 안 된 건물인 듯 실내의 각종 시설이 깨끗하고, 욕실에 욕조가 없는 대신 최신식 샤워 시설이 있어서 쾌적한 느낌을 주었다. 그러나 아침에는 온수가 나오지 않아 샤워를 할 수 없다는 문제가 있었다.

이날 저녁 김보경이 그 부근에서 가장 크다는 아미산대반점(峨眉山大飯店)에 환전하러 갈 때 함께 갔다가 재미있는 현상을 발견했다. 3성급인 아미산대반점은 표준실 A의 원래 가격이 380원이고 표준실 B는 360원으로 2성급인 아미산우전반점의 원래 가격 398원보다 더 싼 것이었다. 호텔의 가격체계가 무척 혼란스러웠다.

2002년 8월 14일 먼저 오후 4시 반에 출발하는 성도행 버스표를 예매해 놓고 9시 반에 숙소에서 나와 만년사(萬年寺)와 청음각(淸音閣)을 거쳐 자연생태원숭이구역으로 갔다. 아무래도 시간이 부족할 것 같아 도중에 한참 동안 산길을 뛰어갔다. 가쁜 숨을 몰아쉬며 자연생태원숭이구역에 도착하니, 야생 원숭이들이 여기저기 흩어져서 나무를 타기도 하고 새끼와 장난을 치기도 하고 관광객이 주는 먹이를 받아먹기도 하며 자유를 만끽하고 있었다. 울타리를 쳐서 관광객의 접근을 금지하고 있는 것을 보니 문득 '관광객으로부터 원숭이를 보호하는 울타리일까, 원숭이로부터 관광객을 보호하는 울타리일까?' 하는 생각이 들었다. 이곳에 원숭이를 훈련시켜서 관광객의 카메라를 낚아채 가는 나쁜 사람이 있으니 각별히 조심해야 한다는 말을 듣고 왔는데, 그것은 아무래도 사실이 아닌 성싶었다. 그럴 수가 없는 구조였다.

내려오는 길에 소형 염주 모양으로 생긴 팔찌를 샀다. 다른 일행이 다 먼저 가고 나 혼자 뒤처져서 내려오자니 아주머니들이 양쪽 길바닥에 줄지어 앉아서 염주 알 20~30개를 꿰어 놓은 팔찌를 팔고 있었다. 염주 알 하나하나에 조그만 불상이 두 개씩 새겨져 있었다. 얼굴에서 시골티가 많이 나 가장 순박해 보이는 한 중년 아주머니 앞으로 다가가자, 아주머니가 반색을 하며 한 켤레(雙, shuāng)에 6원 50전이라고 했다. 불상을 두 개씩 새긴 직경 0.5센티미터 정도의 작은 염주 알 20~30개를 엮어서 하나의 팔찌를 만든 것이라 얼핏 보기에도 공이 많이 든 것임에 틀림없었다. 한 켤레면 그런 염주 알이 50~60개쯤 되는데 그것이 중국 돈 6원 50전, 즉 우리나라 돈 약 1,000원이라니 엄청 싼 값이었다. 더구나 그것은 불상 조각 때문에 대량으로 생산하기도 힘들 것 같았다.

아까 지나가던 어떤 중국인이 이 부근에서 원숭이 인형을 하나 샀는데 한 푼도 안 깎아 주더라고 하는 말을 들었기 때문에 6원 50전이 공정가격일 것이라는 생각이 들었으나, 그래도 혹시나 하는 마음으로 두 켤레를 10원에 달라고 했더니 안 된다고 했다. 짐짓 그러면 안 사겠다고 해 보았더니 선심을 쓰듯 10원에 주겠다고 했다. 그렇게 흥정을 끝내고 10원을 주며 네 개를 집으려니까, 아주머니가 막 화를 내면서 빠른 속도로 뭐라고 얘기하는데 사천 지방 사투리라 얼른 알아들을 수가 없었다. 정신을 집중하고 귀 기울여 들어보니 자기가 두 꿰미(串, chuàn), 즉 두 개에 10원이라고 했다며 네 꿰미니까 20원을 내야 한다고 했다. 맨 처음에 나는 분명히 한 '켤레(shuāng)'에 6원 50전이라고 들었고 확인하기 위해 되묻기까지 했는데 아주머니는 자꾸 '꿰미(chuàn)'라고 했단다. '꿰미(串, chuàn)'를 '켤레(shuāng)'로 잘못 들은 것이 부끄럽기도 하고, 물건의 가치가 20원은 훨씬 넘을 것 같기도 하여 흥정을 위한 흥정을 몇 차례 더 시도해 보다가 결국 10원을 더 주었다.

팔찌를 받아보니 생각보다 정교한 것이 꽤나 마음에 들었다. 그러나 방금 있었던 일을 가만히 되새겨 보니 아무래도 아주머니가 '꿰미(chuàn)'와 '켤레(shuāng)'의 발음이 유사한 점을 이용하여 현지 방언에 익숙하지 않은 외지인에게 바가지를 씌우는 부당 상행위를 했을 가능성이 크다고 생각되었다. 즉 소극적이기는 하지만 발음의 유사성을 이용하여 미필적 고의에 의한 불공정 거래를 했을 가능성이 크다고 생각되었다. 그러나 만드는 데 들었을 공을 생각해 보면 그만한 가치가 충분히 있는 물건이니 조금도 억울할 것이 없다. 다만 나 자신이 장사꾼의 상술에 속아 넘어갈 만큼 어리석었다는 사실에 속이 좀 상하고, 사회주의 국가에서도 이런 일이 일어난다는 사실이 신기할 뿐이다. 나중에 일행이 보고 얼마에 샀느냐고 물을 때 값을 말하지 않고 그냥 비싼 물건이라고만 했더니, 김보경이 궁금증을 못 참고 옆에 있는 다른 노점에서 직접 세 개를 사 왔다. 한 개에 2원 50전을 달라기에 세 개에 7원을 주었다고 했다. 결국 나는 두 켤레에 10원도 채 안 되는 물건을 두 배도 넘는 20원에 산 셈이었다. 그것도 애써 흥정한 끝에 말이다. 나는 얼굴에서 시골티가 많이 나는 아주머니한테 보기 좋게 당한 더 심한 촌사람이었다.

내려가는 동안에 다시 곰곰이 생각해 보니 그 아주머니는 정말 소비자의 심리를 잘 꿰뚫어 보는 뛰어난 상인인 것 같았다. 그 아주머니가 보기에 내가 그 값에 그 물건을 살 사람으로 보였던 것이다. 그래서 일단 나를 자리에 앉게 하여 좀 더 애착을 가지도록 물건을 한번 만져 보게 한 다음 그 값을 요구한 것이다. 내가 만약 그 물건이 그만한 가치가 없다고 생각했다면 안 살 수도 있었는데 결국 샀지 않은가? 그 아주머니는 처음부터 거기까지 간파하고 있었던 것이다. 학생들에게 처음부터 제값을 부르는 것은 학생들은 돈이 많지 않은지라 비싸게 부르면 아예 가 버릴 것이라고 생각했기 때문이리라.

성도행 버스는 예정대로 오후 4시 반에 출발했다. 차창 밖을 내다보니 이 지방에는 배롱나무가 참 많다. 배롱나무는 따뜻한 지역에서 잘 자라기 때문에 우리나라의 경우 남부 지방에 많고 서울만 해도 보기 힘들었는데, 지구온난화의 영향으로 최근에는 서울에서도 심심찮게 발견되고 있는 나무다. 그런데 여기는 배롱나무가 가로수를 이루고 있을 만큼 수도 없이 많다. 지도를 보지 않아도 성도가 우리나라 남부 지방보다도 훨씬 더 남쪽임을 실감할 수 있다. 그러나 배롱나무보다 더 많은 것이 대나무다. 동네마다 주변에 대나무가 둘러서 있음은 말할 것도 없고, 집집마다 담장이 있을 자리에 대나무가 서 있어 집이 온통 대나무 그늘에 싸여 있다. 뿐만 아니라 강가에도 대나무가 늘어서 있고 평평한 들판의 논두렁에도 대나무가 서 있다. 문득 앞발 두 개로 대나무 줄기를 움켜잡은 채 게걸들린 듯 댓잎을 뜯어 먹고 있는 귀여운 판다의 모습이 떠오른다. 그래서 사천 지방에 판다가 많은 모양이다. 또 한 가지 눈에 띄는 것은 계절이 아직 8월 중순밖에 안 됐는데도 불구하고 논에 벌써 벼가 누렇게 익어가고 있다는 사실이다. 우리나라에서는 볼 수 없는 중국 남부 지방의 이색적인 풍경이다.

버스는 오후 7시쯤에 성도에 도착했다. 성도역에서 기차표 상황을 알아보니 세 칸으로 나누어 타야 하는 문제는 있지만, 다행히 좀 더 일찍 출발하는 기차의 침대표가 있어 그것으로 바꾸었다. 성도역 근처에 있는 진마파두부점(陳麻婆豆腐店)에서 저녁을 먹은 뒤 10 · 11 · 12호차에 나누어 탔다. 내 자리 맞은편에 자기 할아버지가 일본인이라는 50대쯤 된 한 일본계 미국 여자와 그녀의 남편인 듯한 미국인이 타고 있었다. 중경(重慶)에서부터 타고 왔다고 했다. 남자는 중국어를 전혀 못하고 여자는 중국어를 조금 하기 때문에 영어와 중국어를 섞어 가며 간단한 대화를 몇 마디 나누었다. 몸이 상당히 지쳐 있었기 때문에 대화를 길게 나누지 못하는 것이 오히려 마음 편했다. 밤이 깊어 가자 공기가 점점 차가워졌다. 미처 긴팔 셔츠를 준비하지 못했기 때문에 체면 불구하고 잠옷을 꺼내어 입고 잤다.

날이 밝아 차창으로 바깥 경치가 보이기 시작하자 수없이 많은 터널들이 후딱후딱 지나가고 있었다. 하나를 빠져 나왔나 싶으면 몇 초도 안 지나서 또 다른 터널로 들어가곤 했다. 외부의 빛을 이용하여 답사 자료를 좀 보려고 했으나 터널이 너무 자주 나타나서 도저히 읽을 수가 없었다. 아마 광원(廣元)을 지나 보계(寶鷄)로 가고 있는 중인 듯싶었다. 그러니까 여기가 바로 이백(李白, 701-762)이 <촉도난(蜀道難)>이라는 시에서 "촉도의 험난함은, 하늘에 오르기보다 더 심하다"[13]고 한 그 촉도(蜀道) 부근인 모양이었다.

13 "蜀道之難, 難於上青天."[문연각사고전서본 ≪이태백문집(李太白文集)≫ 권2]

2. 서안(西安)

2002년 8월 15일 어제 저녁 9시 10분에 성도역을 떠난 기차는 열여섯 시간이 지난 오늘 오후 1시 20분에 서안역에 도착했다. 역에서 내리자 여기저기서 여행사 판촉사원들이 자기 여행사를 이용하라고 외치며 분주하게 광고지를 돌리고 있었다. 그 가운데 50대 중반쯤 되어 보이는 한 아주머니가 집요하게 우리를 쫓아왔다. 숙소가 이미 정해져 있음을 눈치챈 그녀는 자기 회사 중형버스를 하루 200원에 빌려 주겠다고 했다. 주행거리가 꽤 길기는 했지만 서안보다 훨씬 작은 도시인 미산에서 빵차 한 대를 한나절 전세 내는 데 300원씩 주었는데 열 명이 함께 탈 수 있는 중형버스 한 대에 200원이라니 엄청 싼 가격이다. 그러나 가격이 쌀 때에는 그만한 단점이 있을 것이다. 그렇지 않다면 '싼 게 비지떡'이라는 속담이 왜 있겠는가? 우리는 그 아주머니의 제안을 선뜻 받아들일 수 없었다.

603번 버스를 타고 섬서성체육장(陝西省體育場) 동문으로 가자 현재 한국 어느 대학의 교환교수로 와 있는 축(祝) 모 교수와 그녀의 남편 조(趙) 모 선생이 중형버스를 한 대 대기시켜 놓은 채 우리를 기다리고 있었다. 축 교수가 교환교수로 와 있는 대학의 안 모 교수가 우리를 위해 미리 부탁해 두었기 때문이다. 우리는 축 교수 내외의 소개로 섬서사범대학 학생활동중심에 여장을 풀었다. 방값이 하루에 중국 돈 120원이니 그리 비싼 편이 아니지만, 욕실이 딸려 있고 시설이 깔끔하면서도 하루에 미국 돈 8달러인 서북대학의 유학생 숙소나 그에 준하는 다른 숙소를 구해 주기로 한 원래의 약속과는 차이가 많이 나서 일행이 적잖이 불만스러워하는 눈치였다.

어제 저녁에 기차에서 축 교수에게 전화했을 때 서북대학에 빈 방이 없어서 서안음악대학 전가루(專家樓)를 예약해 놓았다고 했고, 오늘 오후 서안역에서 다시 전화했을 때도 서안음악대학으로 찾아오라고 했다가 금방 섬서성체육장 동문에서 만나 함께 가자고 하기에 우리의 편의를 위해서 그러는 줄 알았다. 그런데 막상 섬서성체육장 동문에서 만나자 그의 남편이 축 교수가 잘못 안 것이라고 해명하며 우리를 섬서사범대학으로 데리고 갔다. 약간 불안한 생각이 들었다. 10년 전에 서안 어느 대학의 외사처(外事處) 직원 겸 영어과 강사라는 사람에게 부당한 대우를 받은 적이 있기 때문이다. 섬서사범대학 학생활동중심에 도착했을 때, 왕 주임이라는 여자와 또 한 명의 책임자급 여자 종업원이 우리를 불쾌하게 대하는 것을 보니 우리가 축 교수 부부 덕분에 '대접'을 받는다는 생각이 조금도 들지 않았다. 아무튼 마음에 안 들어 하는 일행을 달래어 거기서 3일을 묵기로 했다.

다행스럽게도 서안은 차비가 다른 지역에 비해 비교적 싼 편이어서 중형버스 한 대를 전세 내는 데 총 주행거리 100킬로미터를 기준으로 하루에 280원이었다. 다만 100킬로미터가 넘는 거리는 매우 불합리해서 1킬로미터를 초과할 때마다 탑승자 1인당 1.8원을 더 내야 한다고 했다. 우리가 다닐 곳은 하루에 100킬로미터를 넘지 않기 때문에 문제 될 것이 없었지만, 만일의 경우에 대비하여 좀 더 구체적으로 협의한 결과 화청지(華淸池)·진시황릉(秦始皇陵)·병마용박물관(兵馬俑博物館) 등지는 280원에 빌리기로 하고, 이보다 주행거리가 짧은 남전(藍田)·망천별장(輞川別墅) 및 누관대(樓觀臺) 일대는 260원에 빌리기로 했다.

❄ 화청지

2002년 8월 16일 이른바 동선(東線)이라고 하는 곳인 여산 기슭의 화청지·진시황릉·진시황제지하궁전·병마용박물관과 흥경궁공원(興慶宮公園) 등지를 답사하기로 했다. 이곳은 대표적인 관광지라 가는 곳마다 한국말이 들려왔다. 화청지에서는 우리가 한국말로 얘기하며 지나가자 어떤 가게의 젊은 남자 주인이 큰 소리로 "대~한민~국!" 하고 외쳤다. 얼마 전에 우리나라가 4강에 오르는 쾌거를 이

화청지와 여산

루고 끝난 한일 월드컵의 위력이 여기까지 미친 것이었다. 10년 전만 해도 중국인들 가운데 조선이라는 나라만 알고 한국이라는 나라는 어디에 있는지조차 모르는 사람이 많았는데, 이제는 저들이 행색만 보아도 우리가 한국인임을 아는 모양이다. 이것도 일종의 '체력은 국력'이라 할 수 있으리라.

화청지는 서안 중심가에서 동쪽으로 30킬로미터 정도 떨어진 여산(驪山)의 북쪽 기슭에 있는 온천이다. 화청지가 온천으로 이용되기 시작한 것은 6,000년 전의 일이고, 일찍이 서주(西周) 시대에 유왕(幽王)이 여기에 행궁을 지은 바 있으니, 제왕들의 행궁으로 이용된 것만 해도 3,000년의 역사를 지니고 있는 셈인데, 이 행궁은 그 뒤 진(秦)나라·한나라·수나라 때에도 필요에 따라 수시로 중건했다.[14] 당나라 때에는 태종이 여기에 행궁을 지어 탕천궁(湯泉宮)이라고 부르다가 그 뒤 온천궁으로 바꾸었으며, 현종 천보 6년(747)에 마침내 화청궁으로 개칭했다.[15] 역대 천자들 중에서 당나라 현종이 이곳을 유독 좋아하여 거의 매년 10월에 왔다가 세밑에 돌아가곤 했는데, 그는 개원 2년(714)부터 천보 14년(755)까지의 40여 년 동안에 서른여섯 차례나 왔다 갔다고 한다.[16]

14 ≪백도백과≫ <화청지> 참조.

15 정대창(程大昌)의 ≪옹록(雍錄)≫ 권4 <온천(温泉)> 및 유후(劉昫)의 ≪구당서(舊唐書)≫ 권9 <현종하(玄宗下)> 참조.

화청지에는 현종 전용 욕조인 연화탕(蓮花湯)과 양귀비 전용 욕조인 해당탕(海棠湯)이 따로 있었다. 안내문에 의하면 연꽃 모양으로 만들어진 연화탕은 동서의 길이가 10.6미터이고 남북의 폭이 6미터이며, 해당화 모양으로 만들어진 해당탕은 동서의 길이가 3.6미터이고 남북의 폭이 2.9미터라고 하니 규모의 차이가 상당히 크다. 천자와 귀비라는 신분의 차이 때문일까, 남자와 여자라는 활동성의 차이 때문일까? 어쨌든 몸집 차이 때문은 아니겠지?

소동파는 치평 원년(1064) 12월 봉상부첨판(鳳翔府簽判)의 임기를 마치고 개봉으로 돌아가는 도중 장안(長安, 지금의 섬서성 서안)을 지날 때 현종과 양귀비의 일을 생각하며 <화청인(華淸引)>이라는 사(詞)를 한 수 지었다.

태평할 땐 시월이면 연화탕에 납셨는데	平時十月幸蓮湯
그곳에 옥벽돌과 옥다리가 있었었네.	玉甃瓊梁
다섯 집안의 수레와 말이 물결처럼 지나가면	五家車馬如水
갖가지 구슬들이 길가에 널렸었네.	珠璣滿路旁
비취 깃발 떠난 뒤로 사각 침대 덮여 있고	翠華一去掩方牀
안개에 덮인 나무만 남아 푸르름을 뽐내는데	獨留煙樹蒼蒼
지금에 이르도록 맑은 밤의 달님은	至今淸夜月
예전처럼 소리 없이 담장을 넘어가네.	依前過繚牆[17]

소동파가 지은 최초의 사로서 자신이 창작한 곡조에 스스로 가사를 써 넣은 것이라고 알려져 있는 이 사는 양귀비 집안 다섯 남매의 지나치게 호화로운 생활을

16 ≪백도백과≫ <당화청궁(唐華淸宮> 참조.

17 추동경(鄒同慶)·왕종당(王宗堂), ≪소식사편년교주(蘇軾詞編年校註)≫, 북경: 중화서국, 2002, 3쪽. 이 판본은 이후 '추왕본 ≪소식사집≫'으로 약칭한다.

넌지시 풍자하고 있어서 지금까지 지어진 다른 사인(詞人)의 사와는 다른 면모를 지니고 있다.

화청지 뒤편의 여산 기슭에 오간청(五間廳)이라는 건물이 있었다. 한 칸짜리 방 다섯 개가 붙어 있는 오간청은 청나라 말에 창건되어 영국·프랑스·독일·미국·러시아·이탈리아·오스트리아·일본 등의 군대로 구성된 8국 연합군이 북경을 침공한 1900년에 자희태후(慈禧太后), 즉 서태후가 도망와서 피신한 적도 있고, 1936년 10월과 12월 두 차례에 걸쳐 장개석(蔣介石)이 머물며 장학량(張學良) 장군과 양호성(楊虎城) 장군에게 중국인민해방군의 전신으로 공산당이 지휘하던 홍군(紅軍)을 소탕하라고 무리한 명령을 내리다가 오히려 그들에게 체포된 적도 있는 역사적인 곳이다. 이해 12월 12일 장개석은 침실에서 저항군이 쏘는 총소리를 듣고 뒷 창문과 담을 넘어 여산으로 도망갔다. 그러나 장개석은 결국 여산 중턱에서 체포되어 서안으로 압송되었다. 이른바 서안사변이다. 이 일로 인하여 장개석이 이끄는 국민당은 내전을 중단하고 공산당과 힘을 합쳐 항일민족통일전선을 구축했다. 이른바 제2차 국공합작(國共合作)이다.[18] 여산 중턱에 병간정(兵諫亭)이라는 정자가 하나 있는데, 착장정(捉蔣亭)이라는 이 정자의 옛날 명칭이 암시하는 바와 같이 여기가 바로 장개석이 체포된 곳이다.

소동파는 봉상부첨판의 임기를 마치고 개봉으로 돌아갈 때 이곳에서 <여산(驪山)>이라는 제목의 절구도 세 수 지었다.

1	其一
공업이 이뤄지면 잘 보전하고플 따름이련만	功成惟欲善持盈
옛날의 임금들이 태평하다고 믿었음이 안타깝네.	可歎前王恃太平
고생스런 여산의 산 아래 흙이여	辛苦驪山山下土

18 ≪백도백과≫ <오간청(五間廳)>·<서안사변(西安事變> 참조.

아방궁이 없어지자마자 화청궁을 또 지었네. 阿房纔廢又華淸

2 其二

몇 번이나 아로새긴 담장으로 변하고 幾變雕牆幾變灰
몇 번이나 타다 남은 재로 변했나?
거짓으로 봉화 올려 황후를 웃게 하고 擧烽指鹿事悠哉
사슴을 말이라 하던 옛날 일이 아련하네.
상황께선 앞 수레가 경계하는 바를 생각지 않고 上皇不念前車戒
여산이 화근이라고 도리어 원망했네. 却怨驪山是禍胎

3 其三

바다에서 도사가 삼산을 찾았다지만 海中方士覓三山
한 번 가면 못 돌아옴은 만고의 진리인 걸. 萬古明知去不還
지척에 있는 진시황릉이 더없이 좋은 거울인데 咫尺秦陵是商鑑
조원각에는 무엇하러 힘들여 올랐을까? 朝元何必苦躋攀[19]

주나라 유왕(幽王), 진나라 시황, 당나라 현종 등의 역대 제왕들이 여산 일대에서 저지른 어리석은 일들을 풍자한 것이다. 주나라 유왕도 여기에 여궁(驪宮)을 지어 놓고 휴양한 적이 있거니와, 그의 왕비 포사(褒姒)는 좀처럼 웃을 줄을 몰랐는데 유왕이 거짓으로 봉화를 올려 제후들이 속아서 급히 몰려드는 것을 보고는 크게 웃었다고 한다. 이렇게 하기를 몇 차례 하자, 나중에 정말로 견융(犬戎)이 침입했을 때는 봉화를 보고도 제후들이 아랑곳하지 않아 유왕은 마침내 여산 밑에서 견융에게 피살당하고 포사는 포로로 잡혀갔다고 한다. ≪사기(史記)≫ <주본기(周本紀)>가 전하는 이야기다.[20]

19 왕문고본 ≪소식시집≫ 권5.

❄ 진시황릉과 병마용박물관

화청지에서 멀지 않은 곳에 진시황릉이 있었다. 진시황은 중국 역사상 최초로 ‘황제’라는 칭호를 사용한 사람이다. ≪사기≫ <진시황본기(秦始皇本紀)>에 그 경위가 상세하게 설명되어 있다.

> 진나라가 막 천하를 통일한 뒤에 진왕이 승상과 어사에게 명령했다. “……미미한 존재인 과인이 군사를 일으켜 난폭한 자들을 토벌했더니, 종묘에 계시는 신령님들이 보우하사 여섯 나라의 왕들이 모두 머리를 숙이고 죄를 시인한지라 천하가 크게 안정되었소. 이제 칭호를 바꾸지 않으면 공업을 이룬 사실을 칭송하여 후세에 전할 길이 없으니 제왕의 칭호에 대하여 논의하시오.” 승상 왕관(王綰), 어사대부 풍겁(馮劫), 정위 이사(李斯) 등이 다 함께 말했다. “옛날에 오제(五帝)는 영토가 사방으로 천 리에 달하고 그 바깥으로 후복(侯服)·이복(夷服) 등의 각종 제후가 있었는데, 어떤 제후는 배알하고 어떤 제후는 배알하지 않았지만 천자는 이들을 통제할 수 없었습니다. 이제 폐하께서는 정의의 군사를 일으켜 남은 도적을 토벌하고 천하를 평정하여 전국에 군과 현을 설치하고 법령을 통일하셨으니, 이는 상고 시대 이래로 일찍이 없었던 일이요 오제도 이루지 못했던 일입니다. 저희는 박사들에게 ‘옛날에 천황이 있고 지황이 있고 태황(泰皇)이 있었는데 태황이 가장 존귀했소’라고 하며 신중하게 상의했습니다. 이제 저희가 죽음을 무릅쓰고 감히 존호를 바치나니, 대왕님을 ‘태황’이라 부르고 어명을 ‘제(制)’라 하고 법령을 ‘조(詔)’라 하며 천자의 자칭을 ‘짐(朕)’이라고 하시옵소서.” 그러자 진왕이 말했다. “‘태’자는 떼고 ‘황’자를 붙입시다. 그리고 상고 시대에 ‘제(帝)’라고 하던 칭호를 써서 ‘황제(皇帝)’라고 합시다. 다른 것은 논의한 대로 하시오.” 그러고는 어명을 내려 “좋소”라고 하고 장양왕(莊襄王)을 추존하여 태상황(太上皇)이라고 했다. 또 어명을 내려 “짐이 듣건대 태곳적에는 왕호만 있고 시호는 없었는데, 중고 시대에 이르러 왕호가 있을 뿐만 아니라 사후에 또 생전의 업적에 근거하여 시호를 정했

20 사마천(司馬遷), ≪사기≫ 권4 <주본기> 참조.

다고 하오. 이렇게 되면 아들이 아버지를 평가하고 신하가 군주를 평가해야 하니 아주 이치에 닿지 않는 일이오. 짐은 이 법을 취하지 않겠소. 앞으로 시호를 정하는 법은 폐지하시오. 짐이 시황제가 되고 후세는 차례대로 2세·3세 순으로 천 세, 만 세까지 이어져 한없이 전하게 될 것이오"라고 했다.

秦初幷天下, 令丞相·御史曰: "……寡人以眇眇之身, 興兵誅暴亂, 賴宗廟之靈, 六王咸伏其辜, 天下大定. 今名號不更, 無以稱成功, 傳後世, 其議帝號." 丞相綰·御史大夫劫·廷尉斯等皆曰: "昔者五帝, 地方千里, 其外侯服夷服諸侯或朝或否, 天子不能制. 今陛下興義兵, 誅殘賊, 平定天下, 海内爲郡縣, 法令由一統, 自上古以來未嘗有, 五帝所不及. 臣等謹與博士議曰: '古有天皇, 有地皇, 有泰皇, 泰皇最貴.' 臣等昧死上尊號, 王爲泰皇, 命爲制, 令爲詔, 天子自稱曰朕." 王曰: "去泰, 著皇, 采上古帝位號, 號曰皇帝. 他如議." 制曰: "可." 追尊莊襄王爲太上皇. 制曰: "朕聞太古有號毋謚, 中古有號, 死而以行爲謚. 如此, 則子議父, 臣議君也. 甚無謂, 朕弗取焉. 自今已來, 除謚法. 朕爲始皇帝, 後世以計數, 二世三世至千萬世, 傳之無窮."[21]

진시황 26년(기원전 221)의 일을 기록한 이 글을 보면, '황제'라는 칭호가 진시황에 의하여 처음으로 사용되었음을 알 수 있을 뿐만 아니라 아무나 쓸 수 있던 '짐(朕)'이라는 일인칭대명사를 제왕만 쓸 수 있게 된 것이 진시황 때부터라는 사실도 알 수 있다.

중국 최초의 황제라서 그런지 그의 무덤은 엄청나게 컸다. 작은 산처럼 생긴 진시황릉에는 잡초와 나무가 빽빽이 우거져 있는데, 그 가운데로 돌계단이 한 줄 만들어져 있었다. 멀리서 보면 반듯하게 가르마를 탄 모양이고, 가까이서 보면 두발을 단정히 하라고 그토록 타이르는데도 불구하고 끝내 말을 듣지 않는 말썽꾸러기 고등학생의 머리를 담임선생님이 마침내 이발 기계로 밀어버린 모양이다. 진

---

21 문연각사고전서본 ≪사기≫ 권6 <진시황본기>.

시황릉은 무덤이라기보다는 차라리 하나의 야산이었다. 도시 안에 있다면 시민들이 아침마다 한 번씩 올라갔다가 내려와서 주위를 한 바퀴 돌기만 해도 운동량이 충분할 것 같은 그런 크기의 야산이었다.

진시황릉을 지나서 병마용박물관으로 갔다. 잔뜩 긴장하여 표정이 딱딱하게 굳은 실물 크기의 병사들이 여러 무더기로 나뉜 채 4열 종대로 도열해 있었다. 소대별로 정렬하여 사령관의 열병을 기다리고 있는 모습이었다. 병마용박물관은 말하자면 진시황릉의 일부를 파헤쳐서 공개하고, 아울러 거기서 발굴된 유물들 가운데 중요한 것을 특별히 손질하여 진열해 놓은 곳이다. 1974년 3월 진시황릉 부근에 사는 한 농부가 우물을 파다가 우연히 흙으로 만든 인형의 파편을 발견한 이래로 지금까지 발굴된 병사와 말의 모형만 해도 약 8,000개에 달한다고 한다.[22]

역사 기록에 의하면 진시황릉은 진시황(기원전 259-210)의 명에 따라 70여 만 명의 죄수를 동원하여 만들었다고 한다.[23] 그는 왜 무덤 안에 이처럼 많은 생명 없는 병사와 전마를 만들어 넣어 자신의 시체를 호위하게 했을까? 그 많은 인력을 생산 활동에 투여했다면 중국의 역사가 달라졌을지도 모를 일이다. 그는 무엇이 그렇게 두려웠을까? 이렇게 큰 무덤을 만들고 자기 주위에 수없이 많은 진흙 병사를 세워 놓으면 그들이 자신을 잘 지켜줄 줄 알았을까? 그는 사람에게 사후(死後)의 삶이 존재한다고 믿었던 것일까? 진시황 이전에도 장자(莊子)처럼 사람의 시체가 개미의 밥이 되어 없어진다는 사실을 이미 아는 사람이 있었고,[24] 불로장생을 꿈

---

22 ≪백도백과≫ <진시황병마용박물관(秦始皇兵馬俑博物館)> 참조.

23 ≪사기≫ 권6 <진시황본기> 참조.

24 ≪장자 · 열어구(列禦寇)≫에 "장자가 곧 죽게 되었을 때 제자들이 그를 성대하게 장사 지내려고 하자 장자가 '나는 하늘과 땅을 속 널과 겉 널로 삼고, 해와 달을 한 쌍의 구슬 장식으로 삼고, 별을 장식용 진주와 옥으로 삼고, 만물을 순장품으로 삼나니, 이만하면 나의 장례용품이 이미 다 갖추어지지 않았느냐? 여기에 무엇을 더하려느냐?'라고 했다. 제자들이 '까마귀와 솔개가 선생님의 육신을 뜯어 먹어 버릴까 두렵습니다'라고 하자 장자가 '땅 위에 있으면 까마귀와 솔개의 밥이 될 것이고 땅 밑에 있으면 땅강아지와 개미의 밥이 될 것인데, 저놈에게 줄 것을 빼앗아 이놈에게 주는 것은 얼마나 편파적인가?'라고 했다(莊子將死, 弟子欲厚葬之. 莊子曰: '吾以天地爲棺槨, 以日月爲連璧, 星辰爲珠璣, 萬物爲齎送, 吾葬具豈不備耶? 何以加此?' 弟子曰: '吾恐烏鳶之食夫子也.' 莊子曰: '在上爲烏鳶食, 在下爲螻

진시황릉의 병마용

꾸며 친히 서불(徐市)을 파견하여 불로초를 구해 오게 한 것을 보면[25] 진시황 자신도 사후의 삶에 대한 믿음이 없었음을 알 수 있다. 그렇다면 현명한 사람들은 다 이 세상에 사는 것을 여관에 며칠 묵어가는 것으로 보거나 잠시 소풍 나온 것으로 보기 때문에 자신을 이 세상의 주인이 아니라 나그네로 보는데 그는 왜 자신이 이 세상의 주인이라고 생각하며 그토록 육체적인 삶에 집착했을까? 장생불사를 위해 온갖 수단을 다 동원했는데도 불구하고 50년밖에 살지 못했으니 죽을 때 얼마나 분통이 터졌을까?

사람은 다른 모든 생물과 마찬가지로 영구적으로 생존하는 존재가 아니다. 적당히 살다가 떠나는 것이 미덕이다. 그래야 지구의 신진대사가 원활해져서 다른 사람도 살 수 있다. 사람이 만약 영구적으로 산다면 지구는 오래전에 이미 만원이 되어서 나 같은 사람은 살아갈 공간은커녕 태어날 공간조차 없었을 것이다. 사람이 영생하지 못하게 한 것은 조물주가 한 일 중에서 가장 훌륭한 일이라고 생각된다.

그러나 정신적인 삶은 별도로 공간을 차지하지 않기 때문에 아무리 많은 사람이 정신적 영생을 누린다고 해도 다른 사람에게 피해를 끼치지 않을 것이다. 아니 그런 사람이 많을수록 세상이 더 따뜻하고 풍요로워질 것이다. 진시황이 만약 정신적인 삶을 소중히 여겨 쓸데없는 짓을 하는 대신에 자신이 가진 무소불능의 권능으로 백성을 위하고 문화를 애호하는 데 힘을 기울였다면 틀림없이 존경과 추앙을 받으며 중국인의 가슴속에서 자신이 갈망한 장생불사의 특권을 누리고 있으리라.

蟻食, 奪彼與此, 何其偏也?')"[문연각사고전서본 곽상(郭象) ≪장자주(莊子注)≫ 권10]라는 말이 있다.

25 ≪사기≫ 권6 <진시황본기> 참조.

진시황릉과 병마용박물관은 1992년에 이어 두 번째로 보았는데, 그때나 지금이나 규모가 엄청나다는 느낌이 들 뿐 별다른 감동이 없었다. 규모가 엄청나다는 것은 감동을 주기보다는 오히려 무지막지한 짓이라는 느낌을 준다. 그것은 고대의 봉건독재자가 저지른 엄청난 만행과 다름없다. 이런 만행은 진시황만 저지른 것도 아니고, 중국의 황제들만 저지른 것도 아닐 것이다.

병마용박물관 정문 앞에서 나는 또 한 번 멍청이가 되었다. 한 아주머니가 내게 다가오더니 작은 종이 상자에 든 물건을 내밀며 20원을 달라고 했다. 각기 다른 모양의 병마용 모형 다섯 개를 한 벌로 포장해서 파는 것이었다. 옥신각신 한참을 흥정한 끝에 5원으로 결정했다. 나도 이런 사람과 흥정하는 데 제법 능숙해진 것 같아 적이 흐뭇했다. 주머니에 잔돈이 없어서 20원짜리를 하나 주었다. 10원짜리도 있었는데 굳이 20원짜리를 주었다. 나름대로 머리를 쓴 것이었다. 10원짜리를 주면 거스름돈을 안 줄지도 모른다는 생각이 들어서 그런 엄두를 못 내게 하려고 일부러 20원짜리를 준 것이었다. 그런데 그 아주머니는 통 크게도 거스름돈 15원을 통째로 삼키려고 했다. 원래 20원짜리 물건이기 때문에 거슬러 줄 수 없다고 우기는 것이었다. 결국 많은 구경꾼들이 지켜보는 곳에서 한참 동안 실랑이를 하고 나서야 15원을 거슬러 받을 수 있었다. 15원을 받아서 돌아서니 마침 저만치에서 김지현이 오고 있었다. 손에 내가 산 것과 똑같은 물건이 쥐어 있었다. 그쪽에서 2원을 주고 샀다고 했다. 혹시 비슷한 다른 물건이 아닐까 싶어서 요모조모 꼼꼼하게 살펴보았으나 완전히 똑같은 물건임에 틀림없었다. 원래 얼마를 부르더냐고 물었더니 처음부터 2원을 불렀다고 했다. 어안이 벙벙했다.

그러나 가만히 생각해 보면 그러한 판매전략에도 일리가 있는 것 같다. 며칠 전에 아미산에서 팔찌를 살 때도 그랬고, 오늘 여기서 병마용 모형을 살 때도 그렇고, 상인들은 공교롭게도 나에게는 가격을 높게 부르고 학생들에게는 처음부터 낮게 불렀다. 우연이라고 치부해 버릴 일은 아닌 것 같다. 이유가 무엇일까? 똑같은 10원이라도 소득이 적은 사람에게는 큰돈으로 느껴지고, 소득이 많은 사람에게는 작은 돈으로 느껴질 것이다. 누구에게나 똑같은 값을 받는 백화점 식의 정찰제가 어쩌면 공평한 제도가 아닐지도 모른다. 그렇기 때문에 학생들은 비싸게 부르면 아예 살 생각을 하지 않고 가 버릴 것이지만, 직장인이라면 흥정을 해 보려고 들 것이다. 의식적이든 무의식적이든 이런 논리가 이곳 상인들의 생각을 지배하고 있는 것이 아닐까? 그렇다면 그들은 구매자의 심리를 잘 꿰뚫어 본 후 이익을 가장 많이 얻는 방법으로 판매하고 있는 셈이다.

❄ 침향정

돌아오는 길에 흥경궁공원에 들렀다. 흥경궁은 원래 당나라 현종이 양귀비와 함께 노닌 로맨스의 현장이다. 아니 그것은 로맨스라기보다 차라리 노망이다. 현종(685-762)이 양귀비(719-756)보다 서른네 살 많았기 때문이 아니다. 환갑노인이 스물일곱 살의 꽃다운 여인을 취했기 때문도 아니다. 양귀비가 바로 그의 며느리였기 때문이다. 양귀비는 원래 열여섯 살 되던 해인 개원 22년(734)에 현종의 아들로 수왕(壽王)에 봉해진 이모(李瑁)의 왕비가 되어 잘 살고 있었는데, 현종이 그녀의 미모에 반한 나머지 자신이 수왕의 왕비로 책봉했던 바로 그녀를 자신의 후궁으로 들이기 위해 개원 28년(740)에 여산(驪山) 기슭의 화청궁에 있는 장생전(長生殿)에서 그녀에게 태진(太眞)이라는 도호(道號)를 하사하며 여도사가 되라고 명했다가, 5년 뒤인 천보 4년(745)에 마침내 자신의 귀비로 책봉하기에 이르렀다.[26] 얼마

---

26 악사(樂史), ≪양태진외전(楊太眞外傳)≫ 권상(卷上) 참조. 당나라 시인 장호(張祜)의 시 <집령대(集靈臺)>에 "햇빛은 비스듬히 집령대를 비추고, 나무에는 이슬 맞아 붉은 꽃이 피었네. 어젯밤에 상황께서 도록(道籙)을 새로 주자, 양태진이 웃음 띠고 발 안으로 들어왔네(日光斜照集靈臺, 紅樹花迎曉露開. 昨夜上皇新授籙, 太眞含笑入簾來)"[문연각사고전서본 홍매(洪邁) ≪만수당인절구(萬首唐人絶句)≫ 권43]라고 했는데, ≪구당서(舊唐書)≫ <예의지(禮儀志)>의 "새로 지은 장생전을 집령대로 개칭했다(新作長生殿, 改爲集靈臺)"(문연각사고전서본 ≪구당서≫ 권24 <예의4>)라는 기록을 통하여 집령대는 바로 화청궁에 있는 장생전의 다른 이름임을 알 수 있다.

장생전

전에 며느리로 맞아들였던 바로 그 여인을 자기 부인으로 삼아버린 것이다. 현종의 나이 예순한 살 때의 일이었다.

우리나라도 왕실에서는 근친혼이 상당히 성행했었다. 예컨대, 신라 법흥왕의 딸 지소부인(只召夫人) 즉 식도부인(息道夫人)은 삼촌인 입종갈문왕과 결혼하여 진흥왕을 낳았으니, 진흥왕은 법흥왕의 외손자이기도 하고 친조카이기도 한 셈이다.[27] 그리고 고려 광종이 자신의 이복 누이인 태조의 딸 대목왕후 황보 씨와 자신의 질녀인 혜종의 딸 경화궁부인 임 씨를 왕비로 삼은 것을 비롯하여, 고려 왕실에도 근친혼이 성행했음은 널리 알려진 바이다.[28] 이처럼 옛날에는 왕족들 사이에 근친혼을 선호하는 풍속이 있었으니, 그것은 혈통을 보존하고 권력을 독점하려는 의도였을 것이다. 그러니 근친혼과 성격이 좀 다르기는 하지만, 현종의 행위 역시 어느 정도는 당시 풍속에다 책임을 전가할 수 있을지도 모른다. 그러나 아무리 그

27 ≪한국민족문화대백과사전≫ <입종갈문왕> 및 ≪한국고대인명사전≫ <식도부인> 참조.
28 ≪한국역사인물사전≫ <광종> 참조.

렇다고 해도 황제의 권력을 남용하여 멀쩡히 살아 있는 자기 아들의 부인을 빼앗는다는 것은 양해될 수 없는 일일 것이다. 그리고 ≪삼국연의≫에 제갈량(諸葛亮)이 한중왕(漢中王) 유비(劉備)에게 과부가 된 유모(劉瑁)의 부인 오(吳) 씨가 아리땁고 현숙하니 왕비로 맞이하면 좋겠다고 천거했을 때, 유비가 "유모는 나와 종친이라 도리상 그럴 수 없소"[29]라고 한 것을 보면, 옛날에도 그것이 결코 옳은 일이 아니라는 인식을 가진 군주가 있었음을 알 수 있다.

어쨌든 현종은 자기 아들이 겪을 고통마저 안중에 없었을 정도로 양귀비에게 홀려 이성을 잃고 있었다. 그러니 마외파(馬嵬坡)에서 죽은 것으로 알려져 있는 양귀비가 사실은 죽지 않았을 것이라는 추측이 나오는 것도 무리가 아니다. 무슨 말인가? 안록산(安祿山)의 반군이 동관(潼關)을 무너뜨리고 곧 장안으로 쳐들어갈 기세를 보이자 현종은 황급히 사천 지방으로 도망갔는데, 섬서성 흥평(興平) 서쪽에 있는 마외파에 이르러 금군(禁軍)이 역모죄를 물어서 간악한 재상 양국충(楊國忠)을 죽여 줄 것을 요구하고 이어서 양귀비도 죽여 줄 것을 요구했다. 현종은 금군에게 관용을 베풀어 달라고 청해 보았으나 소용이 없었다. 현종은 할 수 없이 환관 고력사(高力士)로 하여금 양귀비를 데리고 가서 스스로 목매 죽게 하라고 했다. 그렇기 때문에 공식적으로는 양귀비가 마외파에서 스스로 목매 죽었고 그 시신이 흥평 땅에 묻힌 것으로 알려져 있다.[30]

---

29 "劉瑁與吾同宗, 於理不可."[가정원년각본 나관중(羅貫中) ≪삼국연의(三國演義)≫ 권16 <한중왕이 관공의 죽음에 통곡하다(漢中王痛哭關公)>]

30 ≪구당서≫ <숙종본기>에 "이듬해(756년) 6월에 가서한이 반란군에게 패배하여 관문을 지키지 못하자 양국충이 현종에게 촉 지방으로 갈 것을 권유했다. 정유일에 마외역에 이르렀을 때, 금군이 걸음을 멈추고 양 씨를 죽일 것을 요구하므로 양국충을 죽이고 양귀비에게 자살을 명했다(明年六月, 哥舒翰爲賊所敗, 關門不守, 國忠諷玄宗幸蜀. 丁酉, 至馬嵬頓, 六軍不進, 請誅楊氏. 於是誅國忠, 賜貴妃自盡)"(문연각사고전서본 ≪구당서≫ 권10 <숙종본기>)라는 기록이 있고, 현종과 양귀비의 사랑을 노래한 백거이(白居易)의 시 <장한가(長恨歌)>에 "마외파 비탈 밑의 진흙더미에, 고운 얼굴 안 보이고 죽은 곳만 남아 있네(馬嵬坡下泥土中, 不見玉顏空死處)"[문연각사고전서본 백거이 ≪백씨장경집(白氏長慶集)≫ 권12]라는 구절이 있다.

그러나 근래에는 양귀비의 진짜 무덤이 일본 산구현(山口縣)에 있다는 주장이 제기되고 있다. 개인적으로 양귀비가 죽는 것을 애석하게 여긴 금군 장수와 현종의 마음을 잘 안 환관 고력사가 모의하여 관군 모르게 양귀비를 빼돌리고 대신 그녀의 시녀를 희생시켰다는 이야기다. 그 뒤 양귀비가 여기저기 떠돌다가 배를 타고 일본으로 갔다는 것이다. 지금 와서 어느 쪽이 사실인지 밝히는 것은 쉬운 일도 아니겠지만 그다지 필요한 일도 아닐 것이다. 다만 산구현에는 현재 양귀비의 무덤이 있고 그녀의 후손들이 살고 있다고 하니[31] 굳이 부인할 일도 아닌 것 같다.

당나라 태종이 신라 선덕여왕에게 모란꽃 그림과 모란 씨앗 석 되를 보낸 사실을 통해서도 짐작할 수 있듯이, 당나라 때는 궁중에서 모란을 무척 좋아했다. 현종이 양귀비와 함께 오랫동안 머물렀던 흥경궁의 침향정(沈香亭) 주위에도 모란이 많이 심어져 있어 봄이 되면 울긋불긋 흐드러지게 꽃이 피어 아름다운 풍경이 펼쳐졌다. 어느 봄날 밤에 현종은 자신의 애마인 조야백(照夜白)을 타고 양귀비와 함께 침향정으로 나갔다. 수행한 악사 이귀년(李龜年)이 현종과 양귀비의 흥을 돋우어 주기 위해 이원(梨園)의 악대를 지휘하여 풍악을 울렸다. 그러자 현종이 "멋진 꽃을 구경하며 양귀비와 마주하고 있는데 어떻게 옛날 가사를 쓰겠는가?"라고 했다. 이리하여 급히 한림공봉(翰林供奉) 이백(李白, 701-762)을 찾았다. 술에 잔뜩 취해 있던 이백은 가까스로 정신을 수습한 뒤 <청평조사(淸平調詞)> 세 수를 지었다.

양귀비의 자태를 극구 칭송한 이 시는 이백이 당시 최고의 세도가이던 환관 고력사가 그의 신발을 벗겨 주고 양귀비[일설에는 양국충이라고 한다]가 먹을 갈아 받쳐 들고 있는 상태에서 일필휘지로 갈겨썼다는 전설을 지니고 있거니와, 양귀비가 이 시를 무척이나 좋아하여 반복해서 읊조리는 것을 본 고력사가 자신이 이백의 신

31 오정지(吳正芝), <일본의 양귀비묘(日本的楊貴妃墓)>[≪과학지우(科學之友)≫ 2010년 제8기, 태원: 산서성과학기술협회] 38쪽 참조.

발을 벗겨 준 것을 수치로 여긴 나머지 이 시의 제2수에서 양귀비를 조비연(趙飛燕)에 비유한 것은 그녀를 칭송한 것이 아니라 오히려 그녀를 심하게 천시한 것이라고 부추기자 양귀비도 마침내 고력사의 말을 믿게 되었다고 한다.[32] '양옥환(양귀비의 본명)은 뚱뚱하고 조비연은 수척하다(環肥燕瘦)'[33]는 말이 있을 정도로 양귀비는 뚱뚱한 미인이고 조비연은 날씬한 미인이었기 때문에 양귀비를 조비연에 비유한 것은 모욕적인 일이라고 여긴 모양이다.

홍경궁공원에 들어서자마자 대뜸 침향정(沈香亭)부터 찾았다. 푸르스름한 기와를 얹은 2층짜리 사각 정자 주변에 지금도 모란이 많이 심어져 있었다. 다만 제철이 아니라서 꽃을 볼 수 없는 것이 아쉬웠다. 침향정 주위를 한 바퀴 돌면서 이백의 시 <청평조사> 가운데 한 수를 나직이 읊조려 보았다.

노을 같은 그대 의상 꽃 같은 그대 얼굴	雲想衣裳花想容
봄바람이 난간을 스칠 제 이슬 맞은 모란이로다.	春風拂檻露華濃
군옥산 꼭대기서 본 것이 아니라면	若非群玉山頭見
요대의 달빛 아래서 만났음에 틀림없다.	會向瑤臺月下逢[34]

이 시는 전반부에서 양귀비의 미모를 극구 칭송하더니, 후반부에 이르러서는 급기야 그녀를 선녀로까지 치켜세웠다. 군옥산이 선녀 서왕모(西王母)가 살던 곳이고 요대 또한 신선들이 살던 곳이니, 어디서 만났든 간에 양귀비는 선녀일 수밖에 없는 것이다.

---

32 왕기(王琦)의 ≪이태백집주(李太白集注)≫ 권31에 수록된 악사(樂史)의 <이한림별집서(李翰林別集序)> 참조.

33 이 말은 소동파의 시구 "짧은 것 긴 것 뚱뚱한 것 수척한 것 제각기 자태가 있나니, 양귀비와 조비연 중에 누구를 감히 싫어하랴?(短長肥瘦各有態, 玉環飛燕誰敢憎?)"[왕문고본 ≪소식시집≫ 권8 <손신로가 묵묘정을 노래한 시를 요구하여(孫莘老求墨妙亭詩)>]에서 비롯되었다.

34 문연각사고전서본 ≪이태백문집≫ 권4.

침향정

침향정과 모란

홍경궁공원 정문에 세워진 안내판에 의하면 개원 2년(714)에 창건되었다는 흥경궁은, 원래 현종이 제위에 오르기 전에 살던 집터에 지은 궁전으로 현종과 양귀비가 자주 찾던 안식처였는데, 지금은 서안 최초의 입장료 없는 인민공원으로서 신분고하를 막론하고 누구나 들어가 휴식을 취할 수 있는 가장 개방적인 공간이 된 것이다. 이제 일반 백성들이 그 옛날의 황족이 된 셈이다. 천 년이라는 시간이 공간의 성격을 이처럼 근본적으로 바꾸어 놓은 것이다.

❄ 남전과 종남산

2002년 8월 17일 섬서사범대학의 중형버스를 빌려 타고 서안 동남쪽에 있는 남전(藍田)·망천별장유지(輞川別墅遺址) 등의 종남산(終南山) 일대와 서안 서남쪽에 있는 누관대를 답사하기로 했다. 차비는 종남산 일대와 누관대 일대가 각각 260원씩이다.

먼저 옥이 많이 묻혀 있어 날씨가 맑은 날이면 아지랑이가 아른아른 피어오른다는 남전으로 향했다. 남전이라고 하면 당나라 때의 뛰어난 시인이요 화가인 왕유(王維, 701?-761?)의 <남전연우도(藍田煙雨圖)>라는 그림이 널리 알려져 있는데, 소동파는 이 그림을 보고 그 소감을 적은 <왕마힐의 남전연우도를 보고(書摩詰藍田煙雨圖)>라는 글에서 "마힐의 시를 음미하면 시 속에 그림이 있고, 마힐의 그림을 보면 그림 속에 시가 있다"[35]라는 유명한 말을 남겼다. 그 자신도 뛰어난 시인이요 화가였던 소동파는 '시는 말하는 그림이요 그림은 말 없는 시'라는 이치를 일찌감치 터득하고 있었던 것이다.

어제 우리를 안내했던 운전사가 이쪽 길은 잘 모른다면서 관광안내비는 안 받을 테니 길을 잘 아는 자기 친구를 한 명 태워도 되겠느냐고 하여 그렇게 하라고 했다. 운전사의 친구는 차에 오르자마자 대뜸 나에게 서안의 인상이 어떠냐고 물었다. 나는 잠시 망설이다가 "비교적 괜찮은 편이오" 하고 대답했다. 그 친구가 의아하다는 표정으로 "비교적 괜찮은 편이라고요?" 하고 되물었다.

안내를 맡은 그 친구가 도중에 반파유지(半坡遺址)가 있는데 보지 않겠느냐고 하기에, 시간이 충분하겠느냐고 물었더니 충분하다고 해서 잠시 들러 보았다. 그곳은 석기시대 앙소문화(仰韶文化)의 전형적인 모습이 보존되어 있는 곳이었다. 운전사의 친구는 시간이 충분하다고 했지만, 내 생각으로는 아무래도 시간이 넉넉하지 않을 것 같아 한 시간 만에 서둘러 반파유지 구경을 끝내고 다시 남전을 향해 길을 재촉했다. 편도 1차로인 시골길로 접어들자 트럭과 경운기가 번갈아 길을 막아 도저히 속도를 낼 수가 없었다. 시간이 촉박한 우리는 답답하기 짝이 없었다.

1964년에 약 110만 년 전에 직립보행한 원인, 즉 직립원인의 두개골 화석이 발견된 곳이라는 남전원인유지(藍田猿人遺址)에 도착하여 거기서 일하는 한 여직원에게 부근에서 옥이 가장 많이 나는 곳이 어디냐고 물었더니 모른다고 했다. 어쩌면 남전 일대가 전부 옥 생산지일지도 모른다는 생각이 들어, 여직원에게 다시 그러

35 "味摩詰之詩, 詩中有畫; 觀摩詰之畫, 畫中有詩."[≪송인제발(宋人題跋)≫(대북: 세계서국, 1974) 중 ≪동파제발(東坡題跋)≫ 권5]

냐고 물었더니 별 생각 없이 무덤덤하게 그럴 것이라고 대답했다. 야트막한 언덕에서 내려다보니 사방에 펼쳐진 파란 콩밭이 안개비에 싸여서 희뿌옇게 보일 뿐 아무것도 특별한 것이 없었다. 운전사와 그의 친구가 안내해 준 남전의 볼거리는 그것이 전부였다. 왕유가 범상치 않다고 여기고 그림으로 승화시킨 '남전의 안개비'는 결코 그런 것이 아닐 것이다. 남전에서 많이 나는 옥의 기운이 아지랑이처럼 아른아른 하늘로 피어오르고 있을지도 모른다는 막연한 생각을 가지고 왔는데 그것을 확인할 길이 없었다.

오늘 안으로 서안 서남쪽에 있는 누관대까지 가려면 아무래도 시간이 부족할 것 같아 운전사에게 서둘러 왕유의 망천별장으로 가자고 재촉했다. 망천 마을에 이르자 부슬부슬 비가 오기 시작하더니, 종남산 입구에 이르렀을 때는 제법 많이 내리기 시작했다.

차 안에서 바라보니 망천 쪽에 있는 종남산은 경사가 굉장히 심한 바위산이었다. 나무는 거의 없고 풀만 조금 있을 뿐이었다. '옛날 선비들이 왜 하필 이처럼 사람이 살기 힘든 악산에 은거했을까?' 하는 의구심이 들다가 이내 종남첩경(終南捷徑)이라는 성어가 떠오르면서 나도 모르게 쓴웃음이 나왔다. 종남첩경이란 학식이 깊고 인품이 고상한 사람이라고 생각하여 조정에서 부르면 얼른 달려가기 위해 선비들이 일부러 장안에서 가까운 종남산에 은거하는 것을 비꼬아서 하는 말이다. 종남산의 입구만 보고 너무 성급하게 판단한다고 자신을 나무라며 안으로 조금 더 들어가니, 과연 산에 나무도 보이기 시작하고 산 밑에 간간이 인가도 나타났다. 역시 내가 너무 성급했다고 생각되었지만, 아무래도 며칠 전에 본 사천성의 아미산처럼 아름답지는 않다는 인상을 지울 수가 없었다.

비는 금방 장대비로 바뀌고 길은 포장도 제대로 되지 않아 도처에 웅덩이가 파여 있었다. 그 바람에 차가 한 번씩 흙탕물을 뒤집어썼다. 운전사의 눈치가 보였다. 시간이 부족하다고 생각한 것인지 화가 난 것인지 운전사가 차를 과속으로 모는 바람에 차의 천장에 머리가 받혀서 비명을 지르는 사람도 있었다. 차를 모는 운전사도 안내하러 온 그의 친구도 길을 알지 못하는 상태에서 앞이 잘 보이지 않는 시골길을 무턱대고 달리다가, 갈림길에 이르러 안내하는 친구가 길가에 있는 구멍가게에 들어가 길을 물었다. 왼쪽 길로 한참 더 들어가야 한다고 했다. 한참을 더 가다가 또 갈림길을 만났다. 다시 내려서 물어보니 망천별장은 아래쪽에 있다고 했다. 운전사의 친구가 몹시 답답한 표정으로 한 가지 제안을 했다. 여기까지 왔으니 이 앞에 있는 동굴이라도 보지 않겠느냐는 것이다. 동굴이나 구경하자고 이렇게 먼 길을 달려온 것이 아니고, 우리는 학술답사단이니 어서 망천별장만 본 뒤 부근에 있는 다른 곳은 다 포기하고 바로 누관대로 가자고 했다. 그랬더니 그 친구는 비가 와서 길도 미끄럽고 시간도 너무 늦어서 오늘 누관대까지 가는 것은 힘들다고 엉뚱한 소리를 했다. 이제 와서 무슨 소리를 하느냐며 언성을 높이자 마지못한 듯 다시 차를 몰고 아래쪽으로 내려갔다.

한참 내려가다가 또 한 가게에 들어가서 물었더니 원래 우리가 가던 곳이 바로 망천별장 방향이라고 했다. 동굴과 별장이 같은 곳에 있다고 했다. 기가 차는 노릇이었다. 비는 더욱 굵어져 있었다. 이런 상태가 지속된다면 망천별장을 찾는다고 해도 걸어다니며 구경할 수가 없을 것 같았다. 어쩔 수 없는 상황에서 나는 서서히 나 자신을 달래기 시작했다. 망천별장을 보지는 못했지만 그것의 대략적인 위치는 확인했고 주변의 자연환경이 어떤지도 보았으니 반쯤은 목표를 달성한 셈이 아니냐고. 망천별장에 가 봐야 달랑 집 한 채가 서 있을 것이라는 운전사 친구의 말이 맞을 것이라고. 그러나 나의 속마음은 이러한 자신의 안쓰러운 노력을 비웃고 있었다.

결국 오늘 안으로 누관대까지 가 볼 욕심으로 망천용동(輞川溶洞)과 망천석각(輞川石刻)은 물론 망천별장마저 포기하기로 하고 바로 누관대로 가자고 했다. 그런데 그 친구는 또 말을 바꾸어 지금 누관대에 가 봐야 시간이 늦어서 제대로 보지도 못하고 돌아오기 바쁠 것이니 오늘은 서안 시내를 구경하고 내일 누관대로 가자고 했다. 그러면서 언뜻 퇴근시간 안에 서안으로 돌아오지 못할 것이라는 말을 했다. 실언이었다. 결국 제시간에 퇴근을 하지 못할까 봐 걱정스러운 것, 그것이 그 사람들의 진의였던 것이다. 어쨌든 우리는 그들의 고집을 꺾을 수가 없었다.

망천에서 서안까지는 한 시간도 채 안 걸렸다. 2시에 출발했는데 서안 시내에 있는 비림(碑林)에 도착하니 2시 56분이었다. 고속도로가 잘 닦여 있기 때문이었다. 어느새 비가 그쳐 푸른 하늘이 드러나 있고 시간도 충분할 것 같았지만, 이미 허락한 터라 다시 누관대로 가자고 하기는 어려웠다. 말은 못하고 그 사람들의 눈치만 한번 슬쩍 보았더니 그들은 누관대에 갈 생각은 아예 안 하는 모양이었다.

남은 시간을 이용하여 원래 내일 보기로 되어 있는 비림(碑林)과 청진사(淸眞寺)를 앞당겨서 보고, 종루(鐘樓) 부근에 있는 덕발장(德發長)이라는 만두 전문집에서 각종 만두를 맛보았다. 온갖 모양과 갖가지 색깔의 만두를 하나씩 맛보는 것으로 오후에 있었던 속상한 일들을 잠시 잊었다.

그러나 자리에 누우니 머릿속에 낮에 있었던 일들이 재생되면서 온갖 생각이 다 스쳐갔다. '태워 주기로 했으면 책임지고 태워 주어야 하는 것이 도리 아닌가? 여기저기를 다 가기에 시간이 부족하면 일정을 조정해서라도 중요한 곳은 가야 하지 않는가? 시간이 부족한데 왜 자진해서 반파유지(半坡遺址)를 보고 가자고 권했을까? 처음부터 오늘 중으로 누관대까지 갈 생각이 없었던 것이 아닐까? 수백 년 동안 중국의 도성이었으니 자랑스러워할 만한 서안의 시민들인데 책임의식과 주인의식이 왜 요 정도밖에 안 되는 것일까? 서안에 대한 인상이 어떠냐고 물은 것은 서안의 자연과 문물에 대한 인상을 물은 것일까?'

❋ 누관대와 대진사

2002년 8월 18일 오늘은 일정이 너무 빠듯해서 7시에 누관대로 출발하려고 했으나, 이런저런 사정으로 또 조금 늦추어져서 8시에야 출발했다. 먼저 서안역에 가서 보계(寶鷄)로 가는 기차표부터 사 놓고 가자고 했더니, 운전사가 공상은행(工商銀行)에서도 기차표를 예매하니까 그 앞에 잠시 세워 주겠다고 했다. 그러나 한참을 가도 차가 서지 않아서 운전사에게 확인해 보았더니, 돌아올 때 사면 되기 때문에 안 세우고 지나쳤다고 했다. 혹시 표가 매진될까봐 미리 사두려는 것인데 올 때 사면 된다는 것이었다. 적잖이 불안했지만 되돌아가자고 하기는 어려웠다.

먼저 서안 서남쪽에 있는 주지(周至)로 갔다. 주지는 원래 지명이 주질(盩厔)이었는데 쉽고 간단한 글자로 바뀐 것이다. 요즘 중국에는 이렇게 어렵고 복잡한 글자를 발음이 같거나 비슷한 다른 글자로 바꾼 지명이 더러 있다. 섬서성의 호현(鄠縣)과 부현(鄜縣)을 각각 호현(戶縣)과 부현(富縣)으로 바꾸고, 강서성의 대유(大庾)를 대여(大余)로 바꾼 것이 그 예다.

주지의 누관대까지 한 시간 40분이 걸렸다. 누관은 숭성관(崇聖觀)이라고도 하는 도관(道觀), 즉 도교 사원으로 원래 주나라 때 함곡관(函谷關)을 관리하던 윤희(尹喜)의 집이었다. 윤희는 이곳에 초가집을 지어 초루관(草樓觀)이라 명명하고 여기서 천체 현상을 관측했다. 어느 날 그는 천체를 관측하다가 보랏빛 기운이 다가오는 것을 보고 머지않아 진인(眞人)이 그곳을 지나갈 것으로 예측했는데, 과연 노자(老子)가 푸른 소를 타고 그곳을 지나갔다. 윤희가 노자에게 책을 지어 줄 것을 청하자, 노자는 초루관에서 ≪도덕경(道德經)≫ 즉 ≪노자≫를 지어서 그에게 전수했다.[36]

소동파는 누관을 구경한 뒤 <누관(樓觀)>이라는 시를 지었다. 소동파에게는 <임인년(1062) 2월에 군의 관리들이 군에 소속된 각 현으로 나누어 가서 죄수의

36 왕문고본 ≪소식시집≫ 권3 <임인년 2월……(壬寅二月……)> 제70구 "윤희의 옛날 집이 아직도 남아 있나니, 노자가 옛날에 수레를 세웠던 곳이라네(尹生猶有宅, 老氏舊停輈)"에 대한 주석 참조.

수를 줄이라는 조칙이 내려왔기 때문에, 13일부터 명을 받아 봉상부를 출발하여 보계현 · 괵현 · 미현 · 주질현 등 네 현으로 갔다가, 일을 마치고 돌아오는 길에 태평궁을 참배하느라 남계의 계당에서 묵고 마침내 종남산을 따라 서쪽으로 가서 누관 · 대진사 · 연생관 · 선유담을 유람하고 19일에야 돌아온바, 시 500자를 지어 지나오면서 경험한 모든 것들을 기록하여 자유에게 보낸다(壬寅二月, 有詔令郡吏分往屬縣減決囚禁. 自十三日受命出府, 至寶雞 · 虢 · 郿 · 盩厔四縣. 旣畢事, 因朝謁太平宮, 而宿於南溪溪堂, 遂并南山而西, 至樓觀 · 大秦寺 · 延生觀 · 仙遊潭, 十九日乃歸. 作詩五百言, 以記凡所經歷者寄子由)＞라는 기다란 제목의 시가 있거니와, ＜누관(樓觀)＞이라는 시 역시 이때 지은 것이다.

문 앞에 낡은 비석이 석양 아래 누웠나니	門前古碣臥斜陽
세상을 물같이 보아 세상일이 안쓰럽네.	閱世如流事可傷
언제나 은자가 있어 슬퍼했네 진 혜제가	長有幽人悲晉惠
억지로 사당을 지어 진시황을 흉내냄을.	强修遺廟學秦皇
단사가 오래 묻혀 우물 물이 시뻘건데	丹砂久窖井水赤
누가 백출을 태우나 주방 안이 향긋하네.	白朮誰燒廚竈香
듣자하니 신선도 들른 적이 있다는데	聞道神仙亦相過
저 농부 경상초 아닐까 그것만이 궁금하네.	只疑田叟是庚桑[37]

누관대에서 주위의 정경을 둘러보면서 상상의 나래를 펼친 것이다. 부근에 있는 농부를 보고 노자의 제자 가운데 노자의 도를 특별히 잘 터득했다는 경상초(庚桑楚)를 연상한 시인의 상상력이 예사롭지 않다.

누관대공원의 안내도를 보니 대진사탑(大秦寺塔)이 표시되어 있었다. 대진사는

37 왕문고본 ≪소식시집≫ 권3.

당나라 때 세워진 사원으로 일명 경사(景寺) 또는 파사사(波斯寺)라고도 한다. 경사라고 하는 것은 그것이 경교(景教)의 사원이기 때문이고, 파사사라고 하는 것은 당시 사람들이 경교의 포교 중심지가 파사, 즉 페르시아라고 생각했기 때문이다.[38] 경교는 기독교 종파 가운데 하나인 네스토리우스교(Nestorianism)가 동양에 전래된 이후 붙여진 명칭이다. 당나라 태종 정관 9년(635)에 여러 명의 선교사들이 페르시아로부터 장안(長安)에 도착했는데, 당나라 사람들이 그들의 신앙과 사상을 경교라고 불렀다.

로마제국의 콘스탄티노플 교회 감독이었던 네스토리우스(Nestorius, 381-451)는 그리스도의 이인격설(二人格說)을 주장했다는 비난과 함께 마리아 신모설(神母說)을 반대했다는 이유로 교권파인 시릴(Cyril) 일파에 몰려 431년 에베소회의에서 정죄되어 이집트에서 유배생활을 하는 도중에 사망하였다. 그러나 그의 설을 신봉하던 사람들은 페르시아로 망명하여 신앙생활을 개척하였다. 교세가 확장되자 페르시아의 토착종교인 조로아스터교와의 갈등이 불가피하게 되었고, 얼마 후에는 이슬람교의 박해가 시작되었다. 이에 네스토리우스교인들은 인도 및 중앙아시아 일대로 옮겨 가게 되었는데, 당시 당나라는 태종이 각 지역의 문화와 종교를 다 포용했기 때문에 네스토리우스교도 수용되어 폭넓게 전파되었다.[39]

그리하여 태종 정관 12년(638)에 경교 사원을 지어 파사사라고 불렀는데, 나중에 경교의 근원지가 대진국 즉 로마제국임을 알고 현종 천보 4년(745) 9월에 대진사로 개칭했다.[40] 그리고 덕종 건중 2년(781) 1월에는 대진사 안에 대진경교유행중국비(大秦景教流行中國碑)를 건립했다.[41]

---

38 ≪백도백과≫ <대진사> 참조.

39 ≪한국민족문화대백과사전≫ <경교> 참조.

40 ≪백도백과≫ <대진사> 참조.

41 필원(畢沅)의 ≪관중금석기(關中金石記)≫ 권4에 수록된 경정(景淨)의 <대진경교유행중국비(大秦景教流行中國碑)>, 유금조(劉錦藻)의 ≪청속문헌통고(清續文獻通考)≫ 권89 <종교(宗教)> 및 ≪한어대사전(漢語大詞典)≫ <대진경교유행중국비(大秦景教流行中國碑)>에 이 비석에 관한 상세한 기록이 있다.

대진사도 소동파가 시를 지은 곳이라 원래 이번 답사에서 찾아보고 싶은 곳이었지만, 일반 관광지도에 나타나 있지 않기에 없어진 줄 알고 포기했었다. 그런데 여기에 와서 뜻밖에도 대진사탑의 위치를 알게 되어 너무나 반가운 나머지 먼저 그곳을 찾아갔다.

대진사탑

여기저기서 웃통의 단추를 열어 건강미 넘치는 구릿빛 가슴을 반쯤 드러낸 채 그늘에 앉아 손님이 지나가기를 기다리던 마부들이 서로 자기 말을 타라고 외쳐 댔다. 그들의 소리를 뒤로 하고 한참을 가노라니 멀리 높다란 탑이 하나 보이는데, 주민들에게 물으니 거기까지는 아직도 10리는 더 가야 한다고 했다. 시간이 없어서 가까이 가는 것은 포기하고 멀리서 바라보며 소동파의 시 <대진사>를 한 번 낭송하는 것으로 만족할 수밖에 없었다.

시냇물 번쩍이며 지평선으로 사라지고	晃蕩平川盡
비스듬한 산기슭엔 푸른 숲이 비꼈는데	坡陀翠麓橫
갑자기 마주친 저 먼 곳의 외로운 탑	忽逢孤塔迥
저 홀로 산을 향해 훤히 빛나네.	獨向亂山明
발걸음 가는 대로 아득히 찾아가다	信足幽尋遠
바람을 맞아 멈칫 서서 깜짝 놀랐네.	臨風却立驚
들판은 바다처럼 넓디넓은데	原田浩如海
물은 콸콸 깡그리 동쪽으로 흘러가네.	滾滾盡東傾[42]

42 왕문고본 ≪소식시집≫ 권5.

설경대

봉상부첨판으로 재임하던 치평 원년(1064) 1월에 소동파는 장안에서 봉상까지 자신을 찾아온 진사 급제 동기 장돈(章惇, 1035-1105)과 함께 종남산(終南山) 일대의 명승지를 유람했는데, 이 시는 이때 대진사를 보고 그 일대의 장활한 경치를 노래한 것이다.

노자가 ≪도덕경≫을 전수했다는 설경대(說經臺)를 보고 나서 안내지도에 회소정(懷蘇亭)의 소재지라고 표시된 방향으로 산길을 따라 올라갔다. 급한 마음에 뛰다시피 하며 한참 올라가다가 도중에 음료수 파는 아주머니에게 물으니 아직도 30분은 더 가야 한다고 했다. 시간도 없고 일행이 모두 많이 지쳐 있기도 하여 그 역시 포기할 수밖에 없었다. 그래도 여기는 원래 예정에 없었던 곳이기 때문에 포기해도 좀 덜 아쉬웠다.

지도를 보니 서안으로 돌아오는 길목인 호현(戶縣, 즉 鄠縣)에 미피호(渼陂湖)가 있는 것으로 나타나 있었다. 두보(杜甫, 712-770)를 비롯한 많은 시인들이 배를 띄우고 놀며 시를 지었을 뿐만 아니라, 소동파에게도 한 친구가 미피호에서 잡은 물고기를 가져다 준 덕분에 모처럼 손님을 초청하여 흐뭇하게 먹고 논 기분을 노래한 시 <미피의 물고기(渼陂魚)>가 있기 때문에 잠시나마 들르고 싶었다. 시무룩한 운전사를 달래 가며 도중에 몇 군데나 차를 세우고 물어보아도 아는 사람이 없었다. 그러다가 간신히 한 노인을 통해 위치를 알아내기는 했으나, 시간이 좀 많이 걸린다고 하여 더 이상 고집을 피울 수가 없었다.

서안 시내에 거의 다 들어온 지점의 서남쪽 교외에 중건한 지 얼마 안 되어 보이는 아방궁(阿房宮)이 있었다. 담장 너머로 넘겨다보니 아직 내부 시설이 제대로 갖추어지지 않은 듯했다. 따라서 볼거리도 별로 없어 보였다. 그래서 그런지 관람객도 별로 눈에 뜨이지 않았다. 시간도 부족한 터에 괜히 입장료 38원만 낭비할 것 같아 들어가지 않았다.

오후에는 대안탑과 섬서성역사박물관을 구경해야 하는데, 시간이 부족하기 때문에 구경이 끝난 뒤에 거기서 바로 역으로 갈 수 있도록 하려면 미리 짐을 챙겨서 들고 다녀야 하는 문제가 있었다. 지금까지 타고 다녔던 섬서사범대학 차를 교섭하여 60원에 빌리기로 합의했다. 누관대에서 돌아올 때도 차가 공상은행 앞에 서지 않고 지나쳐 와 버렸기 때문에 김지영과 강경희가 차표를 예매하러 학교 부근에 있는 공상은행으로 가고, 다른 사람들은 학교 차를 타기 위해 짐을 챙기고 있었다.

원래 두 사람에게 오후 5시 전후의 차표를 사 오라고 했는데, 그들이 떠난 뒤 우연히 복도에 붙어 있는 서안발 기차 시간표를 보니 오후 5시 55분에 출발하는 특급열차가 더 나을 것 같았다. 두 사람이 전화기를 가지고 있지 않아 달리 연락할 방법이 없기 때문에 내가 직접 뛰어서 공상은행으로 갔다. 숨이 턱에 닿도록 뛰었건만, 내가 공상은행에 채 도착하기 전에 두 사람이 벌써 돌아오고 있었다. 공상은행에서는 장거리 표만 팔고 단거리 표는 안 판다는 것이었다. 운전사에게 들은 부정확한 정보 때문에 허탕을 친 것이다. 이제 서안역에 가서 사는 수밖에 다른 방법이 없었다. 차표를 살 수 있을지 심히 불안했다. 교문에서 만나기로 미리 약속이 되어 있기 때문에 짐을 다 챙겨서 맡겨 놓고 나온 나는 다시 학교 안으로 들어가지 않고 교문에서 쉬면서 차가 나오기를 기다렸다.

한참을 기다려도 차가 오지 않아 천천히 숙소 쪽으로 걸어가고 있는데 휴대전화가 울렸다. 김지현이었다.

"짐을 다 실어 놓고 출발하기만 기다리고 있는데, 하도 운전사가 안 와서 내려가 보았더니 60원에는 곤란하고 100원을 주어야 되겠다고 하는데 어떻게 할까요?”

나는 자신도 모르게 전화기에 대고 고함을 버럭 질렀다.

“다 내리라고 해!”

모진 놈 옆에 있었던 것말고는 아무 죄도 없는 김지현만 벼락을 맞은 것이다. 안 그래도 순진한 사람이 얼마나 놀랐을까 싶어서 미안하기 짝이 없었다.

어쨌든 그 사람들 때문에 그야말로 금쪽같은 시간을 또 30분이나 날려 버렸다. 다시 모여 상의한 끝에 대안탑과 역사박물관을 이미 본 세 사람이 먼저 서안역으로 가서 기차표를 사 놓기로 하고, 나머지 일곱 명은 두 조로 나누어 택시를 타고 가서 대안탑과 역사박물관을 구경한 후 서안역으로 가기로 했다. 나중에 택시비를 계산해 보니 세 대를 통틀어 60원이 채 안 되었다. 그런데 그들은 사흘이나 묵고 자기 차도 많이 이용해 준 우리한테 마지막 차비를 100원이나 받으려고 들었던 것이다. 그것도 60원으로 이미 합의한 구두계약을 파기하고 말이다.

서안은 10년 전과 달라진 것이 별로 없는 듯했다. 10년 전에는 모 대학 외사처 직원 겸 영어과 강사라는 사람에게 부당한 대우를 받았고, 이번에는 섬서사범대학 학생활동중심 직원들에게 부당한 대우를 받았다. 믿을 만한 사람의 소개로 찾아간 대학교 숙소에서 말이다. 중국에서는 이른바 ‘꽌시(關係)’라는 게 중요하다는데, 아무래도 우리와 저들의 ‘꽌시’가 너무 약해서 차라리 없는 것보다 못했나 보다.

3. 봉상(鳳翔)

유쾌하지 않은 추억을 하나 추가한 채 서안을 떠나 보계(寶鷄)로 갔다. 지금은 봉상(鳳翔)이 보계시의 속현이 되어 있지만, 북송 때에는 보계가 봉상부의 속현이었다.

어머니의 삼년상을 마치고 가우 5년(1060) 3월에 다시 개봉으로 들어간 소동파는 하남부복창현주부(河南府福昌縣主簿)라는 하급 관직에 임명되었으나, 부임하지 않고 동생과 함께 제과(制科)를 준비했다. 제과는 특출한 인재를 발굴하기 위해 황제가 특명을 내려 친히 시행하는 특별 과거시험으로 반드시 대신의 추천을 받아야 응시할 수 있었는데, 소동파는 구양수의 추천을 받고 소철은 양전(楊畋)의 추천을 받아 가우 6년(1061)의 제과에 함께 응시했다. 당시 제과 급제자는 매회 다섯 명을 넘은 적이 없었는데 이번에는 네 명이 응시하여 세 명이 급제했다. 이 세 명의 제과 급제자에 소동파 형제가 다 포함되어 있었으니 실로 엄청난 가문의 영광이었다. 더구나 송나라가 제과제도를 실시한 이래로 1등이나 2등으로 급제한 사람은 아무도 없고 3등으로 급제한 사람이 한 명 있었을 뿐인데, 소동파는 3등으로 급제하고 소철은 왕개(王介)와 더불어 4등으로 급제했다.[43] 그러기에 이번 제과에서 소동파 형제를 보고 난 뒤 인종 황제는 희색이 만면하여 황후에게 말했다.

"나는 오늘 또 자손을 위해 태평성대를 이룩할 재상 두 사람을 얻었소."[44]

소동파는 제과에 급제한 후 그해 12월에 봉상부첨판(鳳翔府簽判)으로 임명되어 치평 원년(1064) 12월까지 3년 동안 봉상에서 지냈다. 그러니까 소동파에게 있어서

43 이도(李燾)의 ≪속자치통감장편(續資治通鑑長編)≫ 권194 <가우(嘉祐) 6년 8월 을해(乙亥)> 및 이일빙(李一冰)의 ≪소동파신전(蘇東坡新傳)≫(대북: 연경출판사업공사, 1985) 68-73쪽 참조.

44 "吾今日又爲子孫得太平宰相兩人."[문연각사고전서본 진곡(陳鵠) ≪기구속문(耆舊續聞)≫ 권2]

봉상은 생애 첫 부임지라는 의미를 지니고 있다.

보계는 서안과 달리 인상이 참 좋았다. 우선 역에 볼썽사납게 호객행위를 하는 여행사나 호텔의 판촉요원이 없어서 좋았고, 역 광장이 깨끗하게 단장되어 있어서 더욱 좋았다. 역에서 가장 가깝고 눈에 가장 잘 띄는 국무반점(國貿飯店)에 들어가 방값을 알아보았다. 3성급 호텔로 최신 건물인 이 호텔은 2인실 하나에 180원이라고 했다. 비싼 편은 아니었지만 혹시 더 싼 방이 있나 해서 다른 사람들이 그 호텔 로비에서 쉬고 있는 동안 몇 사람이 나가서 다른 호텔을 알아보고 왔다. 역 서쪽에 있는 백운빈관(白雲賓館)이 괜찮다고 했다. 백운빈관은 2인실 하나에 150원으로, 시설은 국무반점보다 조금 못하지만 그만하면 훌륭한 편이었다. 종업원들도 매우 친절하여 손님이 엘리베이터를 타러 나오면 버튼을 눌러 주고 손님이 탈 때까지 옆에서 함께 기다리며 말동무가 되어 주는 품이, 손님을 보고도 본체만체하던 섬서사범대학 종업원들과는 아주 대조적이었다.

❄ 선유담

2002년 8월 19일 호텔 1층에 있는 여행사에서 하루에 580원인 중형버스를 전세 내어 10시 20분에 호텔을 출발하여 선유사로 갔다. 선유사는 보계와 서안의 중간 지점인 주지(周至)에 있다. 중간에 기름을 넣기 위해 반대 방향으로 갔다가 돌아오는 바람에 약 40분을 낭비하고, 11시 10분에야 서안과 보계를 연결하는 서보고속도로에 진입했다. 서보고속도로 양쪽에는 평지로부터의 높이가 약 40~50미터쯤 되어 보이는 약간 높직하고 평평한 황토 언덕이 몇 킬로미터에 걸쳐 길게 뻗어 있었다. 그러나 그 언덕 이외에는 모조리 평야인데 그 넓은 평야에 온통 옥수수가 심어져 있었다. 그리고 강둑에는 미루나무가 죽 늘어서 있었다.

서보고속도로를 타고 서안 방향으로 달려 12시 20분에 주지 시내에 도착했다. 거기서 점심을 먹고 다시 꼬불꼬불한 산길을 20분 정도 더 달린 뒤에 차가 멈춘

곳은 선유사박물관이었다. 우리가 선유사를 찾아간 것은 이름으로 미루어보아 그 옆에 선유담(仙遊潭)이 있을 것으로 짐작되었기 때문이다.

선유담은 소동파가 <선유담(仙遊潭)>이라는 시의 자주(自註)에서 "못 위에 절이 두 군데 있었다. 하나는 못의 북쪽에 있는바, 흑수(黑水)를 따라 위로 올라가는 동쪽 길을 따라가면 남사에 이른다. 또 흑수를 건너 서쪽으로 1리 남짓 말을 끌고 올라가는 서쪽 길을 따라가면 북사에 이른다. 동쪽 길은 험악하여 말을 타고 갈 수가 없으며, 서쪽 길은 못을 사이에 두고 있는데 못이 하도 깊어서 깊이를 알 수 없는바, 그 위에 나무 하나를 걸쳐서 다리로 삼았는데 감히 지나갈 수가 없었다. 그러므로 남사에 탑이 있어 멀리서 바라보기에 아름다워 보였지만 끝내 가볼 수가 없었다"[45]라고 한 곳으로, 진사급제 동기 장돈과 함께 놀러왔을 때 소동파는 겁이 나서 도저히 그 외나무다리를 건너지 못했는데 장돈은 눈도 깜짝하지 않고 다리를 건너가 건너편 절벽에 "소식과 장돈이 왔다(蘇軾章惇來)"라고 쓰고는 의기양양하게 돌아왔다는 곳이다. 그것을 본 소동파는 한편으로 장돈의 대담한 성격이 부럽기도 했지만 한편으로는 섬뜩한 생각도 들어 장돈에게 "자기 목숨을 아끼지 않는 것을 보면 다른 사람도 죽일 수 있겠다"고 했는데, 과연 장돈은 나중에 인정사정없이 정적들을 제거했다.[46]

이러한 선유담을 보기 위해 선유사를 찾아왔는데, 운전사가 내려 준 곳에는 허수룩한 박물관만 하나 있을 뿐 선유담은커녕 선유사도 보이지 않았다. 우리말고는 다른 관광객이 한 명도 없는 썰렁한 곳이었다. 허탈하기 짝이 없었다.

관리인들과의 이야기를 통하여 원래 이곳에 선유사가 있었는데 흑하댐 공사로 수몰되었다는 사실을 알게 되었다. 사무실 안에 들어가 보니 원래의 절과 탑을 촬

---

45 "潭上有寺二. 一在潭北, 循黑水而上, 爲東路, 至南寺. 渡黑水西里餘, 從馬北上, 爲西路, 至北寺. 東路險, 不可騎馬, 而西路隔潭, 潭水深不可測, 上以一木爲橋, 不敢過. 故南寺有塔, 望之可愛而終不能到."(왕문고본 ≪소식시집≫ 권5)

46 탁극탁(托克托), ≪송사(宋史)≫ 권471 <장돈전> 참조.

영해 놓은 사진이 몇 장 붙어 있고, 그 옆에 제법 깊어 보이는 못도 하나 있었다. 여러 가지 정황으로 미루어 보건대 그것이 선유담이라고 생각되었다.

그 못이 있는 위치를 물어서 다시 차를 타고 울퉁불퉁한 산길을 따라 계곡 안으로 들어갔다. 거기 시퍼런 못 하나가 양쪽에 가파른 산비탈을 하나씩 끼고 반듯하게 드러누워 있었다. 소동파의 자주(自註)에 “흑수를 따라 위로 올라간다”고 했는데, 현지인의 말에 의하면 여기가 바로 ‘흑하댐’ 공사 현장이라고 하니 이 못이 바로 선유담임에 틀림없었다. 마침내 선유담을 찾은 것이다. 크게 실망한 뒤끝이라 선유담을 보는 감회가 더욱 예사롭지 않았다. 반가운 마음에 소동파의 자주에 근거하여 지금은 없어진 남사가 어디쯤이고 북사가 어디쯤이었을 것이라고 가늠해 보기도 하고, 장돈이 건넌 다리가 저기쯤에 있었을 것이라고 머릿속으로 그려 보기도 하며, 다 함께 소동파의 시 <선유담>을 한 번 낭독하고 기념사진도 한 장 찍었다.

선유담

푸른 절벽 아래에는 길도 없는데　　翠壁下無路
어느 해엔가 뇌우가 이 못을 파놓았네.　　何年雷雨穿
햇빛은 바위 위의 절에서 반짝이다　　光搖巖上寺
못에 비친 하늘까지 깊숙이 들어가네.　　深到影中天
무소 뿔에 불을 붙여 들여다보고 싶건만　　我欲然犀看
황룡이 구슬을 안고 잠을 자고 있을세라.　　龍應抱寶眠
그 누가 외로운 저 바위 위에　　誰能孤石上
우뚝하게 앉아서 참선해 볼 수 있으랴?　　危坐試僧禪[47]

돌아가는 길에 오장원(五丈原)을 잠시 둘러보기로 했다. 오장원은 제갈량(諸葛亮, 181-234)이 위(魏)나라를 정벌하러 나가 100여 일 동안 사마의(司馬懿)와 대치하고 있던 중에 병이 나서 죽은 곳이다.[48] 죽음이 임박했을 때 그는 자신이 죽은 뒤에 나무 상자를 만들어 거기에 자신의 시체를 앉히고 입에 쌀 일곱 알을 물려 마치 죽지 않은 것처럼 가장함으로써 위나라 군사의 추격을 견제하며 무사히 군사를 철수하게 하는 지혜를 발휘했다고 전해 온다.[49] 과연 사마의는 제갈량이 죽었다는 사실을 확인하지 못해 철수하는 촉나라 군사를 선뜻 뒤쫓지 못했다고 한다. 이른바 "죽은 제갈량이 산 중달(즉 사마의)을 쫓았다"[50]고 하는 것이다.

차가 시골길로 접어들자 키위 농장이 차창을 메우더니 이윽고 기산현(岐山縣)으로 들어섰다. 기산현에는 오동나무가 엄청나게 많았다. 가로수가 온통 오동나무였다. 마치 성도 일대에 동네마다 집집마다 대나무가 서 있는 것과 흡사한 정경이었다. 주(周)나라 문왕 때 이 기산 기슭에 오동나무에만 깃든다는 봉황이 내려왔다는

47 왕문고본 ≪소식시집≫ 권5.
48 진수(陳壽), ≪삼국지(三國志)≫ 권35 <제갈량전> 참조.
49 나관중, ≪삼국연의(三國演義)≫ 권21 <공명이 오장원에서 죽다(孔明秋風五丈原)> 참조.
50 "死諸葛走生仲達."[문연각사고전서본 방현령(房玄齡) ≪진서(晉書)≫ 권1 <선제기(宣帝紀)>]

전설이 생긴 것이 바로 이 때문이 아닐까 하는 생각도 들고,[51] 역으로 이 전설 때문에 후세 사람들이 오동나무를 많이 심은 것이 아닐까 하는 생각도 들었다. 가다 보니 심지어 오동나무 묘목을 키우는 밭이 도처에 있을 정도로 오동나무가 많았다.

꼬박 두 시간이 걸려서 기산현에 속하는 오장원에 도착했다. 안내문에 의하면 오장원이라는 명칭의 유래에 대해서 언덕의 높이가 50여 장이기 때문에 '오십장원(五十丈原)'이라고 하다가 나중에 '오장원'으로 바뀌었다는 설, 언덕이 앞은 넓고 뒤는 좁은데 가장 좁은 곳의 폭이 5장, 즉 15미터 정도 되기 때문에 오장원이라고 한다는 설, 진이세(秦二世)가 이곳을 순수(巡狩)할 때 바람이 세게 불어 먼지가 5장이나 치솟았기 때문에 오장원이라고 한다는 설 등 여러 가지 이설(異說)이 있다고 한다. 어느 설이 맞는지는 알 수 없지만, 어쨌든 그곳만 높직하고 주위는 툭 트인 평야라 그곳에 진을 치면 적군의 일거수일투족을 훤히 꿰뚫어 볼 수 있을 것 같았다.

오장원에는 당나라 초에 창건했다는 제갈량의 사당 오장원제갈량묘(五丈原諸葛亮廟) 이외에는 특별히 볼만한 것이 없었다.

❀ 반계석

강태공조어대(姜太公釣魚臺) 즉 반계석(磻溪石)은 시간이 너무 늦어서 오늘 볼 수 없다는 운전사의 말을 듣기로 했다. 내일 갈 곳과 다른 방향이어서 강태공조어대만 보기 위해 이쪽으로 다시 나오는 것이 시간적으로 많이 부담스럽기는 하지만, 운전사에게 무리한 요구를 할 수가 없어서 그렇게 하기로 양해했다.

그런데 차가 시골길을 따라 보계를 향해 한참 가노라니 차창 밖으로 갑자기 '강태공조어대 5킬로미터(姜太公釣魚臺五公里)'라는 간판이 지나갔다. 6시 10분이었다.

---

51 소동파의 시 <동호(東湖)>에 대한 시원지(施元之)의 주석에 ≪태평환우기(太平寰宇記)≫를 인용하여 "주나라 문왕 때 기산에서 단봉이 울었기 때문에 봉황퇴라고도 한다(周文王之時, 丹鳳鳴於岐山, 故亦曰鳳皇堆)"[시원지 주(注), ≪시주소시(施注蘇詩)≫(대북: 광문서국, 1981) 권1]라고 했다.

차가 이미 그 입구를 조금 지나친 상태였지만, 나도 모르게 차를 세우라고 소리쳤다. 강태공조어대가 멀리 있는 줄 알고 운전사의 말을 듣기로 한 것인데, 이렇게 바로 옆으로 지나가면서 안 들어가고 내일로 미룰 수는 없는 노릇이었다. 문을 닫았을 것이라는 운전사의 불만스러운 대꾸를 무마시키기 위해 돈을 좀 더 주겠다고 했더니, 그제야 그런 뜻이 아니라면서 차를 돌렸다.

강태공조어대까지는 10분도 채 안 걸렸고 폐문 시간은 오후 7시였다. 경내에는 다른 볼거리도 몇 가지 있었지만, 시간도 없고 다른 곳은 별로 중요하지도 않고 하여 곧장 반계석으로 찾아갔다. 반계석은 강태공이 낚싯대를 드리우고 현인이 나타나기를 기다렸다는 바위다. 그는 젊은 시절을 곤궁하게 지내다가 늘그막에 위수(渭水)의 지류인 반계로 나가 낚싯대를 드리우고 앉아서 주나라 문왕에게 중용되기를 기다렸는데, 사냥을 나갔던 문왕이 그 옆을 지나가다가 그를 보고는 즉시 그가 현인이라는 것을 알아차리고 다가가서 말했다.

"우리 태공께서 선생의 출현을 바라고 계신 지 오래되었습니다."[52]

'태공(太公)'은 아버지를 가리키기도 하고 할아버지를 가리키기도 하기 때문에 문왕이 말한 '태공'이 누구를 가리키는지 분명하지 않지만, 집안에서의 위상과 영향력으로 판단하건대 아버지인 계력(季歷)보다는 할아버지인 태왕(太王) 고공단보(古公亶父)를 가리킬 가능성이 크다. 고공단보는 융족(戎族)과 적족(狄族)의 침략을 피해 주족(周族)을 이끌고 빈(豳) 지방으로부터 기산(岐山) 아래로 와서 주나라의 터전을 닦은 주족의 영수였다.[53] 그에게는 태백(泰伯) · 중옹(仲雍) · 계력 등 세 아들이 있었는데, 그가 유달리 영민한 계력의 아들 창(昌, 후일의 문왕)이 자신의 뒤를 잇기를 원하므로 태백과 중옹이 남쪽으로 도망가서 오나라를 세웠다. 막내 동생인 계력을 거쳐 문왕으로 대가 이어질 수 있게 하기 위함이었다.[54]

---

52 "吾太公望子久矣."[문연각사고전서본 ≪사기≫ 권32 <제태공세가(齊太公世家)>]

53 ≪사기≫ 권4 <주본기(周本紀)> 참조.

아무튼 문왕의 이 말로 인하여 그를 태공망이라고 부르게 되었고, 나중에는 또 그의 성을 붙여서 강태공이라고도 부르게 되었다. 흔히 낚시꾼을 일러 강태공이라고 부르는 것은 여기에서 비롯된 것이다. 강태공 이야기는 물론 허구적인 요소가 많이 가미된 것이지만, ≪사기≫ <제태공세가>에 기록된 정사의 일부인 만큼 터무니없는 말이라고 치부할 일만도 아니다. 문왕이 알아봄으로써 태공망은 그 뒤 문왕과 무왕을 도와 주나라의 건국에 중요한 역할을 했다. 그리고 그 공로로 인하여 그는 제(齊)나라 제후에 봉해졌다. 제나라는 지금의 산동성 북부에 있던 나라로 남부의 노(魯)나라와 더불어 산동반도를 다스리는 두 주역이었다.

반계석의 웅덩이 쪽 가장자리에 정강이 두 개가 들어갈 만큼 길쭉하고 깊숙하게 파인 자국이 있었다. 그곳에서 낚시 도구를 임대하는 한 중년 아주머니의 말에 의하면, 강태공이 낚시하느라 오랫동안 무릎을 꿇고 앉아 있었기 때문에 생긴 자국이라고 한다. 참으로 신기한 일이다. 그게 아니라 사실은 이렇게 기이한 바위가 있기 때문에 강태공 전설이 생겼으리라. 소동파의 시 <반계석(磻溪石)>을 음미해 가면서 바위를 구석구석 살펴보았다.

묵자의 굴뚝은 검어질 때가 없었고	墨突不暇黔
공자의 자리는 데워진 적이 없었으니	孔席未嘗煖
어찌 알았으리오 위수 가의 늙은이가	安知渭上叟
바위에 꿇어앉아 정강이 자국 남긴 것을?	跪石留雙骭
어느 날 갑자기 세상사에 부닥쳐서	一朝嬰世故
수많은 어려움을 힘들여 평정했고	辛苦平多難
그리고 또 편안하게 잠을 자려 했으나	亦欲就安眠
여관 주인이 게으르다고 나무랐었네.	旅人譏客懶[55]

---

54 ≪사기≫ 권31 <오태백세가(吳太伯世家)> 참조.
55 왕문고본 ≪소식시집≫ 권3.

강태공조어대

자신의 도를 전하기 위해 천하를 주유했다는 공자나, 천하를 돌아다니느라 집에서 밥을 해 먹는 일이 별로 없었기 때문에 굴뚝이 검어질 겨를이 없었다는 묵자(墨子)와 달리, 한 자리에 앉아 현인의 출현을 기다린 강태공의 기이한 행적을 노래한 것이다. 이 시의 마지막 부분에도 언급되어 있는 바와 같이, 강태공은 자신의 봉토인 제나라로 가는 길에도 전혀 서두르지 않고 여유작작하게 행동하다가 여관 주인한테서 “때란 얻기는 어렵고 잃기는 쉽다고 들었는데, 손님께서는 참 편안하게도 주무시니 봉토로 가는 사람이 아닌 것 같군요”라는 말을 들었을 정도로 초연한 성격이었다.[56]

계곡 둑에 <문왕방현도(文王訪賢圖)>라는 그림이 세워져 있는데, 문왕이 서서 무언가를 간절히 원하는 표정으로 내려다보고 있는데도 불구하고 들은 척도 하지 않는 듯 다른 곳을 응시하는 강태공의 모습이 그려져 있었다.

56 《사기》 권32 <제태공세가> 참조.

문왕방현도

전설에 의하면 강태공은 반계석 위에 앉아서 낚싯줄에다 곧은 바늘을 달고 게다가 그것이 수면에서 석 자나 떨어지도록 낚싯대를 높이 메고는 웅덩이 쪽이 아니라 산 쪽을 바라보는 우스꽝스러운 모습으로 낚시질을 했다고 하거니와, 그림을 보니 과연 강태공이 도롱이와 삿갓 차림으로 물을 등지고 바위 위에 꿇어앉아 왼손에 잡은 낚싯대를 오른쪽 어깨 너머로 드리우고 있는데 곧은 낚싯바늘이 수면에서 많이 떨어져 있었다. 다만 그림에는 그가 바위 중앙에 앉아 있었다. 아마도 그 화가가 이곳에 와 보지 않아 바위 가장자리에 무릎 자국 두 개가 있다는 사실을 모른 채 이 그림을 그린 모양이었다.

중년 아주머니가 도롱이 · 삿갓 · 낚싯대 등의 낚시 도구를 빌려 주며 강태공으로 분장하여 사진을 찍어 보라고 권했다. 우리는 너도나도 한 번씩 강태공이 되어 보았다. 그의 무릎 자국이라는 곳에 두 무릎을 넣고 꿇어앉아 있어 보니 몸이 조금씩 미끄러져 내려갔다. 무릎 들어가는 자리가 웅덩이 쪽으로 약간 기울어져 있기 때문이었다. 도저히 오랫동안 앉아 있을 수가 없는 상황이었다. 강태공이 여기에 앉아 현인의 출현을 기다렸다는 것은 있을 수 없는 일이었다. 역시 웅덩이 옆의 바위 위에 무릎 자국처럼 깊고 길쭉하게 파인 부분이 있는 것을 보고 호사가들이 지어낸 허구적인 이야기임에 틀림없다. 그렇지 않으면 강태공이 뒤로 돌아앉아서 낚시질했다는 이야기에 착안하여 후세의 어떤 호사가가 바위 위에 일부러 무릎 자국을 팠을 수도 있겠다.

자칫하면 과문불입할 뻔했던 강태공조어대까지 무사히 살펴본 덕분에 기분 좋게 오늘의 일과를 끝낼 수 있었다. 운전사에게 팁을 30원 주었더니 기꺼이 받았다.

❄ 희우정과 능허대

2002년 8월 20일 오늘 일정은 동호(東湖)에서 시작하기로 했다. 봉상성 동남쪽에 봉황이 날아가다가 내려와 물을 마시며 쉬었다는 음봉지(飮鳳池)라는 못이 있

봉상동호

었는데, 가우 7년(1062)에 소동파가 주민들을 지휘하여 이 음봉지를 넓히고 봉황천(鳳凰泉)의 물을 끌어들여 만든 것이 바로 동호다.[57] 소동파가 만들고 소동파로 인하여 이름이 알려진 동호는 역대의 많은 시인묵객들이 노닐면서 시문을 지은 곳으로 절강성 항주(杭州)의 서호와 더불어 자매호로 불린다고 한다.[58]

봉상은 보계보다 좀 높은 지대였지만, 일단 올라간 뒤에는 다시 평평한 지대가 나왔다. 도중에 진목공묘(秦穆公墓)가 있어서 이곳이 춘추전국 시대에 진나라의 본거지였음을 말해 주고 있었다. 오동나무가 아니면 깃들지 않는다는 봉황이 지나다니다가 쉬어 갔을까? 동호에는 벽오동나무가 꽤 많이 있었다.

정문에서 멀지 않은 곳에 소문충공사(蘇文忠公祠)가 있었다. 사당 안으로 들어가니 소동파의 석고상이 있었다. 하얀 도포를 말끔하게 차려입고 왼손과 오른손을 각각 양 무릎 위에 얹은 채 점잖게 앉아 있는 모습이었다.

소문충공사

57 ≪봉상동호(鳳翔東湖)≫(봉상: 중국인민정치협상회의 섬서성봉상현위원회 문사자료연구위원회, 1987) 1-2쪽 참조.

58 ≪백도백과≫ <봉상동호> 참조.

소문충공사 옆에 희우정(喜雨亭)이 있었다. 당시 봉상 지방에 가뭄이 극심했는데, 소동파가 조정에 상소문을 올려 태백산신(太白山神)의 작위를 공작으로 복원해 줄 것을 주청하고 정성껏 기도를 올리자 정말 비가 흡족하게 내렸다. 소동파는 너무나 기쁜 나머지 때마침 관청 뒤에 새로 지은 정자에 '희우정'이라는 이름을 붙여 주고 <희우정기(喜雨亭記)>를 지었다.

> 비로 정자 이름을 지은 것은 기쁨을 기록하기 위해서다. 옛날에는 기쁜 일이 있으면 그것으로 물건의 이름을 지었으니 잊어 버리지 않으려는 마음을 보여 주는 것이다. 주공(周公)은 특이한 벼를 얻어 자기 글에다 '가화편(嘉禾篇)'이라는 이름을 붙였고, 한나라 무제는 보배로운 솥을 얻어 연호를 '원정(元鼎)'이라고 했으며, 노나라 숙손득신(叔孫得臣)은 장적(長狄)과의 싸움에서 이겨 장적의 추장 교여(僑如)를 사로잡자 자기 아들의 이름을 '교여'라고 했다. 기쁨의 크기는 같지 않지만 그 기쁨을 잊지 않으려는 마음을 보여 주기는 마찬가지다.
>
> 나는 부풍(扶風)에 도착한 이듬해에야 비로소 관사를 손질한 후 건물 북쪽에 정자를 짓고 그 남쪽에 연못을 파서 물을 끌어대고 나무를 심어 휴식의 장소로 삼았다. 이해 봄에 기산(岐山) 남쪽에 비가 내리듯 하늘에서 보리가 떨어졌으니 이는 풍년이 들 징조였다. 그 뒤로 한 달 동안 비가 내리지 않아 백성들이 한창 걱정을 하고 있었다. 3월 을묘일이 되어서야 비가 조금 내리고 갑자일에 또 비가 내렸지만 백성들은 부족하다고 여겼다. 정묘일에 큰비가 내리기 시작해 사흘이 지나서야 그쳤다. 관리들은 관청 뜰에서 서로 경하하고, 장사꾼들은 시장에서 함께 노래 부르고, 농부들은 들판에서 한데 어울려 손뼉을 치며 환호했다. 걱정하던 사람들은 이 일로 인해 즐거워지고 병든 사람들은 이 일로 인해 병이 나았는데, 이런 때에 마침 우리 정자가 준공되었다.
>
> 이에 정자에서 술잔을 들고 손님들에게 권하며 말하기를 "닷새 동안 더 비가 오지 않아도 괜찮았겠습니까?"라고 하니, 손님들이 말하기를 "닷새 동안 더 비가 오지 않았다면 거둘 보리가 없겠지요"라고 했다. "열흘 더 비가 오지 않아도 괜찮았겠습니까?" 하니, "열흘 더 비가 오지 않았다면 거둘 벼가 없겠지요" 했다. 보리

가 없고 벼가 없으면 지독한 흉년이 들어 송사(訟事)가 끊이지 않고 도적이 들끓을 것인즉, 나와 이 사람들이 이 정자에서 한가로이 노닐고자 한들 어찌 가능하겠는가? 이제 하늘이 우리 백성을 버리지 않고 처음에 좀 가물게 하다가 곧 비를 내리시어 나와 이 사람들로 하여금 이 정자에서 함께 한가로이 노닐 수 있게 하니, 이것은 모두 비가 내린 하사품이로다. 어찌 잊어 버릴 수 있겠는가?

이것으로 정자의 이름을 짓고 나아가 다음과 같이 노래를 지어 부르노라. "하늘이 진주를 뿌린다 해도, 추운 사람 그것으로 옷을 짓지 못한다. 하늘이 구슬을 뿌린다 해도, 배고픈 사람 그것을 곡식으로 삼지 못한다. 한꺼번에 사흘 동안 비가 내리니, 이것이 누구의 힘이란 말인가? 태수의 힘이라고 백성들은 말하지만, 태수는 이런 힘을 갖고 있지 않다네. 천자의 힘이라며 천자에게 돌리자, 천자도 그런 것이 아니라 하네. 조물주의 공이라고 조물주에게 돌리자, 조물주도 자기 공이라 여기지 않네. 하늘의 공이라고 하늘에 돌리지만, 하늘은 너무 멀어 아스라할 뿐이네. 아무 데도 이름을 붙일 수가 없는지라, 이것을 우리 정자의 이름으로 삼노라."

亭以雨名, 志喜也. 古者有喜, 則以名物, 示不忘也. 周公得禾, 以名其書; 漢武得鼎, 以名其年; 叔孫勝狄, 以名其子. 喜之大小不齊, 其示不忘一也.

余至扶風之明年, 始治官舍, 爲亭於堂之北, 而鑿池其南, 引流種樹, 以爲休息之所. 是歲之春, 雨麥於岐山之陽, 其占爲有年. 旣而彌月不雨, 民方以爲憂. 越三月乙卯, 乃雨, 甲子又雨, 民以爲未足, 丁卯, 大雨三日乃止. 官吏相與慶於庭, 商賈相與歌於市, 農夫相與抃於野, 憂者以樂, 病者以愈, 而吾亭適成.

於是擧酒於亭上以屬客, 而告之曰: "五日不雨, 可乎?" 曰: "五日不雨, 則無麥." "十日不雨, 可乎?" 曰: "十日不雨, 則無禾." 無麥無禾, 歲且荐饑, 獄訟繁興, 而盜益滋熾, 則吾與二三子, 雖欲優游以樂於此亭, 其可得耶? 今天不遺斯民, 始旱而賜之以雨, 使吾與二三子, 得相與優游而樂於此亭者, 皆雨之賜也. 其又可忘耶!

旣以名亭, 又從而歌之, 曰: "使天而雨珠, 寒者不得以爲襦. 使天而雨玉, 饑者不得以爲粟. 一雨三日, 繄誰之力? 民曰太守, 太守不有. 歸之天子, 天子曰不然. 歸之造物, 造物不自以爲功. 歸之太空, 太空冥冥. 不可得而名, 吾以名吾亭.[59]

희우정

희우정은 가로와 세로가 각각 세 칸씩인 아홉 칸짜리 사각정으로, 사방의 추녀가 하늘을 향해 살짝 들려 있고 지붕이 푸른색 기와로 덮여 있어 아주 날렵한 느낌을 주었다.

희우정 옆에 능허대(凌虛臺)가 있었다. 능허대에는 재미있는 일화가 얽혀 있다. 소동파가 봉상부첨판으로 부임한 지 1년 남짓 지난 가우 8년(1063) 1월에 봉상태수 송선(宋選)이 다른 곳으로 옮겨 가고 신임 태수 진희량(陳希亮, 1014-1077)이 새로 부임해 왔다. 온화하고 인자하던 송선과는 대조적으로 진희량은 작달막하고 깡마른 그의 체구에 어울리게 무척이나 깐깐하고 근엄한 사람이었기 때문에 연회석에 그가 나타나면 분위기가 썰렁해져서 술맛이 떨어진다고 할 정도였다. 당시 봉상부 관아에서 근무하는 관리들은 제과(制科)의 현량방정능직언극간과(賢良方正能直言極諫科)에 급제한[60] 소동파에게 경의를 표시하기 위해 그를 '소현량(蘇賢良)'이라고 불

59 공범례(孔凡禮) 점교(點校), ≪소식문집(蘇軾文集)≫ 권11, 북경: 중화서국, 1990. 이 판본은 이후 '공범례본 ≪소식문집≫'으로 약칭한다.

60 이도, ≪속자치통감장편≫ 권194 <가우(嘉祐) 6년 8월 을해(乙亥)> 참조.

렸다. 그러자 신임 태수 진희량이 "첨판이 무슨 현량이냐?"라며 크게 화를 내고는 그렇게 부른 사람을 잡아다 곤장을 치기까지 했다.[61]

하루는 소동파가 진 태수를 찾아갔다. 진 태수는 특별한 이유도 없이 소동파로 하여금 응접실에서 마냥 기다리게 했다. 소동파는 화가 나서 그냥 돌아가 버리고 싶었지만, 기왕에 왔는데 화난다고 돌아가 버릴 수도 없는 노릇이었다. 계속하여 응접실에 앉아서 기다리다가 너무 피곤하여 앉은 채로 깜박 잠이 들고 말았다. 나중에 소동파는 <응접실에 앉아서 졸며(客位假寐)>라는 시를 지어서 진희량의 작태를 풍자했다.

진희량은 평소 소동파가 작성한 공문을 자기 마음대로 수정하곤 했다. 소동파의 문장력은 당시 문단의 영수인 구양수도 칭찬을 아끼지 않을 정도였는데, 별로 대단하지도 않은 이런 시골 태수가 함부로 그의 문장을 뜯어고쳤으니 얼마나 답답했을지 짐작하기 어렵지 않다.

이처럼 두 사람 사이에는 마찰이 심했는데, 진희량은 태수고 소동파는 그의 보좌관이었으니 그럴 때마다 피해를 보는 쪽은 늘 소동파일 수밖에 없었다. 그러다가 마침내 소동파에게 복수의 기회가 왔다. 진희량이 멀리 종남산(終南山)을 바라볼 수 있도록 뒤뜰에 누대를 하나 지어 '능허대'라고 명명하고는 소동파로 하여금 <능허대기(凌虛臺記)>를 지으라고 한 것이다. 소동파는 이 글에서 은연중에 진희량을 풍자하는 말을 많이 했다.

> 고을이 종남산(終南山) 아래에 있으면 먹고 마시고 생활하는 등등의 일들이 모두 산과 연관될 수밖에 없다. 사방의 산 가운데 종남산보다 높은 것이 없고 도시가 산에 가깝기로는 부풍(扶風)만 한 곳이 없을 터이니, 지극히 가까운 데서 가장 높은 산을 보고자 한다 해도 그 산세를 볼 수 있을 것이다. 그런데 태수의 거처

61 소박(邵博), ≪문견후록(聞見後錄)≫ 권15 참조.

에서는 여기에 산이 있다는 사실을 안 적이 없다. 비록 공무 수행에 영향을 받는 것은 아닐지라도 사람 사는 이치로 볼 때 그래서는 안 되는 면이 있는바, 이것이 능허대를 지은 까닭이다.

이것이 아직 지어지기 전에 태수 진공(陳公)이 지팡이 짚고 미투리 신고 그 아래에서 거닐다가 산이 숲 위로 솟아 있는 것이 마치 상투만 내놓은 채 담장 너머로 줄지어 걸어가는 사람들의 형상과 같은 것을 보고, "이 산은 필시 특이한 데가 있을 거야"라고 하며 일꾼들에게 시켜 그 앞을 파서 네모난 연못을 만들고 거기서 나온 흙을 쌓아 누대를 지어 처마보다 높아졌을 때 멈추었다. 그 뒤로 그 위에 올라가는 사람들은 누대가 높아서 그런 줄은 모르고 산이 불쑥 솟아올라서 잘 보이는 줄 아는 듯했다. 진공이 말하기를 "이것을 능허대라고 불러야 되겠다"라고 하고는 보좌관인 나 소식에게 이 생각을 일러 주며 문장을 지어서 기록해 달라고 했다.

나는 진공께 이렇게 복명(復命)했다. "사물의 흥망성쇠는 알 수가 없습니다. 옛날에는 이곳이 잡초 우거진 들판으로 서리와 이슬에 뒤덮여 있고 여우와 살모사가 숨어 있었으니, 지금 이곳에 능허대가 있게 될 줄 어떻게 알았겠습니까? 흥망성쇠는 끝없이 번갈아 반복되는 것이니 이 누대가 다시 황량한 풀에 덮인 들판이 될지 어떨지는 아무도 알 수 없습니다. 공과 함께 이 누대에 올라 멀리 바라보았더니 동쪽은 진나라 목공(穆公)의 기년궁(祈年宮)과 탁천궁(橐泉宮)이요, 남쪽은 한나라 무제(武帝)의 장양궁(長楊宮)과 오작궁(五柞宮)이며, 북쪽은 수나라의 인수궁(仁壽宮)과 당나라의 구성궁(九成宮)이었습니다. 한때 번성했던 당시 상황을 생각해 보면 이것들은 모두 웅장하고 아름답고 견고하여 흔들리지 않는 건물이었을 터이니, 어찌 이 누대보다 백 배 나은 데서 그쳤겠습니까? 그러나 몇 세대가 지난 지금은 그것들과 비슷한 것을 찾아보려고 해도 깨진 기와 조각이나 허물어진 담조차 남아 있는 것이 없고 이미 곡식과 가시에 덮인 언덕과 전답으로 변했거늘, 하물며 이 누대야 말할 것이 있겠습니까? 그리고 이 누대도 오랫동안 존재하리라고 믿을 수가 없거늘, 하물며 홀연히 갔다가 홀연히 오는 인간사에서의 득실이야 말할 것이 있겠습니까? 만약 어떤 사람이 이 누대를 가지고 세상에 자랑하며 스스로 만족감을 맛보려고 한다면 그것은 잘못입니다. 세상에는 믿을 만한 것이 있기야 하겠지만, 누대의 존망에 달려 있지는 않을 것입니다." 나는 진공께 이렇게 말씀드리고 나서 물러나 기록한다.

國於南山之下, 宜若起居飮食與山接也. 四方之山, 莫高於終南, 而都邑之麗山者, 莫近於扶風, 以至近求最高, 其勢必得. 而太守之居, 未嘗知有山焉. 雖非事之所以損益, 而物理有不當然者, 此凌虛之所爲築也.

方其未築也, 太守陳公杖屨逍遙於其下, 見山之出於林木之上者, 纍纍如人之旅行於牆外而見其髻也, 曰: "是必有異." 使工鑿其前爲方池, 以其土築臺, 高出於屋之危而止. 然後人之至於其上者, 怳然不知臺之高, 而以爲山之踴躍奮迅而出也. 公曰: "是宜名凌虛." 以告其從事蘇軾, 而求文以爲記.

軾復於公曰: "物之廢興成毁, 不可得而知也. 昔者荒草野田, 霜露之所蒙翳, 狐虺之所竄伏, 方是時, 豈知有凌虛臺耶? 廢興成毁相尋於無窮, 則臺之復爲荒草野田, 皆不可知也. 嘗試與公登臺而望, 其東則秦穆之祈年・槖泉也, 其南則漢武之長楊・五柞, 而其北則隋之仁壽, 唐之九成也. 計其一時之盛, 宏傑詭麗, 堅固而不可動者, 豈特百倍於臺而已哉? 然而數世之後, 欲求其髣髴, 而破瓦頹垣無復存者, 旣已化爲禾黍荊棘丘墟隴畝矣, 而況於此臺歟? 夫臺猶不足恃以長久, 而況於人事之得喪, 忽往而忽來者歟? 而或者欲以夸世而自足, 則過矣. 蓋世有足恃者, 而不在乎臺之存亡也." 旣已言於公, 退而爲之記.[62]

소동파는 속으로 자신의 글이 진희량에 의하여 많이 수정될 것이라고 각오하고 있었다. 그런데 뜻밖에도 진희량은 한 번 읽어보고는 한 글자도 고치지 않고 그대로 돌에다 새기라고 했다. 소동파는 너무나 뜻밖의 일이라 무척 당황스러웠다.

진희량은 원래 소동파의 처가가 있는 미주 청신(青神) 사람으로, 소동파와 동향인인 데다 나이도 소동파의 아저씨뻘 되었으며 소씨 집안과 진씨 집안은 오래전

62 공범례본 ≪소식문집≫ 권11.

부터 친하게 지내는 사이였는데, 그가 지금까지 소동파를 엄하게 대한 것은 젊은 나이에 문명을 날리기도 하고 제과에 급제하여 같은 연배의 다른 사람보다 높은 관직을 차지하는 등 출세가 너무 빠른 소동파의 장래를 위해 일부러 제동을 건 것이었다. 이러한 그의 깊은 속마음을 헤아리지 못하고 젊은 혈기에 그만 그에게 무례한 짓을 한 것이 후회스럽다고 소동파는 나중에 진희량의 전기인 <진공필전(陳公弼傳)>에서 술회했다.

능허대

능허대는 그 이름에 비해 낮고 초라해 보였다. 훗날 중건하면서 원래의 모습보다 작게 지은 것은 아닐 것 같고, 아무래도 '허공을 찌르는 누대'라는 뜻의 이름에 현혹되어 내가 너무 거창하게 상상한 모양이다. 능허대는 벽돌로 높다랗게 쌓아 올린 축대 위에 2층으로 지은 사각 누대였다. 소동파의 <능허대기(凌虛臺記)>에는 거기서 종남산이 바라보인다고 했는데, 이날은 부슬비가 내리기 때문인지 종남산은 전혀 시야에 들어오지 않았다.

동호는 수면이 온통 개구리밥으로 덮여 있고 여기저기에 철 지난 연꽃이 빨갛게 피어 있었다. 한 중년 여인이 어린 아들과 함께 배를 타고 왔다 갔다 하는 모습이 무척이나 운치 있어 보였다. 연밥을 따는 것 같기는 한데 거리가 멀어서 확인하기는 힘들었다. 어쨌거나 마치 강남 수향에 와 있는 것 같은 느낌을 주었다.

동호에서 처음으로 연밥(蓮子)을 먹어 보았다. 연송이(蓮房) 한 개에 50전이라고 하기에 열 개를 달라고 했더니, 관리인이 익은 것이 별로 없다며 긴 장대 끝에 그물을 매단 잠자리채처럼 생긴 도구로 여덟 개만 따 주고 돈도 2원만 받았다. 연송이 하나에 연밥이 20~30개씩 박혀 있었다. 연밥은 크기와 생김새가 다 땅콩 알맹

이 비슷하고 맛은 약간 달착지근한 것이 생밤과 상당히 비슷했다.

❄ 대산관

2002년 8월 21일 대산관(大散關)으로 가는 교통편도 알아 놓고 산책도 좀 할 요량으로 6시 10분에 나 혼자 호텔을 나섰다. 숙소에서 큰길을 따라 동쪽으로 조금 가니 제법 큰 강이 하나 나왔다. 금릉하(金陵河)라는 팻말이 세워져 있었다. 팻말이 있는 곳에서 다시 남쪽으로 가니 위하(渭河)가 나왔다. 위하는 극히 좁은 부분에만 물이 흐르고 대부분이 고수부지인데, 드넓은 고수부지 여기저기에 농작물이 잔뜩 심어져 있었다. 농부 몇 명이 벌써 나와서 일을 하고 있었다.

위하 가에 놓인 고가도로를 따라 500미터쯤 가노라니 보상대교(寶商大橋)라는 커다란 다리가 하나 나왔다. 보상대교까지 갔다가 다시 발길을 돌려 시외버스 종점이 있는 곳으로 향했다. 현지 지도를 안내인 삼아 찾아갔는데, 시외버스 종점은 지도에 나타나 있는 것보다 훨씬 멀리 있었다. 아직 직원들조차 출근하기 전이라 썰렁하기 짝이 없는 대합실에서 벽에 붙어 있는 버스 시간표를 살펴보았지만, 그 일대의 지리를 전혀 모르는 나로서는 대산관으로 가려면 도대체 어느 노선의 버스를 타야 하는지 감도 잡히지 않았다.

잠시 후 여자 직원 한 명이 출근하고 곧 이어서 남자 직원도 한 명 출근했다. 매표창구가 열리기를 기다려 여자 직원에게 대산관에 가려면 어디 가는 버스를 타야 하느냐고 물었더니, 따발총을 쏘듯이 뭐라고 얘기하는데 사투리마저 심해서 알아들을 수가 없었다. 종이를 꺼내어 외국인이라서 그러니 여기에 좀 써 달라고 했더니, 옆에 있던 남자 직원이 얼른 받아서 서쪽에 있는 다른 시외버스 종점으로 가서 봉현행(鳳縣行) 버스를 타고 가다가 대산관에서 내리면 된다고 적어 주었다. 시간이 얼마나 걸리느냐고 물었더니 30분쯤 걸린다고 했다. 그 시외버스 종점으로 가는 길을 물었더니 그 남자 직원은 자기가 직접 가르쳐 준다며 사무실에서 나와 큰길까지 나를 데리고 가서는 손가락으로 방향을 가리키며 친절하게 가르쳐 주었다. 5원이면 호텔에서 거기까지 택시를 탈 수 있다는 말도 덧붙였다. 너무 친절하게 대해 주는 바람에 오히려 미안한 마음이 다 들었다. 걸어서 가면 얼마나 걸리느냐고 물었더니 15분 정도면 된다고 했다. 기왕에 산책하러 나왔으니 걸어가기로 했다.

그 시외버스 종점도 마찬가지여서 매표소는 있으나 매표원이 없고, 시간표는 있으나 알아보기 힘들었다. 출입구에 한 청년이 인민복을 입고 서 있는데 아무래도 직원 같아서 물어보았더니 버스가 약 10분에 한 대씩 운행되며 차비는 2~3원 정도 된다고 했다. 출입구에서 한 아주머니에게 다시 물었다. 약 10분마다 한 대씩 운행되며 차비는 2.5원이라고 했다. 그 청년이 한 말과 완전히 일치했다. 거기까지 가는 데 시간이 얼마나 걸리느냐고 물었더니 30분 정도 걸린다고 했다.

대산관이 얼마나 먼지 몰라 답답했는데 이제 사정이 여의치 않으면 나 혼자라도 갔다 올 수 있겠다고 좋아하며 호텔로 돌아갔다. 벌써 8시가 다 되어 있었으므로 호텔로 돌아갈 때는 택시를 탔다. 미터기를 켜지 않아서 운전사에게 왜 안 켜느냐고 물었더니 보계는 어디를 가나 5원이기 때문에 미터기를 켤 필요가 없다고 했다. 대산관까지 가는 데는 얼마나 받느냐고 물어보았더니 40원이라고 했다.

아침을 먹으면서 시외버스 종점에 갔던 일을 이야기했더니 모두 다 함께 대산관에 가겠다고 했다. 다 함께 걸어서 시외버스 종점까지 갔다. 종점 입구에 봉현행 버스가 보이지 않아서 옆에 있는 청년에게 물어보았더니 안에 들어가서 타라고 했다. 종점 안으로 들어가자 중년 아저씨들이 몇 명 따라오며 어디까지 가느냐고 물었다. 봉현 가는 차가 어디 있느냐고 물었더니 여기는 봉현 가는 차가 없다고 했다. 다른 아저씨에게 물어도 똑같은 대답이었다. 또 다른 아저씨에게 물으니 1인당 4원씩이기 때문에 자기 택시를 타는 편이 더 낫다고 했다. 알고 보니 그 사람들은 모두 택시 운전사였다.

다시 버스 운전사인 듯한 아저씨에게 물으니 이 차를 타라고 하는데 차 앞에 '쌍석포(雙石鋪)'라고 쓰인 팻말이 붙어 있었다. 아침에 분명히 봉현 가는 차라고 들었기 때문에 길을 잘 모르는 우리로서는 선뜻 탈 수가 없었다. 차가 대산관 바로 앞까지 가지 않고 그 부근까지만 가면 곤란하기 때문이었다. 옆에 있는 다른 아저씨에게 이 차가 대산관에 가느냐고 확인차 물었더니 안 간다고 했다. 아침에 분명히 확인하고 갔는데도 운전사들의 농간에 대처하기가 쉽지 않았다. 눈치를 보아하니 택시 운전사들은 우리를 자기 승객으로 확보하고 싶어하고, 버스 운전사들은 열 명이나 되는 우리 일행이 자기 차를 타면 멀리 가는 손님을 태울 수 없기 때문에 은근히 우리가 안 타기를 바라는 것 같았다.

이런 식으로 골탕을 먹고 있는데 아저씨 두 명이 접근해 와서는 빵차 두 대에 편도 100원을 달라고 했다. 한참 흥정한 끝에 대산관에서 30분 기다리는 비용을 포함하여 왕복 140원에 합의를 보았다. 그런데 그 사람들이 우리를 안내한 곳에는 택시가 두 대 있을 뿐이었다. 앞자리에 한 명 타고 뒷자리에 네 명이 타면 된다고 우겼다. 빵차라고 해서 한 대에 다섯 명씩 타면 되겠다고 생각했는데 그들의 차는 빵차가 아니라 택시였다. 속이 많이 상했지만 내색을 하지 않고 왕복 100원에 가자고 새로운 흥정을 시도해 보았다. 흥정이 잘 되면 택시를 한 대 더 부를 심산이었다. 그러나 그들은 그렇게는 할 수 없다고 했다. 끝내 흥정은 이루어지지 않았다.

누군가가 그 택시 두 대를 타고 여덟 명만 대표로 갔다 오면 어떻겠느냐고 제안했다. 그 말이 나에게는 별로 탐탁하지 않은데 그냥 따라왔다는 말로 들렸다. 별로 가고 싶어하지 않는 사람을 억지로 끌고 가는 것이 부담스럽기도 하고 택시 운전사들의 작태에 속이 상하기도 하여 대산관 가기를 포기하기로 했다. 그 대신 거기서 택시 세 대에 나누어 타고 보계시청동기박물관으로 갔다. 아침 산책 때 탄 택시 운전사가 일러 준 대로 보계는 어디를 가나 5원이면 된다는 사실을 각 조장

들에게 주지시켰다.

박물관은 거기서 몇 발짝 안 되었다. 내가 탄 택시가 제일 먼저 도착하고 곧 이어서 다른 두 대가 도착했다. 내리면서 홍금주가 10원짜리를 내고 거슬러 달라고 했더니 여자 운전사가 원래 10원이라며 거슬러 주지 않았다. 다른 두 대에 나누어 타고 뒤따라 온 일행에게 얼마를 주었느냐고 물었더니 두 대 다 5원씩 주었다고 했다. 여자 운전사에게 저 차는 둘 다 5원을 받는데 당신은 왜 10원을 받느냐고 따졌더니, 그 여자는 차에서 내려 다른 운전사들한테로 가서 뭐라고 수군댔다. 그러자 한 대는 그냥 가버리고 한 대는 차를 세워 놓고 기다렸다. 알고 보니 이 여자 운전사가 10원을 받아야 한다고 그 택시의 남자 운전사를 설득하고 우리한테 그에게도 5원을 더 주라고 우기는 것이었다. 여자 운전사는 방금 지나온 그 다리를 건너기만 하면 10원이라고 했다. 그 여자 운전사도 나름대로 이유가 있는지 모르지만, 아침 산책 때 탄 택시의 운전사도 보계 안에서는 어디를 가나 5원이라고 했고 지금 함께 온 다른 운전사 두 명도 말없이 5원을 받았으니 이 여자 운전사가 유별난 것임에 틀림없었다. 총 주행거리가 얼마 되지도 않고 게다가 막 다리 하나 건넜다고 요금을 두 배로 받으려는 여자 운전사가 너무 심하다 싶은 생각에 내가 차에서 내려 애써 목에 힘을 주고 근엄하게 따졌다. 그러자 다른 운전사에게도 5원을 더 주어야 한다고 목청을 돋우고 있던 여자 운전사가 움찔했다. 그리고 5원을 더 받을 수 있을지도 모르겠다는 기대감을 가지고 기다리던 남자 운전사는 기다려 봐야 승산이 없다고 생각했는지 슬그머니 가 버렸다. 남자 운전사가 가 버리자 여자 운전사는 갑자기 불안한 표정을 지었다. 더 세게 따지면 5원을 거슬러 줄 것 같은 생각이 들었지만, 남의 동네에 와서 너무 우기는 것도 잘하는 짓이 아닌 것 같아 슬금슬금 떠나가는 여자 운전사를 그냥 놓아두었다. 보계는 역에 도착한 이래 지금까지 인상이 참 좋았는데 오늘 아침에 그만 인상을 좀 흐리고 말았다.

한 지역에 대한 첫인상은 택시 운전사들에 의하여 좌우되는 경우가 많거니와,

대부분의 택시 운전사들은 자신의 태도가 얼마나 중요한 역할을 하는지를 잘 알고 외지인에게 오히려 더 친절을 베푸는데, 이렇게 자기 고장에 대한 첫인상을 흐리는 사람도 가끔씩 있는 것 같다. 한 나라에 대한 첫인상도 마찬가지다. 그렇기 때문에 어느 나라든 국제공항을 드나드는 택시라면 더더욱 조심해야 할 일이다. 우리나라도 공항택시 운전사들이 외국인에게 바가지 요금을 받음으로써 우리나라에 대한 첫인상을 나쁘게 하고 결과적으로 관광산업의 발달을 저해하는 사례가 심심찮게 발생하는데, 문득 이들 악덕 택시 운전사들을 처벌할 방법이 한 가지 떠오른다. 이들에게 몇 달 동안 자비로 악덕 택시 운전사가 많은 도시로 여행을 가서 바가지를 몇 번 써 보게 하는 것이다. 직접 당해 보면 승객의 기분을 잘 알 수 있을 것이니 처벌 효과와 교육 효과를 동시에 올릴 수 있지 않을까 싶다.

박물관에서 나와 약간 남는 시간을 보내기 위해 보계인민공원으로 갔다. 나는 대산관을 보지 않으면 아무래도 후회가 클 것 같아 다른 일행이 인민공원에서 배를 타고 노는 동안 나 혼자 대산관에 갔다 오겠다고 했다. 강경희 · 김보경 · 류소진이 함께 가겠다고 따라나섰다. 인민공원 뒷문으로 나가자 택시가 한 대 왔다. 대산관에서 한 시간 기다려 주는 조건으로 왕복 50원이라고 했다. 그 젊은 운전사는 참 친절하고도 합리적이었다. 이렇게 50원이면 갔다 올 수 있는 거리인데 아까 그 두 사람은 왜 100원을 준다는데도 끝내 안 간다고 했을까? 손님이 비교적 많은 시외버스 종점 같은 곳에서는 일정 수준 이하로 깎지 못하도록 택시 운전사들 사이에 가격협정이 맺어져 있는 것일까? 아니면 일확천금을 노리는 게으름뱅이들일까? 그 이유가 무엇인지 나는 도저히 상상력이 미치지 않는다.

대산관에 이르자 육유(陸游)의 상이 제일 먼저 우리를 맞았다. 기슭에 있는 육유상을 지나 좁고 가파른 비탈길을 올라가자 원래의 자리에 새로 지은 대산관이 나타났다. 주위의 산세가 참으로 험악했다. 대산관 앞에 신룡천(神龍泉)이라는 샘물이 콸콸 흘러나오고 있을 뿐 인적은 거의 없어 다 해야 4~5명 정도밖에 안 되었

대산관

다. 관문에 올라가서 멀리 바라보니 산 아래가 훤히 내려다보였다. 적군의 동정을 살피기에 더 없이 좋은 곳이었다.

마침 기차 한 대가 산굽이를 꼬불꼬불 돌아서 숨을 헐떡이며 반대편 산중턱으로 올라가는 것이 보였다. 성도에서 서안까지 총 열여섯 시간이 걸렸는데 거리상으로 3분의 1 남짓밖에 안 되는 보계에서 광원(廣元)까지 어떻게 여덟 시간이나 걸리는지 이해할 수 없었거니와, 보계와 광원 사이에 이처럼 험악한 산길이 이어져 있기 때문에 열차운행 시간이 그렇게 많이 걸린다는 것을 그제야 알 수 있었다.

2002년 8월 22일 새벽 4시 40분에 잠이 깼다. 아무래도 잠이 잘 안 들 것만 같아 미리 준비해 간 서봉주(西鳳酒)를 얼근하게 마시고 취기를 빌려 쉽게 잠이 들었기 때문인지, 이른 새벽에 깼음에도 불구하고 몸이 아주 가뿐하고 기분이 상쾌했다. 기차가 섬서성 서남단의 낙소하역(樂素河驛)에 도착해 있었다. 어제 저녁 8시

50분에 보계역을 출발했으니 거의 여덟 시간이 지났는데도 아직 섬서성을 벗어나지 못한 것이다. 지도상으로는 여기까지 200킬로미터 정도밖에 안 되는데 말이다. 목적지인 광원까지는 아직도 3분의 1쯤 남았다. 그런데도 기차는 거기서 40분이나 정차했다. 다른 기차를 먼저 보내느라 대피하는 것인지, 아니면 다른 이유가 있는 것인지 알 수 없었다. 어쨌든 그 뒤로 이렇게 한 역에서 오랫동안 정차하는 경우가 많았다. 보계에서 광원까지 여덟 시간이나 걸린다고 해서 한탄했는데 실제로는 그보다도 훨씬 더 많이 걸리게 생겼다. 길이 엄청나게 꼬불꼬불한 데다 이렇게 역에서 정차하는 시간까지 많아서 무척 답답했다.

4. 광원(廣元)에서 성도(成都)까지

❄ 검문관

아침 7시 40분에 광원역에 도착했다. 보계에서 미리 예약해 놓고 왔기 때문에 광원에 있는 국제여행사 직원이 광원역까지 마중을 나와 있었다. 먼저 국제여행사 사무실에 들러 계약서를 작성한 뒤 중형버스를 타고 검문관(劍門關)으로 갔다. 광원에서 검문관까지는 한 시간 정도 걸렸다. 무의식중에 이백의 시 <촉도난(蜀道難)>을 연상한 것인지 가는 길이 굉장히 험난할 것으로 예상했으나 길은 의외로 평탄했다. 뿐만 아니라 찻길과 나란히 달리는 가릉강(嘉陵江)의 양쪽에 상당히 넓은 들판이 펼쳐져 있기까지 했다. 알고 보니 이 길은 옛날 길이 아니라 근래에

검문관

새로 닦은 차도였다.

검문관을 구경하고 있는데 40대쯤 되어 보이는 작달막한 여자 하나가 물 서너 병과 과자 몇 봉지가 든 작은 대바구니를 등에 진 채 우리 옆에 서서 아무 말도 하지 않고 해어진 신발을 깁고 있었다. 아무래도 대바구니 속에 든 것이 파는 물건인 것 같은데 조금도 팔려는 기색이 보이지 않았다.

정체가 궁금하여 슬슬 말을 걸어 보자 그 여자는 이제 겨우 스물두 살 된 처녀라고 했다. 우리가 저 멀리 산 중턱에 있는 리프트카 승강장까지 걸어갔다가 거기서 리프트카를 타고 내려가기로 하고 걸음을 옮기기 시작하자 그녀도 우리를 따라왔다. 여전히 아무 말도 없었다.

오른쪽에는 수직으로 우뚝 솟은 암벽이 서 있고, 왼쪽은 현기증이 날 정도로 아찔한 낭떠러지인 벼랑길이 계속되었다. 두 사람이 비키기도 힘들 만큼 좁고, 두 손으로 무릎을 짚고 가야 할 정도로 가파른 길이었다. "이 길 말고는 길이 없어요?" 하면서 드러내 놓고 불안해하는 사람도 있었다.

그러나 한참을 가도 그런 식의 돌계단이 이어져 있을 뿐 그보다 더 아찔한 잔도는 나타나지 않았다. 안내책자에 이 부분을 '잔도'라고 표시해 놓았기에 검문관잔도라는 것이 혹시 이 돌계단을 가리키는가 싶어서 우리를 따라오는 그 처녀에게 물어보았다.

"이게 검문관잔도요?"

"예, 이게 바로 검문관잔도예요."

그 처녀가 무덤덤한 표정으로 대답하고는 나를 한 번 올려다보았다. 당연한 걸 왜 묻느냐는 듯한 표정이었다. 그것이 바로 험난하기로 유명한 검문관잔도라면 상상했던 것만큼 험하지는 않다고 생각되었다.

한참을 가노라니 갈증이 났다. 길가에 앉아 잠시 쉬기로 했다. 그러자 그 처녀가 우리의 심중을 꿰뚫어 보기라도 한 듯 등에 지고 있던 바구니를 열더니 물병

검문관 잔도

을 꺼내어 높이 들어보였다. 여전히 말은 하지 않았다. 좁고 가파른 촉도(蜀道), 한더위에 거기서 물을 파는 사람은 그 처녀 한 사람뿐이었다. 그 처녀가 아무 말 없이 우리를 따라온 이유가 거기에 있었던 것이다. 1원짜리 물 한 병을 4원씩이나 받고 팔았지만 우리는 물값을 흥정할 처지가 아니었다. 조금 싸게 하자는 우리의 제의는 가소롭다는 듯한 그녀의 미소 한 방으로 보기 좋게 묵살되었다. 그래도 우리는 그 처녀가 얼마나 고마운지 몰랐다. 가지고 온 물이 떨어지자 그 처녀는 온다 간다 말도 없이 우리 곁을 떠났다. 그것이 그녀가 살아가는 방법인가 보았다.

석순봉

리프트카 승강장 앞에 높다란 바위가 하나 곧추 서 있었다. 석순봉(石筍峰)이라고 했다. 그것은 그 옆에 있는 더 높은 암벽에 기대듯이 서 있었다. 우리는 거기서 리프트카를 타고 내려갈 예정이었지만, 석순봉 저편의 지형이 어떤지 궁금하여 그 너머로 조금만 더 갔다 올 요량으로 석순봉까지 갔다. 바위 밑에 아저씨 한 명이 앉아 있다가 다시 표를 사야 한다고 했다. 다시 표를 사면서까지 조금 더 갈 필요는 없을 것 같아서 그만 포기하고 말았다.

❄ 청련향

저녁에 이백의 고향인 강유(江油)에 도착했다. 강유역의 한 여행사 여직원이 가르쳐 준 대로 빵차를 타고 10분 정도 달려서 강유시의 최고급 호텔이라는 명화빈관(明華賓館)까지 갔다. 현재는 2성급이지만 곧 3성급으로 승격될 예정이라 온갖 시설을 다 수리했다는 그 호텔은 시설이 훌륭한 편이기는 해도 방값이 너무 비쌌다. 우리가 현관에서 기다리는 동안 몇 명이 나가서 주위에 있는 다른 호텔을 알아보고 왔다. 여기보다는 좀 못하지만 140원짜리를 하나 찾았다고 했다. 우리가 짐을 들고 나가려 하자 갑자기 지배인이라는 사람이 나와서 180원에 주겠다고 했다. 우리가 이미 140원짜리를 찾았다고 하자 내일 아침식사를 포함해서 150원에 주겠다고 했다. 240원짜리가 150원으로 깎였으니 더 이상 불만이 없었다. 방도 식당도 지금까지 묵었던 어떤 여관보다 깨끗하고 고급스러웠다. 이백의 고향은 우리를 이처럼 흐뭇하게 맞아 주었다.

2002년 8월 23일 아침 일찍 현관으로 내려가 이백기념관과 청련향(青蓮鄉)으로 가는 방법을 알아보았다. 호텔에서 가까운 곳에 이백기념관이 있고, 그 앞에서 9번 버스를 타면 청련향으로 갈 수 있다고 여자 종업원이 아주 친절하게 설명해 주었다.

1982년에 당나라 때의 원림을 본떠서 지었다는 이백기념관은 입구에 들어서자 콘크리트로 만든 가림벽에 등소평(鄧小平)이 1984년에 썼다는 '이백고리(李白故里)'라는 글씨가 우리를 반겼다. 그러나 아직 제대로 갖추어지지 않은 것인지 이백당(李白堂)에 있는 이백의 동상과 진열관에 있는 석우(石牛) 이외에는 볼만한 것이 별로 없었다. 이백이 어릴 때 즐겨 타고 놀았다는 석우는 아직 뿔이 나지 않은 송아지가 엎드리고 있는 것 같은 형상의 돌인데, 콧등에서 목덜미를 지나 등줄기에 이르기까지 온통 손때가 묻어서 반질반질했다. 얼마 전까지만 해도 아이들이 타고 놀던 것을 최근에야 진열관으로 옮겨 놓은 것 같았다. 이백기념관 뒤편에는 부강(涪江)의 지류인 창명하(昌明河)가 흐르는데, 기념관 바로 뒤에서 나지막하지만 제법 넓은 폭포를 이루고 있었다. 이 강은 다시 이백기념관 옆을 감싸고 흐르면서 연못을 이루고 있었다.

이백이 타고 논 석우

이백기념관에서 청련향까지는 시내버스로 약 30분이 소요되었다. 차창 밖으로 논이 있고 밭이 있고 그 너머에 야산이 있는 평범한 시골 풍경이 펼쳐졌다. 다만 한 가지, 여기도 사천 지방이라 그런지 배롱나무가 가로수로 심어져 있는 것이 다른 지역에서는 볼 수 없는 독특한 풍경이었다.

이백이 살던 고택(故宅)인 '이백고거(李白故居)'를 찾아가는데 버스에서 내려 한참을 걸어가도 이백고거인 듯한 건물이 보이지 않았다. 지나가는 사람에게 두세 번 물었더니 한결같이 조금만 더 가면 된다고 하는 것으로 보아 길을 잘못 든 것 같지는 않았다. 그러다가 큰길에서 300미터쯤 들어간 곳에서 마침내 태백비림(太白碑林)을 찾았다. 정문에 들어서자 도처에 이백의 대표적인 시들이 잔뜩 새겨져 있었다. 땅바닥에 빈틈없이 바위가 깔려 있고 뒤편의 야트막한 언덕도 바위로 벽을 만들어 놓았는데, 바닥에도 벽에도 그리고 여기저기 세워진 돌기둥에도 빼곡하게 이백의 시가 새겨져 있었다.

태백비림

태백비림은 현대의 유명한 서예가들이 쓴 이백의 대표적인 시를 돌에다 빽빽하게 새겨 놓은 것이었다. 바로 금년에 준공했다고 하니 우리가 참 운이 좋은 편이었다.

이백고거가 보이지 않아 매표원에게 물었더니 태백비림 매표소에서 왼쪽으로 가면 농서원(隴西院)이 있는데 거기가 바로 이백고거라고 했다. 이백이 다섯 살 되던 해에 그의 아버지가 전 가족을 이끌고 청련향으로 옮겨 와서 거주한 집이라고 했다. 매표소에서 100미터쯤 걸어가니 오른쪽으로 가면 월원묘(月圓墓)가 있고 왼쪽으로 가면 농서원이 있다는 표지판이 나왔다. 농서원이 있다는 방향으로 가니 문이 하나 있는데 굳게 잠겨 있었다. 다시 매표소로 가서 이야기하니, 관람하는 사람이 별로 없을 때는 정문에서만 근무한다며 매표원이 직접 우리를 데리고 가서 대문을 흔들며 큰 소리로 저쪽의 농서원 정문에 있는 매표원을 불러 주었다. 그러니까 우리가 찾아간 문은 농서원의 뒷문이었던 것이다. 그렇다면 정문은 뒷문의 반대편인 길 쪽에 있을 텐데 길에서 좀 떨어져 있는 관계로 올 때는 우리가 모르고 지나친 모양이었다.

농서원 매표원의 설명에 의하면 태백비림과 달리 농서원은 이백기념관에서 관리하기 때문에 태백비림과 구별하여 따로 표를 판다고 했다. 또 이백이 청소년 시절을 보낸 농서원은 굉장히 넓어서 송나라 때는 사원(寺院)으로 쓰였다고도 했다. 시간이 부족하여 이백 누이동생의 묘라는 월원묘와 그녀의 거처였다는 분죽루(粉竹樓)는 포기하고 성도를 향하여 길을 재촉해야 했다.

강유 시내로 돌아가는 버스 안에서 공금을 관리하는 김보경이 갑자기 중국어로 고함을 질렀다.

"당신 지금 뭐하는 거요?"

바로 건너편 의자에 앉아 있던 내가 반사적으로 고개를 돌려보니, 김보경의 옆자리에 앉아 있던 옷차림이 꾀죄죄하고 얼굴이 거무스름한 중년 남자가 겸연쩍은 표정을 짓고 있었다. 그 사람이 자기 가방을 열려고 했다며 김보경이 준엄한 표정을 지었다. 순간 나는 그 남자가 도리어 화를 내며 덤벼들지나 않을까 하는 생각이 들면서 바짝 긴장되었다. 그런데 천만다행으로 그 남자는 슬그머니 자리에서 일어나 출입문 쪽으로 갔다. 자기는 그런 적이 없다고 시치미를 떼며 그야말로 적반하장을 불사했을 수도 있는데 그 남자는 그러지 않았다. 김보경이 얼른 가방을 뒤져 없어진 물건이 없는지 확인했다. 다행히 없어진 물건은 없다고 했다. 행색으로 보아 우리가 외국인인 것 같으니까 작업을 한번 해 보려다 들킨 모양이었다. 칼로 가방을 찢으면 목적을 이루기가 훨씬 쉬웠을 텐데 그러지 않고 손으로 열려다가 그만 들킨 것이었다. 참으로 순진하고 그래서 우리에겐 고마운 소매치기였다.

성도로 가는 고속버스는 손님만 차면 수시로 출발하는데, 강유에서 성도까지는 손님이 상당히 많아 10~20분에 한 대씩 출발하기 때문에 예매를 할 필요가 없을 정도로 교통이 편리했다. 그리고 30인승인 이 버스는 안에 텔레비전까지 달려 있는 이른바 '호화버스'였다. 그러나 이름만 '호화'지 실제로는 좌석도 낡고 냉방기도 제대로 작동되지 않았다. 게다가 누군가가 엔진에서 이상한 소리가 난다고 걱정하기도 했다. 그러더니 과연 탈이 나고 말았다. 성도를 눈앞에 둔 광한(廣漢)요금정산소 부근에서 차가 고장이 난 것이다.

버스가 광한요금정산소 부근의 한 주유소에서 기름을 넣느라고 엔진을 꺼버리는 바람에 간신히 명맥만 유지하고 있던 냉방기가 완전히 꺼지면서 차 안이 찜질방이 되고 말았다. 그러나 우리는 '기름 넣는 시간이야 얼마나 되랴! 날씨가 덥기는 해도 그 정도는 참을 수 있다' 하는 생각이었다. 그런데 차는 기름을 다 넣고도 떠날 생각을 하지 않았다. 운전사가 내려서 버스의 뒷 덮개를 열어 보는 등 수선을 떨었지만 한참을 지나도 차는 떠날 기미가 보이지 않았다. 인내의 한계에 이른 승객들이 하나 둘씩 차에서 내렸다. 그리고 얼마 뒤에 운전사가 고장이 나서 갈 수가 없기 때문에 자기 차 승객들을 다른 차로 옮겨 주겠다고 했다.

운전사가 지나가는 차를 세워서 우리를 태워 주려고 노력했으나, 우리는 일행이 열 명이나 되는지라 한 차에 태우기가 쉽지 않았다. 시간이 오래 걸리자 주유소 직원 아주머니가 혼잡해서 방해가 되니까 자기 주유소에서 기다리지 말고 다른 데 가서 기다리라며 역정을 냈다. 날씨는 덥고 시간은 자꾸 흘렀다. 그때 누군가가 웃음 섞인 말투로 말했다.

"이제야 중국여행 하는 것 같네."

석사과정에 다니느라 몇 년 동안 북경에 체류한 경험이 있는 정진선이었다. '중국여행 하는 것 같다'는 말은 교통이 불편하다는 말일 것이다. 그런데 정진선이 '이제야'라고 했다. 이것이 무엇을 의미하는가? 정진선은 여러 해 전부터 서울대학교 박사과정에 재학 중이니 중국을 떠난 지 오래되었다. 그렇다면 몇 년 전까지만 해도 으레 그러려니 했던 일상적인 '교통 불편'이 이번 답사에서는 내내 느껴지지 않다가 13일 만에 처음으로 느껴졌다는 말이 아닌가? 이것은 바로 중국의 교통이 빠른 속도로 발달했다는 증언이다. 어디 교통뿐이랴! 중국 경제가 전 분야에 걸쳐서 고속으로 발달하고 있다는 사실을 이번 답사기간 내내 피부로 느껴 온 터였다. 잘 닦인 고속도로가 그랬고, 길을 메운 자동차가 그랬고, 비 온 뒤의 죽순인 양 우뚝우뚝 솟아 있는 신축 건물들이 그랬다. 순간 10년 전의 일이 생각났다.

1992년 4월 하순에서 5월 초순 사이에 나는 다른 교수 세 분과 함께 한유(韓愈)의 고향인 하남성 맹현(孟縣)에서 개최된 제1회 국제한유학회에 참석한 뒤 간 김에 서안·상해·소주 등지를 둘러보았다. 그때 서안의 어느 대학에서는 외사처장(外事處長)이 나와서 우리에게 저녁을 대접했고, 상해의 어느 대학에서는 총장이 나와서 우리에게 저녁을 대접했다. 우리가 일개 평교수 신분인 줄 알면서도 생전 처음 보는 우리를 그렇게 환대한 데에는 그들 나름의 이유가 있었다. 우리 학생들에게 자기 학교로 어학연수나 유학을 가도록 권유해 달라는 것이었다. 결국 중국보다 약간 높은 우리나라의 경제수준이 우리로 하여금 그런 환대를 받게 한 것이다. 저녁을 먹으며 이야기를 나누는 동안 그들은 몇 번이나 한국의 경제력을 부러워하고 한국인의 능력을 찬양했다. 그것을 보자 내 머릿속으로 이런 생각이 스쳐갔다.

'우리가 이처럼 중국인들에게 중시 받은 적이 얼마나 있었을까?'

마르크스는 본의 아니게 우리 한민족의 불행을 야기했다. 우리는 그가 제창한 사회주의로 인하여 남쪽과 북쪽의 정치이념이 달라지고 국토가 두 동강 난 채 급기야 민족상잔의 고통을 겪었다. 그리고 아직까지 통일을 이루지 못해 지구상의 유일한 분단국가로 남아 있다. 그런 그가 이제 중국인들로 하여금 우리를 이처럼 극진히 대접하게 해 준다. 중국이 그가 제창한 사회주의 경제체제를 채택함으로써 우리나라보다 경제발전 속도가 느려졌고, 그 결과로 오늘날 우리나라가 중국인들의 선망과 찬양의 대상이 되고 있는 것이다.

중국 대학 관계자들에게 선망과 찬양을 받던 당시에 나는 금석지감(今昔之感)이 일면서 자긍심이 생기는 것을 금할 수 없었다. 그러나 다음 순간 '이런 상태가 얼마나 갈까?' 하는 생각이 들었었다. 중국 경제가 머지않아 우리를 따라올 것이라고 생각되었기 때문이다. 자기 학교의 발전을 위해 혼신의 힘을 기울이고 있는 서안 어느 대학의 외사처장과 상해 어느 대학의 총장이 나의 이 생각을 강력하게 뒷받침해 주고 있었다.

우리나라와 중국의 경제교류가 막 시작되던 그 무렵에 우리나라 사람들 사이에는 "중국인들에게 볼펜 한 자루씩 팔아서 1원씩만 남겨도 10억 원을 번다"는 농담 아닌 농담이 한창 유행하고 있었다. 그러나 지금 우리는 과연 그들에게 볼펜 한 자루씩을 팔고 있는가? 이쑤시개와 나무젓가락에서 인형과 신발에 이르기까지 각종 중국 제품이 우리의 일상을 지배하고 있으니 오히려 그 반대가 아닌가? 중국의 경제가 정말 무서운 속도로 우리를 추격해 오고 있다.

우리가 간신히 다른 차로 옮겨 탔을 때는 이미 20분이 지나 있었다. 고속버스 회사가 사전에 정비를 제대로 하지 않고 무리하게 운행한 탓에 더운 날씨에 안 할 고생을 했을 뿐만 아니라 황금 같은 시간을 20분이나 낭비한 것이 적이 원망스러웠다.

성도에 도착하여 무후사(武侯祠) 부근에 있는 촉한주점(蜀漢酒店)으로 들어갔다. 원래 400원이라는 2인실을 210원으로 깎아서 짐만 내려놓고 바로 저녁을 먹으러 나갔다. 첫날 성도공항까지 우리를 마중 나왔던 정재석이라는 현지 유학생에게 전화를 걸어 좋은 훠궈 집을 하나 소개해 달라고 했다.[63] 그는 무후사 부근에 있는 중경훠궈점(重慶火鍋店)으로 우리를 안내했다. 꽤나 허수룩한 그 식당에 100명도 넘어 보이는 손님이 빈 자리 하나 없을 정도로 빼곡히 들어앉아 훠궈를 먹고 있었다. 산초를 많이 넣기 때문에 고춧가루를 많이 넣는 성도식보다 훨씬 더 맵다는 중경식 훠궈를 맛있게 먹고 있었다. 한여름에 냉방시설도 없는 닫힌 공간에서 화덕을 하나씩 안고 땀을 뻘뻘 흘리며 먹고 있었다. 참으로 서민적인, 그래서 친근

63 중국의 음식이나 기물의 명칭을 한국 발음으로 통일하여 표기했지만 '훠궈'나 '얼후(二胡)'처럼 한국 발음이 오히려 어색한 것은 중국 발음으로 표기했다.

감이 물씬 풍기는 정겨운 광경이었다.

얼마나 매운지 잘 알기에 이미 각오를 하고 있는 터였건만, 중경식 훠꿔는 각오한 것 이상으로 매웠다. 1996년 가을의 장강 여행 때 중경에서 혼이 난 일이 생각났다. 그때 우리 일행은 멋모르고 홍탕(紅湯)을 시켜서 그야말로 '매운맛'을 보다가, 옆 자리 사람들이 홍탕과 청탕(淸湯)이 함께 있는 원앙탕을 시켜 놓고 두 가지를 적절히 섞어서 먹는 것을 보고서야 비로소 중경식 훠꿔 먹는 법을 터득했었다. 나는 그때의 기억을 되새기며 청탕에서 익힌 다음 홍탕에 잠시 담가 매운맛을 약간 내어서 먹거나, 홍탕에서 익힌 뒤 청탕에서 씻어 먹었다. 그러나 다른 일행은 대부분 내 말을 귀담아 듣지 않고 끝내 '매운맛'을 보았다. 심지어 배탈이 난 어떤 사람은 다음 날 아침에 왜 그렇게 매운 집을 소개했는지 모르겠다며 원망 아닌 원망을 하기도 했다.

정재석 학우에게 물었더니 우리가 처음 성도에 올 때 빵차를 불러서 성도공항까지 나와 준 박영환 선생은 한국에서 강의를 맡았기 때문에 이미 귀국했다고 했다. 태백비림과 강유 시외버스 종점에서 몇 번이나 그에게 전화를 해도 휴대전화 이용이 정지되었다는 안내방송이 나온 이유가 거기에 있었던 것이다. 정재석 학우는 박영환 선생이 당부했다며 우리를 아주 극진하게 대해 주었다. 우리도 박영환 선생을 대하듯 정중하게 그를 대했다. 우리 숙소까지 그를 불러 함께 술을 마시기도 했다. 그러나 아무래도 우리 때문에 그가 너무 많은 시간을 빼앗겼을 것 같아 미안하기 짝이 없었다.

❀ 무후사와 두보초당

2002년 8월 24일 일정이 빠듯한 관계로 아침 일찍 출발하여 무후사로 갔다. 입구에 들어서자 크고 작은 측백나무가 제법 많이 서 있었다. 그것을 보자 당나라 시인 두보의 시 <촉나라 승상(蜀相)>이 떠올랐다.

승상의 사당을 어디에서 찾았나? 丞相祠堂何處尋
금관성 밖 측백나무 빽빽한 곳이로다. 錦官城外柏森森
섬돌을 덮은 푸른 풀에선 절로 봄빛이 우러나고 映堦碧草自春色
나뭇잎 속의 꾀꼬리는 부질없이 고운 소리를 낸다. 隔葉黃鸝空好音
천하를 얻을 계책으로 세 번이나 찾아오매 三顧頻繁天下計
늙은 신하의 마음으로 두 대에 걸쳐 모셨건만 兩朝開濟老臣心
출병했다 이기기 전에 자신이 먼저 죽어 出師未捷身先死
길이길이 영웅들이 눈물로 옷깃을 적시게 했도다. 長使英雄淚滿襟[64]

이 시는 두보가 숙종 상원 원년(760)에 무후사에 들렀다가 제갈량을 추모하고 그의 공적을 기린 것이다. 이 시에서 두보는 금관성 밖의 측백나무가 빽빽한 곳에서 촉나라 승상인 제갈량의 사당을 찾았다고 했다. 그러나 우리 눈앞에 펼쳐진 광경은 결코 두보가 말한 것처럼 측백나무가 빽빽한 그런 광경이 아니었다. 정문에서 얼마 안 떨어진 곳에 "빽빽하게 늘어선 푸른 측백나무가, 보는 이의 마음을 흐뭇하게 해준다(翠柏森森, 怡人性情)"는 말을 새긴 자연석으로 된 비석이 하나 서서 이것이 바로 두보가 본 그 광경이라고 강변하고 있었지만 아무래도 그건 아닌 것 같았다. 하기야 강산이 백 번도 넘게 바뀌었으니…….

무후사에서 나와 두보초당으로 갔다. 두보초당은 두보가 만년에 성도 서쪽에 있는 완화계(浣花溪) 가에 지어서 은거하던 집으로 원래 완화초당 또는 성도초당이라고 부르던 것이다. 두보는 금강(錦江) 지류 가운데 하나인 이 완화계에서 4년 가까이 머물며 260여 수[65]의 시를 지었다. 이 가운데는 인구에 회자하는 명편이 많다.

64 문연각사고전서본 구조오(仇兆鰲) ≪두시상주(杜詩詳註)≫ 권9.
65 한성무(韓成武)·장지민(張志民)의 ≪두보시전역(杜甫詩全譯)≫(석가장: 하북인민출판사, 1997)에 수록된 시 가운데 완화초당에서 지은 것만 헤아린 것이다.

영태 원년(765)에 든든한 후견인이던 엄무(嚴武)가 병사함에 따라 두보가 성도를 떠난 뒤 완화초당도 허물어져서 자취를 감추었었는데, 만당오대 때의 사인(詞人) 위장(韋莊, 836-910)이 그 옛터를 찾아내어 초당을 재건했다.[66] 위장의 시집이 ≪완화집(浣花集)≫으로 명명된 것은 이 때문이다. 오늘날 그 이름을 두보초당으로 바꾼 것은 홍보효과를 고려한 것이라고 생각된다.

성도행 비행기 안에서 나는 뒷자리에 앉은 우리나라 아주머니들이 이야기를 나누는 도중에 "나는 초당두부가 제일 보고 싶어"라고 하는 말을 들었다. '초당두부'가 무엇일까 의아해하다가 나는 이내 그것이 바로 '두보초당'임을 간파했다. 초당두부는 허균과 허난설헌의 부친인 허엽(許曄, 1517-1580)이 강릉부사로 부임하여 지금의 강릉시 초당동에 살 때 관청 앞마당에 있는 샘물을 길어 동해의 바닷물을 간수로 삼아 만들었던 두부인데, 그 전통이 지금까지 이어져 내려온 것이다.[67] 허엽의 호를 따서 명명된 이 초당두부가 이제는 강릉 일대뿐만 아니라 다른 지방에까지도 널리 알려진 유명 식품이 되었다. 이 때문에 여행사에서 여행 일정을 소개할 때 두보초당이라고 한 것을 그 아주머니가 초당두부로 잘못 알아들었던 모양이다. 상당히 어처구니없는 일이지만, 어쨌든 이것은 두보초당이 두보를 잘 모르는 외국인 관광객의 발길을 끌기에까지 이르렀다는 증거임에 틀림없다. 그렇다면 완화초당 또는 성도초당이라는 명칭을 두보초당으로 바꿈으로써 상당한 정도로 홍보효과를 올리고 있다고 할 수 있겠다. 초당두부가 허엽을 홍보부장으로 삼고 있다면, 두보초당은 두보를 홍보부장으로 삼고 있는 셈이다.

두보초당은 지금까지 머릿속에 그리고 있었던 것과는 딴판으로 평지에 있었다. 산속의 계곡에 있을 줄로 알았는데 그것이 아니었다. 그리고 강은 초당에서 좀 떨어진 곳에 있었다. 어쨌든 그 강이 바로 두보가 <강촌(江村)>이라는 시에서 묘사

---

66 신문방(辛文房), ≪당재자전(唐才子傳)≫ 권7 <위장> 참조.
67 ≪두산백과≫ <초당두부> 참조.

두보초당

한 그 강일 것임에는 틀림없어 보였다. 두보가 마을을 안고 흐른다고 한 그 강, 갈매기들이 다정하게 논다고 한 그 강, 자기 아들이 낚시하러 가기 위해 낚싯바늘을 만든다고 한 그 강, 바로 그 완화계일 것임에 틀림없었다.

맑은 강 한 줄기가 마을을 감도는데	淸江一曲抱村流
긴긴 여름 강촌에는 매사가 느긋하다.	長夏江村事事幽
들보 위의 제비들은 절로 갔다 절로 오고	自去自來梁上燕
물 위의 갈매기는 저들끼리 친근하다.	相親相近水中鷗
늙은 아내는 종이에 그려 바둑판을 만들고	老妻畫紙爲棋局
어린 아들은 바늘을 두드려 낚싯바늘을 만든다.	稚子敲針作釣鉤
먹을 쌀을 나누어 줄 벗만 있다면	但有故人供祿米
미천한 몸이 이것말고 무엇을 더 바라리?	微軀此外更何求[68]

68 문연각사고전서본 ≪두시상주(杜詩詳註)≫ 권9.

또 한 가지 놀라운 것은 지금의 두보초당은 상당히 으리으리하다는 사실이었다. 이 정도면 그 당시 농촌에서는 부잣집에 속했을 것이다. 초당의 위치도 본래 자리가 아닌지 두보의 시 <가을바람에 부서진 초가집의 노래(茅屋爲秋風所破歌)>에 묘사된 배경과 일치하지 않았다. 이 시에 "이엉이 강 건너 날아가서 강가의 들판에 흩어지는데, 높은 것은 숲속의 나뭇가지에 걸리고, 낮은 것은 뒹굴다가 웅덩이로 가라앉네"[69]라고 했는데, 지금의 두보초당 바로 앞에는 폭이 1~2미터밖에 안 되는 좁다란 도랑이 하나 있을 뿐이었다. 두보가 이것을 '강'이라고 부르지는 않았을 것 같고, 완화계는 또 200미터가량이나 떨어져 있어서 이엉이 그 너머까지 날아가기 힘들 것 같았다. 그나마 다행스러운 것은 진열관에 두보 당시의 완화초당과 비교적 근사할 것으로 짐작되는 모형도 하나가 진열되어 있어서 우리의 상상을 도와주는 것이었다. 모형도에 의하면 숲속에 세 칸짜리 초가집이 한 채 있고 그 앞에 작은 강이 하나 흐르고 있어서 이엉이 능히 나뭇가지에 걸릴 수도 있고 강가의 웅덩이에 떨어질 수도 있을 것 같았다.

완화초당 모형도

69 "茅飛渡江灑江郊, 高者掛罥長林梢, 下者飄轉沈塘坳."(문연각사고전서본 ≪두시상주≫ 권10)

두보초당에서 나와 바로 진마파두부점(陳痲婆豆腐店)에 가서 점심을 먹었다. 종업원에게 물어보았더니 진마파두부점은 청나라 동치 원년(1862)에 진씨 성을 가진 곰보 할머니가 창업한 식당이라고 했다. 워낙 유명한 음식점인 만큼 제대로 한 번 먹어볼 요량으로 400원이나 하는 코스 요리를 주문했다. 그러나 막상 먹어 보니 진마파두부는 맵고 짭짤한 맛이 색다를 뿐 특별히 맛있는 것 같지는 않았다. 이 코스 요리는 두 가지만 두부 요리고 나머지는 모두 다른 요리였다. 코스 요리를 주문하지 말고 두부 요리만 골라서 시키는 편이 나을 뻔했다 싶었다.

오후에는 자유시간을 갖기로 했다. 나는 먼저 진마파두부점 건너편에 있는 청양궁(青羊宮)에 들어가 주마간산 식으로 한 바퀴 돌아보았다. 주(周)나라 때 창건했다는 도교사원인 청양궁은 산뜻하게 가꾸어져 있음에도 불구하고 어딘가 고색창연한 맛을 풍기고 있었다. 시민들의 휴식처를 자처함인지 입장료가 1원에 불과하다는 사실도 무척 인상적이었다. 그리고 노자(老子)와 더불어 서왕모(西王母)를 모시고 있다는 사실도 인상적이었다.

2002년 8월 25일 아침 시간을 이용하여 숙소 부근의 금강(錦江) 가에 있는 망강루공원(望江樓公園)을 보러 갔다. 당나라의 기녀 시인 설도(薛濤, 768-832)가 살던 곳이라는 이 공원에는 기념관이 하나 세워져 있는데, 안에 그녀의 석고상과 더불어 그녀에 관한 각종 자료들이 진열되어 있었다. 또 공원 한켠에 그녀가 사용한 우물이라는 설도정(薛濤井)도 있고 '당여교서설홍도묘(唐女校書薛洪度墓)'라는 묘비가 세워진 그녀의 무덤도 있었다. 일개 기녀 신분이었던 그녀가 '여교서'라는 직함을 갖게 된 것은 당시 이 지역을 다스리던 검남서천절도사(劍南西川節度使) 위고(韋皐, 745-805) 덕분이었다. 위고는 그녀의 재주를 아낀 나머지 교서랑(校書郎)이라는 관직을 제수해 달라고 조정에 주청했었는데 어떤 사람의 강력한 반대로 무산되고 말았다. 그러나 이 일로 인하여 설도는 '설교서'·'여교서' 등으로 불리게 되었다.[70] 그리고 이 일로 인하여 후세에는 글재주가 있는 보통의 기녀를 가리켜 '여교서'라

고 하기도 했다.[71]

공원에는 각종 대나무가 숲을 이루고 있어 시민들에게 편안한 휴식처를 제공하고 있었다. 이 공원 옆으로 지나가는 금강은 완화계의 하류인데, 설도가 이 물을 가지고 스스로 개발한 종이를 만들었으니 이것이 이른바 '설도전(薛濤箋)'이다. 목부용(木芙蓉)의 껍질과 부용화의 즙, 그리고 완화계의 물로 자그마하게 만들어져 '완화전'·'홍전(紅箋)'·'감양전(減樣箋)'이라고도 불리는 설도전은 원래 붉은색의 작은 종이로 처음에는 시를 쓰는 데 사용했으나, 시대가 지나면서 차츰 발달하여 편지지나 공문서 용지로도 사용되었다. 그 뒤 한 장에 여덟 줄씩 쓰도록 만들어진 붉은색 종이를 두루 설도전이라고 부르게 된 이유가 여기에 있다. 설도는 손수 만든 이 종이에 자신의 시를 써서 유우석(劉禹錫, 772-842)·백거이(白居易, 772-846)·원진(元稹, 779-831)·두목(杜牧, 803-852) 등 당시의 저명 시인들과 창화(唱和)함으로써 명성이 더욱 높아졌다고 한다.[72]

설도정

설도가 지은 시 가운데 <봄날에 바라보니(春望詞)>는 우리나라 사람들의 입에도 널리 회자한다.

흩날리는 꽃잎 속에 세월 깊어 가는데　　風花日將老

70 《백도백과》 <설도> 참조. 왕건(王建)의 시 <촉 땅의 설도 교서에게(寄蜀中薛濤校書)>에 "만리교 다리께에 사는 여교서, 비파 꽃 속에서 문 닫고 사네(萬里橋邊女校書, 枇杷花裏閉門居)"[문연각사고전서본 왕건 《왕사마집(王司馬集)》 권8]라는 구절이 있다.

71 《한어대사전(漢語大詞典)》 <여교서> 참조.

72 《백도백과》 <설도>·<설도전> 및 《한어대사전》 <설도전> 참조.

만날 기약 아직도 아득하구나.	佳期猶渺渺
마음 같은 두 사람은 맺지 못하고	不結同心人
공연스레 풀잎만 맺고 있구나.	空結同心草[73]

설도의 시 <봄날에 바라보니(春望詞)> 네 수 가운데 제3수인 이 시는 사랑하는 사람과 만날 날은 기약조차 할 수 없는 절망적인 상태에서 혼자 시름에 젖어 동심원 모양의 매듭, 즉 동심결(同心結)이라도 만드는 듯 공연히 긴 풀잎이나 배배 꼬고 있는 자신의 처량한 신세를 한탄한 것이다. 후반 두 구절에서 '동심(同心)'이라는 서로 다른 의미의 시어를 반복하여 특별히 감칠맛을 내고 있거니와, 그래서인지 우리나라 시인 김안서가 이 시를 번역하여 가사로 삼고 김성태가 곡조를 지은 것으로 알려져 있는 가곡 <동심초>가 우리나라 사람들의 사랑을 많이 받고 있다.[74]

꽃잎은 하염없이 바람에 지고
만날 날은 아득타 기약이 없네.
무어라 맘과 맘은 맺지 못하고
한갓되이 풀잎만 맺으려는고?
한갓되이 풀잎만 맺으려는고?

바람에 꽃이 지니 세월 덧없어

---

73 문연각사고전서본 홍매(洪邁) ≪만수당인절구(萬首唐人絶句)≫ 권20.

74 현재 통용되는 <동심초>는 약간 다르게 번역된 두 가지의 역시(譯詩)를 각각 제1절과 제2절의 가사로 삼고 있는데 ≪한국민족문화대백과사전≫에는 이 가운데 제1절만 수록되어 있으며, 제4·5구의 '한갓되이'가 '한갖되이'로 되어 있고, 제5구의 '맺으려는고'가 '맺으려 하는고'로 되어 있다. 이 가곡은 1955년에 처음으로 ≪한국가곡집≫에 소개되었는데 당시 원시의 작자가 신사임당(申師任堂)으로 오기(誤記)되어 있었다고 한다. ≪한국민족문화대백과사전≫(한국정신문화연구원편찬부, 성남: 한국정신문화연구원, 1989) 제7권 282쪽 <동심초> 참조.

만날 길은 뜬구름 기약이 없네.
무어라 맘과 맘은 맺지 못하고
한갓되이 풀잎만 맺으려는고?
한갓되이 풀잎만 맺으려는고?

이는 중국과 한국이라는 공간적 거리와 1,200년이라는 시간적 거리에도 불구하고 사랑의 감정은 결코 다르지 않음을 웅변하고 있는 셈이다.

10시 50분에 택시를 타고 민산반점(岷山飯店) 앞으로 가서 공항버스를 탔다. 11시에 출발한 버스는 11시 15분에 벌써 공항에 도착했다. 요금도 1인당 10원씩 모두 100원밖에 안 들었다. 길을 잘 아는 사람이라면 택시를 탈 필요가 없을 정도로 교통이 편리했다.

도착할 때의 청사와는 달리 출발하는 청사는 꽤 넓었다. 올 때 본 도착 청사의 시설을 근거로 지레 짐작하여 점심식사용으로 사 가지고 온 햄버거와 함께 먹을 물이 없을까봐 걱정했는데, 공항 안에는 물 파는 곳도 있고 과일 파는 곳도 있었다. 그런데 먼저 탑승수속부터 해 놓으려고 수속 창구를 찾았으나 보이지 않았다. 알고 보니 그곳은 국내선 청사였다. 국제선 청사는 그 옆에 있다고 했다. 실내로 통하는 연결통로가 없어서 다시 바깥으로 나와 옆 건물 쪽으로 갔다. 200미터쯤 떨어진 곳에 국제선 청사가 보였다. 가다 보니 계단을 통해 내려가게 되어 있는지라 더 이상 밀차를 이용할 수 없었다. 다들 무거운 가방을 메고 200미터를 걸어가느라 온 몸이 땀에 흠뻑 젖었다.

국제선 청사는 국내선 청사보다 훨씬 한산했다. 그래서일까? 국내선 청사와는 달리 국제선 청사에는 과일은 물론 물을 파는 곳도 없었다. 탑승수속 창구를 찾아갔더니 아직까지 수속을 시작하지 않았으니 기다리라고 했다. 짐을 끌고 다니기 위해 밀차를 찾았더니 밀차는 모두 한쪽 구석에 가지런히 정돈된 채 자물쇠가 채워져 있었다. 성도공항을 이용하는 승객이 얼마 안 되기 때문일까? 무척 의아했다.

출국장으로 들어가니 서울 변두리의 슈퍼마켓보다 더 작은 면세점이 하나 있었다. 물건 값을 보니 어떤 것은 바깥에서 사 가지고 온 것보다 더 비쌌다.

제2장

산동 및 하남·하북 지역

하북성 정주(定州)에 있는 동파쌍괴(東坡雙槐)

정주문묘에 있는 홰나무 두 그루로 소성 원년(1094)에 소동파가 손수 심은 것이다.

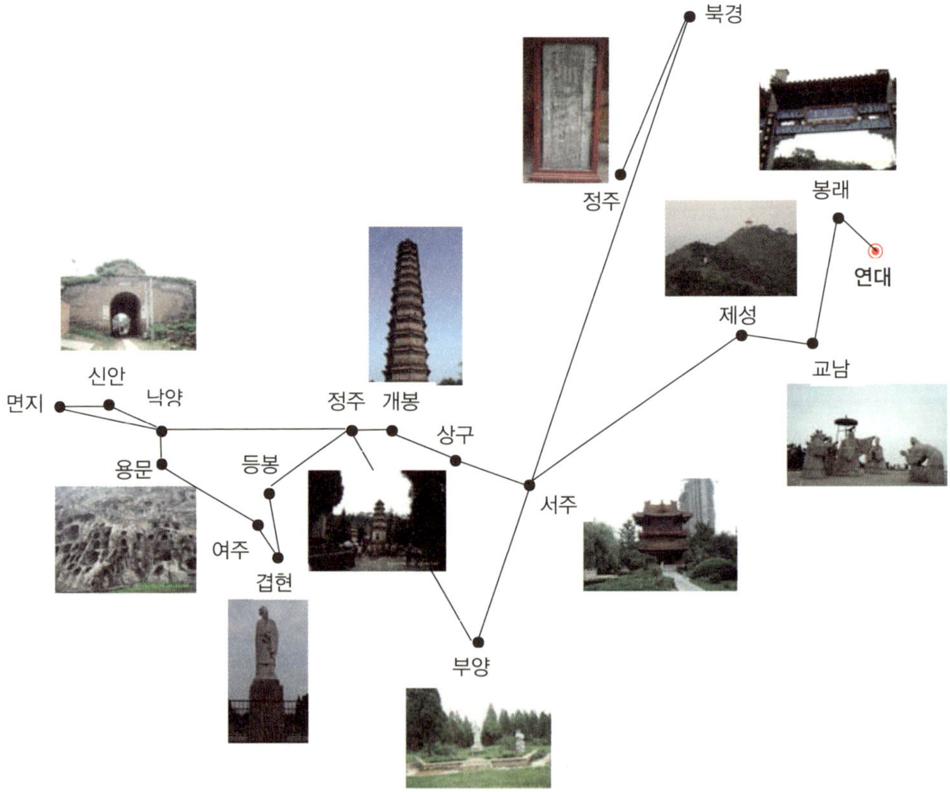

[제2차 답사 이동 경로]

중국에 중증급성호흡기증후근(SARS)이라는 신종 독감이 창궐한 탓으로 작년(2003)에는 답사를 중단했기 때문에 다들 이번 답사에 대한 기대가 더욱 크다. 열 명이 모두 함께 갔다가 함께 돌아온 지난번 답사 때와는 달리 이번에는 참가자가 나와 이강재 교수를 비롯하여 강민호 · 김보경 · 김하나 · 류소진 · 문준혜 · 박윤경 · 홍금주 등 모두 아홉 명으로 지난번보다 한 명이 적은 데다 이 가운데 두 명은 또 중국 현지에서 합류하기로 되어 있기 때문에 인천공항에서 함께 비행기를 타는 사람은 일곱 명밖에 안 된다.

이번에 답사할 소동파 관련 주요 유적지로는 산동성의 봉래(蓬萊) · 제성(諸城), 강소성의 서주(徐州), 하남성의 개봉(開封) · 면지(澠池) · 겹현(郟縣), 안휘성의 부양(阜陽), 하북성의 정주(定州) 등지가 있다. 봉래는 소동파가 황주(黃州) 유배에서 사면된 뒤 첫 번째 관직인 등주태수(登州太守)로서 며칠 동안 재임한 곳이고, 제성은 생애 첫 번째 지방장관인 밀주태수(密州太守)로 재임한 곳이다. 서주는 밀주태수의 임기가 끝난 뒤 서주태수로 재임한 곳이고, 북송의 도성이었던 개봉은 지방관 생활이나 유배생활을 하는 사이사이에 잠깐씩 머물렀던 곳이다. 면지는 과거시험을 보기 위해 동생과 함께 아버지를 따라 개봉으로 들어갈 때와 생애 첫 관직인 봉상부첨판으로 부임해 갈 때 거쳐 간 곳이고, 겹현은 소동파의 무덤이 있는 곳이다. 부양과 정주(定州)는 각각 영주태수(潁州太守)와 정주태수로 재임한 곳이다. 이번에는 이동거리가 유난히 길기 때문에 도중에 교통문제로 차질이 생기지지나 않을까 적지 않게 걱정이 된다.

1. 봉래(蓬萊)에서 제성(諸城)까지

2004년 8월 12일 11시 45분 비행기라 아직 시간이 이르지만 여유 있게 탑승수속을 마치기 위해 일행이 다 도착하자마자 즉시 동방항공 창구 앞으로 갔다. 시간이 이른 편이라 그런지 수속 중인 승객이 별로 없었다. 우리 일행 일곱 명의 수속을 일괄적으로 처리하기 위해 대표 두 명이 여권과 항공권을 모아 창구로 가고, 나머지 다섯 명은 멀찌감치 앉아서 곧 있을 즐거운 답사에 대하여 한껏 꿈을 부풀리고 있었다. 나도 처음 갈 때와는 달리 별로 신경도 안 쓰이고 마음이 느긋했다.

그런데 한참이 지나도 수속하러 간 사람들이 돌아오지 않았다. '줄 서 있는 사람이 서너 명밖에 안 됐는데 왜 이렇게 오래 걸리는 것일까?' 하는 의구심이 들었다. 창구 쪽으로 가 보았더니 이강재 교수가 우울한 표정을 지으며 말했다.

"항공권에 문제가 생겼습니다."

여행사를 통해 일찌감치 항공권을 예매해 두었는데, 동방항공 직원의 말에 의하면 여행사 직원이 실수로 항공사에 통보하지 않았기 때문에 우리가 항공권을 예매한 사실이 동방항공 컴퓨터에 기록되어 있지 않다는 것이었다. 게다가 오늘은 산동성의 연대(煙臺)로 가는 손님이 많아서 여석도 나오기 힘들 것 같다고 했다.

만약 이 비행기로 가지 못하면 이후의 다른 일정이 모두 연쇄적으로 지연되어 이번 답사를 망치게 될 판이었다. 뿐만 아니라 우리 항공권은 단체표로서 시간이 확정되어 있기 때문에, 만약 이번 비행기로 가지 못하면 항공권이 무효화된다는 설명이었다. 안전하게 하기 위해 오래전에 예매해 두었는데 무슨 일이 이렇게 된단 말인가! 참으로 어이가 없었다.

얼른 여행사에 전화하여 사장을 찾았다. 사장은 자기가 최선을 다해 해결할 테니 걱정 말라고 하면서 일단 대기자 명단에 올려놓으라고 했다. 그러나 항공사 창구의 여직원은 아무래도 일곱 자리나 되는 여석이 나기는 힘들 것 같다고 했다. 다시 여행사 사장에게 전화하여 창구의 분위기를 전하며 어떻게든 이 비행기를 탈 수 있게 해 주어야지 그렇지 않으면 엄청난 문제가 발생한다고 다시 한 번 단단히 일러두었다. 여행사 사장은 동방항공의 임 이사라는 사람에게 연락하여 비즈니스석이라도 괜찮으니 최우선으로 우리 자리부터 마련하라고 당부해 놓았다며 나를 안심시켰다. 그러면서 만약 해결이 안 되면 자기가 전적으로 책임을 지겠다고 했다. 우리 일은 돈으로 변상할 수 있는 것이 아니기 때문에 자기가 책임질 수 있는 일이 아니지만, 어쨌거나 사장의 말에 자신감이 엿보여서 다소나마 안심이 되었다. 다시 창구 여직원한테 여행사 사장의 말을 전했더니 고개만 갸우뚱거릴 뿐 더 이상 아무 말도 하지 않았다.

우리가 이 비행기로 갈 수 있을지 없을지는 탑승수속이 마감되어 봐야 알 수 있다는데 11시 5분쯤 되자 예의 그 창구 여직원이 잘하면 일곱 자리가 날 것도 같다고 말하고는 11시 45분 비행기를 타는 사람은 줄을 서지 말고 빨리 자기한테 와서 수속하라고 여행객들을 향하여 큰 소리로 외쳤다. 저쪽의 긴 줄 뒤에 서 있던 사람 한두 명이 그 여직원에게로 갔다. 마음속으로 제발 더 이상은 11시 45분 비행기의 탑승자가 나타나지 않기를 간절하게 빌면서 5분을 더 기다렸다. 그리고 11시 45분 비행기의 탑승수속이 마감되었다. 여직원은 자기가 더 반가운 듯 우리한테 어서 항공권과 여권을 가지고 오라고 했다.

출국검사와 보안검사를 거쳐 11시 45분 비행기를 타려면 여간 바쁜 것이 아니었으므로 탑승수속을 최단 시간 안에 끝내지 않으면 안 되었다. 자기가 생각해도 시간이 너무 부족하다고 생각했는지 항공사 간부인 듯한 사람이 나와서 화물의 보안검사를 자기가 직접 받아주겠다며 자기한테 가방을 달라고 했다. 아마 여행사 사장의 부탁을 받은 임 이사인 듯했다. 그에게 건네진 이강재 교수의 가방에 자물쇠가 채워진 것을 보고는 열쇠도 자기한테 달라고 했다. 가방 안에 위험하다고 판단되는 물건이 있을 경우 가방을 열어서 확인하기 때문이라고 했다.

천만다행으로 동방항공의 탑승구는 출국심사대에서 가장 가까운 곳에 있었다. 비행기에 앉는 순간 긴장이 풀리며 온몸의 힘이 쭉 빠졌다.

❄ 팔선과해처

연대공항은 아담하고 깨끗했다. 여기저기에 중국어 안내문과 나란히 한국어 안내문이 붙어 있을 뿐만 아니라, 중국 세관원이 간단한 한국어로 한국 여행자들의 입국수속을 도와주기도 했다. 친근감이 듬뿍 느껴졌다.

입국수속을 마치고 공항 청사를 나서자 김보경이 먼저 와서 기다리고 있었다. 상해 복단대학의 박사과정에 재학 중인 김보경도 오늘 아침 비행기를 타고 조금 전에 연대에 도착한 것이다. 내가 부탁한 대로 미리 봉래행(蓬萊行) 교통편을 알아보았더니 마땅한 교통편이 없더라고 했다.

공항 청사 앞에 다른 교통수단은 보이지 않고 택시만 몇 대 있었다. 다른 승객들은 언제 다 빠져나갔는지 눈에 띄는 사람이 아무도 없었다. 별로 뾰족한 수도 없는 것 같아 한 대당 200원씩 주기로 하고 택시 두 대에 나누어 탔다. 통행료 30원은 자기들이 낸다는 조건이었다. 시간이 벌써 12시 45분이 되어 있었다.

10분도 채 못 가서 내가 탄 택시의 시동이 꺼져 버렸다. 운전사는 기온이 너무 높아서 그런 것이니 잠시 엔진을 식히면 된다며 우리를 안심시킨 후 길가에 차를 세우고 잠시 쉬었다. 무슨 차가 기온이 높다고 시동이 꺼질까 하는 생각으로 반신반의하고 있는데 열을 조금 식히자 차가 과연 다시 가기 시작했다. 가는 도중에 다시 협상하여 연대역으로 돌아갈 때도 한 대당 135원씩 주고 그 차를 타기로 했다. 그렇게 하면 시간이 많이 절약되는 데다 그 차에 짐을 그냥 실어 놓을 수 있어서 편하기도 하고 차비도 버스를 타는 것과 별 차이가 없다고 판단되었기 때문이다.

차는 걱정했던 것보다 잘 달려 주었다. 약 60킬로미터를 가는 데 45분이 걸려 1시 30분에 봉래에 도착했다. 봉래는 송나라 때의 등주(登州)로 '오대시안(烏臺詩案)'이라는 문자옥으로 인하여 억울한 누명을 쓰고 호북성 황주(黃州)로 유배 갔다가, 신종 황제가 세상을 떠난 뒤 철종 황제의 즉위와 동시에 태황태후의 섭정이 시작됨으로써 원풍 8년(1085)에 복권된 소동파가 복권 후 첫 관직인 등주태수로 재임한 곳이다. 그러나 그는 부임한 지 5일 만에 조정으로 들어와 예부낭중(禮部郎中)에 부임하라는 명을 받았기 때문에 불과 며칠밖에 머물지 않았다.

먼저 팔선과해처(八仙過海處)를 찾았다. 팔선과해처란 한종리(漢鍾離)·장과로(張果老)·여동빈(呂洞賓)·이철괴(李鐵拐)·한상자(韓湘子)·조국구(曹國舅)·남채화(藍采和)·하선고(何仙姑) 등 여덟 명의 신선이 바다를 건너 어딘가로 갔다는 곳이다. 대만(臺灣) 동해안의 장빈(長濱)이라는 곳에 팔선동(八仙洞)이라는 동굴이 있는데, 대만 사람들 사이에는 그것이 바로 여덟 명의 신선이 대륙에서 건너와 수도한 곳이라고 알려져 있다. 그들의 말이 맞는다면 이 신선들이 봉래에서 출발하여 장빈으로 갔다는 얘기가 된다. 그러나 1987년 여름에 직접 본 바에 의하면, 팔선동은 깊은 산속에 위치해 있지도 않고 동굴이 깊지도 않아 신선들이 산다는 동천복지(洞天福地)와는 거리가 아주 먼 듯했다. 여덟 개의 동굴이 길에서 멀지 않은 나지막한 언덕에 띄엄띄엄 흩어져 있는데, 모두 반지름이 2~3미터 정도 되는 반구형(半球形)의 움푹한 공간에 불과했다. 당시에 나는 너무 실망한 나머지 대만의 무리한 관광지 개발에 쓴웃음을 지었었다. ≪사기≫에 발해(渤海) 안에 신선들이 사는 삼신산(三神山)이 있다고 했으니,[1] 그 여덟 명의 신선이 봉래에서 출발하여 선경을

1 ≪사기≫ <진시황본기>에 "제나라 사람 서불 등이 상소문을 올려서 바다 안에 봉래·방장·영주라고 하는 삼신산이 있는데 그곳에 신선이 산다고 했다(齊人徐市等上書, 言海中有三神山, 名曰蓬萊·方丈·瀛洲, 僊人居之)"[문연각사고전서본 ≪사기≫ 권6]라는 말이 있고, <봉선서(封禪書)>에 "제나라의 위왕·선왕 및 연나라의 소왕 때부터 사람을 파견하여 바다 안으로 들어가 봉래·방장·영주를 찾게 했다. 이 삼신산은 발해 안에 있어서 인간세상으로부터 멀지 않다고 한다(自威·宣·燕昭使人入海求蓬萊·方丈·瀛洲. 此三神山者, 其傳在勃海中, 去人不遠)"[문연각사고전서본 ≪사기≫ 권28]라는 말이 있다.

찾아 바다를 건너갔다면 틀림없이 삼신산을 목적지로 삼았을 터인데 전혀 엉뚱한 곳으로 갔다니 신선들의 배가 완전히 길을 잃었던 것일까?

팔선과해처를 소개하는 안내문이 한국어로 번역되어 있는 것을 보니 여기도 한국 관광객들이 어지간히 많이 오는가 싶었다. 안으로 들어가니 높다란 현대식 누각을 지어 놓고 누각 1층에 팔선의 동상을 진열해 놓는 등 관광객 유치를 위한 노력을 적지 않게 기울였지만 별로 볼만한 것이 없었다. 한쪽 구석에 영상실을 차려 놓고 몇 년 전에 나타났다는 신기루 비디오를 보여 주고 있었다. 바닷가에 모여 있던 사람들이 갑자기 바다 한가운데를 바라보며 웅성거리고 있는 장면을 찍은 비디오인데, 바다 위에 무슨 물체가 나타난 것 같기도 하고 아무것도 아닌 것 같기도 한 것이 신기루가 나타났다고 하기에는 아무래도 석연치 않은 느낌이었다. 영상실에서 나와 멀리 바다를 바라보니 가물가물 섬이 하나 보이는데 안개에 덮여 보일 듯 말 듯 하는 품이 그게 오히려 신기루인 듯했다.

문득 한 가지 의아한 생각이 들었다. '중국은 동쪽과 남쪽이 다 바다에 연해 있어 해변이 엄청나게 긴데 그 기나긴 해변 중에서 왜 하필 봉래가 팔선과해처로 지목되었을까? 어쩌면 이 신기루와 관련이 있을지도 모를 일이다. 옛날 사람들의 의식 속에서는 어쩌다 한 번씩 나타났다가 이내 사라지는 환상적인 공간, 있는 것도 같고 없는 것도 같은 불가사의한 공간, 거기가 바로 신선의 세계라고 여겨지지 않았을까?'

❄ 와비정과 소공사

팔선과해처에서 멀지 않은 곳에 봉래각풍경구(蓬萊閣景區)가 있었다. 봉래각 · 봉래수성(蓬萊水城) · 고선박물관(古船博物館) · 등주박물관 · 척계광고리(戚繼光故里) 등이 모여 있는 봉래각풍경구에는 특별한 구경거리라고 할 만한 것이 두 가지 있었다. 하나는 고선박물관에 진열되어 있는 원나라 때의 전함(戰艦)으로 웅장한 규모가 정말 가관이었다. 다른 하나는 2층짜리 누각인 봉래각으로 호북성 무한(武漢)의 황학루(黃鶴樓), 호남성 악양(岳陽)의 악양루, 강서성 남창(南昌)의 등왕각(滕王閣)과 더불어 중국 4대 명루(名樓) 가운데 하나로 꼽히기도 하는 유서 깊은 누각이다.[2]

봉래각

황학루가 당나라 시인 최호(崔顥, 704?-754)의 시 <황학루(黃鶴樓)>로 유명하고, 악양루가 당나라 시인 두보(712-770)의 시 <악양루에 올라(登岳陽樓)> 및 송나라 시인 범중엄(范仲淹, 989-1052)의 문장 <악양루기(岳陽樓記)>로 유명하고, 등왕각이 당나라 시인 왕발(王勃, 650-676)의 문장 <등왕각서(滕王閣序)>로 유명하다면, 중국 4대 명루 가운데 유일하게 장강 북쪽에 위치한 이 봉래각은 소동파의 시 <신기루(海市詩)>로 유명하다.

강남에 위치한 다른 세 누각이 다 강가에 있는 데 비해 봉래각은 끝이 보이지 않는 바다를 굽어보고 있어서 보는 이의 기상을 더욱 호쾌하게 만드는 특징이 있었다. 봉래각의 위층에는 밀랍으로 만든 팔선의 상이 있는데, 여덟 명의 신선이 각기 울긋불긋한 채색 옷을 입고 있었다. 술에 취하여 잠든 사람도 있고, 눈을 감고 조는 사람도 있고, 술잔을 높이 든 채 노래를 부르는 사람도 있었다.

봉래각풍경구에는 비록 이 두 가지 이외에 특별한 구경거리가 없었지만, 발아래에 일망무제로 펼쳐져 있는 드넓은 바다를 내려다볼 수 있는 것만으로도 명승지로서 손색이 없는 듯했다. 예로부터 중국 사람들은 동쪽 바다에 봉래산(蓬萊山)·방장산(方丈山)·영주(瀛洲) 등 이른바 삼신산(三神山)이라는 선경이 있다고 믿

2 《백도백과》 <사대명루(四大名樓)>·<봉래각> 참조.

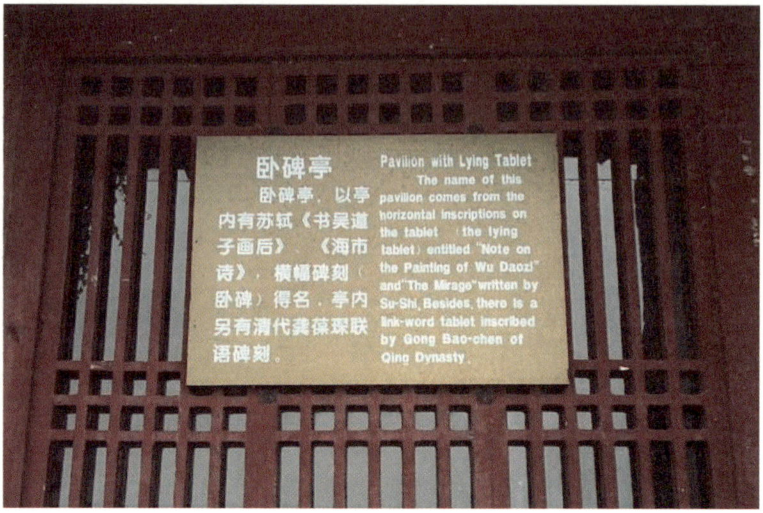

와비정

어 왔거니와, 저 바다를 건너가면 그야말로 신선의 세계가 나올 것만 같은 생각이 절로 들었다.

그러나 우리는 이름난 구경거리를 찾아온 사람들이 아니기에 소동파 관련 유적이 어디에 있는지 열심히 찾아보았다. 그 결과 봉래산 위에서 와비정(臥碑亭)이라는 건물과 소공사(蘇公祠)라는 작은 사당을 하나 발견했다.

와비정은 이름만 정자지 사실은 정자가 아니고 단층짜리 일반 건물의 한 칸으로 그 안에는 길이가 215센티미터, 높이가 92센티미터, 두께가 23.5센티미터인[3] 옆으로 누운 비석이 하나 있는데, 앞면에는 소동파가 사전숙(史全叔)이라는 사람이 소장하고 있던[4] 당나라 화가 오도자의 그림을 본 소감을 적은 글 <오도자의 그림을 보고(題吳道子畫後)>가 새겨져 있고, 뒷면에는 그가 신기루를 본 감회를 노래한 시 <신기루(海市詩)>가 새겨져 있었다. '와비정'은 비석이 세로로 세워져 있지 않고 가로로 눕혀져 있기 때문에 생긴 명칭이다.

---

3 ≪백도백과≫ <소식서와비(蘇軾書臥碑)> 참조.
4 소식(蘇軾), <오도자의 그림을 보고(題吳道子畫後)> 참조.

와비정 바로 옆에 명나라 때 이곳 백성들이 소동파의 치적을 기리기 위해 세웠다는 소공사(蘇公祠)가 있는데, 이 사당은 벽에 광주(廣州) 육용사(六榕寺)에서 탁본했다는 <소식상(蘇軾像)>과 청나라 서예가 옹방강(翁方綱, 1733-1818)이 모사했다는 소동파의 시 <신기루(海市詩)>, 그리고 명나라 시인 설식(薛殖)이 지었다는 시 <바다를 보며(觀海)>[5] 등의 작품 몇 점이 걸려 있을 뿐이어서 지금은 사당으로서의 모양새를 갖추고 있지 않았다.

옹방강이 모사했다는 소동파의 시는 정식 제목이 <신기루를 노래한 시와 그 서문(海市詩幷引)>으로 '시(詩)' 자가 들어 있고 원문도 다음과 같았다.

> 나는 등주의 신기루에 대해서 소문을 들은 지 오래되었다. 노인네들이 "항상 봄·여름에 보이는데 지금은 이미 한 해가 다 저물어서 다시는 나타나지 않을 것입니다"라고 했다. 나는 부임한 지 5일 만에 떠나야 하기 때문에 신기루를 못 보는 것이 안타까워서 바다의 신 광덕왕의 사당에서 기도를 올렸더니 이튿날 신기루가 나타났으므로 이 시를 짓는다.
>
> 余聞登州海市舊矣. 父老云: "常見於春夏, 今歳晩, 不復出也." 余到官五日而去, 以不見爲恨, 禱於海神廣德王之祠, 明日見焉, 乃作是詩.

공활하다 공활한 동방의 운해	東方雲海空復空
신선들이 출몰하는 넓고 밝은 그곳에	羣仙出沒空明中
이 세상을 뒤흔들며 온갖 형상이 생긴다지만	蕩搖浮世生萬象
조개 궁궐과 진주 궁전이 어찌 정말 있으리?	豈有貝闕藏珠宮
보이는 게 모두 다 환영인 줄 알면서	心知所見皆幻影
내 눈이 즐겁자고 감히 신령님께 졸랐더니	敢以耳目煩神工

5 ≪백도백과≫ <소공사> 참조.

날이 추워 물이 차고 천지가 닫혔는데	歲寒水冷天地閉
나를 위해 자는 걸 깨우고 고기와 용에게 채찍질하자	爲我起蟄鞭魚龍
추운 새벽에 높은 누각과 푸른 언덕이 나타나매	重樓翠阜出霜曉
기이한 일에 백 살 노인이 깜짝 놀라 자빠진다.	異事驚倒百歲翁
세상에서 얻는 거야 힘으로 된다지만	人間所得容力取
세상 밖에는 아무것도 없으니 누가 힘으로 얻으리?	世外無物誰爲雄
불쑥 간청했는데 내 뜻을 물리치지 않으시니	率然有請不我拒
참으로 내가 인재를 당했지 천벌을 받지 않았도다.	信我人厄非天窮
조양태수는 남쪽으로 유배갔다 돌아오며	潮陽太守南遷歸
석름봉과 축융봉이 솟은 것을 보고 나서	喜見石廩堆祝融
정직함이 산신을 감동시켰다 했으니	自言正直動山鬼
조물주가 노쇠한 이를 안쓰럽게 여긴 줄 몰랐도다.	不知造物哀龍鍾
미간을 펴고 한바탕 웃는 것 쉬운 일이 아니니	信眉一笑豈易得
신령님의 보상은 역시 이만하면 충분하다.	神之報汝亦已豊
만 리나 뻗은 석양 속에 외로운 새가 사라지고	斜陽萬里孤鳥沒
오로지 보이는 푸른 바다는 말끔히 간 청동 거울	但見碧海磨青銅
새 시의 멋진 구절인들 어디에 쓰리?	新詩綺語亦安用
신기루와 함께 동풍을 따라 흔적 없이 사라지리.	相與變滅隨東風

옹방강 모사본 소동파의 〈신기루〉

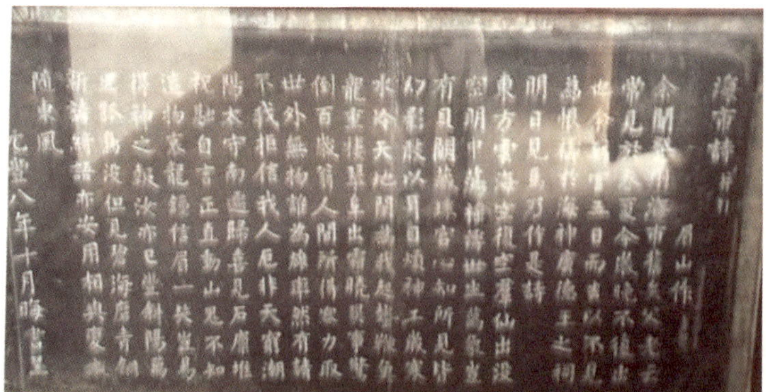

제목을 보면 시에 신기루의 모습이 묘사되어 있을 것으로 생각하기 쉬운데 이 시에는 신기루에 대하여 묘사한 것이 아홉 번째 구절 하나밖에 없다. 그것도 지극히 추상적인 묘사일 뿐이다. 그러니까 이 시는 신기루가 출현한 장관을 묘사한 서경시가 아니라, 금방 나타났다가 금방 사라지는 신기루를 보고 떠오른 삶의 이치를 노래한 이른바 의론시(議論詩) 내지 철리시(哲理詩)인 것이다. 이것이 바로 소동파 시의 특징이요, 또한 그가 확립한 송시(宋詩)의 특징이다.

봉래각풍경구가 끝나는 곳에도 소동파의 유적이 있었다. 그곳에 있는 일주문에 '인간봉래(人間蓬萊)'라는 현판이 걸려 있는데 거기에 '원풍 8년 10월 소식(元豐八年十月蘇軾)'이라고 서명되어 있었던 것이다. '인간봉래'란 '이 세상의 신선세계'라는 뜻이다. 원래 상반된 의미인 '이 세상'이라는 말과 '신선세계'라는 말을 결합하여 묘한 느낌을 주었다.

소동파는 등주태수로 부임한 지 5일 만에 조정으로의 소환령을 받아 겨우 반달 정도 등주에 머물렀을 뿐인데, 이런 곳에도 적으나마 이렇게 소동파의 자취가 남

봉래각 일주문

아 있다는 사실이 참으로 놀랍다. 소동파는 참으로 대단한 존재임에 틀림없다. 그러나 그것은 단순히 그가 뛰어난 시재로 <신기루(海市詩)> 같은 시를 남겼기 때문만은 아닐 것이다. 잠시 머물고 간 이곳에서도 <등주 · 내주 지역에서의 소금전매 폐지를 청원하는 상소문(乞罷登萊榷鹽狀)>과 같은 글로 이 지역에서의 소금전매가 관아에는 조금도 도움이 안 되고 백성들에게는 세 가지 폐해가 있음을 지적하여 이 지역을 소금전매 규정의 적용대상에서 제외하게 함으로써[6] 이 지역 백성들이 청나라 말까지 그 혜택을 입게 한[7] 선정(善政)이 있었기 때문일 것이다.

시간을 절약하기 위해 오늘 중에 기차로 교주(膠州)까지 가기로 계획되어 있는데 아직도 거기로 가는 기차가 있는지 어떤지 궁금했다. 택시 운전사에게 물어보았더니 하루에 한 번밖에 안 다니는데 오늘 차는 벌써 끊어졌을 것이라고 했다. 그는 한번 알아봐 주겠다며 어디론가 전화를 해 보고는, 오늘 차는 끊어졌고 내일 아침 8시가 되어야 있다고 했다. 차비만 적당하다면 그 택시로 교주까지 바로 가는 것도 괜찮겠다 싶어서 슬쩍 물어보았더니 한 대당 500원을 달라고 했다. 차비가 너무 비싸서 택시 타는 것은 포기하기로 하고 다시 연대에서 교주까지 기차비가 얼마쯤 되느냐고 물었더니 100원쯤 한다고 했다. 우리에게서 약점을 발견한 운전사는 자꾸만 자기 차로 교주까지 가자고 보챘다. 끝내 연대에서 자고 내일 아침에 가겠다고 했더니 자기가 호텔을 잡아 주겠다며 과잉 친절을 베풀려고 했다. 택시 운전사들의 과잉 친절이 무엇을 의미하는지 잘 알고 있기에 그의 과잉 친절을 끝까지 사절했다.

연대역으로 가서 기차 시간표를 보고 불과 한 시간 10분 전인 4시 59분에 교주행 막차가 떠났음을 알았다. 기차 시간을 미리 알았더라면 봉래에서 조금 일찍 올 수도 있었는데 하는 생각에 아쉬움이 컸다. 중국은 기차가 별로 자주 다니지 않는

6 소동파의 <등주 · 내주 지역에서의 소금전매 폐지를 청원하는 상소문(乞罷登萊榷鹽狀)> 참조.
7 ≪백도백과≫ <소공사> 참조.

다는 사실을 깜빡 잊었던 것이다. 내일 아침 8시 10분에 출발하는 기차표를 샀다. 냉방시설이 있는 신형 급행열차의 보통석인데 차비가 26원밖에 되지 않았다. '100원쯤'과는 거리가 상당히 멀었다.

내일 아침에 차 타기에 편리하도록 역 건너편에 있는 여주대주점(麗珠大酒店)에 숙소를 정했다. 2인실 하나에 160원이니 비교적 싼 편이었고 시설도 그런대로 괜찮았다. 여장을 푼 뒤 호텔 건너편에 있는 허름한 서안(西安) 요리집에 가서 식사를 했다. 여덟 명이 배불리 먹고 한 잔에 1원씩인 생맥주까지 각자 두 잔씩 마셨는데 모두 115원밖에 안 나왔다. 중국 음식은 종류도 다양하고 값도 싸서 좋다. 이것이 중국 여행의 가장 큰 매력이다.

❄ 낭야대

2004년 8월 13일 기차가 세 시간 반 뒤에나 교주에 도착할 예정이라 오랫동안 객석에 앉아 있기가 무료하여 남자 네 명이 식당차로 갔다. 식탁 위에 맥주가 두 병씩 놓여 있기에 그것을 달라고 했더니 식사를 하지 않으면 줄 수 없다고 했다. 우리가 안주를 안 시킬 줄 알고 그러는 것 같아 안줏거리도 함께 달라고 했더니 그제야 맥주를 주었다. 중국에서는 맥주를 주로 식사 때 음료 대신 마신다는 사실을 상기시키는 일이었다.

교주역에 내리니 11시 35분이었다. 교주역에서 교남(膠南)까지는 버스가 10분마다 한 대씩 있다고 했다. 요금은 10원이라 매우 싸지만 시간이 90분 정도나 걸린다고 해서 좀 망설이다가 결국 버스를 타기로 했다. 마땅한 대안이 없었기 때문이다.

조그만 차에 사람을 조금이라도 더 많이 태우기 위해 좌석 간격을 최대한으로 좁혀 놓아서 무릎이 앞 좌석에 닿았다. 문득 내가 밀폐된 공간에 갇혀 있는 것 같은 강박관념이 들면서 질식할 것만 같았다. 혹시 이것이 바로 폐소공포증이 아닐까 하는 생각이 들었다. 멀리 창밖을 내다보며 답답한 느낌을 지우려고 안간힘을 다 썼다.

교남에서 택시를 타고 낭야대(琅琊臺)로 갔다. 차비를 한 대당 130원씩 주면 낭야대 입장료를 할인해 주도록 주선해 준다는 조건이었다. 반신반의하는 면이 없지 않았는데 택시 운전사들은 약속대로 낭야대 입장료를 할인받아 주었다.

낭야대는 진시황이 천하를 통일한 뒤인 진시황 28년(기원전 219)에 동쪽 지방을 순수할 때 올라갔다는 곳으로, 천하를 통일한 진시황의 공적을 기리기 위해 여러 신하가 함께 짓고 이사(李斯)가 써서 일곱 군데에 세웠다는 석각(石刻), 즉 진칠각석(秦七刻石) 가운데 하나인 낭야각석이 있어서 유명한 곳이다. 이 석각은 진나라 때 소전(小篆)의 대표작으로 중국 서예사에서 중요한 위상을 지니고 있는데, 오랜 세월 닳고 닳아 지금은 겨우 13행 86자만 남은 채 중국역사박물관에 보관되어 있다고 한다.[8]

소동파도 밀주태수로 재임 중이던 희령 9년(1076)에 이것을 보고 <낭야대의 전서를 보고(書瑯琊篆後)>를 지었다.

진시황과 서불의 만남(낭야대 조각)

8 ≪백도백과≫ <진각석(秦刻石)> · <낭야각석(琅琊刻石)> 참조.

산 중턱에 진어로(秦御路)라는 기다란 계단길이 있었다. 그것은 옛날에 진시황이 올라갔다는 길로 수백 개에 달하는 계단으로 이루어져 있었다. 진어로 꼭대기에서 왼쪽으로 약간 내려가니 서불(徐市)이 진시황을 알현하는 장면을 재현한 석상이 있었다. 신하들이 받쳐 든 일산 밑에서 면류관을 쓴 진시황이 왼손을 들어 손가락으로 먼 곳을 가리키고 있고, 서불이 그 앞에서 허리를 직각으로 굽힌 채 상소문 같은 물건을 받들고 있는 모습이었다.

서불이 불로초를 구하러 삼신산(三神山)으로 갔다는 이야기는 사마천의 ≪사기≫에 기록되어 있다. ≪사기≫ <진시황본기>에 의하면, 진시황 28년(기원전 219)에 산동 사람인 서불 등이 상소문을 올려 동쪽 바다 안에 봉래(蓬萊)·방장(方丈)·영주(瀛洲)라는 삼신산(三神山)이 있는데 거기에 신선들이 살고 있으니 동남(童男)·동녀(童女)를 데리고 그 신선들을 찾아가게 해 달라고 주청하여 진시황이 동남·동녀 수천 명을 데리고 바다 안으로 신선을 찾아가게 했다고 한다. 그러나 진시황 37년(기원전 210)에 서불은 맨손으로 돌아왔다. 많은 경비만 낭비하고 성과를 거두지 못한 그는 처벌받을 것이 두려워 상어가 앞을 가로막아 삼신산에 접근하지 못했으니 뛰어난 궁수를 데리고 다시 가게 해 달라고 간청했다고 한다.[9]

≪사기≫ <회남형산열전(淮南衡山列傳)>에는 이것과 조금 다르면서 보다 상세한 이야기가 있다. 이에 의하면 진시황이 서복(徐福, 서불의 다른 이름)을 보내 불로장생 약을 구해 오라고 하자 서복이 바다 안으로 들어갔다가 되돌아와서 신선이 자기에게 요구한 것이라고 진시황을 속여서 동남·동녀 3,000명과 오곡의 종자 그리고 각 분야의 기술자들을 데리고 다시 바다 안의 섬으로 들어가서 거기에 터를 잡고 왕 노릇하며 돌아오지 않았다고 기술되어 있다.[10]

제주도 정방폭포의 암벽에 무슨 글자인지 알아보기 힘든 글자가 몇 자 새겨져

9 ≪사기≫ 권6 <진시황본기> 참조.
10 ≪사기≫ 권118 <회남형산열전> 참조.

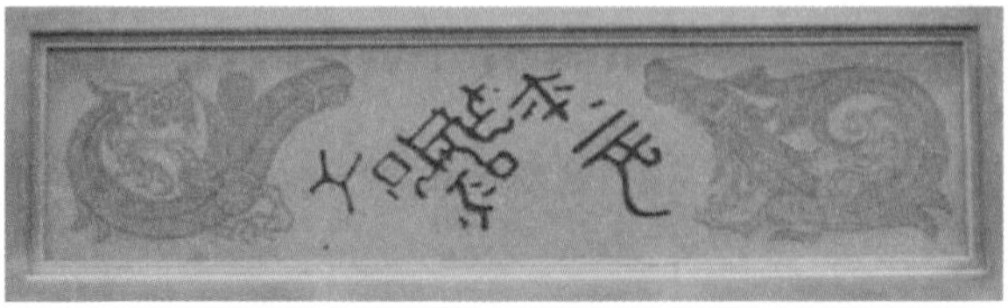

과두문자 '徐市過之'(제주도 서복공원)

있었는데 그것이 바로 '서불과지(徐市過之)'를 과두문자로 쓴 것이라고 하는 주장이 있거니와, 정방폭포 정문 바로 옆에 서복공원(徐福公園)이 있고 그 안에 서복전시관이 있는데 이 전시관에 들어서면 맨 먼저 보이는 것이 바로 서불이 진시황을 알현하는 장면이다. 부조(浮彫) 형식으로 벽에 새겨져 있는 점이 다를 뿐 낭야대에 조각되어 있는 것과 꼭 같은 모습이다. 서복전시관에 진열된 각종 자료에 의하면, 서불은 그때 한라산에서 불로초를 구하여 돌아갔으니 제주도가 바로 삼신산 가운데 하나인 영주고 한라산이 영주산이라고 한다. 서귀포(西歸浦)라는 지명도 서불이 영주산에서 불로초를 구하여 서쪽으로, 즉 중국으로 돌아간 포구라는 뜻에서 생긴 것이라고 한다.

진시황과 서복의 만남(제주도 서복공원 부조)

서불이 일본으로 가서 정착했다는 설도 있다. 서불이 그때 일본으로 가서 일본 최초의 국왕인 신무천황(神武天皇)이 되었다는 설이 있는가 하면,[11] 대판(大阪) 부근의 화가산현(和歌山縣)에 서복공원이 있는데 그곳에 그의 무덤도 있고 그의 상도 있다고 한다.[12]

북송 시인 구양수(歐陽修, 1007-1072)가 <일본도가(日本刀歌)>에서 다음과 같이 노래한 것을 보면 서불이 일본에 정착했다는 전설이 아주 오래전부터 있었음을 알 수 있다.[13]

그 선조 서복이 진나라 사람을 속이고	其先徐福詐秦民
약초 캐러 갔다가 동남동녀를 눌러앉혔네.	採藥淹留丱童老
온갖 기술자들과 오곡을 주어 살게 하매	百工五種與之居
지금에 이르도록 공예품이 다 정교하네.	至今器玩皆精巧[14]

이러한 전설들을 사실이라고 가정한다면 다음과 같은 상상이 가능할 것 같다.

> 진시황의 명을 받아 불로초를 찾아 나섰던 서불이 제주도에 와서 보니 정말로 경치 좋고 살기 좋은 곳인지라 여기서 영원히 살고 싶은 마음에 일단 되돌아가서 진시황을 속이고 동남·동녀 3,000명과 오곡의 종자, 그리고 각 분야의 기술자들을 얻은 다음 다시 제주도를 향해 떠났는데, 도중에 그만 길을 잃고 표류하던 끝에 마침내 일본으로 가서 나라를 세우고 살다가 거기서 죽었다.

---

11 ≪위키백과(維基百科)≫(중국어판) <신무천황(神武天皇)> 참조.

12 ≪백도백과≫ <서복공원> 참조.

13 청나라 말기의 시인으로 주일 공사관에 근무한 적이 있는 황준헌(黃遵憲, 1848-1905)도 ≪일본국지(日本國志)≫에서 "서복의 일로 말하자면……그 나라에 서복의 사당이 있고 웅야산에 서복의 무덤이 있다는 사실의 명확한 증거다(至徐福之事……伊國有徐福祠, 熊野山有徐福墓, 其明徵也)"(광서각본 ≪일본국지≫ 권1 <국통지1>)라고 하여 서불의 일본정착설을 주장했다.

14 문연각사고전서본 ≪문충집(文忠集)≫ 권54.

진시황과 서불의 석상이 있는 곳에서 다시 진어로 쪽으로 돌아와서 반대편으로 가니 이사가 쓴 공적비가 있었다. 다른 글자는 모두 마모되어 알아볼 수 없게 되어 버리고 13행 86자만 알아볼 수 있다는 이 비석의 원본은 지금 중국역사박물관으로 옮겨서 보관 중이라고 하니 복제품을 통하여 원본의 모습을 대략 유추해 볼 수밖에 없다.

❄ 초연대

타고 왔던 택시를 타고 제성(諸城)까지 곧장 가기로 했다. 오후 5시 30분에 교남에서 제성으로 가는 버스가 있다는 사실을 확인해 놓고 왔지만 시간을 아끼기 위해서 그렇게 하는 편이 낫겠다고 판단한 것이다. 오후 4시 45분에 낭야대를 출발하여 6시에 제성에 도착했다.

제성은 송나라 때의 밀주(密州)로 소동파가 생애 첫 번째 지방장관인 밀주태수로 재임한 희령 7년(1074)부터 희령 9년(1076) 사이에 머물렀던 곳이다. 당시 밀주는 매우 가난한 고을로 다른 사람들은 대부분 부임하기를 꺼렸던 곳인데, 소동파는 항주통판의 임기가 끝난 뒤 자청해서 이곳의 태수로 왔다. 이유는 간단했다. 밀주에서 가까운 고을인 제남(濟南)에 동생 소철이 있었기 때문이다. 그러나 막상 가서 보니 가깝다고 해서 쉽게 만날 수 있는 것은 아니었다 그러기에 그는 희령 9년(1076) 중추절에 혼자서 술을 마시다가 결국 이렇게 실토하며 자신을 위로하기에 이르렀다.

명월이 하늘에 떠 있는 것 그 얼마인지	明月幾時有
술잔 잡고 저 푸른 하늘에 물어본다.	把酒問靑天
천상의 궁궐은 오늘 이 밤이	不知天上宮闕
어느 해쯤 되었는지 잘 모르겠다.	今夕是何年

바람을 잡아타고 돌아가고 싶건만	我欲乘風歸去
한편으론 옥으로 지은 멋진 그 집이	又恐瓊樓玉宇
너무 높아 추위를 못 이길까 두렵다.	高處不勝寒
일어나서 춤추며 그림자를 희롱하니	起舞弄淸影
이게 어찌 속세에 사는 것과 같겠나?	何似在人間
달은 붉은 누각을 살며시 돌아	轉朱閣
비단문에 내려와	低綺戶
잠 못 드는 사람을 비추어 준다.	照無眠
달은 한을 품고 있을 턱이 없는데	不應有恨
어째서 늘 헤어져 있을 때 둥글어지나?	何事長向別時圓
사람은 슬프다 기쁘고 헤어졌다 만나는 것	人有悲歡離合
달은 찼다 기울고 흐려졌다 개는 것	月有陰晴圓缺
이 일은 예로부터 늘 좋을 수 없었으니	此事古難全
다만 하나 바라는 건 우리 오래 살아서	但願人長久
천 리 밖에서나마 고운 달 함께 보는 것.	千里共嬋娟[15]

이것은 원래 당시에 유행하던 곡조인 <수조가두(水調歌頭)>에 맞추어 지은 사(詞)인데, 당시의 곡조가 없어져 버린 오늘날 대만 출신의 세계적 가수 등려군(鄧麗君)이 현대적 곡조로 다시 부름으로써 대만은 물론 홍콩과 중국 대륙까지 휩쓴 적이 있을 뿐만 아니라 지금도 많은 중국인들의 애창곡이 되고 있다. 등려군의 노래는 이 사의 끝에서 두 번째 구절을 따서 <단원인장구(但願人長久)>라는 제목으로 통한다. 이 사는 신종 황제가 읽고 감탄하여 "소식은 끝내 임금을 사랑하는군" 하고는 유배지를 황주에서 여주로 옮겨 주었다는 일화가 있을 정도로[16] 동생을 그

15 추왕본 ≪소식사집≫ 173쪽.

16 문연각사고전서본 왕혁청(王奕淸) ≪어선역대시여(御選歷代詩餘)≫ 권115 <사화(詞話)>에 "신종이 '한

리는 데서 그치지 않고 나아가 임금도 그런 작품이라고 알려져 있다.

제성은 상당히 깨끗한 느낌을 주었다. 2년 전에 가 본 소동파의 고향 미산(眉山)과 상당히 유사하다는 생각이 들었다. 다만 미산보다는 규모가 약간 큰 것 같았다.

택시 운전사한테 2인용 표준실의 방값이 150원 정도 되는 호텔을 하나 찾아 달라고 했더니 가장 먼저 데리고 간 곳이 밀주빈관(密州賓館)이었다. 밀주는 제성의 옛날 이름이고 소동파가 밀주태수를 지낸 적이 있는지라 그 이름이 무척이나 반갑게 다가왔다. 거기서 묵는 것이 매우 의미가 있겠다는 생각이 들면서, 한편으로는 꽤나 고급스러운 호텔인 듯하여 방값이 비싸면 어떻게 할까 하고 고민이 되었는데 금방 그런 고민은 할 필요가 없게 되었다. 빈 방이 없었기 때문이다. 다음으로 간 곳은 홍복루빈관(鴻福樓賓館)이었다. 빈 방도 있고 방값도 120원이라 우리한테 알맞았다.

소동파가 태수로 부임해 왔을 때 밀주는 몇 년 동안 계속되는 가뭄에다 극심한 메뚜기 피해까지 겹쳐 백성들의 생활이 말할 수 없을 정도로 피폐해져 있었다. 그러다 보니 자연히 도둑이 들끓고 소송이 끊이지 않았다. 그는 산에 올라가 기우제를 지내기도 하고, 조정에 건의하여 그곳 백성들에게 세금을 경감해 줄 것을 주청하기도 했다. 그러나 가난을 견디지 못한 백성들은 심지어 자기 자식을 내다버리기까지 했다. 그는 이 버려진 아이들을 데려다 기를 사람을 찾아 관청에서 매월 쌀 여섯 말씩 보조하는 방법으로 몇천 명의 버려진 아이를 구제하기도 하고, 친히 성곽 주위를 돌아다니며 버려진 아이를 거두어 오기도 했다. 그는 급기야 백성들과 고락을 같이하기 위해 구기자와 국화를 캐 먹기에 이르렀으니, <후기국부(後杞菊賦)>에서 그는 이렇게 말했다.

편으론 옥으로 지은 멋진 그 집이, 너무 높아 추위를 못 이길까 두렵다'라는 두 구절까지 읽고는 감탄하여 '소식은 끝내 임금을 사랑하는군' 하며 즉시 여주로 옮겼다(神宗讀至'瓊樓玉宇'二句, 乃歎云: '蘇軾終是愛君.' 卽量移汝州)"라는 말이 있다.

천수자(天隨子, 陸龜蒙의 호, ?-881?)가 스스로 말하기를 "늘 구기자와 국화를 먹는다. 한여름인 5월이 되면 가지와 잎이 억세어지며 맛이 쓰고 떫지만 그래도 중단하지 않고 계속 먹는다. 이에 부(賦)를 지어서 스스로를 위로한다"라고 했다. 처음에 나는 이 말을 의아해하면서 선비가 때를 만나지 못해 궁핍하게 사는 일은 있을 수 있지만 굶주린 나머지 초목을 씹어 먹는 것은 지나치다고 생각했다. 그런데 내가 벼슬생활을 시작한 이래 19년 동안 집안이 날로 가난해져 입고 먹는 것이 옛날만 못해졌다. 밀주태수(密州太守)로 옮겨 올 때 배불리 한번 먹을 수 있을 것으로 생각했건만, 주방이 텅텅 비어 아무것도 없으매 그 근심을 견딜 수 없었다. 그래서 날마다 통판(通判) 유정식(劉廷式)과 함께 옛날 성곽 옆 황폐해진 밭을 돌아다니며 구기자와 국화를 캐어 먹고는 배를 어루만지며 웃어 젖혔다. 그런 뒤에야 천수자의 말이 틀린 말이 아니라 믿을 만한 말임을 알게 되었다.

天隨生自言: "常食杞菊, 及夏五月, 枝葉老硬, 氣味苦澀, 猶食不已, 因作賦以自廣." 始余嘗疑之, 以爲士不遇, 窮約可也. 至於飢餓, 嚼嚙草木則過矣. 而余仕宦十有九年, 家日益貧, 衣食之奉, 殆不如昔者. 及移守膠西, 意且一飽, 而齋廚索然, 不堪其憂. 日與通守劉君廷式, 循古城廢圃, 求杞菊食之, 捫腹而笑, 然後知天隨生之言, 可信不謬.[17]

이처럼 곤궁하고 골치 아픈 밀주생활이었지만 그는 늘 초연한 마음가짐을 잃지 않았다. 그의 초연한 마음가짐을 잘 알기에 동생 소철은 희령 8년(1075) 11월 소동파가 밀주 북성(北城) 위에 있는 낡은 누대를 수리하여 면모를 일신한 새 누대에 '초연대(超然臺)'라는 이름을 붙여 주었다. 소동파는 동생의 작명에 만족하며 스스로 <초연대기(超然臺記)>를 지어 이렇게 천명했다.

내가 밀주에 갓 도착했을 때는 해마다 흉년이 들어 도적이 들판에 가득하고 소송이 자주 발생했으며 주방이 텅텅 비어 날마다 구기자와 국화를 먹었다. 사람들

---

17 공범례본 ≪소식문집≫ 권1.

은 참으로 내가 즐겁지 않을 것이라고 생각했다. 그러나 1년 동안 이곳에서 살았더니 풍채가 더 좋아지고 흰머리가 날마다 검은색으로 되돌아왔다. 내가 이곳의 풍속이 순박한 것을 좋아했을 뿐만 아니라, 이곳의 관리들과 백성들도 나의 어설픈 점을 편안하게 여겼다.

> 始至之日, 歲比不登, 盜賊滿野, 獄訟充斥, 而齋廚索然, 日食杞菊, 人固疑余之不樂也. 處之朞年, 而貌加豐, 髮之白者, 日以反黑. 余旣樂其風俗之淳, 而其吏民亦安予之拙也.[18]

이렇듯 유서 깊은 누대이기에 제성에 오면 반드시 한번 찾아볼 요량으로 이번 답사를 준비할 때 인터넷 검색을 통해 아직도 남아 있다는 사실을 미리 확인해 놓은 터였다. 그리고 아까 교남에서 제성으로 오는 택시 안에서 운전사에게 물어보았을 때 그도 초연대를 잘 안다고 했다. 그는 소동파가 중국문학사상 최초의 호방사인 <강성자(江城子)—사냥(獵詞)—>을 지은 상산(常山)도 안다고 했다. 그러나 홍복루빈관 종업원에게 물어보았을 때도 모른다고 했고, 지도를 사면서 서점 점원들에게 물어보아도 모른다고 했다. 그리고 이 식당 종업원도 모른다고 한다. 복강만두(福岡水餃)라는 식당에서 식사를 하는 동안 몇 번이나 지도를 살펴보았건만 초연대도 상산도 나타나 있지 않았다. '아까 그 운전사한테 연락처를 하나 받아 놓을 걸' 하는 후회가 엄습했다.

식당에서 나오니 피시방(PC房)이 하나 있었다. 인터넷으로 검색해 보기 위해 그곳으로 들어갔다. 상당히 큰 피시방인데 오락을 즐기는 젊은 사람들이 빈틈없이 자리를 다 차지하고 있었다. 오락을 하면 금방 끝나지 않기 때문에 언제 빈 자리가 날지 모른다는 것이 주인의 대답이었다. 미안한 일이지만 김보경에게 상해에 계신 지도교수께 전화를 드려 한번 여쭈어 보라고 했다. 김보경의 지도교수인 복

---

18 공범례본 ≪소식문집≫ 권11.

단대학의 왕수조(王水照) 교수는 소동파 문학 전문가인데 몇 년 전에 그분에게서 학회 참석차 제성에 갔다가 초연대에 올라가 보았다고 하는 말을 들은 적이 있기 때문이다. 그런데 공교롭게도 왕 교수가 집에 계시지 않아 통화를 할 수가 없었다.

갑자기 아까 지나쳐 왔던 밀주빈관에 가서 물어보면 알지도 모르겠다는 생각이 들었다. 거기는 큰 호텔이라 뭔가 다를 것 같았기 때문이다. 여자 일행을 먼저 호텔로 보내고 남자 네 명만 거기서 멀지 않은 밀주빈관으로 갔다. 현관에서 젊은 여자 종업원에게 초연대를 아느냐고 물었더니 모른다고 하면서 옆에 있는 다른 종업원에게 물었다. 그녀는 들어본 것 같은데 생각이 잘 안 난다면서 컴퓨터로 검색해 보았다. 거기 컴퓨터 화면에 초연대에 대한 설명이 나와 있었다. 자기가 큰 일을 해 냈다는 자부심에 찬 표정으로 그녀가 컴퓨터 화면을 내 쪽으로 돌려 주면서 보라고 했다.

초연대는 원래 북성의 서쪽 즉 지금의 대하항(臺下巷) 북쪽 끝과 북관로(北關路)가 교차하는 지점에 있으며, 누대의 높이가 약 10미터, 동서의 길이가 약 28미터, 남북의 폭이 약 25미터이고 건물의 구조가 어떻다는 것까지 상세하게 설명이 되어 있었다. 대하항이라는 지명을 보는 순간 그것이 바로 초연대 밑의 길이라는 뜻임을 짐작할 수 있었다. 나는 보는 것만으로 만족할 수 없어 인쇄를 좀 해 달라고 했더니 프린터가 없어서 안 된다고 했다. 할 수 없이 종업원한테 종이를 얻어서 손으로 적었다. 다 적고 나서 내가 직접 검색을 좀 해 보려고 했더니 종업원은 2층에 있는 상무중심(商務中心)에 가면 컴퓨터를 자유로이 이용할 수 있다고 했다.

좀 더 상세한 정보를 얻기 위해 상무중심으로 갔다. 거기는 고객의 편의를 위해 한 시간에 20원씩 이용료를 받고 컴퓨터를 제공하고 있었다. 약 20분 동안 여기저기 검색했더니 다 비슷비슷한 내용이고 더 이상 새로운 정보가 나오지 않았다.

호텔로 돌아가 지도에서 대하항과 북관로를 찾았다. 북관로는 바로 우리 호텔 옆에 있었다. 대하항은 지도에 나타나 있지 않았지만 북관로를 다 돌아보면 나올 것이라고 생각되어 별로 걱정이 되지 않았다. 지도에 동파소구(東坡小區)라는 지명이 있어서 그 부근에 있을지도 모르겠다는 생각도 들었다.

2004년 8월 14일 이강재 교수와 함께 아침 6시쯤에 호텔에서 나가 거기서 멀지 않을 것으로 짐작되는 초연대를 미리 한 번 찾아보기로 했다. 일단 북관로 서쪽 끝으로 가서 거기서부터 북관로 동쪽 끝까지 가면 있을 것이므로 쉽게 찾으리라 생각했다. 가랑비가 추적추적 내리는 거리를 10분쯤 걸어가노라니 금방 북관로가 나왔다. 공사 중인지 원래 포장이 안 된 것인지, 길은 반듯하게 닦여 있는데 바닥은 진흙 바닥 그대로였다. 비로 인해 진흙탕이 된 길을 조심스럽게 걸어갔다.

얼마 안 가서 길이 끝나고 약간 오른쪽으로 아주 좁은 골목길이 나왔다. 거기까지는 아직 누대라고 할 만한 건물이 보이지 않았다. 그 골목길이 북관로 동쪽 끝인가 싶어서 들어가 보려고 했으나, 길이 너무나 좁은 데다 길 옆에 있는 집들도 심하게 낡고 허물어져 있어서 선뜻 발걸음이 내딛어지지 않았다. 신변의 위험이 느껴졌기 때문이다. 길 가는 중학생한테 초연대가 어디에 있느냐고 물었더니 모른다고 했다. 아주머니도 아저씨도 다 모른다고 했다. 대하항에 대해서 물어도 마찬가지였다. 쉽게 찾을 수 있을 것이라고 낙관했는데 정말 뜻밖이었다.

생각을 바꾸어 먼저 동파소구를 찾아보기로 했다. 아무래도 그 부근에 있을 것 같은 막연한 예감이 들었기 때문이다. 지도에 동파소구가 그 골목길 바로 저쪽에 있는 것으로 되어 있었지만, 왠지 꺼림칙한 생각이 들어서 골목길로 들어가지 않고 오른쪽으로 나 있는 비교적 큰 길로 돌아갔다. 가는 도중에도 몇 차례나 초연대와 대하항에 대해서 물었지만 아무도 아는 사람이 없었다. 나이 든 사람은 알지도 모른다는 생각에 자전거를 타고 질퍼덕거리는 진흙길을 지나가는 할아버지를 불러 세워서 물어보기도 했지만 허사였다. 동파소구에 대해서는 다들 잘 알고 있어서 그쪽을 향해 가면서 내내 물었으나 동파소구에 이를 때까지 초연대를 아는 사람은 만나지 못했다.

동파소구

동파소구에 도착하니 '동파(東坡)'라는 이름이 들어간 간판이 즐비했다. 동파슈퍼마켓(東坡超市)·동파침구안마보건센터(東坡針灸按摩保健中心)·동파목욕이발(東坡浴池理髮)·동파진료소약방(東坡診所藥房) 등등. 그것만으로도 얼마나 반가운 일이었는지 모른다.

거기서 조금 들어가니 새로 조성된 아파트 단지가 나오고 그 입구 벽에 '동파소구(東坡小區)'라고 쓰여 있었다. 그리고 단지 안에는 <제성시동파주택소구종합관리방법(諸城市東坡住宅小區綜合管理辦法)>·<동파소구평면계획도(東坡小區平面規劃圖)> 등이 붙어 있는 게시판이 나타났다. 그러니까 동파소구는 제성에 새로 조성된 아파트 단지의 이름이었던 것이다.

초연대처럼 유명한 유적을 아는 사람이 아무도 없다는 것은 제성시 인민들이 지금까지 경제력이 부족해서 먹고 살기에 급급했음을 의미할 것이다. 그리고 새로 조성한 아파트 단지에 '동파(東坡)'라는 이름을 붙인 것은 이제 좀 먹고 살 만해지니까 문화적 우월성을 내세우고 싶어졌음을 의미할 것이다. 어쨌거나 동파소구에 이르도록 초연대를 찾지 못한 채 한 시간 이상을 소모했다. 7시에 일행이 다 함께 아침식사를 하도록 되어 있기 때문에 일단 서둘러 호텔로 돌아가야 했다.

식사를 마친 후 여덟 명이 함께 초연대를 찾아 나섰다. 이럴 때는 행정관청의 문화국 같은 데로 가면 상세한 정보를 얻을 수 있다는 사실을 알고 있기에 먼저 부근에 있는 제성시 인민정부를 찾아갔다. 가는 동안에도 알 만한 사람이라고 생각되면 붙잡고 물어보았지만 성과는 없었다. 인민정부 정문에 스무 살이 갓 넘어 보이는 청년 하나가 보초를 서고 있었다. 먼저 초연대를 아느냐고 물었더니 모른다고 했다. 인민정부 안에 초연대를 알 만한 사람이 누구 없느냐고 했더니, 거기는 그런 사람이 없다면서 시위원회로 가 보라고 했다. 시위원회로 가는 길에 '초연(超然)'이라는 단어가 들어간 간판이 있어 반가운 마음에 들어가서 물어보았더니, 스무 살이 될까 말까 한 청년 하나와 비슷한 또래의 처녀 하나가 가게를 지키고 있다가 우리의 물음에 고개만 갸우뚱거렸다. 시위원회에서도 정문을 지키는 젊은이에게 딱지를 맞았다. 궁리 끝에 박물관에 한번 가보기로 했다.

한참을 걸어 박물관에 도착했더니 일흔 살쯤 되어 보이는 할아버지 한 분과 할머니 한 분이 매표소를 지키고 있을 뿐 주위에 다른 사람은 아무도 없었다. 박물관에 근무하는 할아버지는 좀 나을까 하는 마음에 물어보았지만 역시 실망만 안겨 주었다. 안에 들어가서 다른 사람에게 물어보겠다고 했더니 안에 들어가 봐야 아는 사람이 없다면서 못 들어가게 했다. 입장료를 알아보니 20원이었다. 있을 가능성보다는 없을 가능성이 훨씬 더 큰 초연대 관련 자료를 찾아보기 위해 160원이나 되는 입장료를 내고 들어가는 것은 얼른 마음이 내키지 않았다.

박물관 정문 앞에서 한참이나 망설이고 있다가 결국 나 혼자 입장권을 사서 안으로 들어가 보기로 했다. 매표소로 가서 할아버지에게 입장권을 사려는데, 마침 그때 안에서 40대쯤 되어 보이는 중년 신사가 한 명 나왔다. 내가 묻기 전에 할아버지가 먼저 그 신사에게 물었고 이어서 내가 다시 상세하게 물었다. 그런데 이게 얼마나 반갑고 보람 있는 일인가? 마침내 초연대를 아는 사람을 만난 것이다. 3년 전에 광동성 혜주(惠州)에서 소동파가 거주한 가우사(嘉祐寺)의 옛터를 찾아 헤매다가 마침내 찾아낸 일이 생각났다. 그런데 그 신사는 초연대가 지금은 철거되고 없다면서, 인민정부 바로 옆 골목을 따라가다가 그 골목이 북관로와 만나는 지점이 나오면 거기가 바로 초연대 옛터라고 설명해 주었다. 그러니까 인민정부 바로 옆 골목이 바로 대하항이었던 것이다.

초연대가 없어졌다는 말을 듣고 참으로 허탈했지만 그래도 그 사실을 확인한 것이 얼마나 큰 수확인가? 그 옛터라도 확인하기로 하고 의기양양하게 일행이 기다리는 곳으로 돌아갔더니, 한 중년 신사가 자전거를 세워 놓고 우리 일행에게 무언가 열심히 설명해 주고 있었다. 알고 보니 내가 박물관으로 간 사이에 상당히 유식해 보이는 한 신사가 자전거를 타고 지나가기에 이강재 교수가 세워서 물어본 것이었다. 그 중년 신사 역시 초연대가 지금은 철거되고 없다고 하면서 인민정부로 가서 정협제성시위원회(政協諸城市委員會)의 장숭명(張崇明) 주임을 찾아보라고 했다. 그 중년 신사의 성함을 물었으나 그분은 더 이상 아무 말도 하지 않고 웃으면서 자전거를 타고 가버렸다.

인민정부 쪽으로 되돌아가는 길에 한 가게의 처마에 걸려 있는 '초연식품기계공사(超然食品機械公司)'라는 간판을 보았는데 그 간판에 누대가 하나 그려져 있었다. 꽤나 근사한 누대였다. 철거되기 전의 초연대임에 틀림없다면서 모두들 그 간판의 그림을 향하여 카메라를 겨누었다.

다시 인민정부로 가서 아까 그 청년 보초에게 장숭명 주임을 만나러 왔다고 하자 청년 보초는 방문록에 기재하고 안으로 들어가라고 했다. 30미터쯤 떨어진 곳에 있는 건물의 1층 수위실에서 사정을 설명하고 기다리는데, 초연대를 고찰하러 왔다는 말에 수위실에 있던 한 젊은 사람이 우리를 무척이나 반기며 잡지를 한 권 내놓았다. ≪초연대(超然臺)≫라는 잡지의 2004년 3월호였다. 그 반가움을 어디에다 비길 수 있을까? 반가운 마음에 여기저기 열심히 뒤적거려 보았더니 그것은

간판 속의 초연대

초연대유지

제성 지방의 문화에 관한 갖가지 글을 두루 수록한 종합 잡지였다. 그것을 갖고 싶은 마음이 간절하여 한 권 살 수 없겠느냐고 물었더니 그냥 가져가라고 했다.

한참이 지나서야 30대 초반쯤 되어 보이는 청년이 하나 나왔다. 검은 바지에 흰 와이셔츠를 깨끗하게 차려 입은, 이지적이면서도 어딘가 순박한 티가 나는, 중국 지식인의 전형적인 모습이었다. 정해강(鄭海剛)이라는 이름의 그 청년은 정협제성시위원회 부비서장겸연구실주임(副秘書長兼研究室主任)이라는 직함을 가지고 있었다. 그는 초연대의 옛터로 우리를 안내했다. 한참을 걸어가서 그가 안내해 준 초연대의 옛터에는 성관진중심소학(城關鎮中心小學)이라는 학교가 하나 서 있었다. 그의 설명에 의하면 원래 북성에 있던 초연대는 도시개발을 위해 철거하고 남성을 수선한 뒤 그쪽으로 옮길 계획이라고 했다. 위치가 원래 있던 곳과 달라진다는 문제가 있기는 하지만, 남성으로 옮기는 것이 초연대라는 이름에 더 어울리는 장점도 있다고 했다.

초연대 옛터를 보여준 뒤 그는 ≪초연대≫ 잡지사로 가서 우리에게 편집인을 소개해 주겠다고 했다. 그는 자기 의제(義弟)가 지금 부산 영사관에 있다며 한국에 대해서 상당한 호감을 보였다. 고마운 일이지만 우리는 얼른 상산(常山)을 보고 오늘 중으로 강소성 북부의 서주(徐州)까지 가야 하기 때문에 마음이 조급했다. 제성에서 서주까지 가는 시외버스는 아침 7시 15분에 한 대가 있을 뿐이라는 사실을 미리 알고 왔기 때문에 이미 시외버스는 탈 수 없게 된 터라 전세차를 타야 하는데 차를 구하기가 쉽지 않을 것이었다. 성(省)이 달라서 차를 구하기가 어려울 뿐만 아니라 거리가 약 300킬로미터나 되기 때문에 구한다고 하더라도 차비가 만만치 않을 것이었다.

이런저런 생각으로 머리가 복잡하여 정 선생의 이야기를 건성으로 듣는 경우도 있었다. 내 속을 알 리 없는 정 선생은 도중에 우리를 인민공원으로 데리고 갔다. 거기에는 그 지방 출신 역대 인물들의 석고상이 세워져 있었다. 고대의 성군 순임금의 상도 있고, 중국 최고의 여류시인 이청조(李淸照, 1084-1145)와 그녀의 남편 조명성(趙明誠)의 상도 있고, <청명상하도(淸明上河圖)>를 그린 송나라 화가 장택단(張擇端)의 상도 있었다. 정 선생의 설명에 의하면 '제성'이라는 현재의 지명은 순임금의 출생지라고 알려진 '제풍(諸馮)'이라는 지명에서 유래했다고 한다. ≪맹자(孟子)≫ <이루하(離婁下)>에 "순임금은 제풍(諸馮)에서 태어났다"[19]라는 말이 있지만, 이 제풍이 지금의 어느 곳이냐에 대해서는 산동성 제성시라는 설 이외에 산동성 하택시(荷澤市)의 남쪽이라는 설과 산서성 원곡현(垣曲縣) 동쪽에 있는 제풍산이라는 설 등의 이설이 있어서 단정할 수 없는데[20] 제성 사람들은 자기 고장이 바로 제풍이라고 믿고 있는 모양이었다. 아무튼 그저 막연하게 밀주라는 이름이 더 나은 것 같은데 왜 제성이라고 부르는지 의아하게 생각하고 있던 참에 정 선생의 이 설명으로 의문이 확 풀렸다.

정 선생에게 우리의 일정이 빠듯하다고 얘기했더니 자기가 상산을 거쳐 서주까지 우리를 태워 줄 차를 한 대 물색해 줄 테니 염려하지 말라고 했다. 차비도 700~800원 정도면 될 것이라고 하니 상당히 싼 편이었다. 차 구할 걱정이 없어져

---

19 "舜生於諸馮."[문연각사고전서본 ≪맹자집주(孟子集注)≫ 권4 <이루장구하(離婁章句下)>]

20 ≪중국역사지명대사전(中國歷史地名大辭典)≫[위숭산(魏嵩山), 광주: 광동교육출판사, 1995, 970쪽] <제풍(諸馮)> 참조.

서 느긋해진 마음으로 정 선생을 따라 ≪초연대≫를 간행하는 잡지사로 갔다.

잡지사에 도착하니 미리 연락을 받은 듯 직원들이 우리를 기다리고 있었다. 추금상(鄒金祥) 편집총책을 비롯하여 대여섯 명쯤 되는 직원들이 우리를 따뜻하게 맞아 주었다. 그러나 그들은 오히려 우리가 제성에 대해 관심을 가져 준 것에 대해서 고마워하는 눈치였다. 그들은 우리에게 ≪초연대≫를 한 권씩 나누어 주었다. 그리고 나에게는 중국소식연구학회(中國蘇軾硏究學會) 이사이기도 한 추 선생이 특별히 ≪밀주에서의 소식(蘇軾在密州)≫·≪중국 제10차 소식토론회 논문집(中國第十屆蘇軾硏討會論文集)≫ 등의 책을 주기도 했다. 뿐만 아니라 그들은 우리가 곧 서주로 간다는 말을 듣고는 서주에 있는 소동파예술관 관장 서입업(徐立業) 선생과 서주시민족종교사무국 부국장 혜광계(惠光啓) 선생의 연락처를 적어 주기도 했다. 30분 정도 환담을 나눈 뒤 1층까지 따라 나온 그들과 함께 사진을 몇 장 찍고 다시 정 선생과 함께 홍복루빈관으로 갔다. 시간이 벌써 11시나 되어 있었지만 정 선생이 차를 구해 주기로 했기 때문에 급할 것이 없었다.

우리가 짐을 챙겨 나오는 동안 정 선생은 21인승 중형버스 운전사를 데리고 호텔로 왔다. 차비가 아까 이야기한 것보다 훨씬 비쌌지만, 약간의 흥정을 통하여 가는 길의 통행료를 우리가 내는 조건으로 1,200원에 합의를 보았다.

❄ 상산

우리는 그 중형버스를 타고 먼저 상산으로 갔다. 상산은 제성 시내에서 남쪽으로 멀리 떨어져 있는 데다 해발 297미터밖에 안 되는 나지막한 산이기 때문에 정 선생의 안내가 없었다면 아무래도 찾아가기 힘들 것 같았다. 산꼭대기까지 올라가기는 더더욱 힘들 것 같았다. 그리고 가랑비까지 부슬부슬 내리는 날씨라 차비를 웬만큼 받고는 거기까지 가려고 하는 차도 없을 것 같았다.

상산 기슭에 약간 높직하고 널찍한 평원이 평퍼짐하게 자리 잡고 있는데 거기에

상산

잡초가 잔뜩 나 있었다. 아까 추금상 선생한테 소동파가 <강성자(江城子) —사냥(獵詞)—>을 지었다는 띠풀 언덕이 아직도 있느냐고 물었더니 상산 밑이 온통 띠풀 언덕이라고 했는데, 제성 시내와 상산 사이에 다른 언덕이 없었으니 거기가 바로 소동파가 사냥을 하고 난 뒤 <강성자 —사냥—>을 지은 현장임에 틀림없는 듯했다.

늙은이가 잠시 젊은이의 광기를 부려	老夫聊發少年狂
왼손에는 노란색 사냥개 끌고	左牽黃
오른손엔 파란색 매를 들었다.	右擎蒼
오색 비단 모자에 담비 가죽옷	錦帽貂裘
일천 명의 기마병이 언덕을 에워쌌다.	千騎卷平岡
태수를 따라온 온 성 사람들에게 보답키 위해	爲報傾城隨太守
내 손수 화살로 호랑이를 쏘아서	親射虎
손랑의 기개를 보여 주리라.	看孫郎

술기운이 얼큰하니 가슴이 툭 트이거늘 酒酣胸膽尚開張
살짝이야 서리가 좀 내린다 한들 鬢微霜
또 무슨 상관이 있단 말이냐? 又何妨
부절을 가지고 운중 땅으로 持節雲中
언제나 풍당을 사신으로 보내려나? 何日遣馮唐
만월처럼 동그랗게 활 시위를 힘껏 당겨 會挽雕弓如滿月
서북쪽을 바라보며 西北望
천랑성을 쏘리라. 射天狼[21]

이 사는 희령 8년(1075) 10월 소동파가 상산에서 기우제를 지내고 돌아가는 길에 사냥을 하다가 갑자기 호기로운 애국심이 발동하여 지은 것이다. 조국을 위해 기꺼이 한 몸 바치겠다는 굳은 의지와 신법파(新法派)로 인하여 그것이 여의치 않게 된 현실에 대한 불만을 토로한 이 사는 소동파 최초의 호방사(豪放詞)라는 평가를 받기도 한다.[22]

정 선생은 차가 갈 수 있는 데까지 차를 타고 가자며 자꾸 차로 가기를 주장했지만, 며칠 전의 홍수로 산길이 너무 파여 있어 차로 가기가 너무나 힘들었다. 할 수 없이 중턱쯤에서 내려서 걸어 올라갔다. 중턱에서 조금 더 가노라니 '동빈선도(洞賓仙道)'라는 돌로 만든 일주문이 나왔다. 그 옛날 팔선 중의 한 사람인 여동빈(呂洞賓, 798-?)이 봉래에 있는 팔선과해처로 갈 때 지나간 길이라는 말일 것이다.

상산은 그다지 높지 않은 산인 데다 중턱까지 차를 타고 간 덕분에 어렵지 않게 꼭대기까지 갈 수 있었다. 꼭대기 조금 못 미친 곳에 '선인래항(仙人來炕)'이라는 하얀 표지석이 하나 세워져 있었다. 무슨 뜻인지 궁금하여 뒷면을 살펴보았더

21 추왕본 ≪소식사집≫ 146쪽.
22 하승도(夏承燾), ≪당송사감상(唐宋詞欣賞)≫, 천진: 백화문예출판사, 1981, 51쪽 참조.

니 이렇게 쓰여 있었다.

> 소식이 처음으로 상산 꼭대기에 올라왔을 때 피로감이 많이 들었는데 홀연히 구들장을 하나 발견하고는 몹시 기뻐하며 즉시 걸어 올라가 옷을 입은 채로 드러누워 입에서 나오는 대로 "상산 꼭대기를 베고 누워서 마이산과 구선산을 바라보니, 참으로 여기가 바로 신선이 찾아왔던 곳이겠구나" 하고 찬탄했다. 나중에 여러 차례 상산에 올라왔는데 그때마다 구들장에 누웠으니 '선인래항'이라는 이름은 여기에서 나왔다. 황화진 인민정부가 서기 2000년 4월에 세웠다.
>
> 蘇軾初登常山絶頂, 頗感疲乏, 忽遇石炕, 萬分歡喜, 卽步上和衣而臥, 隨口贊曰: "枕常山絶頂, 面馬耳九仙, 眞乃仙人所造也." 後歷登常山, 皆臥石炕, '仙人來炕'由此得名. 皇華鎭人民政府二○○○年四月立.

그러니까 '신선이 찾아왔던 구들장'이라는 뜻으로 소동파가 상산에 올라올 때마다 쉬어 간 너럭바위의 위치를 표시하기 위해 표지석을 세우고 소동파의 말을 따서 이름을 지은 것이었다. 예기치 않았던 소동파 유적을 본지라 더욱이나 기분이 좋았다.

선인래항

소동파는 상산 꼭대기에 올라가 <상산 꼭대기의 광려정에 올라서(登常山絶頂廣麗亭)>라는 시를 지었거니와 지금도 꼭대기에 광려정이 있고 정자 앞에 직사각형의 납작한 대리석에다 새긴 안내문이 세워져 있는데, 그 안내문에 광려정은 북송 천성(1023-1031) 연간에 창건했고 이 시는 소동파가 세 번째로 상산 꼭대기에 올라온 희령 9년(1076) 봄에 지었다고 설명되어 있었다. 그리고 이 시의 첫 네 구절이 소개되어 있었다.

서쪽으로 목릉관을 바라다보고　　西望穆陵關
동쪽으로 낭야대를 바라다보고　　東望琅邪臺
남쪽으로 구선산을 바라다보다　　南望九仙山
북쪽을 바라보니 먼지만 나는구나.　　北望空飛埃
목놓아 순임금을 불러 보려 하다가　　相將叫虞舜
결국은 봉래산으로 돌아가고 싶나니　　遂欲歸蓬萊
아아 나의 벗들이여　　嗟我二三子
미친 듯이 술 마시고 맘껏 놀아 보세나.　　狂飲亦荒哉
다홍치마 입은 미인은 선녀되어 떠날 태세요　　紅裙欲仙去
구성진 장적소리는 구슬프게 울리는데　　長笛有餘哀
맑은 노랫소리는 하늘 높이 올라가고　　淸歌入雲霄
절묘하게 춤 추느라 가는 허리가 도는구나.　　妙舞纖腰回
이 산이 생긴 뒤로　　自從有此山
흰 바위가 푸른 이끼에 뒤덮였을 지경이니　　白石封蒼苔
이러한 즐거움이 있었던 적 없을 터　　何嘗有此樂
떠나려고 하다가는 다시 배회하누나.　　將去復徘徊
인생이란 금방 마르는 아침 이슬 같은 것　　人生如朝露
밤낮으로 흰머리가 찾아온다 할지라도　　白髮日夜催
내버려둘 일이지 무슨 말을 해야 하나?　　棄置當何言
만겁 뒤엔 결국 모두 재가 되고 말 것인데.　　萬劫終飛灰[23]

아까 추 선생에게 물어보았을 때 광려정은 없을 것이라고 했는데 상산 절정에서 그렇게 우뚝 솟아 있는 광려정을 보니 참으로 반가웠다. 반갑기는 다른 사람도 마찬가지인 모양이었다. 모두들 즐거워하기에 광려정 앞에서 함께 기념사진을 몇 장 찍었다. 비를 맞으며 정상까지 따라간 정 선생의 도움으로 우리 일행 여덟 명

23 왕문고본 ≪소식시집≫ 권14.

광려정

이 다 함께 찍을 수 있어서 더욱 좋았다. 그러나 정 선생은 우리를 위해 찍어 주기만 할 뿐 함께 찍자는 제의는 끝내 사양했다. 외람되다고 생각해서 그러는 것이었지만 우리는 그것이 오히려 섭섭했다.

꼭대기에서 내려오는 길에 정 선생은 소동파가 기우제를 지냈다는 우천(雩泉)을 찾으려고 백방으로 애를 썼다. 자신도 가 본 적은 없고 말로만 들었다면서 아까 올라갈 때 만난 한 노인에게 대략적인 위치를 물어 놓았다며 자꾸만 찾으려고 했다. 그러나 그 노인의 설명이 부정확했는지 몇 차례나 나무가 우거진 언덕 밑으로 내려가 보았지만 찾을 수가 없었다. 안타까운 일이지만 포기하기로 하고 미안해 하며 계속 찾으려는 정 선생을 말려서 다시 차를 탔다.

정 선생에게 점심 먹을 만한 곳을 소개해 달라고 했다. 정 선생은 우리를 식당으로 안내해 준 뒤 우리와 다른 자리에서 운전사와 함께 먹으려고 했다. 정 선생과 운전사를 억지로 우리 자리에 앉혀서 함께 먹기로 하고 정 선생에게 맛있는 음식을 추천해 달라고 했다. 그런데 정 선생이 추천해 준 것 가운데 아주 특별한 음식이 한 가지 있었다. 매미번데기볶음이었다. 매미번데기 요리라는 말에 모두 깜짝 놀랐다. 다들 신기한 마음으로 한두 마리만 먹고 더 이상 먹지 않았다. 선입관 때문에 꺼림칙한 데다 별로 맛있다는 생각도 들지 않았기 때문이다.

점심식사를 마친 뒤 그동안 우리를 위해 한나절이나 시간도 내 주고 비를 맞으며 상산 꼭대기까지 우리를 안내해 주기도 한 정 선생에게 200원의 사례금을 주었다. 그러나 아무리 주어도 정 선생은 "절대로 받을 수 없습니다. 친구를 도운 것뿐인 걸요"라는 말만 되풀이하며 끝내 받지 않았다. 억지로 주머니에 넣어 주었더니 그는 그 돈을 계산대로 가지고 가서 점심값을 계산하고 거스름돈을 우리한테 주라고 하고는 먼저 나가 버렸다. 어떻게 생각하니 진심에서 우러난 그의 호의를 금전으로 보답하려던 우리의 태도가 부끄럽기도 했다. 그런데 정 선생의 호의는 거기서 끝난 것이 아니었다. 자기도 우리와 함께 서주까지 갔다 오겠다는 것이었다. 왕복 여덟 시간은 족히 걸릴 거리를 자진해서 가겠다니 그의 친절에 혀를 내두르지 않을 수 없었다.

차에는 운전사와 정 선생 이외에 젊은 여자 한 명이 동승했다. 그 여자가 왜 동승했는지는 알 수 없었다. 처음에는 운전사와 말벗이 되려고 그러는 줄 알았지만, 운전사 옆에는 줄곧 정 선생이 앉아 있었으니 그런 것도 아닌 듯했다. 가는 동안 내내 생각한 결과 나 나름대로 내린 결론은 '돌아올 때 운전을 교대해 주기 위해서'였다.

차는 한참 동안 국도를 달리고 나서야 고속도로로 올라갔다. 국도가 워낙 한산했기 때문인지 고속도로라고 특별히 더 나은 것도 없는 것 같았다. 고속도로를 한참이나 신나게 달려가니 공사구간이 나왔다. 군데군데 포장한 곳이 움푹 파여서 재포장을 하는 모양이었다. 몇 년 전의 우리나라 경부고속도로와 같은 상황이었다. 한쪽 길을 막아 공사를 진행하고, 다른 쪽 길은 두 개의 차로 가운데 한 차로는 상행선으로 쓰고 한 차로는 하행선으로 썼다. 두 차로 사이에는 플라스틱으로 만든 차선변경금지봉을 세워서 상행 차로와 하행 차로를 구분했다.

차로가 반으로 줄어든지라 자연히 차가 밀렸다. 그런데 거기서 우리는 신기한 현상을 발견했다. 아니 연대와 교주·교남·제성 등지에서 택시를 탈 때 지금까지 죽 보아 온 일이니 새로운 발견이라고 할 수는 없다. 다만 고속도로에서도 이런 일이 벌어지는 것이 신기하다고 할 수 있겠다.

교통량은 우리가 가는 방향인 하행선 쪽이 더 많았다. 하행선인 오른쪽 차로에는 차들이 길게 줄을 선 채 서행하는데, 상행선인 왼쪽 차로에는 차가 별로 없어서 쌩쌩 달리고 있었다. 신기한 것은 상행 차량이 뜸해진 틈을 타서 하행 차량들이 왼쪽 차로로 들어가 역주행하는 것이었다. 역주행하는 이들 하행 차량은 왼쪽 차로로 죽 달려가다가 반대편에서 상행 차량이 달려오면 마치 정면충돌이라도 할 듯이 한동안 마주보고 달리다가 적당한 곳에서 오른쪽으로 끼어들기를 감행하는 방법으로 충돌을 피했다. 차선변경금지봉의 간격이 상당히 넓어서 그 사이로 헤집고 들어가는 경우도 있고, 어떤 곳에서는 운전자나 동승자가 자기 차의 문을 열고 차선변경금지봉을 치워 가면서 끼어들기도 했다. 충돌 직전에야 간신히 끼어들 곳을 찾는 아슬아슬한 경우도 왕왕 있었다. 트럭이나 대형버스처럼 긴 차는 그러지 못하지만 중형버스 이하의 중소형 차는 한 대도 예외 없이 다 그렇게 했다.

이처럼 무질서하고 위험한 운전을 해도 줄을 서서 서행하는 오른쪽 차로의 운전사들은 화를 내지 않았다. 그들은 오히려 끼어들기 하려는 차에게 적당한 자리를 내줌으로써 그들을 도와주고 있었다. 우리나라 같으면 줄 서 있는 차량의 운전자가 끼어드는 차량의 운전자에게 경고등을 번쩍이고 경음기를 울리고 욕을 하는 등 난리가 날 것이다. 그런데 자기들도 그렇게 하기 때문인지 이곳 운전자들은 전혀 화를 내지 않았다. 줄을 서 있는 하행선의 차뿐만 아니라 맞은편에서 오는 상행선 차의 운전자도 약간 속도를 늦추어 줌으로써 역주행하는 차가 충돌하기 전에 끼어들 곳을 찾도록 도와주고 있었다. 자동차뿐만 아니라 오토바이도 역주행하고 심지어 자전거도 역주행했다. 그들은 아마도 공사장에서 일하는 인부들인 것 같았다. 아무튼 위험하기 짝이 없는 이런 일이 태연하게 자행되고 있었지만 교통경찰이 보아도 단속하지 않았다.

국도나 시내 도로에서 중국의 운전자들이 이런 식으로 운전하는 것은 늘 보는 일이다. 반대편 차로로 들어가서 역주행을 하다가 맞은편에 차가 나타나면 적당한 기회를 보아 다시 오른쪽 차로로 들어가기도 하고, 오른쪽 차로에 다른 차가 있어서 들어가는 것이 여의치 않으면 속도를 약간 줄이면서 두 차로의 중간에서 주행하기도 한다. 이 경우 이 차의 양쪽에 있는 차는 이 차에 압박을 가하기는커녕 서로 속도를 줄이고 길가로 바짝 붙어 줌으로써 이 차에 자리를 내어 준다. 말하자면 가운데에 임시로 가상의 차로를 하나 만드는 셈이다. 이것은 중국 운전자들 사이에 은연중에 맺어진 묵계인 것 같다. 그러나 고속도로에서도 이러는 것을 보니 또 다른 느낌이 들어서 나는 신기한 마음으로 오랫동안 그것을 관찰했다. 한참 동안 신기하다는 눈빛으로 관찰하노라니 문득 이런 생각이 들었다. '이것이 바로 중국식 똘레랑스(tolerance)가 아닐까? 이것은 프랑스식 똘레랑스와는 다른 중국식 똘레랑스임에 틀림없다.'

2. 서주(徐州)에서 정주(鄭州)까지

차는 저녁 9시경 서주에 도착했다. 3시에 출발했으니 여섯 시간이나 걸린 셈이다. 서주는 소동파가 희령 10년(1077) 4월에 밀주에서 옮겨와 원풍 2년(1079) 3월에 호주(湖州)태수로 옮겨 갈 때까지 만 2년 동안 머문 곳이다.

가로등만 훤하게 켜져 있고 인적이 별로 없는 휑한 거리를 달리노라니 '한병마용박물관(漢兵馬俑博物館)'이라는 간판이 눈앞을 지나갔다. 한참을 더 달려 중심가로 들어서자 거리는 더욱 밝아졌다. 서주가 연대나 제성과는 달리 상당히 큰 도시임을 한눈에 알아볼 수 있었다.

시간이 많이 늦어져 돌아가기 바쁜 상황임에도 불구하고 정 선생은 우리를 위해 적당한 호텔을 찾아 주겠다며 차를 몰고 여기저기 다녀 주었다. 세 군데에 가서 물어보았지만 빈 방이 없다고 했다. 너무 미안하여 웬만하면 아무데서나 묵자고 했다. 그러던 중 네 군데를 돌아다닌 뒤에 마침내 한 호텔 입구에서 빈 방이 있는 호텔을 소개해 주겠다는 택시 운전사를 만났다. 그가 우리를 안내한 곳은 황하루빈관(黃河樓賓館)이었다. 군부대에서 경영하는 초대소라고 했다. 4인실이기는 하지만 입구만 같을 뿐 방이 두 개로 나누어져 있으니 2인실이나 다름없는데 방값이 1인당 60원씩이었다. 서주처럼 큰 도시에서는 정말 싼 편이었다. 건물이 좀 낡기는 했지만 시설도 무난했다. 그러나 우리 일행이 특히 마음에 들어 한 것은 종업원들의 상냥한 말투와 친절한 태도였다.

정 선생 일행이 제성까지 돌아가려면 다시 대여섯 시간이 걸려야 하니 제성에 도착하면 아무래도 새벽 3시는 될 것 같았다. 정 선생에게 미안한 마음을 금할 수가 없었다. 다소나마 미안한 마음을 덜어 보기 위해 차비를 1,500원 주기로 했다. 우리가 내기로 한 통행료를 일단 운전사가 냈으니 그것을 빼고 나면 원래 약속한 금액보다 170원 정도 더 주는 셈이었다. 정 선생에게 1,500원을 주면서 남는 돈은 가다가 식사라도 하라고 했더니 이번에는 별로 사양하지 않았다. 너무 적게 준 것 같아서 미안했지만 더 주면 정 선생이 안 받았을 것 같았다.

짐만 내려놓고 곧장 저녁을 먹으러 나갔다. 밤이 꽤 깊었건만 폐황하(廢黃河) 건너편에 있는 식당가의 휘황한 불빛이 아직도 우리에게 손짓을 하고 있었다. 다리를 건너 그곳으로 갔다. 우리가 들어간 곳은 일륭미식(一隆美食)이라는 식당이었다. 시간이 10시 가까이 되었으니 보통 때 같으면 벌써 문을 닫았을 텐데 오늘은 특별한 손님이 있어서 아직 안 닫았다고 20대 초반쯤으로 보이는 잘생긴 남자 종업원이 설명했다. 이름이 손쟁(孫碀)이라는 그 종업원은 성격도 서글서글하여 우리 일행에게 아주 친절하게 대해 주었다. 이런저런 얘기를 주고받기도 하고 함께 사진을 찍기도 하며 스스럼없이 지내노라니 여섯 시간 동안 쌓인 피로가 일시에 풀리는 듯했다.

그 종업원과 이야기를 나누는 동안 나는 그에게서 지극히 의미심장한 말을 한마디 들었다. 동북 지방에서 왔다는 그는 자기 식당의 일품요리로 살아 있는 새우를 술에 담갔다가 산 채로 초장에 찍어 먹는 '취하(醉蝦)'를 추천했는데, 먹는 방법을 설명하면서 그는 속담을 하나 소개했다. "생선은 날로 먹고 새우는 산 채로 먹는다(生吃魚, 活吃蝦)"는 속담이었다. 그는 이 말이 중국인들 사이에 널리 퍼져 있다고 했다. 혹시 동북 지방에만 퍼져 있는 말인지는 모르지만 확실한 것은 중국인도 생선을 날것으로, 즉 회로 먹는다는 사실이다. 나는 중국 학자들과 여러 차례 논쟁을 벌였는데 중국 학자들은 한결같이 중국인은 옛날부터 지금까지 한 번도 생선이나 육류를 날로 먹은 적이 없다고 강변했었다. 내가 ≪논어(論語)≫에 "밥은 곱게 찧은 쌀로 지은 것을 마다하지 않으셨고, 회는 잘게 썬 것을 마다하지 않으셨다"[24]고 하여 공자도 이미 회를 먹은 것으로 기록되어 있다고 하자, 중국 학자들

24 "食不厭精, 膾不厭細."[문연각사고전서본 ≪논어집주(論語集注)≫ 권5 <향당(鄕黨)>]

은 그것은 결코 생고기가 아니라고 주장했다. 그들은 ≪설문해자(說文解字)≫를 비롯한 각종 자전에 '회(膾 또는 鱠)'를 "가늘게 썬 고기(細切肉)"라고 설명해 놓았다는 이유로 '회'가 생고기를 가리키는 것이 아니라 잘게 썬 익은 고기를 가리킨다고 주장했다. 생고기가 아니라면 잘게 썰 필요가 어디 있느냐고 반문하자 그들은 확실한 대답을 하지 않고 좌우간 중국인은 지금까지 생고기를 먹은 적이 없다고 우겼다. 그런데 그 청년이 얘기해 준 "생선은 날로 먹고 새우는 산 채로 먹는다"는 속담은 중국인이 생고기, 즉 회를 지금도 먹고 있다는 산 증거가 되기에 충분한 것이다. 중국인은 옛날부터 지금까지 전국은 아닐지 몰라도 최소한 일부 지역에서는 생고기를 먹었고 또 지금도 먹고 있음에 틀림없다는 확신이 들었다.

❄ 황루와 소요당

2004년 8월 15일 6시쯤에 산책을 나갔다. 중국 어디나 다 마찬가지지만 폐황하 제방에는 수없이 많은 남녀노소 주민들이 벌써 녹음기에서 흘러나오는 음악에 맞춰

폐황하

태극권과 검도로 아침을 열고 있었다. 어젯밤에는 어두워서 잘 보이지 않았는데 밝은 날 다시 보니 서주 시내를 가로지르는 폭이 100미터 정도 되는 폐황하는 조금도 누렇지 않고 녹색에 가까운 맑은 물이었다. 제방 여기저기에 낚싯줄을 드리우고 앉아 있는 아저씨들도 보였다. 황하가 전혀 누렇지 않은 것이 이상하여 패자교(壩子橋)라는 다리 위에서 한 할머니에게 그것이 황하가 맞는지 확인해 보기까지 했다.

한 시간쯤 돌아다니다가 숙소로 돌아와 이강재 교수와 함께 오늘 저녁에 상구(商丘)로 갈 기차표를 예매하러 서주역으로 갔다. 역으로 가는 택시 안에서 운전사에게 백보홍(百步洪)을 아느냐고 물었더니 모른다고 했다. 소동파가 <백보홍(百步洪)>이라는 유명한 시도 지었는데 그 백보홍을 모르다니 천만뜻밖이었다. 그는 <백보홍>이라는 제목의 소동파 시도 모른다고 했다. 교육 수준이 낮고 젊어서 그럴 것이라고 생각되었다.

우리의 서주 일정이 몇 시에 끝날지 모르는 데다 상구로 가는 기차가 비교적 자주 있어서 예매를 해 놓지 않아도 될 것 같기에 상황만 파악하고 그냥 돌아왔다. 돌아오는 택시 안에서 또 운전사에게 백보홍을 아느냐고 물었으나 역시 모른다고 했다. 뭔가 이상한 느낌이 드는지라 숙소로 돌아와 종업원 한 사람 한 사람에게 다 물어보았지만 아는 사람이 아무도 없었다. 아침식사를 하면서 식당 종업원에게 물어보아도 모르기는 마찬가지였다.

문득 어제 ≪초연대≫ 편집실의 추금상 선생이 서주에 가면 연락해 보라며 자기 친구들의 전화번호를 적어 준 일이 생각났다. 김보경의 휴대전화로 먼저 소동파예술관 관장이라는 서입업(徐立業) 선생에게 전화를 걸었더니 받지 않았다. 다시 서주시민족종교사무국 부국장 혜광계(惠光啓) 선생에게 걸어 보았더니 다행히 연결되었다. 혜광계 선생은 일요일이라 좀 쉬고 싶을 게 틀림없는데 추금상 선생에게서 소개받았다는 말에 선뜻 차를 구해서 나오겠다고 했다. 백보홍의 위치를 확인하는 것이 목적이므로 그것부터 물어보라고 했다. 뜻밖에도 그의 대답은 백보홍이 이미 없어졌다는 것이었다. 백보홍이 없어졌다면 군이 혜광계 선생을 귀찮게 할 필요가 없다. 나오지 말라고 했더니 그도 은근히 좋아하는 눈치더라고 통화를 한 김보경이 전했다.

서주에는 소동파가 세운 황루(黃樓)라는 유명한 누각이 있다. 소동파가 서주태수로 부임한 지 석 달이 지난 희령 10년(1077) 7월 전연(澶淵, 지금의 하남성 濮陽縣 서쪽)의 조촌(曹村)에서 강둑이 터져 황하가 범람하기 시작했다. 홍수는 600여 리나 떨어져 있는 서주에도 영향을 미쳐 한 달 뒤에는 물이 서주성 밑에까지 밀려왔고, 9월에는 성 밖의 수위가 높아져서 물이 성을 무너뜨리고 성안으로 밀려 들어와 서주를 온통 물바다로 만들 기세였다.

소동파는 성에서 빠져나가려는 유지들을 설득하여 도망가지 못하게 한 후 밤낮없이 성 위에서 직접 공사를 지휘하여 제방을 쌓았다. 서주성 남쪽에 있는 희마대(戲馬臺)에서 성곽까지 약 3킬로미터에 달하는 기다란 제방이었다. 이리하여 70여 일 만에 무사히 홍수를 물리치고 그에 대한 포상으로 이듬해 2월에 조정으로부터 많은 하사금과 곡식을 받아 그것으로 서주성을 개축하고 성문 위에 누각을 하나 지어서 벽에다 황토를 바르고 '황루(黃樓)'라고 불렀다. 오행상극설(五行相剋說)에서 흙이 물을 제압한다고 했기 때문에 앞으로 다시는 수재가 일어나지 않기를 바라는 마음에서 황토를 바르고 '황루'라고 명명한 것이다.[25] 그해 중양절에 소동파는 <9월 9일 황루에서(九日黃樓作)>라는 시를 지어 중양절 행사는 생각조차 할 수 없었던 지난해의 상황을 이렇게 회상했다.

---

25 소동파의 <장유칙기(獎諭勅記)>, 소철(蘇轍)의 <황루부(黃樓賦)>, 진관(秦觀)의 <황루부>, 왕종직(王宗稷)의 ≪동파선생연보(東坡先生年譜)≫ <원풍원년(元豊元年)>, 왕문고(王文誥)의 ≪소문충공시편주집성총안(蘇文忠公詩編注集成總案)≫(성도: 파촉서사, 1985) 권41, 이일빙의 ≪소동파신전≫ <서주의 홍수(徐州大水)> 참조.

지난해의 중양절은 말할 수도 없나니 去年重陽不可說
남쪽 성에 한밤중에 물거품이 부글부글 南城夜半千漚發
성 밑을 뚫고 들어온 물은 우레 소리를 내고 水穿城下作雷鳴
성 위에 가득한 진흙탕은 비를 맞아 미끌미끌 泥滿城頭飛雨滑
국화 보며 술 마실지 묻는 사람 없었고 黃花白酒無人問
해 저물면 돌아와서 신과 버선 빨았거늘 日暮歸來洗靴韈
어떻게 알았으리 금년에 또 중양절 맞아 豈知還復有今年
술잔 들고 꽃을 보며 함께 한잔 마실 줄을? 把盞對花容一呷
술이 맛없고 여인이 못났다 싫어하지 말게나 莫嫌酒薄紅粉陋
아무래도 진흙 속의 삽 천 자루보다는 나을 테니. 終勝泥中千柄鍤
막 완공된 황루에는 벽이 아직 덜 말랐고 黃樓新成壁未乾
물이 빠진 맑은 강엔 서리로 초목이 시드는데 清河已落霜初殺
아침이면 가랑비처럼 흰 안개가 끼어서 朝來白霧如細雨
남산의 천 길짜리 불탑이 안 보이고 南山不見千尋刹
누각 앞이 다름 아닌 망망대해로 변하지만 樓前便作海茫茫
누각 밑에 오로지 노 소리만 들린다. 樓下空聞櫓鴉軋
선득한 추위에도 늙은이는 겁이 나서 薄寒中人老可畏
따뜻한 술을 속에 부어 한기를 먼저 가라앉히니 熱酒澆腸氣先壓
안개 걷히고 해가 나며 어촌이 보이는데 烟消日出見漁村
긴 강은 넘실넘실 산줄기는 들쭉날쭉 遠水鱗鱗山齾齾
시인들과 용사들은 용과 범이 섞인 모습 詩人猛士雜龍虎
초나라 춤과 오나라 노래는 거위와 오리가 뒤엉킨 모습 楚舞吳歌亂鵝鴨
술 한 잔을 권하노니 사양하지 말게나 一杯相屬君勿辭
이 광경이 삽계의 뱃놀이와 다를 것이 없으니. 此景何殊泛清雪[26]

26 왕문고본 ≪소식시집≫ 권17.

황루

황루 안의 소동파 화상

먼저 걸어서 황루까지 갔다. 황루는 노란색 기와에 덮인 채 폐황하 가에 덩그렇게 서 있었다. 황루 앞에 검은 물소의 상이 하나 세워져 있는데, 그 앞에 노란색 상의를 입은 처녀 하나가 두 다리를 쭉 뻗고 땅바닥에 퍼질러 앉아서 열심히 무슨 관악기를 불고 있었다. 자기 집에 연습할 방이 없어서 여기로 나와 연습하는 모양이었다. 의도적인지 우연인지는 모르지만 노란색 상의가 황루와 조화를 잘 이루었다.

황루는 공원으로 이용되고 있었는데 이때는 우리 일행과 그 처녀 이외에는 다른 사람이 아무도 없어 분위기가 썰렁하기 짝이 없었다. 우리가 입장하자 일흔 살쯤 되어 보이는 관리인 할아버지가 와서 황루의 문을 열어 주었다. 황루 안에는 소철(1039-1112)이 짓고 소동파가 쓴 <황루부(黃樓賦)>를 새긴 비석이 서 있고 벽에 소동파상이 온 벽을 다 차지할 만큼 커다랗게 그려져 있었다. 사방의 벽 밑에는 뱅뱅 돌아가며 소동파와 관련된 낡은 사진과 그림이 진열되어 있었다. 무슨 이유인지 할아버지가 계속 우리를 따라다니기에 혹시나 해서 그 할아버지에게 백보홍을 아느냐고 물었으나 그 역시 모른다고 했다.

서주 쾌재정

황루에서 쾌재정공원(快哉亭公園)까지 또 걸었다. 이 공원에는 소동파가 명명했다는 '쾌재정'이라는 정자가 있었다.[27] 그러나 안타깝게도 문이 잠겨 있어 바깥에서 한번 들여다보는 것으로 만족해야 했다.

공원안내도에 소요당(逍遙堂)이 표시되어 있어 반가운 마음으로 찾아가 보았다. 소요당이라면 희령 10년(1077)에 소동파가 서주태수로 부임해 갈 때 동행한 소철이 100여 일 동안 서주에 머물러 형과 함께 누워 자다가 대상야우(對床夜雨)의 약속을 지킨 것으로 착각하고 <소요당에서 함께 자며(逍遙堂會宿)>라는 시를 지어 다음과 같이 탄식했던 곳이다.

소요당 뒤편의 천 길짜리 나무들이	逍遙堂後千尋木
한밤중의 풍우 소리 오래도록 보내오매	長送中宵風雨聲
침상을 마주하고 함께 자자던	誤喜對床尋舊約
옛날 약속 지킨 줄로 착각하고 기뻐했네	
아직도 팽성 땅을 떠도는 줄 모르고.	不知漂泊在彭城[28]

'대상야우'란 두 사람이 침상을 마주하고 누워서 밤비 소리 들으며 오순도순 정담을 나누다 잠든다는 뜻으로 당나라 시인 위응물(韋應物, 737-786?)의 시에

27 동치13년각본 유상(劉庠) ≪서주부지(徐州府志)≫ 권18상 <쾌재정(快哉亭)>에 "서주성 동남쪽에 있는데 옛날 ≪서주부지≫에 의하면 희령(1068-1077) 말에 이방직이 서주지절로 재임할 때 당나라 설능의 양춘정 옛터에 세웠다. 군수 소식(소동파)이 쾌재정이라고 명명했는데 나중에는 규루라고 부르기도 하고 속칭 괴각루라고도 했다(在城東南, 舊志: 宋熙寧末李邦直持節徐州, 卽唐薛能陽春亭故址構建. 郡守蘇軾名曰快哉, 後名奎樓, 俗名拐角樓)"라는 기록이 있다.

28 문연각사고전서본 ≪난성집(欒城集)≫ 권7.

서 비롯된 말이다. 소동파 형제는 개봉에서 함께 제과(制科) 시험을 준비하던 시절에 위응물의 시 <전진과 원상에게(示全眞元常)>를 읽고 "나는 군수 직인을 내놓고 떠났는데, 그대들은 바깥일에 끌려 다니니, 어찌 알리 바람 불고 비 오는 밤에, 또 이렇게 마주보고 잘 수 있을지?"[29]라는 구절에 크게 감명을 받았다. 소동파 형제는 어릴 적부터 한시도 떨어지지 않고 줄곧 한 집에서 살아 온 형제일 뿐만 아니라 누구보다 친한 친구이기도 했는데, 이제 얼마 안 있어서 각자 벼슬길에 나아가게 되면 나란히 놓인 침상에 마주보고 누워서 두런두런 옛날 얘기를 주고받으며 형제의 정을 나눌 기회가 다시는 오지 않을지도 모른다는 불안감이 엄습했기 때문이다. 그들 형제는 이때 일찌감치 벼슬에서 물러나 시골에서 오순도순 함께 살자고 약속했다. 이것이 이른바 대상야우의 약속이다. 그들은 죽는 날까지 잊지 않고 이 약속을 지키기 위해 노력했다.[30] 그러나 그들은 생전에 끝내 이 약속을 지키지 못했다.

혹시나 해서 일정에 넣어 놓기는 했지만 소요당이 아직 남아 있을 것이라고는 별로 기대하지 않았던지라 더더욱 반가웠다. 그러나 안내도에 표시된 곳을 찾아갔더니 소요당이라는 현판이 없었다. 다만 그 자리에 조그만 음악·미술 강습소가 하나 있고, 안에는 침침한 불빛 아래 학생 10여 명이 앉아서 악기를 연습하고 있을 뿐이었다.

❄ 소공탑과 소동파예술관

서초패왕(西楚霸王) 항우(項羽)가 군사들에게 말 타기 훈련을 시켰다는, 그리고

29 "余解郡符去, 爾爲外事牽. 寧知風雨夜, 復此對床眠?"[문연각사고전서본 축목(祝穆) ≪고금사문유취(古今事文類聚)≫ 후집권8(後集卷八)]

30 이에 대하여 소철(蘇轍)은 <다시 단명전학사 형님께 바치는 제문(再祭亡兄端明文)>에서 "옛날에 처음으로 벼슬길에 나설 때 위 씨의 시를 읊조리면서 밤비 속에 마주보고 누워 잤나니 그 약속을 그 뒤로 어기지 말자 했지요(昔始宦遊, 誦韋氏詩, 夜雨對床, 後勿有違)"[문연각사고전서본 소철 ≪난성집(欒城集)≫ 후집권20(後集卷二十)]라고 했다.

서주에 홍수가 났을 때 소동파가 서주성에서 거기까지 약 3킬로미터에 달하는 제방을 쌓아서 홍수를 막아냈다는 희마대(戱馬臺)를 잠시 보고 서주 서남쪽 변두리에 있는 운룡호(雲龍湖)로 갔다. 가장 먼저 눈에 들어온 것이 소공탑(蘇公塔)이었다. 소공탑은 소동파의 공덕을 기념하기 위해 최근에 세운 탑이었다. 그러나 소공탑보다 먼저 나지막한 비석 하나가 우리 앞에 나타났다. 검은 바탕에다 흰색으로 서 있는 사람 여러 명을 새겨 놓은 그 비석은 왼쪽 위에 '소공별서도(蘇公別徐圖)'라는 글씨가 새겨져 있어서 소동파가 서주를 떠날 때 서주 사람들과 작별하는 장면임을 금방 알 수 있었다.

비석 바로 뒤편이 소공탑이었다. 인부 서너 명이 탑 위에서 보수공사를 하고 있어서 선뜻 들어가지 못하고 머뭇거리며 내부를 기웃거리고 있자니 인부 하나가 들어가도 된다고 친절하게 일러 주었다. 탑 내부에는 벽마다 해남도에서 유배생활을 하던 어느 날 여자운(黎子雲)이라는 현지인의 집에서 놀다가 집으로 돌아가는 도중에 비를 만나 길가에 있는 한 농가에서 삿갓을 빌려 쓰고 나막신을 빌려 신은 어색하고 우스꽝스러운 모습을 그린 이른바 <동파입극도(東坡笠屐圖)>를 비롯하여 소동파와 관련된 각종 자료들을 새겨 놓았는데, 상당히 조잡할 뿐만 아니라 아이들이 낙서까지 해 놓아서 보기가 좀 흉했다. 소공탑 꼭대기에서 내려다보니 운룡호가 일망무제로 펼쳐져 있어서 가슴이 툭 트였다. 운룡호 옆으로 언덕이라고 하기에는 조금 높은 나지막한 산이 하나 길쭉하게 뻗어 있었다. 지도에 산의 높이가 140.2미터, 이름이 '운룡산'이라고

소공탑

운룡산과 운룡호

표기되어 있었다. 산이 용처럼 구불구불한 데다 산 위에 늘 구름이 걸려 있기 때문에 붙여진 이름이라고 했다.

서주 빈호공원(濱湖公園)에 소동파예술관이 있다는 사실을 제성에서 이미 듣고 왔기 때문에 알 만한 사람들에게 물어보았으나 제대로 아는 사람이 없었다. 몇 차례나 묻고 물어 마침내 찾아낸 소동파예술관은 초라하기 짝이 없었다. 100여 평 정도밖에 안 되어 보이는 단층 가건물 안에 소동파와 관련된 몇 가지 사진 자료와 현대인이 쓴 서예작품 몇 점이 진열되어 있을 뿐이었다. 입구에서 아주머니 한 사람이 입장권을 팔면서 동시에 진열품을 관리하고 있었다. 우리말고는 관람하는 사람이 아무도 없었다.

우리가 들어가도 시큰둥하게 앉아 있던 아주머니는 서입업 선생이 어디 계시느냐는 내 말에 갑자기 친절한 사람으로 변했다. 서입업 선생은 소동파예술관의 관장이기 때문이다. 그녀는 일요일이라 서입업 관장이 집에서 쉬고 있다며 전화를 걸어서 나오시게 할까 하고 묻기도 하고 뭐 다른 도움이 필요하지 않느냐고 묻기도 했다. 그럴 필요는 없다고 했다. 다만 소동파예술관 직원이면 소동파에 관한 지식이 조금 더 많을 것 같아 백보홍에 대해서 물어 보았으나 역시 모른다고 했다. 혜광계 선생에게 언제 무엇 때문에 없어졌는지 미처 물어보지 못했는데 아마 없어진 지가 꽤 오래 된 것이 아닌가 싶었다.

운룡호를 떠나 서주의 마지막 답사지인 한병마용박물관(漢兵馬俑博物館)과 사자산초왕릉(獅子山楚王陵)으로 갔다. 서안의 진병마용박물관과 진시황릉에 비하여 규모는 훨씬 작지만 그런대로 갖출 것은 다 갖추고 있었다. 그리고 실제 사람과 크기가 같은 진병마용과 달리 이곳의 병마용은 사람보다 작은 것이 특징이었다. 그러나 진시황과 달리 황제가 아니라 작은 지역을 다스리는 왕이었을 뿐인데 어떻게 이토록 많은 병마용을 순장할 수 있었으며 이렇게 큰 왕릉을 만들 수 있었는지 불가사의한 일이었다.

서주에서 상구(商丘), 상구에서 개봉(開封), 개봉에서 정주(鄭州), 정주에서 낙양(洛陽)은 기차로 이동할 예정인데, 우리의 출발시각이 확실하지 않아 기차표를 미리 사 놓을 수 없기 때문에 입석으로 갈 각오를 해야 한다. 그러나 이 구간은 거리가 비교적 가깝기 때문에 서서 가도 큰 무리는 없을 것이다.

서주 일정이 끝나는 대로 서주역으로 가서 오후 5시 38분에 출발하는 기차표를 샀다. 각 방면의 기차를 타려고 개표를 기다리는 사람들이 100평 정도 되어 보이는 대합실을 가득 메우고 있었다. 강소성 서북단에 위치하여 산동성 · 하남성 · 안휘성 · 하북성과 인접해 있는 서주는, 다섯 개의 성이 서로 통하는 '오성통구(五省通衢)'일 뿐만 아니라, 중국의 남북종단 철로인 경호선(京滬線)과 동서횡단 철로인 농해선(隴海線)이 만나는 지점이기도 하여 명실상부한 교통의 요지임을 실감할 수 있었다.

중국의 기차표는 입석이라도 빨리 타면 자리를 잡을 수 있다. 입석이란 좌석번호가 지정되어 있지 않다는 뜻이지 빈자리가 없다는 뜻이 아니기 때문이다. 중국에서는 기차표 판매에 아직 컴퓨터를 십분 활용하지 않는 것인지 중간 역에서 내려 도중에 비는 좌석이 생겨도 그것을 다시 판매하지 않는 경우가 많은 것 같다. 그렇기 때문에 중간 역에서 타는 경우 설사 입석표를 샀을지라도 잽싸게 타기만 하면 자리를 잡을 수 있는 장점이 있다. 이러한 상황은 중간 역에서 타는 사람들로 하여금 치열한 선두 다툼을 벌이게 하는 요인이 된다. 먼저 타기 위해서는 개표를 먼저 받을 필요가 있기 때문에 개표에서부터 경쟁이 시작된다. 먼저 개표를 받으려고 일찌감치 줄을 서는 사람은 양반이고 늦게 와서 새치기를 하는 사람도 많다. 그리고 기차가 오면 서로 먼저 타려고 아비규환을 이룬다. 우리도 하루 종일 지친 몸을 조금이라도 덜 피곤하게 해 주려면 그 대열에 동참하지 않을 수 없다.

힘껏 달렸지만 등에 무거운 배낭을 하나씩 멘 우리가 짐이 가벼운 다른 승객들을 따라갈 수는 없었다. 늦게 타기도 했고 오늘이 일요일이라 승객이 특별히 많기도 하여 우리는 결국 자리를 잡지 못했다. 자리를 잡기는커녕 선반에 짐을 얹을 공간도 간신히 찾았다.

통로에 서 있자니 다리가 아파서 앉고 싶은 생각이 간절했다. 혹시나 해서 주위를 살펴보니, 어떤 자리에는 허름한 차림의 중년 아저씨가 혼자 3인용 좌석을 다 차지하여 침대로 쓰고 있고, 어떤 자리에는 중년 아주머니 하나가 창문에 상체를 기댄 채 다리를 쭉 뻗어서 역시 3인용 좌석을 1인용으로 쓰고 있었다. 우리 일행 한 사람이 그 아주머니에게 같이 좀 앉자고 양해를 구해 보았더니 자기는 다리가 아파서 안 된다고 했다. 오랫동안 기차를 타고 왔기 때문일까? 다리 아픈 사람들의 안쓰러운 정경이 도처에 펼쳐져 있었다. 앉기를 포기하고 창밖을 내다보며 피로를 잊으려고 노력하는데 손수레에 음료수와 간식거리를 가득 싣고는 사라고 외치며 다가오는 사람이 있었다. 우리나라의 홍익회 판매원과 같은 사람이었다. 판매원은 사람이 서 있기도 비좁은 통로를 용케도 헤집고 다니며 물건을 팔았다. 그러나 잔뜩이나 비좁은 차 안을 판매원들이 자꾸 헤집고 다녀서 승객들을 더욱 피곤하게 만들었다. 이처럼 서로 피곤하고 짜증나는 판에 여기저기서 담배 연기까지 모락모락 피어나고 있었다. 붉은 천에 노란 글씨로 써서 객실 한가운데에 가로로 걸어 놓은 '차내흡연금지(車廂內禁止吸煙)'라는 현수막이 무색할 지경이었다.

상구역에 내리니 부슬부슬 비가 내리고 있었다. 두세 명이 대표로 부근에 있는 호텔을 알아보러 가고 다른 사람들은 상구역 처마 밑에서 그들이 돌아오기를 기다리고 있었다. 호텔을 찾으러 다니는 것보다야 편하겠지만, 자기 호텔로 가자고 성가시게 자꾸 따라붙는 아주머니들을 따돌리는 것도 상당히 고통스러운 일이었다.

잠시 후 방을 알아보고 온 사람들이 방값은 싸지만 방에서 냄새가 나서 안 되겠다고 하여 일단 택시를 나누어 타고 운전사에게 적당한 방을 좀 찾아 달라고 부탁하기로 했다. 그리하여 찾은 호텔이 역에서 얼마 안 떨어진 곳에 있는 예동빈관(豫東賓館)이었다. 3성급으로 방도 깨끗하고 시설도 괜찮지만 조반 없이 168원이니 우리한테는 꽤 비싼 편이었다. 그러나 늦은 시각이라 자꾸 찾아다닐 수도 없었다.

2004년 8월 16일 밤새 내린 비는 아침이 되어도 그치지 않았다. 택시를 타고 먼저 상구고성(商丘古城)으로 갔다. 상구고성은 명나라 때의 귀덕부성(歸德府城)으로 북루와 남루 사이의 200미터 정도 되는 거리에 명대의 건물들을 복원해 놓아 고색창연한 분위기를 풍기고 있었다. 상구고성 서남쪽에 있는 중국 최초의 천문대 알백대(閼伯臺, 일명 火星臺)를 보는 것으로 상구에서의 일정을 마쳤다.

오후 1시 19분에 상구역을 출발하기로 되어 있는 기차는 30분가량 지연되어 1시 45분에야 출발했다. 그러나 도중에 속도를 많이 높였는지 원래 도착예정 시각인 3시에 개봉에 도착했다. 여전히 비가 내리고 있었다.

소동파는 지방관으로 나가 있거나 원지로 유배 가 있는 기간이 일생의 대부분을 차지했기 때문에 도성인 개봉에 머문 기간이 길지 않았다. 그가 개봉에 머문 기간은 판등문고원(判登聞鼓院)으로 재임한 치평 2년(1065) 1월에서 치평 3년(1066) 6월 사이, 판관고원(判官告院) 및 개봉부추관(開封府推官)으로 재임한 희령 2년(1069) 2월에서 희령 4년(1071) 7월 사이, 황주 유배에서 사면된 뒤 초고속으로 예부낭중(禮部郎中)·기거사인(起居舍人)·중서사인(中書舍人)·한림학사지제고(翰林學士知制誥) 등의 요직을 두루 거치며 생애 최고의 전성기를 누린 원풍 8년(1085) 12월에서 원우 4년(1089) 2월 사이, 한림학사승지(翰林學士承旨)로 재임한 원우 6년(1091) 5월에서 그해 8월 사이, 병부상서(兵部尚書)와 예부상서(禮部尚書)로 재임한 원우 7년(1092) 9월에서 원우 8년(1093) 8월 사이로 모두 다섯 차례에 걸친 약 8년이었다. 다른 지방에 비하면 거주기간이 길지만 북송의 도성이었던 개봉에는 수많은 역사적 인물들이 오래 머물렀을 것이므로 8년이라는 기간은 결코 길지 않을 것이고, 따라서 소동파 관련 유적도 다른 지방에 비해 오히려 적을 것이라는 유추가 가능할 것이다.

일단 택시를 타고 상국사(相國寺) 앞까지 가기로 했다. 거기까지만 가면 부근에 호텔이 많이 있을 것이라고 생각했기 때문이다. 그러나 상국사 앞에는 적당한 호텔이 보이지 않았다. 택시 운전사에게 부근에 적당한 호텔이 없느냐고 물었더니 그 부근에는 호텔이 없다면서 다시 어딘가로 태우고 갔다. 그 호텔은 4성급으로 아주 고급스러웠다. 1층 현관에 한국어판 안내문이 붙어 있는 것을 보니 한국 사람들도 어지간히 찾아오는 모양이었다. 그러나 방값이 너무 비싸서 다시 다른 곳을 찾아 달라고 했더니 항주대반점으로 데려다 주었다. 그 호텔은 개봉군분구초대소(開封軍分區招待所)로 시설에 비해 방값이 상당히 싼 편이었다. 서주에서 묵은 황하루빈관과 비슷했다. 이번 답사를 통하여 군부대 초대소를 이용하는 것이 다른 숙소보다 싸고 실용적이라는 사실을 알게 되었다.

❋ 포공사와 철탑

시간이 늦은 데다 비까지 왔지만 내일 일정이 너무 빠듯하지 않게 하기 위해 저녁 먹기 전에 가까운 곳에 있는 포공사(包公祠)를 구경하기로 했다. 흔히 포청천(包靑天)이라 부르는 엄격하기 짝이 없는 북송 때의 판관 포증(包拯, 999-1062)의 사당인 포공사는 포공호라는 아담한 호수를 끼고 있었다. 포공사에 진열된 각종 유물 가운데 유난히 사람들의 눈길을 끄는 것이 하나 있었으니 바로 <포증가훈(包拯家訓)>이었다.

포증가훈

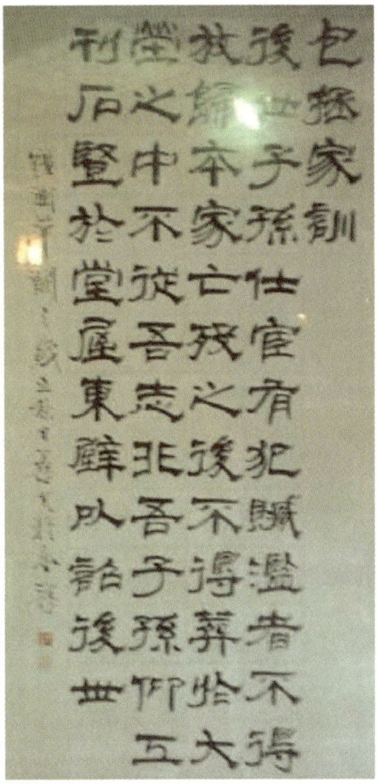

후세의 자손 중에 벼슬길에 나아가 뇌물수수죄나 직권남용죄를 범하는 자는 본가로 돌아오지 못하며, 죽은 뒤에 선영에 묻히지 못한다. 내 뜻을 따르지 않으면 내 자손이 아니다. 석공에게 부탁해서 돌에 새겨 정침의 동쪽 벽에 세워 둠으로써 후세에 알린다.

後世子孫, 仕宦有犯贓濫者, 不得放歸本家, 亡歿之後, 不得葬於大塋之中. 不從吾志, 非吾子孫. 仰工刊石, 豎於堂屋東壁, 以詔後世.

과연 포청천의 가훈다웠다. 이런 가훈은 아마도 동서고금을 통틀어 유례가 없을 것 같다.

포공사만 보고 숙소로 돌아가 쉬고 있는데 문준혜가 왔다. 그녀는 북경에서 유학 중인데 이번 답사에 합류하기 위해 북경에서 개봉으로 내려온 것이다. 이제 우리 일행은 모두 아홉 명이 되었다.

산책을 하다 보니 숙소에서 가까운 곳에 황변하(黃汴河)라는 강이 있었다. 폭이 20미터 정도밖에 안 되는 조그만 강인데 온통 누런 흙탕물이 흘러가고 있었다. 강

이름이 황변하인 것을 보면 비가 와서 그런 것이 아니라 평소에도 그런 모양이었다. 황변하 옆에 형가과첩노점(邢家鍋貼老店)이라는 식당이 하나 있는데, 안내판에 청나라 광서 8년(1882)에 창업하여 지금까지 100여 년 동안 전통을 이어오고 있는 이름 있는 식당이라고 적혀 있었다. 오늘 저녁은 거기서 먹기로 했다.

황변하

식당에 모인 사람은 문준혜를 포함하여 모두 여덟 명이었다. 박윤경이 빠진 것이다. 어제부터 기침이 나고 감기 기운이 있다고 하더니 그예 드러누운 것이다. 그동안 초콜릿만 몇 개 먹었을 뿐 식사를 제대로 못했다고 한다. 감기는 음식을 많이 먹어야 낫는다며 억지로라도 많이 먹으라고 했는데 그게 말처럼 쉽지가 않았던 모양이다. 홍금주가 내일 자기가 박윤경을 데리고 병원에 가 보겠다고 했다. 겁이 덜컥 났다. 어떻게 하면 좋을까? 병이 난 사람을 억지로 데리고 다닐 수도 없고, 홍금주에게 혼자 간호하고 있으라고 할 수도 없지 않은가? 그렇다고 우리 모두가 일정을 중단하고 함께 병원에 가서 기다릴 수도 없지 않은가? 아찔한 생각이 들었다. 어쨌거나 별다른 방도가 없으니 일단은 더 악화되지 않기를 비는 수밖에 없었다.

100년이 넘은 전통 있는 식당답게 그 집 음식은 아주 맛이 있었다. 담여나(譚麗娜)라는 젊은 여자 지배인이 우리에게 친절히 대해 주고 자상하게 설명해 주는 것도 지금까지 가 본 다른 식당과는 달랐다. 가격에 비해 음식의 양도 많았다. 모처럼 백주를 곁들여 가며 배부르게 먹고 나올 때 남은 음식을 싸 달라고 해서 숙소로 가져갔더니 초콜릿만 찾던 박윤경도 그것은 입에 맞는지 조금 먹었다. 다행스러운 것은 박윤경이 생후 6개월 때 대만으로 건너가서 고등학교를 졸업할 때까지 대만에서 살았기 때문에 중국 음식이 한국 음식 못지않게 입에 맞는다는 사실이었다.

2004년 8월 17일 어제 저녁에 형가과첩노점에서 가져다 준 음식을 좀 먹었기 때문인지 박윤경의 병세가 상당히 호전되어 있었다. 오늘 일정에 차질을 빚지 않을 수 있게 되었다. 정말이지 춤이라도 추고 싶을 만큼 반가웠다.

먼저 북송 인종 황우 원년(1049)에 지어졌다는 철탑(鐵塔)을 보러 갔다. 번탑(繁塔)과 더불어 개봉에 두 개밖에 없는 보기 드문 북송 건축물이라는 철탑은 13층짜리 팔각탑으로 높이가 55.88미터에 달하는데, 쇠로 지은 탑이어서 철탑이라고 부르는 것이 아니라 유리벽돌로 지었음에도 불구하고 멀리서 보면 갈색 유리벽돌이 마치 녹슨 쇠처럼 보인다고 하여 원나라 때 민간에서부터 이런 이름이 통용되기 시작했다는 사실을 철탑공원 매표소 옆에 붙어 있는 안내문을 통하여 알 수 있었다. 철탑으로 갈 때 탄 택시의 운전사는 개봉에 있는 건축물 중에서 철탑과 번탑만이 송나라 때 모습 그대로고, 나머지는 모두 명나라 때 새로 지어진 것이라고 설명해 주었다. 심지어 개봉 고성도 송나라 때 것이 아니라 명나라 때 것이라고 했다. 그는 또 송나라 때의 개봉 시가지는 홍수로 인하여 땅속에 묻혀 버렸으며 지금의 시가지는 새로 건설한 것이라고도 했다.

철탑 앞에 도착하여 탑으로 올라가려고 하자 다시 입장료를 내라고 했다. 아까 낸 것은 철탑공원 입장료고 탑에 오르려면 다시 10원씩의 입장료를 내야 한다고 했다. 이미 20원이나 되는 공원 입장료를 냈는데 또 입장료를 내는 것이 유쾌하지 않기도 하고 부담스럽기도 해서 다들 망설이고 있었다. 그러나 어렵사리 이 먼 곳까지 왔는데 10원 때문에 올라가 보지 않는다면 나중에 후회할 것이 틀림없음을 잘 알고 있는 터라 내가 강력하게 주장하여 결국 올라가 보기로 했다.

올라가는 사람과 내려가는 사람이 서로 몸을 부딪쳐야 간신히 지나갈 수 있는 좁디좁은 계단이 탑 주위를 돌아가며 놓여 있고, 조명이라고는 중간중간에 나 있는 조그만 통풍구로 들어오는 햇빛뿐이었다. 게다가 계단도 너무 가팔라서 사고가 날까 봐 겁이 났다. 그나마 다행스러운 것은 탑 안에 우리 일행 이외에 다른 사람이 아무도 없기 때문에 서두를 필요가 없고 우리끼리 비키는 것 이외에는 길을 비켜줄 일도 없다는 사실이었다. 끝까지 올라가 아래를 내려다보니 다리가 다 후들거렸다.

개봉 철탑

탑의 지붕 끝에 수없이 많은 동전이 얹혀 있었다. 동전을 던져서 땅에 떨어뜨리지 않고 지붕 끝에 얹히게 하면 복을 받는다는 속설이 횡행하는가 싶었다. 이 탑이 개보사(開寶寺)라는 절 안에 있어 일명 개보사탑이라고도 불리기 때문에 그런 속설이 더욱 그럴듯하게 들릴 것 같았다. 일행을 따라 나도 하나 던져 보았더니 지붕 끝에 맞고는 그만 50여 미터 아래의 땅바닥으로 떨어지고 말았다.

❋ 개봉부와 청명상하원

철탑에서 내려와 청명상하원(淸明上河園)으로 갔다. 청명상하원은 북송 화가 장택단(張擇端)이 북송 궁성 및 그 주변의 갖가지 풍속과 풍경을 그린 5미터짜리 초대형 그림인 <청명상하도>에 근거하여 북송 당시 개봉 일대의 모습을 재현해 놓은 정원이다. 정해강 선생의 말에 의하면 산동성 제성시에도 청명상하원을 만들려고 준비하고 있다고 했다. 개봉 이외의 다른 지역에 청명상하원을 만드는 것이 무슨 의미가 있을까 하고 의아해했는데, 나중에 생각해 보니 장택단이 제성 출신이기 때문인 듯했다.

청명상하원에서 입장권을 사고 받은 안내장을 보니 여기저기서 매일 몇 차례씩

정해진 시간에 북송 때의 풍속을 재연하는 공연을 하는 것으로 되어 있는데, 우리가 보고 싶은 공연이 대체로 오후에 배정되어 있었다. 일행과 상의한 결과 오전에 다른 곳을 먼저 보고 오후에 다시 와서 청명상하원을 보기로 했다. 그리하여 먼저 청명상하원에서 멀지 않은 곳에 있는 송도어가(宋都御街)를 보기로 하고 택시 한 대와 빵차 한 대에 나누어 탔다. 도중에 내가 탄 택시의 운전사가 북송 당시 개봉부의 모습을 재현해 놓은 '개봉부(開封府)'에 가면 각종 공연이 진행 중일 터이니 거기부터 먼저 가는 것이 좋을 것이라고 강력하게 추천해 주었다. 굳이 거부할 이유가 없을 것 같아 그렇게 하기로 했다.

개봉부가 가까워지자 그 택시 운전사는 또 한 가지 제안을 했다. 관광안내원은 입장권을 싸게 살 수 있기 때문에 정상적인 입장료에 해당하는 돈만 주면 관광안내원이 입장권을 대신 사 줄 뿐만 아니라 안으로 따라 들어가 안내까지 해 준다며 자기가 관광안내원을 소개해 주겠다고 했다. 싫다는데도 막무가내로 자꾸만 소개해 주겠다고 우겼다. 개봉부 정문에 이르자 어디서 나타났는지 여자 관광안내원 한 명이 우리에게 접근해서 자기가 안내해 주겠다고 끈질기게 제안했다. 택시 운전사 말대로 해도 별 문제는 없을 것 같았지만, 혹시 무슨 예기치 못한 문제가 도사리고 있을지도 모른다는 불안감도 들고 그다지 필요한 일도 아닌 것 같고 해서 결국 그들의 제의를 받아들이지 않았다.

안내장에 의하면 개봉부도 청명상하원과 마찬가지로 정해진 시간표에 따라 여기저기서 하루 종일 각종 공연이 진행된다고 했다. 지금 이 시간에만 공연이 있는 것이 아니었다. 그러니까 그 택시 운전사는 자기가 관광안내원을 소개해 주고 소개비를 받기 위해 우리한테 개봉부부터 가라고 강력하게 추천했던 모양이다.

개봉부 정문에서 얼마 안 들어간 곳의 어느 방에 개봉부추관(開封府推官) 시절의 소동파 모습을 재현해 놓은 동상이 있었다. 그리고 그 옆의 벽에는 소동파가 그린 <고목괴석도(古木怪石圖)>도 걸려 있었다. 내가 간과했는지는 모르지만 포청천과

개봉부추관 소동파

소동파를 제외하고는 개봉부 안에서 이처럼 독립된 공간을 할애하여 한 개인을 기념하는 경우는 없었다. 개봉에서도 소동파는 그렇게 추앙을 받고 있었다.

밖에서 보면 4층인 것처럼 보이지만 안에 들어가서 보면 실제로는 7층으로 개봉부 안에서 가장 높은 건물이라는 청심루(淸心樓)와 그 서쪽에 있는 명례원(明禮院)에서는 '급제자 방 앞에서 사윗감 잡기(榜前捉婿)'라는 북송 때의 풍속을 재연하고 있었는데, 그 광경이 매우 요란스럽고 구경꾼도 많이 모여 있었다. 과거의 방이 나붙는 날 개봉의 권세가들이 마음에 드는 과거 급제자를 현장에서 즉각 사위로 맞아들이는 풍속이라고 했다.

개봉부를 한 바퀴 다 돌고 정문 서쪽에 이르니 거기에는 북송 때의 감옥을 재현한 부사서옥(府司西獄)이 있는데, 감옥이 일반 죄수용과 사형수용으로 나뉘어 있고 각각 다시 남자용과 여자용으로 나뉘어 있었다.

개봉부에서 나와 대상국사(大相國寺)로 갔다. 대상국사는 전국적으로 유명한 사찰 가운데 하나로 북제(北齊) 천보 6년(555)에 지어졌으며 원래 이름이 건국사(建國寺)였는데, 상왕(相王)으로 있다가 황제가 된 당나라 예종이 대상국사로 이름을 바꾸고 친히 편액(扁額)을 써서 하사했다고 한다. 그리고 북송 때에도 대상국사는 황실이 매우 소중하게 여기는 사원이었기 때문에 당시 도성에서 규모가 가장 컸을 뿐만 아니라 전국 불교활동의 중심이었다고 한다.[31] 그리고 안내문에 의하면 지금도 이 절에 거처하는 스님이 100명이 넘을 정도로 규모가 크다고 한다.

대상국사를 둘러본 뒤 점심을 먹으려고 주위를 돌아다녀 보았으나 마땅한 곳이 없어서 택시를 타고 송도어가에 가서 먹어 보기로 했다. 송도어가에서 내려 적당한 식당을 찾아 본 결과 동북쪽 끄트머리에서 일루쾌찬(一樓快餐)이라는 만둣집을 하나 발견했다. 그동안 계속 너무 많이 주문한 탓에 남긴 음식이 많았기 때문에 이번에는 작정을 하고 좀 적게 주문했다. 주문 받는 종업원이 아홉 명이나 되는데 요것밖에 안 먹느냐고 언짢아했지만 개의치 않았다.

그 집 만두(包子)는 젓가락으로 집어서 들면 등롱 모양이 되고 바닥에 놓으면 국화 모양이 되는 특별한 것이었다. 나중에야 안 일이지만 개봉의 만두는 맹원로(孟元老)가 쓴 ≪동경몽화록(東京夢華錄)≫에 언급되어 있을 정도로 북송 때부터 유명했다고 한다. 특히 개봉제일루(開封第一樓)의 제일루소롱포자(第一樓小籠包子)는 북송 시절 개봉의 '왕루산동매화포자(王樓山洞梅花包子)'에 기원을 둔 전통 있는 음식이라고 한다.[32] 미리 알았더라면 개봉제일루를 찾아갔을 텐데 그러지 못한 것이 너무나 아쉬웠다. 그리고 나중에 지도를 보니 대상국사에서 아주 가까운 곳에 제일포자관이라는 만둣집도 있었다. 제일포자관은 대상국사 서쪽의 중산로중단(中山路中段)에 있는데 우리는 정문이 있는 대상국사 남쪽의 자유로에서 식당을 찾아

31 ≪백도백과≫ <대상국사> 참조.

32 ≪백도백과≫ <개봉제일루> 참조. 남송 초기 사람 맹원로의 ≪동경몽화록≫ 권2 <선덕루전성부궁우(宣德樓前省府宮宇)>에 왕루산동매화포자에 관한 기록이 있다.

헤매고 다녔던 것이다. 다만 일루쾌찬이라는 만둣집에서 우리가 먹은 만두도 젓가락으로 집어서 들면 등롱 모양이 되고 바닥에 놓으면 국화 모양이 될 뿐만 아니라 맛도 아주 좋았으므로 우리가 먹은 것이 북송 때부터 내려오는 왕루(王樓)의 산동매화포자(山洞梅花包子)와 맞먹는 것이라고 해도 과히 틀린 말이 아닐 것 같다.

오른쪽으로 반가호(潘家湖)와 양가호(楊家湖) 그리고 북송 황궁터 위에 지어졌다는 용정(龍亭)을 바라보면서 천천히 걸어가노라니 얼마 안 가서 청명상하원이 나왔다. 술을 빚을 수는 없고 팔 수만 있다는 십천각점(十千脚店)이라는 술집, 북송 휘종 황제와 명기(名妓) 이사사(李師師)가 몰래 만났다는 취행촌(醉杏村), 송나라 때의 과거시험을 재연하는 송대명인과기관(宋代名人科技館), 잡기를 비롯한 각종 민간예술을 공연하는 구란와사(勾欄瓦肆), 농민들이 물을 길어 올리는 물레방아, 두 발에 긴 막대기를 달고 걸어 다니는 놀이인 고교(高蹺)도 공연하고 황제의 제사와 중요한 의례도 재연하는 송도광장(宋都廣場) 등이 특히 인상적이었다.

십천각점과 같은 특색 있는 술집에서 북송 때의 술집 분위기를 느껴 보게 하거나 간단한 음식을 맛볼 수 있게 했으면 좋았을 텐데 하는 아쉬움이 많이 생겼다. 그런데 오히려 술집인 십천각점에서는 술 대신 각종 판본의 <청명상하도>를 진열해 놓고 호객행위를 하면서 팔고 있었다. 이강재 교수와 내가 구경을 하려고 문 앞에서 기웃거리자 안에서 한 젊은 여자 종업원이 뛰어나와 커다랗게 복제해 놓은 <청명상하도>를 120원에 사라고 했다. 우리가 구경만 하고 나오려고 하자 값이 점점 내려가더니 급기야 50원만 내라고 했다. 왜 그렇게 많은 돈을 들여서 역사적인 장소를 재현해 놓고 불공정거래로 인상을 나쁘게 하는지 알 수가 없었다. 그리고 송나라 때 과거시험의 재연은 너무 장난스러워서 재미가 없고, 구란와사도 그냥 공터에 나무로 만든 계단식 관람석을 몇 개 마련해 놓았을 뿐 송나라 때의 구란와사와는 거리가 너무 먼 듯했다.

오늘 저녁도 어제 저녁에 갔던 형가과첩노점에서 먹기로 했다. 그들은 두 번째로 간 우리를 더욱 친절하게 맞았다. 담여나라는 여자 지배인은 어제보다 더 열심히 무어라도 설명해 주려고 애를 썼다. 그러던 중에 우리가 그만 실수를 저지르고 말았다. 잉어찜이 맛있다고 추천하기에 그녀의 추천을 수용하여 잉어찜을 주문했더니 그녀가 잉어찜을 내놓으면서 황하에서 잡은 잉어라고 자랑스럽게 소개했다. "황하의 잉어가 천하의 으뜸이다(黃河鯉魚甲天下)"라는 말이 있을 정도로 황하의 잉어는 원래 알아주는 중국요리 중의 하나다. 그러나 쪄 놓은 잉어가 황하에서 잡은 것인지 바로 옆에 있는 황변하에서 잡은 것인지 어떻게 알 수가 있겠는가? 누군가가 웃으면서 황하 잉어라는 사실을 어떻게 아느냐고 물었더니 그녀가 금방 말투를 달리하며 말했다.

"못 믿으면 어쩔 수 없지만 황하 잉어가 틀림없어요."

그녀는 우리가 자기 말을 믿어 주지 않는다고 화를 낸 것이었다. 우리가 그다지 믿지 않았던 것도 사실이지만, 그렇다고 굳이 황하 잉어인지 아닌지를 따질 생각도 아니었는데 그녀는 그렇게 섭섭한 모양이었다. 잔뜩 토라져서 가 버리더니 다시는 우리 식탁으로 오지 않았다. 좋은 인연을 이렇게 끝내서는 안 되겠다 싶어서 그 지배인을 불렀다. 그리하여 우리가 농담을 한 것이라고 해명하고 원래 관광안내원이었다는 그녀에게 내일 정주(鄭州)에 가면 어디 어디를 보아야 하느냐고 물었다. 그러자 그녀는 금방 다시 기분이 좋아져서 정주에 가면 어디 어디를 꼭 가보라고 열을 올리며 설명해 주었다. 기분을 확실하게 풀어 주기 위해서 함께 기념촬영도 했다.

원래 계획은 오늘 저녁 기차로 정주까지 갈 생각이었으나, 정주는 방값이 비쌀 뿐만 아니라 매일 숙소를 옮기다 보니 빨래할 시간이 없는 문제도 있고 해서 차라리 개봉에서 하루 더 묵고 내일 아침 일찍 정주로 가기로 계획을 바꾸었다. 내일 아침 5시에 일어나기 위해 오늘은 일찌감치 잠자리에 들었다.

❄ 황하유람구

2004년 8월 18일 답사기간에 나는 대개 새벽 4시 이전에 잠이 깨기 때문에 5시에 일어나는 데 문제가 없을 테지만, 혹시 실수라도 하게 되면 곤란하기 때문에 어제 저녁에 모닝콜을 부탁해 두었는데, 어찌 된 일인지 5시가 되어도 전화가 울리지 않았다. 내가 일찍 일어났기에 망정이지 안 그랬으면 큰일 날 뻔했다는 생각에 호텔 종업원의 무성의한 태도가 무척 원망스러웠다. 그런데 나중에 들으니 4시 10분에 이강재 교수에게 전화가 왔었다고 한다. 5시에 깨워 달라고 했는데 한 시간 가까이 일찍 깨워 준 것이다.

세수를 하려는데 수돗물이 나오지 않았다. 그러나 당황할 필요는 없었다. 중국 호텔은 아침 6시 이전에는 수돗물이 안 나오는 곳이 많다는 것을 알고 있는지라 어제 저녁에 미리 정수기에 물을 가득 채워 놓았기 때문이다. 꺼림칙하기는 하지만 그동안 축적된 경험 덕분에 고양이 세수나마 할 수 있었다.

6시 20분에 숙소를 떠나 6시 59분 기차를 탔다. 그런데 한 가지 심각한 문제가 생겼다. 기차를 기다리는 동안 개봉역 대합실에 붙어 있는 전국 철도노선을 살펴보니 하남성 누하(漯河)와 안휘성 부양(阜陽) 사이의 선로가 안 그려져 있었다. 이 선로는 우리가 8월 21일에 겹현(郟縣)에 있는 소동파의 무덤을 보고 난 다음 부양으로 갈 때 이용할 선로다. 분명히 중국 지도를 보고 답사 일정을 짰으니, 그것도 한 가지만이 아니라 서너 가지 중국 지도를 보고 짰으니 개봉역에 붙어 있는 노선도가 오래되어서 부정확한 것임에 틀림없다는 생각도 들었지만, 어쨌거나 만에 하나라도 그 선로가 없는 것이 사실이라면 큰일인 것이다.

21일에 일단 누하(漯河)까지 가서 상황을 보고 결정하자니 거기까지 갔다가 거기서 노선이 없다는 사실이 확인되면 더욱 곤란해지기 때문에 모험을 할 수도 없는 노릇이었다. 부양은 원래 이번 일정에 넣지 않았다가 뒤늦게 욕심을 부려서 무리하게 넣은 것이라 이번 일정에서 빼고 소주(蘇州) 방면으로 갈 때 포함시키는 편이 낫겠다는 생각도 들었지만, 일단 한 번 마음을 먹었던 일이라 포기하기도 싫었다. 성급한 짓이라고 생각되기도 했지만 단체를 안전하게 이끌기 위해 여정을 약간 수정하기로 결심했다. 그러나 정주로 가는 기차 안에서 내내 방법을 찾아보아도 묘안이 떠오르지 않았다.

정주역 건너편에 있는 한 식당에서 아침을 먹으며 종업원에게 이것저것 물어보았다. 그 종업원의 소개로 여행사 직원이 우리를 찾아왔다. 설왕설래 끝에 마침내 황하유람구까지 갔다가 시내로 돌아와 하남성박물관을 보고 다시 정주역까지 가는 데 입장료를 포함하여 1인당 120원씩 주기로 합의했다.

9시 55분에 중형버스를 타고 황하유람구를 향해 출발했다. 정주는 과연 큰 도시였다. 번화가가 넓을 뿐만 아니라 차가 많아 길도 상당히 막혔다. 그러나 시내를 벗어나자 얼마 안 가서 황하유람구에 도착했다. 10시 40분이었다. 차가 황하유람구를 향해 달려가는 동안 줄곧 생각한 끝에 나는 부양으로 가는 여정을 약간 변경하여 누하까지 가지 않고 정주에서 바로 기차를 타고 부양으로 갔다가 부양에서 다시 정주로 돌아오기로 마음먹었다.

우리와 동행한 여행사 관광안내원이 한 장당 10원씩의 수수료를 주면 자기 여행사에서 기차표를 예매해 주겠다고 했다. 중국은 아직 기차표 예매제도가 원활하게 운용되지 않아 대개 출발역에서만 예매할 수 있는데, 그것도 일반인은 2~3일 전이 되어야만 예매가 가능하기 때문에 매일 다른 곳으로 옮겨 다녀야 하는 우리로서는 예매하기가 어렵다. 이와 달리 여행사에서는 10일이나 20일 전에도 예매를 할 수 있기 때문에 일반인은 자칫하면 차표를 못 구하는 상황이 벌어진다. 10원씩의 수수료가 너무 비싸고 불합리해서 유쾌하지 않지만 그렇다고 예매를 안 할 수도 없는 노릇이었다. 관광안내원이 휴대전화로 자기 여행사에 연락하여 3일 뒤 정주에서 부양으로 가는 기차표와 다음 날 부양에서 정주로 돌아오는 기차표, 그리고 다시 정주에서 하북성 정주(定州)로 가는 기차표의 예매를 부탁했다.

황하유람구에서 돌아오는 차 안에서 관광안내원은 자기 여행사 직원이 정주에서 부양으로 가는 기차표는 구했는데 부양에서 정주로 돌아오는 기차표는 못 구했다고 했다. 정주(鄭州)에서 정주(定州)로 가는 침대표는 더욱 구하기 어렵다고 했다. 부양에서 정주(鄭州)로 돌아오는 기차표는 정 안 되면 입석표를 살 것을 각오하면 된다. 입석이라도 자리가 전혀 없지는 않을 것이고 최악의 경우 네다섯 시간 정도는 서서 올 수도 있기 때문이다. 그러나 정주(鄭州)에서 정주(定州)까지는 너무 멀기 때문에 침대차를 타지 않으면 안 된다. 계속 알아봐 달라고 부탁해 놓고 하남성박물관을 관람했다.

우리가 정주역으로 돌아올 때까지 여행사는 정주(鄭州)에서 정주(定州)로 가는 침대표를 구하지 못했다. 정주(定州)가 작은 도시라 기차표 구하기가 더 어렵다는 사실을 알고 정주(鄭州)에서 정주(定州) 부근의 석가장(石家莊)까지 갔다가 거기서 다시 정주(定州)로 가는 방법을 찾아보기로 했다. 마침 우리 일정에 맞는 기차가 있었다. 그러나 여행사에서는 석가장으로 가는 기차표가 정주(定州)로 가는 기차표보다는 구하기가 조금 수월하지만 그래도 결코 쉬운 일이 아니기 때문에 한 장당 20원씩의 수수료를 달라고 했다. 10원씩은 말할 것도 없고 15원씩 주겠다고 해도 말이 먹히지 않았다. 20원씩이나 받는 것은 너무 심한 것 같아서 기분이 내키지 않았다. 사실 금액이야 그렇게 부담스러운 정도가 아니었지만 여행사의 요구가 너무 부당하다고 생각되어서 불쾌했다. 우리는 결국 당일에 역으로 직접 가서 사 보는 모험을 감행하기로 하고 일단 정주에서 부양까지 가는 기차표만 부탁했다.

오후 5시 17분에 2층 기차를 타고 낙양으로 향했다. 2층 버스는 더러 타 보았지만 2층 기차는 처음 타 보는지라 호기심이 잔뜩 생겼는데, 막상 타고 보니 2층 기차라고 특별히 다른 것은 없었다. 다만 계단을 오르내리기 불편하기 때문인지 물건 파는 수레가 지나다니지 않아서 좋았다.

3. 낙양(洛陽)에서 면지(澠池)까지

낙양역에서 택시를 타고 운전사에게 적당한 호텔로 데려다 달라고 했다. 그리고 택시 운전사에게 면지(澠池)·왕성공원(王城公園)·백마사(白馬寺)·관림(關林)·용문석굴(龍門石窟) 등 내일 일정을 이야기하고 우리 일행 아홉 명이 함께 탈 수 있는 중형버스를 한 대 소개해 줄 수 있느냐고 물었더니 좋다고 했다. 택시 운전사가 우리를 데려다 준, 제성(諸城)에서 묵은 호텔과 이름이 같은 홍복루빈관(鴻福樓賓館)에서 입실 수속을 하는 동안 운전사가 나에게 다가와 내일 탈 중형버스를 소개해 주겠다며 차비가 400원이라고 했다. 차비가 좀 싸다는 생각이 들면서 오히려 불안한 예감이 뇌리를 스쳐갔다. 이럴 때는 중국어의 미세한 차이를 잘못 파악하면 실수를 범할 수 있기 때문에 대만에서 자란 박윤경에게 일정과 차비를 확실히 하고 가능하다면 차비를 50원이라도 더 깎아 보라고 했다. 이미 차비가 상당히 싸다고 생각되기 때문에 무리하게 깎다가 오히려 흥정이 깨어지면 곤란하니 무리는 하지 말라고 했다. 결국 380원에 가기로 하고 내일 아침 7시 30분에 숙소 앞에 차를 대기시키기로 약속했다. 조금이라도 더 자고 싶은 마음에 8시에 출발하자고 했으나, 일정이 너무 빠듯해서 안 된다기에 그의 요구를 받아들인 것이다.

❄ 한함곡관

2004년 8월 19일 7시 30분에 출발하기 위해 서둘러 아침식사를 마치고 정해진 시각에 호텔 현관에 모였다. 그런데 차는 웬일인지 10분이 지나고 20분이 지나도 오지 않았다. 어제 번호를 알아 놓은 휴대전화로 전화를 걸었지만 전화기가 꺼져 있었다. 몇 차례를 시도해도 받지 않았다. 다른 차를 부르려 해도 혹시 그 사이에 그들이 길이 막혀서 늦었다며 엄청 미안해하는 표정을 지으며 나타나면 어쩌나 싶어 그럴 수도 없었다. 일정이 빠듯하기 때문에 우리는 마음이 초조해지기 시작했다. 못 오면 못 온다고 연락이 올 텐데 연락이 없는 것을 보면 길이 막혀서 늦는 게 틀림없다며 참고 기다렸다. 그러나 8시가 되도록 소식이 깜깜했다. 일정 때문에 더 이상은 기다려 줄 수가 없었다. 한편으로는 원망스럽고 한편으로는 미안했다.

호텔 종업원에게 5인승 빵차 두 대를 빨리 좀 불러 달라고 부탁했다. 종업원은 조건이고 차비고 아무것도 물어보지 않고 대뜸 어디론가 전화를 걸더니 금방 올 거라며 기다리라고 했다. 10분이 지나도 차가 오지 않아 독촉을 했더니 종업원은 다시 전화를 했다. 잠시 후 호텔 앞에 도착한 차는 택시 두 대였다. 빵차를 불러 달라고 했는데 택시를 부르면 어떻게 하느냐고 했더니 종업원과 택시 운전사 두 명이 이구동성으로 택시 두 대에 끼어 타면 된다고 했다. 조그만 택시에 네 명씩 타는 것도 불편하겠거늘, 더구나 한 대에는 다섯 명이 타야 하는데 그들은 태연한 표정으로 문제없다고 했다. 우리로서는 하루 종일 먼 길을 그렇게 다니는 것은 생각하기 싫었다. 우리가 끝내 안 된다고 하자 운전사들은 더 이상 떼를 쓰지 않고 돌아갔다. 왜 그런 상황도 얘기하지 않고 대뜸 오라고 했느냐며 호텔 종업원에게 항의를 할 줄 알았는데, 그들은 아무런 항의도 하지 않고 순순히 돌아갔다. 그 운전사들이 특별히 너그러운 것인지 그것이 이 고장 사람들의 보편적인 관행인지 알 수 없었다.

어쨌거나 그러는 통에 황금 같은 우리 시간만 또 20분이나 날아갔다. 이번 답사는 전체적으로 일정이 빠듯하여 어느 한 군데에서라도 차질이 생기면 곤란한데 첫날부터 약간의 문제가 생겨 그것을 메꾸느라 애를 쓰고 있는 참에 또 이렇게 차질이 생기니 참으로 답답하기만 했다. 이번 답사가 무사히 끝날 수 있을까 하는 불안한 생각이 들었다. 대책을 숙의한 끝에 홍금주가 보았다는 길 건너편의 큰 호텔로 가 보기로 했다. 큰 호텔에는 으레 여행사가 입주해 있기 때문이다.

모란대주점(牡丹大酒店)이라는 그 호텔의 종업원에게 아홉 명이 탈 수 있는 중형버스를 구해 줄 수 있느냐고 물었더니 종업원이 옆에 있는 청년에게 우리를 인계했다. 그 청년은 어디론가 전화를 해 보더니 중형버스는 구할 수 없다며 면지(澠池)는 시외버스로 가는 편이 더 낫다고 했다. 시외버스는 약 40분마다 한 대씩 다니고 종점도 여기서 가깝다고 했다. 더 이상 방법이 없다니 그 청년의 충고를 들을 수밖에 없는 노릇이었다.

시외버스를 타고 가는 문제를 놓고 그 청년과 보다 구체적인 이야기를 나누고 있는 사이에 지배인인 듯한 40대 아저씨가 와서 자기가 중형버스를 알아봐 주겠다고 했다. 그는 콧등이 찡할 정도로 우리를 친절하게 대해 주었다. 그 아저씨는 몇 군데 전화를 하더니 마침내 중형버스를 한 대 구했다. 다만 차비가 좀 비싼 것이 문제였다. 통행료를 제외하고 450원이라고 했다. 그나마 호텔 아저씨가 조금 깎아 준 것이었다. 그러나 이 상황에 무엇을 더 바라랴? 그렇게라도 차를 구한 것에 감지덕지할 일이었다. 그 아저씨가 얼마나 고마운지 모를 지경이었다.

10시가 되어서야 비로소 면지를 향해 출발할 수 있었다. 한 신의 없는 택시 운전사 때문에 우리가 시간을 두 시간 이상 낭비한 것이었다. 면지로 가는 차 안에서 가만히 생각해 보니 아침에 오기로 한 차가 길이 막혀서 늦은 것이 결코 아닌 것 같았다. 그리고 그 차가 왜 오지 않았는지 그 이유도 알 것 같았다. 어제 그 운전사가 잘못 생각하여 차비를 380원으로 합의했는데 막상 중형버스 운전사와 얘기해 보니 380원으로는 턱도 없다며 아무도 원하지 않았던 게 아닐까 싶었다. 그제서야 380원이 너무 싼 요금임을 알고 주선해 주기를 포기한 것이 아닐까 싶었다. 아무래도 그럴 가능성이 큰 것 같았다. 그러나 그렇다면 차비를 다시 흥정할 수도 있고 다른 이유를 대어서 우리에게 못 온다는 사실을 통보할 수도 있는데 왜 그렇게 하지 않았는지는 이해하기 힘들었다. 어쩌면 잠시 기다리다가 안 오면 당연히 다른 차를 부를 줄 알고 아무렇지도 않게 생각했을지도 모를 일이다. 순간 우리가 문화의 차이와 사고방식의 차이를 이해하지 못하고 우리 식으로만 생각한 나머지 실수를 범한 것 같은 느낌이 들었다.

한함곡관

우리 차가 가는 길에 고속도로는 없었다. 별로 상태가 좋지 않은 국도인데도 한참 달리다 보니 요금정산소가 나왔다. 15원이었다. 왕복이면 30원이니까 오늘의 차비는 480원인 셈이었다.

11시 20분경 한함곡관(漢函谷關)이 있는 하남성 신안현(新安縣)에 도착했다. 계곡 속에 길이 나 있는 것이 마치 상자 속처럼 깊고 험하기 때문에 이렇게 불리는 함곡관은 원래 전국시대의 진(秦)나라가 지금의 하남성 영보(靈寶)에 지었던 것인데 한나라 무제 원정 3년(기원전 114)에 약 300리 동쪽인 이곳으로 옮겨 왔다.[33] 신안은 두보의 대표적 사회시 <신안리(新安吏)>의 배경이 된 역사적인 고을이기도 하다.

한함곡관은 큰길에서 조금 벗어나 있었다. 맞은편에서 다른 차가 오기라도 하면 비킬 수도 없을 만큼 좁은 길인데, 포장이 되어 있지 않을 뿐만 아니라 길에 온통 자갈이 널려 있어서 운전사에게 미안한 생각이 다 들었다. 관문 입구의 바위 위에 앉아서 바람을 쐬고 있던 동네 할머니가 신기하다는 눈빛으로 우리 일행을 물끄러미 바라보았다. 1년 내내 외지인이라고는 다니지 않을 것 같은 한적하고 평화로운 마을이었다. 통로의 폭이 3미터 정도 되고 벽돌로 쌓은 벽의 높이와 두께가 각각 5미터 정도씩 되어 보이는 관문 위에 올라가서 내려다보니 함곡관 안쪽은 수직으로 솟은 나지막한 황토 구릉에 에워싸여 있어 이름이 뜻하는 바와 같이 커다란 상자 같았다. 관문의 안쪽은 물론 바깥쪽에도 오래된 시골집들이 다닥다닥 붙어 있어서 신안 고을의 역사를 증언하는 듯했다.

---

33 반고(班固)의 ≪한서(漢書)≫ 권6 <무제기(武帝紀)> 및 정대창(程大昌)의 ≪옹록(雍錄)≫ 권6 <진함곡관(秦函谷關)>·<한함곡관> 참조.

❄ 앙소촌유지와 진조회맹대

신안에서 다시 40분쯤 달리자 면지가 나왔다. 면지는 하남성의 서쪽 끝인 삼문협시(三門峽市)에 속하는 현이다. 우리는 중국의 동서횡단철로인 농해선(隴海線)을 타고 며칠 사이에 하남성의 동쪽 끝에서 서쪽 끝까지 온 것이다. 이번 일정에는 들어 있지 않지만 여기서 조금만 더 가면 섬서성의 동관(潼關)이 나올 것이다.

면지에 도착하니 시간이 벌써 12시 반이라 먼저 점심부터 먹기로 했다. 소동파와 관련이 있는지 어떤지는 모르지만 면지에는 '촉부(蜀府)' · '천채(川菜)' 등 사천과 관련된 간판이 많아서 눈길을 끌었다. 이런 간판을 본 탓인지 모두들 사천요리를 먹고 싶어하여 촉부반점(蜀府飯店)이라는 작은 호텔로 들어갔다.

다른 사람들이 먼저 식당 안으로 들어간 사이 뒤에 처져 있던 나는 운전사에게 소동파의 시를 한 수 보여 주었다.

사람이 예제로 다니는 것 무엇 같을까?	人生到處知何似
기러기가 눈밭 위를 배회하는 것 같으리.	應似飛鴻踏雪泥
진흙 위에 어쩌다가 발자국을 남기지만	泥上偶然留指爪
기러기가 날아간 뒤엔 행방을 어찌 알리?	鴻飛那復計東西
늙은 중은 이미 죽어 사리탑이 새로 서고	老僧已死成新塔
낡은 벽은 허물어져 글씨가 간데없다.	壞壁無由見舊題
힘들었던 지난날을 아직 기억하는지?	往日崎嶇還記否
길이 멀어 사람도 지치고 나귀도 절며 울어댔지.	路長人困蹇驢嘶[34]

가우 6년(1061) 겨울 봉상부첨판(鳳翔府簽判)으로 부임하기 위해 면지를 지나갈 때 동생이 먼저 보내온 시에 화답한 <면지에서의 옛날 일을 생각한 자유의 시에 화답하여(和子由澠池懷舊)>라는 유명한 시다. 과거시험을 보려고 부친을 따라 동생

34 왕문고본 ≪소식시집≫ 권3.

과 함께 고향에서 개봉으로 들어간 5년 전의 일을 회상하고는 인생무상감을 노래한 시인데, 이 시로 인하여 설니홍조(雪泥鴻爪)라는 성어가 생겼을 정도니 웬만한 중국인은 다 알 것이다.

소동파의 이 시를 보면, 조선 말기 시인 이양연(李亮淵, 1771-1853)의 시라는 설도 있지만[35] 일반적으로는 임진왜란 때 승병을 이끌고 왜군을 물리친 서산대사(西山大師, 1529-1604)의 시라고 널리 알려져 있는[36] 시가 한 수 생각난다.

하얀 눈을 밟으며 들판을 지나갈 때　　踏雪野中去
함부로 걸어가선 아니 되나니　　不須胡亂行
오늘 내가 걸어간 이 발자국이　　今日我行跡
마침내 뒷사람의 길이 되리니.　　遂作後人程[37]

이 시는 우리나라 근세사에서 가장 위대한 민족 지도자라고 할 김구(金九, 1876-1949) 선생이 유달리 좋아한 것으로 알려져 있다. 아마 이 시 속에 지도자가 마땅히 지녀야 할 마음가짐이 제시되어 있다고 생각하여 좌우명으로 삼은 것이리라.

소동파의 시와 서산대사의 시는 둘 다 새하얗게 펼쳐진 설경을 소재로 진지하게 자신의 인생관을 피력하여 오랜 기간에 걸쳐 수많은 독자들의 공감을 얻고 있다. 그러나 두 사람은 눈 위에 찍힌 발자국에 대하여 상반된 관점을 지니고 있다. 소동파는 그것이 금방 사라진다는 관점을 지니고 있고, 서산대사는 그것이 오랫동안 남아 있다는 관점을 지니고 있다. 같은 현상을 놓고 어떻게 해서 이렇게 상

35　안대회, <야설(野雪)>(2013년 2월 19일자 조선일보 <가슴으로 읽는 한시>) 참조.

36　김일근(金一根), <김구 선생 친필>(1979년 7월 21일자 동아일보 <청론탁설>) 참조. ≪문학사학철학≫ 창간준비 5호(한국불교사연구소, 2006) 5쪽에 <눈밭을 밟다(踏雪)>라는 제목으로 수록되어 있는 이 시에는 "남한산성에서 발굴된 서산대사 淸虛 休靜의 시비에 나오는 시이다"라는 고영섭(高榮燮)의 주석이 있다.

37　도진순 주해, ≪백범일지≫(파주: 돌베개, 2007)에 수록된 김구 친필본.

반된 관점이 존재할 수 있는가? 더구나 상반된 관점에서 지어진 두 사람의 시가 모두 오랫동안 인구에 회자할 수 있는가?

얼핏 보면 두 사람의 관점이 상반되는 것 같지만 곰곰이 생각해 보면 결코 상반되는 것이 아니다. 다만 소동파는 장기적으로 보고 서산대사는 단기적으로 보았다는 차이가 있을 뿐이다. 장기적으로 보면 눈은 다 녹아 없어지기 때문에 그 위에 아무리 많은 발자국이 있었다 해도 흔적 없이 사라진다. 그러나 단기적으로 보면 눈 위에 찍힌 앞사람의 발자국이 뒷사람의 길잡이가 되는 것이 사실이다. 서산대사가 말한 '뒷사람'의 일차적인 의미는 '먼 후세 사람'이 아니라 '바로 뒤를 따라가는 다른 사람'인 것이다.

운전사에게 소동파의 이 시를 보여 주며 아느냐고 물었더니 망설임 없이 선뜻 안다고 했다. 그러나 그 창작 현장이 어딘지 아느냐고 묻자 고개를 내저었다. 스무 살가량 되어 보이는 호텔 여종업원에게 물어도 모른다고 했다. 다른 종업원도 모른다고 했다. 면지 지도가 있느냐고 물었더니 없다고 했다. 예상했던 일이지만 아무래도 이 시의 창작 현장을 찾기는 힘들 것 같고 면지현 경내에 들어와 본 것으로 만족해야 할 것 같았다.

점심을 먹으면서 운전사에게 내일도 차를 좀 이용할 수 있겠느냐고 물었더니 회사로 돌아가서 상의한 뒤 결과를 알려 주겠다고 했다. 만일의 경우에 대비하여 운전사의 신원을 확인해 보니 낙양시여유기차공사(洛陽市旅遊汽車公司)의 진(陳) 선생이라고 했다.

면지에도 면지고팔경(澠池古八景)을 비롯하여 이름난 유적지와 명승지가 많이 있지만, 시간이 없어 면지박물관과 진조회맹대(秦趙會盟臺) 두 군데만 보기로 했다. 면지박물관에 가면 혹시 소동파 시의 현장에 대하여 무슨 단서라도 잡을 수 있을까 하는 기대가 있었다.

먼저 면지박물관으로 가기 위해 방향을 잡고 잘 달리던 차가 그만 방향을 정반대로 돌렸다. 반대 방향으로 돌려서 다시 얼마를 가더니 운전사가 차에서 내렸다. 두 눈으로 운전사를 따라가 보니 좁디좁은 비포장도로 입구에 시골 사람 서너 명이 앉아 있었다. 운전사는 그 사람들과 무어라고 이야기를 주고받더니 돌아와서 저 사람이 길을 안내해 주겠다는데 태워도 되겠느냐고 물었다. 21인승 중형버스인지라 자리가 남아 있으니 안 된다고 할 이유가 없었다. 운전사가 다시 갔다가 한 여자를 데리고 왔는데, 얼굴이 거무스름한 것이 아주머니인지 처녀인지 분간이 잘 안 되었다. 그 여자는 운전사 옆에 앉아서 알아들을 수 없는 그 지방 사투리로 무언가 열심히 설명해 주고 있었다.

차는 그 여자가 안내하는 대로 이리저리 방향을 바꾸어 가며 비포장도로를 한참 동안 달렸다. 길이 움푹하게 파인 곳이 많아서 운전사가 조심조심 운전했지만, 잠시 방심할라치면 그만 차가 심하게 덜컹거려 머리가 차의 천장에 박치기를 하곤 했다. 그럴 때면 어김없이 여성들의 비명이 동시에 터져 나왔다. 6킬로미터쯤 달렸을까? 갑자기 차가 멈추어 섰다. 전방을 보니 홍수로 인해 길이 절반 이상 떨어져 나가고 없었다. 운전사가 내려서 가늠해 보고 오더니 고개를 갸우뚱거리며 지나갈 수 있을지도 모르지만 너무 위험하다고 했다. 여기까지 왔는데 이게 무슨 일인가 싶었다. 그렇다고 무리하게 지나가다가는 3미터 아래의 황토 바닥으로 수직낙하 할지도 모르는 상황이었다. 모두들 낙심하는 표정이 역력했다. 그러나 안내하는 여자가 조금만 더 가면 되니까 그냥 걸어서 가자며 자기가 앞장섰다. 천만다행이었다.

중국의 남방에 유채가 많은 것은 알고 있었지만 북방에 옥수수가 이렇게 많은 것은 이번 답사를 통하여 처음 알았다. 차창 밖으로 한도 끝도 없이 펼쳐져 있는 옥수수밭을 보면서 중국에 웬 옥수수가 이리도 많을까 하고 궁금해했다. 아침에 옥수수죽을 조금 먹는 것 이외에 특별히 옥수수 소비가 많아 보이지도 않았기 때문에 옥수수가 이렇게 많은 이유를 이해할 수 없었던 것이다.[38] 양쪽에 일망무제로 옥수수밭이 펼쳐져 있는 시골길을 따라 느린 걸음으로 20분쯤 더 들어간 곳에서 그 여자는 그 여자보다 더 거무스름한 한 시골 할아버지를 찾아 우리를 인계해 주고는 돌아갔다. 알고 보니 그 여자는 아까 길이 떨어져 나간 곳에서 왼쪽으로 들어가는 동네에 사는데 우리를 안내하기 위해 일부러 여기까지 와 준 것이었다. 우리 차를 얻어 탄 것에 대한 보답이라기보다는 시골 사람의 순박한 인심이리라.

할아버지를 따라 몇 걸음 더 들어가니 '앙소촌유지(仰韶村遺址)'라는 글자가 새겨진 비석이 하나 나오고 그 뒤의 언덕 밑에 초라한 임시건물이 하나 있었다. 1921년 스웨덴 학자 안데르손(Johan Gunnar Andersson)이 하남성 면지현 앙소촌에서 채도(彩陶)와 마제석기(磨製石器) 등의 신석기 유물을 발견했기 때문에 이렇게 명명되었다는 앙소문화는 황하 중류 지역에서 번영을 구가한 신석기시대 말기의 농경문화이고, 앙소촌이라는 이름은 그 마을이 소산(韶山)의 기슭에 자리 잡고 있어서 고개를 들면 소산이 보인다고 해서 붙여진 이름이라고 한다.[39]

할아버지는 비석 뒤의 언덕 밑에 지어진 폭 2미터 정도에 길이 30미터쯤 되어 보이는 작은 임시건물의 문을 열고 우리를 안으로 안내했다. 그 건물은 평소에는 문을 잠가 두었다가 사람이 찾아오면 할아버지가 문을 열어 주는 모양이었다. 안으로 들어가자 언덕 쪽은 흙 상태 그대로 두고 맞은편에는 그 언덕에서 나왔다는 흙 묻은 도자기 몇 점을 어설프게 진열해 놓고 있었다. 그것이 바로 박물관이었다. 그리고 그 할아버지는 박물관의 관리인 겸 관광안내원인 셈이었다.

앙소촌유지에서 나오니 할아버지의 부인인 듯한 할머니 한 분이 길에 서 있다가 우리를 보고 길 옆에 있는 언덕을 가리키며 저것도 앙소촌유지라고 설명해 주었다. 나는 그것보다 언덕 밑에 파놓은, 너무 깊어서 빠지면 올라오기 힘들 것 같

---

38 나중에 확인해 보니 중국이 미국 다음으로 옥수수가 많이 나는 세계 제2의 옥수수 생산국이라고 했다. 아마도 수출용 옥수수인 모양이다.

39 《백도백과》 <앙소문화유지(仰韶文化遺址)> · <앙소문화> · <앙소촌유지> 참조.

은 구덩이가 무엇인지 궁금하여 할머니한테 물어보았다. 기차를 타고 그 부근을 지나다 보면 언덕 밑에 그런 구덩이가 수없이 많은데, 사람 사는 집이라는 말도 있지만 그런 것 같지도 않고 도무지 무엇에 쓰는 물건인지 궁금했던 참에 마침 길옆에 그런 구덩이가 두 개 있어서 기회를 놓칠세라 얼른 물어본 것이다. 할머니는 간단하게 저수시설이라고 했다. 옛날에 사용하던 저수시설인데 지금은 수돗물이 있기 때문에 사용하지 않는다고 했다.

차가 있는 곳으로 돌아오노라니 오른쪽 저만치에 나지막한 탑이 하나 보였다. 그냥 지나치려다가 혹시 무슨 중요한 곳일지도 모른다는 생각이 들어서 한번 가보았다. 민가인 듯한 작은 집이 한 채 있고 그 뒤곁에 '앙소문화유지(仰韶文化遺址)'라는 글자가 새겨진 작은 탑이 하나 서 있었다. 최근에 그곳에서 앙소문화에 관한 학술대회를 열고 그것을 기념하기 위해 세운 탑이라고 기록되어 있었다. 탑은 평소에 찾는 사람도 없고 관리도 전혀 하지 않는 듯 주위에 온통 잡초만 무성했다.

우리가 보고 싶었던 것은 면지에 관한 각종 자료가 다 진열되어 있는 일반 박물관이지 앙소문화박물관이 아니었지만, 면지에 일반 박물관이 있는지 없는지 확인하기도 어렵고 설사 있다고 하더라도 시간이 없어서 더 이상 욕심을 낼 수도 없었기 때문에 탑을 대충 둘러보고 난 뒤에 바로 전국시대에 진나라 소양왕(昭襄王)과 조나라 혜문왕(惠文王)이 회맹했다는 진조회맹대(秦趙會盟臺)를 찾아갔다.

당시 조나라보다 강대한 나라이던 진나라는 조나라를 병탄하고 싶은 생각이 굴뚝같았지만 조나라에 염파(廉頗)와 인상여(藺相如)라는 명신들이 버티고 있어서 쉽게 뜻을 이룰 수 없었다. 그러다가 진나라 소양왕 28년(기원전 279)에 마침내 조나라에 제의하여 면지에서 만나 회맹하기로 했다. 조나라 혜문왕은 만일의 경우에 대비하여 염파 장군에게 뒷일을 부탁한 후, 진나라에 빼앗긴 화씨벽(和氏璧)을 지혜와 용기로 되찾아온 이른바 '완벽(完璧)' 고사의 주인공 인상여를 데리고 회맹장으로 갔다. 회맹에서 진나라 소양왕은 조나라 혜문왕보다 유리한 입장에 서기 위해 갖은 방법을 다 동원했다. 그는 조나라 혜문왕이 슬(瑟)을 잘 탄다는 소문을 들었다며 한 곡 연주해 달라고 부탁했다. 혜문왕이 슬을 연주하자 진나라 어사(御史)가 진나라 왕이 조나라 왕에게 슬을 연주하게 했다고 기록했다. 조나라 왕이 진나라 왕의 명에 따라 그를 위해 봉사했다는 수치스러운 기록이었다. 이것을 본 인상여가 진나라 소양왕에게 장군(缶)이라는 악기를 잘 두드린다는 소문을 들었으니 그것을 두드려 이 자리의 흥을 돋우어 달라고 부탁했다. 소양왕이 화를 내며 거절하자 인상여가 부탁을 들어주지 않으면 자기 피를 소양왕의 몸에 뿌리겠다고 했다. 망신을 당하기 싫은 소양왕이 마지못해 장군을 두드렸더니 인상여가 조나라 어사에게 진나라 왕이 조나라 왕을 위해 장군을 두드렸다고 기록하게 했다. 진나라의 수행원들이 조나라의 성 열다섯 개를 진나라에 내놓으라고 하자, 인상여가 진나라의 도성인 함양(咸陽)을 조나라에 주면 그렇게 하겠다고 응수했다. 이리하여 진나라는 조나라를 함부로 대하지 못하게 되었다.[40] 진조회맹대는 바로 약소국 조나라와 강대국 진나라가 대등하게 회맹한 역사의 현장이다.

❄ 왕성공원과 용문석굴

진조회맹대를 끝으로 면지에서의 일정을 끝내고 낙양으로 돌아와 왕성공원(王城公園)을 구경했다. 왕성공원은 매년 4월에 국제모란축제가 열릴 정도로 중국에서 모란이 가장 많이 나는 곳이다. 비록 철이 지난 뒤라 꽃은 한 송이도 볼 수 없었지만 낙양의 왕성공원에는 모란나무가 정말 많았다. 이처럼 낙양에 모란이 많게 된 것에 대해서 참으로 황당한 전설이 하나 있다.

당나라 고종의 황후로 고종 사후 한때 황제의 자리에까지 올라 무소불위의 권력을 행사하던 측천무후(則天武后)는 천수 2년(691) 섣달에 급기야 다음과 같은 오언시 형식의 어명을 내리기에 이르렀다.

---

40 ≪사기≫ 권81 <염파인상여열전(廉頗藺相如列傳)> 참조.

내일 아침 동산에서 노닐 터이니	明朝遊上苑
화급히 봄에게 알려 주기 바란다.	火急報春知
꽃들이 반드시 밤을 새워 피어야지	花須連夜發
새벽바람 불 때까지 기다려선 안 된다.	莫待曉風吹[41]

말하자면 춘신(春神)에게 밤사이에 얼른 꽃을 피우라는 자신의 조서(詔書)를 하달한 셈이다. 이리하여 온갖 꽃들이 다 피었는데 모란꽃만은 측천무후의 명령에 따르지 않았다. 측천무후가 대노하여 모란꽃을 모두 낙양으로 추방해 버렸다.[42] 아마도 누군가가 못하는 짓이 없는 그녀의 오만방자한 태도를 풍자하기 위해 지어낸 이야기이리라.

왕성공원에서 멀지 않은 숙소까지 걸어서 갔다가 짐만 내려놓고 다시 나와 저녁을 먹으러 갔다. 어제 저녁에 갔던 해물 전문점도 좋았지만 같은 집에 또 가는 것보다는 다른 집을 찾아보는 것이 좋을 것 같아 큰길을 따라 한참 내려가다가 낙양수석원(洛陽水席園)이라는 식당을 발견했다. 주강로(珠江路)와 연안로(延安路)가 만나는 지점에 있는 그 집 정문에 용문석굴(龍門石窟) 및 낙양모란(洛陽牡丹)과 더불어 낙양삼절로 꼽히는 유명한 식당이라는 광고 문구가 붙어 있었다. 그리고 낙양수석원의 요리는 당나라 때부터 내려오는 전통 있는 요리라고 했다. 국물이 매우 많은 것이 특징이라는 그 집 요리는 전통 있는 요리답게 아주 맛이 좋았다. 뜻하지 않게 이처럼 유명한 요릿집을 만난 덕분에 오늘 하루는 불쾌하게 시작하여 유쾌하게 끝맺을 수 있었다.

---

41 문연각사고전서본 ≪어정전당시(御定全唐詩)≫ 권5 <선달에 상원에 행차한다는 어명을 내리다(臘日宣詔幸上苑)>.

42 풍몽룡(馮夢龍)의 ≪성세항언(醒世恒言)≫ 권4 및 포옹노인(抱甕老人)의 ≪금고기관(今古奇觀)≫ 권8 참조.

내일 타기로 한 중형버스의 운전사한테서 아무 연락이 없기에 전화를 해 보았더니 자기는 당연히 가는 것으로 알고 있어서 전화를 안 했다고 했다. 돌아가서 상의하고 난 뒤에 연락해 주겠다고 한 말을 잊어버린 모양이다. 중국 사람들은 전화를 잘 안 한다는 사실을 오래전부터 익히 알고 있으면서도 아직도 적응이 잘 안 된다. 차비에 대해서 합의한 적이 없는데 전화도 안 하고 있다가 우리가 전화를 하니까 그제야 통행료와 주차비 등 각종 비용을 우리가 부담하는 조건으로 900원이란다. 오늘 차비의 두 배를 달라니 꽤나 비싼 편이지만 그나마 얼마나 다행인가? 혹시 오늘 아침과 같은 황당한 꼴을 당할까봐 더 깎자는 말도 못하고 순순히 동의해 주었다.

2004년 8월 20일 아침에 들으니 어제 저녁에 문준혜가 다시 그 운전사에게 전화하여 차비를 800원으로 깎아 놓았다고 한다. 내가 옆에 있었으면 말렸을지도 모르는데 이미 그렇게 결정되었다니 내가 옆에 없었던 것이 잘 된 셈이다. 혹시 안 나오면 어쩌나 하는 불안감을 안고 어제 그 차를 탔던 장소인 모란대주점 앞으로 갔다. 다행히도 나의 불안은 기우로 끝나고 그 운전사가 일찌감치 와 준 덕분에 7시 50분에 출발할 수 있었다. 차는 지금까지 거쳐 온 산동성 일대와 하남성 동부 지역의 가로수가 대부분 홰나무였던 것과는 달리 플라타너스 가로수가 네 줄로 늘어선 큰길을 시원스럽게 달려 20여 분 만에 관우(關羽)의 무덤이 있는 관림(關林)에 도착했다. 관우의 무덤이 이곳에 있게 된 데는 이런 사정이 있었다.

관우는 당시 삼국의 요충지인 형주(荊州)를 지키고 있었다. 오나라는 여러 차례 형주를 탈환하려고 시도했으나 뜻을 이루지 못했는데, 이때 여몽(呂蒙)과 육손(陸遜)이 형주를 탈환할 계략을 짰다. 형주와 가까운 육구(陸口)에 주둔하며 형주를 견제하던 여몽이 병이 나서 물러나는 체하고 그보다 역량이 못한 육손이 대신 주둔하는 것으로 가장하여 관우가 방심하고 병력을 번성(樊城) 전선으로 투입하게 한 다음 은밀하게 형주를 공격한다는 계략이었다. 관우가 이러한 여몽과 육손의 계략에 속아 마침내 오나라 군사들에게 생포되었다. 손권이 그를 항복시켜 자기 편으로 만들어 보려고 시도했으나 애당초 가당찮은 일이었다. 손권은 조조가 옛날에 관우를 살려 주었다가 그 뒤에 큰 우환이 되었던 일을 생각하며 관우의 목을 베었다. 그러나 관우·장비(張飛)와 함께 도원에서 굳게 형제의 의를 맺은 유비(劉備)가 그냥 있을 리 없음을 잘 아는지라 걱정이 컸다. 그리하여 유비의 원한을 조조에게로 돌리기 위해 관우의 머리를 조조에게 보냈다. 조조가 시켜서 그렇게 한 것처럼 보이기 위해서였다. 조조가 그것을 모를 리가 없었다. 그리고 그도 역시 유비의 보복이 두렵지 않을 수 없었다. 이리하여 마침내 침향목으로 관우의 몸뚱이를 만들게 하여 그 위에 관우의 머리를 얹은 다음 왕후(王侯)의 예로써 이곳 낙양성 남문 밖에다 성대하게 장사 지냈다.[43]

8시 40분쯤에 다시 관림을 출발하여 9시 5분에 용문에 도착했다. 용문석굴(龍門石窟)은 북위(北魏)의 효문제(孝文帝)가 낙양으로 천도한 태화 19년(495)경부터 400여 년에 걸쳐 2,300여 개의 감실(龕室)에 10여 만 기(基)의 불상을 조각해 놓은 것으로 알려져 있다.[44] 감숙성의 돈황석굴(敦煌石窟) 및 산서성의 운강석굴(雲岡石窟)과 더불어 중국 3대 석굴로 꼽히는 용문석굴은 1992년 4월에 한 번 보았는데도 이번에 다시 보니 처음 보는 것 못지않은 감동이 있었다. 그리고 지난번에는 동산(東山)에 있는 석굴과 백거이(白居易, 772-846)가 만년에 은거한 향산(香山)에는 가 보지 못했는데 이번에는 동산은 물론 향산에 있는 향산사와 백거이의 무덤이 있는 백원(白園)까지도 살펴볼 기회를 가지게 되어서 다행이었다. 서산과 동산을 이어주는 만수교(漫水橋)와 용문대교 위에서 도도하게 흐르는 이하(伊河)를 한 번 굽어보는 것도 지난번에는 느껴 보지 못한 커다란 즐거움이었다.

---

43 나관중의 ≪삼국연의≫ 권15 <여자명이 지혜로 형주를 탈취하다(呂子明智取荊州)> 및 권16 <한중왕이 관공의 죽음에 통곡하다(漢中王痛哭關公)> 참조.

44 ≪백도백과≫ <용문석굴> 참조.

용문석굴

4. 겹현(郟縣)에서 부양(阜陽)까지

행복지가

점심은 가다가 먹기로 하고 12시에 용문을 떠나 소동파의 무덤이 있는 겹현(郟縣)으로 향했다. 차는 고속도로를 달리다가 여양(汝陽)에서 국도로 접어들었다. 길 양쪽에 늘어선 민가들의 대문 위에 붉은색 바탕에 황금색으로 '행복지가(幸福之家)' 또는 '길성고조(吉星高照)'라고 쓴 종이가 수없이 많이 붙어 있었다. '행복이 깃든 집' 또는 '길성이 높이 떴다'라는 뜻이다. 이번에 답사한 산동성과 하남성 일대에는 이런 문구를 써 붙인 집이 유난히 많아 거쳐 온 곳마다 빠짐없이 보아 온 터였다. 행복한 삶을 희구하는 소시민들의 소망은 어디나 마찬가지인가 보다.

임여진(臨汝鎭)이라는 시골 소도시를 지나자 이내 여주시(汝州市)에 다다랐다. 소동파는 원풍 7년(1084)에 유배지를 황주(黃州)에서 여주로 옮기라는 명을 받아 옮겨 가는 도중에 상주거주(常州居住)의 허락을 받아 발길을 돌린 적이 있고, 소성 원년(1094) 영주(英州)로 좌천되어 갈 때 동생을 찾아 잠시 여주에 들른 적이 있다. 그리고 죽은 뒤에 여주의 겹현에 묻혔다. 여주는 이처럼 소동파와 인연이 깊은 고을이다. 이런 생각 때문인지 차가 여주 경내로 들어서자 무어라 형언하기 어려운 묘한 기분이 들었다.

점심을 먹기 위해 여주 시내의 세하(洗河) 가에 있는 수상표주점(水上漂酒店)에 차를 세웠다. 호텔 식당으로 들어가다가 운전사가 반가운 듯이 이것 좀 보라고 소리치며 나에게 손짓을 했다. 호텔 현관에 삼소원(三蘇園) 입장료가 11원이라고 적힌 관광안내판이 하나 세워져 있었다. 운전사도 소동파의 무덤이 어디에 있는지 잘 모르는 채 일단 부근에 와서 물어볼 요량이었기 때문에 못 찾으면 어떻게 하나 하고 내심 적잖이 불안해하다가 '삼소원(三蘇園)'이라는 글자를 보고는 반가워서 자신도 모르게 소리친 모양이었다.

다른 사람들이 식당으로 들어간 사이에 나는 종업원에게 여주 지도를 파느냐고 물었다. 겹현의 위치를 확인하고 싶었기 때문이다. 그러나 그 호텔에서는 지도를 팔지 않는다며 그냥 보여 주겠다고 했다. 지도를 들고 와서 보여 주는 남자 종업원한테 그것을 나에게 팔라고 했더니 그것은 파는 것이 아니라며 아예 그냥 주겠다고 했다. 여주 지도를 받아서 겹현을 찾아보았으나 아무리 찾아도 보이지 않았다. 여주는 겹현의 상위 행정기관이 아니라 겹현과 마찬가지로 평정산시(平頂山市)에 속하는 현급시(縣級市)일 뿐이라서 그렇다며 그 남자 종업원은 나에게 평정산시 지도를 보여 주었다. 지금까지 소동파의 전기나 그에 관한 다른 기록에서 소동파의 무덤이 여주(汝州) 겹성현(郟城縣, 지금의 하남성 겹현)에 있다는 기록만 보아 왔기 때문에 겹현이 여주시의 속현인 줄로만 알고 있었지 평정산시의 속현인 줄은 몰랐는데 이번 답사를 통해 비로소 겹현이 옛날과 달리 평정산시에 속한다는 사실을 알게 되었다.

마땅히 지도를 살 만한 곳이 없을 것이라고 생각되어 체면 불구하고 그것도 나에게 달라고 했더니 남자 종업원은 나를 쳐다보며 의미 모를 웃음을 한 번 짓고는 지도를 건네주었다. 지도를 받아서 자세히 살펴보니 겹현은 평정산시의 동북쪽 변두리에 위치하여 서북쪽으로는 평정산시의 북쪽 변두리인 여주시와 경계를 맞대고, 서남쪽으로는 평정산시의 중앙에 위치한 풍보현(豊寶縣)과 경계를 맞대고, 동쪽으로는 하남성의 한가운데인 허창시(許昌市)와 경계를 맞대고 있었다. 그리고 소씨 삼부자의 무덤인 삼소분(三蘇墳)은 또 겹현의 서북쪽 끄트머리에 있어서 여주시와 가까웠다.

❋ 삼소원

수상표주점에서 다시 40분쯤 달려가노라니 삼거리가 나왔다. 이정표에 직진하여 15킬로미터를 더 가면 겹현이고, 좌회전하여 8킬로미터를 더 가면 삼소분이라고 표시되어 있었다. 이정표에 따라 좌회전하자 바로 길을 가로막는 일주문이 하나 나왔다. '삼소여유구(三蘇旅游區)'라는 글씨가 얼른 알아보기 힘들 정도로 퇴색해 있는 품이 제법 오래전에 세워졌음을 말해주고 있었다. 도로공사가 진행 중인 듯 길가에는 모래가 높다랗게 쌓여 있고 모래더미 주위에 트럭이 서너 대 서 있었다. 차를 세우고 내려서 이 역사적인 장소에 온 것을 기념하려고 다들 각도를 바꾸어 가면서 부지런히 사진을 찍었다.

다시 차를 타고 우리 일행 이외에는 다른 사람이 거의 보이지 않는 한산한 길을 따라 안으로 들어갔다. 길 양쪽에 최근에 심은 듯한 키 작은 수양버들이 두 줄로 죽 늘어 서 있고 가로수 너머로 끝없이 펼쳐진 담배밭이 보였다. 지금까지는 눈에 보이는 것이 온통 옥수수밭뿐이었는데 여기는 사방에 온통 담배밭이어서 색다른 분위기를 자아냈다.

다시 얼마를 가노라니 '삼소원(三蘇園)'이라 적힌 일주문이 또 하나 서 있었다. 조금 전에 본 '삼소여유구(三蘇旅游區)'라는 일주문은 상당히 퇴색해 있었는데 이번 것은 단청과 글씨가 모두 상당히 선명해 보이는 것이 세운 지 얼마 안 된 듯했다.

일주문의 뒤쪽을 보니 과연 큼지막한 글씨로 '기고천하(氣高天下, 기개가 천하에 드높았다는 뜻)'라고 쓰여 있고 작은 글씨로 2002년 7월에 겹현전력공사(郟縣電力公司)가 기증했다고 쓰여 있었다. 이것만 보아도 '개혁개방' 정책을 실시한 이후 중국의 경제가 급속도로 성장하면서 생활에 여유가 생기자 지방 정부에서 이 일대를 관광지로 개발하고 있는 중임을 짐작할 수 있었는데, 다시 조금 더 가니 이 사실을 증명해 주려는 듯 길가에 커다란 천연색의 조감도가 있었다. 하남성겹현인민정부(河南省郟縣人民政府) · 하남성겹현자파향인민정부(河南省郟縣茨芭鄉人民政府) · 하남대학역사문

삼소여유구 입구

삼소원 입구

화학원여유규획중심(河南大學歷史文化學院旅游規劃中心) 등 세 기관이 연합하여 설계한 '하남성겹현삼소원경구총체조감도(河南省郟縣三蘇園景區總體鳥瞰圖)'였다.

소동파가 이곳 겹현에 묻힌 것은 자신의 유언에 의한 것이었다. 그는 북송 휘종 건중정국 원년(1101) 7월 28일에 향년 66세로 세상을 떠나 꼭 1년 뒤인 숭녕 원년(1102) 윤6월에 이곳 여주 겹현 조대향(釣臺鄉) 상서리(上瑞里) 숭산(崇山) 남쪽의 소아미산(小峨眉山)에 안장되었다.[45] 그리고 원우 8년(1093) 8월 1일 개봉에서 세상을 떠난 뒤 9년이 지나도록 아직 정식 장례를 치르지 못하고 있던 부인 왕윤지도 이곳으로 옮겨 와서 합장했다.[46]

삼소의 사당은 광경사(廣慶寺)라는 절 안에 있다고 절 정문에서 입장권을 팔고 있던 여직원이 설명해 주었다. 정문에 들어서자 바로 표정이 유달리 온화한 불상을 모신 불당이 나오고, 그 옆 담장에 1997년 12월에 새겼다는 <삼소풍경구건설기(三蘇景區修建記)>의 석각이 있었다. 불당 바로 뒤가 삼소사(三蘇祠)였다. 사당 앞에는 양쪽으로 납작한 비석이 한쪽에 세 개씩 모두 여섯 개 서 있고, 그 앞에 일흔 살쯤 되어 보이는 할아버지 한 분이 쪼그리고 앉아서 점을 치라고 호객행위를 하고 있었다. 구미가 동한 듯 중국인 두 명이 할아버지 앞에 앉아서 점을 보았다.

광경사

45 부조(傅藻)의 ≪동파기년록(東坡紀年錄)≫ <건중정국원년(建中靖國元年)> 및 ≪하남통지(河南通志)≫ 권8 <소아미산> 참조.

46 소철(蘇轍), <다시 형수 왕 씨께 바치는 제문(再祭亡嫂王氏文)> 참조

겹현 삼소원의 삼소사

사당 안에는 삼소의 상이 모셔져 있는데 꽤나 꾀죄죄해 보였다. 만든 지가 상당히 오래된 모양이었다. 아버지를 사이에 두고 두 형제가 좌우에서 모시고 있는 모습인데 관리를 잘 하지 않는 듯 상당히 지저분했다. 삼소상 앞의 빈자리에 화환 여섯 개가 두 줄로 나란히 서 있기에 자세히 들여다보니 모두 겹현소식연구회(郟縣蘇軾硏究會) 등 소동파나 삼소를 연구하는 그 지방의 연구기관에서 보낸 것이었다. 사진을 찍어 두려고 먼저 삼소의 상을 향해 셔터를 누르려는 순간, 웬 노인네가 뭐라고 알아듣지 못할 말을 하며 들어와서 제지했다. 여기서는 사진을 찍으면 안 된다는 말임을 짐작할 수 있었다. 왜 안 되느냐고 항의하듯 묻자, 할아버지는 미안해하는 말투로 여기만 빼고 다른 데서는 아무데서라도 다 찍을 수 있다며 목소리를 낮추었다. 할아버지는 바로 사당 앞에서 점을 치던 그분이었다. 그의 주업이 무엇인지는 모르겠지만 관람객이 사당에서 사진을 촬영하지 못하도록 제지하는 것도 그의 임무 가운데 하나인 듯했다.

삼소사 경내에 소씨선현사(蘇氏先賢祠)가 있었다. 소동파와 소철의 후손 가운데 명망 있는 사람들의 사당이었다. 그러나 사당이라고 부르기에는 무색할 정도로 너무 초라하여 안에 송승의랑미산소중남묘지명(宋承議郎眉山蘇仲南墓誌銘) 등의 유물이 몇 점 보관되어 있을 뿐이었다. 소중남은 소철의 둘째 아들 소괄(蘇适)의 자(字)다.[47]

소씨선현사 옆으로 나 있는 작은 문을 열고 들어가니 몇 개나 되는지 어림잡기도 어려운 수많은 석각이 사방의 벽에 붙어 있었다. 동파비림이었다. <동파비림창

겹현 삼소원의 동파비림

47 조수명(曹樹銘), <소씨세계(蘇氏世系)>[≪소동파사(蘇東坡詞)≫, 대북: 대만상무인서관, 1984, 620쪽] 참조.

건기(興建東坡碑林記)>에 의하면 동파비림은 소동파 서거 900주년을 기념하기 위해 1997년 6월에 시작하여 2000년 12월에 제1단계 공사를 끝냈으며, 유명 서예가 189명이 소동파의 작품 132편을 쓴 321편의 서예작품을 돌에 새긴 것이라고 한다.

동파비림은 작품의 유형에 따라 시사비원(詩詞碑園)·문부비원(文賦碑園)·대강동거비원(大江東去碑園) 등 몇 개의 구역으로 나누어져 있는데, 대강동거비원이 따로 있을 정도로 "대강동거(大江東去)"로 시작되는 그의 사 <염노교(念奴嬌)—적벽회고(赤壁懷古)—>를 새긴 것이 압도적으로 많았다.

석각 중에는 해외 인사들이 쓴 것만 따로 모아 놓은 해외명인비도 있었다. 그리고 다른 사람의 글씨는 모두 마당을 에워싼 사방의 담장에 새겨져 있는데, 모택동(毛澤東)이 초서체로 쓴 붉은색의 대강동거비는 하나의 독립된 비석에 새겨진 채 마당 안에 서 있어서 특별히 눈길을 끌었다. 또 소동파가 평소 대나무를 좋아했음을 의식한 것인지 앙소당(仰蘇堂)이라는 전당 앞의 마당에는 대나무가 가득 심어져 있었다.

다시 삼소사 정문으로 나와 동파비림의 벽을 끼고 오른쪽으로 돌아서 200미터쯤 올라가니 삼소분이 있었다. 맨 앞에 '삼소분(三蘇墳)'이라는 현판이 걸려 있는 출입문이 있고, 그 옆의 벽에 1963년 6월 20일에 이곳을 하남성 제1호 문물보호단위로 공포했다는 내용의 석각이 있었다. 출입문을 지나자 '천추경앙(千秋景仰)'이라는 현판이 걸린 향당(饗堂)이 나왔다. 소씨 부자에게 제물을 바치고 제사를 올리는 장소인 모양이었다. 향당 뒤에 다시 100평 정도 되는 공터가 있었다. 많은 후손들이 늘어서서 무덤에 절을 올리거나 묵념을 하는 데 쓰는 공간인 듯했다.

맨 뒤에 소씨 부자의 무덤이 한 줄로 나란히 줄을 지어 있었다. 가운데에 소순(1009-1066)의 무덤이 있고, 그 오른쪽과 왼쪽에 각각 소동파와 소철의 무덤이 마주 보고 있었다. 일찌감치 벼슬에서 물러나 고향에서 형제가 침대를 나란히 놓고 누워서 밤비 소리 들으며 두런두런 이야기를 나누자던 '대상야우(對床夜雨)'의 꿈을 생전에는 끝내 이루지 못하더니, 죽은 뒤에 고향 아닌 겹현에서 아버지를 사이에 두고 밤마다 그렇게 '대상야우'의 정을 나누고 있었던 것이다.

소동파 묘

나는 스님에게 궁금한 것을 이것저것 물어보았다. 무덤에 왜 이렇게 잡초와 잡목이 많으냐고 물었더니, 청명절에 한 번 벌초를 하는데 벌초한 지 오래되어서 그렇다고 했다. 무덤 위에 잔디는 없고 잡초와 잡목만 잔뜩 나 있어서 의아하게 생각했는데 스님의 말씀을 듣고 다시 자세히 살펴보니 잡초와 잡목이 모두 금년에 돋은 것인 듯했다. 스님은 또 가운데에 있는 무덤은 실제 무덤이 아니라 소순의 의관총이고 소동파와 소철의 무덤은 진짜라고 말해 주었다. 그 스님의 말에 의하면 소씨의 후손들이 지금도 그 마을에 살고 있다고 했다. 소철의 손자 소주(蘇籀)가 쓴 ≪난성유언(欒城遺言)≫에 "동파께서 진릉(지금의 강소성 常州)에서 병사하시자 백달(伯達, 소동파의 장남 蘇邁의 字)과 숙당(叔黨, 소동파의 삼남 蘇過의 字)·중예(仲豫, 소동파의 차남 蘇迨의 字)께서는 허창(許昌)으로 돌아가셨다"[48]고 했는데 어떻게 된 일인지 모르겠다. 그 뒤의 후손이 무덤을 관리하기 위하여 이곳으로 들어온 것일까?

무덤 뒤는 측백나무 숲이었다. 오래된 측백나무가 소씨 부자의 무덤을 호위하듯 빽빽하게 늘어서 있었다. 그 속에 들어가니 경기도의 광릉수목원에라도 들어간 듯 안온한 느낌이 들었다.

48 "東坡病歿於晉陵, 伯達·叔·仲歸許昌."[월아당총서본(粵雅堂叢書本) ≪난성유언≫]

겹현 삼소원의 소동파상

삼소분에서 나오니 한 할아버지가 ≪소동파와 겹현(蘇東坡與郟縣)≫·≪삼소에 관한 경관 소개 및 그들에 관한 전설(三蘇景點介紹及傳說)≫·≪겹현의 명승고적(郟縣名勝古迹)≫ 등 소동파와 겹현에 관련된 책을 팔고 있었다. 세 권에 17원 달라는 것을 약간의 흥정을 거쳐 15원에 샀다.

나오다 보니 삼소분에서 삼소사로 통하는 길 옆에 소동파를 기리기 위해 지은 동파상청정(東坡常青亭)이라는 정자가 있고 그 옆에 소동파의 석고상이 있었다. 석고상은 도포 차림에 두건을 쓴 채 왼손에 책을 들고 서 있는 모습이었다. 정자와 소동파상이 있는 그곳에는 대여섯 살쯤 되어 보이는 남자아이 하나와 여자아이 하나가 난간을 넘나들며 천진난만하게 놀다가 한 번씩 힐끔힐끔 우리를 훔쳐보았다.

❈ 숭양서원과 소림사

삼소분을 다 보고 오늘의 마지막 목적지인 숭산(嵩山) 기슭의 등봉(登封)을 향해 출발한 것은 오후 5시가 조금 지나서였다. 부슬부슬 비가 내리고 있었지만 길에 다른 차가 별로 없어서 우리가 탄 차는 마음껏 속력을 내어 달렸다. 길은 꽤 넓은 편이어서 두 개의 차로를 만들기에 충분했건만 가운데 중앙선이 그려져 있지 않았다. 말하자면 시골 차선 그대로였다. 도중에 운전사가 길을 잘못 접어들어 10여 분가량 낭비하는 바람에 더욱 늦어져서 등봉에 도착하여 숙소를 정하고 나니 7시 반이 되어 있었다. 오늘의 숙소는 등봉시위원회와 등봉시인민정부에서 운영하는 초대소였다.

등봉에서 낙양까지 돌아가려면 앞으로 두세 시간이 더 걸릴 것이므로 운전사가 집에 도착하면 저녁 10시가 넘을 것 같았다. 오늘 하루 종일 친절하게 봉사해 주었고 끝난 시간도 원래 우리가 생각했던 것보다 좀 늦었기 때문에 100원을 보태어 900원을 주었더니 운전사는 입이 귀에 걸린 채 연신 고마워했다. 중국 돈 100원, 우리 돈으로 15,000원의 효용이 그토록 크다는 사실이 참으로 놀라웠다. 그것도 원래 900원 주기로 한 것을 800원으로 깎았다가 다시 원래대로 준 셈인데 말이다. 참으로 순박한 운전사였다.

2004년 8월 21일 오늘 일과는 숭산 일대를 둘러본 뒤 정주로 돌아가는 것이다. 6시에 호텔을 나섰다. 큰 호텔에 가면 등봉 일대의 지도가 있을 것 같아 운동 삼아 소림국제대주점(少林國際大酒店)으로 갔다. 어제 저녁에 적당한 호텔을 찾느라 여기저기 돌아다닐 때 잠시 들렀던 곳이다. 그 호텔에서 구입한 등봉 지도를 펼쳐 놓고 궁리해 보니 숭양서원과 소림사만 보면 중요한 곳은 대충 다 보는 셈이 될 것 같았다.

먼저 숭양서원을 찾았다. 숭양서원은 송나라 때의 최고학부 가운데 하나로 하남성 상구(商丘)의 응천서원(應天書院), 호남성 장사(長沙)의 악록서원(岳麓書院), 강서성 구강(九江)의 백록동서원(白鹿洞書院)과 더불어 중국 4대 서원으로 꼽히는 유서 깊은 서원인 줄은 이미 알고 있었지만, 그것이 송나라 때의 저명 학자인 정호(程顥)·정이(程頤)·사마광(司馬光)·범중엄(范仲淹)·주희(朱熹) 등이 학문을 강론한 적이 있을 뿐만 아니라 유교·불교·도교의 성격을 겸비한 서원인 줄은 이번에 처음 알았다. 경내에는 수령이 약 4,500년으로 한나라 무제에 의하여 장군에 봉해진 측백나무라는 장군백과 수령이 1,000년이라는 홰나무 고목이 아직도 꿋꿋하게 서서 서원의 전통을 증언하고 있었다.

소림사로 가기 위해 숭양서원 앞에서 택시 한 대와 빵차 한 대를 잡았다. 내가 탄 택시는 군말 없이 미터 요금대로 갈 생각인데 뒷차인 빵차의 운전사가 내가 탄 차의 운전사에게 와서 무어라고 한참 수군거렸다. 무슨 말인지 알아들을 수 없는 사투리였다. 그러나 내가 택시 운전사에게 미터기를 켜면 되지 않느냐고 했더니 그는 더 이상 이의를 제기하지 않았다. 조금 가다가 운전사는 시키지도 않았는데 스스로 숭산의 관광지를 설명해 주었다. 숭산에는 4대 명승이 있는데 불교 사찰로서 각각 비구와 비구니가 사는 절인 소림사와 영태사(永泰寺), 유교 계열인 숭양서원, 그리고 도교 계열인 중악묘(中嶽廟)가 그것이라며 먼저 영태사를 보고 그 다음에 소림사와 중악묘를 보지 않겠느냐고 제의했다. 원래 계획했던 숭양서원과 소림사 이외에 두 군데만 더 보면 숭산 일대의 중요한 곳을 다 본다는 말에 귀가 솔깃해진 나는 운전사가 하자는 대로 하기로 했다.

차는 가다가 오른쪽으로 접어들었다. 그러고 얼마 안 있어 휴대전화가 울렸다. 이강재 교수가 자기도 빵차 운전사한테 나와 꼭 같은 얘기를 들었는데, 자기가 판단하기에 운전사들이 농간을 부리고 있는 것 같다면서 영태사로 가지 말고 원래 계획했던 대로 바로 소림사로 가는 것이 좋지 않겠느냐는 것이었다. 이강재 교수의 말을 듣고 보니 내 귀가 너무 얇았던 것 같아 결국 이강재 교수의 의견을 따르기로 했다.

차가 소림사 입구의 매표소 앞에 도착하자 운전사들은 자기들이 기다릴 테니 입장권을 사 오라고 했다. 그러면 자기들이 소림사 정문까지 태워 주겠다는 것이었다. 이렇게 산 좋고 물 좋은 곳에 와서 얼마 되지도 않는 거리를 굳이 차를 타고 갈 이유가 뭐 있을까 싶었지만 그렇게 하는 사람도 꽤 있었다. 그러나 우리는 운전사들의 과잉 친절을 끝내 사양하고 우리 생각대로 했다.

매표소에서 소림사 정문까지는 500미터쯤 되는 것 같았다. 그 사이에는 아무것도 볼거리가 없었다. 그런데도 왜 매표소를 정문 가까이에 설치하지 않았는지 궁금했다. 어쩌면 앞으로 그곳에 볼거리를 만들기 위해서 그러는지도 모른다는 생각이 들었다.

소림사 정문에 들어서자 맨 먼저 우리의 눈길을 끄는 것이 '소림사방문기념(少林寺訪門紀念)'이라는 글자가 새겨진 비석이었다. 세계당수도협회(世界唐手道協會) 회장 신 모씨의 명의로 세워진 것인데, 비석 머리에 새겨진 영문 이름이 한국 발음인 것으로 보아 회장이 한국 사람임에 틀림없었다. 입구에 이런 종류의 비석이 죽 늘어서 있는데 그 가운데 이 비석이 맨 앞에 있어서 반가웠다. 다만 무슨 까닭인지 모르지만 '방문(訪問)'이 '방문(訪門)'으로 잘못 적혀 있었다. 한국 발음으로는 똑같이 '방문'이기 때문에 이런 착오가 일어날 수 있지만 중국 발음으로는 많이 다른데 어째서 이런 착오가 생겼는지 좀처럼 상상력이 미치지 않았다. 혹시 이 비석을 한국에서 만들어서 가져온 것일까 하는 생각도 들었지만 그렇게 할 이유는 별로 없을 것 같았다.

오기 전에 친구한테 소림사에 가면 틀림없이 실망할 것이니 가지 말라는 충고

소림사에서 본 숭산

를 들었다는 사람도 여럿 있었다. 과연 그랬다. 소림사는 도처에 공사가 진행 중이라 어수선하기 짝이 없는 데다 공사가 이미 끝난 건물도 너무나 조잡하고 어색하여 도저히 세계적으로 이름난 천 년 고찰이라고 할 수 없다고들 한 마디씩 거들었다. 관광객을 유치하기 위해 서둘러 수리를 해 놓은 모양이었다. 그러나 우리는 어차피 건축 연구가가 아니니까 그냥 그렇거니 하고 보면 그만이었다.

소림사 경내를 한 바퀴 돌고 다시 정문으로 돌아오니 통로보다 약간 낮은 곳에 검보당(劍譜堂)이라는 건물이 있었다. 그냥 지나치려다 무엇 하는 곳인지 궁금해서 한번 들어가 보았다. 소림사는 무술로 유명하거니와 그곳은 바로 무술을 연마하는 곳이었다. 각종 무술 자세를 촬영한 사진과 그것을 조각한 석고상이 진열되어 있고, 한쪽에는 무술을 공연하는 무대도 설치되어 있었다.

소림사에서 나와 한 개에 1원씩인 옥수수를 사서 길가에 있는 나지막한 콘크리트 담장에 걸터앉아 아이들처럼 떠들어 대며 맛있게 먹었다. 길옆으로 숭산에서 흘러 내려온 맑은 개울물이 소리 없이 흐르는데 개울가에는 빨판이 여러 개 달린 오징어 발 모양의 담홍색 여뀌꽃이 흐드러지게 피어 있었다. 그곳 옥수수가 원래 그런지, 경치 좋은 중악 숭산의 기슭이라 그런지, 아니면 우리가 시장해서 그런지는 알 수도 없고 알 필요도 없지만, 아무튼 옥수수가 유난히 맛있었다.

소림사 탑림

옥수수로 요기를 한 후 바로 위에 있는 탑림(塔林)으로 갔다. 탑림은 스님들이 입적한 뒤에 그 공덕을 기리기 위해 세운 부도를 모아 놓은 곳으로 탑이 줄잡

아 100기는 훨씬 넘어 보이는데, 탑의 크기도 다양하고 모양도 가지각색이었다. 역대의 탑이 다 있어서 그 가운데 오래된 것으로는 당나라 스님의 것도 있고 송나라 스님의 것도 있었다.

예상보다 일정이 일찍 끝나는 바람에 우리는 욕심을 좀 냈다. 우리의 욕심이란 다름이 아니라 빨리 정주로 갔다가 곧바로 부양(阜陽)까지 가는 것이었다. 호텔로 돌아가 얼른 짐을 챙겨서 택시를 타고 정주행 시외버스 종점으로 달렸다. 택시 운전사가 도중에 정주행 중형버스를 발견하고는 그 자리에 내려 주기에 그것을 타기로 했다. 열심히 호객행위를 하고 있던 버스는 우리 일행만 타면 즉시 고속도로로 정주까지 직행하겠다고 했다. 우리는 다짐을 받고 그 차를 탔다.

그러나 그 차는 우리가 타자 자리가 꽉 찼는데도 불구하고 호객행위를 계속했다. 중국의 시외버스는 가운데 통로에 보조의자를 놓고 손님을 태우는 것이 관례인 만큼 우리가 그것을 이해하지 못하는 것은 아니지만, 우리가 시간을 벌기 위해 다른 손님보다 5원씩 더 많은 15원씩을 주기로 했기 때문에 약속을 지키지 않는 그들을 그대로 둘 수가 없었다. 너도나도 한 마디씩 아우성을 쳤다. 그래도 그들은 태울 손님을 다 태운 뒤에야 출발했다.

차가 출발하자 남자 차장이 와서 차비를 내라고 했다. 경험 많고 눈치 빠른 이강재 교수가 정주에 도착한 다음에 주겠다고 했다. 일단 차비를 다 받고 나면 그들은 고속도로로 가지 않을지도 모른다는 것이 이강재 교수의 우려였고, 그것은 여러 차례의 경험을 통하여 우리 모두가 터득하고 있는 바이기도 했다. 몇 번이나 보채던 차장도 우리를 설득하지 못하고 결국 포기했다. 자신들이 한 짓이 있는지라 계속 고집하기 힘들었을 것이다. 이강재 교수 덕분에 우리는 고속도로를 질주하여 50분 만에 정주에 도착했다. 오후 2시 20분이었다.

우리는 일정을 약간 수정하여 오늘 중에 시외버스로 정주에서 부양까지 갔다가 거기서 다시 정주로 돌아오지 않고 바로 북경으로 간 다음, 북경에서 남행 열차를 타고 하북성 정주(定州)까지 내려오기로 했다. 정주(定州)를 지나쳤다가 다시 내려오는 것이기 때문에 거리는 400킬로미터쯤 더 멀지만 그래도 그렇게 하는 편이 안전할 것 같았다. 정주(鄭州)로 돌아왔다가 정주에서 정주(定州)나 석가장(石家莊)으로 가는 기차표를 구하지 못하면 곤란해지기 때문이었다.

정주에서 부양으로 가는 시외버스는 4시 40분에 있었다. 시외버스 표를 구입한 다음 정주에서 부양까지 가는 기차표는 반환했다. 여행사에 지불한 10원씩의 수수료와 역에서 징수하는 6원씩의 반환 수수료를 손해 보더라도 그렇게 하는 편이 더 낫다고 판단되었기 때문이다. 부양행 시외버스를 타러 갔더니 우리가 탈 앞자리에 다른 사람이 이미 앉아 있었다. 우리 자리가 맨 앞쪽이기 때문에 차 밖에서도 금방 알 수 있었다. 몇 년 전에 강소성 소주(蘇州)에서 절강성 해녕(海寧)으로 갈 때 우리 일행은 일부러 며칠 전에 시외버스 종점까지 가서 좌석표를 예매해 놓았는데, 좌석표도 없는 어떤 아저씨가 우리 자리를 먼저 차지하고 앉아서는 비켜 줄 생각을 않고 딴전을 피우던 일이 생각났다. 먼저 앉은 사람이 기득권을 주장하고 뒤에 타는 사람이 또 그것을 묵인해 주는 것은 네 것 내 것을 엄격히 따지는 각박한 도시생활에 비하면 훨씬 더 순박한 시골 인심일 것이다. 그래서 도시화가 덜 된 인간적인 사회일수록 지정좌석제가 덜 정착되었다고 해도 과언이 아닐 것이다. 그러나 우리는 이미 각박할 정도로 도시화된 생활에 익숙해진 나머지 지정좌석제가 엄격하게 시행되는 것을 더 좋아한다.

먼저 탄 승객들이 다 들으라고 일부러 "1번부터 9번까지가 우리 자리야" 하고 큰 소리로 떠들면서 타에 올랐다. 그런데 차에 올라가서 좌석번호를 확인하려고 창문 위를 보니 좌석번호가 붙어 있지 않았다. 이 무슨 황당한 상황인가? 큰 소리로 떠든 것이 부끄러워 얼굴이 화끈거렸다. 먼저 탄 사람들이 자꾸만 우리를 쳐다보는 것 같았다. 그나저나 차에 좌석번호도 붙여 놓지 않았으면서 차표에는 왜 좌석번호를 매겨 놓았는지 의아했다. 우리는 별수 없이 빈자리를 찾아 여기저기 흩어져 앉았다. 손님이 많지 않기에 망정이지 손님이 좌석보다 더 많았으면 어쩔 뻔했나 하는 아찔한 생각이 들었다.

종이에 써서 오른쪽 차창 위에 붙여 놓은 "바깥으로 쓰레기를 던지거나 침을 뱉지 마시오(禁止向外抛撒丢棄廢物吐痰)"라는 붉은색 경고 문구를 보며 잠시 옛날 생각에 빠져 있는 사이, 버스는 어느덧 정주 시내를 벗어난 듯 상당히 한적한 어느 정류소에서 잠시 한 번 서고는 그때부터 쉬지 않고 계속하여 달렸다. 차창 밖으로 나타나는 이정표를 통하여 차가 허창(許昌)·누하(漯河)·주구(周口)·항성(項城)·계수(界首)·태화(太和) 등지를 지나가고 있음을 알 수 있었다.

9시 50분쯤 부양에 도착했다. 부양은 조정에서 한림학사승지의 임무를 맡고 있던 소동파가 여러 차례 자청하기도 하고 정적들이 자꾸 모함하기도 한 결과로 원우 6년(1091) 8월부터 약 6개월 동안 태수로 재임한 영주(潁州)의 옛날 이름이다.

차는 우리를 정식 정류소가 아닌 골목길에 내려 주었다. 버스에서 내리기 직전에 보아 둔 호텔이 있기 때문에 곧장 그곳으로 갔다. 환북빈관(皖北賓館)이었다. 우연히 찾아간 호텔인데도 다들 아주 마음에 들어 했다. 시설이 여태까지 다녀 본 다른 도시 호텔의 일반 표준실과 비슷한 수준이라는 점을 감안하더라도 호화 표준실이 하루에 100원이니 방값도 상당히 쌌다. 종업원들은 우리가 자기 호텔을 찾아온 첫 번째 한국인이라며 영광스럽다고 했다. 부양이 대도시가 아닐 뿐만 아니라 관광도시나 공업도시도 아님을 짐작할 수 있었다.

2004년 8월 22일 홍금주와 김보경이 아침 일찍 부양역으로 나가서 북경행 기차의 침대표를 사 왔다. 노심초사하던 일이 생각보다 쉽게 해결되었으니 오늘 일은 그런대로 잘 풀릴 것 같은 예감이 들었다.

❄ 영주서호

영주서호에 가기 위해 택시를 탔더니 거리가 26킬로미터라며 40원을 달라고 했다. 원래 내가 탄 앞차는 별말 없이 미터기를 켜고 가려고 했는데 뒷차 운전사가 무어라고 손짓을 해 대는 통에 앞차 운전사도 마음이 바뀐 것이었다. 영주서호가 부양의 서북쪽 교외에 있어서 실제로 그 정도 거리는 되는 듯했고, 미터 요금으로 계산해도 40원 정도 나올 것 같았다.

영주서호는 남호와 북호로 나뉘어 있다고 했다. 먼저 남호로 갔다. 우리 일행 이외에 관광객은 아무도 없는 듯했다. 호젓한 공원길을 500미터 정도 걸어서 들어가니 동대문이 나오는데 거기서 입장권을 팔고 있었다. 동대문으로 들어가자 바로 오른쪽에 난원(蘭園)이 있고 그곳에 소동파의 석고상이 서 있었다. 그리고 그 뒤편에는 높이가 약 2미터, 길이가 약 10미터 되는 기다란 장식용 벽이 세워져 있는데, 한쪽에는 구양수(1007-1072)의 행적을 그린 벽화가 있고 다른 한쪽에는 소동파의 행적을 그린 벽화가 있었다.

중국에는 서호가 여러 개 있는데 절강성 항주에 있는 것이 가장 널리 알려져 있고 그다음으로 유명한 것이 이곳 부양에 있는 것과 광동성 혜주에 있는 것이다. 옛날 지명이 영주인 부양의 서호는 지금도 '영주서호'라고 부르고 있었다. 영주서호는 구양수가 영주태수로 있을 때 <채상자(采桑子)>라는 사(詞)를 10수 지어 이 호수의 아름다움을 노래했기 때문에 유명해진 곳이고, 혜주서호는 소동파가 두 번째로 유배가 있을 때 즐겨 노닐었기 때문에 유명해진 곳이다.

영주서호의 소동파행적도

구양수는 영주서호를 너무나 좋아한 나머지 태수로 있으면서 늘 이 호수를 찾았을 뿐만 아니라, 관직에서 물러난 뒤에도 고향인 강서성 여릉(廬陵)으로 돌아가지 않고 영주에서 만년을 보내다가 거기서 세상을 떠났다.[49] 그러나 소동파는 항주통판으로 부임해 가는 도중이던 희령 4년(1071) 9월에 스승인 구양수에게 문안을 드리기 위해 잠시 영주에 들른 적이 있고, 원우 6년(1091) 8월에서 원우 7년(1092) 2월 사이에 이곳에서 반년 정도 태수를 지낸 적이 있었다. 그런데 웬일인지 구양수보다 소동파가 부양 사람들의 추앙을 훨씬 더 많이 받고 있는 느낌이었다.

영주서호도 상당히 커 보였다. 항주서호보다는 조금 작을 것 같고 혜주서호와 비슷할 듯했다. 드넓은 호수의 가장자리에는 왈가닥 처녀들이 삼단 같은 머리카락을 풀어헤치고 강강술래를 하는 듯 수양버들이 치렁치렁 실가지를 휘날리며 둘러서 있고, 호수 위에는 군데군데 마름 잎이 옹기종기 모여 있었다.

촉촉한 흙길을 따라 얼마쯤 걸어가노라니 호숫가에 놀잇배 몇 대가 버드나무에 매인 채 바람이 부는 대로 이리 뒹굴 저리 뒹굴 하고 있었다. 인적이 없어서 더욱 아름다운 호수인 것 같았다. 소동파는 영주태수로 부임한 지 며칠 안 된 어느 날 서호를 거닐다가 이곳 주민들이 구양수가 43년 전에 지은 사 <목란화령(木蘭花令)>을 부르는 것을 들었다고 했는데, 나는 영주서호를 거니노라니 문득 이때 구양수를 생각하며 그의 사에 차운(次韻)하여 지었다는 소동파의 사 <목란화령>이 떠올랐다.

서리가 내려 긴 회하의 공활함은 이미 사라지고	霜餘已失長淮闊
졸졸거리며 흐느끼는 영하 소리만 들리네.	空聽潺潺清潁咽
가인들은 아직도 취옹의 사를 부르건만	佳人猶唱醉翁詞

49 구양수의 ≪문충집(文忠集)≫에 수록된 <문충집연보(文忠集年譜)> 및 홍본건(洪本健)의 ≪취옹의 세계(醉翁的世界)≫(정주: 중주고적출판사, 1990) 199-211쪽, 306쪽 참조.

사십삼 년 세월이 번개 치듯 지나갔네.	四十三年如電抹
풀잎 끝에는 가을 이슬이 수은 되어 미끄러지고	草頭秋露流珠滑
보름이라 둥글더니 순식간에 열엿새네.	三五盈盈還二八
나와 함께 취옹을 아는 이라곤	與余同是識翁人
서호의 물결 밑 저 달뿐이네.	惟有西湖波底月[50]

호수 건너편에 화타묘(華佗廟)가 있었다. 화타(145?-208)는 후한 말의 의사로 편작(扁鵲, 기원전 407-310)에 비견되는 명의였는데, 특히 외과 의술에 정통하여 세계 최초의 전신마취약인 마비산(痲沸散)을 발명한 사람으로 알려져 있다.[51] 그는 관우가 조조의 군사들이 쏜 독화살에 맞았을 때 뼛속에 스며든 독을 긁어내고 치료해 준 일로도 유명하다.[52] 그런 그가 조조의 두통을 치료해 주려다가 변을 당했다. 조조는 손권이 보낸 관우의 머리에 침향목으로 만든 몸통을 붙여서 후하게 장사 지내주었건만, 웬일인지 그 뒤로 자꾸 관우의 모습이 보이는 등 환영에 시달렸다. 화타를 불러와서 진찰하게 했더니 머리에 바람이 들었기 때문이므로 두개골을 쪼개 바람을 빼내야 한다고 했다. 다른 사람에게 암살당할까봐 늘 두려워했던 조조는 화타가 자기를 죽이려 한다고 생각하고 심하게 고문한 뒤 그를 감옥에 가두게 했다. 이리하여 화타는 그 감옥에서 죽음을 맞이했다.[53]

화타의 사당으로 건너가기 위해 배를 타려 했으나 손님이 차야지 간다고 했다. 우리말고는 다른 관광객이 보이지 않는 터라 손님이 차기를 기다릴 수가 없었다. 걸어서 가려고 그 옆에 있는 기다란 다리께로 갔다. 다리 입구에 안내판이 서 있었다. 이름이 의원교(宜遠橋)라는 그 다리는 구양수가 창건한 것이라고 적혀 있었

---

50 추왕본 《소식사집》 699쪽.

51 진수(陳壽)의 《삼국지(三國志)》 권29 <화타전> 및 《백도백과》 <화타> 참조.

52 나관중의 《삼국연의》 권15 <관운장이 뼈를 깎아서 독을 치료하다(關雲長刮骨療毒)> 참조.

53 나관중의 《삼국연의》 권16 <조조가 신의 화타를 죽이다(曹操殺神醫華陀)> 참조.

다. 그렇다면 창건된 지 근 천 년이나 된 다리인 셈이다. 200미터쯤 되어 보이는 다리를 건너가자니 저쪽 끝이 끊어져 있어서 끝까지 건너갈 수가 없었다. 건너편으로 가기를 포기하고 다시 동대문 쪽으로 발걸음을 옮겼다.

동대문 가까운 곳에 제방이 하나 있는데 입구에 '소제(蘇堤)'라고 쓴 임시 표지판이 세워져 있었다. 소동파가 영주서호에도 제방을 쌓았다는 말을 들어 본 적이 없는지라 왜 소제라고 하는지 무척 의아했다. 소동파를 기리기 위해 그냥 붙인 이름이 아닐까 추측해 보았다. 그러나 의문은 금방 풀렸다. 영주서호 지도를 보니 소제 옆에 '소동파문화규획구(蘇東坡文化規劃區)'라고 표시되어 있었다. 동대문 일대에 대대적으로 소동파와 관련된 문화시설을 갖추려고 기획하고 있는 모양이었다. 소동파가 6개월밖에 머물지 않은 곳에서 이처럼 대대적으로 소동파를 추앙하는 것이 좀 의아한 것도 사실이지만, 그가 황주에서 여주로 유배지를 옮겨 가는 도중 균주(筠州, 지금의 강서성 高安)에 있는 동생을 찾아갈 때 잠시 지나간 것을 커다란 영광으로 여겨서 수수(修水)의 작은 개울에 있는 나루를 '내소도(來蘇渡)'로 불렀다고 할 정도니[54] 이에 비하면 별로 유별난 일이 아닐 수도 있겠다.

그게 그거일 테니 그만 돌아가자는 사람이 있었지만 나는 또 고집을 피웠다. 어떻게 해서 여기까지 왔는데 보다 말고 돌아간단 말이냐? 그리하여 저 멀리 길 건너편에 있는 북호에도 가 보기로 했다. 그곳에는 높다란 탑이 하나 서 있었다. 입장권에 그려져 있는 바로 그 탑이었다. 입장권에 그려진 탑이면 영주서호의 대표적인 경관일 것이기 때문에 그것을 안 보면 후회하게 될 것임에 틀림없음을 경험을 통하여 알고 있었다.

호텔 종업원에게 구양수의 무덤이 부양에 있다는 말을 들은 터라 동대문 매표소에 있는 젊은 아저씨에게 구양수의 무덤이 어디에 있는지 물어보았다. 그랬더

54 오영(吳泳)의 ≪학림집(鶴林集)≫ 권39 <필기 두 가지(筆記二則)> 및 나대경(羅大經)의 ≪학림옥로(鶴林玉露≫ 권10 참조.

니 그는 구양수의 무덤은 여릉(廬陵, 지금의 강서성 吉安)에 있다고 했다. 그의 말을 듣고 보니 그럴 법했다. 그의 고향인 여릉에 매장했을 가능성이 클 것 같았다.[55] 호텔 종업원이 잘못 알고 있었을 것이다. 그리고 그 아저씨와 이야기하는 도중에 원래의 영주서호는 1937년의 홍수에 매몰되어 버리고 지금의 영주서호는 새로 조성된 반 인공호수라는 사실도 알게 되었다.

다들 지쳐 있었기 때문에 체력을 아끼기 위해 거기서 북호 정문까지 삼륜차를 타고 갔다. 북호 매표소에는 50대쯤 되어 보이는 아저씨 두 명이 지키고 있었다. 북호의 매표소 문에 '동파공원(東坡公園)'이라고 적힌 좀 낡은 현판이 붙어 있는 것으로 보아 북호가 남호보다 먼저 공원으로 개발되었고 따라서 관광객들이 더 많이 찾을 것 같은 생각이 들었지만, 평일이라 그런지 거기도 관광객이 없기는 마찬가지였다.

영주서호의 소동파상

나무가 우거진 통로를 따라가자 거기에도 또 소동파의 석고상이 세워져 있었다. 그리고 그 앞에 있는 매실 과수원에 '동파매원(東坡梅園)'이라는 이름이 붙어 있었다. 부양 사람들은 구양수보다 소동파를 훨씬 더 추앙하고 있는 것이 틀림없었다. 소동파를 추앙하는 것은 좋지만 부양 사람들이 구양수를 그렇게 대우할 수는 없는 일이다. 씁쓸한 생각이 들었다.

다시 조금 더 들어가니 아까 남호에서 본 탑이 나왔다. 몇 굽이인지 모르게 굽이굽이 꺾어

---

55 그러나 나중에 <문충집연보(文忠集年譜)>를 확인해 보니 "희령 8년(1075) 9월 을유일에 개봉부 신정현 정현향에 장사 지냈다(熙寧八年九月乙酉, 葬開封府新鄭縣旌賢鄉)"(문연각사고전서본 구양수 ≪문충집≫)라고 기록되어 있었다.

진 다리를 지나 호수 속의 작은 섬으로 들어가 보니 그 건물은 탑이 아니고 누각이었다. 청련각(淸漣閣)이라는 이름의 그 누각은 안수(晏殊, 991-1055)가 세운 것이라고 입구에 세워진 ＜청련각중건서문(重建淸漣閣序)＞이 일러주었다. 북송의 유명한 사인(詞人)인 안수가 영주태수로 있을 때 세운 것임을 짐작할 수 있었다.

❅ 영하

오후에는 영하(潁河)의 갑문으로 가서 그 유명한 영하의 물줄기를 한번 구경하기로 했다. 시간도 여유가 있고 거리도 얼마 안 되는 것 같아 택시를 탈 사람은 타고 걸어서 갈 사람은 걸어서 갔다.

갑문에서 강물이 콸콸 흘러내리고 있었다. 비가 왔기 때문인지 갑문에서 막 쏟아져 내렸기 때문인지 강은 온통 누런 흙탕물이었다. 그 밑에서 주민들이 고기를 잡고 있었다. 낚싯대를 드리운 사람도 있고 그물을 던지는 사람도 있었다. 또 어떤 사람들은 배를 타고 강 한가운데로 들어가 있는데 한 사람은 배를 젓고 한 사람은 낚싯줄 같은 것을 잡아당기고 있었다. 강둑에서 그것을 구경하며 노는 사람도 꽤 많았다. 영주서호에 사람이 없는 것은 시내에서 너무 멀기 때문이라는 것을 알 수 있었다. 1,000년 전에 소동파는 이 강 어딘가에 배를 띄우고 놀면서 ＜영하에 배 띄우고(泛潁)＞라는 시를 지었다.

물가에 나가기를 좋아하는 나의 천성　　我性喜臨水
영주로 오게 되어 기분이 정말 좋네.　　得潁意甚奇
관직에 부임한 열흘 사이에　　到官十日來
아흐레는 강가에 나가 있었네.　　九日河之湄
아전도 주민도 웃으면서 하는 말　　吏民笑相語
"태수께선 연세 들어 천치가 다 되셨네."　　使君老而癡
사실은 태수가 천치 된 게 아니라　　使君實不癡

흐르는 강물이 하도 고와서라네.　　流水有令姿
고을을 감싸 안고 십여 리를 흐르는데　　遶郡十餘里
빠르지도 아니하고 느리지도 않다네.　　不駛亦不遲
상류는 강줄기가 곧고 맑으며　　上流直而淸
하류는 굽이지고 잔물결 이네.　　下流曲而漪
배 안에서 고개 숙여 맑은 거울 굽어보며　　畫船俯明鏡
“그대는 누구인가?” 웃으며 묻노라니　　笑問汝爲誰
홀연히 수면에 비늘이 생겨　　忽然生鱗甲
내 수염과 눈썹을 헝클어 놓네.　　亂我鬚與眉
흩어져서 백 명의 소동파가 되었다가　　散爲百東坡
경각간에 또 다시 이곳으로 와 있나니　　頃刻復在玆
이것이 어떻게 물이 까불거리며　　此豈水薄相
나와 함께 장난치고 노는 것이리?　　與我相娛嬉
풍악과 여색과 향내와 맛은　　聲色與臭味
어린애를 쓰러뜨려 어지럽게 하지만　　顚倒眩小兒
다 같이 어린애가 갖고 노는 것이라도　　等是兒戲物
물에서는 해로운 영향을 적게 받네.　　水中少磷緇
조 씨 진 씨 그리고 두 분의 구양 씨가[56]　　趙陳兩歐陽
다 함께 부처님께 참배했는데　　同參天人師
묘리를 관조하고 각자 얻은 것이 있어　　觀妙各有得
영하의 뱃놀이를 읊은 시를 함께 짓네.　　共賦泛潁詩[57]

조정에서 누리던 권력을 미련 없이 팽개치고 자청하여 시골 태수로 나온 소동파가 어린아이처럼 천치처럼 물놀이를 하며 논 곳이 여기쯤이리라고 근거도 없는 상상에 빠져 보았다. 한참을 그렇게 지내다가 갑문 위쪽으로 한번 가 보기로 했다.

---

56 당시 함께 뱃놀이한 조영치(趙令畤)・진사도(陳師道) 및 구양수의 셋째 아들 구양비(歐陽棐)와 넷째 아들 구양변(歐陽辯)을 가리킨다.

57 왕문고본 ≪소식시집≫ 권34.

갑문보다 상류로 올라가려면 마을을 지나야 했다. 골목길을 따라가노라니 골목에 모여 앉아 이야기를 나누고 있던 주민들이 이야기를 멈추고 수상해하는 눈초리로 우리를 쏘아 보았다. 마음이 좀 불편했지만 그렇다고 포기할 수도 없었다. 뒤통수로 주민들의 따가운 시선을 느끼며 골목길로 조금 더 들어가자 오른쪽으로 한 아저씨가 배를 타고 강 위에서 그물질을 하고 있는 모습이 보였다. 우리를 경계하는 듯한 아저씨의 시선을 무시하고 가까이 다가가 보았다. 거기는 갑문 아래쪽보다 물이 조금 맑은 듯했다.

저녁 7시 10분에 우리를 실은 기차가 북경을 향해 출발했다. 오르내리기에 불편하기도 하고 앉으면 머리가 기차 천장에 닿아서 제대로 앉을 수도 없는 3층짜리 침대차의 맨 위 칸이지만 오르내리는 다른 사람들의 영향을 안 받아도 되어서 안온한 느낌이 들었다. 게다가 기차가 일으키는 주기적 진동이 자장가 역할을 해주고 있어 잠을 이루기에는 호텔보다 오히려 나은 면도 있었다.

2004년 8월 23일 아침 일찍 북경서역에 도착했다. 먼저 9시 24분발 정주행(定州行) 기차표를 사 놓은 다음, 아침도 먹고 시간도 보내기 위해 건너편에 있는 영화두장(永和豆漿)으로 들어갔다. 영화두장은 대만인이 경영하는 대만식 식당이라 대만에서 자란 박윤경이 특히 좋아하는데, 중국 본토에도 각지에 지점이 있다. 처음 생각했던 것과 달리 영화두장에는 손님이 너무 많아 마냥 앉아서 시간을 보내자니 눈치가 보였다. 조금 있다가 다시 그 옆에 있는 미국식 튀김닭집으로 옮겨서 음료수를 마시며 시간을 보냈다.

5. 정주(定州)와 북경(北京)

원우 8년(1093) 9월 근 10년 동안 섭정을 계속해 온 태황태후가 세상을 떠나고 철종의 친정이 시작됨으로써 조정에 신법파가 복귀할 기운이 감돌고 있었다. 지난해 11월부터 예부상서로 재임 중이던 소동파는 석 달 전부터 지방관으로 내보내 줄 것을 간청했으나 허락을 받지 못하고 있었는데 이제는 완전히 관직을 떠날 요량으로 간절하게 사임을 주청했다. 그러나 그의 사임은 끝내 허락되지 않고 대신 정주태수로 나가라는 어명이 내려왔다. 원우 8년(1093) 10월 하순에 정주에 도착하여 태수의 직책을 잘 수행하고 있는데 소성 원년(1094) 윤4월에 다시 영주(英州, 지금의 광동성 英德)태수로 옮기라는 어명이 내려왔다. 혜주 유배의 전주곡이었다. 이렇게 하여 소동파는 7개월 정도 정주에 머물렀다.

❄ 동파쌍괴와 정주석각관

정주역에 내려서 충분한 시간을 두고 북경으로 돌아가는 기차표를 예매해 둔 다음 택시를 타고 정주박물관으로 향했다. 정주문묘(定州文廟)에 소동파 관련 유적이 있다는 사실을 알고 있는지라 정주역에서 만난 어떤 사람에게 정주문묘로 가는 방법을 물었더니 택시를 타고 정주박물관까지 가라고 했기 때문이다. 택시 운전사에게 정주문묘가 박물관에서 가까우냐고 물었더니 바로 거기라고 했다. 시간이 얼마나 걸리느냐고 했더니 걸어서 5분이면 된다고 했다. 박물관 앞에 내려서 보니 정주박물관이 바로 정주문묘였다. 정주문묘는 아담하고 조용하여 더욱 친근감이 느껴졌다.

정주문묘 앞마당에 커다란 홰나무 두 그루가 나란히 서 있었다. 근 1,000년 전인 소성 원년(1094) 소동파가 정주태수로 있을 때 손수 심은 것이라고 하여 동파쌍

동파쌍괴

괴(東坡雙槐)라고 불린다는 이 홰나무 두 그루는 1,000년 동안의 풍상에도 불구하고 아직까지도 가지가 무성하고 잎이 싱싱했다. 서울 시흥동에 있는 800년 묵은 은행나무는 가지가 다 꺾이고 잎이 얼마 안 남았는데 그것과는 아주 대조적이었다. 홰나무가 은행나무보다 수명이 더 길지도 모를 일이다. 이번에 다닌 곳에는 산동성의 제성과 하남성의 여러 지역들, 그리고 여기 하북성의 정주까지 한결같이 홰나무가 많았다. 뿐만 아니라 숭양서원에서도 천 년 묵은 홰나무의 싱싱한 모습을 보았는데 여기서도 1,000년 가까이 된 홰나무가 아직도 싱싱하게 살아 있는 것을 보니 이 일대는 아무래도 홰나무가 잘 자라는 토양인 것 같다.

내가 열심히 동파쌍괴를 관찰하며 사진을 찍는 동안 이강재 교수는 매표소 여직원에게서 이것저것 필요한 정보를 얻고 있었다. 이강재 교수가 설랑석(雪浪石)에 대해서 물어보자 그 여직원은, 설랑석은 문묘에 있지 않고 무경의원(武警醫院)

안에 있는데 무장경찰이 지키고 있어서 외부인이 접근하기 어렵다며 자기가 안내해 주겠다고 했단다. 근무를 교대할 사람이 오면 바로 함께 가기로 했단다.

그런데 우리가 소동파를 연구하는 한국인이라는 말에 너무나 반가워하며 자기가 이것저것 도와주겠다고 자청했다는 그 여직원이 얼마 안 지나 마음을 바꾸었다. 외국에서 온 소동파 연구자라는 말에 앞뒤 생각 없이 반갑기만 했던 감정이 금방 현실에 압도된 모양이었다. 여직원은 말을 바꾸어 자기는 무경의원에 갈 수 있지만 외국인인 우리가 함께 갈 수는 없을 것이라고 했다. 표면에 물결무늬가 있다고 해서 그렇게 명명하고 특별히 설랑재(雪浪齋)를 지어 관리해 온 바위 덩어리인 설랑석[58]은 소동파가 정주를 떠난 뒤 조금씩 땅속에 묻혀 버렸다가 명나라 만력 15년(1587)에 다시 발견되어 청나라 강희 41년(1702)에 황제의 행궁인 중춘원(衆春園)으로 옮겨졌는데, 그 뒤 중춘원이 헐리는 바람에 1952년에 다시 설랑석을 보관하는 정자를 지었는바, 무경의원은 바로 중춘원 옛터에 지어진 병원이라고 한다.[59] 안타까운 노릇이지만 설랑석의 사진이 들어 있는 책을 한 권 사는 것으로 만족해야 했다. 그러나 정주를 떠나고 나서야 뒤늦게 이런 후회가 들었다. '그때 왜 그 여직원의 말만 믿고 우리가 직접 무경의원에 가 볼 생각을 안 했을까? 무경의원이라면 경찰병원인데 경찰병원이 뭐 대단한 곳이라고 못 들어가게 하겠는가? 더구나 외국에서 이 시골 소도시까지 일부러 찾아왔다는데 말이다.'

정주문묘에서 나와 개원사탑(開元寺塔), 즉 정주탑으로 갔다. 정주탑은 북송 때 북쪽으로 국경을 맞대고 있는 요나라의 정세를 살피기 위해 인종 지화 2년(1055)에

58 소동파의 <설랑재명(雪浪齋銘)> 서문에 "나는 중산(즉 定州)의 뒷밭에서 검은 돌을 발견했는데 하얀 줄무늬가 있는 것이 마치 촉인 손위 · 손지미가 그린 바위틈의 급류인 양 변화무쌍한 물결무늬를 다 나타내고 있었다. 또 곡양에서 흰 돌을 발견한지라 큰 대야를 만들어 그것을 담고 그 위에 물을 뿌리고는 그것을 놓아둔 방을 설랑재라고 했다(予於中山後圃得黑石, 白脉, 如蜀孫位 · 孫知微所畫石間奔流, 盡水之變. 又得白石曲陽, 爲大盆以盛之, 激水其上, 名其室曰雪浪齋云)"(공범례본 ≪소식문집≫ 권19)고 하여 설랑석의 형상과 설랑재의 건축 과정을 설명해 놓았다.

59 ≪백도백과≫ <설랑재> 참조.

불탑으로 가장하여 지은 적정정찰용 탑으로 높이가 83.7미터나 되는 11층짜리 팔각탑인데, 벽돌과 나무로 지은 탑 중에서는 현존하는 중국 최고(最高)의 탑으로서 중화제일탑(中華第一塔)이라는 영예를 안고 있다고 한다.[60]

개원사에는 다른 관광객이 아무도 없었다. 관리인도 보이지 않아 경내가 텅텅 비어 있었다. 관리인을 찾아서 5원의 입장료를 내고 안으로 들어갔더니 탑에 올라가려면 다시 50원을 더 내야 한다고 했다. 요즘처럼 고층 건물이 많은 시대에 이 탑 아니면 먼 곳을 조망할 데가 없는 것도 아니고, 그렇다고 그 옛날 북송시대처럼 적정을 살펴볼 수 있는 것도 아닌데 누가 50원씩이나 내고 이 탑에 올라갈까 싶었다.

탑은 깨끗하게 중건해 놓았는데 낡아빠진 원래의 탑과 새로 지은 탑을 모두 촬영하여 나란히 붙여 놓은 사진을 보니 지금의 탑은 원래의 탑과 많이 달랐다. 일행이 다들 "차라리 원래의 모습 그대로 복원했으면 좋았을 텐데" 하고 아쉬워했다.

송소문충공사기비

마지막으로 정주석각관(定州石刻館)을 찾아갔다. 오늘의 마지막 일정일 뿐만 아니라 이번 답사의 마지막 일정이기도 하다. 몇 번이나 묻고 물어 간신히 찾아간 정주석각관은 뒷골목 으슥한 곳에 있었다. 사람들이 잘 모르는 것도 이해할 만했다. 그런데 천만 뜻밖에도 정주석각관에도 소동파의 자취가 남아 있음을 발견했다. 정주석각관의 중산한묘(中山漢墓) 앞에 소동파의 공덕을 기리기 위해 세운 '송소문충공사기(宋蘇文忠公祠記)'라는 비석이 소동파보다 먼저 정주태수

60 ≪백도백과≫ <정주탑(定州塔)> 참조.

를 지낸 한기(韓琦, 1008-1075)의 공덕을 기리기 위해 세운 '제위국한공사(題魏國韓公祠)'라는 비석과 함께 나란히 서 있었던 것이다.

정주석각관에서는 또 관제시죽비(關帝詩竹碑) 탁본도 볼 수 있었다. 관우는 유비의 행방을 모르는 채 하비성(下邳城, 지금의 강소성 徐州 동남쪽)에서 유비의 두 부인을 보호하고 있던 도중 조조 군사의 공격을 받아 고군분투하다가 중과부적의 상황에서 뒷날을 도모하기 위해 부득이 조조에게 투항했다. 조조는 관우가 자신의 진영에 머무는 동안 그의 능력과 충정을 아낀 나머지 그를 자기 사람으로 만들어 보려는 욕심으로 한나라 헌제에게 주청하여 한수정후(漢壽亭侯)라는 작위와 많은 봉록을 얻어 주기도 하고 금은보화와 빼어난 미녀들을 다 주겠다고 제의하기도 하는 등 갖은 수단을 다 동원하여 그의 환심을 사려고 애썼다. 그러나 관우는 끝내 마음을 바꾸지 않고 12년 만에 마침내 유비에게로 돌아갔다.[61] <관제시죽>은 이때 유비가 혹시 오해를 품었을 경우 이를 풀어 줌과 동시에 그동안 자신을 극진히 대접해 준 조조에게도 예를 갖추기 위해 대나무를 칭송하는 시를 한 수 지음으로써 자신의 변치 않는 충정과 의리를 노래한 작품이라고 알려져 있다. 이것은 대나무를 두 그루 그려 거기에 달린 대나무 잎들이 글자를 이루어 이 시가 되게 한 것으로 관우의 작품이라는 설도 있지만 신빙성이 크지 않다.[62] 이것은 관

관제시죽비 탁본

61 나관중, ≪삼국연의≫ 권6 <관운장이 연진에서 문추를 죽이다(雲長延津誅文醜)> · <관운장이 황금을 봉합하고 관인을 걸어 두다(關雲長封金掛印)> 참조.

우의 작품이라기보다는 삼국 이야기가 세상에 알려진 뒤에 어떤 호사가가 상상력을 발휘하여 창작했을 가능성이 크다. 다만 섭혁포(葉奕苞)의 ≪금석록보(金石錄補)≫에 "서주에 장무후(壯繆侯) 관우의 대나무 석각이 있는데 선덕 4년(1429)에 승정(僧正) 광선(廣善)이 철불사(鐵佛寺)를 창건하느라 땅을 파다가 발견했다"[63]고 하면서 이 시를 기록해 놓은 것을 보면 늦어도 명나라 초기에 이미 <관제시죽>이 창작되었음을 알 수 있다. 어쨌든 이것은 중국 서화사(書畫史)에 있어서 특기할 만한 일임에 틀림없다.

언제나 봄기운이 시들지 않아	不謝東君意
화단에서 독보적인 이름을 떨친다오.	丹靑獨立名
외로운 잎 침침하다 싫어하지 말지니	莫嫌孤葉淡
끝끝내 시들어서 떨어지지 않는다오.	終久不彫零

대나무는 온갖 생물에게 활기를 불어넣어 주는 동군의 기운을 늘 지니고 있어서 사시사철 푸르름을 견지하기 때문에 비록 아름다운 꽃을 피우지는 못할지언정 엄동설한에도 시들지 않는 꿋꿋함을 자랑한다. 그래서 대나무는 화단(畫壇)에서 항상 그림의 소재로 환영받는 독보적인 존재다. 관우는 이러한 사실에 빗대어 비록 대단한 재주는 없지만 유비에 대한 자신의 충정만은 끝내 변하지 않을 것이라고 선언했다. 앞 두 구절은 조조를 동군에 비유하여 그의 각별한 대우에 감사하면서 거기에 안주하는 것보다는, 의형인 유비와의 의리를 지킴으로써 역사에 길이 이름을 남기겠다는 의미도 내포하고 있다고 할 수 있다.

중국인들은 이러한 관우의 위인(爲人)을 높이 받들어 그를 무성(武聖)이라고 부

---

62 ≪백도백과≫ <관제시죽>·<시죽화(詩竹畫)> 참조.

63 "徐州有關壯繆竹石刻, 宣德四年, 僧正廣善創建鐵佛寺, 斸地得之."[도광24년별하재각본 섭혁포 ≪금석록보≫ 권27 <잡기(襍記>)]

르고 있으니 이는 문성(文聖)으로 추앙되는 공자(孔子)에 버금가는 위상이라고 할 수 있겠다. 중국 도처에서 관우의 사당과 동상을 세워 놓고 그를 신앙의 대상으로 삼아 무운(武運)과 재운(財運)을 비는 것을 볼 수 있거니와, 이처럼 관왕묘(關王廟)를 건립하여 본격적으로 관우를 추앙하기 시작한 것은 명나라 초기부터라고 한다.[64] ≪증보문헌비고(增補文獻備考)≫·≪선조실록≫·≪숙종실록≫ 등의 각종 역사 기록에 의하면 우리나라에도 도처에 관왕묘가 세워졌으니, 이는 임진왜란과 정유재란에 참전한 명나라 군사들에게서 비롯된 것이었다. 당시 전투가 있을 때면 자주 명나라 장수들에게 관왕의 혼령이 나타나 격려해 주었기 때문에 이들이 무운을 빌고 군사들의 사기를 진작시키기 위해 관왕묘를 건립했다. 심지어 명나라 장수들의 강요에 못 이겨 일국의 임금인 선조가 일개 장수인 관왕의 제사에 참석하여 배례함으로써 이의 타당성을 놓고 조정 대신들 사이에 격렬한 논쟁이 벌어지기도 했다. 그 뒤 숙종·정조·순조·고종도 관왕묘를 매우 중시했다.

우리나라 최초의 관왕묘인 남관왕묘는 선조 31년(1598) 명나라 장수 진유격(陳遊擊)이 남대문 밖에 있던 자기 집 후원에 세운 것이었다. 그 뒤 선조 35년(1602)에 동관왕묘가 세워졌고 고종 때에 이르러 북관왕묘와 서관왕묘가 건립되었다. 이 가운데 동관왕묘, 즉 동묘는 아직도 서울 동대문 밖에 남아 있다. 도성뿐만 아니라 지방에도 경상북도 성주와 안동, 경상남도 하동, 전라북도 남원과 전주, 전라남도 강진 등지에 관왕묘가 건립되었는데, 이 가운데 성주와 안동의 관광묘는 아직도 남아 있다.

관우가 이처럼 위대한 인물이라면 관제시죽비 역시 대단히 소중한 비석임에 틀림없는데, 이처럼 소중한 비석임에도 불구하고 종이에 탁본을 떠서 글자 없는 비석에다 조잡하게 붙여 놓았다는 사실이 이해하기 어려웠다. 복제품이라도 하나

---

64 중국과 우리나라의 관왕묘에 관해서는 ≪한국민족문화대백과사전≫ <관왕묘> 및 ≪두산백과≫ <관왕묘>·<동관왕묘> 참조.

세워 놓았으면 얼마나 좋을까 하는 생각이 많이 들었다.

이 밖에도 정주석각관 경내에는 중산한왕의 무덤이 보존되어 있어 그 내부 구조를 공개하고 있었지만 특별히 볼만한 것은 없었다. 거기에서 발굴된 주요 문화재는 정주시의 상부 기관인 보정시(保定市)에서 관리한다고 했다.

오후 6시 51분에 북경행 기차가 출발했다. 입석표를 샀지만 이 기차의 종점이 멀지 않아 자리가 많이 비어 있었다. 기차 안에서 가만히 돌이켜 보니 원래 계획했던 일정 중에서 갈 수 있는데도 불구하고 못 간 곳은 낙양의 백마사 한 군데였다. 한 운전사에게 바람을 맞아 두 시간을 낭비했기 때문이다. 그 밖에 못 가 본 곳으로는 서주의 백보홍과 정주의 설랑석이 있지만, 여기는 우리 힘으로는 어쩔 수가 없어서 못 갔으니 자책할 필요가 없다. 일행이 이번 답사를 상당히 만족스러워하는 것 같아서 정말 흐뭇했다.

이번 답사의 공식 일정은 이것으로 끝내고 앞으로 이틀 동안은 자유시간을 갖기로 했다. 쓸데없는 지출을 줄이기 위해 학생들은 가급적 북경에 있는 유학생들의 방을 이용하게 하고, 이강재 교수와 나는 한국인이 운영하는 민박집에 묵기로 했다.

2004년 8월 24일 공식 일정이 끝났기 때문에 9시나 되어서 느지막이 일어났다. 민박집 주인아주머니가 정성껏 아침을 차려 주었다. 음식도 맛이 있고 주인아주머니의 인심도 넉넉하여 흐뭇했다.

2년 동안 북경에서 유학하여 북경 지리에 밝은 이강재 교수를 따라 시내에 있는 반묘원(半畝園)이라는 식당으로 가서 짜장면을 먹었다. 중국에는 한국 것과 비슷한 짜장면이 별로 없는데 그곳의 짜장면은 한국 것과 매우 비슷했다. 15원짜리 짜장면 한 그릇과 중탕으로 따뜻하게 데운 6원짜리 소흥주(紹興酒) 한 잔이 사람을 무척이나 행복하게 해 주었다.

저녁 6시에 북경에서 유학하는 우리 졸업생들과 저녁을 함께 먹기로 약속했기 때문에 망경(望京)에 있는 한국식당 '돈삼겹'으로 갔다. 가는 길에 보니 망경 지역

사람들 가운데 3분의 1 정도가 한국인이라는 말이 과장이 아닌 듯했다. 가게의 상호 가운데 한국어로 적힌 것이 많을 뿐만 아니라, 아파트 베란다에서 내려다보며 무어라고 고함치는 소리도 대부분 한국말이었다.

우리 일행 아홉 명과 북경에서 해외연구 중인 우리 학과 송용준 교수 및 유학생들, 그리고 거기서 어학연수 중인 우리 학과 학부생 등 모두 스물네 명이 한자리에 모여 삼겹살과 함께 소주잔을 기울였다. 서울에서 거행하는 우리 학과의 웬만한 행사보다 더 많은 인원이 참석했다. 참으로 유쾌한 밤이었다.

❄ 사마대장성과 노사차관

2004년 8월 25일 이강재 교수가 다른 집에서 자고 안 들어왔기 때문에 나 혼자 아침을 먹게 되었다. 아침을 먹으려고 식탁에 앉아 있자니 어제 아침의 아주머니와는 다른 40대 초반쯤 되어 보이는 아주머니가 상을 차려 주었다. 한창 식사를 하고 있는데 키가 작고 얼굴이 약간 거무스름한 것이 어찌 보면 대만 사람 같기도 하고 말씨를 보면 조선족일 가능성이 더 커 보이는 그 아주머니가 불쑥 이런 말을 했다.

"아저씨, 제가 돈이 떨어져서 그러는데 돈 조금만 주실래요?"

주머니에 돈이 떨어져서 급하게 살 물건을 못 사고 있으니 잠시 빌려 달라는 말투였다. 그러나 그런 상황이라면 우리보다 먼저 와서 꽤나 친하게 지내는 옆방 아가씨한테 얘기하지 않고 왜 나한테 얘기하는가 하는 의구심이 들었다. 더구나 그 아가씨가 마침 거실에 앉아 텔레비전을 보고 있는데 말이다. 미심쩍은 마음으로 약간 긴장한 채 물었다.

"얼마나요?"

"20원이요."

아주머니의 당당한 말투로 보아 빌려 달라는 것으로 생각되지만 그렇다고 확인해 보기도 민망했다. 게다가 금액도 얼마 안 되기 때문에 두 말 않고 20원을 주었다.

어제 저녁에 모집해 놓은 다른 일행 네 명과 함께 사마대로 갔다. 잔뜩 찌푸리고 있던 날씨가 사마대에 도착하자 그예 비로 바뀌었다. 2원짜리 싸구려 우의를 하나씩 사 입고 그 위에 우산까지 쓴 채 리프트카 승강장으로 갔다. 비가 오기 때문인지 리프트카를 타기 위해 기다리고 있는 사람이 아무도 없어서 바로 탈 수 있었다. 100대도 넘을 것 같은 수많은 리프트카 중에 사람이 탄 것은 몇 대 안 되었다. 리프트카를 타고 가면서 내려다보니 안개에 덮여 어렴풋이 보이는 그 일대의 산이 마치 신선세계 같았다.

만리장성 중에서 팔달령(八達嶺)과 거용관(居庸關)은 가 보았지만 사마대는 이번이 처음이다. 사마대는 매우 가파르다고 소문이 나 있는데, 성곽 주변의 산세는 사마대가 거용관보다 더 가파른 것 같지만 올라가는 길은 거용관보다 오히려 덜 가파른 것 같았다. 내려올 때는 걸어서 왔는데 길 전체가 콘크리트 계단으로 연결되어 있는 거용관과는 달리 성곽 옆에 오솔길이 있어서 다니기에 훨씬 수월했다. 사마대장성의 또 한 가지 특징은 성곽이 길게 이어져 있어서 마음만 먹으면 성곽을 따라 상당히 멀리까지도 갈 수가 있다는 점이었다. 종합적으로 보아 내가 가본 세 군데의 만리장성 중에서 가장 경관이 뛰어난 곳이었다고 할 수 있겠다.

속칭 전문(前門)이라고 하는 정양문(正陽門) 앞의 대책란(大柵欄)에 있는 구불리(狗不理) 만둣집에서 저녁을 먹고 노사차관(老舍茶館)으로 갔다. 경극(京劇) 한 가지만 공연하는 전문반점(前門飯店)의 이원(梨園)과 달리 인민예술가 노사(老舍, 1899-1966)를 기념하기 위해 1988년에 창립했다는 노사차관은 경극 · 구기(口技) · 변검(變臉) · 단현(單弦) · 쾌판(快板) · 등기(蹬技) · 마술(魔術) · 쌍창경운(雙唱京韻) · 잡기(雜技) · 경가(京歌) · 쌍황(雙篁) 등의 각종 연예를 잠깐씩 두루 선보였다. 공연은 매일 한 차례씩 저녁 7시 50분부터 9시 20분까지 한 시간 반 동안 진행된다고 했다. 입장료는 이원(梨園)과 마찬가지로 앞자리일수록 비싸고 뒤로 갈수록 싼데 100원짜리인 우리 좌석은 중간쯤에 있었다. 테이블 위에 미리 준비해 놓은 간식과 차를 즐기며 갖가지 재미있는 공연을 감상하노라니 2주일 동안의 피로가 일시에 가시는 듯했다.

노사차관에서 나와 택시를 잡기 위해 약간 어둑한 길을 지나가는데 열 살 정도 되어 보이는 남자 아이가 손을 내밀며 돈을 요구했다. 우리가 그 아이의 요구를 선뜻 들어주지 않고 머뭇거리자 아이는 무어라고 욕을 해 대며 어둠 속으로 사라져 버렸다. 어디서 나타났는지 다른 아이 두어 명이 그 아이의 뒤를 따라갔다.

숙소로 돌아오니 일하는 아주머니가 아침에 나한테 20원을 받았다는 이유로 주인아저씨에게 호되게 야단맞더라고 이강재 교수가 알려 주었다. 주인과 개인적 친분이 있는 듯한 우리 옆방 아가씨가 일러바친 것 같다고 했다. 처음부터 돌려받지 못할 것을 생각하고 있었지만, 막상 빌려 간 것이 아니었다는 사실을 알고 나니 기분이 좀 묘했다. 빌려 달라는 것도 아니고 그냥 달라면서 목소리가 어떻게 그다지도 당당할 수 있었을까?

2004년 8월 26일 집으로 돌아가는 날이다. 오후 비행기인지라 시간이 제법 여유가 있었다. 아침을 먹고 난 뒤 텔레비전을 좀 보기 위해 거실로 갔더니 어제 아침의 그 아주머니가 거실에서 마루를 닦고 있었다. 어제 주인아저씨한테 호되게 야단맞았으니 나를 보면 얼마나 민망할까 하는 생각도 들고, 부끄러운 표정을 지으며 20원을 돌려주지 않을까 하는 생각도 들었다. 그때 아주머니가 마치 내 생각을 간파하기라도 한 것처럼 약간 어색한 웃음을 지으며 말했다.

"아저씨 마음씨 참 좋아요."

"왜요?"

뻔히 알면서 능청을 한번 떨어보았다. 무어라고 대답할지 궁금했기 때문이다.

"아저씨가 어제 20원 주어 가지고 잘 썼어요."

단돈 20원으로 한 아주머니에게 조금이나마 도움을 주었다니 꽤나 가치 있는 지출을 한 셈이다.

제3장

절강 지역

절강성 항주(杭州)의 서호 가에 있는 망호루(望湖樓)
소동파가 〈6월 27일날 망호루에서 술에 취해(六月二十七日望湖樓醉書)〉라는 시를 지은 곳이다.

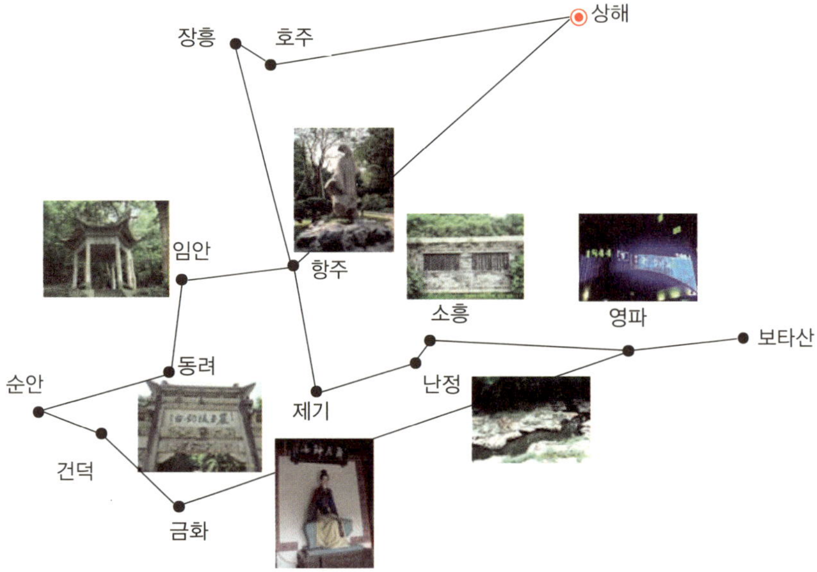

[제3차 답사 이동 경로]

이번 답사도 참가자가 나 이외에 김보경·박은석·오세범·이욱진 등 남자 다섯 명과 김수희·정은진·정지현·한서영·홍금주 등 여자 다섯 명으로 모두 열 명이다. 이번에 답사할 소동파 관련 주요 유적지로는 절강성의 항주와 호주가 있다. 항주는 소동파가 두 번 관직생활을 한 곳으로 한 번은 항주통판으로 재임했고 한 번은 항주태수로 재임했다. 그리고 호주는 서주에 이어서 태수를 지낸 곳으로 여기에 있을 때 오대시안(烏臺詩案)이라는 문자옥이 발생하여 결국 황주(黃州)로 유배되었다.

작년(2004)에는 답사 도중에 일행 두 명이 감기에 걸려 고생하고 나도 막판에 목이 아파서 고생했는데, 금년(2005)에는 일정이 작년보다 더 힘들 것이라는 생각에 마음이 무척 불안하다. 작년에는 15일 동안에 산동성·강소성·하남성·안휘성·하북성 등 다섯 개의 성을 거쳐 북경으로 들어가기까지 4,000킬로미터가 넘는 엄청난 거리를 이동했지만 그래도 기차를 타고 장거리를 이동하는 시간이 많았기 때문에 기차 안에서 좀 쉴 수 있었는데, 금년에는 16일 동안에 항주를 중심으로 절강성만 뱅뱅 돌다가 마지막에 상해로 들어가기까지 총 1,000킬로미터 남짓한 짧은 거리를 이동하는지라 상대적으로 걸어다니는 시간이 작년보다 훨씬 많을 수밖에 없다. 게다가 금년에 다닐 곳은 작년에 다닌 곳보다 남쪽이기 때문에 작년보다 더 무더울 것이다. 그뿐이 아니다. 작년보다 나이도 한 살 더 먹었으니 나로서는 악재가 하나 더 있는 셈이다. 이런저런 이유로 자신감이 별로 없지만, 그래도 답사를 중단할 생각은 전혀 없기 때문에 무척이나 긴장한 상태로 마침내 출정일을 맞은 것이다.

1. 항주(杭州)

2005년 8월 10일 9시 32분에 이륙한 비행기는 약 한 시간 반 만인 중국시각 10시 10분경에 상해 포동(浦東)공항에 착륙했다. 예정된 착륙시각보다 약 30분 늦은 셈이다. 대구대학교 중문과를 졸업한 제자로 일찍이 대한민국국전 서예부문에서 대상을 받은 뒤 중국으로 건너가 10여 년 동안 항주에 살면서 중국미술대학에서 박사학위를 받은 서예가 김건표 박사에게 정보를 얻어, 상해 복단대학 박사과정에서 유학하고 있는 김보경에게 포동공항에 내리면 공항에서 바로 항주행 버스를 탈 수 있도록 조처해 놓으라고 부탁했는데, 비행기가 많이 연착했기 때문에 김보경이 애를 태울 것 같아 비행기에서 내리자마자 그에게 전화부터 하라고 했다. 그랬더니 다행스럽게도 그 버스도 30~40분 정도 늦게 도착한다고 했다.

11시 25분에 공항 청사 3층의 7호 출입구에 있는 국제선 출발장에서 버스를 탔다. 차 안에는 우리 일행밖에 없었다. 이 차는 12시 20분에 상해 홍교(虹橋)공항에 도착하더니 1인당 85원씩의 차비를 받고는 앞에 있는 버스로 갈아타라고 했다. 12시 30분에 떠날 것이라던 그 차는 다시 10분이 더 지나도 떠나지 않았다. 내가 12시 30분에 간다고 해 놓고 왜 안 가느냐고 다그쳐 묻자 곧 간다고 대답했다. 그리고 그 때문인지는 몰라도 정말 바로 출발했다.

상해 시내를 벗어난 차는 곧 상해와 항주를 연결하는 호항(滬杭)고속도로로 올라갔다. 차장한테 물으니 거기서부터 두 시간 반 정도가 소요될 것이라고 했다. 이 버스의 종점이 어디냐고 묻자 민항대주점(民航大酒店) 앞이라고 했다. 김건표 박사에게 들은 그대로라 안심이 되었다. 게다가 사전에 항주지역 호텔에 관한 정보를 파악해 보고는 위치상으로나 가격상으로나 민항대주점이 가장 적합할 것 같아 버스에서 내리자마자 바로 호텔을 예약할 수 있겠다고 속으로 무척 좋아했던 터이기도 하다.

그러나 버스에서 내리자마자 맨 처음 찾아간 민항대주점은 방값이 마음에 들지 않았다. 늘 하던 대로 다른 호텔을 알아보기 위해 거기서 나오자니 좀 전에 우리에게 친절하게 민항대주점의 정문을 가르쳐 준 50대 아저씨가 이번에는 자기가 좋은 호텔을 소개해 주겠다며 따라오라고 했다. 그를 따라 5분쯤 간 곳에 항주장운여유반점(杭州長運旅游飯店)이라는 적당히 허름한 호텔이 하나 있었다. 한참 동안의 흥정을 거쳐 2인실은 160원, 3인실은 200원에 합의를 보았다. 방값은 아까 민항대주점보다 더 싼데도 불구하고 시설은 오히려 더 나았다. 다들 만족하는 표정이었다.

언제나처럼 즉시 옆에 있는 가게로 가서 항주 지도를 하나 샀다. 뜻밖에도 우리가 묵는 항주장운여유반점이 지도에 나타나 있었다. 우리가 묵는 곳이 그리 시시한 호텔은 아닌 모양이었다. 이만하면 첫출발이 무난한 편이니 이번 답사도 성공적으로 마칠 수 있을 것 같은 기분 좋은 예감이 들었다.

항주는 소동파가 두 차례나 관직생활을 한 곳이다. 첫 번째는 왕안석(王安石, 1021-1086)이 시어사(侍御史)를 맡고 있던 자신의 동서(同壻) 사경온(謝景溫)에게 지시하여 소동파가 국가 전매품인 소금을 개인적으로 판매했다는 사염판매 혐의를 찾도록 하는 등 사실무근한 모함과 위협을 가하자 이러한 정치적 소용돌이에서 벗어나려고 자청하여 조정을 떠나 항주통판(杭州通判)으로 재임한 희령 4년(1071)부터 희령 7년(1074) 사이의 약 3년이고, 두 번째는 황주 유배에서 사면된 뒤 승승장구하던 조정에서의 관직생활에 염증을 느껴 한림학사지제고(翰林學士知制誥)라는 요직을 미련 없이 버리고 다시 지방관을 자청함으로써 조정을 떠나 항주태수로 재임한 원우 4년(1089)부터 원우 6년(1091) 사이의 약 1년 반이다. 항주태수로 재임할 때 그는 서호를 준설하고 그 흙을 쌓아서 소제라는 제방을 만들었는데, 이것은 서호십경(西湖十景)에 '소제춘효(蘇堤春曉)'가 끼여 있을 정도로 널리 알려진 명승지다.

❀ 망호루

시간이 예정보다 많이 늦어서 점심 먹을 겨를도 없이 바로 서호로 나갔다. 시간을 절약하기 위해 적당한 곳에서 호수를 구경하며 빵으로 간단히 때울 작정이었다. 먼저 망호루(望湖樓)를 찾았다.

망호루는 서호 북쪽 호반도로인 북산가(北山街) 북쪽의 나지막한 언덕배기에 있는 2층짜리 누각이다. 계단을 중간쯤 올라간 곳에 소동파가 지은 <6월 27일날 망호루에서 술에 취해(六月二十七日望湖樓醉書)>라는 제목의 시 다섯 수 가운데 제1수가 계단 옆의 벽에 초서체로 새겨져 있었다.

먹 쏟은 듯 검은 구름 산을 채 덮기 전에	黑雲翻墨未遮山
하얀 비가 진주 되어 배로 뛰어들더니	白雨跳珠亂入船
바람이 땅을 쓸며 갑작스레 흩어 버리니	卷地風來忽吹散
망호루 밑 호수가 하늘과 같네.	望湖樓下水如天

소동파가 항주통판으로 부임한 이듬해인 희령 5년(1072) 여름 망호루 밑의 호수 위에서 뱃놀이를 하다가 술이 거나하게 취한 채 그 주변의 아름다운 풍경을 묘사한 절구 다섯 수 가운데 첫 번째 것인 이 시에는 갑자기 소나기가 내리다가 언제

망호루

〈6월 27일날 망호루에서 술에 취해〉 석각

비가 왔더냐 싶게 금방 날이 개는, 그래서 더욱 감칠맛이 나는 서호의 풍취가 생동감 있게 그려져 있다.

망호루를 구석구석 살펴보고 다시 내려오니 계단 밑에 작은 비석이 하나 서 있는데 거기에 "옛날부터 망호루를 노래한 시가 아주 많은데 그 가운데 북송 때의 대시인 소식의 <6월 27일날 망호루에서 술에 취해>가 가장 유명하다(歷代詠望湖樓的詩作極多, 其中以北宋大詩人蘇軾的<六月二十七日望湖樓醉書>最爲有名)"라고 쓰여 있었다. 1996년 9월에 왔을 때는 "옛날에 망호루를 노래한 시가 매우 많았는데 그 가운데 소동파의 <6월 27일날 망호루에서 술에 취해>가 가장 유명하다(古代詠望湖樓的詩作極多, 其中以蘇軾<六月二十七日望湖樓醉書>最爲有名)"라고 쓴 목제 입간판을 세워 놓았었는데 이제 그것을 대리석 비석으로 교체해 놓았으니 그 사이에 많이 세련된 것이다. 내용도 약간 고쳐져 있었다.

망호루에 왔으니 맥주라도 한 깡통씩 마시면서 소동파가 술에 취해 시를 짓던 그 기분을 한번 내 보면 어떻겠느냐고 김수희가 제의했다. 그것 참 좋은 생각이라며 각자 깡통 맥주를 하나씩 마셨다. 텅 빈 속을 짜릿하게 자극하며 내장을 타고 흘러내리는 그 맥주의 맛을 무어라고 표현하면 좋을까? 내가 아는 우리말에는 그 맛을 제대로 표현할 수 있는 형용사가 없는 것 같다.

맥주가 빈속을 자극하는 바람에 우리는 문득 아직까지 점심을 안 먹은 상태라는 사실을 깨달았다. 서호 가에서 빵으로 때우기로 해 놓고 서호랑 망호루를 보는데 정신이 팔려서 그만 깜박하고 잊어 버린 것이었다. 섭씨 37도나 되는 무더위 속에서 오랫동안 비지땀을 흘린 데다 오후 5시가 넘도록 점심도 먹지 않은 상태에서 맥주를 마셨으니 그 맥주가 얼마나 맛있었으랴! 이 세상에 그보다 더 맛있는 음식은 없을 것 같은 느낌이었다. 이제 곧 저녁을 먹어야 할 것인지라 빵으로 때우기로 했던 점심은 맥주 한 캔으로 재수정되었다.

세상에 호수는 많지만 발밑으로 한 자밖에 안 떨어진 곳에서 호숫물이 찰랑거리는 것을 느껴 볼 수 있는 곳은 드물다. 항주서호는 도시 한가운데에 있기 때문에 그것이 가능하다. 그래서 항주서호가 많은 사람의 사랑을 받는지도 모른다. 이런 생각을 하며 단교(斷橋)를 건너고 백제(白堤)를 지나갔다. 이따금 허리를 굽혀 손으로 호숫물을 움켜 보기도 했다.

단교는 호수 밖의 뭍과 백제를 연결해 주는 다리로 당나라 때 지어졌다. 원래 보우교(寶祐橋)·단가교(段家橋) 등의 다른 이름이 있었는데 언제부터인가 단교라고 불리게 된 것이다. 단교라는 이름이 생긴 유래에 대해서는 세 가지 설이 있다. 하나는 서호 속의 섬 고산(孤山)에서 뭍으로 이어지는 백제가 끊어진 곳에 있어서 그것을 연결해 주기 때문에 이런 이름이 생겼다는 설이고, 또 하나는 원래 단가교(段家橋)라고 하던 것이 단교(段橋)로 약칭되다가 다시 발음이 같은 지금의 이름으로 바뀌었다는 설이다. 나머지 하나는 더욱 재미있다. 항주는 따뜻한 고장이라 눈이 많이 내리지 않는데 눈이 내린 뒤 높은 곳에서 내려다보면 고산에서 백제를 거쳐 기다랗게 이어지던 하얀 눈길이 단교의 양지쪽에 이르면 쌓여 있던 눈이 다 녹아 다리 바닥이 드러나는 바람에 마치 끊어진 것처럼 보이기 때문이라는 것이다.[1]

단교의 서쪽 끝에 연결되어 있는 백제는 고산과 뭍을 연결해 주는 제방인데 백거이(白居易, 772-846)가 항주태수로 있을 때 서호를 준설하고 그 퇴적물을 쌓아서 이루어진 것이라는 설도 있지만, 실은 백거이가 전당문(錢塘門) 밖의 석함교(石函橋) 부근에 쌓은 백공제(白公堤)라는 제방은 백제와 별개의 것으로 지금은 이미 없어졌으며, 지금의 백제는 원래 백사제(白沙堤)라고 부르던 것인데 항주 주민들이 백거이가 항주를 위해 공헌한 일을 기념하기 위해서 백제라고 부른다고 한다.[2] 백거이가 자신의 시 <전당호에서의 봄나들이(錢塘湖春行)>에서 "가장 좋아하면서도 자주 못 간 호수 동쪽, 버드나무 녹음 속의 아름다운 백사제여"[3]라고 했을 만큼

1 ≪백도백과≫ <서호단교(西湖斷橋)> 참조.
2 ≪백도백과≫ <백제> 참조.

백사제를 좋아했기 때문일 것이다.

백제를 지나 고산으로 들어가니 고산을 에워싼 순환도로가 온통 공사판이었다. 길 양쪽에 울타리를 쳐 놓아 사람이 다니기에 여간 불편한 것이 아니었다. 고산을 오른쪽으로 돌아 북송 시인 임포(林逋, 967-1028)가 매화를 아내로 삼고 학을 자식으로 삼으면서 평생 동안 벼슬에 나아가지 않고 고산에서 은거한 일을 기념하기 위해 원나라 때 창건했다는[4] 방학정(放鶴亭)을 구경하러 가려고 했으나 가다 보니 공사로 길이 막혀 있었다.

다시 왼쪽으로 길을 잡아 서호십경 가운데 하나인 평호추월(平湖秋月)의 현장으로 가서 잠시 쉬었다. 해가 구름 속으로 들어갔다 나왔다 함에 따라 드넓은 호수가 반짝이다 말다 했다. 그런 호수를 바라보고 있노라니 소동파가 맑으면 맑은 대로 아름답고 비가 오면 비가 오는 대로 운치가 있는 항주서호를 묘사한 시 <호수에서 술 마시니 맑다가 흐려져서(飮湖上初晴後雨)>의 창작 동기를 다소나마 이해할 수 있을 듯했다.

물빛이 반짝반짝 맑을 때가 좋더니	水光瀲灩晴方好
산색이 어둑어둑 비가 와도 멋지네.	山色空濛雨亦奇
서호는 월서시에 비유할 수 있나니	若把西湖比西子
옅은 화장 짙은 분 아무래도 어울리네.	淡粧濃抹總相宜[5]

춘추시대 월나라의 임금 구천(勾踐)은 회계산(會稽山) 전투에서 오나라에 패배한 수치를 씻기 위해 와신상담(臥薪嘗膽)하던 끝에 중국 4대 미인 가운데 한 사람인 서시(西施)를 오나라 임금 부차(夫差)에게 바쳐 미인계를 씀으로써 마침내 설욕했

---

3 "最愛湖東行不足, 綠楊陰裏白沙堤."[문연각사고전서본 ≪백씨장경집(白氏長慶集)≫ 권20]

4 전균(錢鈞) · 장효파(蔣曉波) · 주수춘(周秀春), ≪항주여유지남(杭州旅游指南)≫, 항주: 절강인민출판사, 1996, 44쪽 참조.

5 왕문고본 ≪소식시집≫ 권9.

다. 이 서시가 하루는 심장이 아파서 얼굴을 잔뜩 찡그린 채 가슴을 움켜쥐고 집으로 돌아갔는데 마을 사람들이 다들 귀엽다고 칭송했다. 이것을 본 같은 마을의 한 추녀가 자기도 칭송을 듣기 위해 얼굴을 찡그린 채 가슴을 움켜쥐고 다니다가 오히려 마을 사람들의 빈축을 샀다.[6] 이것이 이른바 '동시효빈(東施效顰)'의 전설이다. 이 시는 웃어도 예쁘고 찡그려도 귀여우며 진한 화장을 해도 곱고 옅은 화장을 해도 우아한 월나라 서시에 비유함으로써, 날이 맑으면 맑아서 좋고 비가 오면 비가 와서 멋있는 서호의 모습을 극구 찬양한 것이다. 항주서호는 원래 전당호(錢塘湖)·금우호(金牛湖)·명성호(明聖湖)·석함호(石函湖)·방생호(放生湖)·상호(上湖) 등 여러 개의 다른 이름으로 불렸는데, 이 시가 나온 뒤로 '서자호(西子湖)'라는 새로운 이름이 생겼다.[7] 그리고 남송 때의 비평가 진선(陳善)이 "서시를 알려면 서호만 보면 되고, 서호를 알려면 이 시만 보면 된다"[8]고 했을 정도로 이 시는 가히 항주 서호를 노래한 시 가운데 가장 대표적인 작품이라 할 만하다.

❄ 동파육

타지에서 온 여행객은 아무래도 맑은 날씨와 비 오는 날씨를 동시에 경험하기 힘들고 따라서 소동파의 감개를 그대로 느껴 볼 수는 없겠기에 이 정도로 만족할 수밖에 없었다. 평호추월의 현장에서 잠시 휴식을 취한 뒤에 서령인사(西泠印社)를 지나고 다시 고산을 넘었다. 거기서 다시 방학정으로 가려고 했으나 거기도 역시 공사 중이라 들어갈 수 없게 되어 있었다. 할 수 없이 방학정 보기를 포기하고 왼쪽으로 서령교를 지나 고산의 남쪽 기슭에 있는 누외루주점(樓外樓酒店)에 가서 저녁을 먹었다.

---

6 ≪장자(莊子)≫ <천운(天運)> 참조.

7 왕수조(王水照)의 ≪소식선집(蘇軾選集)≫(상해: 상해고적출판사, 1984) 59쪽 및 엄기징(嚴旣澄)의 ≪소식시(蘇軾詩)≫(대북: 대만상무인서관, 1986) 59쪽 참조.

8 "要識西子, 但看西湖; 要識西湖, 但看此詩."[민국교각유학경오본 ≪문슬신화(捫蝨新話)≫ 상집권1(上集卷一) <서시를 빌려서 서호를 형용하다(借西子形容西湖)>]

우리의 첫 번째 관심사는 동파육(東坡肉)이었다. 동파육은 소동파가 황주(黃州)에서 유배생활을 할 때 처음으로 개발한 요리다. <저육송(豬肉頌)>이라는 글에서 소동파는 이렇게 말했다.

> 솥을 깨끗이 씻은 다음, 물을 조금 두르고, 장작이 연기에 뒤덮이되 불꽃이 일지 않게 한다. 저절로 익기를 기다려야지 서둘러서는 안 되나니, 불기운이 충분해지면 고기는 절로 맛있어진다. 황주의 품질 좋은 돼지고기는, 진흙처럼 값이 싸다. 부귀한 사람들은 먹으려고 하지 않고, 가난한 사람들은 요리할 줄 모른다. 아침에 일어나서 두 그릇을 해치우면, 내 배가 부르나니 남이 뭐라든 상관없다.
>
> 淨洗鍋, 少著水, 柴頭罨煙焰不起. 待他自熟莫催他, 火候足時他自美. 黃州好豬肉, 價賤如泥土. 貴者不肯喫, 貧者不解煮. 早辰起來打兩椀, 飽得自家君莫管.[9]

가난하기 짝이 없는 황주에 불행 중 다행으로 돼지고기가 아주 흔한데 다행 중 불행으로 그곳 사람들이 돼지고기를 요리할 줄 몰라서 그냥 방치하고 있는 것을 보고 너무나 안타까운 나머지 소동파가 요리법을 개발했다는 말이다.

그 뒤 항주태수로 재임할 때 서호를 준설한 후 백성들이 그에게 사례로 갖다 준 주체할 수 없을 만큼 많은 돼지고기를 처리하기 위해 옛날에 황주에서 개발한 방법으로 돼지고기를 요리하여 백성들에게 나누어 주었다. 이렇게 해서 개발되고 전승된 동파육은 이제 중국에서는 말할 것도 없고 우리나라에서도 웬만한 중국 음식점에 가면 맛볼 수 있을 정도로 굉장히 유명한 중국요리가 되어 있다. 정영회(丁永淮)의 ≪소동파가 개발한 요리와 간식(東坡菜與東坡小吃)≫에 의하면, 오늘날 중국에서 동파육이 특히 유명한 지방으로 호북성 황주와 절강성 항주를 비롯하여 강소성 소주(蘇州)와 양주(揚州), 강서성 영수(永修), 운남성 대리(大理) 등지가 있다.

9 공범례본 ≪소식문집≫ 권20.

항주 동파육

순챗국

강서성 영수현의 경우 다른 지방과 달리 돼지고기를 볏짚으로 묶은 채 삶으며, 이렇게 요리한 동파육을 맨 먼저 식탁에 올려야 한다. 운남성 대리의 경우 동파육은 결혼 축하 잔치에 빠져서는 안 되는 요리로 신랑과 신부가 함께 먹는 풍속이 있다. 오늘날의 동파육은 지방마다 요리법이 조금씩 다르지만 대체적으로 말하자면 돼지 삼겹살을 토막내어 술·설탕·간장·생강·파 등과 함께 솥에 넣고 먼저 강한 불로 삶은 다음, 다시 약한 불에 몇 시간 동안 얹어 놓음으로써 고기를 푹 익힘과 동시에 기름기를 충분히 뺀 것이다.[10] 쉽게 말해서 돼지 삼겹살을 수육 또는 찜 상태로 만든 것이다.

나는 그동안 몇 군데에서 동파육을 먹어 보았지만 항주만큼 맛있는 곳이 없었다. 1996년 가을에 왔을 때는 좀 큰 항아리에 3인분을 한꺼번에 넣고 푹 삶아 주었는데, 이번에는 작은 항아리에 1인분씩 따로 담아 8.8원씩을 받았다. 맛은 1996년에 먹은 것과 차이가 없는 듯했다.

나는 또 일행에게 순채탕(蓴菜湯)을 맛보여 주었다. 순채탕이란 진(晉)나라 때 오군(吳郡) 사람 장한(張翰)이 가을바람이 살랑살랑 부는 어느 가을날 고향에서 먹던 농어회와 순챗국이 그리워서 즉시 벼슬을 그만두고 고향으로 돌아감으로써 '노회

10 정영회, ≪소동파가 개발한 요리와 간식(東坡菜與東坡小吃)≫, 북경: 중국부녀출판사, 1993, 1-6쪽 참조.

순갱(鱸鱠蓴羹)'이라는 고사성어를 탄생시킨 바로 그 순챗국이다. 1996년 소주대학에 있을 때 내가 즐겨 먹던 것인데 일행에게 이것에 얽힌 일화를 들려주면서 맛보게 했더니 모두들 흥미로워했다.

호텔로 가기 위해 택시를 타려고 서령교를 건넜더니 다리가 끝나는 곳에 소소소(蘇小小) 무덤이 있었다. 소소소 무덤이 서호 가에 있다는 사실은 알았지만 바로 서령교 북단에 있는 줄은 모르고 있었다. 1996년에도 서령교를 지났는데 그때는 왜 못 보았는지 모를 일이다.

택시를 타고 항주장운여유반점으로 가자고 했더니 운전사가 금방 알아들었다. 다시 한 번 그것이 꽤 유명한 호텔임을 확인할 수 있었다. 그러나 속담이란 괜히 있는 게 아니다. 싼 게 비지떡이라고 방값이 싼 데는 그만한 이유가 있었다. 새벽 3시 30분경에 잠을 깼더니 자동차 소음이 보통이 아니었다. 호텔이 바로 무림로(武林路)라는 큰길 가에 있다는 사실을 미처 생각하지 못한 것이었다. 그러나 나는 소음과 같은 외부적인 요인으로 인하여 잠을 못 자는 사람은 아니다. 답사 때는 늘 하루에 네 시간 정도밖에 못 자지만, 그것은 어디까지나 머릿속이 복잡하기 때문이지 외부적인 요인 때문이 아니다. 젊은 학생들은 더욱이나 말할 필요가 없을 것이다.

❄ 오산

2005년 8월 11일 지도를 펼쳐 놓고 오늘의 세부 일정을 구상하다가 6시가 되자마자 일행의 방으로 전화를 걸었다. 6시 기상, 7시 조반, 8시 출발이라는 일정을 엄수하기 위해 나는 매번 6시만 되면 각 방으로 전화를 걸어 잠을 깨운다. 일행 사이에 나의 전화 목소리가 꼭 저승사자 목소리 같다고 소문이 나 있는 줄 알지만, 그래도 보람찬 답사를 위해서는 불가피한 안면방해다. 유람을 온 것도 아니고 문학답사를 왔는데 늦잠을 자면 일과를 다 소화할 수가 없지 않은가? 힘이 들더라도 아침 일찍 일어나 열심히 돌아다녀야지 그렇지 않으면 나중에 틀림없이 후회하게 된다는 것이 나의 확고부동한 신념이다.

8시에 호텔을 출발하여 무림광장(武林廣場) 맞은편에서 버스를 타고 오산(吳山)으로 갔다. 알고 보니 오산과 그 뒤에 붙어 있는 봉황산(鳳凰山)은 바로 남송 황궁이 있던 자리였다. 오산광장에 인근 주민인 듯한 사람들이 여기저기 그늘을 차지하고 앉아서 더위를 식히고 있었다. 그리고 광장 주위에 남송 황궁과 관련이 있는 여러 가지 그림이 전시되어 있었다.

오산에는 향장수(香樟樹)가 매우 많았다. 향장수를 보자 1997년 봄 소주대학에 있을 때의 일이 생각났다. 향장수는 강남지방 어디에 가나 수없이 많다는 사실은 커녕 향장수가 어떤 나무인지조차도 그때는 전혀 알지 못했다. 어느 날 소주대학 남문께에서 당시 소주대학에서 유학하고 있던 한 여학생과 함께 숙소인 전가루(專家樓) 쪽으로 걸어가고 있었다. 그 학생이 문득 이런 말을 했다.

"선생님, 소주대학에는 봄에 낙엽 지는 나무가 있어요."

어디에 있느냐는 물음에 그 학생은 이따가 알려 주겠다고 하더니 전가루 바로 앞에 있는 수령이 대략 300년쯤 되어 보이는 고목 앞에까지 가서야 그 나무를 가리키며 말했다.

"바로 이 나무예요."

그 뒤 나는 그 나무의 생김새를 세밀하게 파악하여 주변에 있는 다른 나무들도 관찰해 보았다. 그랬더니 소주대학에 그런 나무가 지천으로 널려 있었다. 그리고 그 나무들 가운데 띄엄띄엄 붙어 있는 팻말을 보고 그것이 바로 향장수라는 사실도 알아냈다.

오산에 있는 많은 향장수들 가운데 가장 오래된 것은 '송장(宋樟)'이라는 명찰을 단 나무로 수령이 800년이나 된다고 했다. 아마 항주를 도읍으로 삼은 남송(1127-1279) 때 심었기 때문에 그런 이름이 붙은 듯했다.

오산 꼭대기에 정직하고 바른 말 잘하기로 유명한 명나라 사람 주신(周新)의 사적을 기념하기 위해 명나라 때 세웠다는 성황각(城隍閣)이 있었다. 엘리베이터를 타고 성황각의 최상층인 5층으로 올라가서 서호를 내려다보니 서호와 성황각 사이에 있는 시가지가 한눈에 들어왔다. 소동파가 자주 올라가 술을 마시며 시를 지었다는 유미당(有美堂)이 지금은 없어져 자취를 찾을 수 없지만 오산 위에 있었다는 기록으로 미루어보건대 성황각 부근이 아닐까 생각하면서, 여기서 잔치를 열어 풍악을 울리면 과연 서호를 지나가는 사람이 들을 수 있을지 한번 가늠해 보았다. 소동파의 시 가운데 <유미당에서 손님들을 모아 잔치를 벌이는데 주빈 현령이 몇몇 스님과 함께 호수에 배를 띄워 북산으로 가다가 호수 가운데에서 유미당 위에서 노래하고 웃고 하는 소리를 듣고 나에게 시를 보내왔기에 이에 화답하여 두 수를 짓는다. 당시 주빈은 복상 중이었다(會客有美堂, 周邠長官與數僧同泛湖往北山, 湖中聞堂上歌笑聲, 以詩見寄, 因和二首. 時周有服)>라는 시가 있기 때문이다.

서호를 향하여 멀리 내려다보니 서호에 떠다니는 무수한 배들이 보일락 말락 아스라했다. 지금은 주변에 소음이 많아서 그런지 아무래도 거기서 저 아스라이 떠가는 배까지 풍악 소리가 들리기 힘들 것 같았다. 그러나 소동파가 살던 그 당시에는 소음이 없어서 들릴 수 있었을 것 같은 생각도 들었다. 또 중국 사람들은 웬만한 옛날 건물들을 모두 중건하여 문화재도 보호하고 관광수입도 올리는데 유미당은 왜 중건된 것이 없을까 하고 생각하다가, 그 자리가 남송 때 황궁으로 쓰였기 때문에 황궁을 지을 때 일찌감치 헐려 버려서 그런 것이 아닐까 하는 추측도 해보았다. 근거도 없이 그것이 사실일 것만 같은 생각이 들었다.

❋ 범천사

오산의 동쪽 기슭으로 내려가니 남송방고가(南宋仿古街)가 있었다. 남송 때의 옛길을 재현한 것으로 규모와 모양새가 모두 작년에 본 개봉의 송도어가(宋都御街)

와 매우 유사했다. 고전적인 건물을 지어 놓고 그 안에서 약·차·옷 등을 팔고 있었다. 햇볕이 한창 뜨거운 시간이라 걷기가 싫은 데다 물건 파는 곳을 지나다 보니 일행이 여기저기 가게를 기웃거리며 물건을 구경하느라 시간이 많이 걸렸다. 나는 마음이 조급해졌다. 먼저 봉황산에 있는 범천사(梵天寺)를 둘러본 다음 육화탑(六和塔)에 가서 전당조(錢塘潮)를 구경해야 하는데, 전당조가 12시를 전후하여 올라오는지라 11시 반쯤에는 육화탑에 도착해야 하기 때문이다. 벌써 10시 반이니 한 시간밖에 여유가 없었다. 자꾸만 발걸음이 느려지는 일행을 다그쳐서 서둘러 남송방고가에서 빠져나왔다.

택시를 나누어 타고 가서 범천사 정문에서 만나기로 하고 일단 내가 먼저 택시를 잡았다. 범천사로 가자니까 젊은 여자 운전사가 범천사를 모른다고 했다. 지도를 꺼내 보여 주어도 자기는 가 본 적이 없어서 못 간다고 했다. 일단 지도를 보고 그 부근까지 가서 그곳 주민들에게 물어서라도 찾아 줄 법한데 그 운전사는 그렇게 친절하지가 않았다. 할 수 없이 탔던 택시에서 내려 다른 택시를 잡았다. 이번에는 젊은 남자 운전사였다. 그도 역시 모른다며 승차를 거부했다.

그 사이에 일행이 각자 택시를 잡느라고 뿔뿔이 흩어졌다. 범천사 정문에서 만나기로 했지만, 일부는 일찍 가서 범천사 정문에서 기다리고 일부는 오랫동안 택시를 못 잡아 헤매다 보면 서로 길이 엇갈리는 상황이 생길 수도 있을 것 같아 무척 신경이 쓰였지만 달리 방법이 있는 것도 아니어서 다시 다른 택시를 잡으러 큰길로 나갔다. 다른 사람들도 거기서 택시를 잡고 있었다. 그러나 몇 대를 세워서 물어보아도 범천사를 아는 운전사는 아무도 없었다. 할 수 없이 일단 범천사 부근에 있는 항주시 기상국(氣象局)까지 간 다음 거기서 다시 찾아보기로 했다.

봉황산 동쪽 기슭의 산비탈에 있는 기상국은 매우 초라해 보였다. 정문에 남자 직원 두 명이 앉아 있어서 그들에게 물어보았으나 모른다고 했다. 우리는 지도만 믿고 경사가 심한 기상국 옆길을 따라 집집마다 빨래가 잔뜩 널려 있어 상당히 어수선해 보이는 봉황신촌(鳳凰新村)이라는 아파트 단지를 지나 계속하여 북쪽으로 올라갔다. 길이 없을 것만 같더니 한참을 가노라니 다시 좀 큰 길이 나왔다. 거기서 그곳 주민인 듯 웃통을 벗고 앉아 있는 중년 아저씨에게 물었다. 그 아저씨는 왼쪽으로 좀 가다가 다시 오른쪽으로 가면 된다고 길을 가르쳐 주면서 길 물은 사람의 어깨를 툭 치며 격려까지 해주었다. 그 아저씨의 말에 의하면 범천사까지는 그다지 멀지 않다고 했다. 우리가 제대로 찾아왔다니 얼마나 다행스러운 일인가!

조금 더 가노라니 오른쪽으로 갈라지는 길이 나오기에 그 길로 올라갔다. 얼마쯤 올라가다가 다시 한 청년에게 물었더니, 청년은 심하게 말을 더듬으면서 그쪽으로 가도 되기는 하지만 거리가 좀 멀다고 했다. 좀 멀다는 말에 우리는 오히려 길을 제대로 잡았다고 안도하며 다시 한참 걸어갔다. 산 밑에 아주 낡아빠진 건물이 하나 있었다. 농촌 인구가 적어지는 바람에 지금은 이미 폐교가 된 채 방치되어 있는 우리 고향 마을의 내가 다닌 초등학교와 흡사한 건물이었다. 정문에 걸린 현판을 보니 '항주미술공예연구소(杭州美術工藝研究所)'라고 적혀 있었다. 그곳을 지나 곧장 산으로 올라가려는 일행을 세워 놓고 김보경에게 마당 옆에서 일하고 있는 아저씨한테 가서 한번 확인해 보라고 했다. 그 아저씨는 이쪽으로 가도 되기는 하지만 시간이 많이 걸린다며 도로 내려가서 오른쪽으로 가라고 했다. 그리고 조금 가다가 다시 오른쪽으로 꺾어서 범천사로를 따라가라고 했다. 30분쯤 걸릴 것이라고 했다. 결국 우리는 갈라지기 전의 그 길로 되돌아가서 한참을 더 갔다.

중국 미생물에 관한 연구소가 하나 나오고 그것을 지나니 벽에 빽빽하게 송나라 때 인물들의 초상화가 그려져 있었다. 초상화의 주인공은 대부분 남송 황제들과 구양수(1007-1072) · 소동파 · 육유(1125-1210) 등 송나라 때의 주요 인물들이었다. 그림 솜씨가 좀 있는 그곳 주민이 그린 것인 듯 그림은 매우 초라하고 짜임새가 없었다. 그리고 얼굴이 별로 닮은 것 같지도 않았다.

마침내 범천사로가 나타났다. 이름만 듣고는 제법 큰 길인 줄 알았는데 우리 앞에 나타난 범천사로는 좁디좁은 골목길이었다. 승용차 한 대가 간신히 지나갈 수 있을 만한 노폭이었다. 길 양쪽에 늘어서 있는 집들도 작고 낡은 것이었다. 우리나라로 치면 달동네 같은 그런 곳이었다.

날씨가 덥기 때문일까? 길이 너무 멀게 느껴졌다. 마치 한증막에 앉아 있는 것처럼 온몸에서 땀이 송송 솟아올라서는 주르륵 흘러내리곤 했다. 다리의 힘도 빠졌다. 그러나 11시 반까지 육화탑에 도착하려면 쉴 시간이 없었다. 이제 거의 다 왔다는 생각으로 자신을 격려하며 있는 힘을 다 냈다.

얼마 안 가서 마을이 끝나고 산길이 나왔다. 봉황산은 그다지 높지 않은 산이니 조금만 더 가면 범천사가 나오리라. 인적 없는 호젓한 산길을 허위허위 걸어가다가 산에서 내려오는 아저씨와 아주머니 서너 명을 만났다. 그들에게 범천사가 어디 있느냐고 물었더니 아직 한참 더 가야 된다고 했다. 그 말에 힘이 빠져 우리는 그만 길바닥에 주저앉고 말았다. 시간이 벌써 11시 반이 되어 있었다. 계획대로라면 육화탑에 도착해 있어야 할 시각이었다. 시간이 많이 늦기는 했지만 전당조가 12시 넘어서 올라올 것이고 범천사도 찾기만 하면 보는 데는 별로 시간이 안 걸릴 것이기 때문에 아직 실망할 단계는 아니었다.

무거운 다리를 이끌고 다시 일어나서 걷기 시작했다. 10분쯤 더 가니 절이 하나 있었다. 말할 수 없이 반가웠다. 그런데 그 절에는 '고서운사(古棲雲寺)'라는 현판이 걸려 있었다. 범천사의 다른 이름일 것이라고 생각했다. 절은 보수공사를 하느라 온통 어질러져 있고 관람객은 아무도 없었다. 여기저기 다니며 이 절이 바로 범천사라는 단서를 찾아보았으나 찾을 수 없었다. 물어보려고 해도 물어볼 사람도 없었다.

하릴없이 걸음을 돌려 내려오노라니 작은 네거리가 하나 있었다. 갈 때는 희미한 산길인 데다 정신없이 가느라 갈림길이 있는 줄도 몰랐다. 혹시 우리가 안 가본 쪽에 범천사가 있을지도 모른다는 생각에 이욱진에게 한번 가 보라고 했더니,

조금 가다가 별로 기미가 안 보인다며 되돌아왔다. 다른 한 갈래로는 박은석에게 가 보라고 했더니 역시 마찬가지 결과였다. 고서운사가 바로 범천사라고 우기면 되지 않겠느냐고 농담을 하면서 더 이상 범천사 찾기를 포기했다. 달리 방도가 없었기 때문이다. 12시가 조금 넘어 있었다.

택시를 타고 빨리 가면 전당조를 볼 수도 있을 것 같아 최선을 다해 보자고 일행을 독려했다. 내가 앞장설 테니 처지지 말고 따라오라고 했다. 아무래도 걸어서는 안 될 것 같은 생각이 들었다. 다급해진 나는 "뛰자!" 하고 외치고는 곧 산길을 달리기 시작했다. 남학생들이 금방 나를 따라 뛰었다. 그리고 뒤에서 웃음 섞인 목소리로 "이게 바로 말로만 듣던……" 하고 말꼬리를 흐리면서 정은진이 뛰는 소리가 들리고 이어서 모든 사람이 다 뛰기 시작했다. 대학원 학생들 사이에 소동파 답사를 따라가면 너무 힘들어서 배겨 내기 어렵다는 소문이 퍼져 있다는 얘기를 들은 적이 있기 때문에 정은진의 말이 무슨 뜻인지 금방 알아들을 수 있었다.

범천사 경당

다시 아까 그 마을이 나왔다. 그런데 거기 석탑이 하나 서 있고 탑 앞의 납작한 표지석에 큼지막한 글자가 몇 자 쓰여 있었다. 올라갈 때는 왜 못 보았을까 하며 가까이 다가가 보았더니 바로 '범천사경당(梵天寺經幢)'이었다. 어이가 없었다. 범천사를 코앞에 두고 범천사를 찾아 봉황산을 헤맸던 것이다. 시간도 없는 터에 말이다. 하기는 범천사가 온전히 보존되어 있는 것이 아니고 유치원 건물 앞에 두어 평의 땅을 할애하여 달랑 경당 두 개만 보존하고 있어서 눈에 띄지 않은 것이니 크게 자책할 일도 아닌 성싶었다. 절은 없어지고 경당만 남아 있는데 지도에 '범천사'라고 표기해 놓았기 때문에 커다란 절 건물만 찾은 나머지 이런 문제가 생긴 것이었다. 경당이란 불교 경문을 새긴 다각형의 돌기둥으로 당나라 때부터 성행하기 시작했는데 대개 8각형의 돌기둥에다 <불정존승다라니(佛頂尊勝陀羅尼)>를 새겼다고 한다.[11]

이제 전당조 구경은 포기하지 않을 수 없게 되었다. 다른 날 정오 무렵에 가야 하는데 내일은 시간을 맞추기가 힘드니까 모레 항주를 떠나면서 오전에 송성(宋城)을 보고 정오 무렵에 육화탑에 들르도록 일정을 조정할 수밖에 없다.

그 부근에는 마땅한 식당이 없어서 범천사로 어귀에서 버스를 타고 시내로 되돌아 나가 화중성(花中城)이라는 음식점에서 점심을 먹었다. 화중성은 버스를 타고 지나가다가 우연히 보고 찾아간 곳이었는데, 저녁에 김건표 박사에게 들으니 음식이 좋으면서도 값이 싸서 항주의 명소 가운데 하나라고 했다.

❁ 호포천과 정자사

식사가 끝나는 대로 서둘러 호포천(虎跑泉)으로 갔다. ≪항주도경(杭州圖經)≫에 의하면 호포천은 당나라 원화(806-820) 연간에 성공선사(性空禪師)가 일찍이 대자사(大慈寺)에 머물 때 절에 물이 없어서 걱정하자 꿈에 한 신령이 나타나서 "내일이면 틀림없이 물이 있으리라"라고 했는데 그날 밤에 호랑이 두 마리가 땅에서 펄쩍펄쩍 뛰어 구덩이를 파자 거기서 물이 솟았다는 전설이 얽혀 있는 샘이다.[12] 대자사는 당나라 원화 연간에 창건된 절로 시대에 따라 광복원(廣福院)·정혜사(定慧寺)·호포사·조탑원(祖塔院) 등 여러 가지 이름으로 불렸다.[13]

---

11 변태섭·강우철, ≪한국사대사전≫(서울: 교학사, 2013) 제2권 <다라니석당> 참조.

12 왕문고본 ≪소식시집≫ 권10 <호포천(虎跑泉)> 주석 참조.

13 왕문고본 ≪소식시집≫ 권10 <병중에 조탑원을 구경하고(病中遊祖塔院)> 주석 참조.

호포천의 샘구멍 옆에 적취헌(滴翠軒)이라는 건물이 있는데 그 앞 안내문에 소동파가 이곳에 와서 샘물을 마신 후 <병중에 조탑원을 구경하고(病中遊祖塔院)> 등의 시를 짓고 아울러 '적취헌'이라는 편액을 썼다고 기록되어 있었다. 병으로 인하여 바쁜 가운데 잠시 짬을 내어 이곳에 있던 조탑원에 와서 휴양하며 이 시를 읊고 있는 소동파의 당시 모습을 머릿속으로 한번 그려 보았다.

호포천

자주색 자두에 노란색 오이에 향기로운 시골길	紫李黄瓜村路香
검은색 깁에 하얀색 갈포에 시원스러운 도인의 옷	烏紗白葛道衣涼
문이 닫힌 시골 절에 소나무 그림자 돌아가는데	閉門野寺松陰轉
바람 부는 처마 밑에 누워 나그네의 꿈은 길다.	攲枕風軒客夢長
병 때문에 짬을 얻으니 참으로 나쁘지 않거니와	因病得閑殊不惡
마음 편하게 하는 게 약이지 더 좋은 처방이 없을 터	安心是藥更無方
도인께선 섬돌 앞의 물을 아깝게 여기지 않으시고	道人不惜階前水
바가지를 빌려 주어 마음대로 맛보게 하신다.	借與匏樽自在嘗[14]

소동파는 항주통판(杭州通判)으로 재임 중이던 그 당시에 이 시와 함께 직접 호포천을 노래한 <호포천(虎跑泉)>이라는 시도 지었다. 조탑원과 호포천은 찾아오는 많은 시인들에게 시의 소재와 시흥을 제공해 주던 곳이다.

관람객들이 번갈아 가며 돌로 만든 커다란 호랑이에 올라가 사진 찍는 모습을 구경하다가 다시 샘구멍으로 가서 물이 솟아오르는 모습을 관찰하고 있는데 김보

14 왕문고본 ≪소식시집≫ 권10.

경이 생수를 한 병 들고 와서 마셔 보라고 했다. 플라스틱 병의 이마에 '호포(虎跑)'라는 상표를 두르고 있는 생수였다. 상표를 보면 호포천의 물을 길어서 만든 것 같지만, 과연 호포천의 물을 길어서 만든 것인지 '호포'라는 이름만 빌린 것인지는 알 길이 없었다.

돌아 나오노라니 한 여자 관광안내원이 호포천의 물에는 동전이 뜬다고 의기양양한 목소리로 설명하면서 시연을 하고 있었다. 지나가던 관람객들이 호기심 어린 눈으로 그녀의 손을 지켜보고 있는데 그만 동전이 가라앉고 말았다. 그러자 그녀는 물이 그릇에 가득 차지 않아서 그렇다며 물을 더 부었다. 물이 약간 둥그스름하게 위로 솟아올랐다. 그 위에 조심스럽게 동전을 올리자 동전이 물 위에 동동 떴다. 왜 그렇게 되는지는 뻔한 이치다. 표면장력 때문이다. 그렇기는 하지만 호포천의 물은 광물질이 많아서 다른 물보다 밀도가 조금 더 높고 따라서 표면장력도 더 크게 작용하는 것은 사실이겠다는 생각이 들었다.

조탑원이 어디에 있는지 물었으나 아는 사람이 없었다. 청소하는 아주머니도 모르고 물건 파는 아저씨도 몰랐다. 오래전에 없어진 게 아닌가 싶었다.

다음으로 서호 남쪽에 있는 정자사(淨慈寺)를 찾았다. 붉은색 바탕에 황금색으로 '칙령으로 세운 정자선사(勅建淨慈禪寺)'라고 써서 걸어 놓은 처마 밑의 현판이 이 절의 위상을 과시하고 있었다. 절 안으로 들어가자 입구에 '남병만종(南屛晩鐘)'이라는 비석이 세워져 있었다. 서호십경 가운데 하나인 남병만종의 현장이 정자사인 줄은 미처 몰랐었다. 그 절의 한 스님이 저녁 8시에 스님이 종을 치는데 2원을 내면 당장 쳐 줄 수도 있다고 했다. 다른 사람들이 다들 8시에 종이 울리는 것으로 알고 있을 텐데 세 시간 이상 일찍 울리면 의아하게 생각할 것이다. 그런데 2원을 주면 그 묵계를 깨겠다는 것이었다. 우리 때문에 그런 일이 생기는 것은 바람직하지 않다는 생각으로 절호의 기회를 포기했다. 괜히 호기 부리다가 좋은 기회를 놓쳤다고 나중에 후회할지도 모른다.

정자사

❄ 소제와 삼담인월도

항주서호에는 백제와 소제(蘇堤)라는 유명한 제방이 두 개 있다. 동쪽에 있는 망호루 부근의 뭍과 서쪽에 있는 고산을 연결하는 백제는 항주태수로 재임할 때 항주를 위해 좋은 일을 많이 한 백거이의 공적을 기념하기 위해 붙여진 이름이고, 북쪽에 있는 서령교 부근의 악왕묘(岳王廟)와 남쪽에 있는 정자사 부근의 남병산 기슭을 연결하는 소제는 소동파가 항주태수로 재임할 때 서호를 준설하고 그 퇴적물을 쌓아서 만들었기 때문에 붙여진 이름이다.

소동파가 항주태수로 재임할 때 서호는 수면에는 수초가 가득하고 바닥에는 토사가 잔뜩 쌓여 있어서 호수가 기능을 많이 상실한 상태였다. 원우 5년(1090)에 그는 조정의 지원을 받아 수초를 걷어 내고 토사를 준설하여 저수량을 크게 늘렸다.[15] 소제는 바로 그때 준설공사에서 발생한 퇴적물을 서호의 서쪽에 쌓음으로써 생긴 약 3킬로미터에 달하는 긴 제방이다. 소동파는 이 제방 양쪽에 각종 꽃나무

15 잠열우(潛說友), ≪함순임안지(咸淳臨安志)≫ 권32 <서호> 참조.

와 버드나무를 심고 다리를 여섯 개 만들었을 뿐 아니라 유람객들이 구경하면서 휴식할 수 있도록 정자도 아홉 채 세웠다.[16] 이러한 노력의 결과 소제는 경치가 매우 아름답다. '소제춘효(蘇堤春曉)'가 서호십경의 하나라는 사실이 암시하는 바와 같이 소제는 봄철의 새벽 경치가 특히 아름다운 것으로 알려져 있다. 또 이 제방이 생김으로써 호수의 남쪽에서 북쪽으로 가는 거리가 많이 단축되었으니 소제는 경치가 아름다울 뿐만 아니라 실용적 가치도 아주 높다.

소제의 남단에 소동파의 석상과 소동파기념관이 있었다. 눈매가 날카로워서 어찌 보면 약간 도도해 보이기까지 하는 표정으로 도포를 입은 채 두건 쓴 머리를 살짝 뒤로 젖히고 있는 소동파의 석상도 1996년과 변함이 없고, 그 뒤에 있는 소동파기념관도 옛날과 별로 달라지지 않은 것 같았다. 다만 기념관 1층에 진열되어 있는 사진 자료가 조금 많아진 것 같고, 2층에 진열된 작품이 교체된 듯했다. 예나

항주서호의 소동파상

항주서호의 소동파기념관

16 오자목(吳自牧), ≪몽량록(夢粱錄)≫ 권12 <서호> 참조.

지금이나 특별히 볼만한 것은 없었다. 5시가 폐문 시간인 듯 5시가 되자 주위가 수선스러워지더니 5시 5분쯤 되자 관리인이 와서 어서 나가라고 쫓아냈다.

오늘의 마지막 일정인 삼담인월도(三潭印月島)로 가기 위해 소제 쪽으로 가니 뱃사공들이 서로 자기 배를 타라고 따라다니며 성화를 부렸다. 그들 가운데 가장 마음씨가 좋아 보이는 사람을 선택하여 한 대에 160원씩 달라는 것을 깎고 깎아서 한 대에 100원씩 총 200원을 주기로 하고 두 대에 나누어 탔다. 삼담인월도에는 입장료를 내야 들어갈 수 있지만 지금은 매표소 직원이 퇴근했기 때문에 입장료가 필요 없을 것이라고 뱃사공이 귀띔해 주었다.

배를 타고 드넓은 호수 위를 지나가니 하루 동안 쌓인 피로가 싹 가시는 듯했다. 소제와 삼담인월도 사이의 수심이 가장 깊은 곳 세 군데에 호리병 모양의 석탑이 세 개 세워져 있는데, 여기에 달빛이 비치는 모습이 더 없이 아름답다고 하여 역시 서호십경의 하나로 치니 이것이 이른바 '삼담인월(三潭印月)'이다. 그런데 배가 그 앞을 지나갈 때 우리가 소동파답사단인 줄 알 리 없는 뱃사공이 소동파가 처음으로 그 탑을 세웠다고 약간 뻐기는 듯한 말투로 신이 나서 설명했다. 마치 소동파의 후예라도 되는 듯했다. 뱃사공도 하루가 끝나가는 시각에 뜻하지 않은 손님을 만나 즐겁기만 한 모양이었다. 연방 웃음을 띤 채 우리한테 이것저것 설명을 해주기도 하고, 그러다가 갑자기 신들린 듯이 노를 젓기도 했다.

삼담인월도에는 5시에 벌써 퇴근하고 없을 것이라던 뱃사공들의 말과 달리 입장료 받는 매표원이 아직 남아서 표를 팔고 있었다. 퇴근하려다가 멀리서 우리가 오는 것을 보고 기다렸거나 다른 뱃사공들이 미리 전화로 통보해 놓았을 가능성이 큰 듯했다. 구경할 시간도 없는 터에 입장료를 다 내고 올라가자니 아까운 생각이 들었지만, 막상 올라가서 보니 소영주(小瀛州)라는 별명이 무색할 정도로 별로 볼만한 것이 없었다. 그리고 시간이 늦은 탓인지 섬에는 우리 이외에 아무도 없었다.

호텔로 돌아가서 잠시 짐을 정리하고 저녁을 먹기 위해 그 부근에 있는 양광대주점(陽光大酒店)으로 갔다. 그동안 이번 답사를 위해 여러 가지 정보를 제공해 준 김건표 박사를 초청하여 함께 저녁을 먹기로 했기 때문에 호텔 종업원에게 물어서 좀 괜찮은 식당을 하나 물색해 놓은 것이다. 양광대주점은 미선(米線)이라는 쌀국수 전문점으로 처음에는 조그만 식당이었는데 지금은 큰 호텔을 두 개나 인수했을 정도로 장사가 잘 되는 유명한 식당이라고 김건표 박사가 설명해 주었다.

호텔로 돌아온 뒤 김건표 박사가 나한테 맥주를 한잔 더 하자고 했다. 다른 일행과 행동을 같이 해야 하기 때문에 곤란하다고 했더니 다 함께 가자고 했다. 김건표 박사가 소개한 곳은 서호 가의 천상인간(天上人間)이라는 생맥줏집으로 화교반점(華僑飯店) 건물의 2층에 있었다. 김건표 박사의 설명에 의하면 그 집은 서호십경 가운데 하나인 유랑문앵(柳浪聞鶯)의 현장과 백제 사이에 위치하며 백제에서 도보로 10분 정도 걸리는 곳이라고 했다. 그리고 1994년에 항주에서 유일한 생맥줏집으로 개업했는데 지금은 커다란 분점이 네 개나 된다고 했다. 위치가 서호 바로 옆이라 서호를 내려다보면서 맥주를 마시러 오는 사람이 많을 것 같았다. 점심때 우연히 들어간 화중성과 호텔 종업원의 소개로 찾아간 양광대주점, 그리고 김건표 박사의 안내로 오게 된 천상인간이라는 생맥줏집까지 오늘 하루 동안에 항주의 유명한 집을 세 군데나 가 보았다.

생맥주를 마시며 이야기를 나누다 보니 어느새 자정이 넘어 있었다. 오늘은 취침시각이 늦은 만큼 내일 아침 기상시각을 한 시간 늦추어 달라는 일행의 간청을 받아들여 기상은 한 시간 늦게 하되 출발은 30분 늦추어 8시 30분에 출발하기로 했다.

❄ 냉천정과 비래봉

2005년 8월 12일 예정된 시각보다 10분이 더 늦은 8시 40분에 호텔을 나섰다. 먼저 영은사(靈隱寺) 쪽으로 갔다. 1996년에도 영은사에 갔었는데 그때는 영은사 바로 옆에 있다는 냉천정(冷泉亭)을 보지 못해 무척 속이 상했었기 때문에 이번에는 절대로 실수를 하지 않겠다고 벼르고 또 별렀다.

냉천정은 남송 시인 범성대(范成大)에게 <냉천정의 폭포수(冷泉亭放水)>라는 제목의 시가 있어서 잘 알려진 곳인데, 5~6년 전에 우리 학과 조교가 이 시를 내게 들고 와서 번역과 해설을 부탁한 적이 있었다. 이유인즉 자기가 아는 어떤 사람이 서울 세검정에서 발견한 시라면서 번역과 해설을 부탁해 왔다는 것이었다. 우리 학과 교수들은 이런 부탁을 들어주느라 시간을 빼앗기는 경우가 자주 있는데, 그 무렵 나는 마침 범성대의 시에 관한 논문을 한 편 쓴 적이 있고 그 안에 이 시도 인용했었기 때문에 따로 시간을 빼앗기지 않고 그의 부탁을 들어줄 수 있었다.

이끼 끼어 미끄러운 높디높은 돌 비탈을	古苔危磴着枯藜
명아주 자국 남겨 가며 한 발 한 발 오르니	
발아래에 뒤집는 파도가 날아갈 듯 솟는구나.	脚底翻燾洶欲飛
사통팔달 번화가엔 암만 다녀도 이런 곳 없으니	九陌倦遊那有此
깜짝 놀란 눈발이여	從敎驚雪濺塵衣[17]
먼지 낀 내 옷에 마음껏 뿌리게나.	

1996년에도 냉천정에 대해서 몰랐던 것은 아니지만 범성대의 이 시를 번역한 이후로 더욱 애정이 가는지라 이번에는 꼭 보고 오리라 생각하며 영은사풍경구의 관광안내도를 열심히 들여다보았다. 범성대의 시에 의하면 냉천정은 상당히 높은 곳에 위치하고 있음이 분명한데, 지도에는 영은사 바로 앞에 있는 것으로 표시되어 있었다. 막 영은사로 입장하려는 일행을 잠시 기다리게 해 놓고 주위에 있는 다른 건물의 위치와 대조해 가면서 꼼꼼하게 냉천정의 위치를 확인해 보았다. 그랬더니 냉천정은 영은사 정문 앞으로 흐르는 계곡 바로 옆에 있었다. 범성대 시에

17 문연각사고전서본 범성대 ≪석호시집(石湖詩集)≫ 권8.

묘사된 바에 의하면 냉천정은 경사가 심하고 미끄러운 돌길을 지나서 높은 곳에 있고 그 아래에 계곡 물이 콸콸 흐르고 있는데 여기는 전혀 딴판이었다. 넓고 평평한 길 옆의 가만히 고여 있는 웅덩이 가에 있었다. 아마 새로 지을 때 원래의 위치에 짓지 않고 사람들이 많이 다니는 이곳으로 옮겨 온 것이 아닐까 싶었다. 머릿속으로 그리고 있던 것과 너무 달라서 무척 실망스러웠다.

영은사는 다시 보아도 정말 웅장했다. 동진 함화 원년(326)에 지어진 중국 불교 초기의 사찰로 한때는 승방 1,300여 칸에 스님 3,000여 명이 머물러 중국 동남부 최대의 사찰이었다는 영은사에는, 강희제가 주지승의 부탁을 받고 절의 이름을 쓸 때 머리 부분의 '우(雨)'자를 너무 크게 써 버리는 바람에 '영(靈)'자를 쓰기가 어려워서 부득이 고사기(高士奇)의 재치 있는 제안을 받아들여 '운(雲)'자로 바꾸어 '운림선사(雲林禪寺)'로 쓰고는 그 절이 땅에는 숲이 있고 하늘에는 구름이 있는 곳에 있기 때문에 이렇게 썼다고 강변했다는 일화가 있다.[18] 1996년에 왔을 때는 천왕전(天王殿)에 '운림선사'라는 현판이 걸려 있었는데 이번에는 '운림선사'라는 현판이 보이지 않았다. 많은 건물들을 지나가면서 하나하나 살펴보았으나 '운림선사'라는 현판은 보이지 않았다. 스님들에게 물어보아도 아는 스님이 별로 없더니, 마침내 한 스님이 입구 쪽에 있다고 알려 주었다. 나오면서 보니 출구 쪽에 있는 한 건물의 지붕 밑에 걸려 있는데, 2층밖에 안 되는 나지막한 건물인 데다 그 앞에 있는 큰 나무가 가리고 있어서 글자가 잘 안 보였던 것이다.

원래 냉천정이 있었다는 비래봉(飛來峰)에 가 보기 위해 냉천정에서 계곡을 건너 맞은편의 바위산을 올랐다. 50미터쯤 올라가자니 남송의 항금 명장 한세충(韓世忠)이 악비(岳飛)를 추모하기 위해 악비의 시 <지주의 취미정에 올라(登池州翠微亭)>에서 이름을 따왔다는 취미정이라는 정자가 있었다. 사람이 별로 없고 좀 높

18 ≪백도백과≫ <영은사> · <운림선사> 참조.

직한 것이 오히려 냉천정보다 더 멋있었다. 다른 사람들은 거기서 쉬라고 하고 몇 명만 비래봉 정상을 보러 갔다. 10분쯤 올라가니 비래봉 정상이 나왔다. 그러나 거기에도 범성대가 말한 '발아래에 뒤집는 파도'는 보이지 않았다. 천 년 세월에 산천이 변한 것일까? 돌 비탈길만이 범성대의 시에서 묘사한 것처럼 경사가 심해 오르기 힘들었다.

❋ 천축삼사

항주서호 서쪽의 천축산(天竺山)에 상천축사·중천축사·하천축사라는 절이 있는데 이것을 천축삼사라고 한다. 오후 2시경에 버스를 타고 영은사 바로 옆에 있는 상천축사로 갔다. 상천축사는 대문에 법희강사(法喜講寺)라는 현판이 붙어 있었다. 대문 앞의 벽에 쓰인 '진대고찰(晉代古刹)'이라는 글씨로 자신의 나이를 말하고 있는 상천축사, 즉 법희사는 영은사만큼은 아니지만 그래도 꽤 큰 편이었다. 그러나 안에는 신도인 듯한 사람이 몇 명 있을 뿐 관람하는 사람은 우리밖에 없는 것 같았다. ≪함순임안지(咸淳臨安志)≫에 법희원의 옛날 이름이 길상사였다고[19] 했으니 법희강사가 바로 길상사였을 가능성이 크다. 그렇다면 소동파가 항주통판으로 재임할 때 자주 찾아와 노닐면서 <길상사에서 모란을 구경하며(吉祥寺賞牡丹)>·<길상사의 승려가 누각의 이름을 지어 달라기에(吉祥寺僧求閣名)>·<동짓날 혼자 길상사에서 노닐며(冬至日獨遊吉祥寺)>·<길상사의 꽃이 곧 지려고 하는데 진술고가 오지 않아(吉祥寺花將落而述古不至)> 등의 시를 지은 곳인데 절 안에 이 사실을 확인시켜 주는 단서는 보이지 않았다.

---

19 사신행(査愼行)의 ≪소시보주(蘇詩補註)≫(대북: 신문풍출판사, 1979) 권7 <여항 법희사의 절 뒤에 있는 녹야당에 묵으면서 오흥의 뭇 산들을 바라보다가 손신로 학사가 그리워져서(宿餘杭法喜寺, 寺後綠野堂, 望吳興諸山, 懷孫莘老學士)>의 주석에 인용된 ≪함순임안지≫에 "여항(지금의 절강성 항주)에 법희원이 있으니 성곽 안의 개울 북쪽에 위치한바 옛날 이름이 길상사였다(餘杭有法喜院, 在縣郭內溪北, 舊名吉祥)"라고 했다.

상천축사에서 나올 무렵에는 여름철 한낮의 뜨거운 태양이 사정없이 내리쬐고 있었다. 중천축사까지는 얼마 안 되는 거리지만 다들 버스 정류소에 주저앉은 채 아무도 걸어서 가려고 하지 않았다. 시간이 빠듯하기는 했지만 독촉한다고 될 일도 아닌 성싶어서 그냥 내비려두었다. 그러나 20분이 넘게 지나도 차가 한 대도 오지 않으니 언제 올지 모르는 차를 마냥 기다리고 있을 수도 없었다.

"5분만 더 기다려서 3시 20분이 되어도 차가 안 오면 그냥 걸어서 가자."

3시 20분이 되자마자 내가 먼저 일어나 걷기 시작했다. 마음이 내킨 것은 아니겠지만 다들 시간이 없는 줄을 잘 알고 있기에 더 이상 앉아 있기를 고집하지 않았다. 우리는 결국 걸어서 중천축사로 갔다. 동네 주민들 이외에는 행인이 거의 없는 호젓한 산길을 따라 천천히 걸어 내려갔다. 오른쪽으로 차밭을 끼고 왼쪽에 있는 대나무 그늘로 몸을 식혀 가며 천천히 내려가노라니 생각처럼 그렇게 덥지도 않았다. 가끔씩 계곡에서 시원한 바람이 불어와 등줄기를 타고 내리는 땀을 말려 주었다.

길옆에 인가가 서너 채 있었다. 광처럼 생긴 어둠침침한 방에서 한 젊은 남자가 의자에 앉아 텔레비전을 보고 있었다. 우리가 보기에는 무척 더워 보였지만 그 남자는 꽤나 느긋하고 여유 있는 표정을 짓고 있었다. 혼자 개울가에 앉아서 더위를 식히고 있는 사람도 보였다.

10분 정도 걸어서 본래 이름이 법정선사(法淨禪寺)였다는 중천축사에 도착하니 시각이 3시 반쯤 되어 있었다. 온 절에 범패 소리가 울리고 있었지만 공사 중이라 여기저기 기왓장과 벽돌이 쌓여 있을 뿐 다니는 사람은 아무도 없었다. 그리 넓지 않은 경내를 한 바퀴 돌아서 나오자니 경내에 3층짜리 황색 건물이 한 채 있었다. 입구에 '항주불학원(杭州佛學院)'이라는 현판이 붙어 있었다. 1층은 강의실인 듯 열려 있는 문틈으로 책걸상이 보이고 불경 낭송하는 소리가 새어 나왔다. 그리고 2층과 3층은 기숙사인 듯 자그마한 방 하나하나에 다 에어컨이 달려 있었다.

3시 50분에 중천축사를 떠난 우리는 또 천축로를 따라 하천축사를 향해 걸었다. 길가에 빨간 열매가 맺힌 아름다운 나무가 많이 서 있었다. 영은사에도 많이 있어서 어떤 아저씨에게 무슨 나무냐고 물었으나 모른다고 했던 나무다. 마침 그 동네 사람인 듯한 청년이 세 명 지나가기에 물어보았더니, 두 명은 어물거리며 대답을 하지 않고 나머지 한 명이 '꼬우수'라고 대답했다. 무슨 말인지 알아들을 수가 없어서 한번 써 보라고 했더니 땅바닥에다 간체자로 '구수(构树)'라고 썼다. 처음 보는 단어였다. 박은석이 재빠르게 전자사전을 찾아보더니 닥나무라고 했다. 바로 창호지의 원료가 되는 닥나무였던 것이다. 그러고 보니 어릴 적 고향 마을에서 자주 보았던 나무다. 잎을 자세히 들여다보니 어릴 적의 기억이 확연히 되살아났다. 고향 마을에서는 꽃이 핀 모습을 보지 못했기 때문에 얼른 알아보지 못한 것이었다.

하천축사는 정식 명칭이 법경강사(法鏡講寺)인데 대문에 걸린 현판에 '삼천축법경사(三天竺法鏡寺)'라고 쓰여 있었다. 지도에 그곳의 지명과 버스 정류소를 모두 '하천축'이 아니라 '삼천축'으로 표기해 놓아서 의아해하고 있던 참인데 이 현판을 보는 순간 그 이유를 알 듯했다. 나의 유추에 의하면, 원래 세 절을 하나의 절로 간주하여 '삼천축사'라 부르는데, 굳이 구분할 필요가 있는 경우에는 상천축사를 삼천축법희사, 중천축사를 삼천축법정사, 하천축사를 삼천축법경사로 부르는 것 같았다.

법경사는 비구니의 사찰인 듯 절 안에 비구니만 보였는데, 4시 5분쯤 되었을 때 갑자기 목어 소리가 울리더니 앳된 얼굴의 비구니 20여 명이 갈색 장삼을 걸치고 원통보전(圓通寶殿) 앞마당에서 통로를 사이에 두고 양쪽으로 늘어섰다. 이어서 4시 10분이 되자 안으로 들어가 북소리에 맞추어 일제히 절을 했다. 그런 다음 다시 북소리와 종소리가 함께 울리자 비구니들이 양쪽으로 나누어 줄을 선 채 합장하고 경건하게 불경을 낭송했다. 처음에는 한 사람이 혼자서 낭송하더니 곧이어 모든 비구니가 함께 낭송했다.

하천축사에서 나와 용정(龍井) 가는 버스를 타기 위해 정류소로 내려가다가 웃통을 벗은 채 장갑 낀 두 손을 솥 안에 넣어 차를 덖고 있는 한 아저씨를 보았다.

40대쯤 되어 보이는 그 아저씨는 땀을 뻘뻘 흘리면서 마치 빨래를 하듯 차를 비비기도 하고 휘젓기도 하다가 뭐하는 거냐는 우리의 물음에 친절하게 대답해 주었다. 찻잎을 솥에 넣고 세 시간 동안 덖는데 그동안 두 손으로 계속 저어 주어야 한다는 것이었다. 그래야 골고루 가열되기 때문이리라. 그늘에 가만히 앉아 있어도 땀이 줄줄 흐르는 판에 뜨거운 솥을 안고 세 시간이나 손으로 찻잎을 젓는다는 것이 얼마나 고통스러울지에 생각이 미치자 차에 대한 인식이 달라졌다.

❄ 용정

용정으로 가는 관광버스는 의자뿐만 아니라 천장과 벽까지도 모두 나무로 만들어져 있어서 한껏 운치를 내고 있었다. 그러나 그것보다 더 눈에 띄는 것은 운전석 바로 뒤에 백거이의 사 <억강남(憶江南)> 3수 중의 두 번째 작품을 붓으로 크게 써서 붙여 놓은 것이었다.

강남이 그립구나.	江南憶
그중에도 항주가 무엇보다 그립구나.	最憶是杭州
산사에서 달빛 아래 계수나무 꽃을 찾고	山寺月中尋桂子
정자에 드러누워 조수를 구경했지.	郡亭枕上看潮頭
언제나 다시금 그곳에 가 보려나?	何日更重遊

백거이의 <억강남>과 그것을 해설하는 관광안내원

백거이의 사 <억강남>은 그가 항주태수와 소주태수를 지낼 때 직접 경험한 강남지방의 풍물과 생활을 추억한 것인데, 그 가운데 두 번째 작품은 바로 항주에서 겪었던 일을 추억하고 그곳의 아름다운

풍경을 묘사한 것이니 항주를 홍보하는 최고의 광고문구인 셈이다.

5시 10분에 종점인 용정산원(龍井山園)에서 하차하자 그 위에 있는 마을에서 내려온 아주머니들이 호객행위를 하기 시작했다. 그 가운데 비교적 순박해 보이는 한 아주머니를 따라 마을로 들어갔다. 아주머니는 마을로 들어서자마자 직경이 1미터쯤 되어 보이는 우물로 가서 우리 일행 가운데 누가 두레박으로 우물물을 좀 길어 보라고 했다. 우물은 그 마을 주민들이 공동으로 사용하는 것인 듯했다. 내가 줄이 5미터쯤 되는 두레박을 드리워 물을 길어 올렸다. 두레박이 가득 찰수록 좋다고 하여 한껏 채워서 퍼 올렸다. 그 물로 각자 세수를 한 번씩 한 후 닦지 말고 자연 건조시켜야 피부에 좋다고 해서 아주머니가 시키는 대로 했다. 남은 물은 길은 사람이 버려야 한다기에 다시 내가 두레박을 받아서 땅바닥에 쏟았다. 그리고 아주머니를 따라 조금 낮은 곳으로 내려갔다. 아주머니는 즉석에서 차를 끓여 우리한테 한 잔씩 따라 주었다. 그렇게 몇 순배를 마셨더니 목구멍에 동그랗게 아련한 풀향기가 맴돌았다. 각자 필요한 만큼씩 용정차를 사고 저녁식사 장소인 금색양광대주점(金色陽光大酒店)을 향해 출발했다. 김건표 박사가 거기서 우리한테 저녁을 사 주기로 했기 때문이다. 6시 40분이었다.

7시 10분에 금색양광대주점에 도착하니 김건표 박사가 미리 와서 기다리고 있었다. 그 집 역시 항주의 명소 가운데 하나로 숙박시설은 없고 음식만 파는데 방이 무려 167개나 된다고 했다. 지금까지 한 번도 본 적이 없는 엄청난 규모의 음식점이었다. 김건표 박사의 말에 의하면 항주 사람들 사이에는 요즘 이처럼 대규모의 전문적인 음식점을 선호하는 경향이 있다고 한다.

식사를 마치고 우리가 김건표 박사에게 맥주를 한잔 사겠다며 좋은 데를 소개해 달라고 했더니, 그는 우리를 서호 가에 있는 망호루빈관 맞은편의 생음악이 나오는 한 맥줏집으로 안내했다. 그러나 그곳은 너무 시끄러워서 이야기를 나눌 수 없을 것 같았다. 할 수 없이 본래 한 집이던 것을 분할했다는 바로 옆집으로 갔다.

생음악이 있는 것도 아니고 서비스를 잘 해주는 것도 아니면서 술값은 서울 빰칠 정도로 비쌌다. 두 홉들이 맥주 한 병이 15원이었다. 이 맥주를 500시시(cc) 마시면 20원 정도 되는데 이것을 한국 돈으로 환산하면 2,800원이니 서울에서 생맥주 500시시를 마시는 것보다 비싼 셈이다. 모처럼의 술자리라 이런저런 이야기로 시간 가는 줄 모르고 마시다가 새벽 1시가 넘어서야 호텔로 돌아왔다.

❄ 송성

2005년 8월 13일 7시 25분에 산책을 나갔다. 무림광장(武林廣場)으로 가니 여느 곳이나 마찬가지로 노인들이 나와서 운동을 하고 있었다. 다만 시간이 좀 늦은 탓인 듯 사람이 그렇게 많지는 않았다. 무림광장 앞에 있는 체육장로라는 큰길을 건너려면 지하차도를 이용해야 했다. 계단에 사람이 없을 때는 멈추어 서 있다가 사람이 다가가면 자동으로 작동하는 최신식 에스컬레이터까지 설치되어 있었지만, 속이 후련할 정도로 널찍하게 잘 닦인 지하차도는 너무나 한산하여 오가는 사람이 7~8명밖에 없었다.

주변을 한 바퀴 돌고 마지막으로 우리 호텔 건너편에 있는 공원으로 가 보았다. 입구에 '고무림문(古武林門)'이라는 비석이 세워져 있는 작은 공원 옆으로 폭이 20미터쯤 되어 보이는 작은 개천이 흐르는데, 옛날에 소주에서 보던 개천들마냥 흐르는 듯 마는 듯 느리게 흐르고 있었다. 유속이 느리다 보니 물이 심하게 혼탁해져 있었다.

공원에는 여기저기 노숙자들이 눈에 띄었다. 그들은 대개 웃통을 벗은 채로 나무 밑에서 자고 있었다. 땅바닥에 종이상자만 깔고 이불 없이 자는 사람이 있는가 하면, 자기 집 마루에서 자듯 얇은 이불까지 덮고 편안하게 자는 사람도 있었다. 무림광장 앞 지하차도가 그토록 크고 깨끗한데도 거기에는 노숙자가 한 명도 없었던 사실을 생각하니, 서울역 지하도는 물론 서울역 청사까지 점거하여 수많은 기차여행자들을 불쾌하게 만드는 우리나라와 많이 다르다는 생각이 들었다. 그들은 왜 지하차도를 놓아두고 공원에서 자는 것일까? 정부에서 금지하는 것일까? 이런 생각을 하며 호텔로 돌아왔다.

8시 20분에 김건표 박사가 주선해 준 중형버스를 타고 송성(宋城)으로 갔다. 9시 10분에 송성에 도착했더니 아직 문이 닫혀 있었다. 10시에 정문 앞의 구룡광장(九龍廣場)에서 개문식을 거행하고 그 뒤에 입장시킨다는 것이었다.

송성은 청명상하도재현구(淸明上河圖再現區)·남송황궁구·남송풍정구·원림구로 구성되어 있었다. 입구에 들어서니 이곳이 한국 텔레비전에 방영된 곳이라는 한국어 안내판이 붙어 있어 눈길을 끌었다. 이번 답사에서 본 명승지는 대개 한국어 안내판이 붙어 있는 것이 특징이었는데, 한국어 표기가 대부분 잘못되어 있는 것 또한 하나의 특징이었다. 어쨌거나 한국어 안내판이 많다는 것은 한국인 관광객이 얼마나 많이 찾아오는지를 말해 주는 하나의 지표임에 틀림없을 것이다.

청명상하도재현구는 작년에 개봉에서도 본 것이라 서로 비교가 되었다. 전체적으로 보아 규모는 개봉의 청명상하원보다 작지만 그것보다 고풍스러운 맛이 넘쳐서, 이렇다 할 근거는 없지만 오히려 개봉의 당시 모습에 더 가까울 것만 같은 막연한 느낌이 들었다. 김보경도 나와 같은 생각이라고 했다.

항주 송성 성문루에 걸려 있는 악비의 <만강홍>

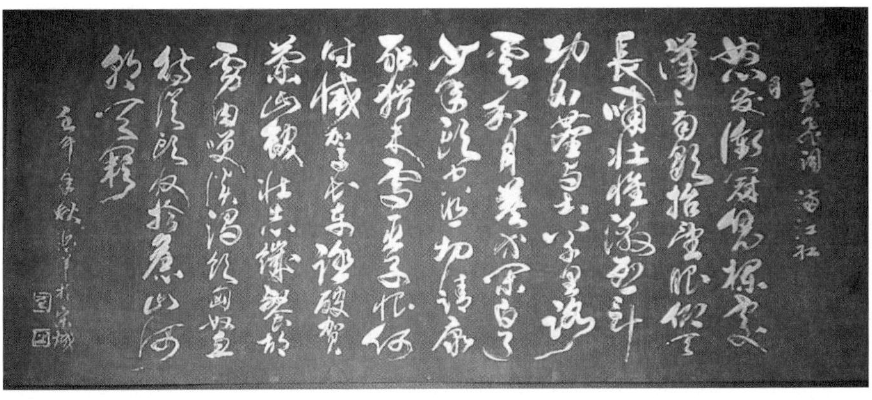

송성의 초입에 위치하고 있지만 들어갈 때는 무심코 지나쳤다가 다 돌아보고 나오면서 맨 마지막으로 올라가 본 성문루(城門樓)는 무료로 앉아서 쉴 수 있게 만들어 놓은 휴게실이었다. 물론 쉬다가 생각나면 사 먹을 수 있도록 차와 음료도 팔고 있었다. 성문루의 한 출입문에 "성난 머리카락이 갓을 찌른다(怒髮衝冠)"로 시작하여 금나라에 대한 참을 수 없는 분노를 토해 낸 남송 장수 악비(岳飛, 1103-1141)의 사(詞) <만강홍(滿江紅)>이 초서체로 쓰여 있었다.

이번 답사를 떠나기 전에 송성을 보고 온 지 얼마 안 된 어떤 사람이 송성은 입장료만 비싸지 아무것도 볼 게 없더라는 말을 내게 했고 내가 다시 일행에게 얘기했기 때문에 일행 중에 별로 오고 싶지 않아 하는 사람도 더러 있었는데 결과적으로 와 보기를 잘했다는 생각이 들었다. 작년에 개봉의 청명상하원을 보지 않은 사람들이 무척이나 좋아한 것은 말할 것도 없고, 나로서도 개봉의 청명상하원과는 다른 풍격을 지닌 송성을 한 번 본 것이 의미 있는 일이라고 생각되었다.

❈ 육화탑과 전당조

전당조가 올라올 시간에 맞추기 위해 11시 50분쯤에 육화탑에 도착했다. 매표소에서 표를 파는 아주머니에게 오늘은 전당조가 몇 시에 올라오는지 물었더니 3시에 올지 4시에 올지 모른다고 했다. '이게 무슨 소린가? 12시쯤에 올라오는 것으로 알고 있는데 3시일지 4시일지 모른다니! 전당조 관람의 명소인 육화탑의 매표원이 전당조 도착예정 시각을 모른다니 말이 되는가? 미리 예보를 듣고 알아 놓았다가 입장객이 물으면 친절하게 알려 주어야 할 것 아닌가?' 이런 생각이 들었다.

시간이 좀 남아서 먼저 육화탑 뒤에 있는 중화고탑원(中華古塔苑)을 구경했다. 중화고탑원은 중국 각지에 산재해 있는 유명한 탑 약 100개의 축소판 모형을 만들어 전시해 놓은 곳이다. 중화고탑원을 대충 보고 서둘러 육화탑에 올라갔다. 육화탑은 밖에서 보면 13층이지만 안에서 올라가 보면 7층밖에 없는 것이 특징이라고 했다. 바깥에서 볼 때의 1·2, 3·4, 5·6, 7·8, 9·10, 11·12 및 13층이 각각 안에서의 한 층인 모양이었다.

꼭대기 층에 올라가 창문으로 내다보니 전당강과 그 주변이 일망무제로 눈앞에 펼쳐졌다. 크고 작은 배들이 꼬리를 물고 떠다니는 전당강은 참으로 아름다웠다. 전당강을 가로지르는 전당강대교에 마침 뱀이 기어가듯 기차가 한 대 지나갔다. 전당강대교보다 조금 아래쪽에 있는 부흥대교(復興大橋)도 육화탑에서의 조망을 운치 있게 만드는 데 힘을 보탰다. 시야가 툭 트인 경치를 바라보며 시원해하고 있는데 전당강 쪽에서 갑자기 산들바람이 불어왔다. 순간 속옷을 축축이 적시고 있던 땀이 마르면서 날아갈 듯 상쾌했다. 바람을 쐬면서도 혹시 전당조를 놓칠까 봐 전당강 하류를 뚫어지게 지켜보았다.

육화탑

탑에 오르기 위해 별도로 내야 하는 10원의 입장료가 결코 적은 금액이 아니기 때문일까? 탑에 올라와 있는 사람은 별로 없었다. 우리 일행 이외에 대여섯 명 정도가 더 있을 뿐이었다.

그런데 한참을 기다려도 전당조가 올라오는 기미가 보이지 않았다. 벌써 1시가 넘어 있었다. 마음이 매우 불안했다. 그때 한 젊은 여자가 다가와 자기 어머니인 듯 나이가 지긋한 여자에게 사진을 찍어 주려고 우리한테 좀 비켜 달라고 했다. 창문 밖의 배경이 나오게 하기 위해서였다. 사진을 다 찍고 다른 데로 가려는 그 여자를 불러 세워 오늘 전당조가 몇 시쯤 오는지 아느냐고 물었다. 잘 모르지만 저녁 무렵일 것이고 또 올라와 봐야 너무 작아서 별로 볼 게 없을 것이라고 했다. 일전에 서호 부근에서 육화탑으로 가자고 호객행위를 하는 아주머니에게 물었을 때 전당조가 12시 전후에 온다고 했는데, 이건 또 무슨 소린가? 육화탑 관광객 모집 요원이 전당조 올라오는 시각을 잘 몰랐다는 말인가?

1시 반쯤 되자 배가 고파서 견디기 힘들었다. 내려가서 점심을 먹고 오려니 그 사이에 전당조가 지나가 버릴 가능성도 있고 10원씩이나 되는 입장료를 다시 내야 하는 문제도 있어서 선뜻 결정할 수 없었다. 다시 20분쯤 지나자 더 이상은 기다릴 수가 없었다. 일단 점심을 먹은 뒤 다시 올라오지 말고 전당강 강변에서 구경하기로 했다. 육화탑에서 내려와 식당을 찾아가는 동안 이욱진과 정지현에게 각자 중국인 다섯 명씩에게 물어보라고 했다. 두 사람이 물어본 결과 전당조가 언제 오는지 정확히 아는 사람은 아무도 없고 저녁 무렵에 올 거라고 대답한 사람이 비교적 많은 편이라고 했다.

식당으로 가는 도중 좋은 생각이 떠올랐다. 신문에 조수발생 시각이 나와 있을 것이라는 생각이었다. 그러나 신문 판매대가 보이지 않아 신문을 살 수가 없었다. 식당에 들어가자마자 종업원에게 신문을 좀 보여 달라고 했더니 신문이 없다고 했다. 빌려 오겠다며 옆집으로 갔지만 무슨 까닭인지 빌려 오지 못했다. 그러면 기상대에 전화해서 좀 알아봐 달라고 부탁했지만 난감한 표정을 지었다.

마지막 수단으로 김건표 박사에게 전화를 걸었다. 어제 작별 인사를 다 해 놓고 다시 전화하기가 민망했지만 어쩔 수가 없었다. 김건표 박사에게 신문을 좀 살펴봐 달라고 부탁했더니, 살펴보고 나서 전화해 주겠다고 했다. 그것 확인하는 데 무슨 시간이 그리 오래 걸리는지 이해가 안 될 정도로 한참이 지나서야 전화가 왔다. 신문에는 나와 있지 않아서 항주시수문관측소(杭州市水文觀測所)에 전화하여 알아봤더니 지금은 만조기라서 저녁 7시경에 해녕(海寧)에 도착하는데 해녕에서의 파도 높이가 0.7미터 정도밖에 안 되기 때문에 그보다 상류인 육화탑에 도착하면 파도가 거의 안 보일 정도로 낮아져 버릴 것이라고 하더란다.

내가 잘못 알고 있었던 모양이다. 나는 지금까지 조수가 매일 두 차례 낮 12시와 밤 12시를 전후하여 올라오는 것으로 알고 있었다. 그런데 언제나 12시 전후에 올라오는 것이 아니라 날마다 시각이 달라지다가 음력 15일쯤에 다시 낮 12와 밤 12시 전후에 올라오는 모양이었다. 누구였는지는 기억이 잘 안 나지만 1996년에 어떤 중국인에게 매일 낮 12시와 밤 12시경에 올라온다고 들은 것이 나로 하여금 시각을 착각하게 한 하나의 요인이 되었고, 1996년 음력 8월 18일 밤에 전당조의 장관을 보았으나 사진이 찍히지 않아 이듬해 6월 21일 낮에 다시 보러 갔을 때도 12시 20분에 조수가 올라온 것이 또 하나의 요인이 되었다. 문득 1997년 6월 21일이 공교롭게도 음력으로 15일 전후였을 것 같은 생각이 들어서 확인해 보았더니 과연 1997년 6월 21일은 음력 5월 17일이었다. 그리고 금년 8월 13일, 즉 오늘은 음력 7월 9일로 15일에서 상당히 멀었다. 그때는 어떻게 생각 없이 잡은 날짜가 음력으로 15일 부근이었단 말인가? 자칫하면 그때도 헛걸음할 뻔하지 않았나? 아니 그때 운이 나빠서 헛걸음을 했더라면 오늘의 실수는 없었겠지. 그런데 육화탑 관광객 모집 요원이 12시쯤에 올라온다고 한 것은 또 무엇 때문일까?

전당조란 절강성을 가로지르는 전당강이 거꾸로 흐르는 현상을 말한다. 달의 인력으로 인하여 하루에 두 번씩 바닷물의 수위가 높아질 때 바다에 가까운 지점의 강물이 상류를 향하여 역류하는 것이다. 이러한 역류 현상은 브라질에 있는 아마존강이 가장 심하고 전당강이 세계에서 두 번째로 심하다고 한다. 아마존강에서는 4미터 높이의 파도가 내륙 방향으로 800킬로미터나 올라가는 이 역류 현상을 포로로카(pororoca)라고 하고,[20] 전당강에서는 이 역류 현상을 전당조 또는 해녕조(海寧潮)라고 한다. 해녕조라고 하는 이유는 하구에서 10킬로미터 남짓밖에 떨어져 있지 않은 절강성 해녕에서 가장 잘 보이고 따라서 그곳에 정식 관람시설이 축조되어 있기 때문이다. 나는 1996년 9월 29일(음력 8월 17일)에서 30일 사이의 밤에

20 ≪위키백과≫ <포로로카> 참조.

절강성 해녕시 염관진(鹽官鎭)에서 전당조의 놀라운 광경을 처음 보고 그 감회를 일기에다 적어 놓은 적이 있었다.

미리 표를 사 놓은 버스를 타기 위해 7시 반쯤에 항주역 앞으로 갔다. 표를 산 가게에는 그저께 표를 판 그 아주머니 대신 다른 아주머니가 일을 하고 있었다. 아주머니가 어디서 차를 타는지는 잘 모르지만 오기는 틀림없이 올 테니 걱정 말고 기다리라고 했다. '소흥(紹興)' · '영파(寧波)'…… 등의 팻말을 든 중년 남자들이 여기저기서 승객을 기다리고 있었다. 이렇게 복잡한 장소에서는 자칫하면 차를 놓치겠다 싶은 마음에 우리 세 사람은 잔뜩 긴장하여 사방을 살피고 있었다. 가끔씩 표를 산 가게에 들어가서 확인하기도 했다.

8시가 되자 가게 아주머니가 어딘가에 전화를 걸어 빨리 오라고 하는 눈치더니, 5분쯤 뒤에 아저씨 한 명이 우리를 역에서 멀지 않은 한 건물로 데리고 가서 잠시 더 기다리라고 했다. 8시 반에서 9시 사이에 출발하겠다고 했다. 알고 보니 거기는 어느 여행사 사무실이었다. 손님도 우리 이외에 몇 명이 더 보였다. 우리는 그래도 이만하면 다행이다 싶어 안도의 한숨을 내쉬었다.

8시 반이 다 되어 갈 무렵 그들은 우리에게 항주역 맞은편 광장에 있는 버스에 타라고 하더니, 두 사람이 부족하니 두 사람만 더 오면 함께 가자고 했다. 그리고 운전사도 자리에 앉았다. 그러나 금방 두 사람이 와서 버스 가운데 통로에 있는 보조의자까지 손님이 가득 찼는데도 불구하고 차는 갈 생각을 하지 않았다. 누군가가 운전사에게 왜 안 가느냐고 물었더니, 자기는 해녕 가는 길을 모르기 때문에 옆에 서 있는 차가 앞서 가면 따라갈 것이라고 했다. 기가 찰 노릇이었다. 그래도 중국인 관광객들은 별로 화를 내지 않았다.

그러던 그들도 9시 15분쯤 되자 술렁이기 시작했다. 그러나 그들의 항의는 우리나라 사람들처럼 거센 것이 아니라, "이러다가 오늘 밤에 못 돌아오면 어떻게 하느냐", "나는 포기할 테니 표를 물어 달라"와 같은 완곡한 것이었다. 어떤 사람은 "이번 행사는 취소되었습니다(本次活動取消了)" 하고 농담을 하여 차 안의 분위기를 풀어 주기도 했다.

차는 그러고도 20분이 더 지난 9시 35분에야 출발했다. 예정시각보다 한 시간 반 이상 지연된 셈이다. 우리나라에서 이랬다면 난리가 났을 것이다. 그런데 차는 몇 발 안 가서 다시 멈추었다. 관광안내원이라는 사람이 담배를 좀 사러 간다는 것이었다.

11시가 다 돼 갈 때쯤 해녕에 도착했다. 관광안내원은 나중에 다시 탈 때 자기 차의 승객임을 확인하기 위해 각 승객의 출신 지역을 물어서 기록해 두었다. 광동성에서 온 사람, 강서성에서 온 사람, 산동성에서 온 사람……. 전국 방방곡곡에서 찾아온 것 같았다. 우리가 "한국!"이라고 하자 관광안내원이 자기가 잘못 들었나 싶어서인지 우리를 빤히 쳐다보았다. 우리는 다시 한 번 "한국!"이라고 하여 확인시켜 주었다.

차에서 내리자마자 우리는 해녕에서 자고 내일 거기서 곧장 소주로 갈 요량으로 우선 가까운 호텔을 찾았다. 빈방이 없었다. 각 호텔에서 오늘 밤에는 해녕 어디에도 빈방이 없을 테니 민박이나 알아보라고 했다. 호텔 현관에 써 놓은 조수예보를 보니 오늘밤, 정확히 말하자면 9월 30일(음력 8월 18일) 0시 50분에 조수가 올 예정이며 파도의 높이는 2.1미터라고 되어 있었다. 할 수 없이 타고 왔던 차로 다시 항주로 돌아가기로 했다.

전당강 둑으로 들어가는 입구에 군인인지 경찰인지 제복을 입은 젊은이들이 앉아서 1인당 15원씩의 입장료를 받고 있었다. 화장실에 갔더니 거기도 이용료를 1원씩 받았다. 대개 10전씩 또는 20전씩 받는데 오늘 이곳에는 손님이 많기 때문에 화장실 이용료를 특별히 많이 받고 있는 것이었다. 누가 불만을 터뜨렸는지 관리인이 "오늘은 좀 비쌉니다" 하고 해명하는 소리가 들렸다. 오늘 비싼 것은 당연하지 않느냐는 말투였다. 그 관리인이 어찌 경제 전문가랴만 그는 이미 이 경우 수요의 가격탄력성이 크지 않다는 경제원리를 몸으로 터득하고 있는 것임에 틀림없었다. 오랫동안 사회주의 경제체제에 익숙해져 있을 그가 이렇게 자본주의 경제원리를 잘 체득하고 있다는 사실에 웃음이 나왔다.

중추절이 지난 지 며칠 안 되었고 마침 날씨도 화창하게 개어 하늘에는 밝은 달이 떠 있었다. 조수 구경하기에는 참 좋은 날이었다. 강둑에는 이미 많은 사람들이 나름대로 좋은 자리를 차지하고 앉아 조수를 기다리고 있었다. 마침 세 사람이 앉을 만한 나무의자가 비어 있기에 얼른 앉았더니, 잠시 후 어떤 할머니가 와서 15원을 내라고 했다. 경험자에게 배운 대로 영수증을 주면 15원을 내겠다고 했더니, 비공식적인 영업인 듯 영수증은 줄 수 없다면서 5원을 깎아 주었다.

우리 앞에는 젊은 부인 한 사람이 잠들어 있는 어린 아기를 감기라도 걸릴세라 꼭 껴안고 있었다. 강둑을 둘러보니 약 300미터에 걸쳐 사람들이 빽빽하게 들어차 있었다. 어떤 사람은 기다리다 지친 건지 내일의 일에 대비하는 건지 땅바닥에 깔아 놓은 비닐 위에서 자고 있고, 어떤 사람은 아예 이불까지 덮고 누워 있었다. 청춘남녀는 그 와중에도 서로 껴안고 사랑을 나누고 있었다. 어떤 사람들은 차를 마시며 얘기를 하고 있고, 또 어떤 사람들은 차를 시켜 놓고 테이블에 앉아 트럼프 놀이를 하고 있었다. 중국 사람들은 가는 곳마다 틈만 나면 트럼프 놀이를 하는 성싶었다.

0시 50분이 다 되었는데도 조수는 불어날 기미가 보이지 않았다. 밤중이라 잘 안 보이는 것이 아닐까 하는 불안한 생각이 들었다. 예정된 시각보다 10분이 더 지나 새벽 1시가 되어도 조수는 기미가 보이지 않았다. 자연의 일인 만큼 취소될 염려는 없다고 생각되자 갑자기 아까 버스 안에서 어떤 중국인이 하던 말이 생각나서 무심코 중국어로 되뇌어 보았다. "이번 행사는 취소되었습니다." 다른 사람에게는 거의 들리지 않을 정도로 낮은 소리였건만 뒤에서 누가 들었는지 킥 하고 웃었다. 자연의 일을 두고 취소되었다고 했으니 우스울 수밖에.

1시 10분이 되었다. 갑자기 주위가 소란스러워지더니 앞자리에 앉아 있던 사람들이 일어서기 시작했다. 조수가 밀려오는 모양이었다. 이런 식으로 무질서해지면 서로 불편하다는 생각에 나도 모르게 "앉아요! 앉아!" 하고 외쳤다. 내 바로 앞자리에 앉아 있던 아주머니들이 일어서려다가 찔끔하고 도로 앉았다. 그러나 그 옆에 있는 아저씨는 들은 척도 하지 않았다. 다시 "앉아요! 앉아!" 해 보았지만 막무가내였다. 옆에 있던 정현선이 "선생님 우리도 일어날까요?" 했다. 그러지 않을 도리가 없었다.

그런데 이것은 또 무슨 자연의 조화란 말인가? 어슴푸레하여 보일 듯 말 듯 하던 강물이 마치 장마철에 위험 수위에 도달한 댐의 수문이라도 열어 놓은 듯 거세게 흘러오고 있는 것이 역력히 보였다. 하류에서 상류로 말이다. 강이 거꾸로 흐르고 있는 것이었다. 원래의 수면과 역류하는 수면이 수직의 단층을 이루면서 2미터 정도의 수위 차이를 보이고 있었다. 말하자면 원래의 강물 위에 약 2미터 두께의 다른 물을 입혀 가고 있는 셈이었다. 어슴푸레한 달밤이고 수면이 우리로부터 제법 멀리 떨어져 있음에도 불구하고 확연하게 식별할 수 있을 만큼 그것은 분명한 단층을 이루고 있었다. 조수가 서서히 밀려와 강의 수위를 조금씩 높여갈 것으로만 생각했지 이처럼 삽시간에 밀려와 강물을 역류시키리라고는 생각지도 못했던 까닭에 나도 모르게 "와!" 하고 함성을 질렀다.

강바닥을 뒤흔들어 놓아서 그런지 역류하는 물은 원래의 물보다 훨씬 더 심한 흙탕물이었다. 소흥 가는 길에 전당강대교를 지나다 보니 맑은 날임에도 불구하고 강물이 싯누래서 의아하게 생각했는데 그 이유가 바로 여기에 있었던 것이다.

강물은 잠깐 사이에 우리 앞을 지나 상류로 상류로 홍수 만난 강물처럼 콸콸 흘러갔다. 우리의 시야에 머문 시간은 기껏해야 5분 정도였을 것이다. 들은 바에 의하면 '일조삼간(一潮三看)'이라 하여 40분 간격으로 세 번 조수가 빠졌다가 다시 들어온다고[21] 하지만 버스가 곧 돌아가기 때문에 기다렸다가 볼 수는 없었다. 다들 같은 입장이었던지 그 많은 구경꾼들이 금방 흩어져 버렸다. 전국 방방곡곡에서 열몇 시간 심지어는 스물몇 시간 동안 기차를 타고 와서 5분만 보고 가는 것이 얼마나 아쉬우랴! 그러나 5분이 아니라 1분이면 어떠랴! 천하에 이런 장관을 어디서 또다시 볼 수 있단 말이냐! 나는 오래간만에 시를 한 수 지었다.

---

21 나중에 알고 보니 '일조삼간(一潮三看)'이란 그런 뜻이 아니라 하나의 조수를 각기 다른 운치를 지니는 세 군데에서 본다는 뜻이었다. 즉 정교(丁橋)에서는 다가오는 조수 즉 '영면조(迎面潮)'를 보고, 해녕진(海寧鎭)의 염관(鹽官)에서는 한 줄로 늘어선 조수 즉 '일선조(一線潮)'를 보고, 노염창(老鹽倉)에서는 돌아가는 조수 즉 '회두조(回頭潮)'를 본다는 뜻이었다.[전균(錢鈞) · 장효파(蔣曉波) · 주수춘(周秀春), ≪항주여유지남(杭州旅游指南)≫, 항주인민출판사, 1996, 80쪽 참조] 아마 잘 알지도 못하는 사람들이 '일조삼간(一潮三看)'이라는 말만 듣고 망문생훈(望文生訓)하여 옮긴 모양이다.

전당조를 구경하고

장마철 위험 수위
소양댐의 수문을 열어 놓았나?
호숫물이 댐 밑에서 곤두박질쳐 댄다.

비 지나간 어촌 마을
강에 있는 물고기의 씨를 말려 버리려나?
양쪽 둑에 장정들이 긴 그물을 끌고 뛴다.

곡마단의 동물 곡예
조련사가 구렁이를 무리하게 다루었나?
만 마리가 일제히 고개 들고 대든다.

목야(牧野)의 전쟁터
병사들의 불만이 극에 달했나?
하얀 창을 번득이며 후방으로 돌진한다.

천 리를 소리 없이 내려왔는데
낮은 데로 낮은 데로 흘러왔는데
더 낮출 데 없어지자 떠밀려 올라간다.

전당조는 이처럼 원래 강물과 역류하는 강물의 수위 차이가 2미터 정도나 되기 때문에 보는 이로 하여금 대자연의 위력에 대하여 경외감을 갖게 한다. 1996년에 소주 사람들에게 들은 바에 의하면, 해녕과 달리 건너편의 소산(蕭山)에는 관람시설이 갖추어져 있지 않기 때문에 몇 년 전에 거기서 전당조를 구경하다가 갑자기 밀려온 조수에 휩쓸려서 100명가량이 익사했다고 할 정도로 어마어마한 자연현상이다. 더구나 옛날에는 이것이 달의 인력에 의한 과학적 현상이라는 데에 생각이 미치지 않았을 터이니 얼마나 놀라운 일이었겠는가? 그래서 옛날부터 중국인들은 수위 차가 가장 심한 매년 음력 8월 15일에서 18일 사이에 연례적으로 관조

해녕의 일선조(一線潮)

(觀潮) 행사를 거행하며 시를 지었으니 많은 시인들이 이에 관한 시를 남겨 놓고 있다. 소동파도 항주통판으로 재임 중이던 희령 6년(1073) 중추절에 전당강의 조수를 구경하고 나서 <8월 15일의 조수 구경(八月十五日看潮)>이라는 제목의 시를 다섯 수 지었다.

만 사람이 북을 치며 함성을 질러	萬人鼓譟懾吳儂
오나라 군사들을 위협하는 것 같고	
늙은 아동이 배를 몰고 쳐들어오는 것 같네.	猶是浮江老阿童
파도가 얼마나 높은지 궁금한가?	欲識潮頭高幾許
월산이 온통 물보라에 싸여 있다네.	越山渾在浪花中[22]

아쉽고 안타깝지만 이번에는 전당조 보기를 포기하는 수밖에 달리 방도가 없었다. 상해 복단대학에서 유학 중인 김보경에게 금년 추석 때 꼭 와서 동영상을 촬영하여 보내라고 당부하고 풍수동(風水洞)을 향해 길을 떠났다. 벌써 2시 50분이었다.

22 왕문고본 ≪소식시집≫ 권10. 이것은 그 가운데 두 번째 작품이다.

❄ 풍수동

중국의 특대형 수륙겸비종유동(水陸兼備鐘乳洞) 가운데 하나로 높이가 116미터에 달한다는 풍수동(風水洞)은 위치가 항주시 서호구 주포향(周浦鄉) 운천산(雲泉山)으로 항주시 중심가에서 15킬로미터밖에 안 떨어져 있어서[23] 40분 만에 도착할 수 있었다.

동굴 앞에 이르니 소동파의 시 <풍수동에서 노닐며(游風水洞)>와 그의 사 <임강선(臨江仙)—풍수동(風水洞)—>을 새긴 바위 두 덩어리가 우리를 반겼다. 사람 키만큼 커다란 자연석에 각각 그의 시와 사를 새긴 다음 글자에 빨간색 페인트를 칠해 놓은 시비였다. 이 가운데 <풍수동에서 노닐며(游風水洞)>라는 시는 정식 제목 <부양과 신성으로 가려는데 절도추관 이필이 사흘 먼저 가서 풍수동에서 나를 기다려(往富陽新城, 李節推先行三日, 留風水洞見待)>에 나타나 있는 바와 같이 풍수동에서 지은 것이 아니라 풍수동에 이르기 전에 지은 것이기 때문에 자연히 그의 사가 더욱 가까이 다가왔다.

사대 요소는 예로부터 도처에 가득한즉　四大從來都遍滿
이곳의 물과 바람 의심할 바 없으니　此間風水何疑
나를 위해 새 시를 지음직도 하리로다.　故應爲我發新詩
그윽한 곳에 꽃이 피어 계곡이 향긋하고　幽花香澗谷
서늘한 물풀은 잔물결에 춤을 춘다.　寒藻舞淪漪

옥천자에게 바람을 빌려 줘 겨드랑이에서 일게 하여　借與玉川生兩腋
굳이 하늘나라의 신선을 동경할 것 없게 하고　天仙未必相思
또한 흐르는 물에 실어 사람을 돌려보낸다.　還憑流水送人歸
첩첩산중에 석양이 아직까지 남았는데　層巔餘落日
풀에 내린 이슬이 벌써 옷을 적신다.　草露已沾衣[24]

---

23 ≪백도백과≫ <풍수동> 참조.

<풍수동에서 노닐며> 시비

풍수동 입구

동굴에 들어서니 갑자기 등골이 오싹해졌다. 바깥은 섭씨 37도를 오르내리는 무더위가 기승을 부리는데 동굴에 들어서자마자 찬 공기가 엄습하여 갑자기 땀이 식었다. 몇 발짝 더 들어가니 어디선가 폭포소리가 들렸다. 주위가 깜깜하여 바로 발밑의 길만 보이는 상황에서 어디선가 들려오는 폭포소리는 신비감을 안겨 주기에 충분했다. 길은 두 사람이 비키기도 힘들 정도로 좁았고, 물은 손이 시릴 정도로 차가웠다. 200미터쯤 들어갔을까? 문득 길이 끊어지고 눈앞에 가파르게 놓인 철제 사다리가 나타났다. 사다리는 건너편 절벽에 걸쳐져 있었다. 소동파는 이 사다리 건너편까지 못 가 봤을지도 모른다. 그렇다면 이제 우리가 소동파보다 풍수동을 더 잘 알게 된 셈이다.

곧이어 커다란 기둥을 뱅뱅 돌며 올라가는 잔도가 하나 나타났다. 잔도를 다 올라가자 갑자기 얼굴이 화끈 달아오르면서 안경에 김이 끼어 앞이 보이지 않았다.

---

24 추왕본 ≪소식사집≫ 40쪽.

중간에 잠시 동굴 바깥의 산 위로 나온 것이었다. 이것이 ≪함순임안지(咸淳臨安志)≫에 "꼭대기에 또 구멍이 하나 있다"[25]고 한 바로 그것인 모양이었다. 거기서 안경도 닦을 겸 잠시 쉰 뒤 다시 내려가기 위해 길을 찾노라니, 약 30미터 전방에 높이가 100미터쯤 되어 보이는 절벽이 수직으로 우뚝 솟아 위용을 자랑하고 있고 그 사이는 텅텅 비어 있었다.

다시 돌계단을 뱅뱅 돌아서 반대편으로 내려가니 200평쯤 될 듯한 널찍한 광장이 나왔다. 광장에는 의자도 마련하여 쉴 수 있게 해 놓았고, 한쪽 구석에 기념사진을 찍어 주는 간이 사진관도 있었다. 광장의 다른 구석에는 또 황금색 재신보살(財神菩薩)의 좌상이 있는데 그 앞에 있던 사람이 와서 방명록에 서명을 하라고 외쳐 댔다. 우리 일행 중의 한 사람이 가서 서명을 했더니 향을 주면서 200원을 내라고 해서 얼른 와 버렸다고 했다.

광장 앞의 절벽에 여러 가지 형상의 종유석이 있고 광장 주위에도 기이한 형상을 한 바위들이 있었다. 계림(桂林)에서 본 몇 개의 동굴에서는 이런 종유석에 각각 재미있는 이름을 붙여 놓았었는데, 그에 반해 풍수동의 종유석에는 아무 이름도 붙이지 않고 그대로 두었다. 우리 일행 이외에 다른 관광객이 거의 안 보일 정도로 찾아오는 사람이 적어서 그랬는지는 모르지만, 어쨌거나 나로서는 인위적인 이름을 붙이는 것보다 풍수동의 경우가 오히려 소박하고 자연스러워서 좋았다.

풍수동은 계림의 노적암(蘆笛岩)이나 은자암(銀子岩)과 비교하면 규모도 작고 그렇다고 아기자기한 맛이 더 있는 것도 아니지만, 소박하다는 면에서는 오히려 노적암이나 은자암보다 훨씬 낫다고 여겨졌다. 계림에 있는 동굴 가운데 가장 소박한 동굴인 칠성암(七星岩)과 비교하면 규모는 훨씬 작지만 소박하기로는 그것을 능가했다. 그리고 동굴이야 어느 것이나 다 공기가 서늘하고 물이 조금씩 흐르겠

25 "頂上又一洞."(문연각사고전서본 ≪함순임안지≫ 권29 <풍수동>)

지만, 풍수동은 일반 동굴보다 물이 더 많고 기온이 더 낮았다. 물론 동굴 꼭대기에 구멍이 있어서 바람이 잘 통하기도 하겠지만, 기온이 낮아서 시원한 바람이 많이 부는 느낌을 주는 것도 사실인 듯했다.

광장 끝에 작은 웅덩이가 하나 있는데 물이 잘 안 보일 정도로 안개가 자욱이 끼어 있었다. 갑자기 수염 허연 신선이 금도끼를 들고 나와 "이것이 네 도끼냐?" 하고 물어 볼 것만 같은 신비경이었다. 거기서 우리는 밖으로 나가는 관광열차를 탔다. 약 20명이 탈 수 있는 작은 열차는 좁디좁은 계곡을 따라 제법 빠른 속도로 달렸다. 옆으로 손을 뻗으면 절벽에 손이 닿을 것 같았다. 그리고 가끔씩 그냥 있으면 천장에서 내리뻗은 종유석에 박치기를 할 것 같은 두려움에 자신도 모르게 머리를 숙일 만큼 위험했다. 3분 정도 달렸을까? 갑자기 더운 공기가 확 밀려와 안경에 김이 끼더니 열차가 섰다. 출구는 입구에서 상당히 떨어진 곳에 있었다.

2. 임안(臨安)에서 금화(金華)까지

임안(臨安)은 항주의 서쪽에 있기 때문에 풍수동에서 조금만 더 가면 될 줄 알았는데, 웬일인지 차가 다시 항주 시내로 들어갔다가 서호 북쪽에 있는 천목산로(天目山路)를 따라갔다. 아마 풍수동에서 임안으로 가면 가깝기는 해도 길이 안 좋아서 그러는 모양이었다. 그러나 이쪽도 항주 시내를 통과해야 하기 때문에 시간이 적지 않게 걸렸다. 시내를 벗어난 차는 양쪽에 향장수와 배롱나무가 끝 간 데 없이 심어진 천목산로를 따라 신나게 달렸다. 길에는 가끔씩 농부가 소를 몰고 지나갈 뿐 차가 거의 다니지 않았다. 6시 25분에 임안시 경내에 들어선 차는 15분 뒤인 6시 40분에 임안시 중심가에 도착했다.

한산한 시골 소도시의 호텔들이 왜 이렇게 다들 만원일까? 아마 토요일이기 때문이리라. 여기저기로 호텔을 찾아다녀도 우리가 묵을 만한 빈방은 찾기가 어려웠다. 아마 열 군데 정도는 알아보았을 성싶다. 마침내 우리가 찾은 것은 제1차 답사 때 아미산 밑에서 묵은 90원짜리 여관과 비슷한 집이었다. 2인실은 90원이고 3인실은 110원이었다.

여관 주인은 매우 순박하고 인정스러우면서도 제법 유식할 것 같은 인상을 풍기는 할아버지였다. 나이가 일흔 살 가까이 될 것 같았다. 여관에 들어서자마자 눈이 번쩍 뜨이게 하는 것이 있어서 할아버지에게 여쭈어 보았다. 여관 벽에 '동산재기서경산(東山再起西徑山)'이라는 문구가 새겨진 커다란 홍보 사진이 붙어 있었기 때문이다. 동산은 바로 진(晉)나라 사람 사안(謝安, 320-385)이 은거하다가 뜻한 바가 있어서 다시 떨치고 일어나 관직에 나아갔다는 곳이다. 갈입방(葛立方)의 ≪운어양추(韻語陽秋)≫에 "회계 · 임안 · 금릉 등 세 고을에 다 동산이 있는데 모두 사안이 기녀를 데리고 가서 논 곳이라고 전해진다"[26]라고 한 바와 같이 사안의 동산은 원래 세 군데였는데 이것이 바로 그 가운데 하나인 임안의 동산인 것이다. 그리고 소동파가 <동서암을 유람하고(遊東西巖)>라는 시의 자주(自註)에서 동서암이 바로 사안이 은거한 동산이라고 했고, 여관 주인 할아버지에게 확인해 본 바에 의하면 임안에 서경산이 있는데 거기가 바로 사안이 은거한 곳이라고 했다. 그렇다면 동서암이 곧 동산이고 동산이 곧 서경산인 셈이다.

할아버지는 또 한 마디 덧붙여서 근방에 영롱산(玲瓏山)이 있는데 거기에는 소동파의 글씨를 새긴 바위가 있다고 알려 주기도 하고, 재주가 뛰어나서 소동파가 많이 아꼈던 항주 명기 금조(琴操)의 무덤이 그 산에 있다고 알려 주기도 했다. 그러나 소동파가 유람하며 시를 지은 적이 있는 정토사(淨土寺)는 이미 없어졌다고 했다.

아직 저녁을 안 먹었기 때문에 먼저 식당부터 찾았다. 여관에서 멀지 않은 곳에 있는 금산성훠궈점(金山城火鍋店)이 우리의 눈길을 끌었다. 금산성훠궈점에 들어가자마자 나는 현관에서 일하는 젊은 종업원들에게 초계(苕溪)가 어디에 있는지 물었다. 초계 언덕에 많이 있다는 '초'의 정체가 무엇인지를 확인해 보는 것이 이번 답사의 중요한 과제 가운데 하나인바, 시간을 아끼기 위해 할 수만 있다면 오늘 밤에라도 임안을 지나가는 동초계에 나가서 관찰해 보면 좋겠기 때문이었다. ≪한어대사전(漢語大詞典)≫에 의하면 초계는 양쪽 언덕에 '초(苕)'가 많아 가을이 되면 꽃잎이 마치 눈처럼 흩날리기 때문에 생긴 이름라고 했고, 한편으로 '초'에는 '능소화'·'완두'·'갈대꽃' 등의 뜻이 있다고 했는데, 가을에 눈처럼 흩날린다면 강가에 많은 것이 갈대꽃일 가능성이 매우 크지만 굳이 어느 강에나 다 있어 특별할 것이 없는 갈대를 강 이름으로 삼았을까 하는 의심도 드는지라 이번 기회에 한번 확인해 보고 싶은 마음이 간절했던 것이다.

갑자기 많은 외국 손님을 맞은 시골 식당의 젊은 종업원들이 호기심 어린 눈으로 나를 둘러싸고 나름대로 한 마디씩 거들었다. 그냥 말로만 얘기해서는 위치를

---

26 "會稽·臨安·金陵三郡, 皆有東山, 俱傳以爲謝安携妓之所."(문연각사고전서본 ≪운어양추≫ 권5)

잘못 파악하기 쉽기 때문에 임안 지도 파는 곳이 어디에 있는지부터 물었다. 한 남자 직원이 고맙게도 200미터쯤 떨어져 있는 길거리의 신문판매대까지 나를 안내해 주었다. 그러나 지도를 보면서 연구를 해 보아도 '초'의 정체를 확인할 수 있을 만한 곳은 없는 듯했다.

그렇게 한참을 보낸 뒤에 방 안으로 들어갔더니 다들 물이 끓고 있는 훠궈 냄비를 바라보며 내가 오기를 기다리고 있었다. 그 사이에 꽤 많은 시간이 흐른 모양이었다. 모처럼 먹는 훠궈인 데다 음식을 나르는 젊은 여자 종업원이 하도 친절하여 더욱 맛이 있었다. 그녀는 목소리가 특별히 상냥할 뿐만 아니라 방으로 들어올 때마다 꼬박꼬박 "방해해서 미안합니다"라고 하고, 방에서 나갈 때마다 "맛있게 드세요"라는 인사말을 빠뜨리지 않았다. 지금까지 어느 식당에서도 보지 못한 친절한 근무태도에 다들 흡족해했다.

그러나 저녁식사를 마치고 숙소로 돌아와 보니 우리가 묵게 된 초아빈관(超亞賓館)은 방이 처음에 얼핏 보았던 것보다 더 안 좋아서 방에 바퀴벌레가 기어 다니고 침실과 욕실 사이에 문도 없었다. 잠시 후에 할아버지가 전자 모기향을 들고 와서 이것만 있으면 걱정 없다며 약간은 겸연쩍어하는 듯한 순박한 웃음을 한 번 짓고 갔다.

내일 일정이 빠듯할 것 같아 임안 일대를 둘러본 후 천목산(天目山)으로 갔다가 다시 우리를 동려(桐廬)까지 태워 줄 중형버스를 한 대 구해 달라고 할아버지에게 부탁했다. 할아버지는 자기 돈으로 택시를 타고 부근에 있는 여행사까지 직접 가서 알아봐 주었다. 할아버지는 과연 마음씨 좋고 순박한 데다 학식도 꽤나 깊은 분이었다. 그는 우리가 관광객이 아니고 문학답사단이라는 말에 적지 않게 감동받은 듯했다.

2005년 8월 14일 6시가 되자마자 이 방 저 방 돌아다니며 일행을 깨웠다. 이 여관은 객실에 전화가 없는지라 전화로 깨우지 못하고 직접 방 앞까지 가서 문을 두드려 깨워야 했다.

산책을 나가기 위해, 아니 초계를 답사하기 위해 6시 10분에 방을 나섰다. 아직까지 여관 문이 잠겨 있었다. 할아버지가 나오기에 초계 가로 산책을 간다고 했더니 자전거를 빌려 주겠다고 했다. '초계'라는 이름이 어떻게 해서 생겼는지 여쭈어 보았으나 그것은 모른다고 했다.

5분쯤 걸어가다가 시간이 모자랄까 봐 택시를 탔더니 500미터도 안 가서 초계에 도착했다. 그곳의 초계는 폭이 60미터 남짓 되어 보이는 작은 강이었다. 상당히 혼탁해 보이는 강물에 남자 대여섯 명이 낚싯대를 드리우고 앉아 있고, 다른 남자 대여섯 명은 그것을 구경하고 있었다. 강둑에는 이상하게도 태극권을 연습하는 노인이 두 명밖에 없었다. 시간이 늦은 것도 아닌 듯한데 웬일인지 알 수 없었다. 그리고 강둑 한쪽 구석에는 할아버지 두 분이 앉아서 담소를 나누고 있었다. 전체적인 인상이 서주의 폐황하와 비슷한데 규모가 폐황하보다 조금 작고 호젓한 편이었다.

갑자기 도로 건너편에서 중년 여성 7~8명이 허리와 어깨에 붉은 띠를 두른 채 조그만 북을 치기 시작했다. 마치 우리나라 농악대 비슷한 차림이었다. 그쪽으로 조금 다가가서 보니 여자 일곱 명에 남자 한 명이 섞여 있었다. 남자가 여자들에게 교습을 해 주는 듯 무어라고 설명을 하고 있었다.

강 위에 놓여 있는 임천교(臨天橋)를 건너가 보았다. 건너편에도 강을 따라 공원이 만들어져 있었지만 사람은 거의 보이지 않았다. 다시 강을 건너오니 임천교 서쪽에 초계정이라는 정자가 하나 있었다. 정자 역시 호젓하여 서너 명이 앉아 무슨 생각에 빠진 표정을 짓고 있을 뿐이었다.

초계를 직접 관찰해 보기도 하고 현지인에게 물어보기도 했으나 '초계'의 유래에 대해서는 알아내지 못했다. 현대생활이라는 것이 오래전에 생긴 강 이름의 유래까지 따져 가면서 살 만큼 여유롭지가 않으니 어쩌면 당연한 일인지도 모른다. 그러나 과제를 해결할 수 있는 기회는 아직도 남아 있으니 앞으로도 노력이 계속될 것이다.

❋ 동산과 영롱산

아침을 먹으려고 여관 부근에서 식당을 찾아가다 보니 석경가(石鏡街)라는 길이 있었다. 산겸지(山謙之)의 ≪오흥기(吳興記)≫에 "임안현에서 동쪽으로 5리 되는 곳에 있는 석경산의 동쪽에 직경이 두 자 네 치인 돌 거울이 하나 있는데 매우 맑고 반짝거린다"[27]라고 한 석경은 소동파도 시로써 몇 차례 노래한 적이 있다. 꼭 한 번 보고 싶은 마음에 할아버지에게 석경에 대해서 아느냐고 물어보니 잘 모른다고 했다. 석경산의 위치는 알지만 개발이 되어 있지 않아서 가기가 힘들다고 했다. 할 수 없이 포기하기로 했다.

어제 저녁에 할아버지가 주선해 준 덕분에 8시에 중형버스가 왔다. 관광안내원도 한 명 따라왔다. 8시 10분경에 차가 공신탑(功臣塔) 부근을 지나갔다. 공신사 역시 소동파가 노닐며 시를 지은 곳인데 절은 이미 없어지고 탑만 남아 있는 모양이었다.

사부동산 표지석

우리는 차를 세워 놓고 멀리 보이는 공신탑을 향해 사진이나 한 장씩 찍는 것으로 만족하기로 했다. 상당히 높은 산꼭대기에 있어서 시간을 내기 어려웠기 때문이다.

8시 30분경에 서경산에 도착했다. 산으로 올라가니 아주 작은 계곡이 하나 있어 물이 졸졸 흐르고, 계곡 양쪽으로 경사가 상당히 심한 산등성이가 솟아 있었다. 중턱쯤에 이르니 바위에 '사부동산(謝傅東山)'이라는 글씨를 새기고 그 위에 붉은색 페인트를 칠한 표지석이 하나 세워져 있었다. 태부(太傅) 사안이 은거한 동산이라는 뜻이다.

---

27 "臨安縣東五里石鏡山東, 有石鏡一所, 徑二尺四寸, 甚清亮."[왕문고본 ≪소식시집≫ 권10 <석경(石鏡)> 주석]

거기서 다시 10분쯤 미끄러운 산길을 따라 조심조심 올라가니 안석산방(安石山房)이라는 조그마한 단층 건물이 하나 나왔다. 안석은 사안의 자(字)이니 거기가 바로 사안이 거처하던 곳이라는 말이 된다. 주위에는 삼나무가 빽빽하게 둘러서 있었다. '안석산방'이라는 현판은 며칠 전에 지나간 태풍에 떨어졌다며 방 앞에 그냥 뉘어져 있었다. 이 건물은 사안기념관으로 사용되어 방 가운데에 사안의 상이 있고 벽에는 비수(淝水)전투를 그린 그림 등 사안과 관련이 있는 그림이 몇 점 걸려 있었다. 원래 문이 잠겨 있었는데 관광안내원이 산 밑에 있는 관리인에게 전화하여 열어 달라고 부탁했다. 시간도 없는 터에 문이 열릴 때까지 20분 동안 가만히 앉아서 보내느라 무척 초조했다.

안석산방을 보고 나서 관광안내원은 아무 말도 없이 우리를 다시 산 아래에 있는 입구로 데리고 갔다. 안내책자에 안석산방보다 더 높은 곳에 회사정(懷謝亭)·벽운호(碧雲湖)·곡경청천(曲徑聽泉) 등이 표시되어 있는 것을 보면 거기서 좀 더 올라가야 사안이 기녀를 데리고 가서 놀던 곳이 있는 것 같은데 관광안내원만 믿고 무심코 따라다니다가 그만 놓치고 만 것이다. 입구까지 되돌아가서야 그 사실을 알았으니 다시 올라갈 수도 없어서 그만 포기하기로 했다. 관광안내원이 있으면 도움이 되는 면도 있지만 이처럼 엉뚱한 일이 생겨서 불편하기도 하다. 관광안내원은 어떻게 해서든 자신의 퇴근시간을 늦추지 않으려고 애쓰기 때문이다.

다시 차를 타고 찾아간 곳은 영롱산(玲瓏山)이었다. 여관 주인 할아버지가 소동파의 글씨를 새긴 석각과 금조의 무덤이 있다고 알려 준 곳이다. 좁다란 산길을 따라 조금 올라가니 삼휴정(三休亭)과 구절암(九折巖)이 나왔다. 소동파가 <영롱산에 올라(登玲瓏山)>라는 시에서 "삼휴정 위에서는 달님을 맞기 좋고, 구절암 앞에는 바람을 저장하기 좋네"[28]라고 한 바로 그 정자요 그 바위였다. '삼휴(三休)'의 의

28 "三休亭上工延月, 九折巖前巧貯風."(왕문고본 ≪소식시집≫ 권10)

삼휴정 구절암

미에 대해서는 관광안내원이 소동파와 그의 제자 황정견(黃庭堅, 1045-1105) 및 그의 친구 불인선사(佛印禪師, 1032-1098) 등 세 사람이 쉬었다는 뜻이라고 했지만 어디에 근거를 둔 말인지는 알 수 없었다. 더구나 소동파의 이 시에 이미 '삼휴정'이라는 명칭이 쓰였으니 소동파 일행 세 명으로 인하여 이런 이름이 생겼다고 보기는 어려울 것이다. 그리고 같은 시의 "구절암 앞에는 바람을 저장하기 좋네"라는 구절은 소식시독회 때 오랫동안 토의해도 바람을 저장하기 좋다는 말이 무슨 뜻인지 알 수 없었는데, 현장을 보면서 생각해 보아도 여전히 이해가 잘 되지 않았다. 아무래도 구절암 쪽에서 시원한 바람이 많이 불어오기 때문에 바람이 저장되었다고 한 것이 아닌가 싶었다. 말하자면 조선 시인 이이(李珥)가 <화석정(花石亭)>에서 "강은 만 리의 바람을 머금고 있네"[29]라고 한 것과 유사한 표현인 것 같았다.

구절암에서 조금 더 올라가니 와룡사(臥龍寺)가 나왔다. 소동파가 항주태수로 재임 중일 때 불경에 정통하고 재치도 있는 항주 명기 금조는 평소에 믿고 따르며 가까이 지내던 소동파의 말을 듣고 문득 깨달은 바가 있어서 당장 기녀생활을

29 "江含萬里風."[≪율곡선생전서(栗谷先生全書)≫(한국고전번역원 한국고전종합DB) 권1]

그만두고 불문에 귀의했거니와[30] 관광안내원이 이 와룡사가 바로 그녀가 수도하던 절이라고 했다.

와룡사에서 오른쪽으로 올라가면 금조의 무덤이 있다는 말을 듣고 조금 더 올라가 보았다. 그러나 길이 끝났는데도 무덤 같은 것은 보이지 않았다. 다들 주변을 열심히 둘러보았다. 정지현이 가장 열심이었다. 정지현은 항주의 소동파기념관에서 금조가 비구니가 되었다고 설명한 화보를 본 적이 있기 때문에 특히 금조에게 관심이 많은 모양이었다. 뱀이 나올지도 모른다며 관광안내원이 말리는데도 불구하고 여기저기 찾아보던 정지현이 마침내 "찾았어요! 여기 있어요!" 하고 외쳤다.

금조의 무덤은 매우 초라했다. 둥그런 봉분이 전체적으로 콘크리트에 덮여 있는데, 오랜 세월 아무도 돌보지 않았는지 여기저기 콘크리트가 깨져 있고 깨진 콘크리트 틈으로 잡초가 수북하게 돋아 있었다. '금조묘(琴操墓)'라는 석 자를 새겨서 무덤 앞에 세워 놓은, 무덤 높이의 작은 비석이 그것이 금조의 무덤임을 말없이 증언하고 있었다. 청나라 사람 담천(談遷)의 ≪조림잡조(棗林雜俎)≫에 이 비석의 글씨는 소동파가 쓴 것인데 그동안 묻혀 있다가 명나라 만력 17년(1589)에 발굴되었다고 했다.[31]

❄ 천목산

천목산(天目山) 입구에서 관광안내원에게 소동파의 시 <어잠 스님의 녹균헌(於潛僧綠筠軒)>을 보여 주었더니 잘 아는 시라고 했다. 워낙 유명한 시인 만큼 아는 것이 당연하다. 그러나 어잠이 바로 자신의 고향이라는 그녀도 녹균헌에 대해서는 아는 바가 없다고 했다. 지금은 녹균헌이 존재하지 않는다는 뜻일 것이다. 녹균헌이

30 장일규(蔣一葵)의 ≪요산당외기(堯山堂外紀)≫ 권52 <송(宋)> 및 저인확(褚人穫)의 ≪견호집(堅瓠集)≫ 2집권4(二集卷四) <스님과 기녀의 농담(僧妓相譏)> 참조.

31 담천, ≪조림잡조≫ 중집(中集) <금조총(琴操塚)> 참조.

있다면 어잠에도 한번 가 볼 생각이었는데 굳이 갈 필요가 없게 되었다.

입장권을 내고 안으로 들어가니 정문에서 천목산 중턱까지 왕래하는 중형버스가 있었다. 1시 55분에 그 버스를 탔다. 산길은 중형버스 두 대가 간신히 비켜 다닐 수 있을 만큼 좁았다. 그러나 차는 좁고 비탈지고 꼬불꼬불한 산길을 씽씽 달렸다. 맨 앞의 운전석 오른쪽 자리에 앉은 나는 공포감이 더 많이 들었다. 계기판을 흘끗 보니 속도계가 시속 30~40킬로미터를 오르내리고 있었다. 길이 굽이져서 시야가 막힌 곳에서도 여전히 비슷한 속도였다. 일행의 긴장하는 기색이 뒤통수로 느껴졌다.

그러나 긴장한다고 해서 어쩔 수 있는 것도 아닌 바에야 그냥 운전사에게 맡길 수밖에 없지 않는가? 시간이 좀 지나자 나는 그런 공포 분위기 속에서도 졸음이 쏟아졌다. 나중에 들으니 뒷자리에 탄 일행이 나의 강심장에 놀랐다고 한다. 그 상황에서 어떻게 잠을 잘 수 있었느냐는 말일 것이다. 그러나 그것은 내가 강심장이기 때문이 아니라 워낙 수면이 부족한 상태였기 때문이다. 천목산에서 나와 임안으로 갈 때에야 안 일이지만 그 바람에 늘 손에 들고 다니던 볼펜도 그만 버스 바닥에 떨어뜨리고 말았다. 선물로 받은 고급 볼펜인데 얼마 쓰지도 않고 잃어 버려서 아깝기도 하고 준 사람에게 미안하기도 했다.

10분쯤 가노라니 길 양쪽에 죽 이어진 끝없는 대밭이 차창을 메웠다. 길가뿐만 아니라 고개 너머 마을에도 온통 대밭이었다. 차 안에 붙어 있는 온도계가 32도를 가리키고 있었다. 깊은 산속이라 기온이 좀 낮은 편인가 보았다.

차에서 내리니 내려가는 차를 기다리는 승객들을 위해 버스 정류소에 마련된 기다란 의자도 모두 대나무로 만들어져 있어서 색다른 느낌을 주었다. 천목산 안내도에 중국어 · 영어 · 일본어와 함께 한국어도 쓰여 있어서 천목산도 우리나라 사람들이 많이 찾는 명산임을 말해 주고 있었다.

천목산에는 수령이 몇백 년씩 되는 고목들이 많았는바 특히 유삼수(柳杉樹)가

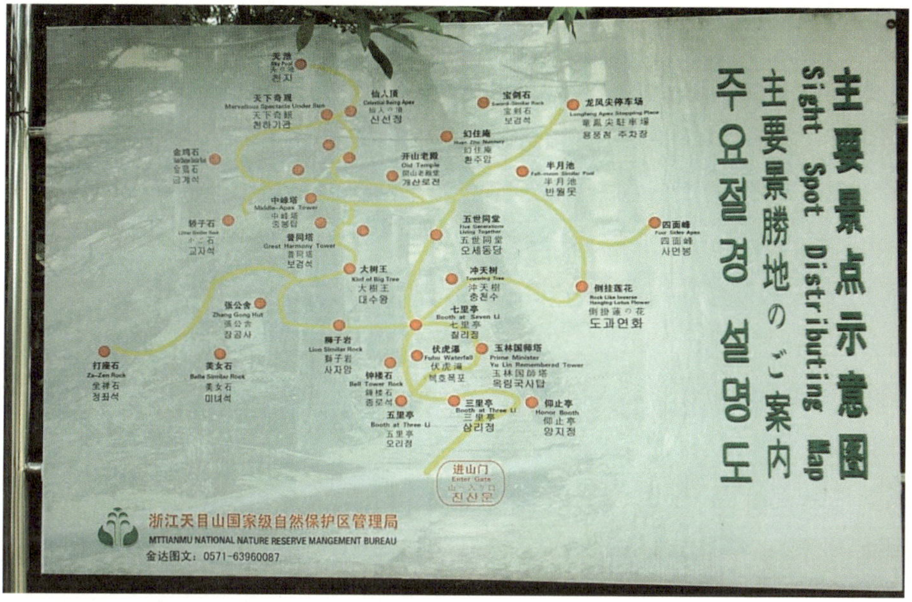

한국어가 병기된 천목산 안내도

많았다. 삼나무의 일종인가 보았다. 가다 보니 유삼수 두 그루가 마주 보고 서 있는데 그 가운데 한 그루는 원 줄기가 꺾인 채 죽어 있었다. 관광안내원의 말에 의하면 몇 년 전에 벼락을 맞아서 죽었다고 한다.

살아 있는 나무는 은총을 입어서 살았다고 하여 득총수(得寵樹)라 부르고, 죽은 나무는 은총을 잃어서 죽었다고 하여 실총수(失寵樹)라 부른다고 했다. 5시에 천목산을 떠나 동려(桐廬)로 가는 차 안에서 이것을 제재로 절구를 한 수 지었다.

천목산에 갔다가 유삼수 두 그루가 마주 보고 서 있는데 이미 죽은 한 그루는 실총수라 부르고 아직 살아 있는 한 그루는 득총수라고 부르는 것을 보고 느낌이 일어서 절구 한 수를 짓는다

遊天目山, 見二柳杉樹對起, 已死者曰失寵樹, 尙活者曰得寵樹, 有感作一絶

깊은 산의 크고 멋진 수많은 나무 중에　　　　深山奇偉衆多樹

총애 잃은 유삼수로 마음 가장 무겁다. 　　失寵柳杉心最重
신세가 처량하다 절대 슬퍼 말아라. 　　千萬勿哀身世薄
영원한 총애가 어디에 있다더냐? 　　世間那有永存寵

해질 무렵에 동려에 도착하여 저녁 먹을 곳을 찾았으나 적당한 식당이 보이지 않아 숙소인 부춘강대주점(富春江大酒店) 일대를 샅샅이 뒤진 덕분에 동려 시가지를 잘 구경할 수 있었다. 동려는 비교적 깨끗하고 한산한 시골 소도시였다.

❄ 엄자릉조대

2005년 8월 15일 새벽 산책을 나갔다가 오늘 오전에 갈 곳을 대충 가늠해 보니 동군산(桐君山)은 걸어서 갈 만한 거리인지라 8시에 출발하여 분수강(分水江)에 놓인 동려대교를 건너서 걸어갔다. 황제(黃帝) 시대에 한 노인이 성명을 숨긴 채 이 산에서 단약(丹藥)을 만들며 살았는데 마을 사람들이 성명을 묻자 말없이 오동나무를 가리켰기 때문에 동군노인이라고 불리고 산 이름도 동군산으로 불렸다고 한다. 동군노인이 지은 ≪동군채약록(桐君採藥錄)≫은 중국 최초의 제약학 저서인 것은 물론 세계 최초의 제약학 저서로 꼽히기도 한다.[32] 동군산에는 단풍나무의 일종인 풍향(楓香)나무가 많았다. 풍향나무는 1996년에 북경(北京)의 향산(香山), 강소성 남경(南京)의 서하산(棲霞山), 호남성 장사(長沙)의 악록산(岳麓山)과 더불어 중국 4대 단풍명산에 속하는 소주(蘇州)의 천평산(天平山)에서 처음 보고 크게 실망했던 그 나무다. 우리나라의 단풍나무가 영롱할 정도로 붉고 고운 데 반하여, 풍향나무라는 이 단풍나무는 잎이 두껍고 색깔도 누리끼리하여 별로 아름답게 보이지 않기 때문이다.

시간도 여유가 없고 날씨도 너무 덥고 해서 호텔로 돌아갈 때는 버스나 택시를

32 ≪백도백과≫ <동군산>·<동군> 참조.

타기로 했다. 후문으로 나가 차를 기다리니 버스도 택시도 지나가지 않았다. 그러다가 마침 버스가 한 대 왔는데 호텔 앞까지 가는 것이 아니었다. 도중에 내릴 생각으로 일단 타고 보았다. 그 차는 아까 우리가 건너온 동려대교 부근이 종점이라기에 거기서 다른 차로 갈아타든지 차 타기가 마땅치 않으면 1킬로미터 정도 걸어서 갈 각오를 하고 있는데 차장이 불쑥 제의를 해 왔다. 1인당 1원씩만 더 내면 우리를 호텔까지 태워 주겠다는 것이었다. 참으로 반가운 제의였다. 중국에서는 가끔 이렇게 우리로서는 상상하기 힘든 일이 일어난다. 이것 역시 중국 여행의 묘미라고 할 수 있을 것이다.

호텔로 돌아가니 호텔 앞에 앉아 있던 40대쯤 되어 보이는 아저씨 하나가 자기 차를 이용하라고 제의했다. 300원을 주면 엄자릉조대(嚴子陵釣臺)와 부춘강소삼협(富春江小三峽)에 갔다가 다시 건덕강(建德江)까지 태워 주겠다는 것이었다. 괜찮은 조건인 것 같아 그렇게 하기로 했다.

가서 보니 엄자릉조대와 부춘강소삼협은 같은 곳이었다. 엄자릉조대 선착장에서 배를 타고 부춘강을 조금 거슬러 올라가니 장강삼협과 약간 비슷해 보이는 곳이 나왔다. 그러나 장강삼협과는 비교도 안 될 만큼 규모도 작고 풍경도 단조로웠다. 산은 나지막하고 그에 비해 강은 넓은 편이었다. 강에는 간간이 모래 채취선인 듯한 배들이 오락가락하고 있었다. 부춘강은 무엇보다 물이 맑아서 좋았다. 그리고 배를 타고 부춘강을 누비는 동안은 37도나 되는 무더위를 완전히 잊을 수 있어서 좋았다.

배는 10분 정도 돌아다니다가 엄자릉조대에다 우리를 내려 주었다. ≪후한서(後漢書)≫ <엄광전(嚴光傳)>에 후한 광무제와 함께 공부한 그의 친구로 자(字)가 자릉인 엄광은 광무제의 간곡한 부름에도 불구하고 끝내 조정으로 들어가지 않고 부춘산(富春山)에서 농사지으며 엄릉뢰(嚴陵瀨)에서 낚시질했다고 했으니[33] 엄자릉조대는 바로 엄릉뢰 안에 있는 엄광의 낚시터였음을 알 수 있다.

엄자릉조대 부근 부춘강

엄자릉조대 일주문

뭍에 오르자 강가에 엄광의 사당과 엄자릉조대비림(嚴子陵釣臺碑林)이 있고, 육우(陸羽)·사령운(謝靈運)·맹호연(孟浩然)·장계(張繼)·두목(杜牧)·백거이(白居易)·범중엄(范仲淹) 등 그곳을 다녀간 역대 명사들의 석고상이 강 뒤편의 산길을 따라가며 한 줄로 세워져 있었다. 그러나 그것말고는 특별히 볼만한 것이 없었다.

❄ 천도호

2시 20분에 엄자릉조대를 떠났다. 예상보다 시간이 좀 여유가 있었다. 앞으로의 일정이 빠듯할 것 같아서 걱정하던 참이라 문득 이 기회에 시간을 좀 벌고 싶은 욕심이 생겼다. 운전사와 다시 흥정하여 350원에 천도호(千島湖)까지 가기로 했다. 오늘 중으로 더 먼 곳에 있는 천도호까지 갔다가 건덕은 내일 돌아오는 길에 들르면 한나절 정도의 시간을 벌 수 있겠다는 계산이었다.

엄자릉조대에서 건덕을 지나 천도호로 갈 줄 알았는데 뜻밖에도 차가 다시 동려로 돌아갔다가 고속도로를 타고 천도호로 갔다. 거리는 멀어도 그렇게 하는 편이 훨씬 빠른 모양이었다. 동려에서 천도호로 가는 고속도로 옆의 산에도 대나무가 아주 많았다. 산의 절반 정도가 대나무인 듯했다. 어떤 봉우리는 꼭대기까지

---

33 범엽(范曄), ≪후한서≫ 권113 <엄광전> 참조.

완전히 대나무로 덮여 있었다.

4시가 되자 천도호가 보이기 시작했다. 섬이 무수히 많아서 천도호라는 이름이 생겼을 텐데 섬은 별로 보이지 않고 반도가 굉장히 많았다. 반도를 섬으로 친 것일까 하며 의아해하는 사이 차는 계속 달려 순안(淳安) 시내에 도착했다. 4시 20분이었다. 거기서 우리는 천도호는 입장료가 1인당 120원일 뿐 아니라 쾌속정을 타려면 또 한 대에 800원을 내야 한다는 사실을 알았다. 이미 해가 다 저물었는데 120원씩이나 되는 입장료를 내고 들어가고 싶지 않았다. 유람을 하지 않는다면 들어가 봐야 밖에서 보는 것과 별반 다를 것이 없을 것 같았기 때문이다. 순간 나는 또 시간을 더 아끼고 싶은 욕심이 났다. 어차피 관광을 온 것이 아닌데 비싼 입장료와 뱃삯을 내면서 굳이 천도호 안에 들어갈 필요가 뭐 있으랴! 호숫가를 돌면서 대략 어떻게 생겼는지만 보면 되지 않겠는가! 일행도 다 같은 생각이었다. 이리하여 우리는 오늘 중으로 천도호를 거쳐 건덕까지 가기로 했다. 대략 하루쯤의 시간을 번 것이다. 차비는 모두 합쳐 500원을 주기로 했다. 원래 450원에 합의가 되었는데 내리면서 팁으로 50원을 더 줄 요량이었다가 미리 말하면 더 친절해질 것 같아 아예 500원을 주겠다고 한 것이다.

운전사에게 섬이 많고 경치가 좋은 곳으로 가서 잠시 차를 세워 달라고 부탁했다. 운전사는 자기도 길이 익숙하지 않아 여기저기 물어 가며 그런 곳을 찾아갔다. 가노라니 천도호대도라는 길을 닦느라 호수 주위가 온통 공사판이었다. 천도호 주변의 언덕배기에 늘어서 있는 그곳 민가들은 칙칙한 붉은색 토담집도 있고 산뜻한 인상을 풍기는 유럽풍의 양옥도 있었다. 옛날과 오늘의 평화공존이었다.

도중에 차가 갑자기 멈추어 섰다. 무슨 일인가 했더니 도로공사 현장에서 곧 폭파가 있을 예정이기 때문에 폭파가 끝날 때까지 기다려야 한다는 것이었다. 잠시 후 마치 뻥튀기 기계가 터진 듯 뭉게구름 같은 먼지가 하늘을 찌르고 곧이어 천둥소리 같은 폭파음이 고요한 호숫가의 대기를 뒤흔들었다. 조금 기다리다가 먼지 속을 헤치고 차가 다시 나아갔다.

우리는 도중에 두 번 차를 세워 놓고 천도호를 구경했다. 먼저 차를 세운 곳은 석문(石門)터널 옆이었다. 터널을 지나자마자 호수를 건너지른 높은 다리가 있고 다리 아래에는 마치 주위의 산에 있는 풀과 나뭇잎을 콩콩 찧어서 그 즙을 잔뜩 풀어 놓은 듯 수면이 온통 풀빛인 호수가 있었다. 두 번째로 차를 세운 곳은 처음 세운 곳보다 경치가 더 좋았다. 다만 공사를 하느라 여러 가지 장비가 시야를 가리고 있어서 자연미를 해치는 점이 아쉬웠다. 두 곳 모두 인가가 전혀 없고 따라서 사람의 그림자가 보이지 않는 곳이었다. 호젓한 산속에 강처럼 가느다란 호수가 몇 굽이인지 모르게 구불구불 그림처럼 펼쳐져 있었다. 그리고 호수의 수면을 따라, 아니 산자락의 굴곡을 따라, 실낱같은 오솔길이 동화 속 풍경인 듯 아련하게 그려져 있었다. 그러나 섬들이 대부분 호수 가운데에 있어서 바깥에서는 보이지 않는 것인지, 아니면 원래 반도가 많은 것인지, 그곳에도 온전한 섬은 그리 많지 않았다. 6시 20분에 건덕을 향해 다시 길을 떠났다.

❄ 건덕강

건덕 시내에 들어서자 곧 건덕강이 나왔다. 건덕강이란 건덕 일대를 지나가는 신안강(新安江)의 한 구간이다. 그리고 신안강은 부춘강, 즉 전당강의 한 지류다. 건덕강에 놓인 백사대교(白沙大橋)를 지나자 커다란 호텔이 하나 보였다. 시골 소도시에서 비싼들 얼마나 비쌀까 싶어서 한번 들어가 보았다. 호텔 정면에 중공당교(中共黨校)의 모 교수가 왕림한 곳이라는 현수막이 걸려 있었다. 조금 비쌀지도 모르겠다는 생각을 하며 방값을 물어보았더니 2인실 하나에 498원이라고 했다. 그것도 원래 가격에서 40%를 할인한 가격이라고 했다. 예상을 훨씬 초과하는 금액이었다. 시골 소도시라고 건덕을 너무 얕본 것 같아 미안하기도 하고, 우리의 수준이 너무 낮은 같아 쑥스럽기도 했다. 아예 흥정할 생각도 하지 않고 그냥 돌아 나왔다.

몇 군데를 거친 뒤 마침내 건덕강 북쪽의 건덕 시가지 가까운 곳에 있는 금원빈관(金苑賓館)에서 묵기로 했다. 2인실이 100원이고 3인실이 120원이니 흡족한 가격인데 시설도 상당히 괜찮았다. 역시 건덕은 시골 소도시라 방값이 싼 편이었다. 그러니까 아까 그 호텔이 특별한 호텔이었던 것이다. 어쩌면 공산당 핵심 당원을 위해 특별히 지은 것인지도 모를 일이다.

혹시 건덕강의 야경을 구경하면서 저녁을 먹을 만한 곳이 있을까 해서 강가로 나가 보았다. 좀처럼 식당이 보이지 않았다. 식당을 찾느라 건덕강을 따라 가노라니 강가에 시민들이 나와서 바람을 쐬고 있었다. 그곳이 바로 강빈공원(江濱公園)이었다. 강 건너편에는 한 줄로 늘어선 울긋불긋한 네온등이 휘황찬란했지만 이쪽은 어둠침침하고 조용하기만 했다. 날씨도 맑고 하늘에 달도 떠 있었지만 주위가 어두워서 그런지 강이 맑아 하늘의 달이 사람에게 가깝다고 한 맹호연(孟浩然, 689?-740?)의 말은 실감하기 어려웠다. 인구에 회자하는 맹호연의 시 <건덕강에서 묵노라니(宿建德江)>의 분위기를 몸소 느껴 보기 위해서 어렵사리 찾아왔는데 참으로 안타까운 노릇이었다.

배를 옮겨 안개 덮인 강가에 대었더니	移舟泊烟渚
해 저물어 새삼스레 객수가 엄습한다.	日暮客愁新
들이 휑해 하늘이 나무보다 더 낮고	野曠天低樹
강이 맑아 달님이 사람에게 가깝다.	江淸月近人[34]

건덕강 가에는 식당이 없는 모양이라며 강가에서 떠나려고 하는데 저 멀리 앞쪽에 불빛이 반짝이는 정자가 하나 보였다. 정자 안에서 몇 명이 움직이고 있고

34 문연각사고전서본 ≪맹호연집(孟浩然集)≫ 권4.

정자 주위에 많은 사람이 앉아서 정자 안을 응시하고 있었다. 정자에서 희미하게 악기소리가 들리는 것 같기도 했다. 가까이 가서 보니 '이악정(梨岳亭)'이라는 현판이 걸린 정자 안에서 중년 여자 두 명이 춤을 추며 노래를 부르고, 중년 남자 다섯 명이 그 앞의 정자 난간에 앉아 얼후(二胡)로 반주를 맞추고 있었다. 그리고 주민 20여 명은 정자의 좌우와 뒤쪽에 있는 난간에 앉아서, 약 100명은 정자 앞의 콘크리트 계단에 앉거나 서서 공연을 구경하고 있었다. 아마추어 배우들이 재미로 공연하는 건덕 지방의 지방극이었다. 그것은 바로 그들의 독특한 피서 방법이었다.

아무래도 건덕강을 내려다보면서 저녁을 먹을 복은 없는 것 같아 포기하고 큰길을 향해 나오노라니 골목길에서 한 소년이 마술을 공연하고 있었다. 한 소녀를 상자 속에 넣은 후 칼로 상자를 찔러도 소녀가 다치지 않게 하는 마술이었다. 구경꾼이라고는 대여섯 명밖에 안 되는 골목길에서 혼신의 정력을 다해 그토록 열연하는 것을 보니 그 소년의 삶의 모습이 무척 아름답게 느껴졌다.

저녁을 먹고 호텔로 돌아가는 길에 일행 중 몇 명을 기차역으로 보내 내일 금화(金華)로 가는 기차표를 좀 사 오라고 했다. 한참 만에 돌아온 그들은 기차역이 상당히 먼 변두리에 있고 기차는 새벽 5시에 한 번, 오후 1시에 한 번 있는데 둘 다 시간이 적당치 않아서 표를 안 샀다고 했다. 기차보다 시외버스가 더 나을 것 같다는 그들의 판단을 따르기로 했다.

2005년 8월 16일 아침에 백사공원으로 산책을 나갔다. 함께 가고 싶다기에 이욱진도 깨워서 함께 갔다. 건덕강에 아침 안개가 자욱이 끼어 있었다. 백사교를 건너가니 건덕강을 내려다보는 왼쪽 언덕배기에 영객정(迎客亭)이라는 작은 정자가 하나 있고 언덕배기로 올라가는 산책로가 나 있었다. 지도를 보니 그 일대가 백사공원이라고 표시되어 있었다.

길을 건너 백사교 서쪽으로 가니 백사녀상이 있고 그 옆에 백사녀의 사적을 기록한 자연석으로 만든 비석이 하나 세워져 있는데 글자가 뭉개져서 읽기가 어려웠다. 판독 가능한 글자만으로 판단하건대 백사녀는 아마도 당나라 말엽에 황소(黃巢)의 난이 일어났을 때 그 지방의 민중 대표로서 큰 공을 세운 여성 영웅인 듯했다.

건덕강 가의 강남공원으로 내려가니 몇몇 주민이 산책을 하고 있을 뿐 공원은 대체로 한산한 편이었다.

❄ 쌍계

회교도 식당에서 국수로 아침을 때운 뒤 기차 대신 버스를 타기 위해 시외버스 종점으로 갔다. 다행히 10시에 출발하는 버스가 있었다. 1인당 17원이었다. 버스는 두 시간 가까이 달려서 11시 50분에 금화에 도착했다.

버스에서 내리자마자 먼저 금화에서 제기(諸曁)로 가는 버스 편을 알아보고 오라고 했는데 한참이 지나도 오지 않았다. 내가 직접 가 보았다. 운행시간표를 보니 거기서 바로 영파(寧波)까지 가는 호화버스가 있었다. 오늘은 제기로 가든 영파로 가든 도착한 뒤에 다른 일정을 소화할 수 없기는 마찬가지이기 때문에 거리가 더 먼 영파로 가는 것이 시간적으로 유리하겠다는 순간적인 판단에 따라 제기로 가기로 했던 계획을 바꾸어 영파부터 먼저 가기로 했다. 68원씩 주고 2시 35분 차를 예매했다. 시간이 두 시간 반 정도 남아 있었다. 우선 점심부터 먹기 위해 시외버스 종점 부근에 있는 오주대주점(五洲大酒店)으로 들어갔다.

금화는 남송 초에 이청조(李淸照, 1084-1145)가 피난생활을 한 곳이다. 그녀는 금화에서 피난생활을 하던 어느 봄날 나라도 잃고 남편도 잃은 애가 끊어지는 심정을 <무릉춘(武陵春)>이라는 곡조에 실었다. 이 사에서 그녀는 “쌍계에는 봄빛 아직 좋다고 하니, 나도야 가벼운 배 띄워 보고 싶어라. 한 가지 두렵기는 쌍계의 거룻배가, 하고 많은 이내 시름 싣고 가지 못할세라”[35]라는 기발한 표현으로 다소 익살

35 “聞說雙溪春尙好, 也擬泛輕舟. 只恐雙溪舴艋舟, 載不動許多愁.”[문연각사고전서본 ≪수옥사(漱玉詞)≫]

스럽고도 과장되게 자신의 시름을 토로했다. 시간이 넉넉하지는 않지만 잠깐만이라도 이 사에 언급되어 있는 쌍계를 좀 살펴보고 싶었다. 지도에 쌍계가 나타나 있지 않아서 음식 나르는 여자 종업원에게 물었더니 모른다고 했다. 예상했던 일이다. 그녀는 나가서 30대 후반쯤 되어 보이는 남자 종업원을 데리고 왔다. 그도 역시 모른다고 했다. 다만 쌍계서로(雙溪西路)라는 도로는 안다고 했다.

그 말을 듣고 지도를 자세히 들여다보니 금화강 남쪽에 쌍계서로가 있었다. 이게 무슨 뜻일까? 쌍계의 서쪽에 있는 길이라는 뜻일 것 같았다. 쌍계서로 동쪽 끝에서 금화강이 두 갈래로 갈라져 있으니 이 또한 결코 우연의 일치가 아닌 성싶었다. 아마 두 갈래로 갈라진 이 강이 바로 쌍계이기 때문에 쌍계서로라는 길 이름이 생겼는데, 그 뒤에 쌍계라는 강 이름은 서서히 사라지고 길 이름은 그냥 남았을 것 같은 생각이 들었다.[36] 그 부근의 강 속에 오백탄(五百灘)이라는 섬이 있고 그 섬의 동쪽 끝에 빈홍공원(賓虹公園)이라는 공원이 있었다. 그렇다면 남송 때에도 사람들이 이곳에서 뱃놀이를 했음직하지 않은가? 나의 추측은 차츰 근거 없는 확신으로 변해 갔다.

점심을 먹은 뒤 그 식당에 짐을 맡겨 놓은 채 택시를 나누어 타고 빈홍공원 옆으로 지나가는 통제교(通濟橋)로 갔다. 통제교 북단에서 내려 걸어서 다리를 한번 건너 보기로 한 것이다. 두 갈래의 강이 합류한 지점에 놓인 통제교에서는 북쪽에 있는 의오강(義烏江)과 남쪽에 있는 무의강(武義江)이 한눈에 들어왔다. 두 강은 모두 폭이 100미터 남짓 되어 보였다. 그런데 거기에, 두 강이 합류하는 바로 거기에, 배 몇 척이 떠 있었다. 누군가가 뱃놀이를 하는 모양이었다. 저것이 바로 이청

---

36 나중에 확인해 보니 그 강이 과연 쌍계였다. ≪중국역사지명대사전(中國歷史地名大辭典)≫(위숭산, 광동교육출판사, 1995, 197쪽) <쌍계>에 금화강 가운데 금화에서 난계(蘭溪)에 이르는 구간을 쌍계라고 한다는 설명이 있었다. 다만 ≪중국고전시사지명사전(中國古典詩詞地名辭典)≫(위숭산, 남창: 강서교육출판사, 1989, 149쪽) <쌍계>에 ≪중국역사지명대사전≫과 동일한 설명에 덧붙여 "위로 동양강(東陽江)과 영강계(永康溪)의 물을 이어받기 때문"이라고 유래를 설명한 것으로 보아 쌍계라는 명칭의 유래는 내 추측이 빗나간 것 같다.

조가 말한 '거룻배'일 것이라는 생각으로 마음이 잔뜩 들뜬 채 몇 번이고 사진을 찍었다. 그 거룻배는 자기가 타면 근심의 무게를 못 이겨 움직이지 못할 것이라는 이청조의 익살을 증명하기라도 하듯 과연 작디작았다.

2시 반에 버스를 탔더니 공교롭게도 대우자동차 제품이었다. 외국에서 고향 까마귀라도 만난 듯 반갑기 그지없었다. 대우그룹은 우리나라 기업 중에서 가장 먼저 중국에 진출했는데, 그 회사가 처음 발을 들여놓은 지역이 바로 항주라고 들었거니와 이제 이 버스가 그 사실을 확인시켜 주는 듯했다. 운전석 바로 뒤에 앉은 덕분에 운전석 위에 붙어 있는, 오대양 육대주를 상징하는 대우그룹의 휘장(徽章)을 몇 번이고 쳐다볼 수 있었다. 한창 젊은 시절에 내가 몇 년 동안 달고 다니던 휘장이라 더욱 정이 갔다.

차는 가까운 길로 가지 않고 고속도로를 달리느라 소흥(紹興)을 거쳐서 영파로 갔다. 고속도로인데도 노면상태가 별로 고르지 않아 마치 소달구지를 타고 포장 안 된 시골길을 달려가는 것 같기도 하고 배를 타고 파도 심한 바다를 지나가는 것 같기도 한 구간이 많았다. 또 아직 고속도로가 무엇인지 잘 모르는 시골 사람인 듯 중간에 좀 내려 달라는 승객도 있었다. 몇 번이고 떼를 쓰는데도 불구하고 끝내 그의 간청을 들어 주지 않은 온당한 운전사는 결국 그의 원망을 피할 수 없었다.

3. 영파(寧波)와 보타산(普陀山)

6시 10분에 영파에 도착했다. 시외버스 종점에서 빠져 나오기가 무섭게 택시 운전사 대여섯 명이 우리 주위를 에워쌌다. 서로 자기 차를 타고 보타산으로 가자는 것이었다. 우리는 내일 아침 일찍 보타산에 갈 계획인데 기차북참(汽車北站) 옆에 있는 객운북참(客運北站)에서 버스를 타면 부두에서 그 버스가 통째로 배에 실려 바다를 건넌다는 정보를 미리 입수해 놓은 상태였기 때문에 그들의 차를 탈 필요 없이 시내버스를 타고 곧장 객운북참으로 갈 작정이었다.

나는 얼른 지도를 사러 가서 점원에게 객운북참으로 가는 방법을 물었으나 잘 모른다고 했다. 지도를 사 가지고 일행이 기다리는 곳으로 돌아오니 택시 운전사들이 아직도 둘러서서 자기 차를 타라고 집요하게 요구하고 있었다. 지도를 보고 있노라니 그 사람들이 달려와서 무어라고 자꾸만 참견을 했다. 그러다가 우리가 주고받는 말을 듣고는 자기들끼리 "한국인이야!" 하고 수군거렸다. 한국인 관광객이 많이도 다녀갔구나 싶었다. 하기는 관음보살을 모시는 이 보타산이 문수보살을 모시는 산서성의 오대산(五臺山), 보현보살을 모시는 사천성의 아미산(峨眉山), 지장보살을 모시는 안휘성의 구화산(九華山)과 더불어 중국 4대 불교명산에 속한다고 하니[37] 한국의 독실한 불교 신자들이 어찌 다녀가지 않았으랴!

그 사람들 때문에 정신이 없어 조금 떨어진 곳으로 피해 가서 지도를 보며 연구를 했으나 그래도 집중이 잘 안 되었다. 일단 객운북참으로 가기로 했다. 그러나 객운북참을 아는 사람이 없었다. 지도에도 객운북참은 나타나 있지 않았다. 대신에 영파객운총참(寧波客運總站)이 있는데 기차북참 옆에 있는 것으로 보아 나에

37 《백도백과》 <중국불교사대명산(中國佛教四大名山)> 참조.

게 정보를 준 사람이 그것을 객운북참이라고 한 것이 아닌가 생각되었다. 서울대학교 중문과 박사과정에 재학 중인 영파 출신 중국 학생의 여동생으로 현재 영파에 살고 있는 사람이 가르쳐 준 것이기는 하지만, 이름이 비슷하기 때문에 이야기가 전달되는 과정에서 착오가 발생할 수도 있을 것이라고 생각되었다.

버스 정류소 표지판을 쳐다보며 어느 버스를 탈까 생각하고 있자니 다시 그 운전사들이 몰려왔다. 그 사람들에게 기차북참에 가려면 몇 번 버스를 타야 되는지 물었더니 501번 버스를 타고 가다가 괴수로(槐樹路)에서 갈아타라고 가르쳐 주었다. 아무래도 자기 손님이 되기는 틀렸다고 체념한 모양이었다.

괴수로에서 내려 객운북참으로 가는 길을 물었으나 그 동네에 사는 아주머니도 객운북참을 알지 못했다. 대신 그 아주머니가 가르쳐 준 대로 다시 버스를 타고 기차북참으로 갔다. 버스에서 내려 객운총참으로 가는 도중에 있는 기차북참에 이르렀다. 젊은 여자 매표원 한 명이 표를 팔고 있었다. 매표원의 권고를 받아들여 내일 아침에 심가문(沈家門)까지 가는 버스표를 예매했다. 출발시각이 7시 30분이기 때문에 아침은 배 안에서 빵으로 때우기로 했다.

영파는 바닷가라 과연 해산물이 참 다양했다. 호텔에서 가까운 해산물 전문식당으로 가서 게 · 대합 · 꼴뚜기 등의 해산물을 실컷 먹었는데도 저녁값이 별로 많이 나오지 않았다.

❄ 보타산

2005년 8월 17일 7시 30분에 정확하게 기차북참을 떠난 버스는 9시 정각에 백봉(白峰)부두에 도착했다. 지도를 보니 백봉진(白峰鎭)은 영파시 북륜구(北侖區) 북쪽에 있는 해안가 마을이었다. 버스는 거기서 커다란 연락선에 올랐다. 배는 모두 3층인데 1층은 차를 싣는 곳이고, 2층과 3층은 차를 타고 온 승객들이 차에서 내려 쉬는 곳이었다. 2층과 3층에는 각각 300명 정도가 앉을 수 있는 좌석이 있었다. 혹시 뱃멀미가 나지 않을까 해서 각자 멀미약을 충분히 준비해 왔는데 배가 이처럼 크고 안정감이 있어서 멀미할 염려는 없을 것 같았다.

우리 배 옆으로 많은 배들이 끊임없이 오락가락하고 있었다. 배의 스크루가 휘저어 놓아서 그런 것일까? 바닷물이 완전히 싯누런 흙탕물이었다. 마치 1996년에 본 장강의 물 색깔과 꼭 같았다. 그때도 장강 물이 싯누런 이유를 배가 지나가면서 휘저어 놓았기 때문일 것이라고 생각했는데, 지금 바닷물이 싯누런 것을 보니 그런 생각이 더욱 굳어졌다. 배 옆으로 작은 섬들도 여러 개 지나갔다.

배는 9시 50분에 정해(定海)부두에 도착했다. 지도를 보니 정해는 주산시(舟山市) 본 섬 서쪽 해안의 중간쯤에 위치하고 있었다. 거기서 다시 원래의 버스를 타고 육로로 50분쯤 달려서 10시 40분에 심가문(沈家門)에 도착했다. 심가문은 주산시 본 섬 서쪽 해안의 남쪽 끝이었다. 보타산으로 가는 쾌속정을 타려면 심가문 버스 정류소에서 6킬로미터쯤 더 가야 한다고 했다. 운전사와 협의하여 차비를 좀 더 주고 그 버스로 쾌속정 승선장인 반승동(半昇洞)부두까지 바로 갔다. 10시 50분이었다.

버스에서 내리자마자 18원짜리 쾌속정을 탔다. 10시 55분에 출발한 쾌속정은 11시 2분에 주산과 주가첨(朱家尖)을 연결하는 주가첨해협대교(朱家尖海峽大橋) 아래를 통과하여 11시 12분에 보타산에 도착했다. 영파에서 출발하여 세 시간 42분이 걸린 셈이다. 원래 두 시간 걸리는 길과 네 시간 걸리는 길이 있다고 듣고 두 시간짜리를 선택한다고 한 것인데 결국 네 시간짜리를 선택한 모양이었다. 어제 저녁에 매표원한테 몇 번이고 물어서 확인했건만 결국 차를 잘못 타고 만 것이다. 그제야 그 매표원이 자기 회사 차를 타도록 유도한 것이라는 생각이 들었다.

배에서 내려 섬으로 올라가자마자 바로 입장료 110원씩을 내라고 했다. 무슨 입장료인가 했더니 보타산에 들어가는 입장료라고 했다. 섬에 들어가는 것만으로 입장료를 내야 하는 것이었다. 황당했다. 보타산은 중국에서 손꼽히는 부처님의 땅이고, 마찬가지로 불교성지인 아미산에서는 이러지 않았기 때문에 더욱 그랬다. 그렇다고 그냥 돌아갈 수도 없는 노릇이고, 한편으로 생각하니 보타산 전체를 하나로 묶어서 일괄적으로 입장료를 받는 것이라면 그렇게 무리한 금액이 아닌 것 같기도 했다. 그러나 답사나 관광을 위해 오는 사람뿐만 아니라 친척 방문을 위해 오는 사람도 있을 텐데 섬에 들어가는 모든 사람에게 입장료를 받는 것은 불합리한 것 같았다.

거기서 돌아가는 배표도 예매했다. 이번에는 올 때 탔던 배를 타지 않고 보타산에서 대사(大榭)를 거쳐 영파까지 간다는 주응호(舟鷹號)라는 배의 승선권을 샀다. 표값이 60원이니 올 때 탄 것과 거의 차이가 없는 데다 이 편은 배를 타고 곧장 대사까지 가서 거기서 바로 버스로 바꾸어 타면 된다고 하니 올 때 탄 것보다 훨씬 나은 셈이다. 운행시간표에 의하면 주응호와 꼭 같은 길로 영파까지 가는 교통편으로 상홍호(翔鴻號)·비주5호(飛舟5號)·용쾌호(甬快號)·용왕호(甬旺號) 등이 있는데 하루에 주응호가 13회, 상홍호가 5회, 비주5호가 2회, 용쾌호와 용왕호가 합쳐서 4회 등 하루에 모두 24회나 운행하는 것으로 되어 있었다. 우리는 이 가운데 가장 늦게 출발하는 5시 20분 배의 승선권을 예매했다. 그래도 시간이 부족했다. 여섯 시간도 채 안 되는 동안에 보타산을 다 답파해야 하는 상황이었다.

보타산에는 모든 요금이 다 엄청나게 비쌌다. 배에서 내리자마자 110원씩의 입장료를 냈는데도 불구하고 각 절마다 또 입장료를 따로 받았다. 그리고 버스요금도 엄청나게 비쌌다. 한 구간 이동하는 데 1원씩으로 최고 9원까지 받았다. 부처님의 땅이니 자비심이 넘쳐야 할 텐데 중국 4대 불교명산의 하나인 보타산에서 이런 일이 일어난다는 것이 어째 좀 씁쓸했다.

2시 30분에 법우사(法雨寺)에 도착한 우리는 조를 나누지 않으면 안 될 상황이 되었다. 늦어도 5시까지는 부두에 도착해야 하는데 이제 두 시간 반도 안 남았으니 아무래도 남은 일정을 다 소화할 수가 없게 되었기 때문이다. 어디를 포기할 것인지에 대해서도 의견이 같지 않았다. 이리하여 경로를 둘로 나누어 각자 자기가 더 가고 싶은 쪽을 선택하기로 했다. 보타산에서 가장 높은 곳인 불정산(佛頂山) 정상으로 가서 거기에 있는 혜제사(慧濟寺)를 구경하는 경로는 나를 비롯하여 김보경·박은석·정은진·정지현 등 다섯 명이 선택하고, 법우사를 보고 다시 내려가서 보제사(普濟寺)와 그 주변을 구경하는 경로는 홍금주·김수희·오세범·이욱진·한서영 등 다섯 명이 선택했다.

아무래도 정상으로 올라가는 우리 쪽이 시간이 더 많이 걸릴 텐데 정상까지 얼마나 걸릴지 알 수 없는 노릇이므로 최대한 빠른 걸음으로 올라갔다. 길은 콘크리트로 계단을 만들어 놓았기 때문에 미끄럽지도 않고 좁지도 않았지만 경사가 심하여 오르기가 여간 힘들지 않았다. 박은석이 날아가듯 저만치 올라가고 김보경도 박은석을 바짝 쫓아갔다. 정은진과 정지현도 그들보다 조금 뒤지기는 했지만 그런대로 잘 올라가고 있었다. 나는 혼자 뒤에 처진 채 일정한 속도로 꾸준히 올라가는 황소걸음을 고집했다. 숨이 찼지만 학생들한테 나약한 모습을 보이기 싫어서 악을 쓰고 올라갔다. 빠른 속도로 가던 학생들이 중간에 잠시 쉬는 동안에도 나는 꾸준히 걸음을 옮겼다. 그것이 나의 산 오르는 방법이다. 시골에서 초등학교 3학년 때부터 나뭇짐 지고 산길을 누비며 터득한 지혜다.

20분쯤 올라가니 한 할아버지가 바위 밑에 물을 네다섯 병 늘어놓은 채 한 병에 10원씩 받고 팔고 있었다. 물은 바로 바위틈에서 나는 자연수였다. 산에서 나오는 물을 독차지하고 앉아서 돈을 받고 파는 것이었다. 보타산판 김선달인 셈이었다. 그걸 누가 살까 싶었는데 내 생각을 비웃듯 한 여자가 오더니 주저 없이 샀다.

불정산으로 올라가는 도중에 본 또 한 가지 특이한 점은 올라가는 도중에 내내 어디서 나는지 알 수 없는 불교 음악이 흘러나오는 점이었다. 가만히 소리 나는 곳을 추적해 보니 그것은 돌 모양으로 만든 스피커에서 나는 소리였다. 무슨 재질인지 모르지만 실제 돌은 아니고 꼭 돌처럼 생긴 물건을 만들어 거기에 구멍을 여러 개 뚫고 그 안에 스피커를 넣어 놓은 것이었다. 참 기발한 고안이었다.

정상은 그다지 멀지 않았다. 걷기 시작한 지 30분도 채 안 된 2시 57분에 벌써 '불정산(佛頂山)'이라는 글씨가 새겨진 바위가 나타났다. 정상에 도착한 시각은 나도 다른 사람들과 거의 비슷했다. 나의 황소걸음이 그들의 토끼걸음보다 늦지 않다는 사실이 입증된 것이다.

다섯 명이 함께 '불정산'이라는 글씨가 새겨진 이 바위를 끼고 기념사진을 찍은 다음, 입장료가 5원씩인 혜제사를 대충 구경하고 여기저기 전망이 좋을 듯한 곳을 찾아다니면서 바다를 내려다보았다. 그러나 키 큰 나무에 가려서 전망이 썩 좋은 곳은 찾을 수가 없었다.

그야말로 주마간산하듯 뛰어다니면서 보타산을 둘러보고 돌아가는 배를 탔다. 약 100명을 수용할 수 있는 작은 쾌속정은 5시 20분에 출발하면서 크게 한 번 요동쳤다. 올 때 탄 배보다 훨씬 작은 데다 속도도 더 빠르기 때문에 뱃멀미가 날지도 모르겠다는 불안감이 들었다. 그러나 잠시 멀미가 나는가 싶더니 금방 괜찮아졌다. 배 안에는 텔레비전이 있는데 텔레비전에서 내내 불경을 낭송하고 불교 음악을 내보냈다. 과연 불교 명승지를 왕래하는 배다웠다.

배는 쾌속으로 달려서 6시 25분에 벌써 대사항에 도착했다. 배에서 내리자 기다리고 있던 버스로 옮겨 타라고 했다. 대사도에서 출발한 버스는 대사대교를 건너 한 시간 반 만인 7시 50분에 종점에 도착했다. 모두 두 시간 30분이 걸린 셈이다. 우리가 내린 곳은 아침에 버스를 탄 기차북참에서 멀지 않은 곳이었다. 그러니까 거기가 바로 객운총참이었던 것이다. 어제 저녁에 객운총참을 찾아가다가 도중에 기차북참에 들어가서 물어본 것이 화근이 된 셈이었다. 바로 객운총참으로 가서 쾌속정을 탔으면 한 시간 이상을 벌 수 있었는데 말이다. 그러나 두 갈래 길을 다 다녀 본 것 또한 작지 않은 수확이고, 그 덕분에 서해안을 따라 가며 주산시 본 섬을 한 시간이나 구경할 수 있었으니 그것 또한 큰 수확이었다.

❄ 영파노외탄

저녁을 먹기 위해 호텔 주위를 돌아다니다가 영파에도 외탄(外灘)이 있다는 사실을 알게 되었다. 배도 고팠지만 영파노외탄(寧波老外灘)이 어떻게 생겼는지에 대한 호기심이 더 컸던 듯 일행이 모두 일단 노외탄부터 구경하자는 바람에 노외탄을 한 바퀴 돌았다.

인민로에서 용강(甬江)까지 100미터가 채 안 될 것 같은 짧은 구간이라 규모는 상해의 외탄에 비할 바가 아니었지만, 인민로 쪽 입구에 '영파노외탄 1844-2004'라는 현판이 걸려 있는 것으로 보아 1844년에 만들어진 건물인 듯 고풍스러운 건물들이 꽤나 운치 있게 늘어서 있었다. 아담하고 조용하고 깨끗하다는 면에서는 상해 외탄보다 오히려 낫다는 느낌이 들었다.

노외탄을 한 바퀴 돈 다음 노외탄 입구 바로 남쪽에 있는 '세원한정식'이라는 한국음식점에서 삼겹살을 먹으려고 들어갔으나 음식값이 상해보다도 훨씬 더 비싸다는 김보경의 말에 그냥 나와 버렸다. 어제 갔던 집에 다시 가서 해물을 먹기로 하고 그쪽으로 발길을 돌렸다. 그 집 문에 들어서려는데 종업원들이 갑자기 방언으로 우리를 향해 무어라고 고함을 질렀다. 우리한테 화를 내는 줄 알고 깜짝 놀라 돌아 나오면서 보니 종업원들이 주인한테 무어라고 항의하고 있는 것 같았다. 말하자면 노사갈등이 일어나 종업원들이 주인 앞에서 손님 받기를 거부한 것이었다. 주인이 황급히 안심시키면서 우리를 불렀지만 다시 그 집에 가고 싶은 마음이 나지 않았다. 종업원들이 의도한 바였을 것이다.

영파노외탄

노외탄 부근에 있는 사천 음식점에서 저녁을 먹고 난 뒤 산책 삼아 다시 노외탄을 한 바퀴 더 돌았다. 용강 가에 있

는 공원에서 사람들이 차를 마시고 있었다. 바로 옆에 있는 찻집에서 탁자와 의자를 강가의 길바닥에 내놓고 차를 파는 것이었다. 운치가 있다면서 우리도 한잔 마시자는 누군가의 제의에 아무도 이의를 제기하지 않고 자리를 잡았다. 탁자를 몇 개 붙여 우리 일행이 함께 앉을 수 있는 자리를 만들고 나서 가격표를 보니 차 한 잔이 30원 안팎이었다. 열 명이 한 잔씩 마시면 300원 정도나 된다. 저녁값이 199원 들었으니 배보다 배꼽이 더 큰 셈임은 물론, 저녁값과 차값을 합치면 세원한정식에서 삼겹살을 구워 먹은 것보다 더 드는 셈이다. 그러나 기왕에 자리를 만들어 앉았는데 안 마시고 나가는 것도 경우가 아니고 한편으로는 영파노외탄에서 어둠에 싸인 용강을 바라보며 차 한잔 마시는 것도 의미 있는 일일 것 같았다.

2005년 8월 18일 6시에 용강 쪽으로 산책을 나갔다. 노인이 몇 명 있을 뿐 산책하는 사람이 별로 없었다. 주위가 아주 깨끗하고 조용한 데다 노외탄이 풍기는 고풍스러움이 어우러져 멋진 조화를 이루고 있었다. 어젯밤에는 어두워서 잘 몰랐는데 아침에 보니 용강대교 좌우에 강을 따라가며 두꺼운 판자로 만든 잔도(棧道)가 놓여 있었다. 길이가 약 1킬로미터는 됨직한 그 잔도는 강을 끼고 있어서 공기가 좋은 데다 밟을 때의 촉감도 매우 좋아서 정말 산책할 맛이 나게 되어 있었다. 다만 용강 물이 온통 흙탕물인 것이 아쉬웠다. 역시 배가 많이 다녀서 그렇게 되었을 것이라는 생각이 들었다.

잔도를 따라 조금 내려가니 컨테이너 하치장 같은 시설이 있었다. 아마도 객운총참의 하치장인 것 같았다.

❋ 보국사와 천일각

노외탄 부근에 있는 미국식 튀김닭집에서 아침을 먹은 뒤 332번 시내버스를 타고 보국사(保國寺)로 갔다. 동한(東漢) 때 창건되었다는 보국사는, 현존하는 대웅보전이 북송 진종 대중상부 6년(1013)에 중수된 것으로 장강 이남에서 가장 오래되었을 뿐만 아니라 보존상태도 가장 좋은 목조건물이라는 의미 있는 절이기는 하지만, 특별히 규모가 웅장하다거나 볼거리가 많은 것은 아니기 때문인지 관람객이 몇 명밖에 없었다. 절 앞의 공터에 몇백 년 묵은 아름드리 향장수(香樟樹) 수십 그루가 숲을 이루고 서서 보국사의 연륜을 말해 주고 있었다. 나무의 둘레가 4미터 정도 되어 보였다.

입장료가 1인당 10원씩인데 열 명이 80원만 주기로 합의를 보았다. 중국 여행을 하다 보면 가끔씩 이렇게 입장료를 할인받는 재미도 보게 된다.

보국사는 한때 정진원이라고도 했는데 그 현판이 아직도 걸려 있었다. '정진원(精進院)'이라는 현판이 걸려 있는 불전으로 들어가니 벽에 <대전간개(大殿簡介)>가 붙어 있는데, 이 글에 이 대전은 북송 대중상부 6년(1013)에 중수된 것으로 강남에서 가장 오래되었을 뿐만 아니라 보존상태도 가장 좋은 목조건물이라는 설명과 함께, 일반 불전은 좌우의 폭이 앞뒤의 깊이보다 넓거나 양자가 꼭 같아서 정사각형을 이루는 데 반하여 이 대전은 깊이가 폭보다 더 긴 것이 특징이라는 설명이 있었다.

그리고 목재가 송나라 때의 건축 지침서인 ≪영조법식(營造法式)≫에 규정된 4등급짜리로 등급이 아주 높은 것이라는 설명도 있었다. 또 <천 년 고건축의 수수께기(千年古建之謎)>라는 안내문에는 이 대전 안에는 새가 둥지를 틀지 않고, 벌레가 날아들지 않고, 거미가 줄을 치지 않고, 들보 위에 먼지가 없는 등 몇 가지 수수께끼가 있다고 했다. 이 건물은 천장이 옛날에 연극을 공연하던 무대인 희대(戲臺)의 천장처럼 반구형으로 둥그렇게 만들어져 있는 것이 또 한 가지 특징이었다.

보국사 대전의 천장

정문 옆에 세워져 있는 안내판에 현존하는 대웅보전이 북송 대중상부 6년(1013)에 중수된 것으로 장강 이남에서 가장 오래되었을 뿐만 아니라 보존상태도 가장 좋은 목조건물이라고 했고, '정진원'이라는 현판이 걸려 있는 이 불전의 벽에 붙어 있는 <대전간개>에도 마찬가지로 대전이 북송 대중상부 6년(1013)에 중수된 것으로 강남에서 가장 오래되었을 뿐만 아니라 보존상태도 가장 좋은 목조건물이라고 했는데, 이 불전 이외에 따로 대웅보전이 보이지 않으니 이 불전이 바로 장강 이남에서 가장 오래되었다는 바로 그 대웅보전임에 틀림없는 듯했다.

오후에는 먼저 기차역으로 가서 소흥행 기차의 운행시간표를 살펴보았으나 적당한 기차가 없어서, 다시 바로 옆에 있는 시외버스 종점으로 가서 6시에 출발하는 버스표를 예매했다. 그런 다음 천일각(天一閣)을 보러 갔다. 천일각은 명나라 가정 40년(1561)에 영파 사람 범흠(范欽, 1506-1585)이 사재를 털어서 모은 책을 보관하기 위해 지은 것으로, 현존하는 중국 최초의 개인 장서루(藏書樓)일 뿐만 아니라 현존하는 아시아 최초의 도서관이요, 세계에서 가장 일찍 지은 3대 가족도서관 가운데 하나라고 한다.[38]

원래 이곳에는 범흠이 생시에 수집한 책과 나중에 추가로 수집한 책을 합하여 7만여 권에 달하는 장서가 있었으나, 청나라 건륭(1736-1795) 이후로 도둑들이 훔쳐 가서 외국 선교사나 제지공장에 팔아먹기도 하고 아편전쟁 때 영국인들이 탈취해 가기도 하는 등 여러 차례 수난을 당해 중공정부가 들어설 무렵에는 1만 3천여 권만 남아 있었다고 한다. 중공정부 수립 이후 천일각을 보호하기 위한 전문 관리기구를 설립하여 유실된 책을 회수하기도 하고 뜻 있는 장서가들로부터 기증 받기도 하는 등 많은 노력을 기울인 결과, 진본(珍本) 및 선본(善本) 8만여 권을 포함하여 총 30여 만 권에 달하는 고적(古籍)을 소장하기에 이르렀다고 한다.

38 천일각에 관한 서술은 ≪한어대사전≫ <천일각> 및 ≪백도백과≫ <천일각>·<범흠> 참조.

천일각에 대해서는 다음과 같은 사실들이 이미 널리 알려져 있다. 청나라 건륭 37년(1772)에 ≪사고전서(四庫全書)≫를 편찬하기 시작했을 때 범흠의 8세손 범무주(范懋柱)가 천일각의 장서 638종을 바치자 건륭황제가 천일각의 건축 구조와 책장 형식을 본떠서 이른바 '남북칠각(南北七閣)'을 짓게 했다. 이로 인하여 천일각은 전국적으로 이름난 장서루가 되었고, 이에 따라 문인과 학자들이 이 천일각에 한번 올라가 보는 것을 영광으로 여겼다. 남북칠각이란 ≪사고전서≫가 완성된 후 그것을 보관한 일곱 채의 장서루로 북사각과 남삼각으로 나누어진다. 북사각은 북경 자금성의 문연각(文淵閣), 북경 원명원(圓明園)의 문원각(文源閣), 심양 고궁의 문소각(文溯閣), 승덕(承德) 피서산장(避暑山莊)의 문진각(文津閣) 등 북방에 있던 네 채로 일명 내정사각(內廷四閣)이라고도 하며, 남삼각은 진강(鎭江) 금산사(金山寺)의 문종각(文宗閣), 양주(揚州) 대관당(大觀堂)의 문회각(文滙閣), 항주서호의 문란각(文瀾閣) 등 남방에 있던 세 채로 일명 강절삼각(江浙三閣) 또는 강남삼각이라고도 한다. 이 남북칠각 가운데 문원각·문종각·문회각에 보관되어 있던 책은 전란에 불타 버려서 자취를 감추었고, 문소각에 보관되어 있던 책은 일본의 침략으로 인하여 감숙성 난주(蘭州)로 옮겨져 있으며, 문연각에 보관되어 있던 책은 대만으로 옮겨져 있다. 문란각에 보관되어 있던 책은 많이 산실되었었는데 그 뒤에 복원하여 지금 절강도서관에 보관되어 있다.[39]

남북칠각의 이름에 대부분 물과 관련된 글자가 들어 있는 것은 장서루가 불에 타지 않기를 바라는 마음에서 비롯된 것이다. '천일각'이라는 이름 역시 한나라 때의 대학자 정현(鄭玄)이 "하늘이 첫째로 물을 낳는다"[40]라고 한 말에서 따왔으니 물로 화재를 예방하여 책이 오래도록 보존되기를 바라는 염원이 담겨 있는 것이다.

이처럼 누각의 이름에도 반영되어 있을 정도로 범흠은 책을 잘 보관하고 싶은

---

39 ≪백도백과≫ <사고칠각(四庫七閣)>·<북사각>·<남삼각> 참조.

40 "天一生水."[문연각사고전서본 왕응린(王應麟) ≪주역정강성주(周易鄭康成注)≫ <계사(繫辭)>]

천일각

생각이 간절했기 때문에 방화뿐만 아니라 방수와 방충에도 만전을 기하고, 나아가 쥐가 갉아먹거나 도둑이 드는 일도 예방하기 위해 온갖 수단을 다 동원했다. 관리 규정도 매우 엄격하여 규정에 의하면 술과 담배를 가지고 들어갈 수 없고, 용무 없이 출입해서는 안 되었다. 열쇠는 자손들이 각자 나누어 가지고 있되 모든 자손들이 한데 모인 경우에만 문을 열 수 있었다. 자손들이 책을 나누어 가져서도 안 되고 책을 외부로 빌려 줄 수도 없었다. 그리고 특이하게도 다른 집안 사람이 책을 볼 수 없게 되어 있었다. 그러다가 청나라 강희 12년(1673)에 황종희(黃宗羲, 1610-1695)가 다른 집안 사람으로서는 처음으로 천일각에 올라가는 행운을 얻었다. 그 뒤로 진정한 대학자로 인정되는 사람에게는 천일각에 올라가는 것이 허락되었다.

우리는 대학자도 아닌 주제에 문인과 학자들이 한번 올라가 보는 것을 영광으로 여겼다는 이 천일각에 올라갔다. 그러나 지금은 그곳에 보관되어 있던 책이 모두 다른 곳으로 옮겨지고 천일각의 옛날 모습과 범흠의 사적을 보여 주는 각종 자료만 진열되어 있었다.

천일각에서 내려와 경내를 둘러보니 특이하게도 마작에 관한 각종 자료가 진열되어 있고 희대(戱臺)도 하나 있었다. 희대 옆 건물에는 그 지방의 지방극에 관한 자료가 꽤 많이 진열되어 있었다.

천일각에서 멀지 않은 천봉탑(天封塔)은 벽을 붉은색으로 칠한 7층짜리 탑인데 그 옆에 있는 커다란 바위에 '금독문화원(禁毒文化園)'이라는 글씨가 새겨져 있었다. 금독문화원을 만들어 놓고 적극적으로 관리해야 할 정도로 중국이 마약에 대해서 민감하다는 데 생각이 미치자 야릇한 기분이 들었다. 아편전쟁으로 영국에 빼앗겼던 홍콩을 돌려받은 지 얼마 안 된 중국의 고민이 눈에 보이는 듯했다.

천봉탑 옆의 성황묘(城隍廟) 주변에 있는 상가를 구경한 뒤 영파역으로 갔다. 기차역에 맡겨 둔 짐을 찾아서 시외버스 종점으로 가려는데, 갑자기 후닥닥 하는 소리가 나더니 검은 옷을 입은 청년 하나가 흰 옷 입은 청년을 한 대 쳤다. 그 순간 어디서 나타났는지 흰 옷 입은 청년 두 명이 달려오더니 검은 옷 입은 청년을 두드려 팼다. 흰 옷 입은 청년들은 세 명이 다 비슷한 옷을 입고 있었다. 상황이 불리함을 느꼈는지 검은 옷 입은 청년은 무어라고 중얼대며 대들지도 않고 자기 물건을 챙겨서 저쪽으로 가 버렸다. 그러자 흰 옷 입은 청년들도 가쁜 숨을 몰아쉬며 말없이 어딘가로 사라졌다. 불과 1분 사이에 일어난 일이었다. 흰 옷 입은 청년이 검은 옷 입은 청년의 물건을 소매치기하려다 검은 옷 입은 청년에게 들켰는데 검은 옷 입은 청년이 홧김에 흰 옷 입은 청년을 한 대 때리자 흰 옷 입은 청년의 동료들이 나타나 편들어 준 것이 아닌가 싶었다.

4. 소흥(紹興)과 제기(諸暨)

소흥에 도착하니 7시 30분이었다. 줄지어 서 있는 택시 가운데 맨 앞에 있는 것을 탔더니 여자 운전사가 아무런 설명도 없이 출발을 하지 않았다. 잠시 후 다른 택시 운전사 한 명이 와서 여자 운전사에게 마구 욕을 했다. 여자 운전사는 아무런 대꾸도 하지 않고 듣고만 있더니 결국 우리에게 도로 내리라고 하고는 그냥 가 버렸다. 아마 줄 서 있는 택시 사이로 그 여자 운전사가 새치기를 한 모양이었다.

그 뒤에 서 있던 택시를 타고 월성대주점(越城大酒店)으로 갔다. 김보경이 얼마 전에 와서 묵었던 곳이라고 해서 갔는데 호텔 이름을 들으니 나도 1996년에 묵은 적이 있는 호텔인 듯했다. 그리고 골목길로 한참 들어가는 품과 건물 두 동이 앞뒤로 나란히 서 있는 모습을 보니 9년 전의 기억이 살금살금 되살아났다. 옛날에 내가 묵었던 그 호텔이 틀림없었다. 1996년에는 앞 건물의 3인실에서 묵었는데 이번에는 뒷 건물의 2인실에서 묵는 것이 달랐다. 9년 전에 차와 술을 팔던 뒷 건물 출입구 좌측의 작은 카페는 휴게실로 바뀌어 가운데에 탁자가 하나 놓여 있고 의자 몇 개가 그 주위를 에워싸고 있었다. 뜻하지 않게 옛날에 묵었던 호텔에 다시 오게 되니 이 또한 적잖이 반가운 일이었다. 그 호텔은 노신고리(魯迅故里)와 심원(沈園)에서 가깝기도 하고 방값도 싸기 때문에 그 일대에서는 비교적 잘 알려진 호텔인 것 같았다.

저녁을 먹으려고 함형주점(咸亨酒店)으로 갔다. 벌써 9시 반이 지나 있었다. 노신(魯迅, 1881-1936)의 소설 <공을기(孔乙己)>의 주인공 공을기가 구릿빛 얼굴을 하고 취한 몸을 간신히 가누며 아직도 9년 전의 그 자리에 서 있었다. 9년 전에 먹던 소흥주와 회향두(茴香豆)의 맛을 떠올리며 안으로 들어갔다. 그러나 10시에 문을 닫는다는 바람에 내일 다시 오기로 하고 그냥 나왔다. 30분 만에 후딱 먹고 나오기는 싫었기 때문이다.

소비양(小肥羊)이라는 회교도 식당에 가서 훠궈를 먹었다. 오랜만에 마셔 보는 따뜻하게 데운 소흥주가 하루의 피로를 싹 씻어 주었다. 소흥주를 처음 마셔 보는 사람도 있고 오랜만에 마셔 보는 사람도 있었다. 다들 좀 마시고 싶어 하는 표정인지라 모처럼 알딸딸하게 취하도록 놓아두었다.

❋ 심원과 노신고리

2005년 8월 19일 6시에 호텔 현관으로 내려가서 종업원에게 소흥의 볼거리에 관하여 이것저것 물어보았다. 필요한 정보는 대략 다 얻을 수 있었다. 그러나 서위고거(徐渭故居)에 대해서는 종업원도 잘 몰랐다. 마침 휴게실에 남자 직원 한 사람이 앉아 있어 그에게 물어보았으나 그도 역시 알지 못했다. 나중에 한국에서 간행된 관광안내 책자를 보니 청등서옥(青藤書屋)이 바로 서위고거라고 되어 있었다.

8시 30분에 2번 버스를 타고 회계산(會稽山)에 있는 대우릉(大禹陵)으로 갔다. 우임금의 치수에 관한 여러 가지 자료들을 볼 수 있었다. 산꼭대기에 세워진 우임금의 상이 아스라이 보였으나 너무 멀어서 올라가지는 않았다. 특이하게도 대우릉 경내에도 금독문화원이 있었다. 중국인들의 마약에 대한 경계가 얼마나 대단한지를 다시 한 번 확인할 수 있었다.

대우릉에서 다시 시내로 들어와 심원(沈園)으로 갔다. 서너 군데의 입장권을 몇 가지 유형으로 묶어서 파는 자선연표(自選聯票)라는 것이 있었다. '스스로 선택하는 연합 입장권'이라는 뜻이니 우리나라의 자유이용권 비슷한 것임을 알 수 있었다. 내일도 사용할 수 있다고 하여 심원과 노신고리와 난정(蘭亭)을 한데 묶은 표를 105원씩 주고 샀다.

심원의 담에는 여전히 남송사대가의 한 사람에 속할 뿐만 아니라 중국 최고의 애국시인으로 추앙받는 육유(陸游, 1125-1210)와 그의 첫 번째 부인 당완(唐琬)의 사

<차두봉(釵頭鳳)>이 풍상에 다소 마모된 채 나란히 붙어서 우리를 맞이했다. 그것을 보는 순간 그 앞에서 애절하게 마지막 사랑을 나눈 육유와 당완의 모습이 상상되었다.

심원

육유는 스무 살 되던 해인 소흥 14년(1144)에 외사촌 누이인 당완과 결혼했는데 두 사람은 금실이 참 좋았다고 한다. 그러나 이를 본 그의 어머니가 당완을 미워하기 시작하여 마침내 그녀를 쫓아내고 말았다. 결혼하고 겨우 2년이 지난 소흥 16년(1146)의 일이었다.[41] 육유의 어머니가 자신의 친정 질녀인 당완을 왜 그렇게 미워했는지는 잘 알려져 있지 않다. 다만 1996년에 처음 왔을 때는 부부의 금실이 너무 좋아 아들의 학업에 지장을 주었기 때문이라는 설명문이 정문 초입에 붙어 있었는데 웬일인지 지금은 그것이 없었다. 신빙성이 희박한 말이라고 여겨서 없앤 것이 아닐까 싶었다. 그러나 육유가 <부인손씨묘지명(夫人孫氏墓誌銘)>에서 손씨 부인이 “재주 있고 글 잘 쓰는 것은 여자에게 필요한 일이 아닙니다”[42]라고 한 말을 높이 평가한 사실을 통하여 알 수 있는 바와 같이, 당시에는 여자가 너무 똑똑하면 남편의 앞길을 막는다는 생각이 만연해 있었는데 당완은 재주가 남달랐기 때문에 시어머니의 미움을 받았을 가능성이 매우 크다. 아무튼 어머니 때문에 할 수 없이 헤어진 두 사람은 헤어진 뒤에도 서로를 잊지 못해 시름 속에 세월을 보내다가 헤어진 지 약 10년 뒤인 소흥 25년(1155) 봄날 심

41 <육유연보간편(陸游年譜簡編)>[육견(陸堅), ≪육유시사상석집(陸游詩詞賞析集)≫, 성도: 파촉서사, 1990, 356쪽] 및 주밀(周密)의 ≪제동야어(齊東野語)≫ 권1 <방옹이 전처에 반하다(放翁鍾情前室)> 참조.

42 “才藻非女子事也.”[문연각사고전서본 ≪위남문집(渭南文集)≫ 권35]

원에서 우연히 다시 만나게 되어 당완이 육유에게 술을 대접하며 자신의 애절한 사랑의 감정을 전했다.

그러자 육유가 먼저 <차두봉>이라는 곡조에 맞추어 자신의 애타는 심정을 노래한 가사를 지었다.

불그레 고운 손이	紅酥手
노랗게 포장한 좋은 술을 따를 제	黃縢酒
봄을 맞아 버들이 생기를 찾았구나.	滿城春色宮墻柳
동풍이 몹시도 모질게 불어	東風惡
뜨거운 사랑에 찬물을 끼얹으매	歡情薄
가슴에 근심 걱정 가득 안은 채	一懷愁緖
몇 해 동안 이렇게 헤어져 살았구나.	幾年離索
잘못됐어!	錯
잘못됐어!	錯
잘못되었어!	錯
봄빛은 예전처럼 따스하건만	春如舊
그 사람은 저토록 수척해진 채	人空瘦
눈물이 손수건을 흠뻑 적시네.	淚痕紅浥鮫綃透

육유와 당완의 〈차두봉〉 석각

복숭아꽃 떨어지는　　桃花落
한적한 연못가의 외로운 누각　　閑池閣
영원히 변치 말자 맹세했건만　　山盟雖在
지금은 편지조차 부칠 수 없게 됐네.　　錦書難託
이건 안 돼!　　莫
이건 안 돼!　　莫
이것은 안 돼!　　莫

육유가 써 놓은 사를 보고 당완은 더욱 가슴이 미어졌다. 그녀는 마침내 같은 곡조에 맞추어 이렇게 읊었다.

세상 인심 야박하고　　世情薄
인정이 고약하네.　　人情惡
빗속에 황혼 보냈으니 꽃이 쉬이 떨어질 터　　雨送黃昏花易落
새벽바람에 이슬은 말라도　　曉風干
눈물 자국은 남아 있네.　　泪痕殘
마음속에 있는 일을 토로하고 싶어서　　欲箋心事
비스듬한 난간에서 혼자 중얼거리네.　　獨語斜闌
어렵도다!　　難
어렵도다!　　難
어렵도다!　　難

그대와 내가 각자 따로따로 되었으니　　人成各
지금은 더 이상 어제가 아니라네.　　今非昨
병든 영혼 언제나 그넷줄만 같은데　　病魂常似秋千索
호각 소리 싸늘하고　　角聲寒
밤은 끝나 가는데　　夜闌珊

남이 물을까 두려워 　　　　怕人尋問
눈물을 삼키며 기쁜 척하네. 　　　　咽泪妝歡
속이는 거야! 　　　　瞞
속이는 거야! 　　　　瞞
속이는 거야! 　　　　瞞

그런 일이 있은 뒤 얼마 안 되어 당완은 울적한 마음을 달랠 길 없어 끝내 병사하고 말았다.[43] 육유도 계속 당완을 잊지 못하여 75세 때인 경원 5년(1199)에도 그녀를 그리는 <심원(沈園)>이라는 제목의 시를 두 수 지었다. 이 시에서 "이 몸은 곧 회계산(會稽山)의 흙이 되려 하는데, 아직도 남은 자취가 애달파 주룩주룩 눈물 난다"[44]라고 했을 정도로 당완에 대한 육유의 정은 절절했다.

심원에는 무관당(務觀堂)이라는 육유기념관과 육유의 필적이 담긴 비석을 모아 놓은 육유유묵(陸游遺墨) 등의 볼거리도 마련되어 있었다.

심원 앞에 있는 노신중로에는 거지들이 유독 많았다. 곳곳이 해어지고 때에 절어 있는 옷으로 몸을 반 정도만 가리고 땅바닥에 엎드린 채 고개를 푹 숙이고 두 손에 들린 조그만 플라스틱 바구니를 흔들며 연신 애처로운 소리를 내고 있었다. 어떤 거지는 지나가는 사람의 바짓가랑이를 붙잡고 늘어지기도 했다. 김보경이 갑자기 참으로 기발한 말을 했다.

"문자만 쓰면 이 사람들이 바로 공을기(孔乙己) 아니겠습니까?"

노신이 그의 단편소설 <공을기>에서 묘사해 놓은 공을기는 몰락한 봉건시대 지식인이다. 그는 이야기할 때 늘 문자를 쓴다. 그는 늘 사람들에게 놀림을 당하지만 자신이 지식인이라는 의식을 버리지 않는다. 함형주점(咸亨酒店)에서 술을 마

43 심진원(沈辰垣), ≪역대시여(歷代詩餘)≫ 권118 <사화(詞話)> 참조.
44 "此身行作稽山土, 猶弔遺蹤一泫然."[문연각사고전서본 ≪검남시고(劍南詩藁)≫ 권38]

시는 사람들 중에 돈이 없는 노동자는 입구에 서서 마시고 돈이 있는 사람은 장삼을 입고 방에 들어가서 마시는데, 유독 공을기만은 늘 장삼을 입은 채 입구에 서서 마신다. 그는 다른 사람을 위해 글씨를 써 주고 버는 약간의 돈만으로는 부족하기 때문에 남의 물건을 훔치는 경우도 있다. 그러다가 들켜서 매를 맞기도 한다. 그래도 그는 술값을 안 내거나 외상으로 마시는 경우는 거의 없다. 어쩌다가 외상술을 마시더라도 금방 갚는다.

그러던 그가 갑자기 함형주점에서 자취를 감추었다가 한참만에야 다리가 부러진 채 다시 나타난다. 그는 결국 19전의 외상값을 갚지 못한 채 다시는 함형주점에 모습을 드러내지 않는다.[45]

노신고리 즉 노신의 고향 마을에 도착하니 벌써 1시가 되어 있었다. 먼저 점심부터 먹기로 하고 노신고리 안에 있는 여아홍주점(女兒紅酒店)이라는 식당으로 갔다. 식당 이름에 걸맞게 문에 들어서자 입구에 여아홍주 시음장이 있었다. 소흥 사람들은 딸을 낳으면 즉시 여아홍주를 담가 두었다가 그 딸이 시집갈 때 마신다고 한다. 이런 풍습은 재미있는 일화에서 비롯되었다.

옛날에 소흥 땅에 장(張) 씨라는 재봉사(裁縫師)가 있었는데 자기 아내가 임신한 것을 알고 기뻐서 아들을 낳으면 축하연 때 마시려고 맛있는 술을 몇 단지 담가 계수나무 밑에 묻어 두었다. 남존여비 사상이 매우 강한 장 씨는 아내가 딸을 낳는 바람에 너무 실망한 나머지 축하연 때 이 술을 내놓지 않았다. 그러나 장 씨의 딸은 영리하고 현숙하게 자란 데다 아버지의 재봉 솜씨도 잘 터득하여 그를 무척 기쁘게 했다. 그 딸이 마침내 장 씨의 제자와 결혼하게 되었을 때 장 씨는 흔쾌하게 술을 마시다가 문득 18년 전에 술을 묻어 둔 일이 생각났다. 술 항아리를 파내어 뚜껑을 열자 향기가 코를 찔렀다. 뿐만 아니라 술의 빛깔과 맛도 모두 일품이었

45 ≪노신전집(魯迅全集)≫(북경: 인민문학출판사, 1982) 제1권, 434-438쪽.

다. 자리에 있던 하객들이 이 술을 '여아홍주'라고도 하고 '여아주'라고도 했다.

이런 일이 있은 뒤로 소흥에는 딸을 낳으면 반드시 여아홍을 빚고, 딸을 시집보내면 반드시 여아홍을 마시는 풍습이 생겼다고 한다. 그래서 여아홍은 대개 18년 동안 숙성시킨다고 한다. 여아홍은 일명 화조주(花雕酒)라고도 하는데 그것은 여아홍의 항아리에 꽃이나 새 따위의 무늬를 조각해 놓기 때문이다. 만약 딸이 시집갈 나이가 되기 전에 요절하게 되면 그 술은 여아홍이라고 하지 않고 화조주라고 한다는 속설도 있다. '화조(花雕)'는 '화조(花凋)'와 발음이 같은데 '화조(花凋)'는 꽃이 진다는 뜻이기 때문일 것이다.[46]

내가 항아리에 놓여 있는 국자를 들고 좀 마셔 봐도 되느냐고 물었더니 젊은 여자 종업원이 얼른 국자를 빼앗더니 아주 조금 떠 주면서 맛보라고 했다. 아마 1시시(cc)쯤 되었을 것 같다. 맛은 좋았지만 짐스럽기 때문에 사지는 않았다.

삼미서옥의 노신 책걸상(왼쪽 아래)

46 ≪백도백과≫ <여아홍> · <화조주> 참조.

노신고리도 1996년에 비하여 진열품이 많이 보충되어 있고 정비가 잘 되어 있었다. 아니 1996년에는 큰길 바로 옆에 노신기념관만 있었지 이처럼 마을 형태로 만들어져 있지 않았던 것으로 기억되는데, 그 뒤 옛날의 노신기념관 주위에 있던 많은 인가를 헐고 새로이 노신고리를 조성한 것 같았다.

노신조거(魯迅祖居)를 보니 노신의 집안이 얼마나 부유했는지를 알 수 있었다. 노신이 어릴 적에 다니던 서당인 삼미서옥(三味書屋)에는 노신이 앉아서 공부하던 자리가 보존되어 있는데, 그의 자리는 무슨 까닭인지 다른 아이들과 떨어져서 벽가에 하나만 따로 놓여 있었다.

❄ 경호

노신고리에서 서위의 고거인 청등서옥으로 갈 때는 삼륜차를 탔다. 걸어가기는 좀 멀고 그쪽으로 가는 버스도 없는지라 다른 탈것을 이용해야 하는 상황인데, 택시를 타는 것보다 삼륜차를 타는 것이 더 싸기도 하고 일행 중에 아직까지 삼륜차를 안 타 본 사람이 있기도 해서 그렇게 한 것이다. 청등서옥 앞에서 우리를 내려 준 삼륜차 운전사들은 기다리다가 우리가 나오면 딴 데로 갈 때 또 태워 주겠다고 했다. 딴 데로 갈 때는 걸어간다고 해도 말을 듣지 않고 기다리겠다고 했다. 그들은 어쩌면 어디서 기다리나 마찬가지라는 생각으로 여기서 기다리려는 것인지 모르지만, 그들이 여기서 우리가 나올 때까지 계속 기다리면 우리가 너무 부담스럽기 때문에 몇 번이나 얘기하여 간신히 돌려보냈다.

청등서옥에는 서위의 그림 서너 점 이외에는 볼 것이 없었다. 진열품 자체가 별로 없었다. 한국에서 간행된 안내책자에 서위를 화가로 소개한 이유를 알 만했다.

거기서 다시 걸어서 월왕대(越王臺)풍경구로 갔다. 맨 앞에 위치한 월왕대에 올라가니 남송 고종이 심었다는 나무가 한 그루 내려다보였다. 경내에는 또 화신묘희대(火神廟戲臺)라는 희대가 하나 있었다. 맨 뒤에 있는 월왕전(越王殿)에 올라가니 월왕 구천(勾踐)이 와신상담하는 모습 등을 그린 커다란 그림들이 사방의 벽이 붙어 있었다.

월왕대에서 나오니 5시가 넘어 있었다. 해가 지기 전에 감호(鑑湖) 즉 경호(鏡湖)로 가야 했다. 당나라 시인 하지장(賀知章, 659?-744?)이 벼슬에서 물러나 <고향으로 돌아와서(回鄕偶書)>라는 유명한 시를 지은 곳이요, 육유가 관직에서 쫓겨나 은거할 때 찾아가서 노닐던 곳이다. 지도를 보니 거리가 얼마 안 되는 것 같아 삼륜차를 타려고 했더니 골목길을 빠져 나오는 동안 서너 차례나 물어봤는데도 가겠다는 삼륜차가 없었다. 이상한 일이었다. 노신고리에서 청등서옥까지와 비슷한 거리인 것 같은데 왜들 안 가려는 것인지 알 수 없었다. 날이 저물어 가기 때문일까? 갔다가 돌아오는 손님이 없을 것 같아서 그러는 걸까? 요금을 많이 달라면 많이 줄 용의도 있는데 요금을 많이 달라는 말도 꺼내지 않았다.

큰길의 사거리까지 가니 삼륜차 운전사들이 여러 명 있었다. 그들도 역시 멀다고 하면서 관심을 보이지 않았다. 그러면서도 우리가 그만두겠다고 하니까 자꾸 따라다니면서 거리가 멀다는 말을 반복했다. 아무래도 요금을 많이 받기 위해 우리 입에서 먼저 요금을 많이 준다는 말이 나오기를 기다리고 있는 것이 아닐까 하는 생각이 들었다. 그렇다면 더욱 우리가 먼저 말을 할 수 없다. 그러나 요금 흥정에서 우리가 유리한 위치에 서기 위해 짐짓 택시를 타려고 해 보아도 별로 안타까워하는 눈치가 아니었다. 한참을 그러다가 마침내 택시를 타기로 결정했다. 우리가 택시를 잡는 순간에도 그들은 아무 말도 하지 않았다. 참 희한한 일이었다.

경호(즉 감호)

금방 감호대교가 나타났다. 다리

중간쯤에 서서 내려다보니 호수라기보다는 차라리 폭이 500미터쯤 되는 강 같았다. 군데군데 진주 양식장이 있고 작은 섬도 한두 개 보였다. 섬에 인가는 보이지 않았다. 하지장의 시 <고향으로 돌아와서(回鄕偶書)> 두 수를 떠올려 보면서 그가 은거한 곳이 어디쯤에 있었을까 생각해 보았다.

어려서 고향을 떠났다가 늙어서야 돌아오니　　少小離鄕老大回
고향 말씨는 그대로인데 머리는 다 빠졌다.　　鄕音無改鬢毛衰
아이들은 나를 보고 알아보지 못하여　　兒童相見不相識
손님은 어디서 왔느냐고 웃으면서 묻는다.　　笑問客從何處來

고향을 떠난 뒤로 세월이 많이 흘러　　離別家鄕歲月多
근래에 사람들은 절반쯤 사라지고　　近來人事半消磨
오로지 대문 앞의 경호 물만이　　唯有門前鏡湖水
봄바람에 옛날처럼 물결을 일으킨다.　　春風不改舊時波[47]

호수를 바라보며 그곳에서 은거한 하지장도 생각해 보고 육유도 생각해 보다가 날이 어두워지고 나서야 호텔로 돌아왔다. 돌아올 때는 3번 버스를 탔다. 그 버스는 아까 우리가 택시를 탄 곳에서 길만 건너면 되는 곳에 서는 차였다. 그런데도 그 삼륜차 운전사들은 끝내 우리에게 가르쳐 주지 않았던 것이다. 3번 버스에서 내려 호텔까지 걸어가는데 길가에 있는 가게에서 귀에 익은 노랫소리가 흘러나왔다. 학생들이 우리나라의 유행가 <바꿔>라고 했다. 그러고 보니 선거 때 자주 들었던 기억이 났다. 어제 받은 할인권도 활용하고 저녁식사도 좀 든든하게 하기 위해 어제 저녁에 갔던 소비양에 다시 갔다. 함형주점은 아무래도 음식이 허술할 것 같아 저녁을 든든하게 먹고 난 뒤에 가는 편이 낫겠다는 것이 주된 이유였다.

47 문연각사고전서본 고병(高棅) ≪당시품휘(唐詩品彙)≫ 권46.

소비양에서 식사를 마친 후 공을기가 한번 되어 보기 위해 함형주점으로 갔다. 8시 20분이었다. 함형주점에서는 그 집에서 제공하는 카드에 미리 현금을 충전해 놓았다가 술이나 안주를 살 때마다 전자식 자동 계산기로 차감해 나가는 방법을 쓰고 있었다. 매번 잔돈을 거슬러 주어야 하는 번거로움을 덜기 위함인 듯했다. 두어 군데에 네다섯 명씩의 손님들이 앉아서 술을 마시고 있을 뿐 주점은 비교적 한산한 편이었다. 2층에도 자리가 있었지만 2층에는 손님이 한 명도 없었다.

값이 145원인 2.5킬로그램짜리 소흥주를 한 항아리 사고 공을기가 즐겨 먹었다는 회향두(茴香豆)를 비롯한 간단한 안주를 몇 가지 샀다. 한 번 살 때마다 아주머니들이 현금이 충전된 카드를 받아 전자식 계산기에다 한 번씩 긁고 해당 금액을 눌렀다. 공을기가 지금까지 살았다면 계산할 줄 몰라서라도 술 마시기 힘들 것 같았다. 함형주점 입구에 있는 기둥에 "3월 6일 공을기 19전 외상(三月六日孔乙己欠十九錢)"이라고 쓴 쪽지가 붙어 있었다.

2.5킬로그램짜리보다 조금 작은 것을 한 항아리 더 마시면 될 것 같더니 그것으로도 부족하여 결국 2.5킬로그램짜리를 또 한 항아리 더 샀다. 종업원 아주머니가 시간이 다 됐다며 현금 카드에 잔액이 남았으면 환불하라고 하고는 이내 우리를 쫓아냈다. 남은 술 반 항아리는 들고 가서 호텔 방에서 마시기로 했다.

함형주점과 공을기 동상

회향두

❄ 난정

2005년 8월 20일 어젯밤에 다들 늦게 잤기 때문에 오늘은 30분 늦게 깨웠다. 부근에 있는 대낭자교자(大娘子餃子)에 가서 간단하게 아침을 먹고 돌아오는 길에 호텔 안에 있는 여행사에 들러 난정(蘭亭)을 거쳐 제기(諸暨)까지 갈 중형버스를 한 대 전세 내려고 했더니 지금은 남은 차가 별로 없어서 1,000원을 주어야 한다고 했다. 어제는 400원에 예약해 주었다고 했다. 어제 점심 먹고 나서 예약을 하려고 생각했는데 점심 먹고 바로 노신고리로 가는 바람에 깜박 잊어 버렸던 것이다. 난정에서 제기까지 가는 시외버스가 있느냐고 물으니 난정에서 지나가는 차를 세우면 된다고 했다. 소흥에서 난정까지는 시내버스가 있기 때문에 난정에서 제기까지 가는 시외버스만 탈 수 있으면 문제가 없다. 다소 위험부담이 있기는 하지만 그다지 힘들지도 않을 것 같은 생각이 들었다. 아무래도 1,000원씩이나 주고 중형버스를 빌리는 것은 마음이 내키지 않았다.

이런저런 사정이 있어서 10시가 되어서야 방에서 나왔다. 퇴실수속을 하는데 종업원이 10원을 더 내라고 했다. 어젯밤에 침대 위에서 소흥주를 마시다가 실수로 술을 좀 쏟는 바람에 화장실에 있는 타월로 닦았는데 그 타월이 못 쓰게 됐기 때문에 물어내라는 것이었다. 세탁하면 될 텐데 무슨 소리냐고 항의를 해 보았지만 우리가 이길 수는 없었다. 입실할 때 보증금을 맡겨 놓은 상태기 때문에 더욱 불리했다. 이럴 때 유리한 위치에 서기 위해 중국 호텔에서는 방값을 미리 받을 뿐만 아니라 보증금까지도 꼬박꼬박 받아 두는 모양이다.

결국 10시 30분에 출발하여 11시 10분에야 난정행 시내버스를 탈 수 있었다. 그러나 다행히도 소요시간은 시정부 앞에서 난정까지 30분밖에 안 걸렸다. 난정 입구에 세워져 있는 안내문에 의하면, 난정은 춘추시대에 월나라 임금 구천(勾踐)이 이곳에 난초를 심었는데 그 뒤 이곳에 역정(驛亭)이 설치되면서 생긴 지명이라고 한다. 그리고 난정이 유명해진 것은 곡수유상(曲水流觴) 때문이다.

동진 목제 영화 9년(353) 3월 3일에 왕희지(王羲之, 321-379)·사안(謝安, 320-385)·손작(孫綽, 314-371)을 비롯한 이 일대 명사 42명이[48] 이곳에서 사악한 기운을 제거하고 질병을 예방하기 위해 몸을 씻고 제사를 지내는 이른바 수계(修禊)를 거행한 후 구불구불한 도랑에 술잔을 띄우는 곡수유상 놀이를 했으니 이것을 난정회(蘭亭會)라고 한다. 이 모임에 모인 사람들이 각자 지은 시를 모아 시집을 만들었으니 이것이 ≪난정집(蘭亭集)≫인데 왕희지가 이 시집에 서문을 썼으니 이것이 바로 <난정집서(蘭亭集序)>라는 유명한 문장이다. 왕희지가 행서체로 쓴 이 서문은 문장도 멋지지만 글씨가 더 훌륭하여 유명한 행서 서첩(書帖)이 되었으니 이것이 <난정첩>이다. 28행 324자로 이루어진 이 <난정첩>은 당나라 때 태종의 손에 들어갔는데, 태종이 이것을 너무나 좋아한 나머지 글씨 잘 쓰는 신하들에게 여러 장의 모사본을 만들게 하여 가까운 친척과 신하들에게 나누어 주었다. 그리고 진본(眞本)은 태종이 죽었을 때 순장해 주었다. 이리하여 왕희지가 직접 쓴 <난정집서>는 없어지고 유명 서예가들이 베껴 쓴 모사본만 전하는데, 모사본 중에서 저수량(褚遂良)이 쓴 신룡본(神龍本)과 구양순(歐陽詢)이 쓴 것을 돌에 새긴 정무본(定武本)이 가장 핍진(逼眞)하다고 한다.[49]

> 영화(永和) 9년 계축년 3월 초에 회계군(會稽郡) 산음현(山陰縣)의 난정에 모여 계제사(禊祭祀)를 지냈는데 여러 훌륭한 인사들이 다 오고 젊은 사람과 연세 드신

---

48 난정회(蘭亭會)는 참석자가 41명이라는 설과 42명이라는 설이 있는데, 소동파의 시 <왕승지의 시에 화답하여(和王勝之)>에 대한 시원지(施元之)의 주석에 "≪난정곡수시집≫에 '11명은 시를 두 편씩 짓고, 15명은 한 편씩 짓고, 16명은 시를 짓지 못하여 각자 벌주를 한 잔씩 마셨다'라고 했다(≪蘭亭曲水詩集≫云: '一十一人, 詩兩篇成; 一十五人, 一篇成; 一十六人, 詩不成, 各罰酒一觥.')"[≪시주소시(施注蘇詩)≫, 대북: 광문서국, 1981, 권22]라고 한바, 이 기록에 의하면 42명이었음이 분명하다.

49 ≪한어대사전≫ <난정서(蘭亭序)>·<난정첩(蘭亭帖)> 참조. 신룡본은 첫머리에 당나라 중종의 연호(705-707)인 '신룡(神龍)'이라는 도장이 찍혀 있기 때문에 생긴 명칭이고, 정무본은 정무군(定武軍, 지금의 하북성 定州)에서 그 석각이 발견되었기 때문에 생긴 명칭이다. 신룡본은 풍승소(馮丞素)가 모사한 것이라는 설도 있다.

분이 다 모였다. 이곳에는 높은 산과 험준한 고개가 있고 무성한 숲과 키 큰 대나무가 있으며 또 맑은 시냇물과 물살 센 여울이 있어 좌우에서 서로 받쳐 준다. 이 물을 끌어다 술잔을 띄우는 굽이진 물줄기를 만들어 놓고 그 옆에 줄지어 앉아 있으니, 비록 성대한 악기의 연주는 없어도 술 한 잔 마시고 시 한 수 지으매 이 또한 가슴 깊숙한 곳에 어린 정을 시원하게 쏟아 내기에 충분하였다. 이날은 날씨가 화창하고 공기가 산뜻하여 은혜로운 봄바람이 따스하게 부는지라, 고개를 들면 거대한 우주가 보이고 고개를 숙이면 무성한 만물이 보이므로, 눈을 두리번거리며 가슴을 활짝 폄으로써 보고 듣는 즐거움을 만끽하기에 충분했으니 실로 즐길 만한 날이었다.

사람이란 함께 부침하며 한세상 살아감에 자기 가슴속에서 끄집어내어 방안에 모여서 얘기를 나누기도 하고, 자기가 몸담고 있는 대자연에 마음을 깃들임으로써 물질세계의 바깥에서 방랑하기도 한다. 비록 나아가고 포기하는 취향이 사람마다 다 다르고 조용하고 떠들썩한 기질이 서로 같지 않다고 할지라도, 자신의 처지에 대하여 흔쾌하게 생각하고 잠시 득의하여 유쾌하게 스스로 만족스러워할 때에는 늙음이 닥쳐오고 있다는 사실조차도 알지 못하지만, 마음속으로 추구하던 바에 싫증이 나고 사태의 추이에 따라 감정이 달라지게 되면 그것에 뒤를 이어 감개가 일어난다. 이리하여 조금 전에 흔쾌하게 생각하던 것이 순식간에 옛날 일이 되어 버리면 더욱이나 회포가 일어나지 않을 수 없거늘, 하물며 오래 살고 일찍 죽는 일이 자연의 조화를 따르기는 하지만 결국은 끝나고야 마는 법임에랴! 옛 사람이 말하기를 "사람이 죽고 사는 일 또한 중차대한 일이다"라고 했으니 어찌 비통하지 않으리오!

매번 옛날 사람들이 감개를 일으키는 까닭이 마치 부신(符信)이 서로 맞아떨어지듯 나와 꼭 같은 것을 볼 때마다 그들의 문장을 보며 비탄에 빠지지 않은 적이 없고 마음속으로 이해하지 못한 적이 없었나니, 죽는 것과 사는 것을 동일시하는 것이 허황한 일이고 오래 사는 것과 일찍 죽는 것을 대등하게 보는 것이 망령된 짓인 줄 잘 안다. 후세 사람들이 지금을 보는 것 또한 지금 사람들이 옛날을 보는 것과 같을지니 슬픈 일이로다! 그러므로 이때 모임에 참석한 사람들의 이름을 낱낱이 적고 그들이 술회한 시를 기록하나니, 비록 세상이 달라지고 만사가 변한다고 할지라도 감회를 일으키는 것은 이치가 같을 것이니 훗날 이 글을 보는 사람 또한 이 글에 대하여 감회가 있으리라.

永和九年, 歲在癸丑, 暮春之初, 會於會稽山陰之蘭亭, 修禊事也. 群賢畢至, 少長咸集. 此地有崇山峻嶺, 茂林修竹, 又有淸流激湍, 映帶左右. 引以爲流觴曲水, 列坐其次, 雖無絲竹管絃之盛, 一觴一詠, 亦足以暢敍幽情. 是日也, 天朗氣淸, 惠風和暢, 仰觀宇宙之大, 俯察品類之盛, 所以遊目騁懷, 足以極視聽之娛, 信可樂也.

夫人之相與俯仰一世, 或取諸懷抱, 悟言一室之內, 或因寄所託, 放浪形骸之外. 雖趣舍萬殊, 靜躁不同, 當其欣於所遇, 暫得於己, 快然自足, 不知老之將至. 及其所之旣倦, 情隨事遷, 感慨係之矣. 向之所欣, 俛仰之間, 以爲陳迹, 尤不能不以之興懷, 況修短隨化, 終期於盡。古人云: “死生亦大矣.” 豈不痛哉!

每攬昔人興感之由, 若合一契, 未嘗不臨文嗟悼, 不能喩之於懷, 固知一死生爲虛誕, 齊彭殤爲妄作. 後之視今, 亦猶今之視昔, 悲夫! 故列敍時人, 錄其所述, 雖世殊事異, 所以興懷, 其致一也, 後之攬者, 亦將有感於斯文.[50]

정문에 들어서자 이 ＜난정집서＞에 묘사되어 있는 바와 같이 과연 주변에 무성한 숲과 키 큰 대나무가 늘어서 있었다. 얼마 안 가서 먼저 아지(鵝池)가 나왔다. 아지 건너편 바위 위에 거위 다섯 마리가 각자 부리로 자기 깃털을 고르고 있었다. 아지를 지나 언덕을 넘어가자 왕희지와 그의 친구들이 곡수유상을 즐겼다는 도랑이 나왔다.

1996년에 왔을 때 우리는 왕희지 일행이 즐겼다는 곡수유상의 현장을 찾아서 난정 일대를 샅샅이 뒤진 적이 있었다. 아무리 찾아도 그 현장을 찾을 수가 없어서 포기하려고 하는 순간, 아지에서 흘러나오는 폭이 50센티미터 정도밖에 안 되

50 문연각사고전서본 상세창(桑世昌) ≪난정고(蘭亭考)≫ 권1 <난정수계서(蘭亭修禊序)>.

곡수유상의 현장

는 조그만 도랑 가에서 나무판자에 '곡수유상처(曲水流觴處)'라고 쓴 안내판을 하나 발견하고는 매우 허탈해했었다. 그러다가 이내 동진 시대에 어떻게 이보다 더 호화로운 곡수유상을 했겠는가 하고 생각하며 너무 그럴듯한 것만 찾은 우리 자신을 자책했었다.

우리는 서울에서 미리 준비해 간 플라스틱 대접에다 소흥에서 사 간 소흥주를 따랐다. 그리고 상류에서 한 잔씩 물에 띄웠다. 박은석이 띄운 술잔이 도랑물을 따라 상당히 빠른 속도로 흘러 내려갔다. 도랑이 굽이지는 곳에서는 술잔이 도랑 벽에 부딪쳐 뒤집어지지 않을까 생각했는데 신통하게도 술잔이 벽에 닿지 않았다. 자세히 관찰해 보니 굽이지는 곳에서는 물이 바깥쪽으로 쏠리기 때문에 바깥쪽으로 갈수록 수위가 조금씩 높아져서 술잔이 벽에 닿지 않는 것이었다.

아래쪽에서 기다리던 사람이 자기 앞에 당도한 술잔을 하나씩 집어서 마셨다.

어비정

이번에 가면 곡수유상을 직접 재연해 보리라고 벼르고 별렀던 일이 마침내 이루어지는 순간이었다. 머릿속으로 그려 보기만 하다가 왕희지 일행이 되어 직접 재연을 해 보니 감회가 특별했다.

도랑 가에 쪼그리고 앉아서 술잔을 집어 마시다 보니 양말을 벗고 도랑에 발을 담근 채 마시면 더욱 좋을 것 같은 생각이 들었다. 뜨거운 여름날 맑은 도랑물에 발을 담그면 그것만으로도 얼마나 시원하랴! 그렇거늘 거기서 소흥주를 한 잔씩 마시는 기분이야 더욱 말할 필요가 없을 것이다. 그때 마침 지나가던 중국인 여자 관광안내원 한 사람이 이 광경을 보더니 "그것 참 창안이네!(那眞是創案!)" 하며 감탄을 연발했다.[51]

유상정(流觴亭)에 있는 <곡수유상도(曲水流觴圖)>에서 왕희지의 모습을 찾아보다가 그 옆에 있는 왕희지의 사당 왕우군사(王右軍祠)를 얼른 돌아보고 그 뒤에 있는 어비정(御碑亭)으로 갔다. 어비정에 이르러서는 일행이 모두 걸음을 멈추고 서서 진지한 표정으로 청나라 강희 32년(1693)에 강희제가 친히 썼다는 <난정집서>의 석각을 찬찬히 읽어 보고 있었다. 어제 저녁에 미리 <난정집서> 전문을 함께 보면서 설명해 준 것이 주효한 것 같았다. 답사의 효과를 제대로 보는 것 같아 속

51 그 뒤에 전해 들은 바에 의하면 요즘은 난정에 요금을 받고 곡수유상을 체험해 보게 하는 관광상품이 개발되어 있다고 한다. 선녀처럼 예쁘게 차려입은 젊은 아가씨가 상류에서 술잔을 띄워 보내면 관광객들이 하류에 앉아서 받아 마시는 방식으로 운영되고 있다고 한다. 우리는 그런 기회를 가져보지 못해서 많이 아쉽지만 참 잘된 일이다. 그때 우리가 재연하는 것을 보고 창안이라고 감탄했던 중국인 관광안내원의 공이 컸을 것으로 생각된다.

으로 무척 흐뭇했다.

간단하게 점심을 해결하기 위해 '난정(蘭亭)'이라고 쓰인 비석의 왼쪽에 있는 작은 연못을 지나 건너편에 있는 간이식당으로 갔다. 시간도 없으려니와 할머니 혼자 운영하는 간이식당에서 제대로 된 음식을 기대하기는 어려울 것 같아 라면이나 국수 따위로 한 끼 때우려는데 할머니가 자꾸만 닭고기 요리와 같은 비싼 음식을 권했다. 싫다는데도 불구하고 비싼 음식을 권하면서 우리가 요구하는 음식은 주문 받을 생각도 하지 않았다. 차림표를 보면서 거기에 있는 음식을 주문하는데도 만들기 어렵다는 등 엉뚱한 소리를 자꾸 했다. 할머니의 태도가 마음에 안 들어서 그만 나와 버렸다.

난정 경내에는 다른 식당이 없기 때문에 어비정 뒤에 있는 구멍가게로 갔다. 젊은 아주머니가 혼자 가게를 지키고 있었다. 거기서는 라면이나 먹을 수 있지 다른 음식은 먹을 수 없었다. 컵라면이 네다섯 개밖에 안 남았다기에 남은 라면 모두와 빵 등을 함께 먹으려는데 갑자기 아까 그 할머니가 와서 아주머니에게 팔지 말라고 했다. 그러자 아주머니는 그 할머니가 주인이라며 팔려고 내놓았던 라면과 빵을 도로 집어넣어 버렸다.

할 수 없이 출구 쪽으로 나와 보았으나 예상했던 대로 거기도 식당은 보이지 않았다. 시각이 이미 1시 반이나 되어 있어서 배가 무척 고팠지만 식당이 안 보이니 도리가 없었다. 우선 제기까지 가서 거기서 먹을 수밖에 없었다.

❄ 서시고리

찻길로 나와 아까 버스를 내린 곳에서 제기행 버스가 오기를 기다렸다. 다행히 10분 정도 기다리자 버스가 왔다. 차에 빈 좌석이 없어서 조금은 불편했지만, 내리는 사람이 있어 반쯤 가다가 앉을 수도 있고 제기까지 걸리는 시간도 한 시간 40여 분밖에 안 되어서 힘이 많이 들지는 않았다. 결과적으로 볼 때 어제 중형버스를 예약했다면 400원이 들었을 텐데 이렇게 버스를 탐으로써 소흥에서 난정까지 3원씩과 난정에서 제기까지 7원씩의 차비를 합쳐도 그것의 4분의 1밖에 안 되니 오히려 잘된 일이다. 때로는 실수를 하는 것이 더 유리한 결과를 가져온다는 생각에 쓴웃음이 나왔다.

2시 30분경에 제기에 도착한 우리는 우선 제기역으로 가서 항주로 가는 기차표를 예매했다. 다음 목적지인 장흥(長興)까지 바로 가는 기차가 잘 없어서 일단 항주로 갔다가 거기서 갈아타기로 했다. 저녁 5시 2분 기차를 예매해 놓고 제기역 앞에서 점심을 먹었다.

서시의 고향답게 제기는 온통 서시 천지였다. 제기역 건물의 꼭대기에 "서시의 고향이 당신을 환영합니다"라는 문구가 쓰여 있는가 하면, 제기역 광장의 연못 속에 서시의 하얀 석고상이 세워져 있기도 했다. 제기역 광장의 연못 안에 세워진 서시의 상은 만화의 주인공처럼 참으로 빠진 데 없는 미인의 형상이었다. 그밖에도 제기에는 '서시'라는 말이 들어간 간판이 아주 많았다.

제기역에서 1킬로미터 정도 떨어진 서시고리에는 고월대(古越臺)·서시전(西施殿)·저라정(苧蘿亭) 등이 있었다.

고월대에는 와신상담하는 구천(勾踐)의 상이 만들어져 있었다. 와신상담이라는 말의 유래에 대해서 이런 이야기가 전해온다. 춘추시대 말기에 오나라 임금 합려(闔廬)가 월나라를 침공했다가 죽기 살기로 맞서는 월왕 구천의 군사에게 대패했다. 합려는 화살에 맞아 죽게 되었을 때 아들 부차(夫差)에게 "월나라를 잊어서는 안 된다"고 당부했다. 그 뒤 부차가 전쟁 준비를 끝내고 월나라를 치려고 할 때 구천이 이 사실을 알고 서둘러 선제공격을 감행하다가 오나라 군사에게 대패했다. 구천은 이때 뇌물로 매수한 오나라 태재(太宰) 백비(伯嚭)의 도움을 받아 자신은 오나라의 노예가 되고 자기 부인은 오왕의 첩이 된다는 조건으로 간신히 죽음을 면했다. 구천은 오나라로 끌려가 온갖 수모를 다 참으며 인고의 세월을 보낸 결과, 마침내 풀려나 월나라로 돌아가 온갖 고통을 다 감수하고 노심초사하며 복수의 칼을 갈았다. 그는 자기 자리에 짐승의 쓸개를 걸어 두고 앉을 때나 일어설 때 그것을 한 번씩 쳐다보고 음식을 먹을 때도 그것을 한 번씩 핥으면서 "너는 회계산의 치욕을 잊었느냐?" 하고 자신에게 물었다. 그는 친히 농사를 짓고 부인에게 베를 짜게 했으며, 밥 먹을 때 고기를 많이 먹지 않고 화려한 옷을 입지 않았다. 현인을 존중하고 손님을 후대하며 가난한 사람을 구제하고 죽은 사람을 조문하며 백성들과 고락을 함께했다.[52]

그러나 ≪사기≫ <월왕구천세가(越王勾踐世家)>는 물론 다른 역사 기록에도 구천이 쓸개를 핥았다는 말만 있을 뿐 그가 땔감 위에서 잤다는 말은 없다.[53] 복수의 의지를 늦추지 않으려던 당시 구천의 생활양식을 바탕으로 그 범위를 확장해 보면 능히 그렇게 했을 법하다. 그리하여 누군가가 '상담'과 짝을 이루는 '와신'을 추가하여 성어를 만들었을 것으로 추측된다. 명나라 사람 유기(劉基)의 시 <영사(詠史)>에 "부차가 땔감 위에 누워 자던 날, 구천이 짐승의 간을 맛본 때"[54]라고 한 것처럼 '와신'을 한 사람이 부차라고 보는 경우도 있는데, 고월대 안에 구천의 상을 만들어 놓고 '와신상담(臥薪嘗膽)'이라는 현판을 걸어 놓은 것을 보면 이곳 사람들은 구천이 땔감 위에서 누워 자기도 하고 짐승의 쓸개도 핥았다고 생각하는 모양이다.

널리 알려져 있는 바와 같이 월왕 구천이 복수의 칼을 갈고 있을 때, 월나라 대부 범려(范蠡)가 제기(諸暨) 저라촌(苧羅村)의 저라산 밑에 있는 완사계(浣紗溪)에서 발견한 미인 서시(西施)를 데려다 꾸미고 교육시켜 오나라 임금 부차에게 바쳤다. 미인계를 쓴 것이다. 부차는 과연 날마다 서시에게 빠져서 그녀를 데리고 가무와

---

52 ≪사기≫ 권41 <월왕구천세가> 참조.

53 창효매(倉曉梅), <구천의 '와신상담'에 관한 변론(勾踐'臥薪嘗膽'辨)>[절강성사회과학원, ≪절강학보(浙江學報)≫, 1991년 제1기] 126쪽 참조.

54 "夫差臥薪日, 勾踐嘗膽時."[사부총간영명본 유기(劉基) ≪성의백문집(誠意伯文集)≫ 권12]

음주를 일삼았다. 월왕 구천은 이 틈을 이용하여 전력을 강화함으로써 마침내 오나라를 멸망시켰다.

월나라가 오나라를 멸망시킨 뒤 서시는 자취를 감추었다. 그녀가 자취를 감춘 일에 대해서는 여러 가지 이설이 전해지고 있다. 첫째, 범려가 월왕이 고난은 함께 할 수 있어도 안락은 함께 할 수 없는 사람임을 알고 오호(五湖)에 배를 띄워 먼 곳으로 가 버릴 때 서시를 데리고 함께 갔다는 설이다.[55] 여러 가지 설 가운데 이 설이 가장 널리 받아들여져 시인들의 입에 자주 오르내리고 있다. 소동파가 그의 사에서 "범려가 오호에다, 일엽편주 띄우고 돌아가면서, 서시도 데리고 함께 갔다 들었다"[56]고 한 것은 이 설에 근거를 둔 것이다.

둘째, 서시가 돌아와 월왕의 총애를 독차지할 것을 걱정한 월왕의 왕비가 서시를 강가로 유인해 낸 뒤 서시의 몸에 돌을 매달아 물속에 가라앉게 했다는 설이다. 이 설은 "서시를 물에 가라앉힌 것은 그 아름다움 때문이었다"[57]라거나 "오나라가 망한 뒤 월나라에서 서시를 강에 띄워 보냈으니 가죽 자루를 따라 흘러가다가 죽게 한 것이다"[58]라고 한 말을 토대로 각색한 것일 가능성이 크다. 더구나 복건성 복주(福州)의 특산물로 서시설(西施舌)이라는 조개가 있어서 이 설을 더욱 그럴싸하게 한다.[59]

---

55 원강(袁康)의 ≪월절서(越絶書)≫에 "서시는 오나라를 망하게 한 뒤 다시 범려에게로 돌아가 함께 오호에 배를 띄우고 어딘가로 가버렸다(西施, 亡吳國後, 復歸范蠡, 同泛五湖而去)"[문연각사고전서본 육광미(陸廣微) ≪오지기(吳地記)≫]라는 말이 있다.

56 "五湖聞道, 扁舟歸去, 仍攜西子."[추왕본 ≪소식사집≫ 349쪽 <수룡음(水龍吟)－대부이신 공현 여구효종께서 일찍이 황주태수로 계실 때 서하루를 지어 그것이 이 고을의 절경이 되었다.……(閭丘大夫孝終公顯, 嘗守黃州, 作棲霞樓, 爲郡中勝絶.……)－>]

57 "西施之沈, 其美也."[문연각사고전서본 ≪묵자(墨子)≫ 권1 <선비 가까이하기(親士)>]

58 "吳亡後, 越浮西施於江, 令隨鴟夷以終."[문연각사고전서본 양신(楊愼) ≪승암집(升菴集)≫ 권68 <범려와 서시(范蠡西施]>에 인용된 ≪오월춘추(吳越春秋)≫]

59 송나라 사람 호자(胡仔)의 ≪어은총화(漁隱叢話)≫에 인용된 ≪시설준영(詩說雋永)≫에 "복주 영구에 대합류의 조개가 있는데 서시설이라고 하는바 아주 맛있고 연하다(福州嶺口有蛤屬, 號西施舌, 極甘脆)"[문연각사고전서본 ≪어은총화≫ 후집권24 <매도관(梅都官)>]라는 말이 있고, 청나라 사람 주이준(朱彝尊)의 ≪폭서정집(曝書亭集)≫ 권18에 수록된 <민중해물잡영(閩中海物雜詠)> 7수 중에도 <서시설

셋째, 고향으로 돌아가서 옛날처럼 빨래를 하다가 실수로 발을 헛디디는 바람에 익사했다는 설이다. 송지문(宋之問)의 시 <육상인께 드리는 완사편(浣紗篇贈陸上人)>에 “하루아침에 옛 도성으로 되돌아와서, 단장하고 약야계를 찾아갔도다”[60]라는 구절이 있는바, 이 설은 이 시구를 각색한 것으로 보인다.

넷째, 오나라가 멸망하여 부차가 자결할 때 오나라 사람들이 그녀를 꽁꽁 묶어서 장강(長江)에 던져 버렸다는 설이다. 이상은(李商隱)의 <손박과 위섬의 공작새를 노래한 시에 화답하여(和孫朴韋蟾孔雀詠)>에 “그물을 던져서 서시어[61]를 잡았다”[62]라는 구절이 있는데, 이에 대한 주학령(朱鶴齡)의 주에 “≪오월춘추≫에 ‘오나라가 망한 뒤 서시는 피살되었다’라고 했다. …… 이제 그녀를 장강에 가라앉힌 것은 오자서(伍子胥)의 충성에 보답하려는 것이었다”[63]고 한바, 이 설은 이 기록을 각색한 것인 듯하다.

서시전에는 앉아 있는 서시의 석고상이 있었다. 서시진에 앉아 있는 서시는 연노랑색 긴치마에 남색 저고리를 단아하게 차려입고 어깨에는 다홍색 덧옷을 걸치고 있었다. 서글서글한 눈, 가늘고 긴 눈썹, 오뚝한 콧날, 새빨간 입술, 아담한 귀, 하얀 목……. 그야말로 동양 미인의 전형인 듯했다. 더구나 두 볼에 발그레하게 홍조를 띠고 있어 청춘의 아름다움까지 가미되어 있었다.

(西施舌)>이 있으며, 현대인 욱달부(郁達夫)도 <복주에서의 식생활과 남녀 관계(飮食男女在福州)>에서 서시설에 관심을 보이고 있을 정도로 서시설은 오랜 기간에 걸쳐 복주 특산물의 지위를 유지해 왔다.

60 “一朝還舊都, 靚粧尋若耶.”(문연각사고전서본 ≪어정전당시≫ 권51)

61 호진형(胡震亨)의 ≪당음계첨(唐音癸籤)≫에 “≪동파이물지≫에 ‘물고기 중에 이름을 서시라고 하는 것이 있으니 미인어다. 광중의 큰 바다에서 나는데 먹으면 착하고 예뻐진다’라는 말이 있다(≪東坡異物志≫: ‘魚有名西施者, 美人魚也. 出廣中大海, 食之, 令人善媚.’)”(문연각사고전서본 ≪당음계첨≫ 권20] 라고 했다.

62 “西施因網得.”[문연각사고전서본 주학령(朱鶴齡) ≪이의산시집주(李義山詩集注)≫ 권1상]

63 “≪吳越春秋≫云: ‘吳亡西子被殺.’……今沈之江, 所以報子胥之忠.”(문연각사고전서본 ≪이의산시집주≫ 권1상) 오자서가 오왕 부차(夫差)에게 제나라보다 월나라를 먼저 쳐 없애야 한다고 강력하게 주장했으나, 부차는 끝내 그의 충성스러운 간언을 듣지 않고 오히려 그에게 검을 주면서 자결하라고 명했다. 오자서가 죽은 뒤에 오나라는 과연 오자서가 예언했던 대로 월나라에게 망하고 말았다.

서시상

이것이 서시의 실제 모습이라면 왕소군(王昭君) · 초선(貂蟬) · 양귀비(楊貴妃)와 더불어 중국 4대 미인 가운데 한 사람으로 꼽히는 것이 당연하다 싶었다. 아니 4대 미인 중에서도 으뜸으로 꼽히기에 손색이 없을 듯했다.

서시의 석고상 위에 '하화신녀(荷花神女)'라고 쓴 현판이 걸려 있었다. 그곳 사람들이 그녀를 신격화해 놓고 있다는 말인데 고향 사람들의 심경을 이해하지 못할 것도 없다. 그런데 그녀가 연꽃과 무슨 관계가 있기에 하화신녀라고 하는가? 이백의 시 <자야하가(子夜夏歌)>에 그 단서가 있다.

삼백 리에 달하는 넓디넓은 경호에	鏡湖三百里
여기저기 봉긋봉긋 연꽃이 피면	菡萏發荷花
오월에 서시가 그것을 따는지라	五月西施採
구경꾼이 모여들어 약야계가 비좁은데	人看隘若耶
달이 채 뜨기 전에 뱃머리를 돌려서	回舟不待月
월왕의 궁전으로 되돌아가 버리네.	歸去越王家[64]

서시가 경호에 가서 연꽃을 따고 있으면 아름다운 그 자태를 구경하기 위해 사람들이 몰려드는 바람에 경호로 유입되는 약야계가 비좁을 지경이었다는 말이다.

64 문연각사고전서본 ≪이태백문집≫ 권5.

저라정에서 내려다본 완사계

어쨌든 이 시를 보면 서시가 연꽃을 따러 다녔다는 사실을 알 수 있다. 그렇다면 그녀가 연꽃을 땄기 때문에 하화신녀라고 불렸을까? 아무래도 단순히 그것 때문만은 아닐 것 같고, 그녀가 연꽃처럼 외모가 빼어나게 아름다울 뿐만 아니라 조국을 위해 기꺼이 몸 바칠 만큼 훌륭한 인품도 겸비하고 있다고 생각해서 그렇게 부른 것이 아닐까 싶다.

마지막으로 저라정에 올라갔다. 저라정은 추녀마루가 하늘로 번쩍 들린 강남풍의 3층짜리 육각정이었다. 저라정에서 내려다보니 시내를 가로질러 느릿느릿 흘러가는 완사계(浣紗溪)가 한눈에 들어왔다. 완사계는 결코 조그만 개울이 아니었다. 그것은 폭이 100미터쯤 되는 제법 큰 강이었다.

강가로 내려가 보니 강변도로 옆에 큼지막한 바위가 하나 서 있고 거기에 붉은 글씨로 완사석(浣紗石)과 완강(浣江), 그리고 완사정(浣紗亭)에 대한 설명이 새겨져 있었다. 그 설명에 의하면 그 아래로 흐르는 강이 포양강(浦陽江)인데 이 강이 서시의 고향을 지나갈 때 그 구간을 완사계 · 완강 · 완사강 등으로 부른다고 했다. 또 그 바위 바로 옆에 있는 정자가 완사정이고, 완사정 밑의 강가에 서시가 빨래하던 바위가 있는데 그것이 완사석이라고 했다. 완사석은 왕희지가 그 바위에 '완사(浣紗)'라는 두 글자를 써 놓은 뒤로 더욱 유명해졌다고 했다. 그리고 완사석은 원래 저라산이 완사계와 만나는 지점에 있는 바위로 옛날에 서시가 그 밑에서 옷을 빨아 그 위에다 널었다고 했다.

5. 호주(湖州)와 상해(上海)

5시 20분에 제기를 출발하여 6시 35분에 항주역에 도착한 우리는 내일 아침 8시 5분에 출발하는 장흥행(長興行) 기차표를 예매해 놓고 항주역 바로 옆에 있는 서호빈관으로 들어갔다. 아침식사를 포함하여 2인실이 188원이고 3인실이 238원이니 조금 비싼 편이기는 하지만, 내일 아침 일찍 기차를 타려면 먼 곳으로 갈 수가 없었다. 호텔 창문에 2인실이 168원이라고 적혀 있었는데 왜 188원이냐고 항의하듯 묻자 그것은 10층까지 걸어 다녀야 하는 방이라고 했다. 168원이라는 말은 말하자면 일단 손님을 끌어들이고 보려는 과대광고였던 것이다.

좀 일찍 쉬고 싶은 생각에 샤워를 하고 있는데 전화가 울렸다. 이욱진이 받아서 한참 이야기를 하더니 "선생님께서 지금 샤워 중이신데 나오시면 여쭈어 보겠습니다"라고 하는 소리가 들렸다. 조금 뒤에 또 전화가 오고 이욱진이 똑같은 말을 했다. 나중에 알고 보니 다른 방에 있는 남자 일행 세 명이 나와 함께 족욕(足浴), 즉 발 마사지를 가려고 했는데 내가 샤워 중이라 먼저 갔다고 했다. 내가 갈 생각이 없다고 하는데도 이욱진이 한번 가 보고 싶다며 함께 가자고 했다. 이욱진의 말에 나도 생각이 달라졌다. 이번 기회에 발 마사지가 어떤 것인지 한번 경험해 보는 것도 좋을 성싶었다. 중국을 다니다 보면 도처에 '족욕(足浴)'이라는 간판이 걸려 있는데 그곳이 어떤 곳인지를 모르고 지내는 것도 그다지 잘하는 짓이 아닌 것 같았기 때문이다.

족욕실 앞으로 가니 홍금주와 김수희 그리고 정은진이 먼저 와서 남자 직원들과 이야기를 나누고 있다가 나와 이욱진이 나타나는 것을 보고 자기들끼리 마구 웃어 댔다. 안내하는 남자 직원에게 물으니 한국 남자 셋이 먼저 들어갔다고 해서 내가 의리 없이 자기들한테는 말도 하지 않고 혼자 간 줄 알고 섭섭해하고 있었다는 것이었다. "너희들도 나를 부르지 않았으면서 무슨 소리냐?"라고 했더니 자기들은 나를 불렀는데 알고 보니 방을 잘못 알고 다른 방에 가서 불렀다고 했다. 더 이상 시비를 가릴 일은 아니었다.

나는 이욱진과 함께 한 평 정도 되는 작은 방으로 안내되었다. 좁은 방에 안락의자 두 개가 나란히 놓여 있었다. 텔레비전도 한 대 있고 꽃병에 조화도 한 송이 꽂혀 있었다. 잠시 후 여자 종업원 둘이 들어오더니 나와 이욱진에게 양말을 벗고 의자에 기대 누우라고 했다. 그리고 뜨거운 물이 담긴 대야를 가져 와서 우리의 발을 집어넣었다. 무슨 차를 마시겠느냐고 묻더니 곧 차를 가져왔다. 다시 거품이 있게 하겠느냐고 물었다. 무슨 말인지 몰라서 생각 없이 그러겠다고 했더니 가루세제를 가져 와서 물에다 풀었다. 비누거품을 잔뜩 일으키며 발을 씻더니 이어서 발과 다리를 안마하기 시작했다.

우리가 한국인임을 안 여자 종업원들은 한국에 관하여 이것저것 물었다. 자기들은 한국 드라마와 한국 배우를 좋아한다며 지금 <대장금(大長今)>을 보고 있다고 자랑처럼 얘기했다. <대장금>은 작년 초까지 문화방송에서 방영한 연속극이었다.

한 시간에 걸쳐서 따뜻한 물로 발을 씻기도 하고 안마도 했으나 별로 피로가 가시는 것 같지는 않았다. 그렇다고 다른 장점이 있는 것 같지도 않았다. 경험 삼아 한 번쯤 해 보는 것은 몰라도 자주 할 일은 아닌 것 같은데 심심하면 족욕을 받는 사람들은 왜 그러는지 이해가 잘 안 되었다.

한 시간이 지나자 종업원들이 안마를 받겠느냐고 물었다. 금방 발을 안마해 놓고 무슨 소린가 싶어서 어리둥절했다. 알고 보니 족욕이 끝났으니 다시 요금을 지불하고 전신안마를 받겠느냐는 뜻이었다. 안 받겠다고 하자 종업원들은 대야를 들고 바깥으로 나갔다. 다시 와서 인사를 할 줄 알았는데 그게 끝이었다. 잘 가라는 말이나 다시 오라는 말이 있을 법하건만 아무런 인사말도 없이 그렇게 휙 나가 버렸다. 생각해 보면 굳이 인사를 나누어야 할 사이도 아니지만 그렇다고 고객들에게 그처럼 사무적으로 대할 일도 아닌 것 같은데 말이다.

2005년 8월 21일 기차를 타기 위해 항주 역사를 지나다 보니 통로에 오릉(烏菱) 가게가 있었다. 일행 대부분이 안 먹어 보았을 것 같아 기차 안에서 먹을 요량으로 좀 넉넉하게 샀다. 그러나 딱딱한 껍질을 까기가 힘들어 몇 개씩만 먹고 호텔에 가서 먹으려고 남겨 두었다. 이빨로 까면 못 깔 거야 없지만, 1996년 소주에 있을 때 과일 노점을 운영하는 한 할머니가 시꺼멓게 오염된 개천에서 오릉과 홍릉(紅菱)을 씻는 것을 본 적이 있는지라, 다른 사람은 안 그럴 것이라 생각하면서도 어쨌든 그 이후로는 이로 까는 것이 꺼림칙했기 때문이다.

❄ 벽암산

기차는 두 시간 반 만인 10시 30분에 장흥역에 도착했다. 역 건너편에 있는 시외버스 종점에서 알 만하다고 생각되는 사람 몇 명에게 물어보았지만 벽암산(碧巖山)이 어디 있는지 아는 사람이 아무도 없었다. 인터넷을 통해 미리 파악한 정보에 의하면 벽암산 정상에 올라가서 내려다보면 건너편 바위에 '청공세계(淸空世界)'라는 소동파의 글씨가 새겨져 있다고 했는데, 어떻게 된 일인지 벽암산을 아는 사람이 한 명도 없었다. 더구나 장흥 지도에 장흥의 동쪽 끝이 벽암풍경구인 것으로 표시되어 있건만 아무도 벽암산을 아는 사람이 없었다.

한 중년 남자가 지도를 들여다보며 생각하더니 일단 횡산(橫山)까지 가서 다시 물어보면 되겠다고 했다. 그 남자가 가르쳐 준 대로 횡산행 버스를 탔다. 40분이 걸려서 횡산에 도착했다. 조그만 시골 마을이었다. 횡산에서 다시 버스를 타고 벽암사 입구까지 갔다. 횡산에서 벽암사 입구까지는 5분도 채 안 걸렸다.

거기서 포장이 안 된 울퉁불퉁한 시골길을 따라 10여 분쯤 걸어가니 한창 도로공사가 진행 중이었다. 그것을 보자 문득 이런 생각이 들었다. '장흥시에서 벽암풍경구를 개발할 요량으로 광고효과를 내기 위해 지도에 미리 표시해 놓고 지금 한

창 공사를 진행하고 있는 것이 아닐까? 그러기에 주민들이 아직 모르고 있는 것이 아닐까?'

거기서 다시 5분쯤 더 걸어가니 벽암사가 나왔다. 벽암사도 한창 공사 중으로 아직까지 입장료 징수 체계도 갖추어지지 않은 상태였다. 공사하는 인부만 열 명 정도 보일 뿐 신도들조차 보이지 않았다. 마침 절에서 향을 팔고 있는 한 할머니를 만나 벽암산을 어떻게 가느냐고 물었더니 자기는 향이나 팔 뿐 그런 것은 잘 모른다고 하면서 미안해했다. 그리고 그것이 벽암산인지는 모르지만 절 왼쪽으로 돌아가면 산이 하나 있다고 했다.

벽암사 뒤에 있는 산이니까 틀림없이 벽암산일 것이라고 생각하며 할머니가 가르쳐 준 길을 따라 산으로 갔다. 길에는 우리 이외에 행인이 아무도 없었다. 외국인이 호젓한 산길을 가자니 약간 무서운 생각도 들었다. 한참 올라가다가 산에서 내려오는 젊은 사람들을 만났다. 남자 한 사람과 여자 두 사람이었다. 그들의 말이 이 산꼭대기에 가면 '청공세계(淸空世界)'라는 글씨가 보이는데 갈림길이 하도 많아서 찾기 힘들 것이라고 했다.

이내 사당인 듯한 작고 허름한 건물이 하나 나오고 거기서 길이 갈라졌다. 산을 올려다보며 '청공세계(淸空世界)'가 어디쯤에 있을까 하고 가늠해 보았으나 감조차 잡히지 않았다. 4시 45분에 장흥에서 호주(湖州)로 가는 버스를 타야 하는데 벌써 2시 반이었다. 두 시간밖에 안 남았다. 포기하자는 의견과 시간 되는 데까지 올라가 보자는 의견으로 나뉘었다. 갈등이 생겼다. 결국 30분만 더 올라갔다가 안 보이면 그냥 돌아오기로 하고 힘든 사람은 거기서 쉬라고 했다. 올라가는 사람은 김보경 · 박은석 · 오세범 · 이욱진 · 정지현 그리고 나까지 해서 여섯 명이었다. 그러니까 남자 모두와 정지현이 올라가고 여자 네 명이 쉬는 것이었다.

시간을 조금이라도 아끼기 위해서 내가 "뛰자!" 하고 외쳤다. 다들 뛰었다. 그러나 길이 갑자기 가팔라져서 오래 뛸 수가 없었다. 이번에도 역시 박은석이 가장 잘 올라갔다. 워낙 시간이 없어서 나도 황소걸음을 고집할 수가 없는지라 숨을 헐떡이며 속도를 좀 냈다. 선두인 박은석은 어디까지 갔는지 두 번째로 올라가던 김보경이 목청껏 불러도 대답이 없었다. 그래도 내가 꼴찌는 아니어서 마음이 좀 덜 조급했다.

그 길은 자연스럽게 형성된 산길이 아니었다. 어설프게나마 자연석을 쌓아서 만든 돌계단이 계속 이어져 있고, 최근의 일인 듯 길을 침범한 풀과 잡목도 베어져서 약간 시든 상태로 흩어져 있었다. 가끔 플라스틱 음료수 병이 버려져 있는 것도 보였다. 그것은 평소에 사람들이 왕래하는 길이라는 뜻이다. 더구나 길에 풀이 별로 없는 것은 평소 사람의 왕래가 꽤나 많다는 뜻일 것이다.

갈림길이 나오면 돌계단이 있는 쪽을 선택해 가며 한참 동안 올라갔다. 맞게 가고 있는지 어떤지도 모르는 채 마냥 올라갔다. 참으로 답답했다. 군데군데에 안내 팻말을 하나씩 세워 놓았으면 얼마나 좋을까 싶었다.

마침내 능성이가 나왔다. 그러나 거기서도 '청공세계(淸空世界)'는 보이지 않았다. 저만치에 정상이 빤히 보였지만 정상까지 가려면 왕복 30분은 더 걸릴 것 같았다. 이미 예정한 30분이 넘은 터에 다시 30분이 더 걸린다면 4시 45분 차를 포기해야 한다. 정상에 가면 아무래도 보일 것만 같아 못내 아쉬웠지만 거기서 욕심을 접기로 했다.

벽암산 등반 기념으로 사진을 몇 장 찍는 선에서 만족하기로 하고 발길을 돌렸다. 뛰어가도 시간이 부족할 지경이었다. 밑에 있는 사람들한테 전화하여 벽암사입구 버스 정류소를 향해 먼저 출발하라고 했다. 그리고 우리는 계속해서 뛰었다. 벽암사입구 버스 정류소 조금 못 미친 곳에서 먼저 출발한 일행과 만났다. 먼저 출발하라고 하길 참 잘한 것이다.

그런데 다른 문제가 생겼다. 한참을 기다려도 횡산으로 들어가는 버스가 오지 않았다. 자칫하면 호주행 버스를 놓칠 상황이 되었다. 더구나 횡산에서 장흥으로 가는 버스도 기다려야 하는데 말이다. 더 이상 버스를 기다릴 여유가 없었다. 게다가 시골길이라 지나가는 택시도 없었다. 지나가는 트럭이라도 타기로 했다. 그러나 그것도 쉽지 않았다. 벽암사 맞은편의 비포장도로에서 나온 트럭 한 대는 가는 방향이 달라서 안 된다고 하고, 방향이 맞는 또 한 대는 짐을 가득 실어서 탈 수가 없었다. 그러다가 마침내 한 대가 섰다. 1톤급이나 될까 말까 한 아주 작은 트럭이었다. 한 명은 운전석 옆에 타고 아홉 명은 뒤에 있는 짐칸에 탔다. 짐칸이 너무 좁아서 아홉 명이 모두 트럭 바닥에 앉을 수가 없었다. 운동선수들이 경기 시작 직전에 열심히 싸우자고 외치기 위해 그러는 것처럼 둥그렇게 둘러서서 구부정하게 허리를 굽힌 채 엉거주춤한 자세로 서로 붙잡고 의지했다. 사고라도 날까 봐 무척 겁이 났지만 다행히 거리가 얼마 안 되어서 별 탈 없이 횡산까지 갈 수 있었다. 횡산에 도착하자 트럭 운전사가 1인당 1원씩 총 10원의 차비를 달라고 했다. 시골 인심이 좀 야박하다는 느낌이 없지 않았지만, 그 덕분에 횡산까지 잘 갈 수 있었으니 얼마나 고마운 일인가?

정말 고맙게도 횡산에서는 장흥행 버스가 금방 출발해 주었다. 그 트럭을 타지 않았다면 이 버스를 타지 못했을 것이고, 그렇다면 다음 버스가 떠날 때까지 한참을 더 기다려야 했을 것이다. 그리고 그렇게 되었다면 장흥에서 호주로 가는 버스는? 더 이상 생각하고 싶지 않았다. 그냥 그 트럭 운전사가 고마울 뿐이었다.

장흥행 버스가 출발한 것은 4시 10분이었다. 장흥에서 횡산으로 올 때 40분이 걸렸는데, 장흥에서 호주로 가는 버스가 출발할 때까지는 35분밖에 안 남았다. 시간이 올 때만큼 걸린다면 우리는 차를 놓칠 수밖에 없다. 다만 올 때는 길에 장애물이 있어서 조금 느리게 오는 것 같았으므로 갈 때 장애물이 없다면 아슬아슬하게 탈 수 있을 것 같았다. 일이 잘 되기를 기대하기가 쉽지 않은 상황이었다. 오로지 차가 30분 안에 장흥까지 가 주기를 빌고 또 빌 뿐이었다.

답답한 김에 빌기는 했지만 빈다고 될 일도 아니므로 호주행 버스표를 다음 차로 바꿀 수 있는지 알아보라고 했다. 김보경이 장흥 시외버스 종점의 전화번호를 알아내어서 물어보았다. 그냥 다른 차로 바꿀 수는 없고 차표를 반환하면 차비의 절반을 환불해 준다고 했다. 그리고 다른 차의 차표는 새로 사야 한다고 했다. 달리 방법이 없었다. 제발 차가 빨리 달려 주기를 빌면서 최악의 경우 1인당 3.5원씩 총 35원을 날릴 각오를 하고 있었다. 그러나 문제는 차비가 아니라 오늘 안에 다른 차를 탈 수 있느냐 하는 것이었다.

빌고 또 빈 덕분일까? 고맙게도 버스가 잘 달려 주어서 4시 38분에 장흥 시외버스 종점에 도착했다. 아직 7분이나 남아 있었다. 호주행 버스에 올라 안도의 한숨을 쉬며 뒤를 돌아보니 승객이 별로 없었다. 예매할 필요가 없었던 것이다. 장흥과 호주 사이에는 차가 자주 다니기 때문인 것 같았다. 지도를 보고 짐작했던 것처럼 장흥은 역시 호주 생활권인 것 같았다. 버스가 10분 내지 15분에 한 대씩 운행하고 소요시간도 30여 분밖에 안 걸렸다.

❄ 초계와 호주 태호

호주는 소동파가 원풍 2년(1079) 가을에 신법파 신진인사들로부터 모함을 받아 어사대 감옥에 투옥되고 마침내 황주로 유배되기까지 한 이른바 오대시안(烏臺詩案)이 일어난 곳이다. 그는 호주에 도착한 뒤 황제에게 <호주부임보고서(湖州謝上表)>를 올렸다. 이 글 가운데 다음과 같은 내용이 있었다.

> 죄가 워낙 많은 줄을 저도 잘 알고 있습니다. 그런데도 어찌 순서를 뛰어넘은 영전을 시키시어 이 이름난 곳으로 보내 주시고, 게다가 자격이 부족한 사람에게 앞당겨 두드러진 관직 주는 것을 허락하셨습니까? 그러니 제가 비록 잘난 데는 없지만 어찌 은혜를 모르겠습니까? 이는 아마도 하늘이 뭇 생물을 다 감싸 주고 바다가 만물을 다 받아들이듯, 사람을 등용함에 완전무결하기를 요구하지 않으시고, 훌륭한 사람을 칭송하고 무능한 사람도 아끼시며, 제가 어리석고 시대착오적

이어서 신진인사들을 따라가기 어려움을 알아차리시고, 늙어서 사단을 일으키지는 않고 하층 백성을 다스릴 줄은 알지도 모른다는 사실을 통찰하시는 황제 폐하를 만났기 때문일 것입니다.

罪固多矣, 臣猶知之. 夫何越次之名邦, 更許借資而顯授. 顧惟無狀, 豈不知恩. 此蓋伏遇皇帝陛下, 天覆群生, 海涵萬族, 用人不求其備, 嘉善而矜不能, 知其愚不適時, 難以追陪新進, 察其老不生事, 或能牧養小民.[65]

이 글은 호시탐탐 기회만 노리고 있던 정적들의 가슴에 불을 붙이는 도화선이 되었다. 그리하여 그해 6월 이래로 권감찰어사이행(權監察御史裏行) 하정신(何正臣)과 서단(舒亶), 국자박사(國子博士) 이의지(李宜之), 권어사중승(權御史中丞) 이정(李定) 등 신법파의 신진인사들이 이 <호주부임보고서>에 조정을 우롱하고 자기가 잘난 체하는 건방진 내용이 있다느니, 조정의 처사를 비난하여 백성들을 선동하는 내용이 있다느니 하면서 네 차례나 소동파를 탄핵하는 상소문을 올렸다. 그들은 소동파의 시문 가운데 조금이라도 문제 삼을 여지가 있는 것은 다 긁어모아서 자기들 편리한 대로 해석하여 신종황제 앞에서 소동파를 모함했다. 그들의 성화에 못 이긴 신종은 마침내 어사대에서 이 사건을 심리하라는 어명을 내렸다.

원풍 2년(1079) 7월 28일 어사대의 관리 황보준(皇甫遵)이 소동파를 체포하기 위해 개봉에서 호주로 달려왔다. 황보준은 어찌나 기세가 등등했던지 당시 호주통판(湖州通判)이었던 조무파(祖無頗)가 목격한 바에 의하면 마치 개나 닭을 몰고 가듯 경각지간(頃刻之間)에 잡아갔다고 한다.[66] 소동파는 가족들의 통곡을 뒤로 하고 하릴없이 그렇게 끌려갔다. 오직 스물한 살 된 장남 소매(蘇邁)만이 혼자서 끌려가는 아버지를 뒤따라갈 뿐이었다.[67] 태호(太湖)에 이르러 배를 수리하기 위해 잠시

65 공범례본 ≪소식문집≫ 권23.
66 공평중(孔平仲), ≪담원(談苑)≫ 권1 참조.
67 소식, <황주에서 문로공께 올리는 편지(黃州上文潞公書)> 참조.

쉴 때 소동파는 자기가 어사대에 가서 심문을 받으면 수많은 친척과 친구들이 자기로 인하여 처벌을 받을 것이 뻔하기 때문에 자기 한 몸이 없어짐으로써 이 문제를 해결하는 것이 상책이라고 생각했으나, 경계가 하도 삼엄하여 자살할 기회조차 찾을 수가 없었다. 양자강(揚子江)[68]을 지나갈 때 다시 투신자살을 시도했으나 감시병들이 붙잡는 바람에 뜻을 이루지 못했다.[69] 그는 결국 어사대 감옥에서 온갖 수모와 고문을 당하며 수사를 받은 뒤 사형에 처해질 뻔한 고비를 간신히 넘기고 황주로 유배가게 되었다. 이것이 이른바 오대시안(烏臺詩案)이다. 오대란 어사대의 별명이다. 한나라 때 어사대에 측백나무가 심어져 있었는데 거기에 까마귀 수천 마리가 서식하고 있었기 때문에 이런 별명이 생겼다고 한다.[70]

호주는 작은 도시였다. 그런 만큼 방값도 쌌다. 남양반점(南洋飯店)은 시설이 지금까지 묵었던 방과 비슷한 수준인데 2인실 하나에 100원밖에 안 했다.

저녁을 먹고 다 함께 초계(苕溪)로 산책을 나갔다. 가까운 곳에 초계대교가 있었다. 이미 날이 어두워서 초계를 살펴볼 수가 없기 때문에 초계대교 어귀에서 잠시 동안 주위를 둘러보고 호텔로 돌아왔다. 돌아오는 길에 술이랑 안줏감을 좀 사 가지고 내 방에 모여서 잠시 여독을 풀었다. 아침에 사 둔 오룡도 깨끗이 씻어서 안주로 먹으니 한결 맛이 났다. 160원을 투자하여 열 명이 웬만큼 즐길 수 있으니 이 또한 중국 여행의 즐거움이라 하겠다.

2005년 8월 22일 6시에 호텔을 나서서 초계로 갔다. '초계'의 유래를 알아내기 위해서였다. 가는 길에 집에 전화를 하려고 공중전화를 찾았으나 보이지 않아 끝내 전화를 하지 못했다. 호주보다 더 작은 도시인 건덕에서도, 비록 호텔 안에는 공중전화가 없었지만, 호텔 바로 앞 큰길가에는 공중전화가 있어서 불편하지 않

68 강소성 양주(揚州) 부근을 지나가는 장강을 가리킨다.
69 소식, <항주태수에서 소환되어 지방관으로 임명해 주기를 청원하는 상소문(杭州召還乞郡狀)> 참조.
70 ≪한서(漢書)≫ 권83 <주박전(朱博傳)> 참조.

았는데 호주는 큰길에도 공중전화가 보이지 않았다. 이번에 다닌 곳 중에서 호주의 전화 사정이 가장 안 좋았다. 그러나 호주는 참 조용하고 한산하고 깨끗한 도시라는 인상이 강했다. 별로 넓지 않은 길인데도 횡단보도의 보행신호 시간을 30초씩 주어서 느긋하게 건널 수 있는 점도 참 좋았다. 큰길임에도 불구하고 신호가 너무 짧아 바쁘게 건너지 않으면 안 되었던 영파와는 상당히 대조적이었다.

어제 저녁에 잠시 본 초계대교를 건너서 왼쪽으로 내려가니 강을 따라 공원이 조성되어 있었다. 봉황공원이었다. 한동안 주위를 두리번거리다가 백발이 곱게 난 품이 꽤나 지성적으로 보이는 한 노부부에게 접근했다. '초계'라는 이름이 어떻게 해서 생겼느냐고 물었으나 노부부는 내가 왜 그런 질문을 하는지조차 이해하지 못하는 눈치였다. 한참 동안 서로 초점이 빗나간 대화만 나누다가 결국 포기하고 말았다. 다시 주위를 둘러보니 이번에는 머리가 적당히 벗겨진 할아버지와 그의 부인인 듯한 할머니가 강가에 서서 이야기를 나누고 있었다. 그러나 그분들 역시 '초계'의 유래에 대해서는 생각조차 해본 적이 없는 것 같았다. 초계가 바로 당나라 시인 장지화(張志和)가 은거한 곳이라는 얘기만 자꾸 했다. 다시 강을 따라 거닐다가 60대쯤 되어 보이는 아까보다 조금 젊은 신사를 발견하고 다가가서 물었다. 결과는 역시 마찬가지였다. 마지막으로 한 번만 더 물어보고 효과가 없으면 완전히 포기하기로 했다. 마지막 기회인 만큼 신중하게 잘 골라서 또 한 번 물어보았으나 그분 역시 모른다고 했다. 일반인들이 오래전에 생긴 강 이름의 유래를 알고 있기란 쉬운 일이 아닐 것이다.

시간 가는 줄 모르고 노인들을 찾아다니며 이야기를 하다 보니 어느새 6시 55분이 되어 있었다. 걸어서 가면 아침식사 시간에 늦을 것 같아 택시를 탔다. 남양반점을 아느냐니까 당연히 잘 안다는 대답이었다. 우리가 묵고 있는 호텔이 그리 시시하지 않은 호텔임이 확인되었다. 그런 호텔인데 방값이 많이 싸니 호주의 물가가 어느 정도인지를 짐작할 수 있는 일이었다.

'초계'의 유래에 대한 탐구를 완전히 포기한다는 것이 아무래도 아쉬워서 호텔에 도착하여 여종업원에게 또 한 번 물어보았다. 노인들도 모르는 것을 젊은 종업원이 알 턱이 없었다.

8시 35분에 중심광장에서 태호행 버스를 탔다. 차는 30분도 채 안 걸린 9시 정각에 태호낙원 정류소에 도착했다. 이름으로 미루어 보건대 태호낙원은 태호의 일부를 이용하여 만든 공원인 것 같았다. 버스 정류소에서 5분쯤 걸어가자 태호가 나타났다.

"바다다."

갑자기 김보경이 환호성을 질렀다. 엷은 안개에 덮인 호수는 끝 간 데 없이 아득하게 펼쳐져 있었다. 일망무제로 펼쳐지던 수면은 인간의 시력을 비웃듯 이내 수평선으로 바뀌고 말았다. 그랬다. 김보경의 말처럼 그것은 호수가 아니라 바다였다. 수평선 때문에 바다가 넓은지 태호가 넓은지 비교를 할 수 없다면 우리 눈앞에 펼쳐져 있는 저 호수는 바다와 다를 바가 없지 않은가!

우리는 오른쪽으로 태호를 끼고 호반도로를 거닐었다. 호숫가에 우뚝하게 자라 있는 키 큰 갈대들이 바람에 심하게 흔들리면서 사각사각 하는 소리를 연이어 내고 있고, 갈대 줄기 사이를 헤치고 제방까지 들어온 파도가 철썩철썩 하는 소리를 끊임없이 내고 있었다. 갈대숲이 없는 저 먼 곳의 호반에는 성난 듯한 파도가 언덕을 향해 달려와서는 콘크리트 제방에 부딪쳐서 나가떨어지곤 했다. "깜짝 놀란 파도는 강 언덕을 두드리며, 천 무더기 눈더미를 말아 올린다"[71]고 한 소동파의 사 <염노교—적벽회고—>가 생각나게 하는 광경이었다.

호수를 따라 닦여진 아스팔트 길에는 간간이 한 대씩 차가 지나다니고 인도가 따로 만들어져 있지 않아서 그런지 보행자는 우리 일행 이외에 아무도 없었다. 길

---

71 "驚濤拍岸, 捲起千堆雪."(추왕본 ≪소식사집≫ 398쪽)

왼쪽에는 잡초가 무성한 늪이 있고 늪 저쪽 편에는 마을이 있었다.

30분을 넘게 걸어도 태호낙원은커녕 사람 그림자 하나 보이지 않았다. 아무래도 길을 잘못 들어선 것 같아 발길을 돌렸다. 알고 보니 태호낙원은 버스 정류소 오른쪽에 있었다. 우리가 반대 방향으로 갔던 것이다.

태호낙원에 들어선 지 얼마 안 되어 능소화 무더기가 나타났다. 담장 여기저기에 주황색 꽃이 화사하게 피어 있었다. 나도 모르게 소리를 질렀다.

"능소화다."

일행이 모두 반가운 마음에 능소화를 바라보았다. 우리가 태호를 찾은 데에는 초계가 태호로 흘러드는 지점에서 혹시 능소화나 완두콩이 특별히 많이 있는지 확인함으로써 '초계'의 유래를 알아낼 수 있지 않을까 하는 마음도 있었기 때문이다. 그러나 거기에 능소화가 있다고 해서 초계 전체에 능소화가 많다고 단정할 수는 없는 노릇이었다.

호수 안으로 잔도가 놓여 있었다. 그리고 잔도 옆으로 우리나라에서는 보기 힘든 수초가 잔뜩 나 있었다. 아무래도 저절로 난 것 같지는 않고 인공적으로 재배하는 것인 듯싶었다. 직감적으로 마름이 아닐까 하는 생각이 들었다. 마침 청년 한 명이 지나가기에 물어보았더니 과연 마름이라고 했다. 홍릉(紅菱)인지 오릉(烏菱)인지 물어보았더니 아마 오릉일 것이라고 했다.

잔도를 따라 호수 안으로 들어가노라니 200미터쯤 떨어진 곳에서 아저씨 한 명이 배를 타고 다니며 무슨 일을 하고 있는 모습이 보였다. 무슨 일을 하는지는 멀어서 잘 안 보였다. 잔도 주변의 마름이 그곳까지 이어져 있는 것으로 보아 마름을 관리하고 있는 것이 아닐까가 싶었다.

태호를 거니는 동안 혹시 '초계'의 유래에 대한 단서를 잡을 수 있을까 하고 열심히 관찰했으나, 능소화 한 무더기를 본 것말고는 끝내 아무런 단서도 잡지 못했다. 결국 아쉬운 마음을 달래며 태호를 떠날 수밖에 없었다.

❄ 서새산

오후에는 당나라 시인 장지화(張志和, 730?-810?)가 은거한 서새산(西塞山)을 찾아가기로 했다. 일단 호주역으로 갔다. 호주 시내에서 호주역까지 이어진 길이 서새산로인 점으로 미루어 호주역 부근에 서새산이 있을 것으로 추정되었기 때문이다.

호주역은 호주시 교외에 있는데 시내에서 거기까지 가기도 불편하고, 열차운행시간표에 의하면 기차도 하루에 7~8회밖에 서지 않는 조그만 시골역이었다. 당연한 결과로 이용하는 승객도 별로 없어 역 대합실이 무척 썰렁했다.

아침에 택시 운전사에게 들은 바로는 호주역에 가면 서새산으로 가는 차가 있다고 했는데 막상 호주역까지 가서 물어보니 그곳 사람들도 서새산을 잘 몰랐다. 대신 역사 뒤편으로 보이는 나지막한 산을 가리키며 그것이 서산이라고 했다. 이름이 비슷하니 어쩌면 서산이 바로 서새산일 것이라는 생각이 들어서 그 밑에 서초계가 있느냐고 물었더니 그렇다고 했다. 그러나 산이 하나뿐이 아닌지라 그 가운데 어느 것이 서새산인지 알 수가 없었다. 장지화가 은거하던 곳이 어디냐고 물었으나 삼륜차 운전사들은 잘 알지 못했다.

역사 뒤편으로 가 보았다. 포장이 안 된 흙길에 시골 아이 둘이 흙장난을 하며 놀고 있었다. 마침 젊은 아주머니 한 명이 지나가기에 혹시나 하고 장지화가 고기잡이하던 곳이 어딘지 아느냐고 물어보았다. 자기가 어릴 때는 장지화에 관한 얘기를 많이 들어 보았는데 그 뒤로 오랫동안 그런 얘기를 들어 보지 않아서 기억이 확실하지 않다며 손가락을 들어 대략 저기쯤일 것이라고 했다. 삼륜차 운전사들이 서산이라고 하던 바로 그곳이었다. 옛날에 서새산이라고 부르던 산을 지금은 그냥 서산으로 부르는 것 같다고 막연하게 추측할 수 있을 뿐 확인할 길이 없었다.

서새산에 가서 선보이려고 어제부터 이욱진 · 정지현 · 한서영 등 학부생 세 명에게 장지화가 이곳에서 지은 사 <어가자(漁家子)>를 가르쳐 주고 나름대로의 창법을 하나 생각해 내어 세 명이 각자 조금씩 다르게 부르는 것도 연습시켜 놓았는데 서새산을 찾아가지 못하니 안타까운 노릇이었다. 그렇다고 그것을 포기하는 것도 아쉬웠다. 생각 끝에 결국 호주역 광장에서 한번 불러 보기로 했다. 학생들이 싫어하지 않고 순순히 응해 주어서 참 고마웠다. 하기는 광장에 우리 일행 이외에는 다른 사람이 거의 없는지라 크게 쑥스러워할 것도 없었다.

서새산 앞에는 백로가 날고	西塞山前白鷺飛
복사꽃 뜬 강물에는 쏘가리가 살지다.	桃花流水鱖魚肥
대나무 삿갓 쓰고	青箬笠
도롱이 입었으니	綠蓑衣
산들바람 가랑비엔 돌아갈 것 없도다.	斜風細雨不須歸[72]

문인사(文人詞) 중에서는 처음으로 은거생활을 노래한 장지화의 이 사는 당시 문인들에게 크게 각광받아 형 장송령(張松齡)을 비롯한 당시 문인들이 이 사에 화답한 사가 16수나 남아 있고,[73] 일본에도 전해져서 국왕과 왕녀들이 화답한 것이 모두 12수에 달한다.[74] 그리고 그로부터 300년 뒤에는 가사만 남아 있고 곡조가 전해지지 않아 이것을 안타깝게 여긴 소동파가 이 사를 <완계사(浣溪沙)>라는 곡조에 맞추어 개작하기도 했다.

서새산 언저리에 백로가 날고	西塞山邊白鷺飛
산화주 저 너머에 돛배 한 척 가물가물	散花洲外片帆微
복사꽃 뜬 강물에는 쏘가리가 살지다.	桃花流水鱖魚肥

72 문연각사고전서본 왕혁청(王奕清) ≪어선역대시여(御選歷代詩餘)≫ 권1.

73 임대춘(林大椿), ≪당오대사(唐五代詞)≫[양가락(楊家駱) 주편, ≪전당오대사휘편(全唐五代詞彙編)≫, 대북: 세계서국, 1971] 13-16쪽 참조.

74 장장(張璋)·황여(黃畬), ≪전당오대사(全唐五代詞)≫(상해: 상해고적출판사, 1986) 60-62쪽 참조.

삿갓으로 스스로 몸을 가리고　自庇一身靑篛笠
가는 곳마다 도롱이가 따라다니니　相隨到處綠蓑衣
산들바람 가랑비엔 돌아갈 것 없도다.　斜風細雨不須歸[75]

그러나 소동파의 사에 언급된 서새산은 산화주와 마찬가지로 호북성 황주에서 남쪽으로 백 리쯤 떨어진 곳의 대야(大冶)에 있는 산으로 장지화가 말한 호주의 서새산과는 별개의 것이다. 그는 이 산을 보면서 장지화의 사를 떠올리고는 세속적인 욕심에서 벗어나 초연한 마음으로 전원생활을 즐기고 싶은 자신의 염원을 노래한 것이다.

서새산에 가기를 포기한 채 호주 시내로 돌아가기 위해 버스가 들어오기를 기다리고 있자니 아쉬운 마음이 너무 컸다. 삼륜차를 타고 서산 밑에 있다는 서초계까지라도 한번 가 보고 싶었다. 다른 손님이 없기 때문에 역 광장 한구석에 모여 앉아 우리의 동태를 주시하고 있던 삼륜차 운전사들과 흥정한 결과, 서초계까지 갔다가 돌아오는 데 한 대당 20원씩 주기로 하고 한 대에 다섯 명씩 타기로 했다. 총 40원이니 상당히 비싼 편이다.

내가 탄 삼륜차는 오토바이 엔진에다 사람이 앉을 자리를 덧붙인 것으로 네 명이 겨우 탈 수 있을 정도로 비좁았다. 그런 공간에 다섯 명이 타자니 좁기도 하고 위험하기도 했지만 그래도 강행했다. 가는 도중에 실지로 아찔한 순간이 있었다. 우리 앞에 가던 트럭이 급정거하는 바람에 바짝 뒤쫓아 가던 우리 차가 들이받을 뻔한 것이다. 겨우 한 뼘 정도 차이로 간신히 충돌을 면했다.

서초계에는 싯누런 물이 흐르고 있었다. 강은 폭이 꽤 넓고 깊이도 제법 되는 듯 건축자재를 운반하는 것으로 보이는 큰 배들이 심심찮게 다니고 있었다. 그때 내 시야에 아저씨 한 명이 조그만 배를 저어서 강을 따라 내려가는 모습이 들어

75 추왕본 ≪소식사집≫ 370쪽.

왔다. 그 순간 내 머릿속에서 그 아저씨는 장지화가 되었다. 나의 장지화는 고기를 잡을 생각이 없는 듯 부지런히 배를 저어 하류로 내려갔다. 내 카메라가 신속하게 아저씨를 따라가며 찰칵거렸다. 그러다 보니 강가에 제법 널찍한 바위도 하나 보였다. 그것은 장지화가 앉아서 낚시질하던 바위로 바뀌었다. 강이 온통 흙탕물이라 "서새산 앞에는 백로가 날고, 복사꽃 뜬 강물에는 쏘가리가 살진" 그런 분위기와는 거리가 멀었지만, 마침 가랑비가 부슬부슬 내리고 있어서 "산들바람 가랑비엔 돌아갈 것 없는" 그런 분위기를 자아내 주기에는 충분했다. 그래도 장지화가 고기잡이하던 곳 부근의 서초계에서 가랑비가 내리는 가운데 장지화 비슷한 사람이라도 한 명 보고 나니 기분이 무척 좋았다.

그러나 거기서도 '초계'의 유래를 알아내지는 못했다. 이제 이번 답사의 과제 가운데 중요한 것 하나를 완전히 포기하지 않을 수 없게 되었다. 참으로 안타까운 일이다. 일단 갈대꽃이 많아서 그런 이름이 붙은 것으로 이해할 수밖에 없을 것 같다. 소동파의 시 <호주로 떠나기 전에 장난삼아 손신로에게 드린다(將之湖州戲贈莘老)>에도 "개울가의 '초화(苕花)'는 눈송이를 흩날리리"[76]라고 하여 '초화'를 눈송이에 비유했으니 갈대꽃일 가능성이 큰데 아무래도 내가 괜한 의심을 품고 안 할 고생을 한 것 같다.

❄ 홍구공원

5시 40분에 호주를 출발한 상해행 버스는 8시 15분에 상해에 도착했다. 두 시간 반가량 걸린 셈이다. 복단대학에서 유학 중인 김보경이 미리 예약해 놓았기 때문에 곧장 복단대학에서 운영하는 초대소인 동화국제아파트(同和國際公寓)로 가서 여장을 풀었다. 이 숙소는 복광원(復光苑)이라는 아파트 단지의 일부로 방 두 개에 거실과 욕실이 하나씩 딸려 있는 중형 아파트인데, 다른 시설은 그런대로 괜찮은

76 "溪上苕花正浮雪."(왕문고본 ≪소식시집≫ 권8)

편이었지만 다른 객실로 직접 전화를 걸 수가 없어서 전달해야 할 말이나 물건이 있으면 1층에 있는 종업원을 통해 전달해야 하는 점이 불편했다. 그러나 방값이 한 칸에 120원이니 방 두 칸짜리 아파트의 경우 하루에 240원인 셈이다. 상해 같은 대도시에서 이만한 시설에 이만한 가격의 숙소를 구하기는 결코 쉬운 일이 아닐 것이다.

짐을 대충 정리해 놓은 뒤 옆방에 있는 이욱진과 함께 산책을 나갔다. 그 주변에는 음식점이고 술집이고 간에 상점이 별로 보이지 않았다. 찻길을 따라 내려가다가 김수희와 홍금주를 만났다. 우리보다 한발 먼저 나와서 구경을 하고 들어가는 길인가 보았다. 네 명이 함께 부근에 있는 맥줏집으로 들어갔다. '강타랍주파(剛朶拉酒吧)'라는 집으로 꽤나 비쌀 것 같아 보였지만 부근에 마땅히 갈 만한 곳도 없기에 그냥 들어갔다. 학교 부근인데 비싸야 얼마나 비쌀까 하는 생각이었다.

탁자 양쪽에 그네를 매어 놓아 그네에 앉아서 마시게 되어 있는 그 맥줏집은 과연 술값이 만만치 않았다. 1,800시시(cc)짜리 칼스버그 생맥주 한 주전자에 55원이었다. 환산하자면 500시시 한 잔에 한국 돈으로 2,100원쯤 되는 셈이다. 이는 우리나라의 생맥주 값을 약간 상회하는 수준이니 중국 물가치고는 보통 비싼 것이 아니다. 안주로 오징어포가 있는 것을 보니 한국 유학생들을 겨냥하고 있는 것이 아닌가 싶었다. 주문이 끝나자 종업원이 "시푸치!"라는 말을 되풀이했다. 다들 무슨 말인지 몰라 멍하니 앉아 있는데 눈치 빠른 홍금주가 "눈치를 보니 돈부터 달라는 것 같은데요"라고 했다. 그렇다. 그것은 바로 "xiān fù qián(先付錢)"의 오지방 방언이었던 것이다. 1997년 소주(蘇州)에 있을 때 조금 배운 바에 의하면, 오지방 방언에서는 한어병음의 'ian'을 'i'로 길게 발음하기 때문에 오지방 사람들은 "xiān fù qián"을 "xī fù qí"로 발음하는데 무심코 얘기하다 보니 그가 오지방 방언으로 얘기하고 있다는 사실에 생각이 미치지 않았던 것이다. 그런데 우리가 무슨 말인지 몰라 멍하니 앉아 있는데도 불구하고 계속하여 "시푸치!"만 외친 것을 보면 그 종업원 청년은 표준말을 잘 몰랐던 모양이다.

2005년 8월 23일 6시에 일어났지만 더 이상 일행을 깨울 필요는 없었다. 상해에서는 자유시간을 갖기로 했기 때문이다. 7시에 혼자 나가 주위를 산책하면서 공중전화를 찾아보았다. 숙소 부근이 온통 아파트촌인데 도무지 공중전화가 보이지 않았다. 누군가가 아파트촌에는 공중전화가 없다고 하던 말이 생각났다. 그러나 아무리 아파트촌이라도 그렇지 그렇게 공중전화가 귀할 것이라고는 생각지 못했다. 거의 한 시간 동안 돌아다니다가 7시 55분에 마침내 동제대학(同齊大學) 교정에서 공중전화를 발견했다.

아침을 먹고 노신공원(魯迅公園)으로 갔다. 노신공원은 바로 1932년 4월 29일 윤봉길(尹奉吉, 1908-1932) 의사가 의거를 일으켜 우리 한민족의 기상을 만방에 드날린 홍구공원(虹口公園)의 새 이름이다. 윤봉길 의사는 그날 상해사변의 승리와 일본 국왕의 생일을 함께 축하하기 위해 홍구공원에서 기념식을 거행하고 있던 일본인들에게 폭탄을 투척하여 상해에 파견되어 있던 일본군 대장과 일본인 거류민단장 등 두 명을 즉사시키고 그밖에도 현장에 있던 일본인 여러 명에게 중상을 입힌 뒤 현장에서 일본 경찰에게 체포되어 그해 12월 19일 대판(大阪)에서 총살당했다.[77]

노신공원에는 매원(梅園)이라는 정원이 있고 그 안에 매정(梅亭)이라는 2층짜리 기와집이 하나 있었다. 매정은 윤봉길 의사의 의거를 기념하기 위해 지은 기념관으로 윤봉길 의사의 사적과 관련된 자료들을 진열해 놓고 있었다. 안내문에 의하면 매정은 1994년에 완공된 고려풍의 건축이라고 했다. 그리고 나중에 매정 주위에 매화나무를 많이 심어 놓고 이 정원을 매원이라고 한다고 했다. 또 윤봉길 의사의 의거 현장임을 표시하고 그 역사적 사건에 대해서 설명한 자연석으로 된 기념비도 하나 세워 놓았는데, 그것은 1998년의 일이라고 했다. 매정이나 매원 같은

---

77 ≪두산백과≫ <윤봉길> 참조.

명칭은 매헌(梅軒)이라는 윤봉길 의사의 호에서 비롯되었을 것임을 짐작할 수 있었다.

그런데 매원은 15원이나 되는 입장료를 받고 있었다. 1997년 여름에 왔을 때는 받지 않던 입장료가 왜 새로 생겼는지 의아했지만 안에 들어가 보니 그 이유를 조금은 이해할 수 있을 것 같았다. 매정 안에 안내원이 대기하고 있다가 관람객들에게 상세하게 설명을 해 주고 있었던 것이다. 안내원에게 월급을 주려면 물론 돈이 필요하겠지만, 그런 정도의 돈이라면 우리 정부가 부담하고 관람객들에게는 돈을 받지 않는 편이 나을 텐데 왜 그렇게 하는지 이해가 되지 않았다. 몇 푼 안 되는 입장료 수입보다는 윤봉길 의사의 의거를 외국인에게 널리 알리는 것이 훨씬 더 가치 있는 일일 텐데 말이다. 외국인의 경우 이렇게 15원씩이나 되는 입장료를 내고 들어가서 보려고 하겠는가?

저녁 늦게 숙소로 돌아오니 욕실의 수건도 갈아 놓지 않고 정수기의 물도 보충해 놓지 않았다. 당직하는 종업원에게 전화를 걸었더니 대단히 미안한 일이지만 담당자가 퇴근하고 없어서 어쩔 수가 없다며 정수기 물만 새로 한 통 갖다 주고 수건 문제는 그냥 넘어가려고 했다. 그렇지만 수건이 없으면 우리가 불편해서 어떻게 하느냐고 항의했더니, 그러면 자기가 손으로 빨아서 금방 갖다 주겠다며 들고 갔다.

여성들이 쓰는 다른 두 집도 꼭 같은 상황이었는데 그 사람들은 별로 항의를 하지 않아 물만 갈아 주었다고 했다. 한참이 지나도 수건을 가지고 오지 않아서 이욱진이 직접 가서 얘기했더니 빨랫줄에 걸어 놓은 것을 걷어서 주더라고 했다. 아직 좀 덜 마른 상태였다. 나름대로 성의는 보이는 것 같으니 애교로 보아줄 수도 있겠지만 객실 관리가 아무래도 깔끔하다고 할 수는 없겠다. 상해에서 이만한 방값으로 이 정도 시설을 갖춘 숙소를 얻기는 어렵다고 할지라도 상해 같은 대도시에서 서비스가 이래서야 될 일인가? 더구나 다른 곳에서는 지금까지 한 번도 이런 일을 본 적이 없는데 말이다.

2005년 8월 24일 복주로(福州路)에 있는 일부무대(逸夫舞臺)라는 극장에서 항일 전쟁 승리 60주년을 기념하여 공연하는 현대 상해극 <홍등기(紅燈記)>를 관람했다. 두 시간 20분에 걸친 장편극으로 56개 민족으로 구성된 중국 인민의 대동단결을 호소하려는 의도가 눈에 보이는 교훈적인 연극이었다. 우리나라의 계몽주의 신파극과 유사했다. 상해 방언으로 창(唱)을 하여 좀 불편하기는 했지만 자막이 있어서 알아들을 수는 있었다.

2005년 8월 25일 포동(浦東)공항에서 9시 15분에 출발하는 비행기를 탔다. 작년보다 한 살 더 많은 나이에, 작년보다 더 무더운 지방에서, 작년보다 걸음을 더 많이 걸으면서, 작년보다 하루 더 긴 답사 일정을 잘 소화해 낼 수 있을지 걱정했는데 이렇게 무사히 답사를 마치게 되어 한량없이 기쁘다. 내년에도 이처럼 아무 문제 없기를 기원해 본다.

이번 답사에서는 다음과 같은 몇 가지 사항이 두드러지게 느껴졌다.

첫째, 작년에 하남성 및 그 주변 지역을 답사할 때는 민가의 대문에 '행복지가(幸福之家)'처럼 행복을 갈망하는 문구가 많이 붙어 있었는데, 이번의 절강성 답사에서는 그런 것을 볼 수 없었다. 이것은 뒤집어 생각하면 절강성은 물산이 풍부하기 때문에 굳이 말로써 행복을 갈망할 필요가 없기 때문일 것이다.

둘째, 거리에 협죽도(夾竹桃)·대나무·향장수(香樟樹)·배롱나무가 많았다. 3년 전(2002년)에 답사한 사천성과 섬서성에는 각각 대나무·배롱나무와 오동나무가 많았고, 작년에 답사한 하남성 일대에는 홰나무가 많았던 것과 다소 다른 면이다.

셋째, 작년에 답사한 하남성 일대에는 옥수수밭이 굉장히 많았는데 이번에 답사한 절강성 일대에는 옥수수밭이 없고 벼를 심은 논과 차밭이 많았다.

넷째, 유료 화장실이 별로 안 보였다. 지금까지 중국 어디를 가나 무료 화장실을 보기가 쉽지 않았는데, 이 지방 특유의 현상인지 그 사이에 중국이 다 변한 것인지는 확인이 안 되지만 이번에는 유료 화장실을 거의 볼 수 없었다.

다섯째, 시내버스 요금이 1원짜리에서 4원짜리에 이르기까지 매우 다양했는바, 옛날에는 자동 요금징수기가 장착된 버스가 차장이 직접 요금을 받는 버스보다 차비가 비쌌는데, 이번에 답사한 곳에서는 차장이 직접 차비를 받는 경우가 상당히 적어졌고 차비도 에어콘 유무에 따라 달라지는 점이 색달랐다.

여섯째, 전화 사정이 상당히 좋았다. 건덕과 호주 등 일부 지역을 제외하고는 공중전화가 매우 많아서 전화 걸기에 별로 불편이 느껴지지 않을 정도였다.

제4장

호남·호북 및 강서 지역

호북성 황주(黃州)에 있는 동파적벽(東坡赤壁)
소동파가 대표작 〈적벽부(赤壁賦)〉와 〈염노교(念奴嬌)—적벽회고(赤壁懷古)—〉를 지은 곳이다.

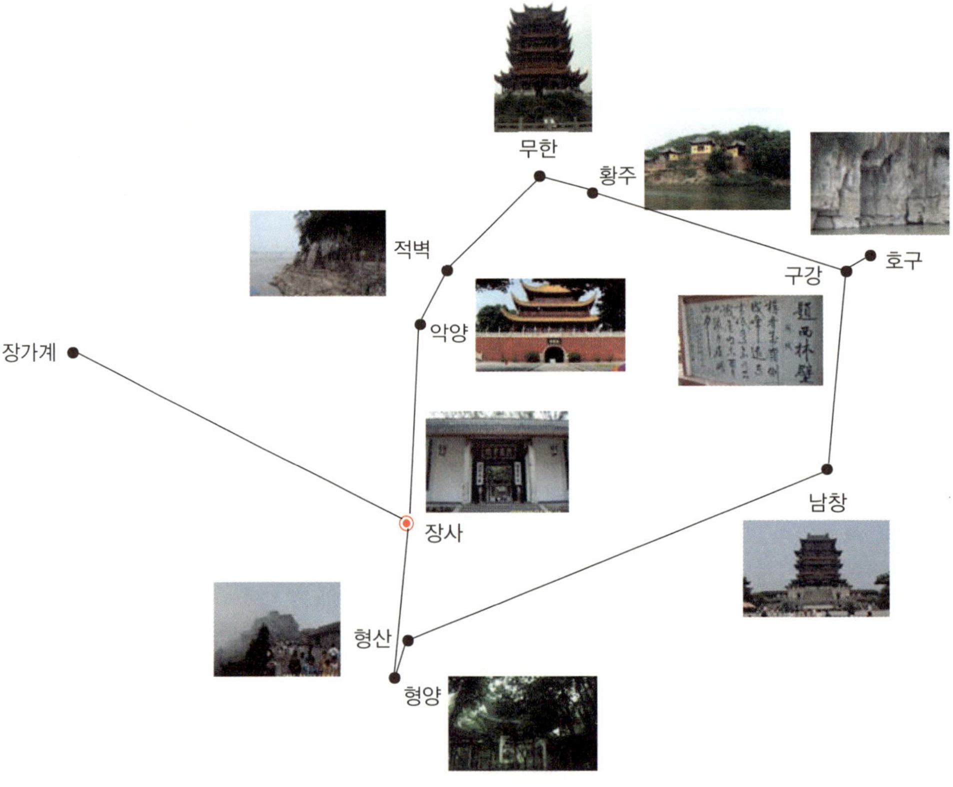

[제4차 답사 이동 경로]

이번 답사는 원래 무한(武漢)으로 들어가서 황주(黃州) · 구강(九江) · 남창(南昌) · 형산(衡山) · 장사(長沙) · 악양(岳陽) · 적벽(赤壁)을 거쳐 다시 무한으로 돌아와 거기서 귀국하기로 계획을 세웠는데, 인천과 무한 사이를 왕래하는 승객이 별로 없어 중국 항공사가 운항을 포기함에 따라 운항을 독점하고 있는 대한항공에서 왕복항공료를 1인당 약 70만원이나 요구하는 바람에 계획을 수정하여 장사로 들어갔다가 장사에서 귀국하기로 했다. 다행히도 이 노선은 호남성 서부에 있는 장가계(張家界)로 가는 우리나라 관광객이 많아서 대한항공과 중국의 동방항공이 전세기를 자주 운행하기 때문에 항공료가 1인당 약 40만 원이라고 하니 무한까지 왕복하는 항공료의 절반 정도밖에 안 되는 셈이다. 매년 15일간의 답사에 100만 원 이내의 비용이 들었던 관례가 자칫하면 깨질 뻔했는데, 장사행 전세기가 많은 덕분에 이번에도 100만 원 이내의 비용으로 15일간 답사를 할 수 있게 되었으니 천만다행이 아닐 수 없다.

이번에 답사할 소동파 관련 주요 유적지로는 호북성 황주와 강서성 구강이 있다. 황주는 소동파가 첫 번째로 유배생활을 한 곳이고, 구강은 여산(廬山)의 소재지인데, 여산은 유배지를 황주에서 여주(汝州)로 옮겨가는 도중이던 원풍 7년(1084) 4월과 담주(儋州, 지금의 해남성 담주시 中和) 유배가 풀려 은거지 상주(常州)로 돌아가는 도중이던 건중정국 원년(1101) 4월 등 두 차례에 걸쳐 올라간 적이 있는 산이다.

1. 장사(長沙)와 악양(岳陽)

2006년 8월 13일 아침 8시 5분에 출발하는 비행기라 4시 반에 집을 나섰다. 이른 시간이었지만 다들 늦지 않게 공항에 도착했다. 이번에는 참가 희망자가 한때 열네 명이나 되었지만 중간에 네 명이 포기하고 결국 나와 이강재 교수를 비롯하여 김수희·김시현·류소진·박양숙·오세범·이욱진·최금옥·홍금주 등 열 명이 함께 가게 되었다. 제2차 답사 때와 마찬가지로 이강재 교수가 함께 가기 때문에 마음이 한결 든든했다.

전세기인지라 이륙이 30분쯤 늦어질 가능성이 크다는 여행사 직원의 우려와 달리 비행기는 정시보다 오히려 5분쯤 일찍 출발했다. 승객은 대부분이 한국인이었다. 이 노선은 언제나 이렇게 한국인 승객이 대부분인 듯 중국 비행기임에도 불구하고 한국인 승무원이 일곱 명이나 탑승하고 있다는 기내방송이 나왔다. 그리고 중국어 방송과 영어 방송 이외에 한국어 방송도 있었다. 어떤 때는 아예 한국어 방송만 하는 경우도 있었다. 장가계(張家界)에 가는 우리나라 관광객이 얼마나 많은지 짐작이 갔다. 비행기가 최고의 고도를 향하여 치닫고 있을 때 달이 아직 하늘에 걸려 있어 창문을 열고 밖으로 힘껏 팔을 뻗으면 손가락 끝에 닿을 것만 같았다.

중국시각으로 9시 35분경에 장사공항에 도착했다. 공항의 이름이 황화(黃花)국제공항이었다. 기내방송에 의하면 기온이 섭씨 26도라고 했다. 장사는 장강 4대 화로 가운데 하나로 꼽힐 만큼 무더운 지역으로 알려져 있어서 걱정을 많이 했는데 걱정했던 것만큼 덥지는 않은 듯했다. 장사공항에는 대부분의 안내판에 한국어가 병기되어 있어서 중국어나 영어를 모르는 한국인도 불편 없이 다닐 수 있게 되어 있었다. 두 눈으로 우리의 국력을 직접 확인하는 것 같아 흐뭇하면서도 한편으로는 과다한 국부 낭비의 현장을 보는 것 같아 좀 씁쓸하기도 했다.

국제선 청사에서 오른쪽으로 돌아서 조금 걸어가니 국내선 청사가 있고 그 앞에 공항버스가 있었다. 1인당 15원으로 장사역 부근에 있는 민항대주점까지 갈 수 있다고 했다. 공항에서 장사 시내로 이어진 장담(長潭)고속도로 양쪽에는 일망무제의 평지가 시원스럽게 펼쳐져 있었다. 기점인 공항에서 종점인 민항대주점까지 35분밖에 안 걸렸다.

민항대주점에서 장사역 방향으로 5분쯤 걸어가노라니 명정대주점(名鼎大酒店)이라는 간판이 눈에 띄었다. 2인실 하나에 90원씩 주기로 하고 숙소를 정했다. 냉장고가 없는 것은 물론 구내전화만 가능한 낡은 전화기와 재래식 화장실을 갖춘 허름한 여관이었지만 하룻밤 묵는 데는 지장이 없을 듯했다. 그런데 그처럼 허름한 여관의 입구에 '특일급점'이라는 간판이 붙어 있어서 우리를 의아하게 만들었다. 그 이유를 알아보았더니 그 집이 장사에서 알아주는 유명한 음식점이라고 했다.

❄ 악록서원과 녹산사

북송 때의 화가 송적(宋迪)에게 <소상팔경도(瀟湘八景圖)>라는 유명한 그림이 있으니 이것이 각종 <소상팔경도>의 원조다.[1] 이것은 호남성 남부에서 북쪽으로 흘러 동정호로 들어가는 소수(瀟水)와 상강(湘江) 일대의 풍경 중에서 가장 대표적인 것 여덟 군데를 골라서 그린 것이니 그 일대에서 가장 아름다운 풍경인 셈이다. 그 뒤로 많은 시인들이 송적의 이 <소상팔경도>에 묘사되어 있는 그림 속의 풍경을 시로 노래한 제화시(題畫詩)를 지었으니 우리나라 사람 중에도 고려시대의 이인로(李仁老)는 <송적팔경도(宋迪八景圖)>라는 시를 지었고, 이제현(李齊賢)은 <무산일단운(巫山一段雲)>이라는 곡조에 맞추어 소상팔경을 노래한 사를 지었다.

---

1 문연각사고전서본 여악(厲鶚) ≪남송원화록(南宋院畫錄)≫ 권7 <마원(馬遠)>에 "주덕윤의 <마원의 소상팔경도를 보고>에 '<소상팔경도>는 송나라 문신 송적에게서 비롯되었으며, 송나라가 남쪽으로 쫓겨간 뒤에 여러 명수들이 서로 그 뒤를 이어서 비슷하게 그렸다'라는 말이 있다(朱德潤<馬遠瀟湘八景圖跋>: '<瀟湘八景圖>始自宋文臣宋迪, 南渡後, 諸名手更相彷彿.')"고 했다.

이들 이외에도 많은 시인들이 <소상팔경도>를 소재로 시와 사를 지었다.

<소상팔경도>의 영향은 엄청나게 커서 곳곳에 영주팔경(永州八景)·장안팔경(長安八景)·연경팔경(燕京八景)·양성팔경(羊城八景)·대만팔경(臺灣八景)·서호십경(西湖十景)·혜주십경(惠州十景)·주해십경(珠海十景)·합비십경(合肥十景) 등 수없이 많은 팔경과 그것이 변형된 십경을 탄생시켰다. 팔경이라는 명칭은 우리나라에도 적지 않은 영향을 미쳐 송도팔경·관동팔경·관서팔경·평양팔경·단양팔경·영동팔경 등과 같이 도처에 팔경이 형성되어 있다.

장사 시내에 소상팔경 가운데 하나인 강천모설(江天暮雪)의 현장이 있다. 강가의 저녁 하늘에 휘날리는 눈발이 그렇게 아름답다는 곳으로 장사 시내를 지나가는 상강(湘江) 안의 귤자주(橘子洲)라는 섬이 그곳이다.[2] 호텔 부근에서 점심을 먹고 제일 먼저 그곳부터 보기로 했다.

미리 조를 짜 놓은 대로 택시 세 대에 나누어 타고 가서 상강대교 동단에서 만나기로 했다. 그런데 문제가 생겼다. 상강대교 즉 귤자주대교 동단에는 마땅히 차를 세울 만한 곳이 없다며 택시 운전사가 다리 이쪽 끝에서 오른쪽으로 조금 내려간 곳에 세워 놓고 어떻게 할 거냐고 물었다. 먼저 간 사람들이 어디에 내렸는지 보이지 않았다. 이럴 때 쓰려고 미리 준비해 간 중국 휴대전화로 전화를 걸려는데 배터리가 다 방전된 상태라 전화를 걸 수가 없었다. 택시 운전사의 휴대전화를 빌려서 걸었으나 어찌 된 영문인지 연결이 되지 않았다. 별다른 방법이 없는지라 일단 거기서 내렸다. 거기서 오른쪽으로 돌아가니 조그만 공원이 있고 공원을 지나가니 다리 위로 올라가는 길이 있었다. 다리 위로 올라가자 벌써 다리 중간쯤의 귤자주로 내려가는 계단 부근까지 가 있는 일행이 보였다.

귤자주로 내려가서 삼륜차를 타라고 성가시게 따라다니는 삼륜차 운전사들을

2 ≪백도백과≫ <귤자주> 참조.

따돌려 가며 여기저기 몇 군데를 기웃거려 보았으나 강천모설의 분위기를 느낄 수 있는 곳은 아무 데도 없었다. 하기야 기온이 섭씨 40도에 육박하는 한여름의 대낮에 강천모설의 분위기를 찾다니 애당초에 실패가 예견된 일이었다. 더구나 귤자주 전체가 한창 공사 중이라 다니기도 불편하고 공기도 좋지 않았다. 강천모설의 현장이 어디인지 확인한 것으로 만족하기로 하고 금방 다시 다리 위로 올라가서 상강 서쪽으로 건너갔다.

상강 서쪽에 있는 호남사범대학과 호남대학 그리고 악록서원(岳麓書院)과 녹산사(麓山寺)를 구경하는 것이 오후의 일정인데, 어디부터 가는 것이 효율적인지 작은 지도만 보아서는 판단하기 어렵고 큰 지도는 파는 데가 없어서 아직 구입하지 못했다. 날씨만 덥지 않으면 시행착오를 겪어도 별 문제가 없겠지만, 비행기에서 내릴 때 별것 아니라고 생각한 우리에게 본때를 보여 주기라도 하는 듯 장사의 태양이 너무나 뜨겁게 내리쬐었기 때문에 이렇게 거리를 헤매다가는 더위를 먹을까 봐 걱정이었다. 할 수 없이 진명서(陳明舒) 교수에게 전화를 했다. 진 교수는 서울대학교 중문과에서 박사학위를 받은 사람으로 현재 호남사범대학 중문과 교수로 재직하고 있다. 원래 오늘 일정이 끝난 뒤에 불러서 저녁이나 함께 먹으려고 생각했는데 형편이 급한 나머지 신세를 좀 지기로 한 것이다.

귤자주대교 서쪽의 녹산반점에서 그를 기다리는 동안 2층에 있는 상무중심(商務中心)에서 장사 지도를 샀다. 한 장에 10원이라 너무 비싸다고 생각되었지만 본 김에 두 장을 샀다. 나중에 보니 길거리에서는 똑 같은 것이 한 장에 4원이었다.

진명서 교수가 하던 일을 중단하고 단숨에 달려 나왔다. 우리는 그를 따라 먼저 호남사범대학으로 갔다. 교정이 꽤 고색창연하고 아담해 보였다. 진 교수는 부친도 호남사범대학 교수였기 때문에 그 학교에서 태어나 어린 시절부터 죽 거기서 살았다고 했다. 학교 안에 녹산충렬사라는 항일용사들의 사당이 있어 일본인들이 장사까지 쳐들어갔다는 사실을 알 수 있었다. 그 깊은 내륙까지 쳐들어갔다니 일본인들도 참 어지간한 자들이다.

호남사범대학에서 얼마 안 떨어져 있는 호남대학은 원래 악록서원의 자리에 지어진 학교였다. 호남대학 정문 앞에 모택동 동상이 서 있고 그 뒤편 벽에 "악록서원 창건 1,030주년 및 호남대학 교명 확정 80주년을 열렬히 축하합니다"라는 현수막이 걸려 있었다. 호남대학이 1,030년의 역사를 지닌 악록서원의 뒤를 이은 유서 깊은 학교임을 과시하는 장면이었다. 새빨간 천에 흰색 글씨로 쓴 현수막이 붉은색을 선호하는 중국인들의 기호를 말해 주고 있었다.

악록서원은 중국 4대 서원 가운데 하나로 북송 개보 9년(976)에 창건되었는데, 이 서원이 완공되었을 때 당시 황제 진종이 '악록서원'이라는 현판을 하사했다고 한다. 그리고 1093년에 이 서원을 호남고등학당으로 개칭했고, 1926년에 정식으로 호남대학이라는 교명을 확정했다고 한다.

호남대학 뒤에 있는 녹산사는 1944년 일본군의 침략으로 절이 소실되는 바람에

악록서원

산문(山門)과 관음각만 남아 있다고 하는데, 그 사실을 설명하듯 절 정문에 '고녹산사(古麓山寺)'라는 현판이 붙어 있었다. 입장권에 적혀 있는 안내문에 의하면 녹산사는 서진 태시 4년(268)에 세워져 역사가 무려 1,700여 년이나 된 고찰이라고 한다. 절 맨 뒤편에 있는 관음각 앞에 수령이 1,700년이나 된다는 나한송(羅漢松) 한 그루가 아직도 건장하게 서서 절의 역사를 증언하고 있었다.

악록서원과 녹산사는 입장료 차이가 너무 컸다. 악록서원은 무려 30원이고, 이에 비해 그 뒤에 있는 녹산사는 2원밖에 안 했다. 물론 볼거리에 약간의 차이가 있기는 하지만 그렇게 큰 차이가 나는 것은 아니었다. 그보다 더 이해하기 힘든 것은 악록산에 들어가는 데 15원의 입장료를 받는다는 사실이었다. 이처럼 작은 산에 올라가는 데 무려 15원이나 받는다는 것은 이해하기 힘든 일이었다. 그러면 그 동네 사람들이 아침 산책을 할 때는 어떻게 하는지 궁금하여 진명서 교수에게 물어보았더니 그들에게는 정액권이 있어서 한 달에 6원만 내면 된다고 했다. 그 표로 아침과 저녁에 한하여 횟수에 관계없이 무제한으로 입장할 수 있다고 했다. 또 바로 옆에 있는 호남사범대학 교수들에게는 일반인들과 마찬가지로 입장료를 받고, 호남대학 교수들에게는 입장료를 안 받는다고 했다. 악록산이 호남대학 뒷산이기 때문인 모양이었다.

비싼 입산 요금을 내는 것이 유쾌하지 않은 일이기는 하지만, 그렇다고 형산 72봉 가운데 꼬리에 해당하는 봉우리라는 악록산의 정상에 안 가 볼 수는 없었다. 녹산사 뒤편으로 해서 악록산 정상에 오르니 장사 시내가 한눈에 들어왔다. 상강을 중심으로 동쪽과 서쪽으로 나누어져 있는 그리 크지 않은 장사 시내가 뿌연 안개에 싸여서 좀처럼 자태를 보여 주려고 하지 않았다.

내려오다 보니 악록산 중턱에 김구 선생이 요양했다는 옛날 집이 있었다. 이미 5시 반이 넘어 있었지만 그래도 잠시 들러 보지 않을 수 없었다. 녹산사 입구의 '김구선생독립운동장사진열관(金九先生獨立運動長沙陳列館)'이라는 중국어와 '김구 선생님의 독립운동 장사 전시관'이라는 한국어가 나란히 쓰인 안내판을 왼쪽으로 끼고 가다가 녹산사 정문을 지나 100미터쯤 더 가니 50평 정도밖에 안 되어 보이는 조그만 집의 대문에 '김구선생요양처구지(金九先生療養處舊址)'라는 중국어와 '김구선생님께서 요양하신 옛 가옥'이라는 한국어가 나란히 쓰인 현판이 걸려 있었다.

정문에는 아무도 없었다. 대문 밖에서도 진열관이 빤히 들여다보이기에 무심코 들어가 보려는데 젊은 남녀 한 쌍이 나타나 길을 막았다. 입장료가 20원이라고 했다. 너무 심하다고 생각되어 대문 밖에서 잠시 기웃거려 보고 그냥 돌아 나왔다. 우리나라 정부가 관여해서라도 입장료를 그렇게 많이 받아서는 안 된다고 분개하며 나오자니 그들이 우리를 불러 그냥 들어와서 보라고 선심을 썼다. 들어가 보니 안에는 과연 별로 볼만한 것이 없었다. 상해의 대한민국임시정부에 진열되어 있는 사진 자료를 복사해 놓은 것이 대부분이었다.

악록산에서 내려오는 도중에 진명서 교수에게서 의미심장한 말을 들었다. 김구선생 요양처 바로 앞에서 건축공사를 하고 있던 인부들에게 김구 선생 요양처로 가는 길을 물은 그가 그들의 말을 잘못 알아들은 것을 계기로 호남지방에는 '십리부동음(十里不同音)'이라는 말이 있다고 한 것이다. 10리만 가면 발음이 달라진다는 말이다. 그러니 그 넓은 중국 대륙이 어떻게 한 가지 말로 통일될 수 있으랴!

저녁은 진명서 교수가 샀다. 음식점에서 그는 우리에게 호남지방 특산물을 맛보여 주려고 애를 썼다. 그 가운데 특히 미주(米酒)라는 술이 인상적이었다. 쌀로 빚은 술인데 우리나라의 막걸리와 비슷하나 알코올 도수가 너무 낮아서 싱거웠다. 쌀주스나 쌀뜨물에 막걸리를 조금 탄 것 같은 맛으로 인상적이기는 하지만 별로 맛있다고 생각되지는 않았다. 미탕(米湯) 역시 쌀뜨물 끓인 것과 비슷했다. 가마솥에서 밥을 퍼낸 뒤 누룽지 위에 쌀뜨물을 부어서 끓여 먹곤 하던 어린 시절의 시골생활을 연상시켰다. 이밖에도 호남지방에는 미분(米粉)이라는 쌀국수가 많다고 했다. 호남지방은 쌀이 많이 생산되는 곳이라 역시 쌀로 만든 음식이 많았다.

❈ 마왕퇴한묘

2006년 8월 14일 1시에 잠이 깼다. 일어나기에는 너무 이른 시각이라 다시 잠을 청하며 뒤척이는 동안 문득 좋은 생각이 하나 떠올랐다. 점심과 저녁에 음식을 주문할 때 중국음식을 잘 아는 사람이 혼자서 계속 주문하게 하지 말고 한 사람씩 돌아가면서 주문해 보게 하는 것이었다. 이렇게 하면 간혹 주문을 잘못 하여 맛없는 음식을 먹을 수도 있겠지만, 누구나 두세 번씩 책임감을 가지고 주문하다 보면 각자 음식에 대한 관심이 많아지고 일행이 먹는 음식의 종류도 다양해지는 장점이 있을 것 같았다. 또 자기가 주문하겠다고 선뜻 나서지 못하는 학생들도 속으로는 직접 한번 주문해 보고 싶을 것이므로 이런 방식을 은근히 좋아할 것 같았다. 답사를 시작한 지 4년이나 되도록 지금까지 왜 이렇게 좋은 방법을 생각해 내지 못했을까 싶었다.

서한(西漢) 초기 장사국(長沙國)의 승상으로 대후(軑侯)에 봉해진 이창(利蒼)의 가족묘지로 1972년에서 1974년 사이에 두 차례에 걸쳐 세 개의 분묘가 발굴된 마왕퇴한묘(馬王堆漢墓)에서 나온 신추(辛追)의 시체를 비롯한 각종 유물이 보관되어 있다는[3] 호남성박물관을 찾았다. 박물관 안에 원래의 마왕퇴한묘와 꼭 같은 모양으로 분묘를 만들고 분묘 안에 여주인공인 신추의 시체를 전시해 놓았다. 약간 변형되기는 했으나 시체의 얼굴을 식별할 수 있을 정도로 보존상태가 양호한 관이 유리에 덮인 채 관람객들에게 공개되고 있었다. 어떻게 2,000년이 지나도록 그토록 잘 보존될 수 있는지 참으로 신기한 일이었다. 박물관에는 신추의 시체 이외에도 무덤에서 발굴되었다는 여러 가지 기물과 장식품, 의복 및 비단 천에 쓴 글씨 등 각종 문물이 많이 진열되어 있었다.

유물이 모두 박물관으로 옮겨져 있기 때문에 마왕퇴한묘에는 아무것도 볼 게 없다는 말을 들었음에도 불구하고 우리는 마왕퇴한묘의 현장에도 한번 가 보기로

---

3 ≪백도백과≫ <마왕퇴한묘> 참조.

했다. 진명서 교수는 자신도 처음 가 본다고 했다. 마왕퇴한묘는 장사시 동북쪽의 성마왕퇴의원(省馬王堆醫院) 경내에 있었다. 병원 정문에서 50미터쯤 들어간 곳의 왼쪽에 자리잡고 있는데 우리말고는 찾아가는 사람이 아무도 없었다. 그것은 평지로부터의 높이가 20미터가량 되는 작은 언덕이었다. 그래도 평소에 찾는 사람이 전혀 없지는 않은 듯 '마왕퇴3호한묘묘지(馬王堆三號漢墓墓址)'라는 현판이 달린 작은 관리실에 아저씨 한 명이 앉아서 2원짜리 입장권을 팔고 있었다. 경내에는 그야말로 아무것도 없고 신추의 관을 파낸 구덩이만 군데군데 이끼가 끼고 잡초가 돋은 모습으로 우리를 맞이했다.

3호분에서 나와 왼쪽으로 언덕을 올라가니 초목이 무성한데 그 가운데는 수십 년 묵은 고목도 여러 그루 서 있어서 무덤의 역사를 말해 주는 듯했다. 거기가 바로 1호분과 2호분의 자리라고 했다. 문화대혁명 때 홍위병에게 훼손될 것을 우려하여 3호분만 남겨 놓고 나머지는 도로 덮어 버렸다는 것이 진명서 교수의 설명이었다.

진명서 교수의 안내로 화궁전(火宮殿)이라는 식당으로 가서 점심을 먹었다. 음식이 맛있으면서도 가격이 싸다는 그 식당에는 과연 빈자리를 찾기 힘들 정도로 손님이 많았다. 그러나 음식이 특별히 맛있다는 생각은 들지 않았다. 이것은 나만의 생각이 아니라 다른 사람들도 마찬가지였다.

장사역으로 가서 악양행 기차를 탔다. 냉방시설이 없는 기차라 말할 수 없이 무더웠다. 일기예보에 오늘의 최고기온이 어제보다 2도 더 높은 섭씨 38도라고 했다. 내 자리는 창쪽 자리라 시원한 바람이 좀 들어올 것이라고 기대했는데 오히려 통로쪽 자리보다 더 더웠다. 통로쪽 자리는 바깥에서 햇볕이 들어오지 않는 데다 천장에 붙은 선풍기가 한참 만에 한 번씩이나마 뜨겁지는 않은 바람을 보내 주고 있어서 좀 나았지만, 창쪽 자리는 바깥에서 한낮을 조금 지난 강렬한 햇볕이 내리쬐는지라 후텁지근한 바람이 불어서 차라리 바람이 안 부는 것만 못했다. 마치 두발 건조기를 가장 세게 틀어서 얼굴에 쬐는 것 같았다. 더구나 가끔씩 반대 방향으로 가는 기차가 휙 지나갈 때면 갑자기 문을 열고 한증탕으로 들어서는 것 같았다. 천만다행으로 어젯밤에 세 시간밖에 못 잔 덕분에 그 뜨거운 공기 속에서도 한 시간 정도 졸아서 조금이나마 고통을 덜 수 있었다.

❄ 악양루

악양역에 도착하여 모레 새벽에 적벽(赤壁)으로 가는 기차표를 예매해 놓고 악양루 부근으로 갔다. 지도를 보고 연구한 결과 악양루 옆에 있는 악양빈관이 괜찮을 것 같아 택시를 타고 일단 그쪽으로 갔다. 원래 가격이 180원인 표준실을 100원에 주겠다고 했다. 흥정이 순조롭지 않아 한참이나 설왕설래한 끝에 90원까지 깎아 주겠다고 했다. 나는 오는 길에 신주빈관(神州賓館)이라는 간판을 본지라 다른 학생에게 바로 옆에 있는 신주빈관에 한번 가 보라고 했다. 악양빈관 직원이 들으라고 일부러 '신주빈관'을 중국어로 발음했는데도 더 깎아 주지 않는 것에 오히려 신뢰가 생겨서 그냥 악양빈관에 묵을 생각도 있었다. 그런데 신주빈관에 갔던 사람들이 금방 돌아와서 여기보다 시설도 좀 낫고 동정호가 내려다보여서 전망도 훨씬 좋은데 방값이 80원이라고 했다. 생각해 볼 것도 없이 바로 옮겼다. 그제야 자기들도 80원에 주겠다며 황급한 목소리로 우리를 붙잡았다. 그래도 미련 없이 박차고 나오자니 이제는 70원까지 내려갔다.

신주빈관에서는 길 건너편에 악양루가 보이고 조금만 더 눈을 들면 끝없이 펼쳐진 동정호가 내려다보였다. 석양을 받아 붉은 기운이 감도는 동정호에 모래 채취선인 듯한 큼직한 공사용 배들이 몇 척 왕래하고 있었다. 끝이 보이지 않을 정도로 넓어서 감탄을 연발했지만 아기자기한 맛이 없어서 아쉬운 면도 있었다. 악양루 옆의 동정북로 서쪽에 커다란 간판이 있어서 자세히 들여다보니 건물 철거에 관한 공고문이었다. 낡은 건물을 헐고 새 건물을 지어서 악양루 주변을 정비하려는 계획을 공고한 것이었다.

악양루 옆길을 따라 천천히 걸어가다 보니 악양루객운부두(岳陽樓客運碼頭)가 나왔다. 주위에 다 허물어져 가는 낡은 집이 늘어서 있고 진입로도 무척이나 초라했다. 군산(君山)까지 가는 쾌속정이 1인당 60원이라는 사실과 승객이 열 명만 되면 언제든지 출발할 수 있다는 사실을 확인하고 저녁을 먹기 위해 버스를 타고 시내 쪽으로 갔다. 원래 생각은 악양루 근처의 동정호에 배를 띄우고 음식을 파는 선상 식당이 있으면 거기서 저녁을 먹고 술도 가볍게 한잔 하고 싶어서 찾아다녔던 것인데 동정호에는 그런 식당이 없다고 하여 체념한 것이다. 버스를 타고 가다 보니 차창 밖으로 제법 괜찮아 보이는 식당이 보였다. 연수주루(延壽酒樓)였다. 지도를 보니 파릉서로(巴陵西路)의 중간쯤으로 문묘(文廟)에서 멀지 않은 곳이었다. 음식이 아주 맛있고 가격도 적당했다.

저녁을 먹으면서 장가계(張家界)에 갈 것인지 말 것인지를 두고 잠시 논의했다. 우리 답사단은 원래 중국문학 명소의 답사를 목적으로 하기 때문에 중국문학과 관계없는 일반 관광지는 가지 않지만, 장가계는 요즘 우리나라 사람들이 너도나도 한 번씩 가 본다는 곳인데 장사까지 왔으니 장가계에도 한번 가 보면 좋겠다는 의견이 있어서 원하는 사람이 많으면 다른 일정을 조금씩 단축하여 가 보기로 한 것이다. 논의 결과 장가계에 가 보자는 사람이 많았다. 앞으로의 일정을 조금씩 단축하지 않으면 안 되게 생겼다.

저녁식사를 마치고 과일을 좀 사기 위해 근처에 있는 슈퍼마켓에 들렀다가 한국음식 코너가 따로 마련되어 있는 것을 보았다. 각종 한국식 밑반찬이 진열되어 있었다. 이 무더운 내륙의 소도시에도 한국 사람이 꽤 많이 진출해 있다는 증거다.

2006년 8월 15일 아침 먹을 만한 식당을 찾느라고 악양빈관 앞의 샛길로 들어가 보았다. 수많은 인파가 길을 메우고 있고 길 여기저기에서 기름과자 · 국수 · 빵 · 만두 · 계란 · 쌀국수 · 콩국 등의 아침식사용 음식을 팔고 있었다. 인파를 헤치고 안쪽으로 들어가니 200평쯤 되는 공터에 임시 시장이 형성되어 별의별 음식을 다 팔고 있었다. 돼지고기 · 닭고기 같은 육류도 있고, 물고기 · 새우 · 게 등 동정호에서 잡았다는 어패류도 있고, 살아서 펄쩍거리는 개구리도 있었다. 가지 · 연뿌리 · 호박 · 오이 · 수세미 · 고과(苦瓜) · 고추 · 마늘종대 등의 야채도 있고, 수박 · 배 · 사과 · 바나나 같은 과일도 있었다. 뿐만 아니라 절이거나 고춧가루에 무친 밑반찬도 여러 가지 있었다.

물건을 파는 사람 중에는 아저씨와 아주머니도 있고 할머니와 할아버지도 있었다. 어떤 사람은 널찍한 널빤지에 얹어 놓고 팔고, 어떤 사람은 땅바닥에 펼쳐 놓고 팔았다. 어떤 사람은 멜대로 메고 다니면서 팔고, 어떤 사람은 경운기 위에 앉아서 팔았다. 런닝셔츠만 입은 아저씨도 많고 아예 웃통을 벗고 있는 사람도 몇몇 있었다. 파는 사람과 사는 사람을 합쳐서 300명쯤 되어 보였다. 남녀노소가 한데 어우러져 연출하는 참으로 정겨운 시골풍경에 우리는 아침 먹으러 나왔다는 사실을 잠시 잊고 구석구석 돌아다니며 빠짐없이 구경했다.

시장을 다 보고 다시 길로 나오니 아까는 미처 눈여겨보지 못한 음식점이 하나 보였다. '정종북방천층병(正宗北方千層餅) 오리패분점(五里牌分店)'이었다. 젊은 아주머니가 혼자서 직경이 30~40센티미터는 될 것 같은 큼직한 천층병을 현장에서 만들어 팔고 있었다. 천층병은 소동파가 좋아했다는 일종의 전병(煎餅)이다.

소동파에게 <창고지기 유 씨의 집에서 쌀가루를 지져 떡을 만들었기에 내가 "무엇 때문에 이렇게 바삭바삭하오?"라고 했다. 반빈로의 집에서 즉석 술을 만들었기에 내가 마시고 나서 "이러다가는 초가 되겠소. 물을 잘못 탄 것이 아니오?"라고 했다. 며칠 뒤에 가족을 데리고 교외에서 술을 마시게 되었기에 짧은 시를 지어서 유공에게 우스갯소리를 하며 좀 달라고 청한다(劉監倉家煎米粉作餅子, 余云: "爲甚酥?" 潘邠老家造逡巡酒, 余飮之, 云: "莫作醋, 錯着水來否?" 後數日, 攜家飮郊外, 因作小詩戲劉公, 求之)>라는 아주 긴 제목의 시가 한 수 있다.

악양루 앞의 천층병 가게

악양루 앞에서 파는 천층병

야외로 나가 꽃밭에서 아무것도 없이 술을 마셔 野飮花間百物無
지팡이 끝에 호리병만 하나 걸려 있다오. 杖頭惟挂一葫蘆
반 선생의 착착수를 이미 기울였기에 已傾潘子錯着水
다시 그대 집안의 위심수를 찾는다오. 更覓君家爲甚酥[4]

이 시에 대하여 소동파와 거의 같은 시대 사람인 주자지(周紫芝, 1082-1155)는 이렇게 전언했다.

동파가 황주(黃州)에 있을 때 한번은 하수재(何秀才)의 모임에 갔다가 기름과자를 먹었는데 아주 바삭바삭한지라 주인에게 "이름이 무엇이오?" 하고 물었더니 주인이 이름이 없다고 대답했다. 동파가 또 "무엇 때문에 이렇게 바삭바삭하오?" 하고 묻자 좌중에 있던 손님들이 다들 "이것(爲甚酥)을 이름으로 삼으면 되겠다"고 했다. 또 반(潘) 현령이 동파가 술을 못 마신다는 이유로 매번 단술을 차려 주자 동파가 웃으면서 "이것은 틀림없이 물을 잘못 탄 것이구려"라고 했다. 훗날 문득 기름과자가 생각나 짧은 시를 지어서 좀 달라고 청했다.

4 왕문고본 ≪소식시집≫ 권22.

東坡在黃州時, 嘗赴何秀才會, 食油果, 甚酥. 因問主人: "此名爲何?" 主人對以無名. 東坡又問: "爲甚酥?" 坐客皆曰: "是可以爲名矣." 又潘長官, 以東坡不能飮, 每爲設醴, 坡笑曰: "此必錯着水也." 他日忽思油果作小詩求之.[5]

이 글은 얼핏 보면 위심수를 만든 사람이 '하수재'인 것처럼 묘사되어 있지만, 소동파의 <정혜원 유람기(記游定惠院)>에 "저녁 무렵에 걸어서 성 동쪽으로 나가니 큰 나무 동이를 팔기에 맑은 샘물을 받아 오이나 자두를 씻으면 되겠다 싶어서 하나 사고 마침내 작은 도랑을 따라 하 씨와 한 씨의 대밭 속 정원으로 들어갔다. 당시 하 씨가 한창 대나무 사이에 초당을 짓느라 이미 땅을 파헤쳐 놓은 상태이기에 마침내 대나무 그늘 아래에다 술자리를 마련했다. 유당년이라는 주부가 있어서 기름으로 지진 음식을 보내온바 그 이름이 위심수인데 맛이 아주 좋았다"[6]고 한 것을 보면, 소동파가 하수재의 대밭 속 정원에서 연회를 벌이고 있을 때 황주주부(黃州主簿)로서 창고지기의 직책을 맡고 있던 유당년이 위심수를 보내준 것임을 알 수 있다.

어쨌든 이런 기록들은 소동파 시의 창작 배경에 대한 이해는 물론 '위심수'와 '착착수'라는 명칭의 유래에 대한 이해도 도와준다. 이런 기록들을 종합해 보면, '위심수'는 창고지기인 유당년의 집에서 기름으로 지져 만든 아주 바삭바삭한 전병(煎餠)의 이름이고 '착착수'는 현령인 반대림(潘大臨, 즉 반빈로)이 술을 잘 못 마시는 소동파를 위해 즉석에서 급조한 술인데 물을 너무 많이 탄 나머지 알코올 농도가 낮아져서 약간 시큼한 맛만 나고 술맛은 거의 안 나는 묽은 술을 가리킨다는 사실을 알 수 있다. 소동파가 좋아한 이 전병은 급기야 승려 친구 참료(參寥)와의 돈독한 우정과 결합되어 중요한 소식(素食, 고기를 사용하지 않고 만든 음식)의 하나로 발전했다.

이 무렵에 소동파는 자주 안국사(安國寺)로 참료 스님을 찾아가서 이야기를 나

---

5 문연각사고전서본 ≪죽파시화(竹坡詩話)≫.

6 "晩乃步出城東, 鬻大木盆, 意者謂可以注清泉, 瀹瓜李, 遂奮緣小溝, 入何氏・韓氏竹園. 時何氏方作堂竹間, 既闢地矣, 遂置酒竹陰下. 有劉唐年主簿者, 餽油煎餌, 其名爲甚酥, 味極美."(공범례본 ≪소식문집≫ 권71)

누곤 했는데, 전병 만드는 솜씨가 뛰어났던 참료는 소동파가 이처럼 바삭바삭한 전병을 좋아한다는 사실을 알고 그가 안국사로 올 것으로 예상되는 날 미리 바삭바삭한 전병을 만들어 놓았다. 그러나 공교롭게도 그날따라 소동파는 안국사를 찾지 않았다. 전병은 변질되어 바삭바삭하지도 않고 맛도 없어졌다. 며칠 뒤에 소동파가 안국사를 찾아가자 참료가 이렇게 변질된 전병을 내놓으면서 경위를 설명했다. 이에 소동파가 오래 지나도 변질되지 않게 하는 좋은 방법을 생각해 내고 참료가 소동파의 설계에 따라 새로운 전병, 즉 천층병을 만들었다.

이 천층병은 결이 고운 고급 밀가루를 용이 똬리 튼 모양으로 만들어 참기름에 지진 다음 설탕을 뿌려서 먹는데, 향긋하고 달콤하고 바삭바삭한 것이 열흘이 지나고 반달이 지나도 변질되지 않았다. 이 천층병은 점점 소문이 퍼져 나가 황주 사람들뿐만 아니라 다른 지방 사람들까지도 애호하는 전병이 되었다. 소동파가 개발한 전병이기 때문에 사람들 사이에서 이것은 점점 '동파병'으로 불리기 시작했다. 그리고 황주에서는 귀빈에게 동파병을 대접하는 것이 풍속으로 굳어져 갔다.[7]

우리는 천층병을 한번 맛보고 싶은 생각에 천층병과 튀김·콩국 등을 사 가지고 호텔에 가서 먹었다. 천층병은 우리의 부침개와 비슷한데 약간 바삭바삭해서 고소한 맛이 났다. 그러나 그것이 어떻게 해서 오래 지나도 변질되지 않는지는 이해할 수 없었다.

악양루는 1996년 가을에 본 것과 많이 달라진 느낌이었다. 그때보다 경내가 더 확장되고 부속 건물도 많이 늘어난 것 같았다. 그래서 그런지 입장료도 46원이나 받았다. 악양루 경내에 들어서자 여기저기에 악양루를 묘사한 선현들의 시문이 보였다. 먼저 악양루로 들어가는 일주문에 북송 문인 범중엄(范仲淹, 989-1052)이 지

7 봉황망(鳳凰網)의 <소식채보(素食菜譜): 동파병(東坡餅)>(http://fo.ifeng.com/sushi/200707/0730_51_44935_1.shtml) 및 중국경제망(中國經濟網)의 <안국사와 동파병(安國寺與東坡餅)>(http://www.ce.cn/cysc/sp/newbig-news/200710/25/t20071025_13371825.shtml)에 이에 관한 상세한 기록이 있다.

은 <악양루기> 중의 '남쪽으로 소상강에 이른다(南極瀟湘)'라는 구절이 새겨져 있고, 그 양쪽의 기둥에는 '남쪽으로 소상강에 이르는 천 리에 뻗은 달빛, 북쪽으로 무협과 통하는 만 겹이나 되는 산(南極瀟湘千里月, 北通巫峽萬重山)'이라는 주련(柱聯)이 쓰여 있었다.

악양루

선매정(仙梅亭)을 지나 악양루로 들어가니 청나라 서예가 장조(張照)가 해서체로 써서 목각한 범중엄의 <악양루기>가 붙어 있고, 한 층 더 올라가니 모택동이 초서체로 쓴 두보의 시 <악양루에 올라(登岳陽樓)>가 걸려 있었다. 그리고 그 양쪽에 '호수와 하늘이 한 빛깔이고, 청풍과 명월이 그지없도다(水天一色, 風月無邊)'라는 대련이 걸려 있는데 그 끄트머리에 '장경 이백 씀(長庚李白書)'이라는 낙관이 있었다. 장경성이 곧 태백성이므로 '장경(長庚)'은 이백의 자(字)인 '태백(太白)'과 같다.

이 대련에 대해서는 재미있는 전설이 전해 오는바, 옛날에 악양루 3층의 나무벽에 '일(一)'·'충(虫)'·'이(二)' 등 세 글자가 쓰여 있었으나 아무도 그 의미를 아는 사람이 없었는데, 나중에 이백이 악양루에 올라왔다가 이것을 보고 "호수와 하늘이 한 빛깔이고, 청풍과 명월이 그지없도다(水天一色, 風月無邊)"라고 풀이하고는 직접 붓으로 썼다고 한다.[8] '일(一)'은 호수와 하늘이 한 빛깔이라는 뜻이고, '충이(虫二)'는 '풍(風)'과 '월(月)'에서 변두리가 없는 상태 즉 '풍월무변(風月無邊)'으로 청풍명월 즉 아름다운 경치가 끝없이 펼쳐져 있다는 뜻이었던 것이다.

---

8 ≪백도백과≫ <풍월무변(風月無邊)> 참조.

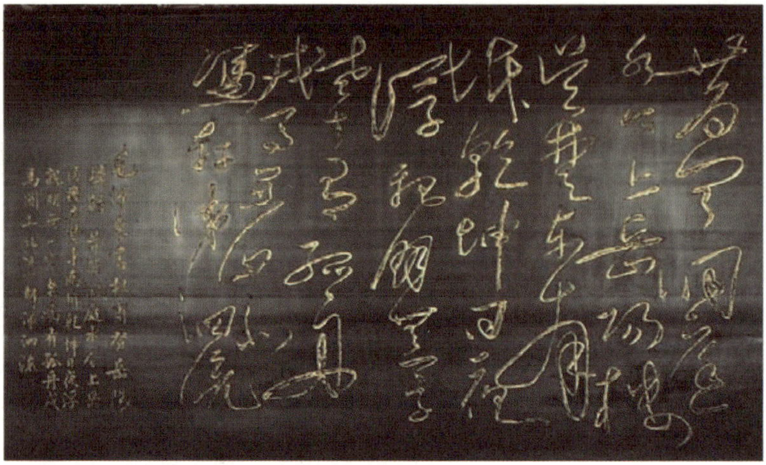

모택동이 쓴 두보의 〈악양루에 올라〉

악양루 2층의
'수천일색 풍월무변' 대련

악양루 옆에 삼취루(三醉樓)가 있었다. 입구의 벽에 팔선 중의 한 사람인 여동빈(呂洞賓, 798-?)이 악양루에서 세 번이나 취했다는 민간 전설에 근거하여 청나라 건륭 40년(1775)에 삼취루를 창건했다는 안내문이 붙어 있었다. 그리고 벽에는 여동빈의 취한 모습을 그린 초상화가 걸려 있었다.

악양루의 동북쪽 모퉁이에 삼국시대 오나라 장수 주유(周瑜, 175–210)의 부인 소교(小喬)의 무덤이 있었다. 무덤 옆에 있는 안내판에 봉분의 높이가 2.5미터고 지름이 8.5미터라고 쓰여 있었다. 안내판에는 또 절세미인인 교공(喬公)의 두 딸 가운데 손책(孫策, 175–200)이 대교를 아내로 삼고 주유가 소교를 아내로 삼았는데 소교는 주유를 따라다니며 파구(巴丘) 즉 악양을 진압하고 적벽대전에도 참가한 후 파구에 묻혔다는 말과, 그녀의 묘지가 바로 그 당시 주유의 막부 소재지이며 소교의 무덤이 몇 차례의 훼손과 중수를 거쳤고 지금의 무덤은 일본군의 포화에 허물어진 것을 1993년에 중수한 것이라는 설명이 있었다. 일본인들의 군홧발이 안 미친 곳이 없는 모양이다.

소교 무덤 입구의 벽에 소동파의 사 <염노교—적벽회고—> 중의 "아득히 떠오르는 주공근의 그때 모습, 아리따운 소교가 막 시집오고, 웅장한 자태에서 영기가 나왔겠지(遙想公瑾當年, 小喬初嫁了, 雄姿英發)"라는 구절이 새겨져 있었다. 소동파가 취한 상태에서 썼다는 <동파취필(東坡醉筆)>과 꼭 같지는 않지만 아주 흡사하고, '소동파의 <염노교>에서 따왔다'고 서명해 놓은 것을 보니 누군가가 소동파의 <동파취필>을 모사한 것인 듯했다.

악양루 비랑

동정호 쪽으로 내려오다 악양문을 지나가니 비랑(碑廊)에 범중엄의 <악양루기>를 비롯한 악양루 관련 시문을 각종 서체로 써서 새겨 놓았는데 범중엄의 <악양루기>가 압도적으로 많았다. 상당히 많은 작품이 이미 새겨져 있건만 아직도 새길 작품이 많이 남아 있는 듯 비랑 확장 공사가 한창 진행 중이었다.

비랑이 끝나는 곳에 기념품 가게가 있는데 가게 안에 진열된 물건도 범중엄의 <악양루기>를 이용하여 만든 것이 대부분이었다. 우리가 한국인임을 눈치챈 가게 여주인은 한국의 텔레비전 연속극에 대해서 이야기하기도 하고, 우리를 위해 단체사진을 찍어 주기도 하고, 부담 없이 들어와서 구경하라며 친절을 베풀기도 했다. 여주인의 관심과 친절은 즉시 효력을 발휘하여 몇몇 학생이 들어가서 기념품을 샀다.

❄ 동정호와 군산

10시 반쯤에 군산(君山)으로 가는 쾌속정을 탔다. 진(晉)나라 사람 장화(張華)의

≪박물지(博物志)≫에 의하면 상군(湘君), 즉 순임금의 왕비가 된 요임금의 두 딸이 노닌 곳이기 때문에 이런 이름이 생겼다고 하는 군산은[9] 드넓은 동정호 안에 있는 총면적 약 1평방킬로미터의 작은 섬으로 동정산 또는 상산(湘山)이라고도 한다.[10] 열 명 남짓밖에 탈 수 없는 작은 배이기도 했지만 우리 이외에는 배를 타려는 승객이 한 명도 없었기 때문에 배는 우리가 타자마자 곧바로 출발했다. 한꺼번에 많은 사람이 탔으니 요금을 좀 깎아 달라고 해 보았지만 선장은 1인당 60원씩을 에누리 없이 다 받았다. 규정상 열여섯 명이 타야 한 명이 무료로 탈 수 있다며 자기 마음대로 깎아 줄 수가 없다고 했다. 대신 돌아오는 배의 출발시각은 우리가 마음대로 결정해도 좋다고 했다.

당나라 시인 유우석(劉禹錫, 772-842)은 <동정호를 바라보며(望洞庭)>라는 시에서 사방으로 수평선이 내려와 커다란 쟁반같이 보이는 동정호를 은쟁반에 비유했다.

호숫빛과 가을달이 서로 어우러지고　　湖光秋月兩相和
바람 없는 수면은 좀 덜 닦인 거울이네.　　潭面無風鏡未磨
저 멀리 동정호의 푸른 산수 바라보니　　遙望洞庭山水翠
새하얀 은쟁반에 파란 소라 하나 있네.　　白銀盤裏一青螺[11]

그는 동정호를 은쟁반에 비유하고 호수 안에 있는 군산을 파란 소라에 비유하여 이토록 맛깔스럽게 묘사했다. 그 뒤 황정견(黃庭堅)도 악양루에 올라가서 군산을 바라보며 지은 <빗속에 악양루에 올라 군산을 바라보며(雨中登岳陽樓望君山)>라는 시를 지었다.

9 문연각사고전서본 ≪박물지≫ 권6 <지리고(地理攷)> 참조.
10 ≪백도백과≫ <군산> 참조.
11 문연각사고전서본 ≪어정전당시(御定全唐詩)≫ 권365 <유우석(劉禹錫)>.

온 시내에 자욱이 비바람이 치는데	滿川風雨獨憑欄
나 홀로 누각의 난간에 기대서니	
상아가 머리를 열두 갈래로 땋았다.	綰結湘娥十二鬟
반짝이는 호수의 수면 위로 내려가	可惜不當湖水面
은빛의 새하얀 산 무더기 속에서	銀山堆裏看靑山[12]
청산을 바라볼 수 없는 것이 애석하다.	

황정견의 이 시는 유우석의 시구에 약간의 손질을 가하여 자신의 새로운 시구로 재창조한 이른바 환골탈태(換骨奪胎)의 대표적인 예로 꼽힌다.[13] 그는 군산의 산줄기들을, 순임금을 찾아왔다가 그가 세상을 떠났다는 소식에 그만 동정호로 흘러드는 상수에 투신하여 자살했다는 그의 두 왕비가 머리를 여러 갈래로 땋은 모습에 비유했다. 그리고 그도 역시 동정호의 물결을 은빛 산에 비유했다. 그러나 우리의 눈앞에 펼쳐진 동정호는 누리끼리하고 칙칙한 것이 장강 물과 비슷했다. 홍수가 지나간 지도 오래되었고 장강처럼 큰 배가 많이 다니는 것도 아닌데 왜 이렇게 물이 누런색인지 이해가 되지 않았다. 유우석과 황정견은 둘 다 밤에 보아서 은빛으로 보였을까? 아니면 옛날에는 물이 정말 맑았을까? 그도 아니면 홍수로 인한 흙탕물이 완전히 정화되기에 충분한 시간이 아직 안 지난 것일까?

그 넓은 호수 위에 지나가는 배가 어쩌다가 한두 척밖에 보이지 않더니, 군산이 가까워지자 한두 사람씩 타고 무슨 작업을 하고 있는 듯한 배가 몇 척 보였다. 고기를 잡는 것 같기도 하고 수중 작물을 재배하는 것 같기도 했다. 그리고 어쩐 일인지 군산에 거의 다 갔을 때에야 비로소 호숫물이 맑아졌다. 무슨 이유인지 정말 감이 잡히지 않았다.

배는 30분 만에 군산부두에 도착했다. 부두 관리실로 가기 전에 산기슭의 바위

---

12 문연각사고전서본 ≪산곡집(山谷集)≫ 권11.

13 문연각사고전서본 완열(阮閱) ≪시화총귀(詩話總龜)≫ 후집권13(後集卷十三) <평론문(評論門)> 참조.

봉산인

에 무슨 부호처럼 생긴 알아볼 수 없는 글씨가 새겨져 있었다. 안내문을 보니 그것이 바로 봉산인(封山印)이라고 했다. 즉 진시황이 남방을 순수하다 군산에 이르렀을 때 심한 폭풍우가 일어나 그 까닭을 물으니 상수신(湘水神)의 소행이라고 하므로 대노하여 산을 몽땅 불지르고 바위에다 도장을 새겨 진압했음을 표시한 것이라고 했다.

부두 관리실 앞의 콘크리트 기둥에 '1998년 동정호 역사상 최고 수위 35.94미터(一九九八年洞庭湖歷史最高水位35.94米)'라는 글자가 쓰여 있고 그 밑에 당시 호수의 수위를 표시하는 눈금이 그려져 있었다. 그것에 의하면 당시의 수면은 지금의 수면보다 10미터가량 더 높았던 셈이다. 그 넓은 호수의 수면이 지금보다 10미터쯤 더 높았다고 생각하니 아찔한 느낌이 들었다. 동정호가 거의 범람할 위기에까지 간 것이었다. 어쩌면 낮은 곳 어딘가는 범람했을지도 모를 일이었다. 만약 비가 조금만 더 왔다면 동정호가 사방으로 넘쳤을 것이니 그 모습이 어땠을까? 생각만 해도 끔찍했다.

군산부두는 군산 관광객에 대한 입장권 판매소를 겸하고 있었다. 입장료가 60원이었다. 뱃삯이 1인당 60원씩 들었는데 이것과 별도로 또 60원씩의 입장료를 내야 하는 것이었다. 작년에 보타산에 들어갈 때 110원의 입장료를 낸 일이 생각났다. 섬사람들의 인심이 '순박함'과 너무 멀어진 것 같아서 어째 좀 씁쓸했다.

산 입구에 세워져 있는 일주문에 '새하얀 은쟁반 속(白銀盤裏)'이라고 쓰여 있었다. 유우석의 시가 빛을 발하고 있는 것이었다.

군산에는 보통 나무와 대나무가 뒤섞여 있었다. 보기 드문 현상이었다. 군데군데 차밭도 있었다. 바로 군산은침(君山銀針)이라는 유명한 차의 생산 현장이었다.

나지막한 등성이를 넘어 다시 평지에 이르자 폭이 5미터 정도밖에 안 되는 콘크리트 포장도로가 나왔다. 오른쪽으로 돌아가자 군산 어시장이 나왔다. 기둥만 있고 벽도 없는 약 2평짜리 임시 건물에 젊은 여자 하나가 몇 가지 건어물을 늘어 놓고 지루함을 참으며 앉아 있다가, 우리가 지나가자 얼른 일어나서 판촉활동을 개시했다. 그것이 군산어시장의 전부였다.

반죽

다시 몇 걸음 더 가니 줄기에 얼룩덜룩 검정 반점이 있는 대나무가 나타났다. 거기에 있는 대나무는 모두 그랬다. 바로 이비묘(二妃墓)를 에워싸고 있는 반죽(斑竹), 즉 상비죽(湘妃竹)이었다. 요임금의 두 딸로 순임금의 왕비가 된 아황(娥皇)과 여영(女英)이 순임금을 찾아왔다가 순임금이 세상을 떠났다는 소식을 듣고 눈물을 뿌렸더니 그 눈물이 대나무에 떨어져 대나무에 얼룩이 졌다는 전설 속의 대나무였다.[14]

그 대밭 안에 두 왕비의 무덤이 있었다. 콘크리트로 만들어진 조그만 봉분 위에 잡초가 돋아 있었다. 악양루 옆에 있는 소교의 무덤보다 훨씬 작았다. 왕비의 무덤이라고 하기에는 너무나 초라했다. 무덤 앞에 세워져 있는 '순임금 두 왕비의 무덤(虞帝二妃之墓)'이라는 비석만이 그것이 왕비의 무덤임을 알려 주고 있었다.

강남에서 제일가는 사당이라는 상비사(湘妃祠)와 남송 소흥(1131-1162) 연간에 양요(楊幺)가 의병을 모아 남송 조정에 항거했다는 양요채(楊幺寨)를 본 뒤 유의정(柳毅井)으로 갔다. 일명 전서정(傳書井)이라고도 하는 유의정은 당나라 소설가 이조위(李朝威)가 지은 전기소설(傳奇小說) <유의전(柳毅傳)>의 다음과 같은 이야기에서 비롯된 이름이다.

14 문연각사고전서본 장화(張華) ≪박물지(博物志)≫ 권8 참조.

전서정

유의정

당나라 때 선비 유의가 과거에 낙방하고 고향으로 돌아가는 도중 혹독한 시집살이에 시달리고 있던 동정호 용왕의 공주를 만나 그녀의 부탁으로 용왕에게 편지를 전하기 위해 이 우물을 통하여 동정호로 들어갔다. 공주의 편지가 용왕에게 전해진 뒤 용왕의 동생 전당군(錢塘君)이 이 사실을 알고 즉시 날아가서 공주를 구출한 후 유의에게 시집보내려 했으나 유의가 완강하게 사양하는지라, 공주가 다른 사람으로 변신하여 마침내 유의와 결혼해서 행복하게 살았다.

이 이야기는 원나라 잡극 작가 상중현(尙仲賢)에 의하여 <동정호에서 유의가 편지를 전하다(洞庭湖柳毅傳書)>라는 희곡으로 개편되기도 했을 정도로 중국인들에게 널리 알려져 있다.

유의정은 평지에서 아주 완만한 각도로 5미터 정도 내려가 그 끝에 있는 우물로 이어졌다. 그대로 계속하여 우물 속으로 들어가면 동정호 밑에 있는 용궁으로 통할 것 같은 느낌이 들었다. 아니 이런 식의 입구가 있는 것을 보고 상상력을 발휘하여 이런 이야기를 만들어 내었을 것이다. 우물 뒤에는 전서정(傳書亭)이라는 정자가 하나 있었다. 사각정 두 개를 연이어 놓은 듯한 모양의 파란색 기와지붕이 이

색적이었다.

이어서 유의정 부근에 있는 비래종(飛來鐘)을 먼저 보고 한나라 무제가 동정호 안에서 심한 풍랑을 일으키는 교룡을 활로 쏘아 죽인 곳이라는 사교대(射蛟臺)를 찾아갔다. 그러나 입장권에 인쇄되어 있는 약도도 정밀하지 않고 길에 세워 놓은 표지판도 정확하지 않아 이리 갔다 저리 갔다 하며 뜨거운 햇볕 아래에서 고생만 실컷 하고 끝내 사교대는 찾지 못했다. 그렇게 중요하지도 않은 곳이고 저 멀리 부두에서 선장이 빨리 가자고 고함을 지르기도 하여 그만 포기하고 말았다.

악양으로 돌아오니 아직 3시 정도밖에 되지 않았다. 날씨가 워낙 더워서 다들 아무 데도 가기 싫어했다. 악양루부두에 내리자마자 우선 얼음과자를 하나씩 사 먹음으로써 더위를 조금 식힌 뒤 자유시간을 갖기로 했다. 나와 이강재 교수는 악양 시내의 번화가를 구경하기로 했다. 김수희 · 홍금주 · 김시현 · 류소진 · 박양숙이 우리를 따라왔다. 백화점을 구경한 뒤 냉방이 잘 되어 있는 한 미국식 튀김닭 집에 앉아서 한두 시간 동안 푹 쉬었다.

저녁은 다시 어제 갔던 연수주루에서 먹기로 하고 다른 곳에 가 있는 사람들에게 연락하여 그곳으로 오라고 했다. 차림표에 '일본두부증피단(日本豆腐蒸皮蛋)'이라는 음식이 있어서 두 접시를 주문했다. 오늘이 마침 광복절인지라 20세기 전반의 역사를 생각하며 잘근잘근 씹어 먹었다. 두 접시로는 부족하여 다시 두 접시를 더 주문하여 맥주 안주로 삼으니 술이 더욱 맛있었다. 악양에서의 광복절 기념행사는 그런대로 괜찮은 편이었다.

2006년 8월 16일 아침에 일어나 보니 날씨가 좀 시원해진 느낌이었다. 6시에 큰길로 나가서 택시 잡기를 시도했다. 신주빈관 앞에는 지나가는 택시가 별로 많지 않았다. 빈 택시를 찾기가 어려워 자칫하면 기차 시간에 못 댈 우려가 있겠기에 택시든 버스든 먼저 오는 것을 타기로 했다. 6시 10분경에 우리 조가 먼저 택시를 탔다.

택시 운전사와 이야기를 나누다 보니 그 운전사는 한국 연속극을 좋아하지 않는다고 했다. 연속극 자체가 싫은 것은 아니지만 너도나도 한국 연속극을 좋아하는 중국 사람들의 행태가 마음에 안 든다고 했다. 이해가 되었다. 운전사는 자기 생각을 충분히 이해하고 동의한다는 내 말에 기분이 좋아진 듯 악양에도 한국 유학생이 한 명 있다고 물어보지도 않은 사실을 말해 주었다. 그리고 한 명뿐이라고 했다. 한 명뿐인 줄을 어떻게 아느냐고 했더니 자기 택시를 탔기 때문이라고 했다. 그때 그 유학생과의 대화를 통해서 알게 된 모양이었다. 슈퍼마켓에서 한국 음식을 다 파는데 악양에 한국 유학생이 한 명뿐이라니 의외였다. 그렇다면 악양에 진출해 있는 산업인력이 많다는 뜻이 된다.

악양역 거의 다 간 곳에서 갑자기 길이 막혔다. 기차가 올 시간이 되면 역 부근이 이렇게 막힌다고 운전사가 설명했다. 여기저기서 사람들이 몰려오기 때문이라고 했다. 그 바람에 10분가량이나 지체되었으니 서울에서야 이 정도로는 지체되었다고 할 것도 없지만 악양 같은 소도시에서는 꽤 많이 지체된 셈이다. 그러나 이러한 뜻밖의 상황에 대비하기 위해 역 앞에서 아침을 먹기로 하고 일찍 나왔기 때문에 문제 될 것은 없었다.

역 광장에서 다른 일행이 오기를 기다리고 있노라니 거지 노인 서너 명이 다니면서 적선을 요구했다. 그리고 죽과 튀김 등의 아침거리를 팔고 있는 한 아주머니 옆에서 다른 아주머니 한 명이 구두를 닦고 있었다. 새까맣게 변한 천에 입김을 호호 불어가며 광을 내고 있었다. 참 오래간만에 보는 눈에 익은 정경이었다.

기차는 15분이 늦어져서 7시 17분에 출발했다. 차가 꽤 복잡했다. 입석표라 자리가 없기 때문에 통로에 서서 가야 했다. 따라서 일행이 여기저기로 흩어졌다. 김시현과 박양숙이 내 옆에 섰다. 내가 서서 가는 모습을 보니 마음이 불편했던지 김시현과 박양숙이 앞에 있는 좌석의 팔걸이를 가리키며 좀 걸터앉으라고 했다. 3인용 좌석에 이미 세 사람이 앉았으니 내가 팔걸이에 걸터앉으면 그 자리에 앉아 있는 사람에게 방해가 될 수밖에 없는 상황이었다. 그러나 학생들의 생각이 기특해서 갑자기 우스갯소리로 서로의 피로를 좀 풀고 싶었다.

"구차하게 앉느니 차라리 당당하게 서서 가겠다."

예상했던 대로 어쭙잖은 농담에도 잘 웃어 주는 순박한 두 학생이 깔깔대고 웃었다. 한참 더 가다 보니 맞은편 의자 밑에 플라스틱 보조의자가 하나 보였다. 혹시 가까이 앉아 있는 사람의 것이 아닐까 싶어서 잠시 망설이다가 대뜸 그것을 끄집어내어 통로에 앉았다. 주인이 있으면 돌려주면 된다는 배짱으로 앉았는데 아무도 의자의 소유권을 주장하지 않았다. 다른 쪽으로 시선을 돌리고 있는 김시현과 박양숙을 불렀다.

"이제 당당하게 앉았다."

학생들이 다시 웃어 주었다. 그러나 당당하게 앉는 것도 통로에서는 별로 편안하지 않았다. 판매원이 짐수레를 밀고 지나갈 때마다, 그리고 승객들이 화장실에 갈 때마다 비켜 주어야 했기 때문이다. 얼마 안 가서 다시 차라리 서서 가기로 마음을 바꾸고 말았다.

2. 적벽(赤壁)에서 황주(黃州)까지

❄ 삼국적벽

호북성의 장강 가에는 삼국적벽(三國赤壁)과 동파적벽(東坡赤壁)이라는 두 개의 유명한 적벽이 있다. 포기(蒲圻)에 있는 삼국적벽은 삼국시대에 적벽대전이 일어난 곳으로 적벽대전 때 화공(火攻)으로 인하여 바위 절벽이 벌겋게 달아 있었기 때문에 전쟁이 끝난 뒤 주유(周瑜)가 검을 들고 올라가서 '적벽'이라는 두 글자를 새긴 것으로 알려져 있는 곳이고,[15] 황주에 있는 동파적벽은 소동파가 그곳에서 유배생활을 할 때 즐겨 배를 띄우고 노닐었다는 곳으로 소동파의 대표작인 <적벽부>와 <염노교—적벽회고—>의 창작 현장이다.

그러나 황주 사람들은 옛날부터 지금까지 황주에 있는 적벽이 바로 적벽대전의 현장이라고 주장하고 있으니, 소동파의 <적벽기(記赤壁)>에 "황주태수의 거처에서 수백 보 떨어진 곳이 적벽인데 어떤 사람은 거기가 바로 주유가 조조를 격파한 곳이라고 하나 과연 그러한지 어떤지는 모르겠다"[16]라고 한 것은 북송 때에도 이미 그러한 주장이 있었다는 증거다.

임진적벽

우리나라에도 곳곳에 적벽이 있다. 임진적벽 · 잠두적벽 · 적벽강 · 화순적벽 등이 대표적인 예다. 임진적벽은

---

15 《백도백과》 <적벽> 참조.

16 "黃州守居之數百步爲赤壁, 或言卽周瑜破曹公處, 不知果是否."(공범례본 《소식문집》 권71)

경기도 파주시에 있다. 임진강 가에 있는 파주시 적성면 두지리의 두지나루에 가면 황포돛배라는 유람선이 운행되고 있어서 그것을 타고 임진적벽 바로 아래까지 가서 자세히 구경할 수 있다. 여기는 조선시대 화가 정선(鄭敾, 1676-1759)의 진경산수화 <임진적벽도(臨津赤壁圖)>의 묘사대상이 되기도 했던 곳이다.

또 서울의 양화대교 북단에 나지막한 봉우리가 하나 있는데, 조선 고종 3년(1866)의 병인박해 때 천주교도들이 순교한 곳이라고 해서 지금은 절두산성지라고 불리는 이곳을 조선시대에는 누에머리처럼 생겼다고 해서 잠두봉이라 했다.[17] 이 잠두봉이 한강과 만나는 지점에 있는 절벽이 바로 잠두적벽이다.

그리고 전라북도 부안의 변산반도에는 적벽강이 있다. 이곳은 사실상 강이 아니라 바다인데 우리 선조들이 이 바다를 적벽이 있는 중국의 장강으로 간주하고 각자 소동파가 되어서 적벽선유(赤壁船遊)를 재연하며 풍류를 즐긴 것이다.

두적벽

적벽강

17 ≪두산백과≫ <잠두봉> 참조.

화순적벽 중의 장항적벽

우리나라의 여러 적벽 가운데 풍광이 가장 아름다운 곳은 화순적벽이다. 전라남도 화순군의 동복천 가에 있는 화순적벽은 동복천의 상류로부터 물염적벽(勿染赤壁) · 창랑적벽(滄浪赤壁) · 보산적벽(寶山赤壁) · 장항적벽(獐項赤壁) 등 네 개로 이루어져 있다.

화순적벽은 조선 중종 14년(1519)에 일어난 기묘사화에 연루되어 이곳에서 유배생활을 한 최산두(崔山斗, 1483-1536)가 처음으로 발견하여 적벽이라 명명하고 자주 와서 노닐며 시름을 달랜 이후, 임억령(林億齡, 1496-1568) · 김인후(金麟厚, 1510-1560) · 정철(鄭澈, 1536-1593) · 이식(李植, 1584-1647) · 김창협(金昌協, 1651-1708) · 김창흡(金昌翕, 1653- 1722) · 정약용(丁若鏞, 1762-1836) 등 이곳에서 벼슬살이를 하거나 이 부근을 지나가던 많은 선비들이 찾아와 풍류를 즐겼으며,[18] 이 고을에서 삶을 마감한 조선 말기 방랑시인 김병연(金炳淵, 속칭 김삿갓, 1807-1863)도 이곳에서 여생을 보내며 많은 시

18 권수용, <화순 물염정(勿染亭)과 적벽문화(赤壁文化)>(호남사학회, ≪역사학연구≫ 제44집, 2011) 134-158쪽 참조.

를 지은 것으로 전한다.[19] 그러나 애석하게도 지금은 동복댐이 광주상수도 수원지로 사용되고 있기 때문에 일반인의 출입이 통제되고 있어 옛날처럼 배를 띄우고 아름다운 풍광을 즐기는 것은 불가능한 일이 되고 말았다.

이들 지역 이외에도 우리나라 도처에 '적벽'이라는 지명이 있다. 모두 조선시대에 그 일대 문인들이 모여서 '소동파놀이'를 하던 곳이다. 소동파가 호북성 황주(黃州)에서 유배생활을 할 때 그곳에 있는 붉은 절벽, 즉 적벽 밑의 장강에 배를 띄우고 놀면서 저 유명한 <적벽부(赤壁賦)>를 지어 세속적인 욕심에 얽매이지 않는 초탈한 모습을 보이자, 우리나라 문인들이 그것을 흠모한 나머지 강이 있고 절벽이 있으면 다 '적벽'이라 명명하고는 이렇게 소동파 흉내를 내는 '소동파놀이'를 해 본 것이다. 그러니 우리나라 도처에 산재해 있는 적벽들이 모두 소동파가 노닐던 황주의 적벽을 생각하며 명명한 것일 가능성이 매우 크다.

이런저런 생각에 잠겨 있는 사이에 기차가 어느덧 적벽역에 도착했다. 여러 가지 정황으로 미루어 볼 때 옛날의 포기현(蒲圻縣)이 적벽시(赤壁市)로 이름이 바뀐 것이 아닐까 하는 생각이 들었다. 적벽역은 1996년에 본 포기역에 비해 훨씬 크고 깨끗했다. 집표원에게 혹시 적벽시가 바로 옛날의 포기현이냐고 물었더니 과연 내 짐작이 맞았다. 포기현을 적벽시로 개칭한 것이라고 했다. 그렇다면 이 도시 안에 있는 삼국적벽으로 관광객을 보다 많이 유치하기 위해 아예 도시 이름까지 바꾼 것임에 틀림없다. 관광산업 육성에 대한 이들의 의욕이 어느 정도인지를 짐작케 한다. 그래도 이것은 대단치 않은 편이다. 아예 서양식 이름으로 바꾼 곳까지 있으니 말이다.

대표적인 예로 샹그릴라가 있다. 샹그릴라(Shangri La)는 원래 영국 소설가 제임스 힐튼(James Hilton)이 1933년에 발표한 소설 ≪잃어버린 지평선(Lost Horizon)≫에서 히

---

19 물염적벽 옆의 물염정 앞에 김병연의 시비와 석상이 세워져 있다.

말라야산맥 깊숙한 곳에 자리 잡고 있다고 한 가상의 지상낙원인데, '샹그릴라'라는 지명이 지상낙원의 대명사로 쓰일 정도가 되자 운남성인민정부가 발빠르게도 1997년 9월 14일에 운남성 서북부의 적경장족자치주(迪慶藏族自治州)에 있는 중전현(中甸縣)이 바로 이 소설에서 말한 샹그릴라라고 선포하고 2001년 12월 17일에 국무원의 승인을 받아 중전현을 샹그릴라현(香格里拉縣)으로 개칭했다.[20]

아주 최근에도 비슷한 예가 있었다. 2010년 1월 25일 수백 명의 현지 주민과 국내외 관광객들이 지켜보는 가운데 호남성의 절경 장가계(張家界)에 있는 남천일주(南天一柱)라는 기이한 봉우리의 명칭을 할렐루야산(哈利路亞山)으로 바꾸는 의식을 치른 것이 그것이다.[21] 이것은 최근에 전 세계적으로 흥행을 일으킨 <아바타(Avatar, 중국명 阿凡達)>라는 영화 때문이다. 이 영화에 할렐루야산이라는 공중에 떠다니는 산이 나오는데, 이 산의 모델이 바로 장가계의 대표적 봉우리인 남천일주인 관계로 이 영화를 홍보대사로 내세워 관광객을 유치하려고 대대로 사용해 온 본래의 명칭을 버리고 서양식 이름으로 바꾸어 버린 것이다. 그것도 영화가 아직 한창 상영 중일 때 말이다. 이 일은 어찌 보면 관광수입의 증대를 위해서 국가적 자존심을 살짝 내려놓은 것이라고 할 수도 있다. 중국의 자본주의화 속도가 상상을 초월하는 정도임을 가늠케 하는 일이다.

역 광장으로 들어서자 택시 운전사들이 몰려와서 서로 삼국적벽까지 태워 주겠다고 제의했다. 한 대에 270원을 내라고 했다. 그러나 그것이 절반 정도로 깎일 것이라는 것을 우리는 알고 있었다. 택시 탈 생각이 전혀 없는 것 같은 표정과 말투로 짐 보관소를 찾아갔다. 설마 하는 표정으로 다소 여유 있는 듯한 태도를 취하던 운전사들이 우리가 가방을 끌고 짐 보관소로 들어서자 다급해진 목소리로

20 ≪백도백과≫ <중전현> 참조. 2012년 8월에 직접 현지를 답사해 본 바에 의하면 중국의 샹그릴라(香格里拉)는 소설 ≪잃어버린 지평선(*Lost Horizon*)≫ 속의 샹그릴라(Shangri La)와 많이 다른 것 같았다.

21 ≪백도백과≫ <할렐루야산(哈利路亞山)> 참조.

택시요금을 낮추어 부르기 시작했다. 그쯤해서 우리가 150원을 불렀다. 거리가 55킬로미터나 되기 때문에 그렇게는 안 된다고 상당히 단호하게 얘기해서 우리는 버스를 탈 것이라는 말을 자꾸 하면서 짐을 맡길 태세를 취했다. 실제로 요금 흥정이 여의치 않으면 버스를 탈 생각이기도 했다. 그러나 웬만하면 택시를 타는 편이 시간을 아끼는 길이기 때문에 우리로서도 흥정이 잘 되기를 바라는 마음이 간절했다. 결국 삼국적벽 입장권 두 장을 무료로 얻어 줄 테니 택시 한 대당 요금을 180원씩 달라는 운전사들의 제의에 동의했다.

삼국적벽으로 가는 도중에 택시 운전사와의 대화를 통하여 적벽시의 중심가에서 삼국적벽이 있는 적벽진(赤壁鎭)까지 길이 다 포장되어 있다는 사실과, 1998년 6월에 포기현이 적벽시로 개칭되었다는 사실을 알 수 있었다. 길이 잘 포장되어 있는 덕분에 40분 만에 적벽진에 도착했다. 예상했던 대로 입구가 깨끗하게 정돈되고 경내가 많이 확장된 데다 1996년에는 없던 부속시설도 많이 생겨 있었다. 그러나 봉추암(鳳雛菴)·무후궁(武侯宮) 등의 부속시설들은 별로 볼 것이 없었다. 적

삼국적벽

벽대전진열관도 마찬가지였다.

삼국적벽에서는 역시 장강 가에 있는 적벽대전 현장이 가장 볼만했다. 적벽산이 장강과 만나는 곳에 있는 깎아지른 절벽에, 동남풍을 빌려서 위(魏)나라 군사를 대파한 뒤 주유(周瑜)가 검을 들고 올라가서 새겼다는 '적벽(赤壁)'이라는 글자가 붉은색으로 도색되어 있었다. 안내문의 설명에 의하면 이 두 글자는 모두 높이가 150센티미터이고 폭이 104센티미터라고 한다. 10년 전에 비해 글자의 붉은색이 더 선명한 것을 보니 그 뒤에 새로 색칠을 한 모양이었다. 적벽 밑에는 사진 찍기 편리하게 하기 위함인 듯 나무토막 몇 개를 뗏목처럼 엮어서 강물 위에 띄워놓았다.

삼국적벽을 다 보고 나오다 보니 길옆에 항홍탑(抗洪塔)이라는 탑이 하나 세워져 있었다. 1998년의 홍수를 성공적으로 막아낸 일을 기념하고 앞으로도 이 일을 잊지 않고 잘 대비하겠다는 의지를 천명하기 위해 세운 탑이었다. 군산의 부두에 동정호의 수위가 표시된 것을 보고 홍수가 어느 정도였는지를 짐작했거니와, 이곳에도 탑이 세워져 있는 것을 보니 당시의 홍수가 얼마나 심했는지 더욱 실감이 났다.

택시 운전사들이 소개하는 삼국적벽 부근의 식당으로 갔더니 음식값이 너무 비싼 데다 주인도 상당히 불친절했다. 그 주변의 식당은 생선요리만 취급하기 때문에 다 비싸다고 했다. 굳이 거기서 점심을 먹어야 할 이유가 없는지라 운전사들의 끈질긴 권유를 듣지 않고 시내로 들어가서 늘 먹던 대로 보통 음식을 먹었다.

❁ 황학루

점심을 먹고 곧장 무한(武漢)으로 갔다. 4시 반경에 무한역에 도착했다. 무한 역시 장강 4대 화로 가운데 하나로 손꼽힐 만큼 무더운 곳인지라, 밤이 되면 남녀노소를 불문하고 다들 길거리에 대나무 침대를 내놓고 노숙한다는 이른바 '죽상진(竹床陣)'에 관하여 이미 알고 왔기 때문에[22] 각오를 단단히 했었다. 그러나 무한의

22 ≪백도백과≫ <죽상진> 참조.

날씨는 생각처럼 그렇게 무덥지는 않았다. 각오가 너무 단단했기 때문일까? 아무래도 기온이 좀 떨어졌기 때문이리라.

무한에서는 황학루(黃鶴樓)만 보면 되기 때문에 마음만 먹으면 저녁 차로 황주까지 갈 수도 있는 상황이었다. 그러나 무한에서 하룻밤 묵는 것도 의미 있는 일이 될 것이므로 일행의 의견을 물었다. 뜻밖에도 꼭 무한에서 하룻밤 묵고 싶다고 생각하는 사람이 없는 듯하여 저녁 차로 황주까지 가기로 결정하려는데 오세범이 황급히 꼭 하룻밤 묵고 싶다고 했다. 평소에 말이 없는 사람이 왜 그러는지 다들 의아한 눈초리로 그의 입을 바라보았다.

"무한이 우리 외할아버지 고향이거든요."

외할아버지가 중국인이냐니까 그런 것은 아니고 외할아버지가 어릴 때 무한에서 자랐다고 했다. 그러고 보니 답사 회원을 모집할 때 오세범이 내게 와서 자기 외할아버지를 모시고 가도 되느냐고 물었던 일이 기억났다. 연세가 여든이라는 바람에 우리의 일정을 감당하지 못하실 거라면서 만류했었다. 다들 굳이 오세범의 소망을 외면할 의향이 없는지라 오늘은 무한에서 묵기로 했다.

무한의 최고 명소로 중국 4대 누각의 하나로 꼽히기도 하고 강남 3대 누각의 하나로 꼽히기도 하는 황학루는 몇 가지 재미있는 전설을 지니고 있다. 가장 재미있는 전설은 주막집 주인 신(辛) 씨와 도사에 얽힌 이야기다.

옛날에 신씨 성을 가진 어떤 사람이 이곳에서 술을 팔고 있었다. 어느날 차림새가 허름한 사나이가 하나 오더니 공짜로 술을 한 잔 달라고 했다. 신 씨는 말없이 술을 한 잔 퍼 주었다. 사나이는 다음 날도 그다음 날도 계속 와서 공짜로 술을 마셨다. 그런 식으로 반년쯤 지난 어느 날 사나이가 그동안 진 빚을 갚겠다며 신 씨에게 귤을 하나 달라고 했다. 사나이는 노란 귤껍질로 벽에다 학을 한 마리 그렸다. 황학이었다. 사나이가 그린 황학은 실물처럼 정교하고 생기가 있었다. 그것을 보고 주막에 있던 손님들이 박수를 치며 사나이의 그림 솜씨를 칭송했다. 그러자 벽에 그려진 황학이 박수 소리에 맞추어 너울너울 춤을 추었다. 근방에 살거나 지나가는 사람들이 이 소문을 듣고 너도나도 찾아와서 황학의 춤을 구경하며 술을 마시는 바람에 신 씨는 금방 부자가 되었다. 그로부터 10년쯤 뒤에 그동안 자취를 감추었던 사나이가 돌아왔다. 그가 피리를 불자 하늘에서 흰 구름이 내려오고 벽에 그려진 황학이 날아 나왔다. 사나이는 황학의 등에 올라 구름을 타고 하늘 높이 올라갔다. 신 씨가 이 일을 기념하기 위해 이곳에 누각을 세우고 황학루라고 불렀다. 이것은 ≪강하현지(江夏縣志)≫에 인용된 ≪보응록(報應錄)≫에 실린 이야기다.[23]

이밖에 자안(子安)이라는 신선이 황학을 타고 이 위를 지나갔기 때문에 황학루로 불린다는 전설도 있고, 비문위(費文禕)라는 사람이 신선이 되어 황학을 타고 하늘로 올라가다가 여기서 잠시 쉬었기 때문에 황학루라고 불린다는 전설도 있다.[24]

황학루는 1996년과 별로 달라진 게 없었다. 5층이나 되는 황갈색 누각이 황학

황학루

황학루에 진열된 당나라 황학루 모형

23 ≪백도백과≫ <황학루>·<강남삼대명루(江南三大名樓)> 참조.
24 이현(李賢), ≪명일통지(明一統志)≫ 권59 <황학루> 참조.

산 꼭대기에 우뚝 서서 장강과 한수(漢水), 그리고 무한 시내를 굽어보고 있었다. 최호(崔顥, 704?-754)는 그의 시 <황학루(黃鶴樓)>에서 "황학은 떠난 뒤로 돌아오지 않는다"[25]라고 읊었지만, 황학루 앞에는 한 쌍의 황학이 늠름하게 서서 황학루를 지키고 있었다. 이른바 '황학귀래상(黃鶴歸來像)'이라는 청동 조각품이다. 최호의 말에 이의라도 제기하듯 이런 조각품을 세워 놓음으로써 보는 이에게 미묘한 미소를 선사했다.

기억이 희미하여 정확하게 비교할 수는 없지만 황학루는 내부도 10년 전과 별로 다르지 않은 듯했다. 엘리베이터도 여전히 운행되고 있었다. 흡사 옛날의 그 아가씨인 양 엘리베이터에는 아가씨 하나가 문을 지키며 1원씩의 요금을 받고 있었다. 이처럼 지금의 황학루는 5층짜리의 현대식 건물이지만 황학루 안에 진열되어 있는 각 시기 황학루의 모형을 보니 당나라·송나라 때의 누각은 2층짜리고 원나라·명나라·청나라 때의 누각은 3층짜리였다.

황학루에서 내려와 동남쪽 길을 따라 내려가니 최호가 시를 지은 곳이라는 최호제시처(崔顥題詩處)가 있고 벽에 그의 시 <황학루>가 초서체로 새겨져 있었다.

옛 사람은 이미 황학을 타고 떠나버리고	昔人已乘黃鶴去
이곳에는 황학루만 덩그러니 남아 있다.	此地空餘黃鶴樓
황학은 떠난 뒤로 돌아오지 아니하고	黃鶴一去不復返
흰 구름만 천 년토록 유유히 떠다닌다.	白雲千載空悠悠
맑게 갠 강가에 또렷한 것은 한양 땅의 나무요	晴川歷歷漢陽樹
향기로운 풀 우거진 곳은 앵무주로다.	芳草萋萋鸚鵡洲
해는 넘어가는데 고향이 어디인가?	日暮鄉關何處是
안개 낀 강가에 서 있자니 시름이 엄습한다.	烟波江上使人愁

25 "黃鶴一去不復返."[문연각사고전서본 ≪어선당시(御選唐詩)≫ 권17]

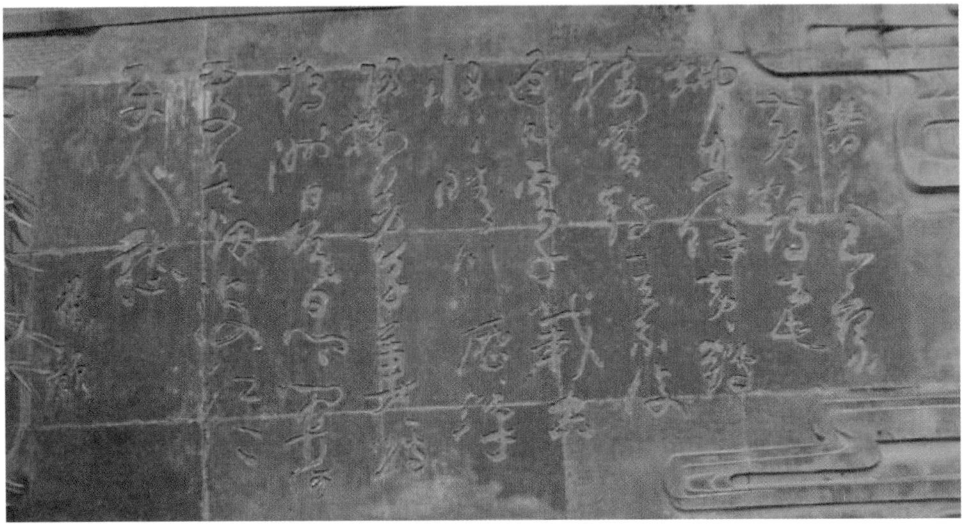

최호의 〈황학루〉 석각

이 시는 남송 비평가 엄우(嚴羽)에게 "당나라 사람들의 칠언율시는 최호의 <황학루>를 으뜸으로 쳐야 한다"[26]는 극찬을 받았을 정도로 높은 평가를 받는다.

최호제시처 바로 맞은편에는 각필정(擱筆亭)이 있었다. 이백(701-762)이 황학루에 올라가서 더 없이 아름다운 풍경을 바라보며 그것을 시로 읊으려다가 누각에 최호의 시가 적혀 있는 것을 보고 자기는 최호보다 더 잘 지을 자신이 없다며 그만 붓을 놓고 말았다는 일화에 근거한 것이다.

이백은 그 뒤 금릉(金陵, 지금의 강소성 남경)에 있는 봉황대(鳳凰臺)에 올라가서 <금릉의 봉황대에 올라(登金陵鳳凰臺)>라는 유명한 시를 지었는데, 이 시는 구성이 최호의 <황학루>와 매우 유사하다.[27]

다른 사람들이 무한역에 맡겨 놓은 가방을 찾는 동안 홍금주와 이욱진이 내일 아침에 황주로 가는 기차표를 예매하러 갔다. 한참이 지나도 안 오기에 내가 매표소 쪽으로 가 보았다. 매표소에 도착하기 전에 마침 매표소에서 나오고 있는 두

---

26 "唐人七言律詩, 當以崔顥<黃鶴樓>爲第一."[문연각사고전서본 ≪창랑시화(滄浪詩話)≫ <시평(詩評)>]

27 유극장(劉克莊), ≪후촌시화(後村詩話)≫ 권1 참조.

사람을 만났다. 역무원이 무한에서 황주로 가는 기차는 잘 없다고 했단다. 10년 전에도 무한에서 황주로 가는 기차가 없어서 무한역 부근에서 중형버스를 타고 간 적이 있었다. 그러나 이번에는 인터넷에서 검색해 본 결과 무한에서 황주로 가는 기차가 있는 것으로 알고 왔는데 무슨 일인지 알 수 없었다. 도리 없이 역에서 300미터쯤 떨어진 곳에 있는 시외버스 종점에서 시외버스표를 예매했다.

각필정

나는 발에 물집이 생겨서 걸음을 걷기가 힘들었지만 적당한 호텔을 찾기 위해서는 다시 걷지 않을 수 없었다. 박해빈관(博海賓館)이라는 2성급 호텔을 발견하고 128원에 묵기로 했다. 그러나 4층에 있는 방까지 겨우 걸어 올라갔다가 다시 내려오지 않으면 안 되었다. 방에 바퀴벌레가 있어서 도저히 못 잔다고 여성들이 아우성쳤기 때문이다. 나는 그냥 묵고 싶은 생각이 간절했지만 여성들의 건의를 받아들이지 않을 수 없었다. 발바닥이 따가운 것을 참아 가며 다시 1층으로 내려왔다. 종업원은 별로 따지지 않고 순순히 받은 돈을 돌려주었다.

한참을 더 걸어서 가엽빈관(嘉葉賓館)이라는 3성급 호텔에서 묵기로 했다. 방 다섯 칸 가운데 네 칸은 150원씩이고 한 칸은 178원으로 아까 그 집보다 조금 비싸지만, 대신에 1인당 38원짜리 아침식사가 포함되어 있었다. 무한은 대도시기 때문에 이 정도면 양호한 편이라고 할 수 있다. 그리고 지금쯤 괜찮은 호텔에서 편안하게 한번 쉬어 줄 필요도 있다.

❄ 동파적벽

2006년 8월 17일 오늘은 아침 공기가 어제보다 조금 더 시원한 느낌이 들었다. 황주로 가기 위해 시외버스 종점으로 갔다. 황주는 행정구역상 호북성 황강시(黃岡市) 황주구로서 황강시의 중심지인 만큼 무한에서 황주로 가는 시외버스는 사람만 차면 출발하는데 대략 30분에 한 대씩 운행된다고 했다. 그래서 그런지 어제 저녁에 예매해 놓은 차표에 출발시각도 좌석번호도 적혀 있지 않았다. 그러니까 예매한 것이 무의미한 일이었던 셈이다.

차를 기다리는 동안 대기실 의자에 앉아 김시현·류소진·박양숙 등 석사과정 여학생들에게 소동파의 사 <염노교—적벽회고—>를 가르쳐 주었다. 대만사범대학에서 옛날 악보를 참고하여 재연한 녹음 테이프를 통해 익힌 것으로 황주의 동파적벽에 가서 공연할 예정이었다. 원래 답사 참가자 전원에게 테이프를 보내 주며 외워오라고 했으나, 제대로 외우는 사람이 없는 것 같아 많은 사람이 다니는 곳에서 연습하는 것이 좀 쑥스러움에도 불구하고 그렇게 한 것이다. 차가 출발할 때까지 제대로 외우지 못했기에 차 안에서도 맨 뒷자리에 함께 앉아 나직한 소리로 연습을 계속했다. 그리하여 황주에 도착할 때쯤에는 웬만큼 부를 수 있게 되었다.

9시 15분에 출발한 차는 무황(武黃)고속도로를 달려 10시 55분에 황주에 도착했다. 한 시간 40분밖에 안 걸렸으니 두 시간이 걸린 10년 전보다 20분이 단축된 것이다. 소요시간이 단축된 가장 큰 요인은 아무래도 악황대교(鄂黃大橋) 덕분인 것 같았다. 10년 전에는 장강 남쪽의 악주에서 강 건너편의 황주로 건너가는 데 배를 이용했었다. 구체적으로 말하자면 버스가 손님을 실은 채로 강 이쪽의 악주부두에서 함공모함처럼 생긴 지붕 없는 큰 배에 올라타면 배가 강 저쪽의 황주부두까지 실어다 주는 방식이었다. 그러던 것이 이제는 악주와 황주 사이에 대교가 건립되어 달리는 시간도 단축되고 배를 기다리는 시간도 필요 없게 된 것이다.

황주는 원풍 2년(1079) 7월에 발생한 오대시안으로 인하여 사형에 처해질 뻔한 소동파가 간신히 위기를 모면하고 유배 와서 4년이 넘도록 힘들게 지낸 곳이다. 소동파가 어사대 감옥에 투옥되어 있는 동안 신법파의 신진인사들은 온갖 억지를 다 부려 가며 소동파의 시구를 멋대로 왜곡하여, 마침내 소동파가 자신의 승진이 늦은 데 불만을 품고 황제를 비난하는 시부(詩賦)를 지어 퍼뜨림으로써 대중을 선동하려고 했다는 엄청난 죄목을 날조해 내어 그를 사형에 처하려고 했다. 이에 장방평(張方平)·범진(范鎭) 등 원로대신들은 물론 인종(仁宗)의 황후인 조태후(曹太后)까지 나서서 소동파를 위해 적극적으로 구명운동을 전개했다. 동생 소철은 자신의 관직을 삭탈하고 그 대신 형의 죄를 감면해 달라고 간청했다. 심지어 신법파 인사인 장돈(章惇, 1035-1105)마저도 소동파를 위해 변호를 했고, 당시 조정에서 물러나 있던 왕안석도 태평성세에 재능 있는 인사를 죽이는 것은 바람직하지 않다고 호소했다. 이리하여 간신히 죽음의 위기를 모면한 소동파는 원풍 2년(1079) 12월 29일에 황주유배령을 받고 출옥하여 집집마다 설을 맞은 기쁨에 들떠 있던 원풍 3년(1080) 1월 1일 낯선 땅 황주를 향해 먼 길을 떠났다. 가족으로는 장남 소매(蘇邁)만이 그와 함께 가고 다른 가족들은 나중에 뒤따라오기로 했다. 소동파 이외에 그와 시문을 주고받은 수십 명의 다른 인사들도 이 사건에 연루되어 처벌을 받았다.

원풍 3년(1080) 2월 1일 황주에 도착한 그는 한동안 정혜원(定惠院)이라는 작은 절에 머물렀다. 정혜원에 머무는 동안 그는 스님들과 함께 채식을 했으며, 가끔 혼자서 낚시를 하러 나가거나 약초를 캐러 나갔다. 어쩌다가 한 번씩은 강에 배를 띄우거나 부근에 있는 안국사(安國寺)에 가서 목욕을 하는 방법으로 세월을 보냈다. 그러다가 5월 29일에 가족들이 도착하자 곧 임고정(臨皐亭)으로 이사했다. 소동파는 임고정이 장강에서 80여 보(步)밖에 안 떨어져 있고 그 속에 자기 고향에 있는 아미산(峨眉山)의 눈 녹은 물이 섞여 있는데 늘 그 물로 음식도 만들고 목욕도 하기 때문에 굳이 고향으로 돌아갈 필요가 없다고 생각했다.[28]

황주에서의 유배생활은 소동파를 지금까지 겪어 보지 못한 극도의 빈곤 속으로 몰아넣었다. 이러한 사실은 그가 제자 진관(秦觀, 1049-1100)에게 보낸 편지 <진태허에게 보내는 답장(答秦太虛)>에 여실히 드러나 있다.

> 처음 황주에 왔을 때 봉급은 끊어지고 식구는 적지 않아 속으로 걱정이 매우 컸다네. 통렬하게 결심하여 아끼고 또 아껴서 하루에 쓰는 돈이 150전을 넘지 못하도록 하고, 매월 초하룻날에 4,500전을 서른 뭉치로 나누어 천장에 매달아 놓고 아침에 끝이 갈라진 장대로 한 뭉치씩 집어 내리고는 곧 장대를 숨겨 버린다네.
>
> 初到黃, 廩入旣絶, 人口不少, 私甚憂之. 但痛自節儉, 日用不得過百五十, 每月朔便取四千五百錢, 斷爲三十塊, 掛屋梁上, 平旦用畫叉挑取一塊, 卽藏去叉.[29]

참으로 눈물겨운 정경이라 하지 않을 수 없다. 원풍 4년(1081) 2월 친구 마몽득(馬夢得)이 그를 찾아왔다가 소동파가 이렇게 찢어지는 가난 속에서 지내는 것을 보고는 황주 관아에 부탁하여 그에게 수십 마지기짜리 황무지 한 뙈기를 얻어 주었다. 옛날에 군대가 주둔하던 곳으로 당시에는 묵혀져 있는 땅이었다. 소동파는 각고의 노력 끝에 이것을 손수 개간하여 농장으로 만들고 황주성의 동쪽 비탈이라는 뜻에서 동파(東坡)라고 명명했다. 동파를 개간한 지 1년쯤 되었을 때 그는 동파거사(東坡居士)라는 자호(自號)를 지었는데, 이것이 그의 본명보다도 더 광범위하게 사용되고 있으니 그에게 있어서 이 시기는 참으로 의미심장한 때라고 하지 않을 수 없다.

황주에 내리자마자 황주 지도를 찾았으나 시외버스 종점에는 지도를 파는 곳이 없었다. 그들의 말로는 원래 황주 지도라는 게 없다고 했다. 10년 전에도 황주 지도가 없어서 못 샀는데 아직도 황주 지도가 없다니 황주는 여전히 가난한 고을인

---

28 문연각사고전서본 ≪동파지림(東坡志林)≫ 권10 참조.
29 공범례본 ≪소식문집≫ 권52.

가 하는 생각이 들었다.

내일 구강(九江)으로 가기에 편리하도록 일단 황주역 부근에 호텔을 정하기로 했다. 지도가 없어 황주역이 어디쯤인지 감도 잡지 못한 채 일단 택시를 탔다. 택시 운전사가 황주역까지는 30킬로미터나 된다고 했다. 그리고 동파적벽은 황주역과 반대 방향이라고 했다. 차를 돌려 동파적벽 부근에 있는 적당한 호텔로 가자고 했더니 그 부근에 적벽빈관이 있다기에 거기로 갔다. 거기는 방값이 120원이었다.

황주 동파육

적벽빈관에서 동파육을 먹었다. 작년에 가본 항주 고산의 누외루(樓外樓) 식당에서는 각자 1인용 그릇에 한 덩어리씩 따로 담아 주었는데, 여기는 큰 접시에 여러 덩어리를 한꺼번에 담아 주었다. 그러나 맛은 서로 비슷했다.

걸어서 동파적벽으로 갔다. 1996년에 동파적벽의 동쪽 담장에 나란히 붙어 있던 '동파적벽시사(東坡赤壁詩社)'와 '동파적벽시사(東坡赤壁詩詞)'라는 간판은 보이지 않았다. 10년 전에 왔을 때 이 두 간판이 걸린 사무실에서 동파적벽을 찾아온 최초의 한국인이라며 친절하게 우리를 맞아주고 안내해 준 섭종화(葉鍾華) 선생을 한 번 만날 것으로 기대했는데 몹시 섭섭했다. 섭 선생은 당시 길을 물어보기 위해 자기 사무실을 찾은 우리 일행에게 차도 대접하고 자신의 시집도 선물로 주었다. 그리고 그는 처음 만난 우리에게 황주가 바로 적벽대전의 현장임에 틀림없다고 열변을 토하기도 했다. 황주에 대한 사랑이 대단한 사람인 듯했다. 황주가 적벽대전의 현장이라며 그가 내세운 증거는 만당 시인 두목(杜牧, 803-852)의 시 <적벽(赤壁)>이었다.

모래에 묻힌 부러진 창 쇠가 아직 삭지 않아	折戟沈沙鐵未銷

스스로 들고 닦아보니 옛 것임을 알겠구나. 自將磨洗認前朝
동풍이 주유 편을 들어 주지 않았다면 東風不與周郎便
동작대에 봄 깊을 때 교공의 두 딸이 갇혔으리. 銅雀春深鎖二喬[30]

두목이 황주태수를 지낸 적이 있으니 섭 선생의 주장에도 일리가 있지만, 아무튼 공식적으로는 그를 비롯한 많은 황주 사람들이 대대로 제기해 온 주장을 받아들이지 않고 적벽시에 있는 것을 적벽대전의 현장으로 인정하여 삼국적벽으로 부르고 있다.

섭 선생의 사무실뿐만 아니라 그 사무실이 있던 2층짜리 건물 전체가 낡을 대로 낡은 채로 방치되어 있었다. 원래 기념품 판매점이었던 가게도 간판만 남은 채

동파적벽공원 정문

30 문연각사고전서본 ≪어정전당시(御定全唐詩)≫ 권523.

문이 닫혀 있었다. 강산도 변한다는 10년이라는 세월이 온몸으로 절실하게 느껴졌다.

동파적벽공원의 정문에 들어서자 오른쪽으로 '중일 우호의 집(中日友好之舍)'이 보였다. 10년 전에 보고 일본인들이 벌써 이곳까지 침투했다는 생각에 쓴웃음을 지었었는데 지금은 그 건물이 많이 낡아 있었다. 그리고 그 옆에 버젓이 걸려 있던 대문호가라오케(大文豪卡拉OK)라는 노래방 간판은 보이지 않았다. 그러나 정문 왼쪽의 새로 조성된 화원에 그것이 중일 합작임을 알리는 안내판이 세워져 있어 황주와 일본의 관계가 여전히 돈독함을 느끼게 했다.

가장 먼저 식료품 가게를 찾았다. 동파병을 사기 위해서였다. 인터넷에서 동파병은 동파적벽에서 판다고 한 것을 보면 다른 지방에서는 사기 어려운 물건임을

동파적벽. 앞에 있는 물은 장강이 아니라 작은 못이다.

알 수 있기 때문이었다. 그 가게에는 과연 동파병이 수북하게 쌓여 있었다. 가게 앞에 동파병의 유래에 관해 상세하게 설명해 놓은 광고판도 세워져 있었다.

가게에 들어가서 다시 생각하니 좀 짐스러울 것 같아서 동파병은 나갈 때 사기로 하고 일단 적벽 쪽으로 갔다. 10년 전에 장랑(長廊)이 있던 자리에서 대대적인 공사를 하고 있는데, 마침 점심시간이라 공사하던 인부들이 웃통을 벗은 채 여기저기 땅바닥에 누워 낮잠을 자고 있었다. 그러나 장강의 물길이 바뀌어 옛날에는 적벽 앞으로 흐르던 장강이 이제는 약 1킬로미터 바깥으로 흐르는지라 아무리 공사를 해도 적벽의 모습이 초라해 보이는 것은 어쩔 수가 없을 것 같았다.

동파적벽공원의 소동파상

동파적벽 안에는 소동파의 하얀 석고상이 10년 전과 다름없이 의젓하게 서 있고, 그 뒤편에 '적벽유(赤壁游)'라는 팻말이 붙은 조그만 연못이 하나 만들어져 있었다. 이것은 넓이가 한 평도 채 안 되고 깊이도 얼마 안 되는 초라한 연못으로 10년 전에는 없던 것이다. 1954년의 홍수로 인해 물길이 바뀌는 바람에 소동파가 배를 띄우고 놀던 장강이 1킬로미터쯤 바깥으로 흐르고 지금은 그곳에 조그만 못 하나만 남겨 놓은 채 뭍으로 변하고 말았는데, 그 옆에 이처럼 장난감 같은 연못을 하나 만들어 놓고 '적벽선유(赤壁船遊)'의 현장인 양하는 것이다. 내 생각으로는 오히려 원래의 모습에 누를 끼칠 것 같아 차라리 만들지 않는 편이 더 나았을 성싶었다.

안내문에 의하면 북송 초에 창건되어 송나라 때 황주 4대 누각 가운데 하나로 꼽혔다는 서하루(栖霞

서하루와 동파적벽

서하루

樓)는 해질 녘이 되면 저녁놀이 장강에 비쳐 아름다운 풍경을 연출하는 것이 마치 저녁놀이 둥지를 찾아온 것 같다고 하여 생긴 이름이라고 한다.

10년 전에는 각 층마다 다소 조잡하지만 소동파의 주요 행적을 형상화한 밀랍상과 나름대로 볼만한 그림이 전시되어 있어서, 그 가운데 소동파가 애첩 조운(朝雲)과 함께 있는 모습을 조각한 밀랍상이 아직도 기억에 남아 있는데, 이제는 아무것도 전시되어 있지 않았다. 그리고 10년 전에는 누각을 관리하는 중년 아저씨가 한 명 있었는데 지금은 아무도 없었다. 문득 10년 전에 처음으로 동파적벽에 와서 머릿속에 그리고 있던 적벽을 찾다가 결국 크게 실망하고 만 일이 생각났다. 당시의 감회를 나는 일기장에다 이렇게 적어 놓았었다.

> 서하루에서 내려와 누각 문 앞에서 표를 파는 40세가량의 아저씨에게 이것저것 물어보았다. 그는 뜻밖에도 왼쪽으로 내려다보이는 서하루 바로 밑의 그 절벽, 이부당(二賦堂)과 몇 채의 정자가 서 있는 바로 그곳이 적벽이라고 했다. 그곳은 지반이 붉은 바위로 이루어져 있는 것말고는 주변에 높은 바위도 하나 없이 키 큰 나무들만 늘어서 있었다. 그리고 절벽을 에워싸고 200평가량 되는 조그만 못이 하나 있을 뿐이었다. 그렇다면 소동파는 이 형편없이 작고 나지막한 절벽을 보면서 "삐죽한 바윗돌은 하늘을 찌르고, 깜짝 놀란 파도는 강 언덕을 두드리며, 천

무더기 눈더미를 말아 올린다(亂石穿空, 驚濤拍岸, 捲起千堆雪)" 하고 외쳤단 말인가! 아무리 시인들이 과장을 잘한다고 해도 이것은 아닐 것 같아 자꾸 캐물은 결과 조금은 납득이 갈 만한 설명을 듣기에 이르렀다.

그 절벽 아래는 원래 장강이었는데 1954년의 홍수 때 무한에서 장강이 범람하여 그곳까지 밀려오는 바람에 그 이후로 그곳이 흙으로 덮여 버려 지금은 뭍으로 변했다고 했다. 그렇다면 원래는 높다란 절벽이었는데 흙으로 덮여 주위가 높아지는 바람에 상대적으로 절벽의 높이가 낮아졌다는 얘기가 된다. 그리고 절벽 주위에 많은 바위들이 삐죽삐죽 솟아 있어 약 십 리 밖에서 밀려온 파도가 부서져서 눈더미처럼 뒤집혔을 수 있다. 그래야 말이 된다. 그러나 바위에 구름이 걸리려면 바위가 상당히 높은 곳에 위치해야 하는데 주위에는 그렇게 높은 곳이 없었다. 그 부근에서 가장 높은 곳이 적벽산인데 그 산은 구름에 닿을 만큼 높지도 않을 뿐더러 거기에는 삐죽한 바위도 없었다. 소동파의 문학적 상상이었을까?

청나라 강희(1662-1722) 연간에 창건되었다는 이부당(二賦堂)에는 소동파의 대표작인 <전적벽부(前赤壁賦)>와 <후적벽부>가 나란히 걸려 있었다. <전적벽부> 끝에 동치 7년(1868) 9월에 강하(江夏, 지금의 호북성 武漢) 사람 정지정(程之楨)이 썼다고 적혀 있었다. 130여 년 전에 쓴 것이다.

임술년 가을 7월 열엿샛날 소자(蘇子)가 손님들과 함께 적벽(赤壁) 밑에서 배를 타고 노노라니 바람은 산들 불고 물결은 잔잔하다. 술잔을 들어 손님들에게 권하며 명월을 노래한 시를 읊고 얌전하다고 읊은 시를 노래한다. 이윽고 동산 위에 달이 떠올라 북두칠성과 견우성 사이에서 배회한다. 하얀 이슬은 강 위에 질펀하고 강물은 멀리 하늘에 닿아 있다. 갈댓잎 한 조각을 멋대로 가게 놓아두어 아스라한 만경창파 저쪽으로 건너간다. 바람을 타고 허공을 건너갈 제 어디서 멈춰야 할지 모르는 것처럼 강은 한없이 넓고, 속세를 떠나 홀로 우뚝 서서 날개를 펴고 신선이 되어 하늘로 올라가는 듯 마음은 더없이 가뿐하다.

이부당

이에 술 마신 즐거움이 지극해져 뱃전을 두드리며 노래한다. "계수나무 노와 목란나무 상앗대로, 번쩍이는 투명한 강물을 치며 흘러오는 달빛을 거슬러 오르노라. 아득하도다 내 마음이여! 하늘 저쪽의 고운 임을 바라보노라." 손님 중에 퉁소를 부는 사람이 있어 내 노래에 맞추어 반주를 하니, 그 소리가 하도 구슬퍼 원망하는 듯하고 사모하는 듯하며 우는 것도 같고 호소하는 것도 같다. 그 여운이 하늘하늘 실오리처럼 끊이지 않고 이어져 깊은 계곡에 숨어 있는 교룡을 춤추게 하고 외로운 배의 과부를 흐느끼게 한다.

소자가 울적한 표정으로 옷깃을 여미고 반듯이 앉아 손님에게 "어째서 그 소리가 이리도 구슬프오?" 하고 묻자 손님이 대답한다. "'달이 하도 밝아서 별이 듬성듬성한데, 까마귀와 까치가 남쪽으로 날아간다'라고 한 이것은 바로 조맹덕(曹孟德)의 시가 아닌가요? 서쪽으로 하구(夏口)를 바라보고 동쪽으로 무창(武昌)을 바라보니 산천이 서로 얽혀 울울창창 에워싸고 있는데 여기가 바로 조맹덕이 주랑(周郎)에게 곤욕을 당한 곳 아닌가요? 그가 한창 형주(荊州)를 쳐부수고 강릉(江陵)을 무너뜨린 뒤 강물을 따라 동쪽으로 내려올 때, 꼬리를 문 군함이 천 리에 뻗어 있고 깃발은 하늘을 뒤덮었는데 술을 걸러 강가로 나가 긴 창을 비껴들고 시를 읊었으니 참으로 한 시대의 영웅이었건만, 그렇던 그가 지금은 어디에 있나요? 하물며 나와 선생은 강가에 살면서 고기나 잡고 나무나 하며, 고기와 새우를 짝하고 고라니와 사슴을 벗 삼으며, 일엽편주에 몸을 싣고 표주박 잔을 들어 서로 술을 권하니 더 말할 것이 있나요? 하루살이 인생을 천지간에 맡기고 사는 우리는 드넓은 바다에 떨어진 좁쌀만큼 작지요. 우리네 인생이 한순간인 것이 슬프고 이 장강(長江)이 끝없이 흐르는 것이 부럽군요. 신선을 끼고 마음대로 노닐고 명월을 안고 오래 살고 싶지만, 갑자기 그렇게 할 수 없는 줄을 잘 알기에 구슬픈 바람에 퉁소 소리를 실어 봤지요."

이 말을 듣고 소자가 말한다. "손님도 저 물과 달을 아시오? 물이 이처럼 밤낮없이 흐르지만 한 번도 가 버린 적이 없고, 달이 저처럼 찼다가 기울지만 끝내 없어지거나 자라지 않았다오. 변한다는 관점에서 볼라치면 천지는 한순간도 변하지 않을 수 없지만, 변하지 않는다는 관점에서 볼라치면 만물과 내가 모두 끝이 없다오. 그렇거늘 또 무엇을 부러워하리오? 그리고 저 천지간의 만물은 저마다 주인이 있으니 내 것이 아니면 비록 터럭 하나일지라도 가져서는 안 된다오. 다만 강 위에 부는 산들바람과 산 위의 밝은 달만은 귀에 들어오면 소리가 되고 눈에 닿으면 색깔이 되는데 아무리 가져도 금하지 않고 써도 써도 없어지지 않는다오. 이것은 조물주의 무진장한 보물이요 나와 그대가 함께 즐기는 것이라오."

손님들이 이 말을 듣고 기뻐 웃으며 잔을 씻어 다시 술을 따르는데 안주는 떨어지고 술잔과 쟁반은 어지러이 흩어져 있다. 배 안에서 서로서로 베고 깔고 누웠는데 어느새 벌써 동쪽 하늘이 훤하다.

壬戌之秋, 七月旣望, 蘇子與客泛舟, 遊於赤壁之下. 淸風徐來, 水波不興. 擧酒屬客, 誦明月之詩, 歌窈窕之章. 少焉, 月出於東山之上, 徘徊於斗牛之間. 白露橫江, 水光接天. 縱一葦之所如, 淩萬頃之茫然. 浩浩乎如憑虛御風, 而不知其所止; 飄飄乎如遺世獨立, 羽化而登仙.

於是飮酒樂甚, 扣舷而歌之. 歌曰: "桂棹兮蘭槳, 擊空明兮泝流光. 渺渺兮予懷, 望美人兮天一方.” 客有吹洞簫者, 依歌而和之, 其聲鳴鳴然, 如怨如慕, 如泣如訴. 餘音嫋嫋, 不絶如縷, 舞幽壑之潛蛟, 泣孤舟之嫠婦.

蘇子愀然, 正襟危坐, 而問客曰: “何爲其然也?” 客曰: “‘月明星稀, 烏鵲南飛’, 此非曹孟德之詩乎? 西望夏口, 東望武昌, 山川相繆, 鬱乎蒼蒼, 此非孟德之困於周郎者乎? 方其破荊州, 下江陵, 順流而東也, 舳艫千里, 旌旗蔽空. 釃酒臨江, 橫槊賦詩, 固一世之雄也, 而今安在哉? 況吾與子, 漁樵於江渚之上, 侶魚蝦而友麋鹿. 駕一葉之扁舟, 擧匏樽以相屬. 寄蜉蝣於天地, 渺滄海之一粟. 哀吾生之須臾, 羨長江之無窮. 挾飛仙以遨遊, 抱明月而長終, 知不可乎驟得, 託遺響於悲風.”

蘇子曰: “客亦知夫水與月乎? 逝者如斯, 而未嘗往也. 盈虛者如彼, 而卒莫消長也. 蓋將自其變者而觀之, 則天地曾不能以一瞬; 自其不變者而觀之, 則物與我皆無盡也, 而又何羨乎? 且夫天地之間, 物各有主, 苟非吾之所有, 雖一毫而莫取. 惟江上之淸風, 與山間之明月, 耳得之而爲聲, 目遇之而成色, 取之無禁, 用之不竭. 是造物者之無盡藏也, 而吾與子之所共適.”

客喜而笑, 洗盞更酌. 肴核旣盡, 杯盤狼藉. 相與枕藉乎舟中, 不知東方之旣白.

이부당(二賦堂)을 지나 장강 쪽으로 조금 더 가니 파선정(坡仙亭)이라는 정자가 있었다. 파선정 안내문에 “이 정자는 청나라 동치(1862-1874) 연간에 건립되었다. 남송의 저명 시인 대복고가 ‘파선’이라는 호칭으로써 소식을 칭송한 적이 있는바 정자의 이름이 여기에서 유래했다(此亭建於淸同治年間. 南宋著名詩人戴復古曾以‘坡仙’稱譽蘇軾, 亭名由此而來)”고 적혀 있었다. 소동파를 ‘파선’으로 부르는 것은 송나라 때 이미 보편화되어 있었다. 예컨대, 하원(何薳, 1077-1145)은 “이기(李頎)와 주상선(朱象先)의 그림이 ‘파선’의 인정을 받았다”[31]고 했고, 주필대(周必大, 1126-1204)는 “동료들과 함께 ‘파선’의 절묘한 글씨를 보았다”[32]고 했으며, 장거(張矩, ? - ?)는 “‘파선’의 옛 자취가 지금까지 이어지네”[33]라고 했다. 이처럼 ‘파선’이라는 호칭이 송나라 때 이미

31 “李朱畫得坡仙賞識.”[문연각사고전서본 ≪춘저기문(春渚紀聞)≫ 권5 <잡기(雜記)>]

32 “與同僚共觀坡仙墨妙.”[문연각사고전서본 ≪문충집(文忠集)≫ 권17 <동파첩을 보고(跋東坡帖)>]

보편화되어 있었음은 물론 대복고(戴復古, 1167-1248?) 이전에도 이미 '파선'이라고 부른 사람이 있었는데 왜 '파선정'의 유래를 대복고에게서 찾았는지 의아했다.

파선정은 한 평 정도밖에 안 되는 작은 정자인데 안에 소동파가 초서체로 쓴 그의 사 <염노교—적벽회고—>, 해서체로 쓴 그의 사 <행향자(行香子)—술회(述懷)—> · <임강선(臨江仙)—혜주에서 이전의 작품을 고쳐서 다시 짓는다(惠州改前韻)—> · <만정방(滿庭芳)—원풍 7년 4월 1일 곧 황주에서 여주로 옮겨 가게 되었을 때……(元豊七年四月一日, 余將自黃移汝……)—> 및 그가 그린 그림 <월매도(月梅圖)> 등의 서화 작품이 석각되어 있었다.

파선정 옆에는 또 뇌강정(酹江亭) · 수선정(睡仙亭) 같은 정자도 있었다. 뇌강정은 소동파의 사 <염노교—적벽회고—> 끝부분의 "이 세상은 꿈같은 것, 강 속의 달에게 술이나 따르는 게 낫겠지"[34]에서 따온 명칭임에 틀림없고, 수선정은 그가 황주로 귀양 가는 길에 지은 시 <자유가 남도에서 진주로 왔는데 사흘 만에 작별하고(子由自南都來陳三日而別)>에 "뱀이 무서워 침대에서 내려가지 못하매, 잠이 충분할 테니 더 구하는 게 없으리"[35]라는 구절이 있는가 하면, 그가 신선에 비견되어 '파선(坡仙)'으로 불리기도 하기 때문에 붙여진 명칭일 것이다. 관광객의 발길이 좀 뜸한 편인 수선정에는 마침 청춘 남녀 한 쌍이 나란히 누워서 '잠자는 신선(睡仙)'을 흉내 내고 있었다. 두어 번 헛기침을 하여 우리의 의향을 밝혔는데도 불구하고 그들은 전혀 일어날 기미가 보이지 않았다. 젊은 사람들의 무례한 짓이 괘씸하여 상관 말고 다가가서 구경할까 하다가 우리가 스스로 민망하여 결국 몇 발자국 떨어진 곳에서 대충 둘러보고 말았다.

---

33 "坡仙舊跡今續."[문연각사고전서본 주이준(朱彝尊) ≪사종(詞綜)≫ 권22 <응천장(應天長)—국원풍하(麯院風荷)—>]

34 "人間如夢, 一尊還酹江月."(추왕본 ≪소식사집≫ 399쪽)

35 "畏蛇不下榻, 睡足吾無求."(왕문고본 ≪소식시집≫ 권20)

❄ 동파병

다시 정문 쪽으로 나오니 정문 오른쪽에도 가게가 하나 있었다. 안을 기웃거려 보니 거기에도 동파병이 있었다. 굳이 처음에 보았던 가게까지 갈 것 없이 거기서 동파병을 좀 살 요량으로 그 가게에 들어갔다. 동파병은 악양에서 본 천층병과는 전혀 달랐다. 가게 주인아저씨에게 물어보아도 동파병은 일반 천층병과 다른 것이라고 했다. 악양에서 천층병 팔던 아주머니의 말이 틀린 말이 아니었다. 악양의 천층병이 부침개 같았다면, 동파병은 나무젓가락처럼 딱딱하고 가느다랗게 생긴 과자였다. 그리고 비닐봉지에 포장되어 있어서 보통 과자처럼 오래도록 보관해도 문제가 없을 것 같았다. 소동파가 처음 개발했을 때의 동파병은 일반 천층병과 비슷했는데 그것이 발전하여 지금의 동파병이라는 아주 다른 형태로 바뀐 것이 아닐까 하는 생각이 들었다. 가게 벽에 걸려 있는 <황강토특산간개(黃岡土特産簡介)>라는 광고 현수막의 설명에 의하면 동파병은 천층병의 일종으로 최고급 밀가루를 참기름으로 지져서 만든 것이라고 하는바, 이것이 나의 추측을 뒷받침해 주었다. 여러 가지 정보를 종합해 보건대, 소동파가 개발한 원래의 동파병은 바삭바삭할 정도로 부친 얇은 부침개를 여러 겹 포개 놓아 눅눅해지거나 맛이 없어지는 경우 맨 바깥쪽부터 한 겹씩 벗겨 낼 수 있도록 만들었을 가능성이 큰 것 같다.

동파적벽공원의 동파병 상자

동파적벽공원의 동파병

우리는 그 자리에서 먹을 것과 서울로 가져가서 함께 오지 못한 소식시독회 회원들에게 맛보일 것을 합쳐서 몇 봉지를 샀다. 그리고 학생들의 짓궂은 장난에 응해 내가 동파병 봉지를 머리 위에 얹기도 하고 가슴에 안기도 한 자세로 사진을 몇 장 찍었다. 그러고 나서 또 40대쯤 되어 보이는 가게 주인아저씨에게 이것저것 캐물었다. 우리가 한국인임을 안 가게 주인은 우리 물음에 친절하게 답할 뿐만 아니라 우리에게 이것저것 되물어서 자신의 궁금증도 풀었다.

이야기 도중에 나는 설당(雪堂)에 대해서도 물어보았다. 그는 설당이 적벽산에 있다는 사실은 알면서도 '동파'라는 농장의 원래 위치가 어디였는지는 알지 못했다. 오히려 내가 10년 전에 섭종화 선생에게 들은 대로 지금의 황강사범대학 자리가 바로 옛날의 '동파'이며 '동파' 높직한 곳에 설당이 있었다고 가르쳐 주었다. 그는 황주 사람인 자기도 모르는 것을 외국 사람인 내가 알고 있다는 사실이 신기한 듯 꽤나 놀라는 표정을 지었다.

나는 그쯤 해서 우리의 신분을 밝혔다. 그러자 그는 갑자기 어디론가 전화를 걸었다. 그리고 우리에게 잠시 기다려 달라고 했다. 자기 사장이 곧 올 테니 차를 한 잔 마시며 담소를 나누고 있으라고 했다. 그는 같은 건물 2층에 있는 '동파선차(東坡禪茶)'라는 찻집 옆의 넓은 방으로 우리를 안내했다. 거기서 잠시 기다리자 머리가 적당히 벗겨져 꽤나 지성미가 있어 보이는 60세가량의 남자가 들어왔다. 그가 내민 명함에 '황강시동파적벽여유발전유한책임공사(黃岡市東坡赤壁旅遊發展有限責任公司) 상무부총경리(常務副總經理) 장점추(張漸秋)'라고 적혀 있었다. 여행사를 운영하면서 동시에 '동파선차'라는 찻집도 운영하는 사람임을 알 수 있었다. 아까 그 가게 주인이 그를 '장 선생님(張老師)'이라고 부르기에 그가 교육 관계자인 줄 알았는데 그렇지는 않았다. 우리를 의식하여 그런 듯했다. 장 선생은 우리와 인사를 나누자마자 곧 어디론가 전화를 걸었다. 잠시 후 30대 후반쯤 되어 보이는 여자가 한 명 들어왔다. 무슨 주임이라고 했다. 장 선생은 그 주임에게 인사말을 시켰다.

그녀는 인사말 이외에 우리가 이미 다 알고 있는 황주에 관한 상식적인 이야기도 많이 했다. 그 사이에 나는 장 선생에게 섭종화 선생에 대해서 물어보았다. 그는 잠시 생각해 보더니 그분의 사무실이 지금은 시내 번화가로 옮겨져 있다고 했다.[36] 시간이 너무 걸려서 초조해진 나는 옆에 있는 장 선생에게 우리가 시간이 별로 없음을 알렸다. 장 선생이 눈짓을 하자 잠시 후 주임이 이야기를 마쳤다.

장 선생은 다시 우리를 바로 옆에 있는 '동파선차'로 안내했다. 거기서 그가 무어라고 외치자 스무 살쯤 된 여종업원이 세 명 나왔다. 여종업원들은 흑갈색 장삼을 입고 있는 품이 제3차 답사 때 항주 하천축사(下天竺寺)에서 본 비구니와 비슷했지만 머리를 자르지 않은 점이 달랐다. '선차'의 맛을 돋우기 위해 비구니로 분장한 것 같았다. 가짜 '비구니'들은 창문을 등지고 한 줄로 나란히 섰다. 이어서 가운데에 있던 '비구니'가 앞에 있는 탁자를 향해 앉았다. 탁자 위에는 향이 세 개 타고 있고 '비구니' 뒤에는 황금색 좌불(坐佛)이 놓여 있었다. 스피커에서는 배경음악과 함께 장엄한 남자 목소리의 해설이 흘러나왔다. 차를 끓이고 따르는 과정에 대한 해설을 녹음한 것이었다. 장 선생은 그 해설이 바로 자기가 쓴 것이라고 자랑하듯 말했다. 탁자 앞에 앉은 '비구니'가 그 해설에 맞추어 차를 끓였다. 찻잎을 넣고 찻잔을 씻고 하는 손놀림이 매우 복잡했다. 그동안 나머지 두 '비구니'는 탁자 양쪽에 합장하고 서 있었다. 차가 다 준비되자 오른쪽 '비구니'가 쟁반을 받쳐 들었다. 그러자 차를 끓인 '비구니'가 쟁반 위에 찻잔을 올려 놓았다. 오른쪽 '비구니'가 쟁반을 들고 우리 앞으로 오자 왼쪽 '비구니'가 따라왔다. 왼쪽 '비구니'

---

36 나중에 확인해 본 바에 의하면 섭종화 선생은 2002년에 이미 타계한 것으로 보인다. ≪백도백과≫ <섭종화>에 섭종화는 자(字)가 육재(育齋), 호가 대별산인(大別山人)으로 1932년 4월 호북성 영산(英山)에서 태어나 2002년에 타계했고, 동파적벽시사(東坡赤壁詩社) 부사장(副社長), ≪동파적벽시사(東坡赤壁詩詞)≫ 편집부 주편(主編), 중화시사학회(中華詩詞學會) 회원 등을 역임했으며, ≪섭종화시사집(葉鍾華詩詞集)≫ · ≪풍엽집(楓葉集)≫ 등의 책을 출간했다고 하는데, 이는 내가 1996년에 섭 선생에게 직접 받은 ≪풍엽집≫ 중의 <섭종화간개(葉鍾華簡介)>와 일치한다. 그러므로 ≪백도백과≫에 수록된 섭종화가 바로 내가 만난 그분임에 틀림없다. 장점추 선생이 아직 모르고 있었던 것 같다.

는 오른쪽 '비구니'가 정숙하게 받쳐 들고 있는 찻잔을 내려서 우리에게 주었다. 찻잔을 주기 전에도 합장하고 주고 난 뒤에도 합장했다. 엉겁결에 우리도 합장을 했다. '비구니'들은 그런 식으로 우리 모두에게 차를 한 잔씩 주었다. '동파선차'는 스님들이 차를 끓이고 마시는 방식으로 차를 즐기는 찻집이었다. '동파'는 그냥 찻집 이름이지 소동파와는 무관한 듯했지만 아무튼 특별한 경험이었다.

차를 마신 뒤 우리는 마당으로 나와서 기념촬영을 했다. 나는 옆에 서 있는 장 선생에게 황주에는 왜 황주 지도가 없느냐고 물었다. 여행사 일을 하는 만큼 그는 황주 지도 파는 곳을 알 것 같았기 때문이다. 그러자 그는 대뜸 황주에도 지도가 있다며 주임에게 한 장 갖다 주라고 했다. 이리하여 나는 10년 만에 비로소 황주 지도를 갖게 되었다.

헤어질 무렵에 나는 다시 주임이라는 여자에게 임고정 옛터를 아느냐고 물었다. 임고정은 원래 물길을 이용하는 관리들을 위해 설치한 역참(驛站)으로 황주에서 유배생활을 할 때 소동파 일가가 거주했던 곳이다. 혹시나 하는 마음으로 물어본 것인데 뜻밖에도 그녀는 지금의 황강중학 교정이 바로 옛날에 임고정이 있던 자리라고 했다. 정말 큰 수확이었다. 10년 전 섭종화 선생도 몰랐던 임고정 옛터를 알아낸 것이다. 과연 여행사 직원이 다르구나 싶었다.

❄ 적벽산과 쾌재정

그들과 작별하고 동파적벽 뒤에 있는 적벽산으로 갔다. 얼마 안 가서 쾌재정(快哉亭)이 나왔다. 소철(1039-1112)이 <황주쾌재정기(黃州快哉亭記)>를 지어 "청하 사람 장몽득 군이 제안(齊安, 즉 황주)에서 유배생활을 할 때 그의 오두막 서남쪽에 정자를 지어 장강의 절경을 구경하게 했는데 우리 형님 자첨이 쾌재정이라고 명명했다"[37]라고 한 바로 그 정자요, 소동파가 황주에서 유배생활을 할 때 <수조가두

---

37 "淸河張君夢得, 謫居齊安, 卽其廬之西南爲亭, 以覽觀江流之勝, 而余兄子瞻名之曰快哉."(문연각사고전서본

(水調歌頭)—쾌재정에서(快哉亭作)—>라는 사를 지어 거기서 노닌 감회를 노래한 적이 있는 바로 그 정자다.

석양 아래 자수 장식 발을 걷으니	落日繡簾捲
정자 아래 강물이 하늘에 닿았군요.	亭下水連空
그대가 나를 위해 정자를 새로 지어	知君爲我
단청이 채 마르지 않은 줄을 알지요.	新作窗戶濕青紅
항상 기억하거니와 평산당에서	長記平山堂上
강남의 안개비 속에 비스듬히 베개에 기대면	攲枕江南煙雨
외기러기 가물가물 시야에서 사라져	杳杳沒孤鴻
저 멀리 산들이 보일락 말락 한다는	認得醉翁語
취옹의 말씀을 확인할 수 있었지요.	山色有無中
일천 경의 창파가	一千頃
거울처럼 맑은데	都鏡淨
그 속에 푸른 산이 거꾸로 잠겼더니	倒碧峰
갑자기 파도가 일어	忽然浪起
일엽편주의 백발노인이 번쩍 들려 춤추네요.	掀舞一葉白頭翁
우습게도 난대공자는	堪笑蘭臺公子
장자의 천뢰를 알지 못하고	未解莊生籟
바람에도 자웅이 있다고 우겼지요.	剛道有雌雄
한 점의 호연지기	一點浩然氣
천 리의 상쾌한 바람이 부는군요.	千里快哉風[38]

1996년에는 섭종화 선생과 이야기를 나누는 데 정신이 팔려서 무심코 쾌재정을

≪난성집≫ 권24)

38 추왕본 ≪소식사집≫ 483쪽.

황주 쾌재정

지나쳐 버렸기 때문에 이번에는 절대로 놓치지 않으려고 신경을 잔뜩 쓰고 있었다. 그러나 우리 눈앞에 나타난 그 정자는 결코 상쾌함을 못 이겨 쾌재를 부르고 싶은 정자가 아니었다. 사방이 키 큰 나무에 가려져 있는 육각형의 정자는 아무도 관리를 하지 않는 듯 건물도 허름하고 주변도 지저분한 것이 한 마디로 말해서 칙칙한 분위기였다.

다들 실망에 찬 목소리로 한 마디씩 하는데 류소진이 갑자기 재치 있는 말을 하는 바람에 다들 한바탕 웃었다.

"쾌재정이 아니라 꾀죄정이네."

옛날에는 바로 밑으로 장강이 흘러 이 정자에 올라와 내려다보면 드넓은 파도가 답답한 가슴을 확 뚫어 주었는데 지금은 장강이 1킬로미터 밖으로 물러나는 바람에 시원한 느낌이 없어진 것일까? 그리고 요즘 사람들은 생활에 쫓긴 나머지 여기까지 올라올 마음의 여유가 없어 이 정자를 외면하는 것일까? 자신이 쾌재정이라고 명명한 이 정자가 지금 이렇게 꾀죄정으로 변해 있다는 사실을 안다면 소동파의 감회가 어떠할까? 사는 것이 요즘처럼 팍팍해지기 전에 일찌감치 살다 간 것이 참으로 다행이라고 안도의 한숨을 내쉴지도 모르겠다.

설당(雪堂)은 원래 소동파가 자신의 농장인 '동파'를 개간한 이듬해, 즉 원풍 5년(1082)에 '동파' 높직한 곳에 손수 지은 집으로, 눈이 많이 내릴 때 완성되었기 때문에 사방의 벽에 빈틈없이 설경을 그려 넣어 고개만 돌리면 눈이 보이도록 해 놓고 '설당(雪堂)'이라는 이름을 붙여 줌은 물론 붓을 들어 손수 '동파설당(東坡雪堂)'이라는 현판을 쓰기도 한 곳이다.[39] 그 뒤로 그는 자주 설당에 머물며 손님들을 맞

설당

이했다. 이처럼 설당은 원래 '동파' 위에 있던 집인데 지금은 그 자리에 학교가 들어서 있기 때문에 다른 곳으로 옮겨서 새로 지어 놓았다.

설당은 1996년에 섭종화 선생을 따라서 한 번 가 보았는데도 불구하고 다시 찾으려니 찾기가 쉽지 않았다. 산책하는 젊은 사람들에게 물어도 제대로 아는 사람이 없었다. 마침 한 할아버지가 올라와서 물었더니 그분의 말은 지독한 방언이라 알아듣기 힘들었다. 다만 눈치로 짐작하여 찾아갔다. 옛날에 한 번 가 본 적이 있기 때문에 가능한 일이었다.

계곡 옆 숲속에 있는 설당은 문이 잠겨 있어서 들어갈 수가 없었다. 10년 전에는 그래도 무술 훈련장으로 쓰이고 있어서 인기척이 있었는데 지금은 아예 닫혀 있었다. 적벽산 정상으로 통하는 길에 서서 설당을 내려다보며 사진이나 몇 장 찍는 것으로 만족해야 했다.

---

39 소식, <설당기(雪堂記)> 참조.

적벽산은 나지막하고 자그마했지만 경사가 심하여 제법 험악했다. 그리고 오래된 나무도 상당히 많았다. 산책하는 노인에게 적벽산 정상이 어디냐고 물었더니 적벽산은 정상이 두 군데라고 했다. 우리는 두 개의 정상을 다 밟았다. 산이 작기 때문에 어려운 일이 아니었다.

정상에서 조금 내려간 곳에 조그만 공터가 하나 있었다. 거기서 준비해 간 소동파의 사 <염노교—적벽회고—>를 공연했다. 우리의 목소리가 적벽산을 울리며 은은하게 사방으로 퍼져 나가자 무어라고 형언하기 어려운 오묘한 기분이 들었다. 50미터쯤 떨어진 곳에 있는 중국인들에게 들릴 것 같았지만 상관하지 않고 불렀다. 아무래도 학생들은 아직 곡조에 익숙하지 않은 것 같아서 내가 큰 소리를 냄으로써 그들을 인도했다. 제법 그럴싸한 공연이었다. 소동파가 황주를 떠난 이래 적벽산에 와서 이 사를 부른 사람이 몇이나 될까 싶었다.

장강은 도도하게 동으로 흘러가며	大江東去
그 물결이 깡그리	浪淘盡
천고의 멋쟁이들을 쓸어 갔도다.	千古風流人物
옛날 보루 서쪽은	故壘西邊
사람들이 말하기를	人道是
삼국시대 주랑의 적벽이란다.	三國周郎赤壁
삐죽한 바윗돌은 하늘을 찌르고	亂石穿空
깜짝 놀란 파도는 강 언덕을 두드리며	驚濤拍岸
천 무더기 눈더미를 말아 올린다.	捲起千堆雪
그림 같은 이 강산에	江山如畫
한때에 호걸들이 얼마나 많았을까?	一時多少豪傑
아득히 떠오르는 주공근의 그때 모습	遙想公瑾當年
아리따운 소교가 막 시집오고	小喬初嫁了

웅장한 자태에서 영기가 나왔겠지.	雄姿英發
손에는 깃부채 들고 머리엔 관건 쓰고	羽扇綸巾
담소하는 사이에 강인한 적은	談笑間
재가 되어 날아가고 연기 되어 사라졌겠지.	强虜灰飛煙滅
옛날의 그 나라로 내 마음은 달려가나니	故國神遊
정이 많아 흰 머리가 일찍 났다고	多情應笑我
틀림없이 나를 보고 웃어대겠지.	早生華髮
이 세상은 꿈 같은 것	人間如夢
강 속의 달에게 술이나 따르는 게 낫겠지.	一尊還酹江月[40]

적벽산에서 동쪽으로 내려가니 황강사범대학이었다. 이곳이 바로 소동파가 황무지를 개간하여 만든 농장 '동파'가 있던 자리라는 사실은 1996년에 섭종화 선생에게 들어서 알고 있기 때문에 굳이 남에게 물을 필요도 없이 일행에게 설명해 줄 수 있었다.

설당이 이쯤에 있었겠거니 하고 상상하며 그럴듯한 곳에다 머릿속으로 설당을 한번 지어 보았다. 설당의 위치가 여기였노라고 나름대로 고증하여 비석이라도 하나 세워 놓았으면 얼마나 좋을까 싶었다. 그러나 설당은커녕 여기가 '동파'의 옛터임을 알리는 표지석조차 찾아볼 수 없었다. 그 옛날 섭종화 선생이 지방정부에서 그런 곳에 예산을 쓰려고 하지 않는다며 안타까워하던 일이 생각났다. 그 사이에 10년이 지났건만 황강시도 황강사범대학도 그런 데 쓸 예산이 없는 모양이었다. 황주는 지금도 송나라 때처럼 그렇게 가난한 고을일까?

저녁 먹을 만한 곳을 찾아 시내를 돌아다니다 보니 '한국일간'이라는 한글 간판이 붙어 있고 그 밑에 중국어로 조그마하게 '한국 유행상품(韓國時尙)'이라고 적혀

40 추왕본 ≪소식사집≫ 398-399쪽.

있는 간판이 보였다. '한국일간'이 무슨 뜻인지는 알 수 없으나 가게 안에 옷이 진열되어 있는 것으로 보아 한국에서 유행하는 옷을 파는 가게인 듯했다. 어쨌든 옛날에는 유배지로나 사용되던 이 오지까지 한국 물건이 들어온다는 사실이 무척 놀라웠다.

❄ 동파암정과 안국사

2006년 8월 18일 옛날에 황주 일대 사람들이 과거시험을 치르던 곳인 황주고붕(黃州考棚)을 찾아 황강실험소학으로 갔다. 인터넷을 통하여 고붕가(考棚街)와 승리가(勝利街)가 만나는 지점의 황강실험소학 안에 있다는 사실을 다 알고 갔는데, 특별히 하는 일도 없이 정문에 의자를 놓고 앉아 무료하게 시간을 보내고 있던 수위 아저씨가 그 학교 안에는 그런 것이 없다고 우겼다. 세 번 네 번 이야기해도 막무가내였다. 우리가 그것을 답사하기 위해 한국에서 왔다고 해도 마찬가지였다. 급기야 그 사실을 설명해 놓은 인터넷 자료를 꺼내어 보여 주었다. 그제야 수위는 들어가 보라고 했다.

교문에 들어서자마자 제법 큼지막한 단층 건물이 하나 있었다. 도서관이라는 현판을 단 그 건물은 문이 굳게 잠겨 있었다. 그 건물 뒤로 돌아가니 맨홀 뚜껑 같은 것이 하나 있고 그 옆에 '동파암정(東坡暗井)'이라는 표지판이 서 있었다. 표지판에는 육유(陸游, 1125-1210)의 <입촉기(入蜀記)> 및 각종 사료에 근거하여 썼다는 다음과 같은 글이 쓰여 있었다.

> 학궁에는 원래 소동파의 사당이 지어져 있었는바, 이 오래된 우물을 당시 사람들이 동파암정이라고 불렀다. 소동파의 시 가운데 "우물이 나타났다 달려와서 얘기했다"라는 구절에서 따온 것이다. 샘물은 차가워서 이가 시릴 정도지만 그다지 맛있지는 않다.

學宮原建有東坡祠, 此古井時人稱東坡暗井, 取蘇公詩中"走報暗井出"之句, 泉寒熨齒, 但不甚甘.

동파암정

소동파는 황주성 동쪽 비탈에 동파라는 농장을 일구어 놓은 뒤 <동파(東坡八首)>라는 여덟 수짜리 연작시를 지어서 농장을 개간한 정황과 자신의 당시 심경을 노래했다. 이 표지판에서 말한 '소동파의 시'는 바로 그 가운데 두 번째 시를 가리킨다.

황폐한 밭 울퉁불퉁 제멋대로 생겼지만　　荒田雖浪莽
높은 곳과 낮은 곳이 나름대로 쓰일 테니　　高庳各有適
낮고 습한 곳에는 볍씨를 심고　　下隰種秔稌
동쪽 둔덕엔 밤 대추를 모종하리라.　　東原蒔棗栗
장강의 남쪽에 촉에서 온 사람 있어　　江南有蜀士
뽕나무의 씨앗을 주기로 했고　　桑果已許乞
멋진 대를 심는 것도 어려울 게 없지만　　好竹不難栽
대 뿌리가 아무 데나 뻗어갈까 두렵네.　　但恐鞭橫逸
그리고 또 좋은 자리 골라잡아서　　仍須卜佳處
아담한 집도 한 채 지어야 되겠는데　　規以安我室
아이놈이 마른 풀을 불태우다가　　家僮燒枯草
우물이 나타났다 달려와서 얘기하니　　走報暗井出
배불리 먹는 것은 기약할 수 없어도　　一飽未敢期
물 하나는 마음껏 마시게 됐네.　　瓢飮已可必[41]

그러니까 '동파암정(東坡暗井)'이라는 우물의 이름은 바로 이 시의 열두 번째 구절에서 따왔다는 말이다. 이 표지판은 또 육유가 생존한 남송 때에 이미 그곳에 소동파의 사당이 있었음을 말해 주고 있다.

마침 중년 부인 한 명이 지나가기에 물어보았더니 도서관 건물이 바로 황주고붕이라고 했다. 문이 잠겨 있어서 창틈으로 들여다보니 안에 책걸상이 몇 줄로 놓여 있었다. 과거시험 볼 때 사용하던 책걸상인 듯했다. 또 그 옆으로 책이 조금 꽂힌 책장이 몇 개 있고 벽에는 공자(孔子)의 상과 소동파의 상도 걸려 있었다. 그러니까 황주고붕의 흔적은 거의 없어지고 그 자리를 도서관으로 사용하는 모양이었다. 그렇다면 수위 아저씨 말도 터무니없는 말은 아니었던 셈이다. 나오면서 보니 도서관 건물과 정문 사이에 '학궁(學宮) 앞의 연못'인 '반지(泮池)'가 있어 그곳이 옛날 학교였음을 말해 주고 있었다. 반지 옆에 세워 놓은 안내문에 의하면 옛날에 황주 사람들이 반지에 연을 심어 놓고 연꽃이 얼마나 많이 피느냐에 따라 과거 합격자의 수를 예측했다고 한다.

임고정의 옛터라는 황강중학을 찾았다. 보통의 학교와 같을 뿐 그곳이 임고정 옛터였음을 알 수 있는 흔적은 전혀 없었다. 그곳 사람에게 물어보아도 모른다고 했다. 누군가가 그 학교 문구점에서 황강 지도를 발견했다. 귀한 지도를 발견했답시고 너도나도 한 장씩 사는 바람에 그 문구점에 있던 지도가 순식간에 다 팔렸다.

안국사(安國寺)는 소동파가 황주에 있을 때 자주 찾아가 명상에 빠지기도 하고 참료(參寥) 스님과 대화를 나누기도 했던 절이다. 소동파는 나중에 <황주안국사기(黃州安國寺記)>라는 유명한 문장을 쓰기도 했다. 안국사를 찾느라 안국사로라는 차도 다니지 않는 좁은 골목길을 따라 한참 내려가다 보니 한 가게 간판에 낯익은 얼굴이 보였다. 이영애라는 우리나라 여배우였다. 한국 식료품을 파는

41 왕문고본 ≪소식시집≫ 권21.

안국사

가게인 듯 이영애의 사진 옆에 '한국의 으뜸 미식(韓國美食首選)'이라는 글자와 함께 '장금(長今)'이라는 글자도 있고 그 밑에 '대장금'이라는 한글로 쓴 도장도 찍혀 있었다. 요즘 중국 사람들이 재작년 초까지 우리나라에서 인기리에 방영된 연속극 <대장금>을 즐겨 본다는 소문을 들었는데 이 오지까지도 그 영향이 있는 모양이었다. 그 간판을 보자 문득 소동파가 황주에서 동파육을 개발한 일이 떠올랐다.

지극히 가난한 마을 황주에 불행 중 다행으로 돼지고기가 아주 흔한데, 그곳 사람들이 돼지고기를 요리할 줄 몰라서 그냥 방치하고 있는 것을 보고 너무나 안타까운 나머지 소동파가 요리법을 개발하지 않았던가? 황주 사람들이 궁중의 음식문화를 소재로 한 연속극 <대장금>을 좋아하고 그 연속극의 여주인공인 최고의 궁중 요리사 대장금을 좋아한다는 것은 황주 사람들이 더 이상 입에 풀칠하기에 급급한 것이 아니라 최고의 미식을 추구하기에 이르렀다는 뜻이다. 이렇게 황주 사람들의 입맛을 고급화한 데에는 동파육이 크게 한몫 하지 않았을까?

안국사는 한창 공사 중이서 들어갈 수가 없고 그 앞에 있는 청운탑(靑雲塔)에 올라가서 한번 내려다보는 것으로 만족해야 했다. 청운탑은 입장료가 싸서 좋았다. 명나라 만력 2년(1574)에 창건되었다고 하니 역사가 430년이나 되었고 높이도 7층이나 되는 높은 석탑인데 입장료가 3원이었다. 싼 맛에 다들 한 번씩 올라가 보기로 했다. 탑의 계단은 한 사람이 겨우 지나갈 수 있을 만큼 좁았다. 1층의 시발점이라고 해서 더 넓을 수가 없는데 거기에 한 청년이 책상을 하나 놓고 앉아서 표를 팔고 있었다. 마침 햇볕이 쨍쨍 내리쬐고 있는지라 햇볕을 잔뜩 받은 벽돌 탑이 후끈후끈 열기를 내뿜고 있었지만 청년의 몸을 식혀 주는 장비는 선풍기 한 대뿐이었다. 거기서 선풍기를 켜면 시원할까? 오히려 더운 바람이 나오지 않을까? 이런 생각을 하니 입장료를 좀 더 받아서 그 청년의 근무 여건을 좀 개선해 주면 좋겠다 싶었다. 그 청년이 참으로 딱해 보였다.

청운탑에 올라가니 저 멀리에 장강이 눈부신 여름 햇살을 되받아치며 흐르고 있었다. 옛날에는 바로 발밑으로 흘렀을 강이건만 지금은 물길이 바뀌어 1킬로미터쯤 밖으로 아련하게 내려다보였다.

❋ 임고정

적벽빈관으로 돌아가기 위해 안국사에서 택시를 타고 서호1로(西湖一路)를 거쳐 연강로(沿江路)를 지나다 보니 오른쪽으로 황강중학이라는 간판이 보였다. 아무래도 아까 가 본 황강중학의 교문은 아닌 것 같았다. 황강중학의 후문일지도 모른다는 생각이 들었으나 중학교 교정이 그렇게 클 리가 없다고 생각되었다. 지도를 펼쳐 보니 황강중학이 두 군데였다. 점점 궁금증이 커져 갔다. 문제는 아까 간 황강중학이 임고정 옛터가 아니면 어떻게 하느냐 하는 것이었다. 임고정 자리를 확인했다고 좋아했는데 만약 거기가 임고정 옛터가 아니라면 정말 우습게 될 것이다.

이 궁리 저 궁리 끝에 좋은 생각이 떠올랐다. 어제 받은 장점추 선생의 명함이 생각난 것이다. 호텔로 돌아와 퇴실 준비를 하는 동안 장 선생에게 전화를 걸어서 물어보았다. 그러나 자기는 황주 출신이 아니어서 잘 모른다고 했다. 어제 만났던 그 여자 주임의 성명과 전화번호를 물었더니 이름이 하빈(夏彬)이라며 전화번호를 알려 주었다. 내가 작별인사를 하자 장 선생은 또 자기가 한국에 가면 연락해도 되느냐고 다짐을 받았다. 어제부터 자꾸 묻는 것을 보니 한국에 한 번 오기는 올 것 같았다.

하빈 주임에게 전화를 걸었다. 사무실 전화라 혹시 자리에 없으면 어떻게 하나 걱정했는데 다행히도 직접 전화를 받았다. 그녀에게 물었더니 황강중학 교정이 두 군데 있는데 옛날 교정이 임고정 옛터라고 했다. 그리고 연강로에 있는 것이 옛날 교정이라고 했다.

떠날 시각이 임박한지라 무척 난감했다. 그러나 임고정 옛터를 코앞에 두고 안 가 볼 수는 없었다. 문제는 일행이 다시 황강중학의 옛날 교정으로 가 보고 싶을 정도로 임고정에 대한 관심이 많지 않을 것이라는 점이었다. 혼자라도 갔다 오고 싶었다. 다른 사람들이 점심을 먹는 동안에 나 혼자 택시 타고 갔다 오면 될 것 같았다. 이강재 교수에게 내 생각을 얘기했더니 자기도 함께 가고 싶다며, 일단 황주역으로 가는 버스가 서는 황주상성(黃州商城) 앞까지 가서, 다른 사람들은 거기서 점심을 먹은 후 황주상성을 구경하면서 쉬고 나와 자기는 택시를 타고 임고정 옛터로 갔다 오자고 했다.

다른 사람들의 동의를 얻어 그렇게 하기로 하고 일단 황주상성으로 갔다. 그러나 거기는 점심 먹을 만한 곳이 없었다. 10분 정도 우왕좌왕했다. 그때 다른 사람들도 임고정 옛터에 한번 가 보고 싶다며 다 함께 가자고 했다. 점심은 황주역에 가서 먹기로 했다.

황강중학 옛날 교정에 들어가려니 수위가 자꾸 막았다. 임고정의 옛터가 어디인지만 알면 되지 굳이 싸워 가면서까지 교정에 들어가야 할 이유는 없기 때문에 교문 밖에서 살펴보고 사진을 몇 장 찍었다. 그리고 연강로 건너편에 있는 강둑으로 올라갔다. 강물은 보이지 않고 버드나무와 잡초가 무성하게 자라 있는 둔치만 보였다. 1954년의 홍수로 인해 물길이 1킬로미터 바깥으로 옮겨졌기 때문에 장강의 물결을 직접 볼 수는 없지만 임고정에서 80여 보밖에 안 떨어진, 파도 소리가 밤낮없이 들려오는 시원스러운 장강의 모습을 상상해 볼 수는 있었다. 그곳을 봄으로써 비로소 임고정의 주변 환경을 상상할 수 있게 되었으니 이 얼마나 큰 수확인가? 날아갈 듯 즐거운 순간이었다. 이런 것이 바로 답사의 보람이리라.

소동파가 스스로 임고정에서 80여 보만 내려가면 바로 장강이라고 했으니 둔치에서부터 대략적으로 거리를 가늠해 보건대 임고정은 황강중학 정문 부근에 있었을 것 같았다. 그렇다면 소동파는 어느 깊은 밤중에 저기 저 황강중학 정문 부근에 서서 이 강둑 바로 밑에 있던 장강을 바라보며 <임강선(臨江仙)—밤에 임고정으로 돌아가(夜歸臨皐)—>를 노래했으리라.

동파에서 밤 술 마셔 깰 만하면 또 취하다가	夜飮東坡醒復醉
돌아오니 아마도 삼경은 된 듯한데	歸來髣髴三更
아이는 벌써 우레같이 코를 골며 자고 있다.	家童鼻息已雷鳴
대문을 두드려도 도통 대꾸가 없는지라	敲門都不應
지팡이에 기대어 강물 소리 듣는다.	依杖聽江聲
이 몸이 내 것 아님을 항상 한탄하거니와	長恨此身非我有
안달복달하는 생활 언제 벗어나려나?	何時忘却營營
밤 깊어 바람 자니 비단 무늬 잠잠하다.	夜闌風靜縠紋平
작은 배를 잡아타고 이곳을 떠나	小舟從此逝
강해에다 여생을 맡겨 보련다.	江海寄餘生[42]

섭몽득(葉夢得, 1077-1148)의 ≪피서록화(避暑錄話)≫에 이 사에 관한 재미있는 일화가 소개되어 있다. 소동파가 이 사를 지어 친구들과 함께 몇 차례 부르고 나서 헤어졌는데 그다음 날 아침에 그가 관복을 벗어서 강가에 던져 버리고 휘파람을 불면서 배를 저어 떠나 버렸다는 소문이 났다. 이 소문을 들은 황주태수 서대수(徐大受)가 새파랗게 질렸다. 태수에게는 자기 관할지역에 유배되어 있는 귀양객을 감독할 책임이 있는데 황주안치의 명을 받아 황주 땅을 벗어날 수 없게 되어 있는 소동파가 도망을 가 버렸다면 감독관인 자신이 중죄를 지은 셈이기 때문이었다. 서대수는 급히 소동파의 집으로 가 보았다. 그랬더니 소동파는 아직까지 우레같이 코를 골며 자고 있었다.[43]

어제와 오늘 직접 걸어 다녀 본 경험에 근거하여 지도를 들여다보며 가늠해 본 결과 소동파가 늘 걸어 다녔다는 설당에서 임고정까지는 2킬로미터 정도 될 것 같고, 임고정에서 안국사까지는 300미터 정도 될 것 같았다. 이제 소동파의 작품을 읽으면서 보다 구체적으로 그 모습을 상상해볼 수 있게 되었다.

황주상성으로 돌아가서 황주역으로 가는 중형버스를 탔다. 20인승 중형버스로 10분마다 한 대씩 운행하고 시간은 20~30분 소요된다고 하니 교통이 비교적 편리한 편이다. 12시 50분에 황주역에 도착하니 마치 우리를 전송하러 나온 듯 황주역 광장에도 소동파가 서 있었다. 하얀 석고상이었다.

황주역의 소동파상

42 추왕본 ≪소식사집≫ 467쪽.

43 섭몽득, ≪피서록화≫ 권상(卷上) 참조.

적당한 식당을 찾느라 황주역 앞의 식당가를 배회하자니 여기저기서 자기 집에 들어오라고 호객행위를 했다. 모두 비슷비슷한 식당이라 다들 별로 구미가 당기지 않는 표정이었다. 그러다가 마침내 한 집으로 들어갔다. 호객행위를 하지 않는 중년 아저씨의 식당이었다. 시골 사람처럼 생긴 그 아저씨가 가장 순박해 보였기 때문에 그 집을 선택했는데 아저씨는 과연 순박하고 정직했다. 맥주 일곱 병을 포함하여 식대가 모두 136원 나왔으니 정말 싼 편이었다. 냉방장치도 없고 식탁도 두 개밖에 없는 초라한 식당이었지만 황주역에서의 점심식사는 기분 좋은 인상을 남겼다.

황주역은 비록 한산한 시골 역이지만 작년에 가 본 호주역보다는 훨씬 컸다. 어림잡아 호주역의 다섯 배는 되는 듯했다. 그리고 황주에서 구강(九江)으로 가는 기차는 하루에 여러 차례 있기 때문에 하루에 한두 차례밖에 운행하지 않는 시외버스보다 훨씬 편리함을 알 수 있었다.

3. 구강(九江)과 남창(南昌)

기차는 두 시간 정도 달려서 구강역에 도착했다. 역에는 수없이 많은 아주머니들이 기차에서 쏟아져 나오는 여행객들을 향하여 호객행위를 하고 있었다. 그 수없이 많은 아주머니들 틈을 헤집고 아저씨 한 명이 다가왔다. 그는 국제여행사 직원이라고 자기 소개를 하더니 바로 옆에 자기 여행사 사무실이 있으니 거기로 가서 이야기하자고 했다. 국제여행사라는 바람에 적이 믿음이 가서 일단 그를 따라 여행사 사무실로 갔다. 한참 동안 이야기한 끝에 2,700원을 받고 3일 동안 우리가 원하는 곳으로 차를 태워 주기로 합의했다. 우리가 구강에서 묵을 호텔도 2성급 내지 준3성급을 골라 하루 120원씩에 예약해 준다는 조건이었다. 내일부터 21일까지 3일 동안 우리가 찾아갈 곳을 구체적으로 적시하고 금액을 명기한 계약서에 서명함으로써 구강에서의 답사는 비교적 순탄하게 시작되었다.

연수정빈관(煙水亭賓館)에 짐을 들여놓고 곧바로 저녁을 먹으러 갔다. 가상채관(家常菜館)이라는 식당에 갔더니 스무 살이 될까 말까 한 앳된 여자 종업원이 참으로 친절하고 명랑한 태도로 우리를 접대했다. 이야기를 나누다 보니 깊숙한 내륙지방의 작은 도시에 사는 그 종업원이 한국어를 배우고 있다는 사실을 알 수 있었다. 구강은 여행사도 괜찮고 식당 종업원도 친절하여 첫인상이 좋았다.

저녁을 먹은 뒤 호텔 앞에 있는 감당호(甘棠湖) 호반을 산책했다. 날씨도 제법 선선하고 공기도 맑은 것이 구강은 꽤 살기 좋은 곳이라는 생각이 들게 했다. 많은 주민들이 호숫가에서 산책과 담소를 즐기고 있었다. 호수 안에 연수정(煙水亭)이라는 정자가 하나 있어서 호텔 이름의 유래를 말해 주고 있었다. 문이 닫혀 있어 정자 안으로 들어가지는 못하고 그 앞의 다리에서 바람을 쐬노라니 연수정 앞에서 밤낚시를 하는 사람이 눈에 띄었다. 그림처럼 아름다운 호반의 밤풍경이었다.

2006년 8월 19일 일정이 너무 빠듯하다면서 여행사 직원이 오늘은 7시에 출발해야 한다고 했기 때문에 5시에 각 방으로 전화를 걸어 잠을 깨웠다. 혹시 내가 제때 못 일어날까 봐 호텔 종업원에게 모닝콜을 부탁해 놓았는데 잊어버린 것인지 전화를 해 주지 않았다. 그러나 내가 실수를 하지 않았기 때문에 문제될 것은 없었다.

5시 25분부터 6시까지 호숫가를 산책했다. 여느 곳이나 마찬가지로 군데군데 동네 노인들이 모여서 태극권을 연습하고 있는 것말고는 사람이 별로 없어서 호숫가가 매우 고요했다. 게다가 호숫물이 맑아서 더욱 좋았다.

국제여행사에서 나온 중형버스 운전사는 우리를 보자마자 대뜸 우리처럼 특별한 여행단은 처음 본다고 했다. 자기가 구강에서 10년 동안 관광버스를 운전했지만 우리가 가자는 곳 중에서 아직 안 가 본 곳이 많다는 것이 그 이유였다. 우리는 여행단이 아니라 학술답사단이라고 설명했으나 그래도 이해가 잘 안 된다는 표정이었다.

❊ 동림사와 서림사

먼저 여산(廬山) 서북쪽 기슭에 있는 동림사(東林寺)로 갔다. 구강 시내에서 남쪽으로 16킬로미터 떨어져 있는 이 절은 서림사 동쪽에 있기 때문에 동림사라고 한다. 동진 태원 9년(384)에 강주(江州, 지금의 강서성 구강)태수 환이(桓伊)가 혜영법사(慧永法師)의 제의를 받아들여서 정토종의 시조인 혜원대사(慧遠大師)를 위해 지어 준 절로 정토종의 발원지라고 알려져 있다.[44]

경내로 들어서니 연못을 사이에 두고 종루(鐘樓)와 고루(鼓樓)가 마주보고 서 있었다. 종루를 보자 육유의 시 <유월 열나흗날 동림사에서 자며(六月十四日宿東林寺)>가 떠올랐다. 종루 안에 있는 저 종이 바로 순희 5년(1178) 여름에 육유가 촉

---

44 ≪백도백과≫ <동림사> 참조.

동림사 종루

지방에서 항주에 있는 남송 조정으로 돌아가는 길에 소리를 들은 적이 있는 그 종일 것이기 때문이다.

강과 호수 다 보고 오만 산을 다 봤으니	看盡江湖千萬峰
운몽택이 목에 걸릴까 신경 쓰지 않는다.	不嫌雲夢芥吾胸
서새산 앞의 달을 장난삼아 불러다가	戲招西塞山前月
동림사의 종소리를 함께 듣는다.	來聽東林寺裏鐘
멀리서 온 나그네 오늘 이곳에	遠客豈知今再到
다시 오게 될 줄을 어찌 알았으랴만	
옛날에 우리 서로 만난 적이 있음을	老僧能記昔相逢
노승은 아직까지 기억하고 있도다.	
창을 열고 달게 자니 깨우는 사람 없고	虛窓熟睡誰驚覺
물방아만 밤중에 혼자 방아 찧는다.	野碓無人夜自舂[45]

육유가 잠을 잔 곳이 어디였을까 하고 생각하며 다시 조금 들어가니 원공당(遠公堂)이 있었다. 단아한 2층짜리 건물의 1층에 초연하게 앉아 있는 혜원대사(慧遠大師)의 동상이 보였다. 혜원대사는 동림사의 창건에 중추적인 역할을 한 사람인데 그가 이 절을 창건할 때 이런 일이 있었다고 한다.

혜원대사가 이 자리에 절을 짓고 싶지만 목재가 없어서 걱정하고 있었더니 어느 날 꿈에 자칭 '여산의 신'이라는 수염 허연 노인이 나타나 "이곳이 아늑하고 조용하니 머물 만하겠구나"라고 하는지라, 혜원대사가 "이 산은 신령님이 살기 좋은 곳이니 부디 다른 곳으로 가지 마십시오" 하고 빌었다. 그날 밤에 뇌성이 크게 울리고 비바람이 몰아치며 연못에서 아주 좋은 목재가 많이 솟아올랐다. 이리하여 혜원대사가 그 자리에 동림사를 짓고 그 대웅전을 '신운보전(神運寶殿)'이라고 했다.[46] '신운'이란 신령이 목재를 옮겨 왔다는 뜻임을 알 수 있다.

혜원대사는 그 뒤로 두문불출하고 수행에 전념했다. 손님이 왔다 돌아가는 경우에도 그는 절 앞에 있는 작은 개울인 호계(虎溪) 너머까지 배웅하지 않았다. 그런 상태가 지속되자 나중에는 그가 개울을 건너가려 하면 이 산에 사는 호랑이가 포효하기에 이르렀다. 그런데 어느날 그가 시인 도연명과 도사 육수정(陸修靜)을 배웅하면서 넋을 놓고 이야기를 나누느라 그만 개울을 건너고 말았다. 호랑이가 포효하는 바람에 개울을 건넜음을 깨닫고 세 사람이 크게 웃었다.[47] 이것이 불교 전설 가운데 하나인 이른바 '호계삼소(虎溪三笑)'다.

소동파에게도 이와 유사한 일화가 있는바, <늙은 변재법사는 물러나서 용정에 거주하며 다시는 문밖으로 나가지 않았는데 내가 가서 뵙자 풍황령까지 나온지라 좌우에 있던 사람들이 놀라서 "원공께서 또 호계를 지나셨군요"라고 했다. 변재법

45 문연각사고전서본 ≪검남시고(劍南詩稾)≫ 권10.
46 ≪백도백과≫ <여산동림사>·<동림사> 참조.
47 진순유(陳舜俞), ≪여산기(廬山記)≫ 권2 <여산의 북쪽에 관한 서술(敍山北篇)> 참조.

사가 웃으면서 “두자미가 ‘그대와 더불어 두 늙은이 되어서, 왕래하면 이 또한 풍류 있는 일이리라’ 하지 않았소?”라고 했다. 이로 인하여 고개 위에 정자를 지어 과계정이라고도 부르고 이로정이라고도 부르니 삼가 변재법사의 시에 차운하여 한 수 짓는다(辯才老師退居龍井, 不復出入, 余往見之, 嘗出至風篁嶺, 左右驚曰: “遠公復過虎溪矣.” 辯才笑曰: “杜子美不云乎? ‘與子成二老, 來往亦風流.’” 因作亭嶺上, 名曰過溪, 亦曰二老, 謹次辯才韻賦詩一首)>라는, 항주태수로 재임할 때 지은 시의 기다란 제목에 잘 나타나 있다.

혜원대사의 응접실이었다는 삼소당(三笑堂)이 어디에 있을까 생각하며 절 맨 뒤의 대밭 뒤에 있는 9층 석탑까지 갔으나 삼소당은 보이지 않았다. 돌아나오다가 늙은 스님에게 물었더니 지독한 방언으로 무어라고 설명을 하면서 저쪽으로 가보라고 손짓을 하는데 도무지 알아들을 수가 없었다. 그가 손짓하는 원공당 쪽으로 가서 다시 살펴보아도 삼소당은 없었다. 또 다른 스님에게 물었더니 원공당이 바로 삼소당이라고 하는 듯한데 정확히 알아듣기는 힘들었다. 그가 휙 지나가버리는 바람에 다시 물어보기도 멋쩍었다. 세 번째로 40대쯤 되어 보이는 좀 젊은 스님에게 물었다. 방언이 좀 덜 지독할 것 같아서였다. 그러나 그는 잘 모른다고 했다. 여러 가지 정황으로 미루어 보건대 오래전에 이미 삼소당을 원공당으로 개칭한 것이 아닌가 싶었다.

절 정문 바로 앞에 기념품 파는 노점이 몇 군데 있었다. 절이 크지 않아서 그런지 노점들이 비교적 한산한 편이었다. 그 가운데 한 아저씨에게 호계가 어디 있느냐고 물었더니 웬일인지 아저씨가 빙긋이 웃으면서 손가락질을 했다. 아저씨의 손가락이 가리키는 곳에 아주 작은 도랑이 하나 있었다. 폭이 1~2미터밖에 안 되어 보였다. 도랑에 조그만 샘이 하나 있고 그 위에 ‘호계천(虎溪泉)’이라는 나무 팻말이 세워져 있었다. 도랑은 절 정문 앞에 이르러 콘크리트로 만들어진 원통형 수로를 지나갔다. 그 위는 길이었다. 말하자면 동림사 정문 앞의 호계를 복개하여 길을 만든 것이었다. 복개된 길에 ‘호계교(虎溪橋)’라고 쓴 표지석이 서 있었다.

원공당

호계

호계가 이토록 작다는 사실이 참 놀라웠다. 그러나 더욱 놀라운 것은 호계가 동림사와 거의 붙어 있다는 사실이었다. 그러니까 혜원대사가 호계를 건너지 않았다는 것은 그가 절을 벗어나지 않았음을 뜻하는 것이었다.

세 사람의 나이를 비교해 보면 육수정(406-477)이 이 절에 왔을 때는 혜원(334-416)과 도연명(365?-427)이 이미 죽은 뒤일 가능성이 크다. 따라서 이 이야기가 실제로 있었던 일화가 아닐 가능성이 크지만, 호계를 보는 순간 나는 이런 점을 차치하더라도 이 이야기에 맹점이 있다는 생각이 들었다. 세 사람이 넋을 놓고 이야기에 정신이 팔리려면 이야기가 어느 정도 진행된 뒤라야 하는데, 호계까지는 금방 갈 수 있는 거리기 때문에 이야기에 몰입할 시간이 없다는 점이다. 그렇다고 방에서 한참 이야기를 하다가 도중에 일어나 이야기를 계속하며 밖으로 나왔을 리도 없지 않은가? 이야기가 끝났다고 생각하여 자리를 떴는데 걸어 나오다 보니 다시 생각난 것이 있어서 새로 이야기를 시작했다면 분명 삼매경에 빠질 수 있는 공간적 거리가 없고 따라서 시간적 길이도 없었을 것이다. 아마도 일념으로 수도에 임하는 혜원대사의 태도를 강조하느라 과장을 넘어 왜곡에 이른 이야기가 아닐까 싶다.

동림사를 보고 난 뒤 돌아가는 길에 볼 작정으로 지나쳐 왔던 서림사로 갔다. 동림사에서 몇백 미터밖에 떨어져 있지 않은 서림사는 사실 동림사보다 더 이른 동진 태화 2년(367)에 강주태수 도범(陶范)이 혜영법사(慧永法師)를 위해 창건했다는 절로[48] 소동파의 시 때문에 유명해졌다.

서림사에 들어서자 입구에 '서림사(西琳寺)'라고 쓰여 있더니 몇 발짝 더 들어가자 다시 '서림사(西林寺)'라고 다른 글자로 쓰여 있었다. 강서성인민위원회가 1959년 11월 30일에 공포했다는 강서성문물보호단위 표지판에 '서림사탑(西林寺塔)'이라고 써 놓은 것을 보면 원래 '서림사(西林寺)'로 썼는데 최근에 와서 '서림사(西琳寺)'로 바꾼 것 같았다.

서림사탑

<구강여유도(九江旅遊圖)>라는 관광안내 책자에 동림사는 '동림사(東林寺)'로 표기되어 있고 서림사는 '서림탑(西林塔)'으로 표기되어 있는 것을 보고 서림사에는 탑만 남아 있고 절 건물은 없을 것이라고 짐작했는데, 경내로 들어서자 한창 공사가 진행 중이었다. 절 건물을 중건하는 공사임을 한눈에 알 수 있었다. 이제 각종 건물의 윤곽은 다 완성되고 실내장식만 남은 듯했다. 알고 보니 우리가 들어간 문은 절 건물이 없을 때 곧장 탑으로 가는 문이고 절 건물을 중건하면서 탑의 반대 방향에 정문을 따로 만들어 놓은 상태였다. 그리고 그 옆에 매표소도 이미 만들어져 있었다. 다만 아직까지 실

48 ≪백도백과≫ <서림사> 참조.

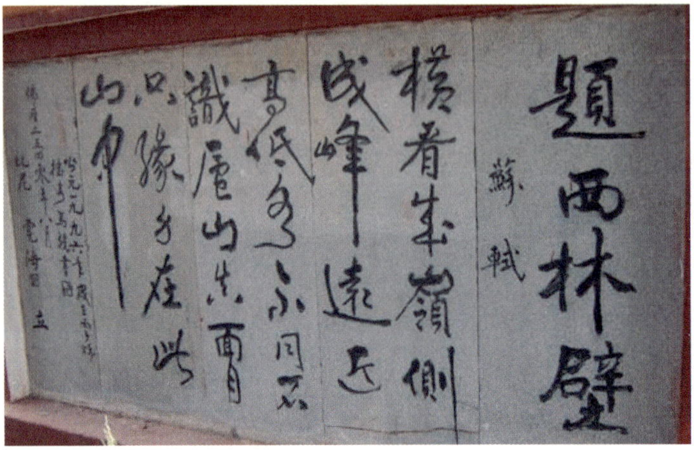

〈서림사 벽에〉 석각

내장식이 끝나지 않은 듯 문이 잠겨 있고 매표소에도 표 파는 사람이 없었다.

절 맨 뒤편에 있는 7층 석탑은 보존상태가 비교적 양호했다. 그리고 탑 옆에 기세 넘치는 초서체로 소동파의 시 <서림사 벽에(題西林壁)>를 써서 새긴 석각이 있었다.

가로로 보면 산줄기 옆으로 보면 봉우리 　　橫看成嶺側成峰
멀리서 가까이서 높은 데서 낮은 데서 　　遠近高低各不同
보는 곳에 따라서 각기 다른 그 모습
여산의 진면목을 알 수 없는 건 　　不識廬山眞面目
이 몸이 이 산 속에 있는 탓이리. 　　只緣身在此山中

이 시는 '여산진면목(廬山眞面目)'이라는 성어의 어원이 되었을 정도로 인구에 회자하는 시다. 이백의 시 <여산폭포를 바라보며(望廬山瀑布)>나 백거이의 시 <대림사의 복숭아꽃(大林寺桃花)>과 마찬가지로 이 시가 여산의 지명도를 제고하는 데 기여한 바 또한 매우 크다. 아름다운 산수도 훌륭한 시인을 만나야 더욱 빛을 발하는 모양이다. 우리나라의 금강산이 여산보다 못할 것이 무엇이랴! 그런데도 세상에 금강산이 있다는 사실은 아는 사람이 많지 않을 것이니 여기에는 시인들의 책임이 작지 않으리라.

항간에 소동파가 "바라건대 이 몸이 고려국에 태어나, 아름다운 금강산을 한 번 봤으면(願生高麗國, 一看金剛山)" 하고 읊은 것으로 알려져 있다. 그러나 현전하는 소동파의 시에는 이런 구절이 없다. 누군가에 의해 와전된 것으로 보인다. ≪조선왕조실록(朝鮮王朝實錄)≫ 중의 <태종실록>에 이런 기록이 있다.

> 하윤·이거이·성석린·조준·이무·이서를 불러서 정사를 논의했다. 주상께서 "중국 사신이 오면 꼭 금강산을 보고 싶다고 하는데 무슨 까닭인가? 항간에 '중국인 가운데 "바라건대 이 몸이 고려국에 태어나, 아름다운 금강산을 친히 한 번 봤으면" 한 사람이 있다'고 하던데 정말 그러한가?" 하시자, 하윤이 앞으로 나아가서 "금강산이 동국에 있다는 말이 ≪대장경≫에 실려 있기 때문에 이런 말을 하는 것입니다"라고 했다.
>
> 召河崙·李居易·成石璘·趙浚·李茂·李舒議事. 上曰: "中國使臣來則必欲見金剛山, 何也? 諺曰: '中國人有云: "願生高麗國, 親見金剛山"者', 然乎?" 崙進曰: "金剛山在東國之語, 載在≪大藏經≫故云爾."[49]

이 기록을 보면 이 말이 조선 초기에도 이미 널리 알려져 있었음을 알 수 있다. 다만 당시에는 아직까지 이것이 소동파의 시구라고 알려져 있지는 않았다는 사실도 확인할 수 있다.[50] 소동파는 고려에 사신으로 올 뻔하다가 말았거니와,[51] 만약

---

49 ≪조선왕조실록≫(한국고전번역원 한국고전종합DB) <태종 4년 9월 21일>.

50 "바라건대 이 몸이 고려국에 태어나, 아름다운 금강산을 한 번 봤으면(願生高麗國, 一看金剛山)"이라는 시구에 대해서는 <금강산과 소동파>(≪파리에서 보내온 합죽선≫, 서울: 학고방, 2013, 96-103쪽)라는 수필에서 비교적 상세하게 서술한 적이 있다.

51 소동파의 제자인 진관(秦觀)에게 <조정에서 자첨(즉 소동파)을 고려에 사신으로 보내려고 논의하자 대신들 중에 그가 떠나가는 것을 애석하게 여기는 사람이 있어 그만두라고 말했다는 사실을 전해 준 손님이 있는지라 시를 지어서 그 일을 기록한다(客有傳朝議欲以子瞻使高麗, 大臣有惜其去者, 白罷

그가 고려에 사신으로 왔다면 그 역시 금강산을 구경했을 가능성이 크다. 그리고 산 안에서는 그 산의 진면목을 알 수 없다는 이치는 여산에만 해당되는 것이 아니라 큰 산이면 어느 것에나 다 해당될 것임에 틀림없다. 그러므로 소동파 같은 대시인이 사신으로 왔다가 금강산의 천태만상을 둘러보고 난 뒤에 "금강산의 진면목을 알 수 없는 건, 이 몸이 이 산 속에 있는 탓이리" 하고 읊었다면 금강산이 보다 널리 알려져 세계적인 명승이 되었으리라는 엉뚱한 생각이 든다. 아니다. 정철도 <관동별곡(關東別曲)>에서 "이적선(李謫仙) 이제 있어 고쳐 의논하게 되면, 여산이 여기보다 낫단 말 못하려니"라고 했으니 터무니없는 상상은 아닐 것이다.

❄ 곡렴천

서림사에서 멀지 않은 곳에 도연명기념관이 있었다. 도연명에 관한 각종 자료가 전시되어 있음은 물론 도연명이 붓을 씻었다는 세묵지(洗墨池)와 그의 무덤도 있었다. 도화원도 만들 계획이라고 했다. 왠지 석연치 않은 느낌이 들어서 여기가 도연명의 고향이 맞느냐고 운전사에게 물었더니, 고향은 아니지만 도연명에 관한 자료는 여기로 다 옮겨 놓았기 때문에 고향에는 갈 필요가 없다고 했다. 원래 우리가 가자고 했던 곳은 도연명의 고향인 율리(栗里) 도촌(陶村)이었는데 운전사가 그만 이곳으로 데리고 온 것이었다. 운전사는 도연명의 고향에 갈 필요가 없다고 우겼지만 나도 고집을 꺾지 않았다. 계약서에 명기되어 있기 때문에 운전사도 자꾸 우기지는 않았다.

시간을 아끼기 위해 별 의미도 없는 도연명기념관은 대충 훑어보고 곡렴천(谷簾泉)으로 옮겼다. 곡렴천은 천하제일천으로 품평받은 곳이다. 중국에서 천하제일천

之, 作詩以紀其事)>라는 제목의 시가 있다. 이 시에는 "손신로(즉 孫覺)와 함께 지었다(與莘老同賦)" [문연각사고전서본 ≪회해집(淮海集)≫ 권8]라는 자주(自註)가 있고 손각의 시가 부기되어 있는데, 여악(厲鶚)의 ≪송시기사(宋詩紀事)≫에 손각 시의 제목이 <조정에서 자첨을 고려에 보내려고 논의했다는 소문을 듣고(聞朝議以子瞻送高麗)>(문연각사고전서본 ≪송시기사≫ 권18)로 되어 있다.

으로 불리는 곳은 곡렴천 이외에도 여러 군데 있다. 예를 들면 강소성 진강(鎭江)의 금산(金山) 기슭에 있는 중령천(中泠泉), 북경시 이화원(頤和園) 서쪽의 옥천산(玉泉山)에 있는 옥천, 산동성 제남(濟南)에 있는 표돌천(趵突泉) 등이 그것이다. 이처럼 천하제일천이 많은 까닭은 각기 다른 시기의 각기 다른 사람들이 나름대로 수질을 품평했기 때문인데, 중령천은 당나라 사람 유백추(劉伯芻)가 품평한 것이고, 옥천은 당나라 고종 황제가 품평한 것이고, 표돌천은 청나라 건륭제(乾隆帝)가 품평한 것이다. 건륭제는 처음에 옥천을 천하제일천으로 품평했는데 나중에 표돌천의 물을 마셔 보고는 생각을 바꾸었다고 한다. 그리고 우리가 지금 찾아가고 있는 여산 중턱의 곡렴천은 다성(茶聖)으로 추앙받는 당나라 사람 육우(陸羽, 733-804)가 품평한 것이다.[52]

곡렴천으로 가는 길에는 참으로 아름다운 계곡이 있었다. 춘추시대에 적군에게 쫓긴 초나라 강왕(康王)이 숨어 살았다는 강왕곡이다. 적당히 높은 산, 그 산에 우거져 있는 푸른 초목, 그리고 산과 산 사이로 흐르는 바닥이 훤히 들여다보일 정도로 투명한 물, 계곡에 감도는 상쾌한 공기 등이 연출하는 분위기가 심산유곡 바로 그것이었다. 우리는 약속이나 한 것처럼 입을 모아 정말로 도화원 같다고 말했다. 정말이지 흐르는 계곡 어딘가에 어부가 배를 저어 가고 있을 것만 같았다. 그랬는데 마치 우리가 한국어로 한 말을 잘 알아듣기라도 한 듯 운전사가 이 계곡도 이름이 도화원이고 여기가 바로 도연명이 쓴 <도화원기(桃花源記)>의 배경인 것으로 알려져 있다고 설명해 주었다. 동정호 서쪽에 도화원이라는 지명이 별도로 있지만 도연명의 고향이 여산 기슭인 데다 벼슬살이를 별로 하지 않은 도연명이 동정호 서쪽의 도화원까지 갔을 가능성도 희박하다고 생각되었다. 또 여산의 이 도화원을 보는 순간 문득 <도화원기>가 떠오른 것이 결코 우연은 아닐 것이

52 요요전(廖耀前), <천하제일천(天下第一泉)>[강서성사회과학원(江西省社會科學院), ≪농업고고(農業考古)≫ 2000년 제2기] 212-213쪽 참조.

라는 생각도 들었다.

차는 계곡을 끼고 천천히 아주 천천히 올라갔다. 도중에 홍수로 길이 무너져 울퉁불퉁한 자갈길을 지나갔다. 조금 올라가노라니 <도화원기>에 언급된 동굴 속의 마을인 양 시골 마을이 하나 나왔다. 마을을 지나 좁고 험한 길을 끝까지 간 뒤 차가 멈추어 섰다. 시간이 부족하니 빨리 갔다 오라고 운전사가 독촉했다. 운전사의 독촉도 독촉이지만 시간이 부족하면 다음에 볼 것을 제대로 볼 수 없기 때문에 좀 서두를 필요가 있었다.

"뛰자!"

마침내 내 입에서 또 '뛰자'라는 말이 나왔다. 답사 때마다 이런 상황이 한두 번씩 생겼기 때문에 대학원 학생들 사이에 우리 답사는 뛰어다녀야 하는 것으로 소문이 나 있고 그게 힘이 들어 감히 참여하지 못한다는 학생도 있는 것이 사실이다. 몇몇 학생이 참여하지 못하는 것은 안타까운 일이지만 답사를 보다 알차게 하기 위해서는 어쩔 수 없는 노릇이다.

나의 외침을 듣고 다들 뛰었다. 그러나 가파른 산길을 뛰어 오르는 것은 쉬운 일이 아니었다. 뛰다 걷다를 반복할 수밖에 없었다. '다성 육우의 상(茶聖陸羽之像)'이라는 제목이 붙은, 검은색 바위에 음각한 육우의 상을 잠시 보고 다시 한참 올라가노라니 갈림길이 나왔다. 안내판도 없고 물어볼 데도 없었다. 일단 오른쪽 길을 골라서 올라갔다. 초목이 무성하고 계곡이 가파른 데다 내 키보다 크게 자란 억새풀이 좁은 산길을 뒤덮고 있었다.

얼마를 더 가니 정자가 하나 나왔다. 육우품천정(陸羽品泉亭)이었다. 육우가 곡렴천의 물을 품평한 곳인가 보았다. 일행이 정자에서 잠시 쉬는 동안 나 혼자 계속해서 안으로 걸어갔다. 2분쯤 더 가자 계곡 바닥에서 산꼭대기 가까이까지 솟아 있는 넓고 높은 암벽에 새하얀 물줄기가 발처럼 걸려 있었다. 10년 전에 본 황애폭포(黃崖瀑布), 즉 이백의 시 <여산폭포를 바라보며(望廬山瀑布)>에 묘사되어 있는 폭포보다 훨씬 컸다. 높이는 100미터가 훨씬 넘을 것 같고 폭은 20미터쯤 될 것 같았다.[53] 곡렴천, 그야말로 계곡에 드리워진 수정 발이었다.

곡렴천

정자에서 쉬고 있는 사람들에게 빨리 오라고 소리쳤다. '천(泉)'이라고 해서 좀 큼지막한 샘일 줄 알았는데 이렇게 큰 폭포라니! 다들 혀를 내둘렀다. 아무리 바빠도 그것을 보고 그냥 갈 수는 없었다. 내가 먼저 양말을 벗고 계곡으로 들어갔다. 바위에 앉아도 보고 물을 따라 걸어도 보았다. 물이 여름 같지 않게 서늘했다. 물속에 등이 검고 다리가 빨간 민물게도 있었다. 우리는 그렇게 한참이나 놀았다. 육우가 된 기분이었다.

곡렴천은 참으로 좋았다. 지금까지 그렇게 아름다운 폭포를 본 적이 없다. 폭포가 높고 물이 맑아서 좋기도 했지만, 우리 이외에 사람이 아무도 없어서 더욱 좋았다. 중국 사람들 사이에 "삼첩천에 안 갔다면 여산 구경 안 한 셈(不到三疊泉, 不算廬山客)"이라는 말이 있다는데, 나는 10년 전에 삼첩천을 보았거니와 내가 보기에는 이 말에서 '삼첩천'을 '곡렴천'으로 바꾸어야 할 것 같다. 폭포의 높이와 폭은 물론 물의 맑기로도 이만한 곳을 다시 보기가 힘들 것임에 틀림없다. 소동파도 이처럼 맑고 웅장한 곡렴천에 대해서 일찍부터 익히 알고 있었던 듯 항주통판으로

53 나중에 확인해 보니 송나라 사람 진순유(陳舜俞)의 ≪여산기(廬山記)≫에 "그 높이는 가늠할 수가 없고 그 폭은 70여 자 된다(其高不可計, 其廣七十餘尺)"[문연각사고전서본 ≪여산기≫ 권3 <여산의 남쪽에 관한 서술(敍山南篇)>]라는 곡렴천의 크기에 관한 설명이 있었다. 폭이 내 눈짐작과 비슷하므로 높이 또한 내 눈짐작과 크게 다르지 않을 것으로 생각된다.

재임할 때 친구로부터 곡렴천의 물과 차를 선물로 받고 이렇게 노래했다.

바위에 드리운 흰 명주 떨어지는 실 천 가닥	巖垂匹練千絲落
우레가 쌍룡을 일으키니 만물에 봄이 오네.	雷起雙龍萬物春
이 물과 이 차가 하나같이 으뜸이라	此水此茶俱第一
시와 함께 삼절을 이뤄 그 빛이 눈을 찌르네.	共成三絕鑑中人[54]

다시 뛰다 걷다 하면서 차 있는 곳으로 돌아왔다. 관광안내 지도에 도화원 중간쯤에 소동파가 쓴 '도원동(桃源洞)'이라는 글씨가 있는 것으로 표시되어 있기에 운전사에게 거기서 차를 좀 세워 달라고 부탁했는데 운전사가 찾지 못한 채 입구까지 내려와 버리고 말았다. 운전사도 아직까지 가 보지 못한 모양이었다. 운전사가 다소 볼멘 목소리로 "꼭 봐야 됩니까?" 하고 묻는 통에 그만 주눅이 들어서 차를 돌려 다시 그 험한 길로 올라가자고 고집하기 힘들었다. 다시 올라간다고 해도 쉽게 찾지 못할 것 같은 생각이 들어 더욱 망설여졌다. 일행과 상의한 끝에 아쉬움을 남겨 놓고 그냥 도화원을 떠나기로 했다.

❄ 여산폭포와 귀종사

향로봉(香爐峰)・자매봉(姉妹峰)・쌍검봉(雙劍峰)・문수봉(文殊峰) 일대를 통틀어 수봉(秀峰)풍경구라고 하는데, 운전사는 우리를 수봉풍경구 입구에 있는 한 식당으로 안내했다. 참 공교롭게도 그 식당은 1996년에 왔을 때에도 점심을 먹은 바로 그 집이었다. 그때도 관광버스 운전사가 안내해서 갔는데 내 머릿속에는 그 집 음식이 별로 맛이 없다는 인상이 남아 있었다. 주인이 같은 사람인지 어떤지는 기억

54 왕문고본 ≪소식시집≫ 권10 <원한 소경께서 곡렴수 한 그릇과 용단차 두 덩어리를 보내 주시고 또 새로 지은 시를 하사품 삼아 보내셨기에 그 맛에 탄복을 금치 못하다가 그의 시에 차운하여 삼가 화답한다(元翰少卿寵惠谷簾水一器・龍團二枚, 仍以新詩爲貺, 歎味不已, 次韻奉和)>.

나지 않지만 이번에도 음식이 맛없기는 마찬가지였다.

마을 어귀에 이백(李白, 701-762)의 시 <여산폭포를 바라보며(望廬山瀑布)>를 행서체로 쓴 시비가 세워져 있었다. 10년 전에는 없던 것이다.

향로봉에 해 비치자 자줏빛 연기 일고　　日照香爐生紫煙
멀리 폭포를 바라보니 시냇물이 걸렸도다.　　遙看瀑布挂前川
하늘에서 물줄기가 삼천 자를 내려오니　　飛流直下三千尺
은하수가 구천에서 떨어졌나 싶도다.　　疑是銀河落九天

여산은 큰 산이니 폭포가 수없이 많을 텐데 이백이 말한 여산폭포는 어느 것을 가리키는 것일까? 10년 전에 왔을 때 현지인에게 물었더니 수봉풍경구에 있는 황애폭포(黃崖瀑布)가 바로 그것이라고 했다. 그곳 사람들은 수많은 폭포 가운데 황애폭포가 바로 그것인 줄을 어떻게 알았을까? 아마 향로봉 밑에 있기 때문에 그렇게 판단했으리라. 그때 그렇게 생각했었다.

10년 전에는 거기서부터 한 시간 정도 걸어서 황애폭포 밑으로 갔는데 지금은 상황이 많이 달라져 있었다. 산중턱까지 케이블카를 타고 올라갈 수 있다고 했다. 케이블카 안에서 바라보니 멀리 황애폭포가 보였다. 케이블카가 높이 올라갈수록 시야가 넓어져서 발아래로 나무 꼭대기가 훤히 내려다보이고 멀리 아스라이 파양호(鄱陽湖)도 보였다. 도중에 이백의 상도 있었다. 이백이 폭포를 바라보며 시를 지은 곳이리라. 케이블카가 이백상 바로 옆으로 지나갔다.

황애폭포 좀 못 미친 곳에 있는 웅덩이에서 아이들 서너 명이 멱을 감고 있는 모습이 보였다. 거리가 멀어서 아이들의 모습이 선명하지 않은데도 불구하고 참 정겹고 친근하게 느껴지는 것은 그것이 바로 시골에서 어린 시절을 보낸 나와 내 친구들의 모습이기 때문이리라.

수봉풍경구. 시비 뒤로 향로봉과 황암폭포의 일부가 보인다.

황암폭포와 이백상

케이블카에서 내려 문수탑(文殊塔) 앞에서 산 아래를 한번 굽어보고 다시 산길을 따라 위로 올라갔다. 조금 올라가니 '황암경구(黃岩景區)'라고 쓰인 일주문이 나오고 그 뒷면에 이백의 시 <여산폭포를 바라보며>가 새겨져 있었다. 1996년에 왔을 때는 폭포의 이름이 황애폭포였는데 이제 이름이 황암폭포로 바뀌어 있었다. 아까 이곳 사람들이 황암폭포라고 하는 말을 들었지만 방언음이라 그런 줄로 생각했는데, 그게 아니라 발음이 비슷하고 뜻도 통하면서 더 쉬운 글자를 쓰기 위해 이름을 바꾸었음을 알 수 있었다. 중국에는 요즈음 지명에 쓰이는 어려운 한자를 발음이 같으면서 더 쉽고 간단한 글자로 바꾸는 경향이 있음을 알고 있기 때문에 어렵지 않게 짐작할 수 있었다.

그 높은 산에 어른 팔뚝보다 굵은 대나무가 커다란 숲을 이루고 있었다. 산길을 올라가다가 계곡을 건너고 다시 조금 내려가니 계곡 속에 붉은 글씨로 '여산폭포원두(廬山瀑布源頭)'라고 쓴 바위가 하나 있었다. 그리고 그보다 조금 뒤에 있는 바위에는 '은하(銀河)'라는 붉은 글씨가 새겨져 있었다. 여산폭포 즉 황암폭포의 시작점이었다. 많은 사람들이 그것을 배경으로 사진을 찍고 있었다. 10년 전에는 여산폭포의 바닥을 보았고 이번에는 여산폭포의 꼭대기를 보았으니 여산폭포를 머리에서 발끝까지 다 본 셈이라는 생각에 슬며시 가슴이 뿌듯해져 왔다.

여산폭포원두를 보고 난 뒤 서둘러 내려가서 귀종사(歸宗寺)를 찾았다. 귀종사 자리는 원래 왕희지(王羲之, 321-379)의 별장이 있던 곳인데, 왕희지가 강주(江州, 지금의 강서성 구강)를 떠날 때 그 땅을 기부받은 한 서역 고승이 이곳에 여산 최초의 절인 귀종사를 지은 것으로 알려져 있다. 그리고 당송 시기에는 규모가 엄청나게 커서 중국 사대총림(四大叢林) 중에서도 으뜸이었다는 절이다.[55] 그러나 우리가 귀종사를 찾아간 것은 그 때문이 아니다.

소동파가 황주에서 유배생활을 할 당시 그의 절친한 친구인 불인선사(佛印禪師) 즉 요원선사(了元禪師)가 이 절에 있었다. 소동파는 황주의 강가에서 옥처럼 매끈한 데다 뛰어난 화가가 정성을 다해도 그려 낼 수 없는, 지문(指紋)처럼 정교한 무늬가 있는 붉은색·노란색·하얀색의 돌 298개를 모아 구리 쟁반에 고이 담고 물을 부어서 만든 장식물을 '괴석 공양(怪石供)'이라며 여산의 귀종사에 있는 불인선사에게 보내고 <괴석 공양(怪石供)>이라는 글을 지어 그 내력을 설명했다.[56] 불인선사는 나중에 소동파가 유배지를 황주에서 여주(汝州)로 옮겨 갈 때 그를 위해 강소성 진강(鎭江)의 금산사(金山寺) 부근에 은거지를 물색해 주었다. 그는 또 고려의 대각국사 의천과도 교유한 적이 있었다.[57]

몇 차례나 묻고 물어서 간신히 찾아갔더니 '귀종'이라는 마을 이름만 남겨 놓은 채 귀종사는 이미 자취를 감추고 그 자리에 여산백록외국어학교(廬山白鹿外國語學校)가 서 있었다.

❄ 율리 도촌과 애련지

아쉬운 마음을 안고 귀종마을을 떠나 연명취석(淵明醉石)을 찾아갔다. 연명취석

55 ≪백도백과≫ <귀종사>·<귀종풍경구(歸宗景區)> 참조.
56 소식, <괴석 공양(怪石供)> 참조.
57 ≪백도백과≫ <의천(義天)> 참조.

은 도연명이 술에 취해 누워 자곤 했다는 개울 속의 너럭바위다.[58] 몇 사람에게 물어서 대략적인 위치를 파악한 후 산으로 이어진 좁다란 흙길을 따라 올라갔다. 사람이 별로 다니지 않는 곳인 듯 길에는 잡초가 가득했다. 우리 이외에는 아무도 다른 사람이 보이지 않았다. 과연 이곳이 맞을까 하는 의구심이 다 들었다. 자기가 찾아 주겠다고 앞장서던 운전사가 고개를 갸웃거렸다. 그러나 거기서 물러설 수는 없었다. 조금만 더 올라가 보자고 달랬다. 우물쭈물할 시간이 없다고 생각한 듯 운전사가 먼저 뛰어 올라갔다. 잠시 뒤에 위에서 "어이!" 하고 고함지르는 소리가 들렸다. 운전사 목소리였다. 그 외마디 소리가 무엇을 뜻하는지 우리는 금방 알아차렸다. 우리도 뛰었다.

얼마 안 가서 무성한 풀숲 속에 호젓하게 서 있는 정자를 하나 발견했다. 나무로 지은 2층짜리 육각정인데 '취석정(醉石亭)'이라는 현판을 달고 있었다. 취석정이 있으니 취석이 멀지 않으리라. 운전사가 이 정자를 보고 반가워서 우리에게 고함을 지른 것이었다.

취석정을 지나 조금 더 올라가니 개울 한가운데에 높직하고 널찍한 너럭바위가 하나 있었다. 높이가 3미터 정도 되고, 폭이 약 4미터, 길이가 약 6미터 되어 보였다. 서둘러 위로 올라가 보니 바위 위에 '귀거래관(歸去來館)'이라는 글자가 큼지막하게 새겨져 있었다. 주희(朱熹)가 썼다는 글씨였다.

주희가 이 글씨를 쓴 내력에 대해서는 그의 <안노공의 율리 시를 읽고(跋顔魯公栗里詩)>에 상세하게 밝혀져 있다.

> 율리는 지금의 남강군 관청 소재지에서 서북쪽으로 50리 떨어진 곳에 있다. 계곡 안에 큰 바위가 있으니 도연명 공이 술에 취하여 잠자던 곳이라고 전해 온다. 내가 일찍이 그곳에 가서 노닐다가 그 일을 슬퍼하여 그 옆에다 귀거래관을 지었

58 ≪백도백과≫ <연명취석> 참조.

연명취석

주희가 쓴 '귀거래관'

다. 계절이 바뀔 때마다 한 번씩 그곳으로 가서 숲을 올려다보고 샘을 내려다보며 술잔을 들어 손님들에게 술을 권했는데 아마 이 시를 읊조리지 않은 적이 없을 것이다. 땅 주인인 영릉종사 진정신 군이 소문을 듣고 마음속에 감개가 인 듯 큰 글씨로 써서 바위 위에 새기자고 했다. 내가 그 고을을 떠나게 되자 청이 더욱 간곡한지라 그것을 써서 주었다. 순희 연간의 신축년(1181) 7월 임오일에 신안 사람 주희

栗里在今南康軍治西北五十里. 谷中有巨石, 相傳是陶公醉眠處. 予嘗往遊而悲之, 爲作歸去來館於其側. 歲時勸相間一至焉, 俯仰林泉擧酒屬客, 蓋未嘗不賦是詩也. 地之主人零陵從事陳君正臣聞之, 若有慨然於中者, 請大書刻石上. 予旣去郡, 請益堅, 乃書遺之. 淳熙辛丑秋七月壬午, 新安朱熹仲晦父[59]

이 글을 보면 주희가 남강군(南康軍, 지금의 강서성 星子)태수로 재임할 때 연명취석 옆에다 귀거래관을 지었고 나중에 '귀거래관'이라는 글씨를 써 주어서 연명취석 위에 새기게 한 것임을 알 수 있다. 그리고 주희의 ≪주자어류(朱子語類)≫에 "여산에 상경이라고 하는 도연명의 고적지가 있는데 ≪연명집(淵明集)≫에는 '경사(京師)'라고 할 때의 '경'자를 썼지만, 지금의 현지인들은 '형초(荊楚)'라고 할 때의 '형'이

59 문연각사고전서본 ≪회암집(晦庵集≫ 권81.

라고 생각한다. 강 속에 반석이 하나 있는데 그 바위 위에 도연명이 술에 취해 누워 잔 흔적이라는 자국이 있어 연명취석이라고 한다. 내가 그곳 태수로 있을 때 작은 정자를 하나 지어 아래로 이 바위를 굽어본지라 '귀거래관'이라고 썼다"[60]라고 한 것을 보면 귀거래관은 원래 연명취석보다 약간 위에 지어져 있던 작은 정자였음을 알 수 있다.

연명취석을 돌침대 삼아 각자 바위 위에 한 번씩 드러누워서 도연명이 되어 보았다. 바로 누우니 파란 하늘이 답답한 가슴을 뚫어 주고, 돌아누우니 싱그러운 초록빛 풀과 나무가 눈을 시원하게 씻어 주었다. 두 귀는 낭랑한 물소리로 가득 찼다. 벼슬살이보다 훨씬 운치가 있을 것임은 누가 말해 주지 않아도 알 만했다.

연명취석에서 다시 큰길로 돌아 나와 길을 따라 200미터쯤 더 내려가자 한창 건축공사가 진행 중인 마을이 하나 있었다. 거기에 차를 세워 놓고 논둑길을 따라 100미터쯤 내려가니 작은 도랑이 하나 나왔다. 폭은 동림사 앞의 호계와 비슷하고 깊이는 그보다 좀 깊어서 2미터쯤 되어 보였다. 그러나 물은 별로 없었다. 폭이 50센티미터쯤 되고 길이가 1.5미터쯤 되는 납작한 차돌 네 개가 두 개씩 연결되어 두 줄로 도랑 위에 걸쳐져 있었다. 도랑 중간에 교각이 하나 있어서 받쳐 주고 있기 때문에 가능한 일이었다. 다리 옆의 고목나무 밑에 세워진 표지판에 '성자현급문물보호단위시상교(星子縣級文物保護單位柴桑橋)'라고 쓰여 있었다. 도연명이 호미를 메고 지나다녔다는 시상교였다.[61]

도연명이 지나다녔다는 그 돌다리를 지나 부근에 있는 마을의 어느 집으로 들어갔다. 담도 대문도 없기 때문에 주거침입이라는 의식을 거의 갖지 않은 채 생각

---

60 "廬山有淵明古迹處曰上京, ≪淵明集≫作京師之京, 今土人以爲荊楚之荊. 江中有一盤石, 石上有痕云淵明醉卧於其石上, 名淵明醉石. 某爲守時, 架小亭, 下瞰此石, 榜'歸去來館."[문연각사고전서본 ≪주자어류≫ 권 138 <잡류(雜類)>]

61 ≪백도백과≫ <율리(栗里)> 참조.

시상교

없이 안으로 들어갔다. 30대 초반쯤 되어 보이는 젊은 여인이 아기를 업고 집안을 서성이고 있었다. 우리는 그녀와의 대화를 통하여 그곳이 바로 율리(栗里) 도촌(陶村)이고 그 마을에 사는 사람은 모두 도씨라는 사실과 국내외 학자들이 간간이 이 마을을 찾아온다는 사실을 알 수 있었다.

도연명이 살던 집은 몇 군데가 있는바, 왕모(王謨)의 ≪강서고고록(江西考古錄)≫에 다음과 같은 기록이 있다.

> ≪통지(通志)≫에 정절(靖節, 도연명의 시호) 선생의 고택은 모두 세 군데 있다. 하나는 서주(瑞州) 신창현(新昌縣)에서 동쪽으로 25리 되는 곳에 있다. ≪도경(圖經)≫에 "도공은 처음 의풍(宜豊)에 살다가 나중에 시상(柴桑)으로 이사했다"고 했는데 의풍은 신창이다. 하나는 남강부성(南康府城)에서 서쪽으로 7리 되는 곳에 있는바, 옥경산(玉京山)이라고도 하고 상경(上京)이라고도 한다. ≪명승지(名勝志)≫에

"도연명의 시에 '나는 옛날에 상경에 살았었네'라고 한 곳이 바로 여기다"라고 했다. 하나는 구강부(九江府)에서 서남쪽으로 90리 되는 곳의 시상산에 있다. ≪명승지≫에 "진나라 역사책에 '도잠은 시상에 집이 있었다'고 했는데 바로 지금의 초성향(楚城鄕)이다. 집에서 북쪽으로 3리쯤 떨어진 곳에 정절의 무덤이 있다"라고 했다.

按≪通志≫載靖節先生故居凡三處. 一在瑞州新昌縣東二十五里. ≪圖經≫云: "陶公始家宜豊, 後徙柴桑." 宜豊, 新昌也. 一在南康府城西七里, 爲玉京山, 亦名上京. ≪名勝志≫云: "陶詩: '疇昔家上京', 卽此." 一在九江府西南九十里柴桑山. ≪名勝志≫云: "晉史: '陶潛家於柴桑.' 卽今之楚城鄕也. 去宅北三里許有靖節墓."[62]

이 기록에 의하면 도연명은 맨 처음 의풍에서 살았고, 만년에 시상에서 살다가 거기서 죽었으며, 그 사이에 상경(지금의 강서성 星子縣 서쪽에 있는 옥경산)에서 산 것이 된다. 도연명 자신이 "나는 옛날에 상경에 살았었는데, 여섯 해 동안 떠나 있다 다시 돌아왔도다"[63]라고 한 말을 감안하여 정리해 보면, 그는 의풍에서 태어나 어린 시절을 보내다가 그 뒤 상경으로 이사했으며, 6년 동안 관직생활을 한 후 팽택현령을 끝으로 관직에서 완전히 물러난 뒤에도 상경으로 돌아가 한동안 은거하다가 나중에 다시 시상으로 이사하여 만년을 보냈다는 말이 된다.

도연명은 의희 4년(408) 6월에 화재로 집을 잃고 얼마 동안 배 위에서 지내다가[64] 의희 6년(410)에 남촌(南村)으로 이사했다.[65] 그러나 이 사실만으로 남촌이 바로 그가 인생을 마감한 곳이라고 단정하기는 어렵다. 그런데 이 율리 도촌에 지금

---

62 건륭문송원각본(乾隆問松園刻本) ≪강서고고록≫ 권5 <도공고거(陶公故居)>.

63 "疇昔家上京, 六載去還歸."[문연각사고전서본 ≪도연명집(陶淵明集)≫ 권3 <옛날 집으로 돌아와(還舊居)>]

64 도연명의 시 <무신년(408) 6월에 화재를 당하고(戊申歲六月中遇火)> 참조.

65 고이(顧易)의 ≪유촌보도(柳村譜陶)≫[허일민(許逸民) 교집(校輯), ≪도연명연보(陶淵明年譜)≫, 북경: 중화서국, 1986, 40쪽] <의희 6년> 참조.

까지도 그의 후손들이 집성촌을 이루어 살고 있다니 그가 여기서 인생을 마감했을 가능성이 큰바, 그의 시구 "옛날부터 남촌에서 살고자 했다"[66]에 대한 주석에 "(남촌은) 바로 율리다"[67]라고 했으니, 남촌이 바로 그가 인생을 마감한 곳임을 알 수 있다. 그리고 이 마을에 그가 호미를 메고 지나다녔다는 시상교가 있으니 ≪도경≫과 ≪명승지≫에서 말한 '시상'이란 구체적으로 말하면 바로 율리 도촌을 가리키는 것임을 알 수 있다. ≪도경≫에 "도공은 처음 의풍에 살다가 나중에 시상으로 이사했다"고 한 것은 도연명의 최초 거주지와 최후 거주지만 밝힌 것이다.

아기 업은 그 젊은 여인은 마을 앞의 나지막한 산을 가리키며 그것이 바로 남산이라고 했다. <술을 마시고(飮酒)>라는 20수의 연작시 가운데 다섯 번째 시에서 도연명이 국화를 따다가 멀거니 바라보았다는 바로 그 산이라는 말이다.

사람들이 사는 곳에 오두막을 지었건만　　結廬在人境
수레와 말 조금도 시끄럽지 않도다.　　而無車馬喧
묻노니 어찌하여 그럴 수가 있는가?　　問君何能爾
마음이 멀면 땅이 절로 외져지는 탓이로다.　　心遠地自偏
동쪽 울타리 밑에서 국화를 따노라면　　採菊東籬下
멀거니 남산이 바라다보이는데　　悠然見南山
산기운은 저녁 맞아 산뜻해지고　　山氣日夕佳
새들은 삼삼오오 짝을 지어 돌아온다.　　飛鳥相與還
이 속에 사람 사는 참 의미가 있나니　　此中有眞意
무어라고 말하려다 그만 말을 잊었다.　　欲辯已忘言[68]

66 "昔欲居南村."[문연각사고전서본 ≪도연명집≫ 권2 <이사(移居)>]
67 "卽栗里也."(문연각사고전서본 ≪도연명집≫ 권2 <이사>)
68 문연각사고전서본 ≪도연명집≫ 권3.

차로 돌아오면서 주위를 둘러보니 그 일대가 한창 공사 중이었다. 오래된 집은 거의 없고 대부분이 현대식 벽돌집으로 고쳐졌거나 고쳐지는 중이었다. 상당히 큰 아파트 단지도 조성되고 있었다. 얼마 안 있으면 전통적인 도촌의 분위기가 사라질 것 같은 예감이 들었다. 도연명이 환생한다고 해도 더 이상 이 마을에서 은거하고 싶은 마음이 없어질까? 아니면 "마음이 멀면 땅이 절로 외져진다"는 생각으로 여전히 여기에서 은거하려고 할까?

마지막으로 주돈이(周敦頤, 1017-1073)가 <애련설(愛蓮說)>을 지은 곳이라는 애련지(愛蓮池)로 갔다. 국화를 보면 도연명이 떠오르듯이 연꽃을 보면 주돈이가 떠오르는 것은 그가 <애련설>이라는 명문을 남겼기 때문이다.

> 물과 뭍에 있는 초목의 꽃 중에는 사랑스러운 것이 매우 많다. 도연명은 유독 국화를 좋아했고 당나라 이래로는 세상 사람들이 모란을 매우 좋아했다. 나는 유독 연이 진흙 속에서 나왔으면서도 더럽혀지지 않고, 맑은 물결에 몸을 씻으면서도 요염해지지 않고, 속은 비고 겉은 곧으며, 덩굴이 뻗어나가지도 않고 가지를 치지도 않으며, 향기는 멀리 퍼져 갈수록 더욱 맑고, 말쑥한 자태로 우뚝하게 서 있어서, 멀리서 바라볼 수는 있지만 함부로 가지고 놀 수는 없는 모습을 좋아한다. 국화는 꽃 중의 은자요, 모란은 꽃 중의 부귀자요, 연은 꽃 중의 군자다. 아아! 국화를 사랑한다는 소리는 도연명 이후로 별로 들은 적이 없거니와 연에 대한 사랑이 나만 한 사람이 누구일까? 모란을 사랑하는 사람은 틀림없이 많으리라.
>
> 水陸草木之花, 可愛者甚蕃. 晋陶淵明獨愛菊, 自李唐來, 世人甚愛牡丹. 予獨愛蓮之出淤泥而不染, 濯淸漣而不妖, 中通外直, 不蔓不枝, 香遠益淸, 亭亭淨植, 可遠觀而不可褻玩焉. 予謂: 菊, 花之隱逸者也; 牡丹, 花之富貴者也; 蓮, 花之君子者也. 噫! 菊之愛, 陶後鮮有聞; 蓮之愛, 同予者何人? 牡丹之愛, 宜乎衆矣![69]

69 문연각사고전서본 ≪주원공집(周元公集)≫ 권2.

애련지

그러나 애련지는 주변을 개발하느라 폐허로 변해 있었다. 주위가 온통 공사 중인 가운데 애련지도 공사를 기다리고 있는 듯 대문의 콘크리트 기둥에 '애련지저축소(愛蓮池儲蓄所)'라는 퇴색한 현판이 걸려서 그곳이 애련지의 소재지임을 알려줄 뿐 문이 굳게 잠겨 있어 들어갈 수가 없었다. 허물어진 담장 위에 올라가서 안을 내려다보니 물 마른 연못에 연보다 더 많은 잡초가 연못을 가득 메우고 있고 그 옆에 낡아빠진 2층짜리 건물이 하나 서 있었다.

비록 애련지의 원래 모습은 볼 수가 없었지만 그래도 <애련설>의 현장에 한 번 와 보았다는 사실이 얼마나 흐뭇한가! 연못이 있고 없고는 문제 될 것이 없다. 이것만으로도 이미 머릿속으로 <애련설>을 쓰면서 애련지를 응시하고 있는 주돈이의 모습이 눈에 선하니까.

❄ 석종산

2006년 8월 20일 7시 10분에 출발하여 먼저 석종산(石鐘山)으로 갔다. 석종산은 파양호의 북단, 즉 파양호가 장강과 만나는 지점에 있었다. 곽말약(郭沫若)이 '석종산(石鐘山)'이라고 써 놓은 정문에 들어서자 제일 먼저 새하얀 소동파의 석고상이 우리를 맞았다. 소동파는 그가 생전에 머물렀던 곳이면 어디에나 다 부활해 있는 것 같다. 소동파는 영주태수로 재임 중일 때 영하에 나가 배를 띄우고 놀면서 <영하에 배 띄우고(泛潁)>라는 시를 지어 일렁이는 물결 무늬에 비친 수많은 자신의 그림자를 보고 "소동파 백 명을 만들어 물결에 실어 보냈다"[70]라고 했거니와, 마치 이것이 자신의 앞날에 대한 예언이기라도 한 것처럼 그는 실로 수많은 분신으로 나누어져서 자신이 일찍이 발을 디딘 곳이면 어디에나 하나씩 분신을 세워 놓고 있었다.

석종산의 소동파상

소동파상 바로 뒤에 석종정이라는 정자가 하나 있는데 그 안에 높이가 1.5미터가량 되고 폭은 그보다 약간 좁은 희고 납작한 바위가 하나 세워져 있었다. 뒤쪽에 '석종(石鐘)'이라는 글씨가 새겨진 그 바위는 두드리면 종소리가 난다며 젊은 여자 해설사가 한 번씩 두드려 보라고 했다. 옆에 비치되어 있는 주먹만 한 돌멩이로 '석종'을 여기저기 두드려 보니 종소리와 매우 흡사한 소리가 났다. 하기야 석경(石磬)이나 편경처럼 돌로 만든 악기도 있으니 돌멩이나 쇠망치로 두드려서 종소리가 나는 돌이 있다

70 "散爲百東坡."(왕문고본 ≪소식시집≫ 권34)

는 것은 그다지 신기해할 일은 아닌 듯하다.[71]

어쨌든 소동파의 <석종산기(石鐘山記)>에 의하면 석종산에 있는 돌을 두드리니 보통의 돌을 두드리는 것처럼 둔탁한 소리가 난다고 했는데 거기 그 바위는 돌멩이로 두드리니까 정말로 종소리가 났다. 소동파의 탐사에도 문제가 있었던 것일까? 아니면 소동파가 두드린 돌이 너무 작았기 때문일까? 소동파의 <석종산기>를 한번 떠올려 보았다.

> ≪수경(水經)≫에 "팽려호(彭蠡湖) 어귀에 석종산이 있다"고 했는데, 역도원(酈道元)은 아래로 깊은 못에 임하고 있어 미풍으로 파도가 일면 물과 돌이 서로 부딪쳐 커다란 종이 울리는 것 같은 소리를 낸다고 했지만 이 말을 사람들은 늘 의아하게 생각했다. 지금 종이나 경쇠를 물속에다 놓고 커다란 풍랑을 일으킨다고 해도 그것을 울리지 못할 텐데 하물며 돌이야 말할 것이 있겠는가? 당나라 때에 이르러 이발(李渤)이 처음으로 그 자취를 찾아가 못가에서 돌덩이 두 개를 주워 두드리며 들어 보니 남쪽 돌은 육중하고 우렁찬 소리가 나고 북쪽 돌은 맑고 낭랑한 소리가 나는데, 두드리기를 그치니 소리가 하늘 높이 퍼지면서 여운이 서서히 사라졌다며 스스로 그 까닭을 알았다고 여겼다. 그러나 이 말을 나는 더욱 의아하게 생각했다. 꽝꽝 소리를 내는 돌이야 어디에나 다 있는데 유독 이것만 종소리를 내는 것은 무슨 까닭인가?
>
> 원풍 7년(1084) 6월 정축일에 나는 제안(齊安, 즉 황주)에서 배를 타고 임여(臨汝, 즉 여주)로 갔는데, 큰아들 매(邁)가 요주(饒州)의 덕흥위(德興尉)로 부임하게 되어 호구(湖口)까지 그를 전송했기 때문에 소위 석종산이라는 것을 볼 수 있었다. 그곳에 있는 절의 스님이 동자로 하여금 삐죽삐죽한 돌 가운데 한두 개를 골라서 도끼로 두드리게 하니 쾅쾅하는 소리가 났다. 나는 정말 우스워하며 믿지 않았다.

---

71 창원 KBS가 2012년 12월 13일에 방영한 <경남 100경 완전 정복> 중의 '밀양 만어사 일몰'에 의하면, 경상남도 밀양시 삼랑진읍에 있는 만어사(萬魚寺) 앞에도 두드리면 종소리가 나는 경석(磬石)이 있다고 한다.

밤이 되어 달이 밝자 나는 매만 데리고 작은 배를 타고 절벽 아래로 갔다. 커다란 바위가 천 길이나 되게 옆에 우뚝 서 있는 것이 마치 맹수나 귀신이 삼엄하게 서서 사람을 치려는 것 같고, 산 위에는 송골매가 사는데 그것들도 사람 소리를 듣고 깜짝 놀라 높은 하늘에서 찌익찌익 울어 댔다. 또 마치 노인이 산골짜기에서 기침하다가 웃다가 하는 듯한 것이 있었는데 어떤 사람이 "이것은 황새입니다"라고 했다. 내가 막 마음이 흔들려서 돌아가려고 할 때 물 위에서 종소리나 북소리처럼 쟁그랑쟁그랑하는 소리가 그치지 않고 들려오므로 뱃사공이 몹시 놀랐다. 천천히 살펴보니 산 밑은 온통 바위틈으로 그 깊이를 알 수 없는데 작은 물결이 그 속으로 들어가면 물결이 서로 부딪쳐서 이런 소리를 냈다. 배가 빙 돌아서 두 산 사이로 간 다음 막 항구로 들어가려 할 때 물속에 백 명은 앉을 만한 큰 바위가 나타났다. 바위는 가운데가 비고 구멍이 많은데 그 속으로 바람과 물을 번갈아 삼켰다 토했다 하며 쾅쾅 딩딩 하는 소리를 내어 조금 전의 쟁그랑쟁그랑하는 소리와 서로 호응하는 것이 마치 악기를 연주하는 것 같았다. 나는 웃으면서 매에게 말했다. "너는 아느냐? 쟁그랑쟁그랑하는 소리는 주(周)나라 경왕(景王)의 무역종(無射鐘)이고, 쾅쾅 딩딩 하는 것은 위장자(魏莊子)의 편종(編鐘)이다. 옛날 사람이 나를 속인 것이 아니다."

어떤 사실을 자기 눈으로 직접 보거나 자기 귀로 직접 듣지 않고 그것이 있는지 없는지를 억측하여 단정하면 되겠는가? 역도원은 보고 들은 바가 대체로 나와 일치했지만 상세하게 말하지 않은 것이고, 사대부들은 끝내 작은 배를 타고 가서 밤에 절벽 아래에 정박하고자 하지 않아 이 사실을 알 수 있는 사람이 없었으며, 어부와 뱃사공은 알면서도 표현할 줄을 몰랐으니 이것이 산 이름의 유래가 세상에 전해지지 않은 까닭이다. 그런데 잘 알지도 못하는 사람이 도끼로 두드려서 소리를 내고는 스스로 그 실상을 알아냈다고 생각한 것이다. 내가 이 때문에 이 사실을 기록해 역도원의 말이 너무 간략함을 한탄하고 이발의 식견이 고루함을 비웃는다.

≪水經≫云: "彭蠡之口, 有石鐘山焉." 酈元以爲, 下臨深潭, 微風鼓浪, 水石相搏, 聲如洪鐘. 是說也, 人常疑之. 今以鐘磬置水中, 雖大風浪不能鳴也, 而況石乎? 至唐, 李渤始訪其遺蹤，得雙石於潭上，扣而聆之，南聲函胡，北音淸越，枹止響騰，餘韻徐歇，自以爲得之矣. 然是說也，余尤疑之. 石之鏗然有聲者，所在皆是也，而此獨以鐘鳴，何哉?

元豐七年六月丁丑，余自齊安舟行適臨汝，而長子邁將赴饒之德興尉，送之至湖口，因得觀所謂石鐘者. 寺僧使小童持斧，於亂石間擇其一二扣之，硿硿焉，余固笑而不信也. 至暮夜月明，獨與邁乘小舟，至絶壁下. 大石側立千仞，如猛獸奇鬼，森然欲搏人，而山上栖鶻，聞人聲亦驚起，磔磔雲霄間，又有若老人欬且笑於山谷中者，或曰: "此鸛鶴也." 余方心動欲還，而大聲發於水上，噌吰如鐘鼓不絶，舟人大恐. 徐而察之，則山下皆石穴罅，不知其淺深，微波入焉，涵澹澎湃而爲此也. 舟廻至兩山間，將入港口，有大石當中流，可坐百人，空中而多竅，與風水相呑吐，有窾坎鏜鞳之聲，與向之噌吰者相應，如樂作焉. 因笑謂邁曰: "汝識之乎? 噌吰者，周景王之無射也; 窾坎鏜鞳者，魏莊子之歌鐘也. 古之人不余欺也."

事不目見耳聞而臆斷其有無，可乎? 酈元之所見聞，殆與余同，而言之不詳，士大夫終不肯以小舟夜泊絶壁之下，故莫能知，而漁工水師，雖知而不能言，此世所以不傳也. 而陋者乃以斧斤考擊而求之，自以爲得其實. 余是以記之，蓋歎酈元之簡，而笑李渤之陋也.[72]

석종산은 북쪽으로 파양호에 발을 담그고 있었다. 파양호의 물도 누르스름하지만 장강 물보다는 약간 덜 누렇기 때문에 파양호와 장강이 만나는 지점에서는 혼탁한 장강 물과 상대적으로 맑은 파양호 물이 경계를 이루며 대조적인 색깔을 보인다며 여자 해설사가 손가락으로 멀리 보이는 장강을 가리켰다. 그리고 파양호의 수면이 장강의 수면보다 약간 높아서 장강의 혼탁한 물이 파양호로 흘러들지 않기 때문에 늘 그와 같은 상태를 유지한다고 했다. 호수의 수면이 어떻게 늘 강의 수면보다 높은 상태를 유지할 수 있는지 의아했다. 어쨌든 너무 멀어서 육안으로는 식별이 잘 되지 않았다.

해설사의 설명이 끝난 뒤 석종산이 파양호와 맞닿는 지점으로 내려가 보았다.

72 공범례본 ≪소식문집≫ 권11.

석종산의 바위 구멍

수직으로 솟은 하얀 절벽에 크고 작은 구멍이 수없이 많이 뚫려 있고 그 사이로 호숫물이 들락거리고 있었다. 그러나 종소리는 전혀 나지 않았다. 해설사가 수위가 높은 여름에는 바위 구멍이 조금밖에 드러나지 않기 때문에 종소리를 들을 수 없다고 했으니 그 때문이거니 생각했지만, 바위 구멍이 더 많이 드러나고 물결이 더 세어진다고 해도 물과 바위가 부딪쳐서 종소리가 날까 하는 의구심이 많이 들었다. 그러다가 한편으로 생각하니 작은 돌로 치면 종소리가 나는 바위인 만큼 바위 구멍이 더 커지고 물결이 더 거세지면 종소리가 날지도 모르겠다는 생각이 들기도 했다.

우리가 올라갔던 곳은 하석종산이고 조금 떨어진 곳에 상석종산이 또 있었다. 하석종산에서 빤히 바라보이는 곳이지만 상석종산은 관광객들이 다니지 않는 모양이었다. 하석종산에서 나와 부두로 가니 대기하고 있던 배가 우리를 태우고 호수 안으로 들어갔다. 배는 천천히 호수를 지나 파양호가 장강과 만나는 지점까지 갔다. 아까 해설사가 소개한 대로 과연 혼탁한 물과 조금 맑은 물이 길게 선을 그어 놓고 있었다. 배는 거기서 머리를 돌려 하석종산 북쪽의 절벽 밑에 다가가 벌집처럼 생긴 바위 구멍을 보여 주고는 원래의 위치로 돌아왔다. 다시 한 번 물이 빠지면 과연 종소리가 날까를 가늠해 보았으나 역시 물결에 부딪힌 바위가 종소리를 내기는 어려울 것 같았다. 다른 사람들도 다 같은 생각이었다. 물 빠진 뒤에 다시 한 번 와 보고 싶은 생각이 간절하지만 결코 쉬운 일이 아닐 것이다.

❁ 백록동서원과 삼첩천

석종산에서 나와 여산의 관음교(觀音橋)로 갔다. 서현교(棲賢橋) 또는 삼협교(三峽橋)라고도 하는 관음교에 대해서는, 북송 대중상부 7년(1014)에 건설된 석공교(石拱橋), 즉 아치형 돌다리로 '강남제일고교(江南第一古橋)'라는 영예를 안고 있는 천년 묵은 다리이며 너비가 4미터이고 길이가 24.4미터라는[73] 정도의 예비지식만 가지고 있는 상태였다. 따라서 다리만 한 번 보면 금방 끝날 것으로 생각했는데 그렇지가 않았다. 거기도 관음교풍경구를 조성해 놓고 있을 정도로 여러 가지 볼거리가 있었다.

관음교풍경구에 들어서자 정문에서 멀지 않은 곳에 천하제육천이 있었다. 육우가 천하에서 여섯 번째로 물맛이 좋다고 품평했다는 이 샘은 발을 드리운 듯 널따란 폭포를 이룬 천하제일천과는 전혀 달라서 조그만 옹달샘이었다. 그 위에 정자까지 지어서 수질을 관리하고 있는 보통의 샘이었다.

관음교는 위는 평평하고 아래는 하중을 견디기 좋도록 반원형으로 설계되어 있었다. 관음교는 다른 연결용 재료를 전혀 사용하지 않고 넓적한 바위를 서로 각이

---

73 ≪백도백과≫ <관음교> 참조.

관음교

어긋나게 연결하여 만든 점이 특징이라고 그곳 해설사가 설명했다. 관음교풍경구는 관음교 자체의 고색창연한 모습도 볼만했지만 다리 주변의 경치도 기가 막히게 좋았다. 깊은 계곡에 흐르는 맑디맑은 물이 시각적 신선감과 청각적 청량감을 동시에 제공하고 있고, 흐르다가 지친 물이 못을 이룬 곳에는 맑고 매끈한 대형 거울이 반듯하게 펼쳐져 있었다.

소동파는 황주에서 여주로 유배지를 옮겨 가는 도중이던 원풍 7년(1084) 5월에 이곳을 구경한 뒤 <서현곡의 삼협교(棲賢三峽橋)>라는 시를 지어 이렇게 묘사했다. 이 시에서 말한 삼협교는 바로 관음교의 다른 이름이다.

나는 들었거니와 태산의 돌도	吾聞太山石
나날이 세월 쌓이면 가느다란 물에 뚫린다는데	積日穿線溜
그렇거늘 하물며 천둥소리 백 개가	況此百雷霆

만세토록 바위와 다투는 이곳이랴!	萬世與石鬪
깊숙하게 대지의 밑바닥을 다니니	深行九地底
험하기가 삼협보다 훨씬 더하고	險出三峽右
흘러도 흘러도 끝이 없는 계곡 물은	長輸不盡溪
밑 빠진 독을 메우려는 기세로구나.	欲滿無底竇
솟구치는 파도는 물속의 고기를 번드치고	跳波翻潛魚
벼락 치는 소리는 날아다니는 원숭이를 떨어뜨리는데	震響落飛狖
싸늘한 기운이 산의 뼈에 파고들어	淸寒入山骨
초목이 다 단단하고 앙상하구나.	草木盡堅瘦
자욱한 안개와 노을 속에서	空濛烟靄間
악기 연주 소리가 웅장하게 울리는데	澒洞金石奏
날아가는 다리가 구부정하게 나타나	彎彎飛橋出
차츰차츰 반달 꼴로 활을 당기는구나.	瀲瀲半月彀
옥연담이 있어서 신룡이 가까우매	玉淵神龍近
우박을 내려서 맑은 낮을 어지럽히는데	雨雹亂晴晝
병을 드리워 맑고 단 물을 길어 올리니	垂甁得淸甘
삼킬 수는 있어도 양치질할 수는 없구나.	可嚥不可漱[74]

계곡과 못 주변에는 하늘을 찌르는 높다란 나무들이 뜨거운 햇볕의 침입을 막아 주고 있어 그 일대가 하나의 청량세계를 이루고 있었다. 그래서 그런지 그곳에는 장개석(蔣介石)의 별장도 있고 모택동(毛澤東)의 별장도 있다고 했다. 장개석 별장 앞에는 장개석이 그곳에 별장을 만든 1934년에 부인 송미령(宋美齡)과 함께 심었다는 키가 수십 미터에 달하는 유삼수(柳杉樹) 두 그루가 '부처수(夫妻樹)'라는 이름표를 달고 우뚝 서 있었다.

74 왕문고본 ≪소식시집≫ 권23.

백록동서원

오후에는 백록동서원(白鹿洞書院)으로 갔다. 이곳은 원래 당나라 사람 이발(李渤)이 흰 사슴을 키우며 은거하던 곳으로, 남당 승원 원년(937)에 처음으로 여기에 학교를 설립하여 여산국학(廬山國學)이라고 불렀고, 북송 초에 이것을 백록동서원으로 개칭했다고 한다. 응천서원(應天書院)·악록서원(岳麓書院)·숭양서원(嵩陽書院)과 더불어 중국 4대 서원으로 불리는 유명한 서원이다.[75]

깊숙한 계곡 옆에 자리 잡은 백록동서원은 다시 세 개의 작은 서원으로 나누어져 있었다. 가운데에 백록동서원이 있고, 왼쪽 즉 입구 쪽에 선현서원(先賢書院)이 있고, 오른쪽에 자양서원(紫陽書院)이 있었다. 서원 뒤편 한구석에 천 년 만에 돌아온 신비의 백록이라며 흰 사슴 세 마리를 기르면서 3원씩 받고 관람시키고 있었다. 사슴은 꽤나 꾀죄죄해 보이는 것이 전혀 신비감을 주지 않았다. 서원 앞에는 깊은 계곡이 흐르고 있었다.

오후 3시경에 여산에서 가장 큰 폭포라고 알려져 있는 삼첩천(三疊泉)에 도착했

75 ≪백도백과≫ <중국사대서원(中國四大書院)> 참조.

다. 10년 전에는 전혀 포장이 되지 않은 자갈길이었는데 지금은 처음부터 끝까지 돌계단이 만들어져 있어서 오르내리기에 아주 편했다. 그리고 10년 전에는 폭포 맞은편에서 멀리 바라볼 수 있을 뿐이었는데 지금은 폭포 밑의 못까지 들어갈 수 있게 되어 있었다.

못가에 커다란 너럭바위가 있어서 거기에 드러누워 폭포와 하늘을 번갈아 바라보았다. 가파르게 솟아 있는 산비탈의 초록빛 소나무와 그 사이로 보이는 파란 하늘, 그리고 수직에 가까울 만큼 깎아지른 회색 절벽 위로 타고 내리는 3층의 하얀 물줄기가 황홀경을 이루었다. 게다가 폭포의 물줄기가 일으키는 시원한 바람을

삼첩천

비파정과 백거이상

가끔씩 튀어 내리는 물방울과 함께 맞으면서 그것이 토해 내는 시원한 물소리를 듣노라니 신선이 따로 없고 선경이 따로 없었다.

돌아오는 길에 구강장강대교 약간 아래쪽에 있는 비파정(琵琶亭)에 잠시 들렀다. 백거이(772-846)가 <비파행(琵琶行)>을 지었다는 곳이다. 정원에 백거이상이 있고 그 뒤에 나무로 지어진 2층짜리 팔각정이 있었다. 시간이 늦었기 때문인지 우리 이외에는 다른 관람객이 아무도 없었다. 2층에 오르니 장강과 장강대교가 한눈에 들어왔다. 백거이와 관련된 몇 가지 자료도 전시되어 있었으나 특별히 볼만한 것은 없었다.

저녁은 구강항(九江港) 옆에 있는 선상식당에서 먹었다. 강 위에 정박해 있는 커다란 배의 3층에서, 전등을 켜 놓았는데도 불구하고 어둠침침한 식탁에 둘러 앉아, 어둠이 깔린 시커먼 장강과 그 강의 건너편에서 가물거리는 인가의 불빛을 번갈아 바라보기도 하고 이따금 하늘에 별이 있다는 사실을 의식하기도 하면서 식사도 하고 술도 한잔 하노라니 형언하기 힘들 정도로 기분이 황홀했다. 동정호에서 이루지 못한 꿈을 여기서 마침내 이루게 된 것이다. 음식값도 별로 비싸지 않아 일행이 다 배부르게 먹었는데도 술값을 포함하여 모두 199원밖에 안 나왔다.

호텔로 돌아가려다가 아무래도 그냥 가기가 아쉬워서 같은 배의 다른 자리로 옮겨 맥주를 조금 더 마셨다. 조금만 더 마시기로 했는데 마시다 보니 어느새 11시가 되었다. 이번 답사기간 중에서 가장 많이 마신 것이다. 답사기간 중에는 취하도록 마시지 않겠다고 굳게 다짐했건만, 장강의 상큼한 강바람과 구강 하늘의 초롱초롱한 별빛에 유혹되어 그만 자신과의 약속을 어기고 말았다. 그러나 내일 일에 영향을 미칠 정도는 아니니 자신을 용서해 주어야겠다.

구강은 전화 사정이 안 좋은 편이었다. 시내 공중전화기로는 IP카드를 이용하여 국제전화를 걸 수 있을 뿐 수신자 부담 국제전화는 불가능했다. 호텔 객실 전화는 준3성급 호텔인데도 불구하고 IP카드조차 안 통했다. 취한 몸으로 공중전화를 찾아다니기가 귀찮아서 집으로 전화를 걸려던 계획을 포기하고 말았다.

❄ 화경공원

2006년 8월 21일 아침 일찍 여산풍경구로 갔다. 꼬불꼬불한 산길을 한참 동안 달리자 산속에 붉고 푸른 서구풍 기와집들이 늘어선 산상(山上) 도시가 나타났다. 거기가 바로 여산풍경구의 정문이었다.

정문에서 무려 135원이나 하는 입장권을 산 뒤 다시 차를 타고 조금 더 가다가 여금호(如琴湖)에서 내렸다. 여금호에서 오른쪽으로 내려가면 금수곡(錦繡谷)이라고 했다. 무늬비단을 펼쳐 놓은 것처럼 아름답다는 금수곡으로 내려가자 첫 번째로 나타난 것이 천교(天橋)였다. 계곡의 왼쪽과 오른쪽에 각각 높이도 다르고 위치도 다른 넓적한 바위가 하나씩 있는데, 각도를 잘 맞추어서 사진을 찍으면 두 개의 바위가 붙어서 계곡을 가로지르는 다리처럼 보이는 희한한 바위였다.

보기만 해도 간담이 서늘할 정도로 높은 바위 절벽들이 도처에 늘려 있는데 바위마다 사람들이 올라가서 사진을 찍고 있었다. 나도 그런 바위들 가운데 하나에 올라가서 다른 사람에게 사진을 찍어 주려고 무심코 한 발씩 물러나다가 하마터면 바위 밑으로 떨어질 뻔했다. 사진의 구도를 잡는 데 정신이 팔려서 무의식중에 조금씩 물러나다가 일행이 “위험해요!” 하고 외치는 바람에 정신을 차려 뒤를 돌아보니 두 발짝만 더 가면 낭떠러지 아래로 떨어질 지경이었다. 생각만 해도 몸서리가 쳐지는 순간이었다. 오랫동안 아찔한 생각이 머리에서 사라지지 않았다.

금수곡이 끝난 지점에 담판대(談判臺)가 있었다. 1946년 7월에서 9월 사이에 미국 대통령의 특사인 마셜(G. C. Marshal) 원수가 국민당과 공산당의 담판, 즉 국공담판(國共談判)을 주선하기 위해 여덟 차례나 올라와 장개석 총통과 회담한 곳이라는 안내문이 붙어 있었다.

곧이어 나타난 선인동(仙人洞)은 안내문에 의하면 바위 절벽에 형성된 천연동굴로 높이가 7미터, 깊이가 14미터라고 한다. 또 동굴 안에는 팔선(八仙) 가운데 한 사람인 여동빈(呂洞賓)의 석상이 있고, 동굴 뒤에는 샘물이 바위를 타고 흘러내리는데, 이것이 바로 ≪후한서(後漢書)≫에서 천 년 동안 마르지 않았다고 한 '일적천(一滴泉)'이라고 한다. 동굴 옆에 있는 노군전(老君殿)에는 소를 탄 노자의 상이 세워져 있었다.

여금호 옆에 있는 화경공원(花徑公園)을 보기 위해 선인동 주차장에서 기다리는 차를 타고 다시 여금호 쪽으로 올라갔다. 화경공원은 바로 백거이가 강주사마(江州司馬)로 좌천되어 구강에서 지낼 때 <대림사의 복숭아꽃(大林寺桃花)>이라는 유명한 시를 지은 곳이다. 정문 중앙에 '화경(花徑)'이라는 큼지막한 글씨가 흰색으로 새겨져 있고 양쪽 기둥에 '화개산사(花開山寺), 영류시인(詠留詩人)'이라는 대련이 역시 흰색으로 새겨져 있었다. '꽃이 핀 산사, 시 읊으며 머문 시인'이라는 뜻이다.

조금 내려가자 작은 삼거리가 나타나고 삼거리 한가운데에 화경정이라는 정자가 있었다. 지붕이 빨갛고 동그랗게 생긴 조그만 정자의 바닥에 '화경(花徑)'이라는 두 글자가 붉은색으로 새겨져 있었다. 백거이의 친필이라고 알려져 있는 글씨다.[76] 그리고 화경정 앞에는 커다란 자연석에다 붉은색으로 백거이의 시를 새긴 시비가 있었다.

속세에는 사월이라 꽃이란 꽃 다 졌는데	人間四月芳菲盡
산사에는 복사꽃이 이제 한창 만발했네.	山寺桃花始盛開
흔적 없이 봄이 갔다 한탄만 했지	長恨春歸無覓處
이곳으로 들어온 줄 미처 몰랐네.	不知轉入此中來

76 ≪백도백과≫ <화경> 참조.

백거이의 〈대림사의 복숭아꽃〉 시비

차를 타고 반 시간가량이나 올라올 정도로 높은 산속인지라 자연히 평지보다 기온이 상당히 낮으니, 봄꽃이 '속세'보다 꽤나 늦게 필 것임은 굳이 봄에 와 보지 않아도 미루어 짐작하기에 어려움이 없었다. 복숭아나무가 늘어서 있는 시비 옆 길로 내려가자 백거이의 석고상이 나타나고 그 뒤에 세 칸짜리 초가집이 한 채 있었다. 문 위에 '백거이초당(白居易草堂)'이라는 목제 현판이 걸려 있어 그것이 바로 안내지도에 적혀 있는 '백거이초당진열실'임을 알 수 있었는데, 백거이에 관한 약간의 사진 자료가 걸려 있을 뿐 특별한 자료는 없었다. 안에서 여산에 관한 책과 CD 등을 팔고 있어 현대식 다용도 초당이라는 인상을 풍겼다.

다시 '화경'이라는 글자가 새겨진 정문을 나가 오른쪽으로 가니 멱춘원(覓春園)이라는 화원이 있었다. '봄을 찾는다'는 뜻의 '멱춘'은 바로 백거이의 시 <대림사의 복숭아꽃> 세 번째 구절에서 빌려 온 표현일 것이니 멱춘원 안에는 봄이 지난지 오래된 지금도 꽃이 많이 피어 있겠다고 짐작할 수 있었는데, 과연 멱춘원 안에는 지금도 온갖 꽃이 무성하게 피어 있었다.

멱춘원에서 나와 여금호 안에 있는 작은 섬까지 가는 도중에 혹시 대림사의 위치를 표시하는 표지판이라도 있을까 하고 살펴보았으나 그런 것은 찾을 수 없었다. 시간이 늦어서 계속 찾을 수도 없기에 절이 없어졌다는 운전사의 말을 믿기로 했다.

박양숙이 내일이 자기 생일이라며 선물로 시를 한 수 지어 달라고 하여 염두에 두고 있었으나 그동안은 시상이 떠오르지 않았는데, 백거이가 <대림사의 복숭아 꽃>을 지은 화경공원을 보고 나니 백거이·소동파·육유가 노닌 대림사·서림사·동림사를 한꺼번에 다 가 봤다는 생각에 문득 느낌이 일어서 생일 선물을 미리 준비했다.

타유시 형식으로 이름에 '임'자가 있는 여산의 세 절을 읊어 박양숙 학우의 청에 응한다

打油詩詠廬山三林, 以應朴陽淑同學之請

동림사와 서림사 그리고 대림사는	東林西林與大林
백낙천과 소동파 육방옹이 놀던 곳	樂天東坡及放翁
멋쟁이 시인들이 시를 읊던 이곳을	風流詩客行吟處
천 년 뒤의 이 사람도 함께할 수 있었네.	千載後人亦能同

화경공원을 떠나 함파구(含鄱口)로 갔다. 함파구란 맹수가 입을 쩍 벌리고 있는 것 같은 산세가 마치 파양호를 삼킬 것만 같다고 해서 붙여진 이름이란다. 그러나 안타깝게도 구름이 많이 낀 탓에 파양호는 시야에 들어오지도 않았다.

돌아가는 길에 고령가(牯嶺街)에 내려서 잠시 산책을 즐겼다. 고령가에 있는 건물은 대부분 숙박시설과 기념품 가게였다. 그러나 고령가 밑의 산비탈에는 울긋불긋한 서구식 기와집이 즐비하게 늘어서 있어서 서양적인 분위기를 많이 풍겼다. 그 높은 산에서는 관광객을 상대로 장사를 하지 않는 이상 밭을 일구어 농사를 짓는 것 이외에 다른 생업이 없을 텐데, 주위에 그들이 농사지음직한 밭도 별로 보이지 않아서 의아했다. 아마도 도시 사람들의 별장인 듯했다.

마지막으로 여산풍경구 정문 바로 옆에 있는 소천지산(小天池山)에 갔다. 돌계단을 따라 산 중턱에 올라가니 낙나탑원(諾那塔院)이라는 작은 사원의 마당 한가운데에 연못이 하나 있었다. 차라리 좀 얕고 큼지막한 우물이라고 하는 편이 옳을 정도로 아주 조그마한 연못이었다. 그것이 바로 홍수가 나도 넘치지 않고 가물어도 마르지 않는다는 소천지였다.

거기서 다시 조금 올라가니 낙나탑이라는 하얀 탑이 하나 있고, 탑을 지나 몇 걸음 더 가니 조그만 원형 정자가 하나 있었다. 원래 거기서 보면 북쪽으로 장강이 보이고 동쪽으로 파양호가 보인다고 했는데, 안개가 너무 짙어서 장강도 파양호도 볼 수가 없었다.

소동파는 10여 일 동안이나 돌아다니며 여산을 구경했다는데[77] 우리는 며칠 만에 여산의 중요한 명승을 다 둘러보았다. 고도로 발달한 교통수단 덕분에 옛날 사람과는 비교할 수 없을 만큼 큰 복을 한껏 누리고 있다는 생각에 문득 소동파의 시 <서림사 벽에(題西林壁)>가 떠오르면서 나의 시상을 자극했다.

소동파는 옛날에 황주를 떠나 여주로 옮겨 갈 때 여산을 열며칠 동안 보았다고 했는데 나는 케이블카와 자동차를 타고 사흘 만에 거의 다 보았기에

東坡昔去黃移汝, 看廬山十數日, 我則乘索道與汽車, 三日庶幾看盡

삭도 타고 지금은 자매봉을 구경하고　　索道今觀姉妹峰
자동차로 아까는 곡렴천에 올라갔네.　　汽車已上谷簾洪

77 문연각사고전서본 ≪동파전집≫ 권101 <지림 55조(志林五十五條)> 중의 <유람기(記游)> 및 왕종직의 ≪동파선생연보≫ <원풍 7년> 참조.

소동파는 열흘로도 못다 봤다 했는데	東坡十日不能盡
사흘밖에 안 봤건만 이미 그를 능가했네.	只看三朝已勝公

❄ 등왕각

2006년 8월 22일 길이 막혀 기차 시간에 못 대는 상황이 벌어질까 봐 일찌감치 아침을 먹고 6시 50분에 호텔을 출발했는데 구강은 역시 교통체증이 심하지 않은 도시였다. 길이 예상보다 훨씬 덜 막히는 바람에 너무 일찍 구강역에 도착하는 문제가 있었다. 그러나 신선한 아침 공기를 마시며 구강역 일대를 배회해 보는 것도 나름대로 괜찮은 일이었다.

남창역(南昌驛)에 내리자마자 김수희 등 몇 명은 남창 시외버스 종점으로 보내고 홍금주 등 몇 명은 남창역에서 기차표를 알아보게 했다. 중국에서는 인터넷을 이용한 기차표 예매가 용이하지 않을 뿐만 아니라 역에서의 예매도 출발역에서만 가능하지 다른 역에서는 불가능하기 때문에 형산(衡山)으로 가는 기차표를 아직까지 구하지 못한 상태인데, 기차와 시외버스 중에서 어느 쪽이 더 편리한지를 잘 모르는지라 양쪽을 다 알아보려는 것이었다.

남창역 매표창구에서 줄을 서 있는 홍금주의 차례가 다 되어 가는데도 김수희로부터 연락이 없었다. 지도를 보니 남창 시외버스 정류장이 남창역에서 그다지 멀지 않은 것 같아 금방 도착하여 버스 사정을 알아낼 줄 알았는데 생각보다 시간이 많이 걸렸다. 전화를 걸어 보니 이제야 시외버스 종점에 거의 다 도착했다고 했다. 그 사이에 홍금주는 차례가 되어 기차표를 사고 있는 중이었다. 얼른 가서 아직 사지 말고 기다려 보라고 했다. 버스 사정이 좋을지도 모르는 일이고, 버스가 여의치 않아 기차표를 사더라도 낮차의 경우에는 좌석표가 없다고 해서 침대표를 사면 요금만 비쌀 뿐 오히려 더 불편할 것이기 때문이었다. 그 바람에 낮 12시경에 출발하는 기차의 침대표를 사려고 하다가 취소했다고 했다. 좌석표는 이미 매진되고 없었다고 했다.

기차표를 못 사게 했기 때문에 만약 버스표도 못 사고 다른 기차의 좌석표도 못 사면 일행에게 아주 미안한 일인지라 조마조마한 마음으로 기다리는데, 한참 만에야 김수희로부터 전화가 걸려 왔다. 오늘은 형양(衡陽)으로 가는 시외버스가 없다는 것이었다. 남창에서 형양으로 가는 시외버스는 이틀에 한 대씩 있는데 오늘은 운행하는 날이 아니라는 것이었다.

그동안 박양숙이 새로 줄을 서 있었기 때문에 즉시 기차표를 살 수 있었다. 오후 2시 59분에 출발하여 밤 10시 35분에 형산역에 도착하는 보통급행의 좌석표였다. 도착시각이 좀 늦어서 걱정스럽기는 하지만 더 늦지 않은 기차표를 살 수 있어서 그나마 다행이었다. 그리고 12시경에 출발하는 기차의 침대표를 사는 것보다 오히려 더 싸고 편리한 면도 있기 때문에 더욱 다행이었다. 시외버스 종점으로 간 사람들에게 등왕각(滕王閣)으로 오라고 연락해 놓고 우리도 바로 등왕각으로 갔다.

등왕각

등왕각은 당나라 고조의 아들이요 태종의 동생인 이원영(李元嬰)이 홍주(洪州, 지금의 강서성 남창)도독으로 재임 중이던 현경 4년(659)에 창건했다. 이원영이 당시 등왕에 봉해졌기 때문에 누각이 등왕각으로 명명된 것이다. 그 뒤 염백서(閻伯嶼)가 홍주도독으로 재임할 때 이를 보수하고 그해 9월 9일 즉 중양절을 기하여 큰 잔치를 베풀었다. 염백서는 이 기회에 그 일대 명사들에게 자기 사위 오자장(吳子章)을 자랑하려는 심산으로 오자장에게 미리 글을 지어 놓으라고 귀띔해 주었다. 염백서가 예상했던 대로 참석자들에게 느닷없이 지필을 나누어 주고 글을 지으라고 하자 선뜻 글을 짓는 사람이 없었다. 염백서는 속으로 쾌재를 불렀다. 그런데 마침 교지(交趾, 지금의 베트남 북부)에서 근무하는 아버지를 찾아가던 왕발(王勃, 650-676)이 그 앞을 지나가다가 큰 잔치가 있다는 소문을 듣고 찾아와서 말석에 끼어 앉았다. 염백서는 조금도 개의치 않았다. 왕발이 참석자 중에서 가장 어린 사람이었기 때문이다. 그러나 지필을 주자 그는 망설임 없이 단숨에 써 내려갔다.[78] 이것이 유명한 <등왕각을 읊은 시와 그 서문(滕王閣詩幷序)>인데, 도연명의 <도화원기(桃花源記)>처럼 시보다는 서문이 더 훌륭하여 <등왕각서>라는 제목으로 널리 알려져 있다.

> 남창(南昌)은 옛날 군의 이름이요 홍도(洪都)는 새 부(府)의 이름인바, 별자리로는 익수(翼宿)와 진수(軫宿)에 해당하는 땅으로 형산(衡山)과 여산(廬山)에 인접해 있다. 세 강을 옷깃 삼고 다섯 호수를 띠로 두르며, 초나라 땅을 굽어보고 월나라 땅을 가까이 둔 교통의 요충지다. 이곳의 물산은 하늘이 내린 보배라 용천검(龍泉劍)의 광채가 우수(牛宿)와 두수(斗宿)의 사이를 찔렀으며, 인물이 걸출하고 땅기운이 영험하여 후한(後漢) 때의 이 지방 출신 인사 서유(徐孺)는 덕망이 하도 빼어나 좀처럼 손님을 접대하지 않던 홍주(洪州)태수 진번(陳蕃)도 의자를 내려놓을 정도였다. 웅장한 고을이 안개처럼 자욱하게 늘어서 있고 빛나는 인물들이 뭇 별처럼 활약한다. 오랑캐 땅과 중원 땅이 만나는 곳에 누대와 해자가 있는데 여기에 모인 빈객과 주인은 모두 동남쪽의 멋쟁이들이다.
>
> 명망이 높은 도독 염공(閻公)은 창을 든 호위병을 앞세우고 먼 데서 부임해 왔고, 으리으리한 의장을 갖추어 새로 부임하던 풍주(澧州)태수 우문균(宇文鈞)의 행

78 목축(祝穆)의 ≪방여승람(方輿勝覽)≫ 권19 <융흥부(隆興府)>, 왕정보(王定保)의 ≪당척언(唐摭言)≫ 권5 <절차(切磋)>, 목축의 ≪고금사문유취(古今事文類聚)≫ 권11 <등왕각기의 창작(作滕王閣記)>, ≪강서통지(江西通志)≫ 권38 <남창부(南昌府)> 참조.

차도 이곳에 잠시 걸음을 멈추었다. 백 일분의 휴가 스무 날을 얻어 빼어난 벗들이 운집하고 천 리 밖에서도 맞이하니 고상한 벗들이 자리를 메웠다. 교룡이 솟아오르고 봉황이 날아오르는 듯한 맹학사의 문종(文宗) 노릇이요, 보랏빛 번개가 치는 것 같기도 하고 맑은 서리가 내리는 것 같기도 한 왕장군의 다재다능이로다. 우리 아버지가 교지령(交趾令)이 되어 부임해 가셨으매, 내가 아버지를 뵈러 가는 길에 이 유명한 곳을 지나게 되었을 뿐 어린아이가 무엇을 안다고 이 성대한 잔치에 참석했으리오?

때는 구월이요 계절은 가을이라 길바닥에 고여 있던 빗물은 다 마르고 차가운 못 물은 맑디맑은데 노을빛이 엉겨서 저녁 산이 불그레하다. 빈객들은 말에 위의를 잘 갖추고 길에 올라 높다란 언덕으로 풍경을 찾아간다. 황제 폐하의 아드님이신 등왕(滕王) 전하의 기다란 모래섬으로 나아가니 신선의 옛집 같은 등왕각이 있는데 주위에는 첩첩의 산봉우리가 푸른빛을 띤 채 높은 하늘 위로 우뚝 솟아 있다. 나는 듯 높은 누각에는 붉은색 단청이 흐르는데 아래를 내려다보니 땅바닥이 안 보인다. 학과 오리가 노니는 강물은 굽이진 섬을 끝까지 감돌고, 계수나무와 목란나무로 지은 아름다운 궁전들은 언덕의 형세를 따라 줄지어 늘어섰다.

수로 장식한 문을 열고 아로새긴 용마루를 굽어보니 산과 고깃배에선 저녁을 맞아 노랫소리가 흘러나오는데, 들은 광활하여 시야에 가득하고 시내와 못은 구불구불하여 보는 이의 눈을 놀라게 한다. 여기저기 집들이 즐비하게 늘어서 있는데 그 가운데는 종소리로 사람을 모아 솥을 걸어 놓고 식사하는 큰 집안도 있으며, 커다란 배들이 나루터에서 왔다 갔다 하는데 청작과 황룡을 그린 멋들어진 배도 보인다. 무지갯빛 사라지고 만물이 선명한데 저녁노을은 짝 잃은 오리와 나란히 날고, 가을철의 강물은 높은 하늘과 한 색이다. 그 소리가 파양호(鄱陽湖)의 물가에 구석구석 울려 퍼지고 기러기 떼 추위에 놀라 그 소리가 형양(衡陽)의 포구로 사라져 간다.

먼 곳을 바라보다가 발아래를 굽어보다가 하며 가슴에 맺힌 감회를 시원하게 토해 내노라니 산뜻한 흥취가 무럭무럭 솟아난다. 상쾌한 퉁소소리가 울리자 맑은 바람이 일고 구성진 노랫소리가 엉기어 흰 구름이 걸음을 멈춘다. 등왕각의 정원에는 그 옛날 양(梁) 효왕(孝王)이 만든 수원(睢園)처럼 푸른 대나무가 우거져 있는데 그 기상이 팽택령(彭澤令) 도연명(陶淵明)의 술을 능가하고, 등왕각의 연못에 핀 연꽃은 조식(曹植)이 시에서 묘사한 업수(鄴水)의 붉은 연꽃처럼 화사한데 그 빛이 임천 내사(內史)를 지낸 사령운(謝靈運)처럼 시를 잘 짓는 좌중 묵객들의 붓을 환히 비춘다. 뿐만 아니라 오늘 이 자리에는 좋은 시절(良辰), 아름다운 경치(美景), 흐뭇한 마음(賞心), 즐거운 일(樂事) 등 네 가지의 아름다움이 다 갖추어져 있고, 어진 주인과 멋쟁이 손님이라는 두 종류의 만나기 어려운 사람들이 다 모였다.

눈을 한껏 흘겨 중천을 바라보며 한가한 날을 맞아 마음껏 즐기노라니, 하늘은 높고 땅은 아득히 먼지라 우주의 끝없음을 깨닫겠고, 흥이 다하면 슬픔이 오는지라 차고 비는 것에 정해진 운명이 있음을 알겠다. 도성을 떠나 교지(交趾)로 가는 나는 멀리 태양 아래로 도성 장안(長安)을 바라보고 구름 사이로 소주(蘇州)를 가리키나니, 지세가 다한 곳에 남쪽 바다가 깊숙하고 하늘을 떠받친 기둥이 높아 북극성이 멀다. 험한 산은 넘기가 어려운데 누가 길 잃은 사람을 슬퍼해 주리오? 부평초가 물을 만난 격이라 모두가 연회가 끝나면 곧 흩어질 타향의 길손일 뿐인바, 임금님 계신 궁문을 그리워해도 보이지 않고, 가의(賈誼)처럼 선실에서 임금님을 받들어 모시려 해도 어느 해에나 가능할지 모르겠다.

아아! 시운은 고르지 못하고 운명은 어그러지는 경우가 많은 법이라, 풍당(馮唐)은 벼슬이 높아지기 전에 늙었고 이광(李廣)은 공을 세우고도 제후에 봉해지기 어려웠지. 가의는 억울하게도 장사(長沙)로 유배되었지만 그것은 성군이 없었음이 아니요, 양홍(梁鴻)은 바닷가에서 숨어 살았지만 그것이 어찌 밝은 시대가 부족한 탓이었으리오? 나는 믿거니와 군자는 가난을 편안하게 여기고 달인은 자신의 천명을 알아 늙을수록 더욱더 건장해지나니, 백발노인의 마음을 어찌 바꾸리오? 가난할수록 더욱 굳세어져 청운의 뜻을 잃지 않을 것이다. 마시면 탐욕스러워진다는 탐천(貪泉)의 물을 떠 마셔도 상쾌함을 느끼고, 물이 말라버린 수레바퀴 자국에 사는 붕어 꼴이 되어도 오히려 기뻐할 것이다.

북해가 비록 아득히 멀다 해도 회오리바람을 타면 이를 수 있고, 해 뜨는 동쪽 모퉁이는 이미 사라졌지만 해 지는 뽕나무 가지에는 해 아직 안 저물었다. 맹상

(孟嘗)은 성품이 고결하여 관직도 제대로 얻지 못했으면서 공연히 나라에 보답할 마음만 많았고, 완적(阮籍)은 미치광이 짓을 했으니 어찌 막다른 골목에서 통곡한 그의 미친 짓을 본받으리오?

나는 매고 남아 드리운 허리띠가 석 자밖에 안 되는 미천한 몸이요 일개 서생에 지나지 않는지라, 한나라 장수 종군(終軍)처럼 적을 무찌를 기회를 달라고 청할 길은 없지만, 나이는 종군의 그 당시와 같은 약관이로다. 후한(後漢)의 반초(班超)처럼 붓을 던지고 장수가 될 생각도 해 보았고, 바람을 타고 멀리 날아가 만 리에 뻗은 물결을 치겠다고 한 남조 사람 종각(宗慤)의 멋진 풍모를 부러워하기도 했었건만, 나는 이제 평생토록 관직에 나아가 동곳을 꽂고 홀을 들 생각을 버리고 만 리 밖의 교지에 계신 아버지를 아침저녁으로 극진히 모시리라. 나는 사씨(謝氏) 집안에서 받들던 보배로운 나무는 못 되지만 맹자처럼 훌륭한 이웃을 만나고, 공자(孔子)의 아들 공리(孔鯉)가 종종걸음으로 마당을 지나가다 공자에게 가르침을 받았던 것처럼 훗날 교지에서 아버지의 가르침을 받들려고 교지로 가는 길에 오늘 이렇게 소매를 높이 들어 기꺼이 이 용문에 몸을 맡기게 되었도다. 나는 사마상여(司馬相如)를 추천해 준 양득의(楊得意) 같은 사람을 만나지 못해 사마상여의 <대인부(大人賦)>와 같은 훌륭한 문장을 어루만지며 스스로 애석해했는데, 이렇게 종자기(鍾子期)처럼 자신을 잘 알아주는 염공(閻公)을 만났으니 백아(伯牙)가 거문고로 흐르는 강물 소리를 연주한 것처럼 멋진 문장을 한 편 지어 본들 부끄러울 것이 무엇이랴!

아아! 명승지는 늘 있는 것이 아니고 성대한 잔치는 다시 만나기 어렵나니, 왕희지(王羲之)가 곡수유상(曲水流觴)한 난정(蘭亭)도 이미 허물어졌고, 석숭(石崇)이 환락을 만끽하던 금곡원(金谷園)도 폐허가 되고 말았다. 이별에 임하여 이 글을 지어 올리는 것은 성대한 잔치에서 염공의 은혜를 입은 것을 다행으로 여기는 까닭이다. 중양절을 맞아 이 높은 누각에 올라 부(賦)를 짓는 것은 염공께서 여러 어르신들께 바라시는 바인데, 내가 감히 보잘것없는 정성을 다하여 조심조심 짤막한 서(序)를 짓고 좌중의 손님들이 다 한 마디씩 읊조리는 터라 여덟 구절짜리 시도 함께 완성했도다. 모쪼록 반악(潘岳)이 지닌 재주의 강물을 뿌리시고 각자 육기(陸

機)가 지닌 재주의 바다를 기울이시길!

南昌故郡, 洪都新府, 星分翼軫, 地接衡廬. 襟三江而帶五湖, 控蠻荊而引甌越. 物華天寶, 龍光射牛斗之墟. 人傑地靈, 徐孺下陳蕃之榻. 雄州霧列, 俊彩星馳, 臺隍枕夷夏之交, 賓主盡東南之美.

都督閻公之雅望, 棨戟遙臨, 宇文新州之懿範, 襜帷暫駐. 十旬休暇, 勝友如雲, 千里逢迎, 高朋滿座. 騰蛟起鳳, 孟學士之詞宗; 紫電清霜, 王將軍之武庫. 家君作宰, 路出名區, 童子何知, 躬逢勝餞?

時維九月, 序屬三秋. 潦水盡而寒潭淸, 煙光凝而暮山紫. 儼驂騑於上路, 訪風景於崇阿. 臨帝子之長洲, 得仙人之舊館, 層巒聳翠, 上出重霄. 飛閣流丹, 下臨無地. 鶴汀鳧渚, 窮嶋嶼之縈廻; 桂殿蘭宮, 列岡巒之體勢.

披繡闥, 俯雕甍, 山原曠其盈視, 川澤紆其駭矚. 閭閻撲地, 鐘鳴鼎食之家; 舸艦迷津, 青雀黃龍之軸. 虹銷雨霽, 彩徹區明; 落霞與孤鶩齊飛, 秋水共長天一色. 漁舟唱晩, 響窮彭蠡之濱; 鴈陣驚寒, 聲斷衡陽之浦.

遙襟俯暢, 逸興遄飛. 爽籟發而淸風生, 纖歌凝而白雲遏. 睢園綠竹, 氣凌彭澤之樽; 鄴水朱華, 光照臨川之筆. 四美具, 二難幷.

窮睇眄於中天, 極娛遊於暇日, 天高地迥, 覺宇宙之無窮; 興盡悲來, 識盈虛之有數. 望長安於日下, 指吳會於雲間. 地勢極而南溟深, 天柱高而北辰遠. 關山難越, 誰悲失路之人? 萍水相逢, 盡是他鄕之客, 懷帝閽而不見, 奉宣室以何年?

嗟呼! 時運不齊, 命途多舛. 馮唐易老, 李廣難封. 屈賈誼於長沙, 非無聖主; 竄梁鴻於海曲, 豈乏明時? 所賴君子安貧, 達人知命, 老當益壯, 寧移白首之心? 窮且益堅, 不墜青雲之志. 酌貪泉而覺爽, 處涸轍以猶歡.

北海雖賖, 扶搖可接; 東隅已逝, 桑榆非晩. 孟嘗高潔, 空餘報國之情; 阮籍猖狂, 豈效窮途之哭.

勃三尺微命, 一介書生, 無路請纓, 等終軍之弱冠. 有懷投筆, 慕宗慤之長風, 舍簪笏於百齡, 奉晨昏於萬里. 非謝家之寶樹, 接孟氏之芳隣, 他日趨庭, 叨陪鯉對, 今晨捧袂, 喜託龍門. 楊意不逢, 撫凌雲而自惜; 鍾期旣遇, 奏流水以何慙!

嗚呼! 勝地不常, 盛筵難再, 蘭亭已矣, 梓澤丘墟. 臨別贈言, 幸承恩於偉餞. 登高作賦, 是所望於群公, 敢竭鄙誠, 恭疏短引, 一言均賦, 四韻俱成. 請灑潘江, 各傾陸海云爾.[79]

등왕의 높은 누각 강가에 서 있는데	滕王高閣臨江渚
옥을 차고 방울 울리며 노래와 춤 끝나 간다.	佩玉鳴鑾罷歌舞
아침에 단청 마룻대에 남포의 구름이 날더니	畫棟朝飛南浦雲
저녁에 붉은 발 걷으니 서산에 비가 내린다.	朱簾暮捲西山雨
구름은 못에 그림자 짓고 해는 유유히 떠가나니	閒雲潭影日悠悠
만물이 변하고 별자리 바뀌어 가을이 몇 번 갔을까?	物換星移度幾秋
누각 안의 황제 아들 지금 어디 있을까?	閣中帝子今何在
난간 너머 긴 강물만 부질없이 흐른다.	檻外長江空自流[80]

1996년에도 보았지만 황학루와 마찬가지로 등왕각에도 1원씩의 요금을 받는 엘리베이터가 여전히 운행되고 있었다. 1층에는 기념품점이 즐비하게 늘어서 있고, 2층에는 채초(蔡超)라는 화가가 그렸다는 대형 그림 <강서인물도(江西人物圖)>가 온 벽을 뒤덮고 있었다. 3층에는 <당기악도(唐伎樂圖)>라는 거대한 구리 부조(浮調)가 벽면을 메우고 있고, 4층에는 각 시대의 등왕각을 그린 그림들이 전시되어 있었다. 5층에는 소동파가 열여섯 개의 황동판(黃銅板)에 쓴 왕발의 <등왕각을 읊은 시와 그 서문>이 걸려 있었다.

6층으로 올라가 <대당악무도(大唐樂舞圖)>를 보고 난 뒤 난간에 기대서서 내려다보니 맑은 감강(贛江) 물에 여기저기 배들이 떠 있었다. 고깃배도 있고 공사용 배도 있는 것 같았다. 동쪽으로는 팔일대교(八一大橋)가 뚜렷하게 보이고, 서쪽으

79 문연각사고전서본 ≪왕자안집(王子安集)≫ 권5 <등왕각시서(滕王閣詩序)>.
80 문연각사고전서본 고병 ≪당시품휘≫ 권25 <등왕각(滕王閣)>.

로는 남창대교가 아련하게 보였다. 강 너머에는 드넓은 평지가 펼쳐져 있었다. 그러나 그 평지 위에 지금은 현대식 고층건물들이 빽빽하게 들어서서 시야를 많이 가리는지라 더 이상 왕발이 보던 그 벌판이 아니었다. 그래도 누각에는 바람이 산들산들 불어 남창이 사대화로 중의 하나라는 말이 무색할 정도였다.

4. 형양(衡陽)과 장가계(張家界)

정시에 남창역을 떠난 기차는 예정보다 30분쯤 늦은 11시 5분쯤 형산역에 도착했다. 시간이 많이 늦었기 때문에 좋은 방을 찾아 헤매지 않고 역 바로 앞에 있는 철로초대소에서 묵기로 했다. 68원 달라는 방값을 60원으로 깎았다. 시간이 늦어서 우리가 불리한 입장인 데다 가격이 워낙 낮기 때문에 더 많이 깎기는 힘들었다.

비록 재래식이기는 하지만 방마다 화장실이 있고 기본적인 세면도구도 갖추어져 있었다. 순간온수기의 성능이 좋아서 물 사정은 다른 호텔보다 오히려 더 나았다. 전화기가 없어서 다른 손님들에게는 불편하겠지만 우리한테는 상관없는 일이었다. 철로에서 50미터밖에 안 떨어진 곳이라 기차 지나가는 소리가 시끄러운 것도 문제이기는 했지만, 그것 역시 지칠 대로 지친 우리한테는 안면방해 요인이 되지 않았다.

❄ 형산 축융봉

2006년 8월 23일 호남지방의 특산물이라는 쌀국수(米粉)로 아침을 먹고 8시 40분에 숙소를 나와 아까 산책하면서 확인해 둔 곳으로 가서 1인당 4원씩인 남악대묘행 중형버스를 탔다. 우리 일행 때문인지 금방 만원이 되어 차가 바로 출발했다. 한참을 가니 시골 사람들이 많이 내리는 바람에 승객이 절반으로 줄었다. 갑자기 뒤에 따라오던 차가 다가오더니 그 차에 탄 사람들에게 모두 우리가 탄 차로 옮겨 타라고 했다. 차가 다시 복잡해졌다. 저쪽 차에 탔던 사람들은 졸지에 좌석을 잃었지만 아무도 불평하는 사람이 없었다. 이것 역시 중국식 '똘레랑스(tolerance)'라고 할 수 있을 것이다.

남악대묘는 공사 중이라 문 앞에서 한 번 훑어보는 것으로 끝내고 형산 입구로 가서 삼륜차 두 대에 나누어 타고 반산정(半山亭)까지 갔다. 반산정에서 남천문(南天門)까지는 40원짜리 케이블카를 타고 가고, 남천문에서 축융봉(祝融峰)까지 또 5원짜리 버스를 탔다. 이렇게 해서 아주 편안하게 남악 형산의 최고봉인 축융봉의 정상 부근까지 올라갔다. 정상에 올라갔다가 다시 걸어서 내려가며 형산을 구경할 작정이었다.

형산은 축융봉 정상 바로 밑까지 상당히 넓은 길이 닦여 있을 뿐만 아니라 포장까지 잘 되어 있어서 승용차가 다니고 있었다. 정상에는 축융전(祝融殿)이라는 신전이 세워져 있었다. 황제(黃帝)의 신하로 형산에 거주하며 불을 관장했다는 축융씨를 숭배하는 토속신앙에 불교적 색채가 많이 가미된 듯한 독특한 성격의 신전이었다. 많은 사람들이 신전에서 기도를 올리고 있었다. 신전의 정문으로 들어가서 옆문으로 나가니 수직으로 우뚝 솟은 바위에서 사람들이 번갈아 가며 사진을 찍고 있었다. 바위에서 떨어지지 않도록 바위 가에 난간이 설치되어 있었다. 산은 온통 자욱한 안개에 뒤덮여 있어 산 아래로 내려다볼 수가 없었다. 평생에 처음 왔고 앞으로 다시 오기도 힘들 텐데 안개 때문에 남악 형산의 웅장한 모습을 볼 수 없는 것이 참으로 안타까웠다.

정상에서 조금 내려온 곳에 상봉사(上封寺)가 있었다. 중국이나 대만의 많은 사원들이 그렇듯이 남악에서 가장 오래된 사찰 가운데 하나라는 상봉사도 가운데에 본당이 있고 본당 양쪽에 성제전(聖帝殿)과 재신전(財神殿)이 있어 순수한 불교 사원이 아님을 알 수 있었다.

사자암(獅子巖)과 남천문을 지나 황제암(皇帝巖)을 구경했다. 황제암은 '수악(壽嶽)'이라고 쓴 북송 휘종 황제의 친필을 새겨 놓은 바위였다. '수악'은 형산을 가리키는 말인데 오대(五代) 사람 제기(齊己, 864?-943?)의 시 <회안봉(廻雁峯)>에 이미 "웅장하여 수악을 떠받칠 수 있겠고, 신령스러워 선경을 만들기에 적합하네"[81]라

형산 축융봉 정상

는 말이 있으므로 휘종이 처음으로 한 말은 아니다.

산에서 내려오는 도중에 비를 만났다. 비가 적게 올 때는 계속 걷고 비가 많이 올 때는 가까운 건물에 들어가서 피하고, 이런 식으로 내려오다가 길에서 우의 파는 할머니를 만나 1.5원짜리 우의를 하나씩 샀다. 그 몰골이 우스워서 서로의 모습을 쳐다보며 한 번씩 웃고는 걸음을 재촉했다. 그러다가 시간을 줄이기 위해 중간에 또 뛰어야 했다. 이번에는 좀 덜 힘들게 하려고 구령을 붙여 가면서 뛰었다.

남악구(南嶽區)에서 형양(衡陽)으로 가는 버스는 20분에 한 대씩 있다고 했다. 냉방차는 차비가 10.5원이고 냉방이 안 되는 차는 7.1원이라고 했다. 5시 40분에 출발하는 냉방차를 타고 6시 10분에 형양에 도착했으니 30분이 걸린 셈이었다. 다들 산에서 비를 맞은지라 냉방을 싫어하는 눈치였다. 나는 한기를 이기려고 꼴불견이든 말든 비닐 우의를 이불 삼아 가슴에 덮고 있었다.

81 "壯堪扶壽嶽, 靈合置仙壇."[문연각사고전서본 제기 ≪백련집(白蓮集)≫ 권6]

형양에 도착하여 버스 종점 부근에 있는 유흠가일빈관(裕鑫假日賓館)에서 138원짜리 표준실을 오랜 흥정 끝에 간신히 120원에 합의했다. 그런데 방에 들어갔더니 바퀴벌레가 한 마리 있어서 잽싸게 잡았다. 여성들이 알면 또 다른 호텔로 가자고 할 것 같아 걱정이었으나, 다행히 다른 방에는 바퀴벌레가 없는 모양이었다. 하기는 우리 방의 바퀴벌레도 약에 취했기에 나한테 잡혔지 그렇지 않고서야 어떻게 나한테 잡혔을까 싶었다.

저녁은 원래 대만인이 경영하는 연쇄점인 영화두장(永和豆漿)에서 먹을 계획이었으나, 일행 중에 식욕이 떨어져서 식사를 잘 못하는 사람이 있다기에 미국식 튀김닭집에서 먹기로 계획을 바꾸었다. 아까 산에서 비를 맞아 차가워진 몸을 좀 덥히기 위해 가는 길에 가게에 들러 노주(瀘酒)를 한 병 샀다. 미국식 튀김닭집에서는 술을 안 팔기 때문이다. 커다란 콜라 컵에 노주를 잔뜩 부은 다음 조금씩 나누어 마셨다. 그러고는 미국식 튀김닭집에서 백주를 마신 사람은 아마 세계에서 우리뿐일 거라며 개구쟁이처럼 신이 나서 낄낄거렸다. 어쨌거나 몸이 후끈 달아오르며 한기가 가셔서 좋았다.

호텔로 가는 도중에 있는 연호광장(蓮湖廣場)을 지나다 보니 시민들이 경쾌한 음악에 맞추어 춤을 추고 있었다. 형양은 거리가 깨끗하고 질서가 있으며 주민들이 활발하고 거지나 지도 파는 노인이 없다는 것이 첫인상이었고, 따라서 형양에서 한번 살아 봤으면 좋겠다고 말하는 사람이 많았거니와, 이렇게 시민들이 광장에 모여 춤을 추는 활기 넘치는 모습도 참 보기 좋았다.

연호광장 옆에 하당월색커피점(荷塘月色咖啡廳)이라는 서울의 여느 커피점과 다를 바 없는 커피점이 하나 있었다. 꽤나 운치 있어 보이는 그 커피점의 외관이 우리의 발길을 그쪽으로 끌었다. 차도 팔고 맥주도 파는 집인데 생음악까지 연주해 주었다. 먼저 호텔로 돌아간 오세범과 이욱진을 제외한 여덟 명이 각자 자기 기호대로 차나 맥주를 한 잔씩 마셨는데 모두 105원이 나왔다. 작년에 영파(寧波)의 외탄공원(外灘公園)에서 한 잔에 30원씩 주고 마신 일을 생각하면 정말 싼 것이다. 분위기도 작년 그 집보다 훨씬 나았는데 말이다. 형양은 정말 한번 살아 보고 싶은 도시였다.

❄ 회안봉과 석고서원

2006년 8월 24일 회안봉(回雁峰)으로 갔다. 회안봉은 겨울에 따뜻한 곳을 찾아 남쪽으로 날아가던 기러기가 더는 남하하지 않고 방향을 돌린다는 봉우리다. 말하자면 기러기의 남방한계선인 셈이다. 회안봉은 형산 72봉의 남쪽 끄트머리에 해당되기 때문에 남악지수(南嶽之首) 또는 남악제일봉이라고 불린다.

정문 앞에 하늘로 날아오르는 기러기 한 쌍이 조각되어 있었다. 높이가 5층짜리 아파트 정도밖에 안 되어 보이는 회안봉은 올라가는 길 중간쯤에 안봉사(雁峰寺)라는 작은 절이 하나 있고 정상에는 꽤 널찍한 평지가 있어서 그 위에 각종 건물들이 지어져 있었다. 그 가운데 가장 두드러진 것은 회안정(回雁亭)이었다. 회안

회안정

정은 기러기가 두 날개를 활짝 펴고 북쪽으로 날아가는 모양으로 만들기 위해 머리에 해당하는 주된 정자 뒤로 날개 모양의 장랑(長廊)을 만들어 놓은 점이 특이했다. 다른 데서는 본 적이 없는 독특한 정자였다.

회안정 옆에는 화단이 조성되어 있는데, 안내문에 거기가 바로 소상팔경(瀟湘八景) 가운데 하나인 '평사낙안(平沙落雁)'의 현장이라고 했다. '평사낙안'이란 평평한 모래밭에 기러기가 내려앉는다는 뜻이다. 이번 답사에서 장사 상강(湘江)의 귤자주 안에 있는 '강천모설'의 현장과 더불어 소상팔경 가운데 두 군데를 본 것이니 이것 역시 이번 답사의 큰 수확이라고 할 수 있겠다.

봉우리를 지나 저쪽으로 넘어가니 왕부지(王夫之, 1619-1692)의 석상이 있고 그 옆에 왕부지가 출생한 곳이라는 차군헌(此君軒)이 있었다. 차군헌 아래쪽에 또 범상치 않은 건물이 두 채 있는데 그쪽으로 통하는 문이 잠겨 있어서 들어갈 수가 없었다. 지도를 펴 보니 각각 회안각(回雁閣)과 귀안정(歸雁亭)으로 표시되어 있었다. 회안봉 일대는 어디를 가나 이렇게 기러기가 얼굴을 내비치는 것이 특징이었다.

10시 조금 넘어서 석고공원(石鼓公園)으로 향했다. 석고공원은 이름만 들어도 석고서원이 있던 자리에 조성된 공원임을 짐작할 수 있었다. 석고서원은 중국 4대 서원의 하나로 꼽히기도 하는 유명한 서원이다. 중국 4대 서원으로는 보통 하남성 상구(商丘)의 응천서원(應天書院), 호남성 장사의 악록서원, 하남성 등봉(登封)의 숭양서원(嵩陽書院), 강서성 성자(星子)의 백록동서원을 치지만, 숭양서원 대신 석고서원을 치는 경우도 있다.[82]

공원 입구에 석고칠현(石鼓七賢)의 상이 조각되어 있었다. 석고칠현이란 이관(李寬)·한유(韓愈)·이사진(李士眞)·주돈이(周敦頤)·주희(朱熹)·장식(張栻)·황면재(黃勉齋) 등의 일곱 현인을 가리킨다고 옆에 있는 <석고서원칠현>이라는 안내문

82 《백도백과》 <석고서원> 참조.

이 설명하고 있었다. 그들은 모두 석고서원의 발전에 공이 큰 사람이라고 했다. 그러나 석고서원은 이미 없어지고 석고공원 맨 뒤에 북처럼 생긴 바위가 하나 남아 있을 뿐이었다. 석고서원이 있던 자리는 북쪽으로 흐르는 증수(烝水)가 남쪽으로 흐르는 상강과 합류하는 지점에 위치해 있었다.

호텔에 맡겨 둔 짐을 찾아 서둘러 점심을 먹고 고속버스를 타고 장사로 갔다. 두 시간이 걸려서 장사에 도착했다. 198원을 178원으로 할인하여 3성급 호텔인 은하대주점(銀河大酒店)에 묵기로 했다. 3성급 호텔임에도 불구하고 시내전화조차 연결되지 않았다. 당연한 결과로 국제전화 카드도 쓸 수가 없고 수신자 부담 국제전화도 걸 수가 없었다. 장사가 이러니 호남성의 다른 지역은 말할 필요가 없을 것이다. 호남성은 전체적으로 전화 사정이 상당히 안 좋은 것 같았다.

원래 오후 4시부터 10시까지 자유시간을 가지려고 했으나, 다들 특별한 볼일이 없는지라 계획을 바꾸어 부근에 있는 신화서점(新華書店)에서 필요한 책을 산 뒤 함께 저녁을 먹으러 갔다. 내가 혼자서 뒤늦게 신화서점으로 가다가 우연히 발견하고 일부러 들어가 음식값을 미리 확인해 놓은 연성불고기(延盛燔烤肉)라는 음식점에서 한국음식을 먹었다. 장가계(張家界)로 가는 차편을 알아보기 위해 진명서 교수를 만나러 간 이강재 교수를 제외한 나머지 일행 아홉 명이 정말 오랜만에 맛있게 많이 먹었다. 모두들 만족스러워했다. 그리고 이번 답사 최고의 성찬이었음에도 불구하고 130원밖에 안 들었으니 한국음식치고는 정말 싼 편이었다. 한국음식점의 종업원들이 한국어를 전혀 할 줄 모르기에 무슨 까닭인지 물어보았더니 사장만 조선족이고 다른 사람은 모두 한족(漢族)이라고 했다. 그런데도 장사가 제법 잘되는 모양이었다. 그렇다면 이곳에 살거나 거쳐 가는 한국 사람이 적지 않다는 뜻이 된다. 옛날에 이곳 장사로 유배 오게 된 가의(賈誼, 기원전 200-기원전 168)는 사람이 살기 힘든 곳으로 가게 되었다고 슬퍼했는데,[83] 이런 곳에 바다 건너 만 리 밖에 있는 한국인이 이렇게 많이, 그것도 자기가 좋아서 와 있다니 세상이 변해도 너무

변했다.

❄ 장가계

2006년 8월 25일 한국 사람들이 너도나도 보러 간다는 장가계에 가기로 한 날이다. 오늘 아침에 출발하여 오늘 오후부터 내일 오전까지 만 하루 동안 장가계를 구경한 후 내일 점심 먹고 장가계를 떠나 장사까지 돌아오는데, 차는 19인승으로 하고 1인당 248원인 장가계 입장료 및 내일 아침값과 이틀 동안의 점심값, 그리고 준3성급 호텔의 숙박비를 포함하여 1인당 600원씩 열 명에 6,000원을 주기로 이미 계약이 되어 있었다. 장사로 돌아오기 전에 이강재 교수가 진명서 교수와 전화로 상의하여 결정해 놓은 것이다.

7시 50분에 차가 떠났다. 차 안에는 우리 일행 이외에 좀 점잖아 보이는 남자 운전사와 아무리 보아도 별로 묵직해 보이지는 않는 젊은 남자 관광안내원 한 명이 함께 탔다. 운전사에게 물으니 장가계까지 보통 서너 시간 걸리는데 자기 차는 속도를 많이 낼 수 없어서 조금 더 걸릴 것이라고 했다.

고속도로에는 휴게소가 안 보였다. 300킬로미터를 달려 10시 55분에야 처음으로 나타난 휴게소에 들러서 잠시 쉴 수 있었다. 휴게소에는 화장실 이외에 아무런 편의시설도 없었다. 심지어 매점조차 없었다. 고속도로 위로 상행선 휴게소와 하행선 휴게소를 연결하는 구름다리가 놓여 있는 점이 특이했다.

얼마 안 가서 장가계 요금정산소에 도착했다. 요금정산소 벽에 한국어로 "장가계에 오신 것을 환영합니다"라고 쓰여 있었다. 시내에 들어서니 '~고치'·'~구이'와 같은 한국어 간판이 심심찮게 보였다.

우리는 12시 30분경에 부람특반점(富藍特飯店)에 도착하여 2층으로 안내되었다.

---

83 가의는 장사왕태부(長沙王太傅)로 좌천되어 장사로 갈 때 그곳이 저습한 지역이기 때문에 자신이 오래 살지 못할 것이라고 울적해하다가 상강(湘江)을 건널 때 <굴원을 애도하는 부(弔屈原賦)>를 지어서 굴원을 애도했다.(≪사기≫ 권84 <굴원가생열전(屈原賈生列傳)> 참조)

300명은 족히 수용할 수 있을 것 같은 커다란 홀에 빈자리가 거의 없을 정도로 손님이 빼곡히 앉아 있었다. 단체손님 전문 식당인 듯했다. 건물 바깥 유리에 연회석 예약 시 식탁 하나에 180~200원이라고 적혀 있는 것을 보니 우리가 평소에 먹던 것과 비슷한 가격임을 알겠는데, 우리에게 제공된 토가족(土家族) 음식은 맛이 정말 형편없었다.

장가계국가삼림공원으로 가는 버스 안에서 관광안내원은 우리에게 이곳 원주민인 토가족은 15~16세 된 처녀는 '아메이(阿妹)'라고 부르고 50~60세 된 아주머니는 '아지에(阿姐)'라고 부르며 '샤오지에(小姐)'라는 표현은 쓰지 않는다고 귀띔해주면서 주의하라고 했다. 그러나 우리 일행 가운데는 그들과 함께 사진을 찍거나 그들의 가게에서 기념품을 사려는 사람이 없어서 별로 유용한 정보가 아니었다.

장가계국가삼림공원은 입장권이 2일 동안 유효하다고 했다. 그래서 부정 사용을 방지하기 위해 입장할 때 카드식으로 만들어진 전자입장권에 자기 엄지손가락 지문을 등록해야 한다고 했다. 지문은 악용될 소지가 크기 때문에 우리나라에서는 주민등록증을 만들 때도 지문등록을 꺼리고 재일동포들에게는 지문등록 철폐가 숙원이기도 하다. 그런데 관광객의 대부분이 한국인인 장가계에서 지문을 등록한다는 것은 말이 안 되는 처사라고 일행이 모두 개탄했다. 우리나라의 관광업계나 유관 정부부처에서 강력하게 시정을 요구할 일이라고들 수군거렸다. 부정 사용을 방지하는 데에는 얼마든지 다른 방법이 있을 것이다.

관광안내원이 오늘 오후에는 십리화랑(十里畫廊)과 천자산(天子山)을 관람한다고 했다. 우리는 장가계 중에서도 원가계(袁家界)가 가장 볼만하다는 이야기를 듣고 있던 터라 일단 그쪽으로 먼저 가자고 했더니, 관광안내원이 거기는 한국 사람들이 잘 가는 곳이라며 난감한 표정을 지었다. 우리가 바로 한국인임을 이미 알고 있는 터에 한국인들이 잘 가는 곳이라며 난감해하는 이유가 무엇인지 의아했다. 시간이 부족하면 다른 데는 안 가도 무방하니 일단 원가계를 보고 나서 시간 되는 대로 다른 곳을 보자고 했다. 관광안내원은 한참 동안 고민하더니 그러려면 1인당 150원씩을 더 내야 한다고 했다. 올라가는 엘리베이터 요금과 내려오는 케이블카 요금 및 풍경구관리비가 더 들기 때문이라고 했다. 얼른 이해가 되지 않았지만 으레 그렇거니 하고 넘어갔다.

장가계국가삼림공원에서는 일절 다른 차는 탈 수 없고 오직 공원 측에서 운행하는 환경보호버스(環保車)만 타게 되어 있었다. 입장료에 포함되어 있기 때문에 별도의 차비는 필요하지 않았다.

관광안내원이 시키는 대로 버스를 탔다. 버스가 구불구불한 산길을 지나가자 차창 밖으로 기묘한 형상의 산봉우리들이 스쳐갔다. 얼마쯤 가다가 버스가 섰다. 무슨 일인가 하고 차창 밖을 내다보았더니 버스 앞에 터널이 있는데 터널 입구에 빨간 신호등이 켜져 있었다. 터널이 버스 두 대가 비켜 가지 못할 만큼 좁기 때문에 신호에 따라 한쪽씩 번갈아 다니도록 해 놓은 것이었다. 그런 터널이 연속해서 서너 개 나타났다.

얼마를 가다가 차 앞을 보니 수직으로 우뚝 솟은 바위 절벽에 100미터쯤 되어 보이는 높은 엘리베이터가 달려 있었다. 산에다 엘리베이터를 설치해 놓은 것이었다. 가까이 가 보니 엘리베이터 입구의 바위에 세로로 '세계제일제(世界第一梯)'라는 빨간색 글씨가 새겨져 있고 가로로 '백룡천제(百龍天梯)'라는 연두색 글씨가 새겨져 있었다. 엘리베이터에서 승차권을 받는 여직원이 장가계는 한나라 고조 유방(劉邦)의 천하평정을 도운 장량(張良, ?-기원전 189)의 후손들이 사는 곳이고, 원가계는 당나라 말에 일어난 황소(黃巢, ?-884)의 난 때 원씨 성을 가진 어떤 장수가 이곳으로 숨어들어 와 살기 시작하면서 마을이 형성된 것이라고 설명했다. 지도를 보니 과연 백룡천제 아래쪽에 장량 묘가 표시되어 있었다.

바깥 풍경이 훤히 내다보이는 투명 엘리베이터를 타고 봉우리 위로 올라가니 거기가 바로 원가계였다. 원가계는 말하자면 높은 봉우리 위에 좁고 구불구불하게 뻗어 있는 길쭉한 고원지대였다. 계곡 건너 저쪽은 노인들이 많이 사는 노인촌인데 146세 된 노인도 있다고 관광안내원이 설명해 주었다.

우리가 엘리베이터에서 내리자 갑자기 원주민들이 몰려와서 물건을 사라고 외쳐 댔다. 아저씨·아주머니뿐만 아니라 열 살가량 되어 보이는 소년·소녀까지 나와서 물건을 파는데 우리가 한국인이라는 사실을 확인할 생각도 하지 않고 대뜸 한국어로 얘기했다.

"아저씨, 밤 맛있어요."

"밤 천 원! 싸요."

"누나, 감사합니다."

받침 발음이 정확하지 않아 상당히 서투르게 들렸지만 그 깊은 산골의 남녀노소가 다들 나름대로 한국어를 구사하는 것이 신기했다. 더구나 물건 가격이 모두 한국 돈으로 매겨져 있어서 오히려 중국 돈이나 다른 외국 돈으로 사려면 환산을 해야 하는 상황이었다. 도중에 간간이 나타나는 기념품 가게의 간판도 모두 한글로 쓰여 있었다. 그리고 지나다니는 사람들도 대부분 한국어로 얘기하고 있었다. 아마 90퍼센트 이상이 한국 관광객인 듯싶었다. 참으로 묘한 기분이 들었다. 마치 한국의 어느 관광지에 온 것 같은 느낌이었다.

기기묘묘한 뭇 봉우리들을 발아래로 굽어보며 깎아지른 절벽 위를 걸어 다니노라니 마치 내가 원가계를 정복한 듯한 기분이 들었다. 가끔씩 절벽 쪽에 바짝 붙은 길을 지나가다가 아래쪽이라도 한 번 내려다볼라치면 다리가 후들거리고 오금이 저릴 지경이었다. 대체적으로 비슷한 풍경이기는 하지만 원가계에는 이렇게 짜릿한 느낌을 주는 곳이 꽤 여러 군데 있었다. 원가계는 한국인을 위해 개발한 곳이라고 관광안내원이 설명했거니와, 한국인은 다른 나라 사람과 달리 이렇게 짜릿한 것을 좋아하는 모양이다. 그것이 한국인의 특성이라고 해도 과히 틀린 말은 아닐 듯싶다. 이런 생각이 들면서 시상이 떠올라 한시를 한 수 지었다.

2006년 8월 25일 중국 호남성 장가계국가삼림공원의 원가계풍경구를 구경했는데 길에 다니는 여행객들이 열에 여덟 아홉은 한국인이고 상점의 벽과 문에 한국어로 된 상품명을 써 놓은 곳이 아주 많았다

二零零六年八月二十五日, 遊中國湖南省張家界國家森林公園之袁家界景區, 旅人十之八九爲韓國人, 而商店之壁與門貼有韓國語品名者頗多

장가계 안에 있는 원가계풍경구는	張家界裏袁家界
풍광이 천하에서 으뜸이라 하거니와	人謂風光甲九寰
기괴한 암석에는 소나무가 홀로 섰고	石怪巖奇松獨立
깊고 맑은 계곡에는 고기가 떼로 돈다.	谷深溪潔魚群環
해동 땅의 구경꾼이 오솔길을 메우고	海東遊客滿蹊徑
한국어 상품명이 벽에 잔뜩 붙었나니	韓語品名多壁間
우리나라 여행객이 여길 이리 좋아함은	吾土旅人酷愛此
금강산과 닮은 데가 있기 때문이렷다.	應因有似金剛山

원가계에 이어 천자산으로 갔다. 길가에 '한국노래자랑'이라고 쓴 휘장을 쳐 놓고 여종업원 둘이 우리한테 들어와서 노래를 부르라고 했다. 아무도 반응이 없었다. 어떤 사람이 거기에 들어가서 노래를 부르는지 고개가 갸웃거려졌다.

천자산에서 내려올 때는 케이블카를 탔다. 케이블카 요금이 52원이었다. 다시 1인당 150원이라는 추가요금의 내역이 궁금해졌다. 아까 탄 엘리베이터도 요금이 비슷했을 텐데 그렇다면 풍경구관리비가 얼마란 말인가? 다른 풍경구는 따로 관리비를 안 받는데 원가계는 왜 관리비를 따로 받는 것일까? 장가계국가삼림공원 전체를 마음대로 볼 수 있는 입장료 248원을 냈으니 그것이 바로 관리비인 셈인데 따로 관리비를 받는다는 것은 있을 수 없는 일이다. 관광안내원의 행동이 의심스러워지기 시작했다. 그러나 자칫하면 그에게 불쾌감을 줄 수 있기 때문에 직접 물어보기도 조심스러웠다.

시내로 돌아가는 차 안에서 장가계에 대한 소감을 한 마디씩 얘기했다. 다들 실망이라고 했다. 여산보다 훨씬 못하다고 했다. 열 명이 꼭 같은 생각인 것을 보면 기대가 너무 컸기 때문만도 아닌 듯했다. 나는 여산과 장가계를 비교하여 나름대로의 결론을 내려 보았다. '여산이 군자라면 장가계는 곡예사다. 여산은 중후하게 자리를 지키고 앉아 있는데, 이에 반해 장가계는 온갖 멋을 다 부린 채 갖가지 잔재주를 자랑한다. 그래서 여산은 오래 보면 볼수록 깊은 맛이 나고, 장가계는 처음 볼 때는 탄성을 지르지만 오래지 않아 싫증이 난다.'

아직 호텔이 어디인지 모르는 우리는 일단 호텔로 가서 짐을 챙겨 놓고 느긋하게 저녁을 먹을 작정이었다. 그런데 차가 선 곳은 호텔이 아닌 식당이었다. 미리 얘기했는데도 모르는 척하고 식당에 먼저 데려다 준 이유를 알 수 없었다. 모두들 불쾌해지기 시작했다. 관광안내원이 저녁부터 먼저 먹어도 되지 않느냐며 고집을 부렸다. 은근히 부아가 난 우리는 더욱 강력하게 주장하여 일단 호텔로 갔다. 관광안내원의 표정이 매우 어두워졌다. 이유를 알 수 없었다.

우리를 호텔에 내려 주면서 관광안내원은 내일 아침에는 5시 30분에 일어나서 6시 30분에 식사를 하고 7시에 출발하자고 했다. 다들 장가계에 대해서 심드렁한 기분이라 일부러 일찍 일어날 생각이 없었다. 그래서 관광안내원이 얘기하기 전에 이미 보통 때처럼 6시에 일어나 8시에 출발하자고 우리끼리 합의가 되어 있는 상태였다. 우리 생각을 일러 주었더니 관광안내원은 또 고집을 피웠다. 늦게 출발하자고 하면 좋아할 줄 알았는데 왜 그렇게 고집을 피우는지 이해가 되지 않았다. 그래도 우리는 원래 생각대로 8시에 출발하기로 했다. 저녁 먹고 난 뒤에 공연장으로 안내해 주겠다는 것도 사양했다. 관광안내원과 운전사가 함께 언짢은 표정을 지었다.

짐을 챙겨 놓고 7시에 다시 나와서 저녁을 먹으러 가려고 관광안내원과 운전사를 찾으니 차만 있고 사람은 없었다. 단단히 삐친 모양이었다. 가까운 곳에 있는 덕승루(德勝樓)라는 식당에서 우리끼리 저녁을 먹다 보니 미안한 생각이 들었다. 토가족 음식으로 맛있고 배부르게 잘 먹었는데도 220원이었다. 그렇다면 아까 그 점심은 도대체 얼마짜리였다는 말인가?

2006년 8월 26일 7시 40분에 출발하여 금편계(金鞭溪)로 갔다. 금편계 입구에서 내리니 거기도 여기저기 한국어 간판이 눈에 들어왔다. '김씨 짜장면' · '진짜 야생 장뇌삼' · '아이스크림' · '냉커피' · '생수'……. 안내판에도 한글이 병기되어 있었다. '雙龜探溪쌍구탐계' · '師徒取經사도취경' · '金鞭巖금편암' · '母子峰모자봉'…….

금편계는 산과 계곡이 어우러져 있어서 좋았다. 계곡 가의 오솔길을 따라가며 양쪽 산에 있는 기암괴석을 구경하는 재미가 제법 솔솔했다. 어제 본 것보다 훨씬 낫다고 생각하는 사람이 많았다.

금편계를 다 보고 점심을 먹으러 가는 길에 관광안내원이 기념품 가게에 좀 들어가 달라고 노골적으로 부탁했다. 우리가 가게에 한 번도 안 갔기 때문에 곤란하다는 것이었다. 가게에 데려다 주면 손님이 구입한 물건의 금액에 비례하여 자기가 소개비를 받는데 우리가 그것을 거부했다는 뜻이었다. 그 순간 잊고 있던 나의 궁금증이 다시 고개를 들었다. 나도 대 놓고 우리가 추가로 낸 1인당 150원의 구체적인 명세가 어떻게 되느냐고 관광안내원에게 물었다. 엘리베이터 요금과 케이블카 요금이 각각 50여 원씩이고 나머지는 원가계풍경구 관리비라고 했다. 다른 곳은 관리비를 안 받는데 왜 원가계만 특별히 관리비를 따로 받느냐고 묻자, 어물어물하더니 사실은 안내비라고 말을 바꾸었다. 원가계를 보는 대신 다른 곳을 포기했으니 마찬가지인데 왜 안내비를 더 받느냐니까 그제서야 이실직고했다. 원가계에 감으로써 기념품 가게에 들르지 못하기 때문이라고 했다. 그 말을 듣는 순간 모든 의문이 한꺼번에 다 풀렸다.

원가계에는 소개비를 받기 힘든 조그만 기념품 가게밖에 없어서 관광객을 데려다 주고 소개비를 받는 것이 어렵기 때문에 망설였던 것이다. 저녁 먹을 식당으로 우리를 데려다 주면 거기서도 소개비를 받을 수 있는데 우리는 그것도 거부했었다. 한 군데라도 더 구경하면 기념품 가게를 한 번이라도 더 소개할 수 있기 때문에 아침 일찍 출발하자고 했는데 우리는 그것마저도 거부했었다.

그렇게 해서 받은 소개비는 관광안내원과 운전사가 둘이서만 나누어 갖는 것은 아닌 것 같고 회사에 일정 금액을 납부하는 것이 아닐까 싶었다. 이 여행사와 계약하기 전에 우리가 항공권을 구입한 우리나라 여행사 김 모 과장의 소개로 조선족이 운영하는 한 여행사에 알아보았을 때, 그들은 우리가 기념품 가게에 안 들를 것을 알기 때문에 돈을 좀 더 받아야 한다고 솔직하게 얘기했던 것이다. 그들 여행업계에서는 그것이 공공연히 행해지는 관행인지도 모른다는 생각이 들었다. 그렇다면 우리가 관광안내원을 너무 몰아붙이는 것이 되므로 그쯤 해 두기로 했다. 그러나 앞으로라도 관광안내원이 함부로 행동하지 못하게 하기 위해 구체적인 내역을 명기한 영수증을 써 달라고 했다. 점심 먹을 때 써 주겠다고 했다.

결국 관광안내원의 부탁을 받아들여 한 기념품 가게에 갔다. 옥제품 · 도장 · 옷 등을 두루 취급하는 종합 기념품점이었다. 서울대학교 언어교육원에서 3년 동안 한국어를 배웠다는 버마인 청년이 상당히 유창한 한국어로 자기 가게에 대해서 설명했다. 한국 사람이 얼마나 많이 오는지를 짐작할 수 있었다. 여기에서는 한국어만 웬만큼 하면 취직은 문제가 없겠다는 생각이 들었다. 우리는 관심 없이 멍하게 듣고 있다가 시간이 바쁘다며 장황한 설명을 중단시키고 가게를 한 바퀴 둘러보았다. 아무도 물건을 사지 않은 사실을 알고 내가 관광안내원이 매우 섭섭해 하겠다고 농담 같은 진담을 했더니, 생각에 빠져 있던 일행 한 명이 갑자기 가게로 뛰어 들어가 어머니께 드릴 장신구를 하나 사 왔다. 한국 돈으로 10만 원을 주었다고 했다. 살까 말까 망설이다가 내 말을 듣고 사는 쪽으로 생각을 굳힌 모양이었다. 비싸게 샀다는 누군가의 말에 의기소침해지는 것을 보고 내가 말했다.

"그런 것은 10만 원 주고 사면 10만 원짜리가 되고 5만 원 주고 사면 5만 원짜리가 돼요. 어머님이 10만 원 준 것으로 알면 10만 원짜리고 5만 원 준 것으로 알면 5만 원짜리인데 애써 깎아서 5만 원에 샀다면 그것을 10만 원짜리라고 말씀드릴 수는 없겠지요?"

상당히 어두워져 있던 그 사람의 표정이 내 말을 듣고 나서 다시 밝아졌다. 그러나 더 중요한 것은 그 사람의 효행이 자기 어머니를 기쁘게 해 드리기 전에 관광안내원을 얼마간 기쁘게 해 주었다는 사실이다.

점심을 먹는 식당에서 관광안내원은 영수증 용지를 식탁 위에 꺼내 놓고 한참이나 고심했다. 무슨 고심을 그렇게 하는지 궁금했다. 30분 가까이 끙끙거리더니 마침내 써서 나에게 내밀었다. '케이블카 · 백룡천제 및 원가계 비용 150원'이라고 쓰여 있었다. '원가계 비용'은 자신이 아까 구두로 이야기한 '원가계풍경구 관리비'와는 다른 명목이었다. 이 그럴듯한 표현을 찾느라고 시간이 많이 걸린 모양이었다. 각 항목별로 금액을 따로따로 써 달라고 했더니 '케이블카' 위에 '52원', '백룡천제' 위에 '56원', '원가계 비용' 위에 '42원'이라고 썼다. 만족스럽지는 않았지만 어쨌든 자신이 떳떳하지 못한 짓을 하고 있다는 사실을 한 번 일깨워 주었다는 생각으로 그쯤에서 끝내기로 했다.

영수증을 써 주면서 관광안내원은 자신이 미리 써 놓은 다른 증명서에 서명을 좀 해 달라고 했다. 우리의 요구로 인해 원가계로 가는 바람에 다른 데를 많이 못 갔다는 사실을 증명하는 것이었다.

점심을 먹고 장사로 가기 위해 차를 타려는데 관광안내원이 또 기념품 가게 한 군데만 더 들러 달라고 부탁했다. 시간이 없어서 안 된다고 했다. 세 번 부탁하기에 세 번 거절했다.

차는 12시 55뿐쯤에 장가계를 떠나 6시에 장사 시내로 들어왔다. 다섯 시간이

나 걸렸다. 보통 서너 시간 걸리는 거리를 다섯 시간이나 걸렸으니 우리 시간을 너무 많이 뺏은 셈이다. 그런데 관광안내원이 호남 지방의 비단 자수 제품인 상수(湘繡)가 광주(廣州)의 월수(粵繡), 소주의 소수(蘇繡), 성도의 촉수(蜀繡)와 더불어 중국 4대 자수의 하나라고 자랑을 하더니, 자기 마음대로 차를 상수 가게 쪽으로 몰고 가면서 우리더러 거기에 좀 들러 달라고 했다. 우리가 시간이 모자란다고 했는데도 불구하고 오는 데 다섯 시간이나 걸려 놓고 또 기념품 가게에까지 들러 달라고 했다. 우리가 시간이 없어서 안 된다고 하는데도 우리 말을 무시하고 차를 가게 앞으로 몰고 가고 있었다. 기가 차다 못해 화가 치밀었다. 우리 일행의 심경을 대변하여 맨 앞자리에 앉은 이강재 교수가 큰소리로 꾸짖었다. 홧김에 한국어로 꾸짖었지만 말투와 표정을 통해 무슨 뜻인지 알아들은 관광안내원은 들고 있던 마이크를 집어던지며 자기 자리에 앉았다. 결국 차는 곧장 호텔로 갔다.

운전사가 팁은 어떻게 할 거냐고 물었다. 팁이란 일을 잘했을 때 상으로 주는 돈인데 일을 그렇게 해 놓고 팁을 달라고 했다. 무슨 문제가 발생할지 모르는 상황이기 때문에 내려서 주겠다고 했다. 다들 내려서 짐을 챙겨 든 다음 이욱진이 50원짜리 한 장을 운전사에게 갖다 주고 왔다. 운전사는 관광안내원과 몇 마디 이야기를 주고받은 뒤 이욱진에게 손짓을 하더니 50원짜리를 도로 돌려주었다. 규정에 맞지 않기 때문에 받을 수가 없다고 하더란다. 팁을 받는 데도 일정 금액 이상을 받아야 한다는 규정이 있다는 뜻이다. 이욱진이 다시 어떻게 할지 묻기에 받아 오라고 했다. 차는 그 자리에 그냥 서 있다가 한참이 지나서야 돌아갔다. 운전사와 관광안내원이 둘이서 무슨 소리를 했을지 짐작이 갔다. 우리는 우리대로 불만이었지만 그 사람들은 그 사람들대로 깐깐한 고객을 만났다고 재수 없어 했을 것이 뻔하다.

어느 나라나 관광명소는 인심이 너무 메마르고 물질적 이익의 추구에 혈안이 된 사람이 많다. 앞으로도 늘 만나야 할 현지인보다 한 번 보고 말 뜨내기 외지인이 훨씬 많기 때문일 것이다. 그리고 중국에서 우리가 가 본 곳 가운데 서안과 장가계에서 이런 현상이 가장 심했던 것도 이들 지역이 가장 유명한 관광지이기 때문일 것이다. 그런데 가만히 생각해 보니 여행사에서 이렇게 관광객들을 기념품 가게로 안내하고 소개비를 받는 관행이 어쩌면 다른 나라에서 전래된 것일지도 모르겠다는 생각이 들었다. 우리나라의 경우에도 여행사들이 대개 여행 경비는 조금만 받고 그 대신 관광객들을 기념품 가게로 안내한 후 그들이 구입한 금액에 따라 소개비를 받기 때문에, 경비를 절약하느라고 기념품을 사지 않는 관광객은 관광안내원에게 모욕적인 말까지 듣는 것으로 알려져 있으니 말이다. 여행경비가 적은 것처럼 보여 관광객을 많이 유치하는 것은 있을 수 있는 일이지만, 이처럼 볼썽사나운 짓을 하면 오히려 역효과일 것임에 틀림없는데 그들은 이 이치를 모르는 모양이다.

장사에서의 마지막 만찬은 우리 호텔 1층의 형제해물(兄弟海鮮)이라는 음식점에서 근사하게 먹었다. 진명서 교수를 불러서 함께 먹었다. 진명서 교수가 오면서 유양하(瀏陽河)라는 백주를 한 병 가지고 오는 바람에 술도 적당히 마셨다. 여행사를 주선해 준 진명서 교수가 여행사의 근무태도에 대해서 묻기에 아무 문제도 없었다고 했다. 애를 써 준 사람에 대한 예의였다. 그러나 자연스럽게 장가계에 대한 이야기가 나왔고 그러다 보니 무의식중에 여행사 직원의 근무태도에 대해서도 이야기가 나왔다. 그리하여 결국 사실대로 다 얘기하게 되었다. 진명서 교수가 여행사를 잘못 소개해 준 자기가 미안하다면서 관광안내원한테 받아 놓은 영수증을 자기한테 달라고 했다. 그렇게까지 하는 것은 원하지 않았기 때문에 영수증을 호텔에 두고 왔다며 그냥 넘어가자고 했지만 나중에 호텔 방으로 따라와서 받겠다고 했다.

술이 좀 부족한 것 같아 바로 옆에 있는 상도커피(上島咖啡)라는 카페로 가서 맥주를 좀 더 마시자고 했다. 조금만 더 마신다는 것이 그만 발동이 걸려서 12시까지 마셨다. 마치 서울에서 만난 것처럼 편안한 마음으로 진명서 교수와 이야기를 나누었다. 그 바람에 관광안내원한테 받은 영수증을 가져가기로 한 일은 서로가 까맣게 잊어버렸다.

2006년 8월 27일 7시 50분에 호텔 바로 옆에 있는 민항대주점에서 황화국제공항으로 가는 공항버스를 탔더니 8시 15분에 도착했다. 25분밖에 안 걸렸다. 국제선 비행기가 거의 안 다니는 탓인지 공항에는 승객이 우리밖에 없고 직원도 한두 명밖에 없었다. 시간이 많이 남아서 2층에 있는 다방으로 가 보았으나 찻값이 한 잔에 40~50원씩이나 하는지라 그냥 나와 버렸다. 8시 40분쯤 되었을 때 갑자기 승객 수십 명이 몰려왔다. 모두가 한국어로 이야기하고 있었다.

탑승수속 창구를 하나만 열었지만 승객이 워낙 적어서 복잡하지 않았다. 탑승수속을 마치고 탑승장으로 갔더니 대기실이 참으로 작았다. 장사에는 원래 국제공항이 따로 없고 국내선 공항만 있었는데 한국인 관광객을 위해 그 가운데 일부를 칸막이하여 국제공항으로 쓰는 듯했다. 면세점이 하나 있기는 했지만 열 평 정도밖에 안 되는 좁은 공간에 여자 판매원 네다섯 명이 서툰 한국어로 물건을 팔고 있었다. 신기한 것은 국제공항 면세점인데도 불구하고 물건값이 모두 한국 돈으로 표시되어 있다는 사실이었다. 다른 나라 돈으로 사려면 계산기를 두드려서 환산해야 했다. 달러는 물론 인민폐도 마찬가지였다. 면세점 안에 있는 승객은 모두 한국인이었다. 아니 탑승대기실에 앉아 있는 사람이 모두 한국인이 아닐까 싶은 생각이 다 들었다.

이번에 답사한 호남성·호북성 및 강서성 일대에서는 다음과 같은 지역적 특색을 발견할 수 있었다.

첫째, 향장수(香樟樹)와 대나무 그리고 협죽도(夾竹桃)가 많았다. 이것은 남방의 공통적인 특징으로 작년에 답사한 절강 지방도 마찬가지였다.

둘째, 벼가 많고 따라서 쌀이 흔하여 어느 식당에서나 밥은 늘 무료로 더 먹을 수 있었으며 쌀국수 즉 미분(米粉)이 많았다. 이것 역시 남방의 공통적인 특징이다.

셋째, 목화밭이 많았다.

넷째, 거리에서 연밥을 파는 사람이 많았다.

다섯째, 택시 운전사들이 택시요금을 올려 받는 관례가 있었다. 예컨대 5.4원이 나오면 잔돈을 거슬러 줄 생각을 하지 않고 당연한 일인 것처럼 6원을 받았다. 1원 이하의 우수리를 안 받는 다른 지역 운전사들과는 대조적인 현상이다.

(2권에서 계속됩니다.)

저자 소개

류종목(柳種睦)은 서울대학교 중어중문학과를 졸업하고 동 대학원에서 문학박사 학위를 취득했으며, 대구대학교 중어중문학과 교수를 거쳐 현재 서울대학교 중어중문학과 교수로 재직 중이다. 저서 및 역서로 ≪소식사연구(蘇軾詞硏究)≫, ≪당송사사(唐宋詞史)≫, ≪여산진면목(廬山眞面目)≫, ≪논어의 문법적 이해≫, ≪송시선(宋詩選)≫, ≪한국의 학술연구 — 인문사회과학편 제2집≫, ≪범성대시선(范成大詩選)≫, ≪팔방미인 소동파≫, ≪육유시선(陸游詩選)≫, ≪소동파시선≫, ≪소동파사선(蘇東坡詞選)≫, ≪소동파사(蘇東坡詞)≫, ≪당시삼백수(唐詩三百首) 1·2≫, ≪중국고전문학정선 — 시가 1·2≫, ≪정본완역소동파시집 1·2≫, ≪중국고전문학정선 — 시경 초사≫, ≪소동파산문선≫, ≪중국고전문학정선 — 사곡(詞曲)≫ 등이 있다.